Armut in einem reichen Land

Christoph Butterwegge, geb. 1951, ist Professor für Politikwissenschaft an der Universität zu Köln.

Christoph Butterwegge

Armut in einem reichen Land

Wie das Problem verharmlost und verdrängt wird

Campus Verlag
Frankfurt/New York

Für Mia, Carolin und Sina Malu

Bibliografische Information der Deutschen Nationalbibliothek
Die Deutsche Nationalbibliothek verzeichnet diese Publikation in der Deutschen Nationalbibliografie;
detaillierte bibliografische Daten sind im Internet über http://dnb.d-nb.de abrufbar.
ISBN 978-3-593-38867-0

Copyright © 2009 Campus Verlag GmbH, Frankfurt/Main
Umschlaggestaltung: Guido Klütsch, Köln
Umschlagmotiv: © photocase.de, Gregor Schneider
Satz: Campus Verlag, Frankfurt/Main
Druck und Bindung: Druck Partner Rübelmann, Hemsbach
Gedruckt auf säurefreiem und chlorfrei gebleichtem Papier.
Printed in Germany

Besuchen Sie uns im Internet: www.campus.de

Inhalt

Einleitung

Armut, in den meisten Regionen vor allem der »Dritten« und »Vierten« Welt schon immer traurige Alltagsnormalität, hält seit geraumer Zeit auch Einzug in Wohlfahrtsstaaten wie die Bundesrepublik, wo sie zumindest als *Massen*erscheinung lange weitgehend unbekannt war. Obgleich die Armut hier noch immer viel geringere Ausmaße hat und auch weniger dramatische Formen annimmt, deshalb eher subtil in Erscheinung tritt und oft selbst von damit tagtäglich konfrontierten Fachkräften wie Erzieher(inne)n und Pädagog(inn)en nicht einmal erkannt wird, wirkt sie kaum weniger bedrückend als dort.

Über mehrere Jahrzehnte hinweg hörte und las man selten etwas über die Armut in der Bundesrepublik, und wenn, dann meistens im Zusammenhang mit besonders spektakulären Ereignissen bzw. tragischen Einzelschicksalen: dem Kältetod eines Obdachlosen, dem Verhungern eines Kleinkindes oder der Gründung einer »Tafel«, wie die Suppenküchen heutzutage beschönigend genannt werden. Derweil interessierte sich die hypermoderne »Kapital-Gesellschaft« offenbar mehr für Aktienkurse als für Babyklappen, Straßenkinder, Sozialkaufhäuser, Kleiderkammern und Wärmestuben, wie es sie mittlerweile in vielen deutschen Städten gibt.

Zuletzt avancierte »Armut in Deutschland« aus einem Tabu- beinahe zu einem Topthema, das in Talkshows über die Wirkung der sog. Hartz-Gesetze, die Benachteiligung von Kindern und Familien, den Zerfall der Mittelschicht, die zu erwartenden Folgen der Weltfinanzkrise oder die Angst vieler Menschen vor einem sozialen Absturz sehr häufig erörtert wird. Man spricht jetzt zwar viel mehr darüber als noch vor wenigen Jahren, nimmt sie aber, wie mir scheint, ebenso wenig als gesellschaftliches Kardinalproblem wahr bzw. ernst wie früher. Die in der wohlhabenden, wenn nicht reichen Bundesrepublik stark zunehmende Armut wird deshalb auch nicht konsequent bekämpft, sondern von den meisten Politiker(inne)n, Publizist(inn)en und Wissenschaftler(inne)n immer noch geleugnet, verharmlost und verschleiert.

Man muss kein Prophet sein, um voraussagen zu können, dass mit der Arbeitslosigkeit auch die Armut im Gefolge der globalen Finanz-, Wirtschafts- und Währungskrise stark zunehmen wird. Da die Angst vor dem sozialen Abstieg bis weit in die Mitte der Gesellschaft vorgedrungen ist, können sie Politiker/innen der etablierten Parteien nicht mehr ignorieren, wie das viel zu lange geschah. Deshalb werden das Problem der Armut und das Thema der sozialen Gerechtigkeit in nächster Zeit nicht wieder von der Tagesordnung verschwinden, vielmehr öffentliche Diskussionen, Parlamentsreden und Wahlkämpfe beherrschen. Umso unerlässlicher ist es für Sozialwissenschaftler/innen, deren neues Megathema die Armut werden könnte, falls die gegenwärtige Depressionsperiode das Problem – wie zu befürchten – drastisch verschärft, sie als zentrale Herausforderung zu begreifen. Armut in einem reichen Land verweist auf das Kardinalproblem der sozialen Ungleichheit national wie auch weltweit und wirkt nicht bloß entwürdigend auf die Betroffenen, ist vielmehr mindestens genauso beschämend für die Gesellschaft sowie ausgesprochen unchristlich und inhuman.

Das vorliegende Buch wendet sich an Leser/innen, die sich nicht bloß über das Problem der Armut, der Unterversorgung und der sozialen Ausgrenzung von Menschen bzw. seine Dimension, Entstehung und Entwicklung informieren, sondern auch den Umgang von Politik, (Medien-) Öffentlichkeit und Fachwissenschaft damit fundiert kritisieren und sich an der Diskussion über seine Ursachen sowie mögliche Gegenmaßnahmen in unterschiedlichen Bereichen, etwa der Wirtschafts-, Steuer-, Bildungs-, Gesundheits-, Familien- und Sozialpolitik, sachkundig beteiligen wollen. Es geht weniger um die Theorie sowie die Empirie als um jene Zerrbilder der Armut, die in den Massenmedien und der politischen genauso wie in der Fachöffentlichkeit dominieren und die Ideologie stützen (sollen), wonach »wirkliche« Not und »tatsächliches« Elend hierzulande verschwunden bzw. im Wesentlichen längst überwunden sind.

Leser/innen, die in einem Buch über Armut neue Zahlen, aktuelle Daten und »harte Fakten« sowie aufschlussreiche Diagramme zur Einkommens- und Vermögensverteilung suchen, sich also – dem üblichen (journalistischen) Zugriff folgend – hauptsächlich für die statistische Erfassung und die möglichst exakte Quantifizierung von Armut interessieren, bitte ich dafür um Verständnis, dass ihren Erwartungen kaum entsprochen werden dürfte. Stattdessen habe ich mich bemüht, in einem stärker analytischen Zugriff die gesellschaftlichen Hintergründe der Armut zu beleuchten und im öffentlichen wie im Fachdiskurs ausgeblendete Zusammenhänge herzustellen. Schließlich dreht sich der Streit um die Armut weniger um Zahlen als um deren Interpretation und damit verbundene Schuldzuweisungen. Sowenig das Schwein durchs Wiegen fett wird, wie eine Bauernweisheit lautet, sowenig macht die Armen satt, dass sie ständig gezählt werden. Zudem weichen statistische Erhebungen und empirische Untersuchungen zur Armut oftmals nicht nur hinsichtlich ihrer Resultate erheblich voneinander ab – was zur Verwirrung statt zur Aufklärung der Öffentlichkeit über Dimensionen und Wesen des Problems beiträgt –, sondern sie können nach dem Winston Churchill zugeschriebenen Bonmot »Ich glaube nur den Statistiken, die ich selber gefälscht habe« auch von wichtigeren Fragestellungen ablenken: Wie kommt es, dass die (Angst vor der) Armut in einem reichen Land wie der Bundesrepublik inzwischen sogar die gesellschaftliche Mitte erreicht? Wer trägt dafür politisch die Verantwortung und wie lässt sich der skandalöse Zustand ändern?

Hier wird hauptsächlich nach den gesellschaftlichen, also nicht den individuellen Entstehungsursachen von Armut und nach den unterschiedlichen Wirkungsmechanismen gefragt, die es der etablierten Politik, weiten Teilen der Öffentlichkeit und einer Minderheit der Sozialforschung ermöglichen, sie ganz zu leugnen oder zu verharmlosen. Mich interessiert des Weiteren, wann man hierzulande als bedürftig oder arm gilt, und weniger, wie viele Arme es gibt und wo genau die »Armutsrisikoschwelle« liegt. Deshalb steht die Frage im Vordergrund, wie unsere reiche Gesellschaft mit denjenigen umgeht, die sie selbst für »nicht dazugehörig« erklärt, marginalisiert oder sozial ausgrenzt.

Nach der Lektüre des Buches dürfte auch frustriert sein, wer sich davon einen »objektiven« Erkenntnisfortschritt der Fachwissenschaft erhofft hat. Stattdessen wird ihm eine subjektiv gefärbte, leicht als ideologisch zu brandmarkende Problemsicht geboten, die weder dem wissenschaftlichen Mainstream noch dem politischen Zeitgeist entspricht. Dies ist freilich gerade eine der Kernthesen, die der Verfasser zu belegen sucht: Wie die Armut gesehen und der davon Betroffene eingeschätzt wird, hängt entscheidend vom jeweiligen Betrachter ab. Da zumindest Reiche und Superreiche kein Interesse an einer tiefgreifenden Veränderung der Einkommens-, Vermögens- und Herrschaftsverhältnisse haben, sträubt sich die von ihnen maßgeblich beeinflusste Öffentlichkeit gegen Wahrheiten wie die, dass der Finanzmarktkapitalismus mehr Armut als nötig erzeugt hat, oder die, dass ein moderner Industriestaat wie die Bundesrepublik in der Lage wäre, sie zu beseitigen, würde nicht der politische Wille dazu fehlen.

Je länger mich das Thema »Armut« umtreibt, desto weniger Verständnis habe ich für die Gleichgültigkeit, mit der ihm ein Großteil der Öffentlichkeit begegnet, aber auch für Beschönigungen und Beschwichtigungen. Noch nie hat es den Wohlhaben und Reichen an triftigen Argumenten dafür gemangelt, warum es Armut gibt, diese nicht zu beseitigen ist und die davon Betroffenen ihr Los »verdient« haben. Wer sich mit dem Armutsproblem beschäftigt, muss deutlich Stellung beziehen und Partei für oder gegen die Betroffenen ergreifen. Eine »wertfreie« oder »-neutrale«, quasi über den gesellschaftlichen Interessengegensätzen schwebende Sozialwissenschaft gibt es sowenig wie unbeteiligte Beobachter/innen der Gesellschaftsentwicklung oder unvoreingenommene Armutsforscher/innen. Schon die Wahl des Untersuchungsobjekts erfolgt auf der Basis bestimmter Erkenntnisinteressen sowie politischer, weltanschaulicher und religiöser Grundüberzeugungen. Armutsforscher/innen sollten sich über ihre persönliche Befangenheit sowie ihre »Vorprägung« durch eigene Lebenserfahrungen klar sein und die inhaltlichen genauso wie die methodischen Prämissen ihrer Arbeit offenlegen.

Das meiner Mutter, meiner Frau und meiner Tochter gewidmete Buch versteht sich als Beitrag zu einer Sozial- und Diskursgeschichte der Armut. Es gliedert sich in drei Teile: Im ersten Kapitel wird der Armutsbegriff erörtert und nach den Ursachen des Problems sowie Möglichkeiten seiner empirischen Untersuchung gefragt. Das zweite Kapitel unternimmt einen Streifzug durch die Armutsentwicklung und -debatten der letzten Jahrzehnte. Abschließend geht es um Wege und Irrwege der Armutsbekämpfung. Die umfangreiche, nach inhaltlichen Kriterien gegliederte Literaturauswahl am Ende des Buches eröffnet seinen Leser(inne)n die Möglichkeit, bestimmte Aspekte des Themas zu vertiefen. Dr. Judith Wilke-Primavesi und Adalbert Hepp, die das Manuskript lektoriert haben, sei an dieser Stelle herzlich für ihre Mühe, Anregungen und Verbesserungsvorschläge gedankt. Entsprechendes gilt für meinen Freund und Kollegen Prof. Dr. Gerd Bosbach, der mich in sozialstatistischen Fachfragen beraten hat, sowie Gottfried Beyer, Anke Clasen, Daniela Leopold und Katharina Richter, die mir bei der Materialbeschaffung und der Internetrecherche behilflich waren.

Köln, im Frühjahr 2009   *Christoph Butterwegge*

1. Armut in der Bundesrepublik – Begriffsdefinition und Bestandsaufnahme

Aufgabe dieses Kapitels ist es, einen stichwortartigen Überblick zum Thema »Armut« zu geben, anders gesagt: wissenschaftliche Definitionen, relevante Forschungsrichtungen, wichtige Erscheinungsformen, damit verbundenene Funktionen und Betroffenengruppen zu umreißen. Bisher existiert weder eine überzeugende, das Phänomen der Armut plausibel erklärende Theorie noch eine umfassende, es sowohl qualitativ wie auch quantitativ bestimmende Empirie. Sogar der Begriff ist selbst unter Fachleuten umstritten und wird es auch bleiben, weil keine Armutsdefinition für alle Länder und alle Zeiten gleichermaßen Gültigkeit beanspruchen kann. Umso wichtiger ist es, sich mehr Klarheit darüber zu verschaffen, welche Alternativen einer Armutsdefinition es gibt, warum es zu teils sehr unterschiedlichen Auffassungen darüber kommt und wie man damit in Zukunft produktiv umgeht.

Armut und Reichtum: Begriffe, Geschichte und Kontroversen

Armut in einem reichen Land – das ist eine mehr oder weniger extreme Ausprägung der sozialen Ungleichheit. Deshalb muss geklärt werden, was darunter zu verstehen ist und in welchem Verhältnis sie zum Reichtum als begrifflichem Pendant steht. Zunächst soll der Armutsbegriff geklärt werden, um eine terminologische Grundlage für die kommenden Ausführungen zu schaffen. Wenn möglich, dürfen keine Missverständnisse im Hinblick auf die Frage mehr aufkommen, was Armut und ihr Kontrastbegriff: Reichtum bedeuten.

Versuch einer Arbeitsdefinition: Was man unter dem Begriff »Armut« versteht

Jede/r glaubt zu wissen, was »Armut« ist, versteht darunter allerdings etwas anderes. Umso notwendiger erscheint eine wissenschaftliche Begriffsklärung – gerade auch angesichts der unzähligen mehr oder weniger unvermittelt nebeneinander stehenden Versuche von Fachwissenschaftler(inne)n, den Begriff »Armut« zu definieren. Um nicht abgehoben zu wirken, sondern auch für Laien verständlich und überzeugend zu sein, darf sich eine Armutsdefinition allerdings nicht allzu weit vom Alltagsbewusstsein entfernen.[1]

»Armut« ist kein Begriff wie jeder andere, sondern seit jeher höchst umstritten und immer noch heiß umkämpft. Machen wir uns nichts vor: Wer ihn benutzt, betritt ein ideologisch vermintes Gelände, auf dem über die sozioökonomische Architektur und die Machtstruktur unserer Gesellschaft verhandelt wird. Obwohl seit Jahrhunderten fest im Alltagssprachgebrauch verankert, ist »Armut« ein mehrdeutiger, missverständlicher sowie moralisch und emotional aufgeladener Terminus, welcher in der hiesigen Öffentlichkeit vorsichtiger und seltener als im Ausland verwendet, manchmal falsch aufgefasst und z.t. auch bewusst fehlinterpretiert wird.

Da die Armut nie im luftleeren Raum vorkommt, sondern von den jeweiligen gesellschaftlichen Bedingungen abhängt, unter denen sie herrscht, kann kein Wissenschaftler ein für alle Mal festlegen, was darunter fällt und was nicht. »Es gibt keine allgemeingültige Definition von Armut, sondern nur eine jeweils zu einem gewissen Zeitpunkt in einer gegebenen Gesellschaft *herrschende* Definition. Sie prägt die Politik gegenüber den Armen, entscheidet darüber, ob sie das Etikett Armut erhalten, die zur Unterstützung berechtigt, oder ob sie anders etikettiert werden.«[2]

Auch existiert keine objektive, über den gesellschaftlichen Lagern, Politikern wie Parteien stehende Sozialwissenschaft, die eine »ideologiefreie« Definition liefern und damit den Konfliktstoff, welchen das Thema bietet, entschärfen kann. Nein, was Armut ist, muss immer wieder im öffentlichen bzw. im Fachdiskurs – und das heißt: möglichst kontrovers – erörtert werden. Denn eine »sterile« Behandlung des Armutsproblems ist undenkbar: »Der Rückzug der Wissenschaft, insbesondere der Soziologie, auf die Position wertneutraler Beobachtung ebnet am Ende nur der technokratischen Vernunft den Weg, indem er den jeweils hegemonialen politischen Eliten die normative Ausdeutung der vermeintlich wertneutralen Fakten überlässt.«[3]

»Armut« ist ein politisch-normativer Begriff, der sich bloß äußerst schwer und nicht ein für alle Mal definieren lässt, weil kein Grundkonsens aller Gesellschaftsmitglieder darüber existiert, was man hierunter subsumieren kann, je nach sozialer Stellung, Weltanschauung und Religion vielmehr unterschiedliche, ja gegensätzliche Auffassungen dazu existieren. Gleichzeitig ist »Armut« auch ein relationaler Begriff, der nur im Verhältnis zu jener Gesellschaft einen Sinn ergibt, in der ein davon Betroffener lebt. Umso wichtiger erscheint es, im Rahmen eines möglichst breit angelegten öffentlichen Diskurses darüber zu streiten, ob es Armut ausschließlich in der sog. Dritten Welt oder auch hierzulande gibt, wo sie anfängt, was sie konkret für die Betroffenen selbst sowie für die Gesellschaft bedeutet und womit ihr politisch am ehesten begegnet werden kann.

Ebenso wie ihr Pendant, der Reichtum, ist die Armut ein schwer abgrenzbares und zahlenmäßig nicht genau erfassbares Phänomen, wie Leopold von Wiese um die Mitte der 1950er-Jahre in der von ihm herausgegebenen *Kölner Zeitschrift für Soziologie* bemerkte: »Wo Reichtum beginnt, wo Armut aufhört, kann niemand sagen. Zieht man den Begriff des Existenzminimums zur Klärung heran, so ist die Beweislast nur verschoben; denn dieses Minimum ist rechnerisch ebenso schwer erfaßbar.«[4] Zwar kann die Statistik helfen, sich dem Problem quantitativ anzunähern, sein Wesen muss die Sozialwissenschaft aber durch qualitative Analysen erschließen.

Armut ist ein nicht bloß für manche Sozialwissenschaftler/innen faszinierendes und zudem ein ausgesprochen merkwürdiges Phänomen: Niemand will davon betroffen sein, bejaht sie offen oder wünscht sie anderen. Gleichzeitig wähnt fast jeder in ihrer Existenz eine Gefahr für das bestehende Wirtschafts- und Gesellschaftssystem zu sehen. Obwohl zumindest ein so reiches Land wie die Bundesrepublik ihre Entstehungsursachen beseitigen könnte, wenn der politische Wille dazu vorhanden wäre und entsprechende Anstrengungen unternommen würden, gibt es sie immer noch, und zwar seit geraumer Zeit in wachsendem Maße.

Weshalb, fragt man sich natürlich, wird die Armut trotzdem oft entweder gar nicht wahrgenommen oder von der (Fach-)Öffentlichkeit, Politik und Publizistik bewusst verdrängt? Wie jede andere ist die *soziale* Wahrnehmung vom (politischen) Standpunkt und vom Blickwinkel des Betrachters abhängig. Dies gilt gerade im Hinblick auf den mangelnden Wohlstand und die Armut von Menschen: Wenn man z.B. selbst dem Bildungs- oder Besitzbürgertum entstammt und kaum etwas entbehrt, fällt es bisweilen schwer, Unterversorgungslagen in diversen Lebensbereichen

als solche zu erkennen und entsprechend zu würdigen. Lehrer/innen, die
der Mittelschicht angehören und dementsprechend eher in einem »besseren« Stadtteil wohnen, werden der materiellen Not ihrer Schüler/innen, die
sie an einer typischen »Brennpunktschule« unterrichten, vielfach überhaupt
nicht gewahr.

Für die verbreitete Fehlwahrnehmung der Armut gibt es viele weitere
Gründe, von denen nur einige genannt seien: *Erstens* ist unser Armutsbild
durch die Massenmedien von absoluter Not und dem Elend in den Entwicklungsländern geprägt, was viele Bürger/innen hindert, analoge Er-
scheinungen »vor der eigenen Haustür« auch nur zu erkennen, zumal sich
Armut hier weniger spektakulär manifestiert. *Zweitens* waren in der Nachkriegszeit meistenteils ältere Menschen, und zwar hauptsächlich Kleinstrentnerinnen, von materieller Not betroffen. Später beschränkte sich Armut eher auf gesellschaftliche »Randgruppen«, vor allem »Nichtsesshafte«,
Trebegänger/innen, Obdachlose und Drogenabhängige, die weder Einfluss
auf die öffentliche Meinungsbildung noch als Wählerpotenzial nennens-
werte Bedeutung für die Parteien haben. Ein *dritter* Grund, warum Armut
leicht »übersehen« wird, liegt in den von Reichen, die über viel Geld,
Macht und (medialen) Einfluss verfügen, aus naheliegenden Motiven unterstützten oder gar lancierten bzw. finanzierten Bemühungen begründet,
die Schuld dafür den Betroffenen selbst in die Schuhe zu schieben, welche
angeblich »faul« sind, »saufen« oder »nicht mit Geld umgehen« können.
Man erwartet in einer Leistungs- und Konkurrenzgesellschaft, die der
Ideologie frönt, jeder könne durch entsprechenden Arbeitseinsatz ein Vermögen aufbauen, dass sich die Armen gewissermaßen nach der Münchhausen-Methode »am eigenen Schopf« aus ihrer misslichen Lage befreien,
ignoriert hierbei jedoch, dass dies einerseits sinnvoller Angebote der Sozial-,
Arbeitsmarkt- und Beschäftigungspolitik, die es aber immer weniger gibt,
und andererseits der Ermutigung durch eine tolerante Gesellschaft bedarf.
Viertens glaubt man irrtümlich, Armut in Kamenz, Karlsruhe oder Kassel
sei weniger problematisch als solche in Kalkutta, Kapstadt oder Karatschi,
sodass es sich überhaupt nicht lohne, darüber zu reden. Dabei kann Armut
hierzulande sogar erniedrigender, bedrückender und bedrängender sein,
weil vor allem Kinder und Jugendliche in einer Wohlstandsgesellschaft wie
der unseren einem viel stärkeren Druck seitens der Werbeindustrie wie
auch ihrer Spielkamerad(inn)en und Mitschüler/innen unterworfen sind,
durch das Tragen teurer Markenkleidung oder den Besitz immer neuer,
möglichst hochwertiger Konsumgüter »mitzuhalten«, als in einer weniger

wohlhabenden Umgebung. Empathie und Solidarität erfahren die von Armut betroffenen Menschen hingegen in einem geringeren Maße, als dies normalerweise dort der Fall ist, wo kaum jemand ein großes (Geld-)Vermögen besitzt. Mit der Armut und den Armen hat *fünftens* kaum jemand gern zu tun, weil selbst der Umgang damit stigmatisiert und die Betroffenen nach eher negativen Erfahrungen selten zu denjenigen Menschen gehören, deren offenes Wesen ihnen Freunde und Sympathie einbringt.

Werfen wir einen Blick auf die Sozialgeschichte der Armut, so zeigt sich, dass die hiervon Betroffenen in aller Regel keine eigene Klasse oder Bevölkerungsschicht, vielmehr eine heterogen zusammengesetzte Gruppe bilden, in der sich »Deklassierte aller Klassen« sammeln. Gleichwohl ist die Armut nicht losgelöst von den bestehenden Klassen-, Eigentums- und Produktionsverhältnissen zu verstehen. Olaf Groh-Samberg, wiss. Mitarbeiter am Deutschen Institut für Wirtschaftsforschung (DIW), gehört zu jenen Armutsforschern, die den Zusammenhang von Armut und Klassenstruktur hervorheben: »Nach wie vor ist die soziale Klassenzugehörigkeit eine der prägendsten Determinanten der sozialen Ungleichheit von Lebenschancen.«[5] Obwohl die Armut nur durch eine miteinander verbundene Klassentheorie und -analyse in ihrer genetischen, phänomenologischen und systemfunktionalen Dimension richtig erfasst werden kann, liegen dazu bisher kaum Untersuchungen vor.

Man ist nicht »von Natur aus«, durch »göttliche Fügung« oder aufgrund biologischer Determinanten arm, wird dazu vielmehr von der Gesellschaft bzw. den diese sozioökonomisch entscheidend bestimmenden Kräften gemacht. »Armut ist selten selbst verschuldet. Armut wird erzeugt, entweder durch die Mechanismen des ökonomischen Systems oder durch konkrete politische Handlungen beziehungsweise Unterlassungen.«[6] Entscheidend ist, was in einem Land als spezifisches Maß für Armut gilt und wie die davon Betroffenen behandelt werden. »Jede Gesellschaft geht mit der Armutsfrage auf ihre Weise um, und davon hängen der Status der Armen sowie die damit einhergehenden Erfahrungen ab.«[7] Wie eine Gesellschaft ihre Armen sieht und behandelt, ist der Prüfstein dafür, ob sie als human, sozial und demokratisch gelten kann.

Der »klassische« Armutsbegriff, welcher von der Antike über das christliche Mittelalter bis zur Neuzeit im Gebrauch war, bezog sich auf die Frage, ob jemand mehr besaß, als er zum Überleben und bloßen Dahinvegetieren benötigte. Wer dieses Kriterium heute noch anlegt, verschließt sich der Erkenntnis, dass ein moderner Armutsbegriff sehr viel differenzierter sein muss und mit zu berücksichtigen hat, in welcher Gesellschaft ein Mensch lebt bzw. wie groß der ihn umgebende Wohlstand ist. Es gibt kein zu jeder Zeit und an jedem Ort der Welt gleichermaßen adäquates Maß, das als Armutsindikator dienen könnte. Um ein angemessenes Armutsverständnis zu entwickeln, reicht die Alltagserfahrung des barmherzigen Samariters nicht aus. Vielmehr sollte man sich bemühen, keinen naiven oder primitiven, sondern einen zeitgemäßen und möglichst komplexen, d.h. jedoch nicht unbedingt einen sehr komplizierten Armutsbegriff zu verwenden.

Der US-amerikanische Historiker Gabriel Kolko bestimmt den Terminus folgendermaßen:»Armut ist die wirtschaftliche Unfähigkeit, ein Minimum an ärztlicher Betreuung, Ernährung, Schutz und Sicherheit aufrechtzuerhalten.«[8] Wolfgang Glatzer und Werner Hübinger verstehen unter Armut »inferiore Lebenslagen, die hinsichtlich ihrer materiellen und immateriellen Dimensionen unterhalb von Minimalstandards zu finden sind; diese Minimalstandards sind in Relation zu den durchschnittlichen Versorgungsniveaus in der Gesellschaft zu bestimmen und zu begründen.«[9] Schließlich liefert Olaf Groh-Samberg eine Arbeitsdefinition, die geeignet erscheint, sich dem Problem wissenschaftlich zu nähern:»Eine Person gilt in dem Maße [als; *Ch.B.*] von Armut betroffen, wie sie sich im Hinblick auf ihre ökonomischen Ressourcen und die mit ihnen in unmittelbarer Wechselwirkung stehenden Lebenslagen dauerhaft unterhalb des gesellschaftlichen Wohlstandsniveaus bewegt.«[10]

Weniger die Armut selbst als vielmehr das Bild, welches sich die Gesellschaftsmitglieder davon in politischen, medialen und Fachdiskursen machen, bestimmt den Umgang mit ihr. Petra Buhr, Lutz Leisering, Monika Ludwig und Michael Zwick haben darauf hingewiesen, dass die bestehenden Armutsbilder von der objektiven Realität abweichen können und wechseln, dabei jedoch öffentliche Aufmerksamkeiten und Problemwahrnehmungen widerspiegeln:»Armutsbilder drücken aus, wer in einer Periode als arm gilt, auf welche Weise Armut mit anderen sozialen Problemlagen in Verbindung gebracht wird (z.B. psychische Deprivation, Asozialität, Arbeitslosigkeit), welche Stellung den Armen in der Gesellschaft zugeordnet wird und welche Art von Hilfe angezeigt erscheint.«[11] Man muss kein radikaler Konstruktivist sein, um daraus den Schluss zu ziehen: Wer die Situation der Betroffenen ändern will, tut gut daran, die offiziellen, politisch einflussreichen und massenmedial vermittelten Armutsbilder zu beeinflussen. Nur wenn diese verändert werden, lässt auch die Armut verringern und verhindern, dass neue entsteht.

Was vielen Menschen als großes Manko erscheint, die Tatsache nämlich, dass der Armutsbegriff nicht statisch, sondern veränderbar und dynamisch, zumindest jedoch äußerst dehnbar ist und keine in Stein gemeißelte Definition zulässt, muss als positiv angesehen werden, macht sie doch gerade den besonderen Reiz dieses Forschungsfeldes aus. Armut ist kein Phänomen, das alle Menschen in gleicher Weise betrifft und wahrnehmen, sondern eine Zuschreibung bzw. ein gesellschaftliches Konstrukt,[12] das Politik, Wissenschaft und Medien entwerfen bzw. formen, das im öffentlichen Diskurs jedoch auch laufend Veränderungen unterliegt. In der Bundesrepublik wurde und wird das politisch und medial vorherrschende Armutsbild entscheidend durch das Mittelalter und die sog. Dritte Welt geprägt, wo die Menschen im Extremfall am Straßenrand verhungern.

Armut ist ein *mehr*dimensionales Problem, das ökonomische (monetäre), soziale und kulturelle Aspekte umfasst. Dabei sind neben anderen, weniger relevanten besonders die folgenden Merkmale entscheidend:

1. eine weitgehende Mittellosigkeit oder monetäre Defizite (sprich: miserable Einkommens- und Vermögensverhältnisse), was in marktwirtschaftlich-kapitalistisch organisierten Gesellschaften den Verzicht auf bestimmte Güter und Dienstleistungen bedeutet, weil diese normalerweise mit Geld bezahlt werden müssen;
2. ein länger dauernder Mangel an lebensnotwendigen bzw. allgemein für unverzichtbar gehaltenen Gütern und Dienstleistungen, der einen gravierenden Ansehensverlust bei anderen Gesellschaftsmitgliedern bedingt;
3. die Notwendigkeit, staatliche Unterstützung in Anspruch zu nehmen, auf vergleichbare Formen der »Fremdalimentierung« zurückzugreifen oder den eigenen Lebensunterhalt durch Bettelei, evtl. auch durch illegale Formen des Broterwerbs zu bestreiten, verbunden mit dem Zwang, »von der Hand in den Mund zu leben«, also keinerlei längerfristige Lebensplanung betreiben zu können;
4. Mängel im Bereich der Wohnung, des Wohnumfeldes, der Haushaltsführung, Ernährung, Gesundheit, Bildung, Freizeit und Kultur, die fast zwangsläufig zum Ausschluss der betroffenen Personen von einer Beteiligung am gesellschaftlichen Leben führen, wie sie anderen möglich ist;

5. die Macht- bzw. Einflusslosigkeit der betroffenen Personen in allen gesellschaftlichen Schlüsselbereichen, d.h. den Gremien von Wirtschaft, Politik, staatlicher Verwaltung, Wissenschaft und Massenmedien, wo die ganze Gesellschaft betreffende und auch für sie selbst bindende Entscheidungen getroffen werden;

6. eine allgemeine Missbilligung der Lebensweise davon Betroffener, die marginalisiert, negativ etikettiert und stigmatisiert, d.h. ausgegrenzt und in der Regel selbst für ihr Schicksal verantwortlich gemacht werden, während man dessen gesellschaftliche Determiniertheit und seine strukturellen Hintergründe tunlichst ignoriert bzw. negiert.

Armut als mehrdimensionales Phänomen zu begreifen heißt, neben der materiellen auch ihre nichtmonetäre und ihre subjektive Seite ernst zu nehmen. Denn davon Betroffenen fehlt außer Geld die damit jedoch meist verbundene Artikulations-, Politik- und Konfliktfähigkeit, d.h. die Möglichkeit, sich in gesellschaftliche Willensbildungs- und Entscheidungsprozesse einzumischen. Schließlich hat die Armut – wie oft bemerkt wird – ganz viele Gesichter: Monetäre und mentale Armut sowie Kontakt- und Zeitarmut sind nur einige Spezialformen, die das Problem annimmt. Es gibt kein Synonym, das den Begriff »Armut« sinnvoll zu ersetzen vermag: Not und Elend beispielsweise können damit verbunden oder Teil davon sein, müssen es aber nicht. Da sich die Erscheinungsformen der Armut ständig verändern, ist es unerlässlich, nach jüngeren Entwicklungstrends auf diesem Gebiet zu fragen.

Typologien und neuere Erscheinungsformen der Armut

Durchgesetzt und bewährt hat sich in der zeitgenössischen Armutsforschung die grundlegende Unterscheidung zwischen absoluter, extremer oder existenzieller Armut einerseits und relativer Armut andererseits. Von »absoluter Armut« spricht man dann, wenn Menschen die für ihr Überleben nötigen Dinge fehlen, also ausreichend Nahrung, Wasser, Kleidung, Obdach, Heizung und medizinische Versorgung. Richard Hauser weist darauf hin, dass selbst das physische Existenzminimum und damit die Grenze zur absoluten Armut nur schwer festzulegen sind, weil sie beispielsweise davon abhängen, ob es sich um ein warmes oder um ein kaltes Land handelt, in dem jemand lebt. Außerdem spielten kulturelle bzw. religiöse Tabus im Hinblick auf die Frage, was gegessen und getrunken werden darf, eine Rolle:»Selbst eine absolute Armutsgrenze kann also nur relativ im Hinblick auf die natürliche Umgebung und die Gesellschaft, in der die Menschen leben, bestimmt werden.«[13] Arm ist aber nicht bloß, wer für eine längere Zeit das physische Existenzminimum für sich und seine Familie kaum zu gewährleisten, sondern auch, wer aufgrund materieller Defizite nicht einmal annähernd den durchschnittlichen Lebensstandard jener Gesellschaft, in welcher er lebt, zu sichern vermag. Von»relativer Armut« spricht man dann, wenn der Lebensstandard und die Lebensbedingungen von Menschen zu weit unter dem durchschnittlichen Lebensstandard und den durchschnittlichen Lebensbedingungen in einem Land liegen.[14] »Absolute Armut stellt einen auf die Unfähigkeit zum physischen Überleben reduzierten Begriff dar, dessen einziges Kriterium in der *Subsistenz*, d.h. der Fähigkeit zur Selbsterhaltung des Individuums, besteht.«[15] Während man bei absoluter Armut am *physischen* Existenzminimum existiert und das Leben auf dem Spiel steht, wird bei relativer Armut»nur« das *soziokulturelle* Existenzminimum unterschritten.

Die *sozial*wissenschaftliche Relativitätstheorie, wie ich sie der Einfachheit halber nennen möchte, besagt im Wesentlichen, dass Armut nie ohne ihr jeweiliges soziales Umfeld zu begreifen ist, sondern nur, wenn man das spezifische Verhältnis berücksichtigt, in dem die Betroffenen zu ihren Mitbürger(inne)n und deren Lebensweise stehen. Anders drückte es von Wiese in dem bereits zitierten Grundsatzartikel aus:»Wenn die Bedürftigen nicht den Eindruck hätten, daß manche anderen Personen reich wären, gäbe es keine Armut.«[16] Eigentlich sind alle Mangellagen, die nicht sofort zum Tod der davon betroffenen Menschen führen, relativ. Auch die zerlumpten Bewohner/innen der Slums von Nairobi erscheinen uns nur deshalb als arm, weil wir nicht dort, sondern in anderen, und zwar meist sehr viel besseren materiellen Verhältnissen leben. Dies dürfte neben der persönlichen Scham ein weiterer Grund dafür sein, warum sich viele (scheinbar objektiv) Arme gar nicht für arm halten, sondern andere Menschen zu kennen behaupten, denen es noch schlechter geht und sie deshalb eher so bezeichnen als sich selbst.

Für manche Beobachter existiert Armut jedoch bloß dort, wo Menschen total verelenden oder gar wie Vieh auf den Straßen verenden. So klagte Meinhard Miegel, Leiter des Instituts für Wirtschafts- und Gesellschaftspolitik, als Liberalkonservativer kurz nach der Jahrtausendwende darüber, dass Armut»ständig thematisiert« und»in voluminösen Berichten« dokumentiert werde, und empfahl aufgrund des vermeintlichen Rückgangs von Not und Elend durchaus folgerichtig, »in Deutschland und weiten Teilen der Europäischen Union auf den Begriff der Armut für die Beschreibung der hier herrschenden Zustände zu verzichten. Das wäre ein Akt der sozialen Hygiene und Gerechtigkeit denen gegenüber, die in unserer eigenen Geschichte Not gelitten haben und in anderen Weltregionen heute noch Not leiden.«[17]

In den Medien dominieren seit jeher Armutsbilder, die stark vom Massenelend der sog. Dritten Welt bzw. des europäischen Mittelalters (Verhungernde, Obdachlose und Bettler) bestimmt sind. Hierzulande handelt es sich heutzutage zwar vornehmlich um *relative* Armut, die sich auf einem hohen Wohlstandsniveau verfestigende Ungleichgewichte beispielsweise in der Einkommens- und Vermögensverteilung widerspiegelt, während in vielen Entwicklungsländern *absolute* (*existenzielle* oder *extreme*) Armut dominiert.

Armut in Bangladesch, Burkina Faso und Mosambik unterscheidet sich zweifellos ganz wesentlich von Armut in der Bundesrepublik. Daraus abzuleiten, deutsche Transferleistungsempfänger/innen jammerten »auf einem hohen Niveau«, wie dies häufig geschieht, ist gleichwohl nicht berechtigt. Denn einerseits kann Armut in einem *reichen* Land sogar deprimierender und demoralisierender sein als jene in einem *armen*. Dies gilt besonders für Kinder und Jugendliche, die nicht nur den Einflüssen der Werbeindustrie sehr viel direkter ausgesetzt sind als Erwachsene, sondern auch dem Druck ihrer Clique bzw. ihrer Klassen- und Spielkamerad(inn)en, zumal in einer Gesellschaft, die immer stärker kommerzialisiert wird.[18] Weshalb sollte nur ein Kind arm sein, das in einer Lehmhütte, aber nicht jenes, das in einem Hochhaus aufwächst, ohne ähnliche Entwicklungschancen und Entfaltungsmöglichkeiten zu haben wie seine Altersgenoss(inn)en, die in großzügigen Altbauwohnungen, freistehenden Einfamilienhäusern oder gar Villen wohnen? Andererseits ist auch die Bundesrepublik von Elendserscheinungen keineswegs frei, wie Werner Schönig gezeigt hat.[19] Von einem Lebenslagenansatz ausgehend, betrachtet der Kölner Hochschullehrer unterschiedliche Dimensionen wie den Wohnbereich, die Bildung und die Gesundheit. Er schätzt die Zahl der von absoluter Armut betroffenen Menschen hierzulande auf 200.000 bis 800.000 Menschen.

Politisch ist die Frage, ob Armut ein relatives Phänomen darstellt oder nicht, von eminenter Bedeutung. Wer die Existenz zu großer sozialer Ungleichheit in einer Gesellschaft konzediert und sie in relativer (Einkommens-)Armut materialisiert glaubt, akzeptiert damit nämlich zumindest implizit auch die Legitimität und die Notwendigkeit der Umverteilung von oben nach unten. Hier dürfte einer der wichtigsten Gründe dafür liegen, warum die relative Armut gerade von denjenigen oft geleugnet wird, die zu den Privilegierten, Besserverdienenden und Vermögenden gehören. Damit die Umverteilung von Arbeit, Einkommen und Vermögen illegitim erscheint, sprechen Wohlhabende gern von einer »Neiddiskussion«, wenn die Verteilungsverhältnisse in der Gesellschaft als ungerecht bezeichnet werden. Für die meisten Reichen ist »Armut« ein politischer Kampfbegriff, der ihrer Meinung nach mithilft, »Sozialneid« ihnen gegenüber zu schüren. Die Journalistin Dorothee Beck und der Gewerkschaftsfunktionär Hartmut Meine halten den zuletzt genannten Begriff für »eine Worthülse, die jene ins Unrecht setzen soll, die die ungerechte Verteilung des Wohlstands und damit der Lebenschancen anprangern.«[20]

Während es m.E. nicht nur verständlich, sondern auch gerechtfertigt ist, dass sozial Benachteiligte jenen Lebensstandard anstreben, den gut situierte Mitbürger/innen schon lange erreicht haben, überrascht eher, was man vielleicht als einen in unserer Gesellschaft ziemlich weit verbreiteten Sozialneid nach unten bezeichnen kann: Bessersituierte gönnen Arbeitslosengeld-II- bzw. Sozialhilfeempfänger(inne)n ihre relativ kümmerlichen Transferleistungen nicht, werfen ihnen vielmehr häufig vor, »Sozialschmarotzer« und menschliche Parasiten zu sein, die es sich in der »Hängematte des Sozialstaates« bequem machen, obwohl sie selbst weder jemals in einer ähnlichen Situation waren noch jemals mit solchen Personen tauschen würden.

Eine wichtige und wohl nie verstummende, wenngleich ziemlich kurios anmutende Kontroverse dreht sich um die Frage, ob man überhaupt zwischen absoluter und relativer Armut unterscheiden kann und ob die Letztere, wenn man das tut, wirklich »richtige« Armut oder nur ein falscher Name für soziale Ungleichheit ist. Was in der Armutsforschung bereits seit langem zum wissenschaftlichen Grundkonsens weltweit gehört, nämlich die Tatsache, dass Armut nicht in sämtlichen Ländern über denselben Leisten geschlagen werden kann, sondern dass unterschiedliche Maßstäbe nötig sind, um dem jeweiligen sozioökonomischen Entwicklungsstand angemessen Rechnung zu tragen, stört hierzulande viele, die den Begriff »Armut« am liebsten so eng fassen würden, dass in der Bundesrepublik kaum noch davon die Rede sein könnte.

Zu den wenigen Wissenschaftlern, die heute noch explizit leugnen, dass es Armut hierzulande in nennenswertem Umfang gibt, gehört Walter Krämer. Dieser an der Universität Dortmund lehrende Wirtschafts- und Sozialstatistiker nennt den Armutsbegriff »überfordert« und bekennt in seiner Streitschrift zu diesem Thema: »Ich halte es für hochgradig pervers, in einer Zeit, in der weltweit 18 Millionen Menschen jährlich verhungern, einen deutschen Halbstarken nur deshalb ›arm‹ zu nennen, weil er anders als seine Klassenkameraden keine Diesel-Lederjacke oder Nike-Turnschuhe besitzt.«[21] Krämer behauptet, hierzulande existiere kaum Armut, sondern nur eine »Jammerlobby in der deutschen Presse«, die nicht zur Kenntnis nehmen wolle, dass die Sozialhilfe vollkommen ausreiche, um »durchaus passabel« zu leben; dass »Zufriedenheit und Glück nicht notwendig mit Geld zu kaufen« und Reiche deshalb manchmal eben auch »arm dran« seien; dass schließlich in 100 Jahren »alle deutschen Armen mit Rolls-Royce zum Golfplatz fahren« könnten.[22]

Umgekehrt wird jedoch ein Schuh daraus: In einer Gesellschaft notleidend bzw. unterversorgt zu sein, in der keiner oder kaum einer viel hat, ist leichter zu ertragen, als in einer Gesellschaft arm zu sein, in der es als »normal« gilt, dass Kinder nicht nur teure Markenkleidung tragen, sondern auch ein iPhone, einen Nintendo DS und einen MP3-Player besitzen. Da die kapitalistische Gesellschaft immer mehr Bereiche ökonomisiert, privatisiert und kommerzialisiert, d.h. beinahe alle Lebensabläufe stärker denn je über das Geld regelt, führt Einkommensarmut zu einer größeren sozialen Abwertung, als dies in früheren Geschichtsperioden der Fall war. Je höher das Wohlstandsniveau eines Landes ist, desto niedriger fällt allerdings der wissenschaftliche und politische »Gebrauchswert« eines Armutsbegriffs aus, der sich auf das physische Existenzminimum bezieht.

Krämer wendet sich einerseits dagegen, die Armut eines Menschen an seinem geringen Einkommen oder an seinem fehlenden Vermögen festzumachen. Für ihn ist »klar, dass es weder das Einkommen noch das Vermögen sind, die über arm und reich bestimmen, sondern was man aus dem Einkommen und aus dem Vermögen macht, der ›Nutzen‹, im Jargon der Ökonomen, den das Einkommen erzeugt.«[23] Andererseits warnt Krämer davor, Armut mit (einem hohen Maß an) sozialer Ungleichheit zu identifizieren oder darauf zu reduzieren, indem beispielsweise 50 oder 60 Prozent des bedarfsgewichteten Haushaltsnettoeinkommens zum Maßstab für die Existenz relativer Armut herangezogen würden: »Eine derartige a-theoretische, rein politisch-willkürliche Definition der ›Armut‹ macht […] das

Bekämpfen dieser ›Armut‹ zu einem aussichtslosen Unterfangen.«[24] Denn auch wenn alle Gesellschaftsmitglieder erheblich mehr verdienten, würde sich die Armut dadurch nicht einmal ansatzweise verringern.

Wolfgang Ludwig-Mayerhofer und Eva Barlösius widersprechen der Auffassung von Walter Krämer, wer eine 50- oder 60-Prozent-Grenze als »Armutsrisikoschwelle« definiere, setze Ungleichheit und Armut in eins. Vielmehr werde dadurch nur eine spezifische Form von Ungleichheit markiert, nämlich jene, die in einer signifikanten Abkopplung bestimmter Personengruppen vom durchschnittlichen gesellschaftlichen Wohlstandsniveau bestehe. Auch sei ein Erfolg im Kampf gegen die relative Armut sehr wohl möglich: »Wenn die Einkommensverteilung so gestaltet ist bzw. wird, daß niemand zu weit nach unten vom Durchschnitt abweicht, kann relative (Einkommens-)Armut ohne weiteres verschwinden.«[25] Einen relativen Armutsbegriff, der sich auf die unzulängliche Teilhabe an jenen Lebensstandards und -gestaltungsmöglichkeiten beziehe, die im konkreten Fall von der Gesellschaft vorgegeben seien, halten Ludwig-Mayerhofer und Barlösius sogar für wissenschaftlich anspruchsvoller als einen absoluten Armutsbegriff, der nur die Illusion nähre, dass Armut eindeutig, unabhängig von der Beobachterperspektive bestimmbar und nicht mit den gesellschaftlichen Rahmenbedingungen verquickt sei.

Krämer gibt in einer Randbemerkung aus jüngerer Zeit zu erkennen, welches mächtige ökonomische Interesse hinter seiner Polemik gegen die »DGB-Armut« steckt, wie er den relativen Armutsbegriff nennt: »Denn wahre Armut kann man nur verringern, indem man den Armen etwas gibt, nicht, indem man den Reichen etwas nimmt.«[26] Das heißt im Umkehrschluss: Wenn man die Armutsdefinition darauf verkürzt, was Krämer als »wahre Armut« bezeichnet, nützt den davon Betroffenen keine Umverteilung von oben nach unten und lässt sich diese Forderung als reines Propagandamanöver der Gewerkschaften abtun. Kein Wunder, wenn »die da oben« eine Begriffsbestimmung präferieren, wie sie ihnen Krämer liefert. Auf diese Weise wird Umverteilung als Maßnahme zur Armutsbekämpfung delegitimiert, was eine der zentralen Botschaften fast aller politischen, medialen und Fachdiskurse darüber bildet.

Der französische Soziologe Serge Paugam hält es für die Aufgabe seiner Fachdisziplin, das Phänomen der Armut nicht nur quantitativ zu erfassen und möglichst exakt zu beschreiben, sondern auch diesen Begriff selbst zu hinterfragen: »Wie ausgefeilt und präzise die Definition einer Armutsschwelle auch sein mag, stets haftet ihr etwas Willkürliches an.«[27] Paugam stützt sich bei seinem Versuch einer Begriffsklärung auf Georg Simmel, einen soziologischen Klassiker, der Armut schon zu Beginn des 20. Jahrhunderts über die Tatsache bestimmt hat, dass jemand der (staatlichen) Unterstützung bedarf, um existieren zu können. Arme unterscheidet demnach von anderen Menschen, dass sie weder über ihr Schicksal bestimmen noch ihr Leben selbst gestalten können. Letztlich ist Armut laut Simmel ein Abhängigkeitsverhältnis bzw. ein persönliches Ohnmachtsgefühl. »Der Arme als soziologische Kategorie entsteht nicht durch ein bestimmtes Maß von Mangel und Entbehrung, sondern dadurch, dass er Unterstützung erhält oder sie nach sozialen Normen erhalten sollte.«[28] Simmel sprach auch von einer »Klasse der Armen« bzw. einer »Schicht der Armen«, nicht ohne zu bemerken, dass diese aufgrund des wachsenden Drucks, sich zu verstecken, von sich aus und in sich weniger »soziologisch vereinheitlichende Kräfte« entwickeln können.[29]

Die meisten Typologien der Armut überzeugen nicht, sondern erwecken den Eindruck von Beliebigkeit. Beispielsweise unterscheidet Heinrich Strang zwischen »primärer«, »sekundärer« und »tertiärer Armut«. Unter der »primären Armut« versteht er das Problem vor- und frühindustrieller (Agrar-)Gesellschaften, aufgrund fehlender Produktivität nicht einmal die menschlichen Grundbedürfnisse nach Ernährung, Kleidung und Unterkunft befriedigen zu können; unter der »sekundären Armut« einen Mangel an Gebrauchsgütern, deren Besitz in modernen Gesellschaften unabdingbar geworden zu sein scheine; unter der »tertiären Armut« schließlich eine Form der sozialen Desorganisation und Desintegration, die zur Beeinträchtigung und Behinderung der normalen Lebenschancen führt, ohne unbedingt mit Besitzlosigkeit und materieller Bedürftigkeit verbunden zu sein.[30] Ausgehend von dieser Begriffstrias hält Strang eine differenzierte, drei Ansätze miteinander kombinierende Gegenstrategie für notwendig: »Die primäre Armut verlangt Abhilfe durch elementare Verbrauchsgüter, durch Sach- und Geldleistungen. Die sekundäre Armut erfährt Linderung durch den Erwerb und Konsum prestigebesetzter Gebrauchsgüter und immaterieller Statussymbole. Die tertiäre Armut umfaßt individualspezifische Mangelsituationen, die weitgehend persönliche Hilfestellung erforderlich machen.«[31]

Paugam unterscheidet drei elementare Formen der Armut, wie er sie nennt: die »integrierte«, die »marginalisierte« und die »disqualifizierende Armut«, mit denen sich bestimmte gesellschaftliche Rahmenbedingungen verbinden.[32] Die *integrierte* Armut betrifft viele Menschen, die in »unterentwickelten« bzw. »wenig industrialisierten« Gesellschaften leben und sich wenig von den übrigen Bevölkerungsschichten unterscheiden. Die *marginale* Armut betrifft nur eine kleine Randgruppe der Bevölkerung, die mit dem großen Wachstumstempo nicht Schritt und sich nicht an die normativen Vorgaben der modernen Industriegesellschaft hält. Die *disqualifizierende* Armut beruht auf Prekarisierungsprozessen, die kollektive Ängste hervorrufen und sich zu einer Bedrohung für die Gesellschaftsordnung wie deren Kohäsion entwickeln können.

Hierzulande hatte der Frankfurter Armutsforscher Werner Hübinger um die Mitte der 1990er-Jahre den Begriff »prekärer Wohlstand« in die Fachdebatte eingeführt und sie damit wesentlich befruchtet. Hübinger fasste darunter die Situation jener Menschen, die nahe der Armutsgrenze leben und jederzeit (wieder) darunter gelangen können. Ihm war die starke Häufung von Personen knapp oberhalb der damals mit 50 Prozent des gewichteten Haushaltsnettoeinkommens angesetzten Armutsschwelle aufgefallen, die sowohl von der Armuts- als auch von der Sozialstrukturforschung vernachlässigt werde: »Schaut die Ungleichheitsforschung zu einseitig auf die sozialen ›Mittellagen‹, so verengt sich der Blick der Armutsforschung auf das unterste Bevölkerungssegment und verkürzt auf diese Weise das Spektrum sozialer Ungleichheit.«[33]

Terminologisch ist zwischen einer »Prekarisierung« der Lohnarbeit als Prozess, in dem Millionen Beschäftigte gesicherter Arbeits- und Lebensbedingungen beraubt werden, der »Prekarität« als schwieriger Soziallage und dem »Prekariat« als einem Kunstwort zu unterscheiden, das diesen Begriff mit dem Terminus »Proletariat« zur Kennzeichnung der davon betroffenen Personengruppe amalgamiert. Der französische Sozialwissenschaftler Pierre Bourdieu hat diese Terminologie auch international bekannt gemacht, als er in einer Brandrede gegen den Neoliberalismus mit der Behauptung provozierte: »Prekarität ist überall.«[34] Mittlerweile prägt die genannte Begriffstrias maßgeblich den europäischen Armutsdiskurs, zumindest was jene sozialwissenschaftlichen Fachkreise betrifft, die ihn auf der Grundlage einer kritischen Gesellschaftsanalyse führen.[35]

Prekarität meint eine Art sozialen Schwebezustand zwischen Armut und Wohlstand, den Klaus Kraemer als »transitorische Zwischenlage« bezeichnet.[36] Von einer sozialen Entgrenzung der Prekarität könne man jedoch deshalb nicht sprechen, meint Kraemer, weil sich die Prekarisierungsrisiken in bestimmten Berufs- und Bildungsgruppen, erwerbsbiografischen Phasen und Alterskohorten häuften. In einer Arbeitswelt, die durch massiven Druck auf die abhängig Beschäftigten, und zwar Kern- ebenso wie Randbelegschaften, gekennzeichnet ist, wird Prekarität immer mehr zur Normalität. Stefanie Hürtgen weist denn auch darauf hin, dass heute – dies gilt besonders in der Weltwirtschaftskrise mit ihren negativen Konsequenzen für die Absatzchancen der Unternehmen – kaum ein Stammbeschäftigter noch sicher sein kann, dass sein Unternehmen, sein Betrieb, seine Abteilung und/oder sein Arbeitsbereich längerfristig bestehen bleibt. »Wenn Prekarisierung als Verunsicherung der sozialen Kohäsion begriffen wird (und dazu gehört die Möglichkeit, die individuelle und familiäre Existenz planen und gestalten zu können, nicht zuletzt um politisch tätig zu werden), dann macht es keinen Sinn mehr, ›normal‹ Beschäftigte den prekären gegenüberzustellen, weil auf diese Weise die systematische, reale Verunsicherung auch der Stammbeschäftigten ausgeblendet bzw. auf die ›prekär‹ Beschäftigten reduziert wird.«[37]

Berthold Vogel charakterisiert Prekarität und Prekariat als »Signalwörter neuer sozialer Ungleichheiten«, die geeignet seien, sich grundlegend verändernde gesellschaftliche Rahmenbedingungen für Armut und Unterversorgung zu kennzeichnen, zumal damit der Einfluss von Regierungshandeln auf deren Reproduktion markiert werde: »Das Prekariat – die Grenzgänger des Arbeitsmarktes – sind wesentlich ein Produkt politischer Entscheidungen. Die Neujustierung der Arbeitsmarktpolitik (›Hartz-Gesetze‹), die ein wesentlicher Teil der Geschichte der Prekarität ist, hat zu einer partiellen (nicht generellen) Aufweichung arbeitsrechtlicher Begrenzungen geführt, sie hat die Vervielfältigung von Beschäftigungs- und Statusformen vorangetrieben, und sie hat sich von der Leitlinie verabschiedet, den erreichten Qualifikations- und Sozialstatus derer zu schützen, die ihre alte Arbeit verloren haben und auf der Suche nach neuer sind.«[38]

Bourdieus früherer Pariser Kollege Robert Castel differenziert mit Blick auf die »neue soziale Frage« bzw. die Prekarisierung vieler Arbeitsverhältnisse im gegenwärtigen Kapitalismus zwischen einer »Zone der Integration«, einer »Zone der Verwundbarkeit«, einer »Zone der Fürsorge« und einer »Zone der Exklusion«, die er auch als »Zone der Entkopplung« bezeichnet.[39] Ungeklärt bleibt, in welchem Verhältnis diese Zonen zu den Soziallagen einzelner Klassen und Gesellschaftsschichten stehen, anders formuliert, ob es sich um damit verbundene oder davon losgelöste Risiken handelt. Klaus Dörre, der sich Castel anschließt, weist auf die Wiederkehr der sozialen Unsicherheit, das Wachsen der Existenzängste auch im Kernbereich der industriellen Stammbelegschaften und die mentalen Auswirkungen solcher Erosionsprozesse hin: »Einem Bumerangeffekt gleich sorgt die Konkurrenz der Prekarier dafür, dass die Stammbelegschaften ihre Festanstellung als Privileg empfinden, das es mit Zähnen und Klauen zu verteidigen gilt. Auch die Mobilisierung von Ressentiments gegen Andere, weniger Leistungsfähige, Arbeitslose und Arme kann dafür ein Mittel sein.«[40] Empirisch bestätigt haben diesen Trend einschlägige Untersuchungen des Bielefelder Rechtsextremismus- und Gewaltforschers Wilhelm Heitmeyer, der im Zeichen einer »Dominanz des Marktes« und einer »Ökonomisierung des Sozialen« erhebliche negative Folgen für »Überflüsse« bzw. »Nutzlose« sieht.[41] Vor allem Langzeitarbeitslose – und damit meistenteils Arme – würden in jüngster Vergangenheit aufgrund ökonomistischer Einstellungen der Mehrheitsgesellschaft abgewertet.

Man kann die Armut nach den davon Betroffenen (z.B. Kinder-, Frauen-, Mütter-, Familien-, Migranten- und Altersarmut), nach ihrer Dauer (Kurzzeit-, Langzeit- bzw. Dauerarmut) oder nach der Region (ländliche bzw. städtische Armut) unterscheiden, in welcher sie vorkommt. Sinnvoller wäre allerdings eine Klassifizierung der Armut nach den Ursachen, die zu ihrer Entstehung führen. Denkbar erscheint die Einteilung in *kontingente* Armut (für von unvorhersehbaren Schicksalsschlägen wie einem schweren Unfall ausgelöste Formen), *inkonsistente* Armut (für vorübergehende Notlagen einzelner Menschen) und *systemimmanente* Armut (für volkswirtschaftlich bedingte Formen wie auf Massenarbeitslosigkeit beruhende Nichterwerbs- und Erwerbsarmut im expansiven Niedriglohnsektor, die größere Gruppen oder ganze Schichten treffen), wenngleich die Grenzen zwischen ihnen fließend sind. Armut zeigt zukünftig ein doppeltes Gesicht: *Dispositions*armut, bei der ein an sich weniger dramatisches Ereignis im Lebensverlauf, etwa Frühinvalidität, der Verlust des (Ehe-)Partners und/oder des Arbeitsplatzes, aber auch die Geburt von Kindern, zur zeitweiligen Unterversorgung führt, wird überlagert durch *Deprivations*armut, die den Ausschluss von allgemein anerkannten Lebensstandards bedeutet.

Laszlo A. Vaskovics unterschied in seiner Untersuchung zur Randgruppenbildung in Notunterkünften, die Mitte der 70er-Jahre erschien, zwischen einer »Notstands-« und einer »Wohlstandsarmut«, die er folgendermaßen charakterisierte: »Die ›Notstandsarmut‹ ist vom Gesichtspunkt der Betroffenen her gesehen ein Problem der Entbehrungen mangels ausreichender ökonomischer Mittel. Die ›Wohlstandsarmut‹ ist zwar von ihrer Ursache her ebenfalls ein ökonomisches Problem, aber von ihrer Erscheinungsform her ein *soziales Problem*.«[42] Wieso die »Notstandsarmut« nur ein ökonomisches und nicht auch ein soziales Problem bildet, ist aber schwer verständlich und die begriffliche Abgrenzung von der »Wohlstandsarmut« eher schwammig. In einem reichen Land wie der Bundesrepublik arm zu sein bedeutet mehr, als wenig Geld zu haben, und zwar vor allem:

1. einen dauerhaften Mangel an unentbehrlichen und allgemein für notwendig erachteten Gütern, die es Menschen ermöglichen, ein halbwegs »normales« Leben zu führen;
2. Benachteiligungen in unterschiedlichen Lebensbereichen wie Arbeit, Wohnen, Freizeit und Sport;
3. den Ausschluss von (guter) Bildung, (Hoch-)Kultur und sozialen Netzwerken, welche für die gesellschaftliche Inklusion nötig sind;
4. eine Vermehrung der Existenzrisiken, Beeinträchtigungen der Gesundheit und Verkürzung der Lebenserwartung (»Arme müssen früher sterben«);
5. einen Verlust an gesellschaftlicher Wertschätzung, öffentlichem Ansehen und damit meistens auch individuellem Selbstbewusstsein.

Überlegungen zur Sozialgeschichte der Armut

Armut gibt es, seitdem Menschen die Erde bevölkern. Wie die Sozialgeschichte der Armut zeigt, unterlag diese einem ständigen Wandel hinsichtlich ihrer Erscheinungsformen, aber auch der Art und Weise, wie damit umgegangen wurde. Was man darunter verstand, war vom erreichten Wohlstandsniveau, von der Produktivkraftentwicklung, den Einkommens- und Vermögensverhältnissen sowie den hierauf basierenden Normen und Werten, ihrer Widerspiegelung im Alltagsbewusstsein und kulturellen Traditionen der Gesellschaft abhängig. Genauso vielfältig wie die Armut selbst erscheint auch der Umgang von Staat, Wirtschaft und Gesellschaft mit ihr gewesen zu sein.

Von der Etablierung des Christentums bis zum Spätmittelalter galten Arme hierzulande fast durchgängig als »Kinder Gottes«, die von den Bessersituierten miternährt werden mussten. Da sie von Almosen lebten, deren Gabe für die Reichen unerlässlich war, wenn sie ihr Seelenheil sichern wollten, stellte niemand die Existenzberechtigung, die Lebensweise und die Würde der Armen in Frage. Dies änderte sich grundlegend an der Schwelle zur Neuzeit, wiewohl strittig ist, ob die religiösen Wandlungen jener Epoche, die Kultur der Renaissance oder das Entstehen des Kapitalismus dafür verantwortlich waren.[43] Seither zieht sich durch die mehrhundertjährige Sozialgeschichte der Armut wie ein roter Faden die Aufteilung der davon Betroffenen in »würdige« und »unwürdige Arme« bzw. in »verschämte« und »unverschämte Arme«. Man unterstellte den Letzteren, die gesellschaftlichen Konventionen ohne Grund zu missachten bzw. sich ihnen aus wenig ehrenvollen Motiven zu widersetzen. »Die Überzeugung, unwürdige Arme hätten keine Moral, sie seien hartnäckige Schwindler, sittenlose Müßiggänger und Diebe, diese Überzeugung also stammt aus dem Mittelalter und lebt in der einen oder anderen Form bis heute fort.«[44]

Alle nur möglichen negativen Eigenschaften werden ihnen angedichtet, was die subjektive Seite der Armut so unerfreulich macht. Arme sind gesellschaftliche Außenseiter, die nicht als Mitmenschen wie du und ich, sondern als »Fremde im eigenen Land« behandelt werden. Das kränkt sie erheblich mehr, als wenig Geld zu haben und sich nicht alles kaufen zu können, was andere schon längst besitzen. Was die angebliche Wildheit, Unsittlichkeit und Verworfenheit der Armen betrifft, sind Parallelen zur rassistischen Sicht der Kolonialmächte auf die Bewohner/innen der von ihnen eroberten Gebiete unübersehbar. Rebekka Habermas hat die Armenbilder im deutschen Kaiserreich untersucht und dabei auffallende Ähnlichkeiten zwischen den Darstellungen außereuropäischer »Eingeborener« und innereuropäischer Unterschichten festgestellt.[45]

Stigmatisierung, Diffamierung und Kriminalisierung der Armen sind nur dann möglich, wenn es sich dabei um eine Minderheit (oder eine machtlose Mehrheit wie die Schwarzen im Südafrika der Apartheid) handelt, der man die Schuld für ihre soziale Misere selbst in die Schuhe schieben kann. Armut ist aber in der Regel gar kein persönlich verschuldetes Schicksal, sondern ein gesellschaftlich erzeugtes Problem, das eben deshalb auch nur politisch, nicht (sozial)pädagogisch oder psychotherapeutisch gelöst werden kann.

Verbunden war die begriffliche Differenzierung zwischen würdigen und unwürdigen Armen mit einer teilweise höchst unterschiedlichen Behandlung dieser beiden Gruppen durch Bevölkerung wie Obrigkeit. Während man den ehrenhaften »Haus-Armen« mildtätige Gaben zukommen ließ, war man gegenüber dem »fahrenden Volk«, das der Spielsucht, der Prasserei und der Unzucht verdächtigt wurde, wenig zimperlich. Robert Jütte schildert die Mechanismen, mittels deren (bettelnde) Arme in früheren Jahrhunderten stigmatisiert und kriminalisiert wurden. Als subtile Me-

thoden nennt er Verachtung und Verleumdung, Beleidigung und Be-
schimpfung, bei denen es allerdings nicht immer blieb.[46] Neben der bruta-
len Ausgrenzung, die bis zum An-den-Pranger-Stellen und zum öffentlichen Auspeitschen der Bemitleidenswerten reichte, wurde auch die relativ
humane Ausweisung bzw. mehr oder weniger freiwillige Auswanderung
praktiziert, bevor sich in fast allen europäischen Staaten während der frühen Neuzeit die Zucht- und Arbeitshäuser durchsetzten. Sie erfüllten
Funktionen, die Christian Marzahn drei unterschiedlichen Sphären (Ökonomie, Ordnungspolitik und Ideologie) zuordnet:»Auf der ökonomischen
Ebene bedeutet das Zucht- und Arbeitshaus eine Entlastung der Armen-
kassen und damit eine allgemeine Zentralisierung, Rationalisierung und
Ökonomisierung des Armenwesens. [...] Auf der ordnungspolitischen
Ebene war das Zucht- und Arbeitshaus ein Instrument der Sozialdiszipli-
nierung, dessen sich das aufsteigende Bürgertum mittels der Kommunali-
sierung der Armenpflege immer mehr bemächtigte und mit dem es seine
eigenen wirtschaftlichen und gesellschaftlichen Interessen an der Hervor-
bringung des disziplinierten Lohnarbeiters und an der sozialen Kontrolle
abweichender Verhaltensweisen absicherte. Auf der ideologischen Ebene
erzwang, demonstrierte und verbreitete das Zucht- und Arbeitshaus päda-
gogisierend jene neuen Orientierungen und Normen, deren Verinnerli-
chung den freien Lohnarbeiter erst funktionstüchtig und verwertbar
macht.«[47]

Arbeitshäuser waren»Besserungsanstalten«, in denen eine Umerziehung
der Armen stattfinden sollte, weil man allgemein glaubte, diese seien bisher
nur einem schlechten Einfluss ausgesetzt gewesen und müssten daher mit
der nötigen Härte auf den Pfad der Tugend zurückgeführt werden. Umgekehrt entwickelten die Armen subversive Überlebens- bzw. Gegenstrate-
gien und teils sehr diffizile Techniken, um der staatlichen Repression zu
entgehen.[48] Später trat die materielle Integration durch staatliche
Sozialpolitik an die Stelle der systematischen Repression. Sie war allerdings
ebenfalls mit dem fortwährenden Bemühen privilegierter Gruppen verbunden, einen möglichst großen Teil der Hilfebedürftigen als»faul« zu
brandmarken, um den Kreis der Unterstützungsberechtigten auf diese
Weise klein zu halten und die (von ihnen) dafür meist durch Steuern auf-
zuwendenden Finanzmittel zu minimieren. Nicht unterschätzt werden darf
auch der Abschreckungseffekt, den eine Gesellschaft durch Diskreditierung und Kriminalisierung der Armen erzielt.

Gefahren für die Demokratie: Armut und Reichtum – ein Interdependenzverhältnis?

Armut existiert – wie gesagt – nie unabhängig von den gesellschaftlichen Verhältnissen, die sie umgeben. Dazu gehören in der Welt von heute ein früher unvorstellbares Maß an Wohlstand und Reichtum. In unserer Gesellschaft ist der Zusammenhang zwischen Armut und Reichtum allerdings geradezu mit einem Tabu belegt,[49] vermutlich deshalb, weil man sich mit seiner Durchdringung den Ursachen von Ersterer nähert. Armut ist jedoch nicht aus sich heraus, sondern nur im Kontext ihres Gegenstücks, des Reichtums, wirklich zu verstehen. Daher kann man, eine berühmte Sentenz Max Horkheimers über den Zusammenhang von Kapitalismus und Faschismus abwandelnd, mit einiger Berechtigung formulieren: Wer vom Reichtum nicht sprechen will, sollte auch von der Armut schweigen! Anders gesagt: Gäbe es keine riesigen Einkommens- und Vermögensunterschiede zwischen den Menschen, würde man zumindest in einem reichen Land auch niemanden arm nennen können.

Armut und Reichtum sind zwei Seiten einer Medaille, oder pointierter formuliert: Ohne den Reichtum existiert keine Armut und ohne die Armut kein Reichtum. Armut und Reichtum gehören ebenso fest zusammen wie Schwarz und Weiß, wie Licht und Schatten oder wie Tag und Nacht. Das eine kann es jeweils ohne das andere gar nicht geben, und beide bilden nicht nur einen begrifflichen Gegensatz, sondern auch eine strukturelle Einheit. Armut und Reichtum stehen zueinander in einem dialektischen Wechselverhältnis, was sich am Beispiel der kapitalistischen Profitwirtschaft zeigt. Der dieser innewohnende Drang nach Gewinnmaximierung und die Tendenz zur Verarmung eines Teils der Bevölkerung gehen Hand in Hand. »Reichtum produziert unter diesen Umständen Armut: Die Lohnkürzung des einen ist die Dividende des anderen.«[50]

Alexander Schubert bestimmt Armut gleichfalls in Relation zum gesellschaftlichen Reichtum: »Armut ist das Ergebnis der Art und Weise, wie Reichtum produziert wird. Und wie er verteilt wird.«[51] Zwar hat der Kapitalismus wie keine andere Gesellschaftsformation vor ihm die Produktivkräfte entwickelt und den gesellschaftlichen Reichtum vermehrt, falsch wäre es jedoch, daraus zu schließen, er könne das Armutsproblem lösen. Schon Georg Friedrich Wilhelm Hegel hatte in seiner »Rechtsphilosophie« festgestellt, »daß bei dem Übermaße des Reichtums die bürgerliche Gesellschaft nicht reich genug ist, d.h. an dem ihr eigentümlichen Vermögen nicht genug besitzt, dem Übermaße der Armut und der Erzeugung des

Pöbels zu steuern.«[52] Armut kann im Rahmen der bestehenden Gesellschaftsordnung nicht durch zunehmenden Reichtum beseitigt werden, da beide systembedingt und konstitutive Bestandteile des Kapitalismus sind. Bertolt Brecht hat es während des Zweiten Weltkrieges in einem berühmten Vierzeiler folgendermaßen ausgedrückt: »Armer Mann und reicher Mann / standen da und sah'n sich an. / Und der Arme sagte bleich: / Wär' ich nicht arm, wärst du nicht reich.« Dass sich Reichtum und Wohlstand auf Kosten der Armen entwickeln, zeigt Jens S. Dangschat für die Freie Hansestadt Hamburg.[53] Armut entsteht nicht trotz, sondern durch Reichtum. Da die *Fähigkeit*, finanzielle Ressourcen *nicht* für die private Lebensführung zu verausgaben, genauso wie die Spar*neigung* mit der Höhe des Einkommens und Vermögens einer Person tendenziell zunimmt, entzieht die Kapitalkonzentration (Monopolisierung) der Volkswirtschaft die zur Ankurbelung der Binnenkonjunktur und damit zur Bewältigung von Wirtschaftskrisen nach keynesianischem Muster nötigen Mittel und lähmt so die Wachstumskräfte, wodurch die Krisenhaftigkeit des Systems steigt und der zunehmende private Reichtum wiederum mehr Armut schafft.[54]

Günther Salz, der sich auf die Klassiker des Marxismus einerseits und neomarxistische Theoretiker andererseits stützt, stellt Armut in den strukturellen Zusammenhang der Kapitalakkumulation, betont die Notwendigkeit zur materiellen Reproduktion der Arbeiterklasse und nimmt Bezug auf den Terminus der »industriellen Reservearmee« (Karl Marx), welcher für ihn den Schlüssel zur Erklärung von Not und Elend des modernen Proletariats bildet. Weder stellt die Armut laut Salz einen Fremdkörper im Kapitalismus dar, noch kann das bestehende Wirtschafts- und Gesellschaftssystem funktionieren, ohne dass es sie gibt. »Die Armut ist daher nicht nur ein lästiger Stachel im Fleisch des Wohlstands, sondern sie ist *Fleisch vom Fleische* der bürgerlichen Gesellschaft und ihrer Produktionsweise. Integraler Teil dieser Produktionsweise ist der Staat, der die grundlegenden Risiken der Kapitalproduktion zwar nicht aufheben kann, sie dennoch beständig modifiziert, und der die ›Soziale Frage‹ dennoch keineswegs ›löst‹, sondern sie auf Dauer stellt.«[55]

Hingegen würde eine Stärkung der Massenkaufkraft die Konjunktur ankurbeln sowie die Kluft zwischen Arm und Reich zumindest ansatzweise schließen helfen. Als das als »Konjunkturpaket II« der Bundesregierung bekannte *Gesetz zur Sicherung von Beschäftigung und Stabilität in Deutschland* im Januar/Februar 2009 von Bundestag und -rat verabschiedet wurde, übten fünf Professoren für Politikwissenschaft (darunter der Verfasser) per gemeinsamer Erklärung heftige Kritik:»Arme und Arbeitslose werden von der Regierung systematisch vernachlässigt.«[56] Vor allem die Kaufkraft der untersten Einkommensgruppen, etwa durch eine generelle Anhebung der Grundsicherung für Arbeitsuchende und deren Angehörige nach dem *Vierten Gesetz für moderne Dienstleistungen am Arbeitsmarkt* (Hartz IV), dauerhaft zu erhöhen, wäre aus ihrer Sicht nicht bloß sozial gerechter, vielmehr auch ökonomisch sinnvoller gewesen. Gefordert wurden ein Sofortausgleich der Einkommensverluste der Hartz-IV-Empfänger/innen seit Amtsantritt der Großen Koalition (12 bis 15 Prozent), die Erhöhung des Eckregelsatzes auf 500 EUR und der Kinderregelsätze um mindestens 100 EUR monatlich sowie ein gesetzlicher Mindestlohn in Höhe von 10 EUR pro Stunde.

Um das Ausmaß der sozialen Polarisierung in einer Gesellschaft zu erfassen, muss man Armut und Reichtum gleichermaßen berücksichtigen, weil sonst ein schiefes, zumindest jedoch ein unvollständiges Bild der Verteilungsrelationen entstehen würde. Erschwert wird ein solches Vorhaben dadurch, dass der Letztere normalerweise auf Diskretion pocht und sich möglichst gut versteckt bzw. tarnt, vor allem dann, wenn sich ein Wissenschaftler bemüht, seine genaue Höhe offenzulegen. Ernst-Ulrich Huster, der im Unterschied zu den meisten seiner Fachkollegen sowohl Armuts- wie auch Reichtumsforscher ist, schrieb dazu in einem von ihm 1993 herausgegebenen Sammelband mit süffisantem Unterton:»Reichtum gleicht einem scheuen Wild, die Sozialstatistik und die öffentliche Forschungsförderung tragen dem in hohem Maße Rechnung.«[57]

Die wissenschaftliche Bestimmung von Reichtum ist nicht weniger schwierig als die von Armut. In dem Bestreben, das Ausmaß des Reichtums empirisch zu erfassen, suchte Huster nach einer operationalisierbaren Definition. Dabei orientierte er sich an einem relativen Armutsbegriff und bestimmte eine Reichtums- in Analogie zu der seinerzeit im EG-Rahmen allgemein anerkannten Armutsschwelle von 50 Prozent des Nettoäquivalenzeinkommens:»Wenn ein Leben unterhalb der Hälfte dessen, was – im gewichteten Durchschnitt – einem Haushalt zur Verfügung steht, die Grenze zur Armut markiert, so bedeutet das Überschreiten des doppelten durchschnittlichen gewichteten Haushaltseinkommens ebenfalls einen besonderen Einschnitt, der […] als Reichtumsgrenze gefaßt werden soll.«[58] Darüber hinaus sei der Nachweis einer besonderen Qualität beim Verbrauch in diesen Haushalten relevant. Auf dieser Grundlage gelangte Huster damals zu der prägnanten Zahl von 1 Mio. reichen Haushalten im vereinten Deutschland, die man getrost anzweifeln darf, denn wenn jemand die genannte Einkommensschwelle überschritt, gehörte er sicher zu den Besserverdienenden, aber nicht unbedingt zu den Reichen. Der in der Wissenschaft, aber auch der Armuts- und Reichtumsberichterstattung des Bundes mittlerweile gebräuchliche Schwellenwert von 200 Prozent des bedarfsgewichteten Durchschnittseinkommens markiert eher eine *Wohlstands*grenze, weil Reichtum mehr ist, als ein doppelt so hohes Nettoäquivalenzeinkommen (gegenwärtig ca. 3.500 EUR pro Monat) wie der Bevölkerungsdurchschnitt zu haben.

Reichtum bedeutet die Möglichkeit, wirtschaftlich und politisch Macht auszuüben, wie Armut umgekehrt bedeutet, ökonomische und soziale Ohnmacht zu erfahren. Wieder geht es nicht bloß um Geld, obwohl dieses das Fundament des privaten Reichtums bildet. Hans-Jürgen Krysmanski spricht von einem »Geldmachtapparat«, der das Netzwerk einer Finanzoligarchie bilde und es ganz unterschiedlichen Gruppen von Superreichen ermögliche, unter dem Schleier der neoliberalen Deregulierungsideologie ein neuartiges Regime zu errichten, das auf einer »kapitalismusbasierten High-Tech-Refeudalisierung« beruhe.[59] An dem Grundproblem, dass auf den Finanzmärkten nicht zuletzt durch spekulative Geschäfte fast über Nacht riesige Vermögen entstehen und manchmal auch genauso schnell wieder vergehen, wird eine internationale Kontrollinstanz, eine strengere Bankenaufsicht und mehr Transparenz in diesem Bereich, wie sie die G-20-Staaten planen, wenig ändern.

In einer wohlhabenden Gesellschaft, die den Anspruch erhebt, sozial, gerecht und demokratisch zu sein, müssen Armut, sofern sie nicht auf Einzelfälle beschränkt ist und man ein persönliches Versagen der davon Betroffenen unterstellen kann, wie Reichtum, der ein vernünftiges Maß übersteigt, öffentlich gerechtfertigt werden. Dies geschieht primär über die Lehre, wonach es Leistungsträgern in der Sozialen Marktwirtschaft besser geht und besser gehen soll als den weniger Leistungsfähigen oder gar den »Leistungsverweigerern«, »Faulenzern« und »Sozialschmarotzern«. Reinhard Kreckel bezeichnet die Leistungsideologie als wichtigstes Mittel zur Legitimation von sozialer Ungleichheit in fortgeschrittenen westlichen (und östlichen) Staatsgesellschaften. Er spricht von einer »meritokratische(n) Triade« von Bildungsabschluss, beruflichem Rang und Geldeinkommen – in der genannten Reihenfolge: »Die Qualifikation eines Individuums *soll* in eine entsprechende berufliche Position konvertierbar sein, die berufliche Position *soll* mit einem ihr angemessenen Einkommen ausgestattet sein – so will es die Leistungsideologie.«[60] Dass es sich hierbei um einen Mythos handelt, hat der Darmstädter Soziologe Michael Hartmann empirisch belegt. Seine breit angelegten Untersuchungen zeigen nicht bloß, dass sich die Leistungseliten gegenwärtig auf geradezu inzestuöse Weise hauptsächlich aus ihrem eigenen Herkunftsmilieu reproduzieren und eine »geschlossene Gesellschaft« bilden.[61] Gleichzeitig vertreten sie ihre Interessen heute auch sehr viel massiver und rücksichtsloser als in der »alten« Bundesrepublik, weil sich seither die Kräfteverhältnisse zwischen Kapital und Arbeit spürbar zu ihren Gunsten geändert und durch den Aufstieg des Neoliberalismus ideologische Deutungsmuster an Bedeutung gewonnen haben, die ihre soziale Privilegierung legitimieren.

Armut und Reichtum werden gerechtfertigt, indem man sie als Sachzwang darstellt. So hält die Wirtschaftsjournalistin Inge Kloepfer nichts von allgemeinen Klagen über steigende Armut, die es schon lange gebe, denn Chancen und Risiken, wie sie eine moderne Leistungsgesellschaft nun einmal mit sich bringe, müssten akzeptiert werden: »Armut oder, besser gesagt, relative Armut ist wahrscheinlich die notwendige Begleiterscheinung einer von ihrer Ausrichtung her meritokratischen Gesellschaft, in der sich ein jeder nach seiner Leistung einen Platz erobert.«[62] Tatsächlich ist Armut unter den gegenwärtigen Bedingungen funktional, d.h. für die Aufrechterhaltung der bestehenden Macht- und Herrschaftsverhältnisse erforderlich, diszipliniert sie doch unmittelbar Betroffene, Erwerbslose und Arbeitnehmer/innen gleichermaßen. Dies bedeutet jedoch weder, dass Armut immer von jedem einzelnen politisch Verantwortlichen gewollt, noch dass sie für das bestehende Wirtschafts- und Gesellschaftssystem völlig ungefährlich ist. Außerdem eröffnen sich bessere Aufstiegsmöglichkeiten für Einzelne, wenn möglichst viele Mitkonkurrent(inn)en niedergehalten werden. »Obwohl gerade in der Bundesrepublik die Ressourcen zur Überwindung von Armutslagen vorhanden sind, wird Armut mitsamt ihren individuellen und sozialen Folgen gesellschaftlich in Kauf genommen.«[63]

Früher verkörperten die Armen ein »soziales Worst-case-Szenario« für Gesellschaftsmitglieder, die sich nicht systemkonform verhielten; ihnen blieb jedoch (fast) immer die Hoffnung, ihre Lage durch eigene Anstrengungen und/oder glückliche Fügungen des Schicksals zu verbessern. Auch wenn diese Erwartungen fast nie erfüllt wurden, steckte darin ein wichtiger Lebensimpuls, der sonst schwer vergleichbare Gruppen miteinander verband, weil soziale Grenzlinien zumindest prinzipiell – wiewohl real eben nur im Ausnahmefall – überwunden werden konnten. Armut diente also der Disziplinierung, Motivierung und Loyalitätssicherung. Die (Angst vor der) Armut war ausgesprochen nützlich für den Fortbestand des politischen und Gesellschaftssystems.[64] Nur ganz selten wagt ein Wissenschaftler, solche unbequemen Wahrheiten offen auszusprechen. Jens S. Dangschat gehört zu den wenigen Soziologen, die konstatieren, dass es Profiteure und Ideologen der Armut gibt:»Arbeitslosigkeit, eingeschränkte Sozialstaatlichkeit, Armut und sozial(räumlich)e Ausgrenzung sind […] kein Mißgeschick und kein Unfall – sie sind Folge und Voraussetzung einer ›Freien Marktwirtschaft‹ und als solche Bestandteil einer neoliberalen Gesellschaftsordnung, wie sie bereits durch Thatcher in Großbritannien und Reagan in den USA durchgesetzt wurde.«[65] Das kapitalistische Wirtschaftssystem setze auf einen Staat, der nicht mehr in erster Linie sozial sein will und immer weniger Geldmittel zur Erfüllung dieser Aufgabe zur Verfügung hat:»Insofern ist die Öffnung der sozialen Schere gewollt, wird zumindest so lange billigend in Kauf genommen, wie die Auswirkungen gesellschaftlicher Spaltungen erträglich bleiben.«[66] Armut sei damit geeignet, Prozesse der Flexibilisierung und Deregulierung zu unterstützen und Arbeitnehmer/innen zu disziplinieren.

Wenn die bestehende Wirtschaftsordnung statt sozialer Gerechtigkeit sowohl vermehrt Armut wie auch immer größeren Reichtum schafft, muss sie diese Ungleichverteilung der gesellschaftlichen Ressourcen und der Lebenschancen rechtfertigen, um ihre Legitimationsbasis nicht zu verlieren.»Je mehr man Wohlstand als schlüssigen Beweis von Leistung sieht, desto mehr neigt man dazu, Armut als Zeichen des Versagens zu betrachten – wobei die Strafe für das Versagen größer zu sein scheint, als es der Verstoß verlangt.«[67] Vor allem in einem Land, das unter dem geistig-politischen Einfluss des Neoliberalismus steht und daher stark auf Leistung und ökonomischen Erfolg setzt, bedeutet Armut nicht bloß, dass ein Mangel an prestigeträchtigen Konsumgütern besteht, sondern auch, dass hiermit ein Makel verbunden ist, der das Selbstwertgefühl davon Betroffener erschüttert.

Breitet sich die Armut in einem reichen Land aus, wird ein Großteil der Bevölkerung marginalisiert, die Menschenwürde gleich massenhaft verletzt und den Betroffenen»strukturelle Gewalt« (Johan Galtung) angetan. Arme und Reiche leben in einem permanenten Spannungsverhältnis, das sich zur sozialen Zeitbombe entwickeln kann, während Politik, Staat und Verwaltung nicht selten die Armen anstelle der Armut bekämpfen, statt für einen gerechten sozialen Ausgleich zu sorgen. Gleichzeitig gerät die Demokratie in Gefahr, denn sie verträgt sich nicht mit massenhafter Armut und extremem Reichtum. Wo die Armut grassiert, wird die Demokratie automatisch paralysiert. Damit die Demokratie eine Regierungsform ist, in der sich alle wiederfinden – sonst handelt es sich ja gar nicht um eine »Herrschaft des Volkes« –, muss sie eine *soziale* Demokratie sein, die Armut energisch bekämpft. Tut sie das nicht, werden jene Gesellschaftsmitglieder am meisten enttäuscht, die ihre personelle Basis bilden müssten.

Je weniger Chancen die Armen haben, sich gleichberechtigt an demokratischen Willensbildungs- und Entscheidungsprozessen zu beteiligen, umso stärker empfinden sie die Informations-, Partizipations- und Emanzipationsdefizite eines Parlamentarismus, dem sie voller »Politiker- und Parteienverdrossenheit« begegnen. Arme sind nicht nur sozial benachteiligt, vielmehr in aller Regel auch politisch weniger aktiv, skeptischer gegenüber der Demokratie, die sie häufig für ihre prekäre Lage (mit) verantwortlich machen, und seltener bereit, wählen zu gehen.[68] »Die Gesellschaft entwickelt sich in Richtung einer Demokratie der Eliten, gestützt auf Repression gegen Minderheiten.«[69] Hieraus kann eine Legitimationskrise der parlamentarischen Demokratie erwachsen, die im Wesentlichen darauf beruht, dass alle Bürger/innen unabhängig von Einkommen und Vermögen gleiche Partizipationsmöglichkeiten haben und diese auch kontinuierlich wahrnehmen.

Die zunehmende soziale Spaltung erhöht nicht bloß das Konflikt- und Gewaltpotenzial der Gesellschaft, vielmehr auch die Wahrscheinlichkeit einer Krise der politischen Repräsentation. Wenn die Lebensverhältnisse der Mitglieder einer demokratisch verfassten Gesellschaft, d.h. Armut und Reichtum immer stärker auseinander klaffen, kann sich eine latente Bürgerkriegsstimmung ausbreiten. Wer die brisante Mischung von berechtigter Empörung, ohnmächtiger Wut und blankem Hass auf fast alle (Partei-)Politiker/innen unseres Landes kennt, wie sie wohl nur in Versammlungen von Hartz-IV-Bezieher(inne)n existiert, sofern diese nicht schon resigniert und sich aus der Öffentlichkeit zurückgezogen haben, kommt zu dem Schluss, dass in der Bundesrepublik längst zwei Welten oder »Parallelgesellschaften« existieren und die Brücken dazwischen endgültig abgebrochen sind.

Armut ist eine Gefahr für die Demokratie, weil diese mehr beinhaltet, als dass Bürger/innen alle vier oder fünf Jahre zur Wahlurne gerufen werden, nämlich auch einschließt, dass sie gleichberechtigt an den politischen

Willensbildungs- und Entscheidungsprozessen teilnehmen können. Hierzu müssen sie über die materiellen Mittel verfügen, um auch in ferner gelegenen Orten stattfindende politische und Bildungsveranstaltungen sowie Aktionen, Kundgebungen und Demonstrationen zu besuchen. Eine alleinerziehende Mutter, die nicht weiß, wie sie eine bevorstehende Klassenfahrt oder teure Schulmaterialien für ihre Kinder bezahlen soll, wird sich kaum an den politischen Willensbildungs- und Entscheidungsprozessen beteiligen können.

Nicht bloß die um sich greifende Armut, sondern auch der sich bei wenigen Privatleuten anhäufende Reichtum gefährdet die Demokratie in der Bundesrepublik. Wolfgang Glatzer und seine Mitarbeiter/innen haben auf dem Weg über repräsentative Meinungsumfragen festgestellt, dass die Mehrheit der Bundesbürger/innen im Reichtum zwar eine »notwendige Bedingung von gesellschaftlichem Fortschritt« zu erkennen glaubt, aber auch »eine gewisse Skepsis bezüglich des Reichtums« hegt.[70] Wegen der Finanzmarktkrise, die das Vertrauen in Bankiers, Broker und Börsianer auf absehbare Zeit erschüttert, wenn nicht für immer zerstört hat, dürften die Akzeptanzprobleme des Reichtums eher noch zunehmen. Wenn die soziale Ungleichheit wächst, sinkt die Gerechtigkeit in der Gesellschaft, wodurch das soziale Konfliktpotenzial und die Gewaltbereitschaft einzelner Bevölkerungsgruppen steigen. Während hierzulande darüber bisher viel zu wenig diskutiert wird, obwohl die Spannungen zwischen den verschiedenen Klassen und Schichten augenscheinlich zunehmen, ist das Problem in Bezug auf die USA mit ihren noch stärker ausgeprägten Einkommens- und Vermögensunterschieden durchaus präsent.[71]

Empirische und theoretische Grundlagen

Wenn begriffliche Klarheit darüber besteht, was mit »Armut« und »Reichtum« gemeint ist, stellt sich die Frage nach der empirischen Erfassung sowie einer theoretischen Verortung beider Phänomene. Nicht bloß die Bestimmung dessen, was unter »Armut« zu verstehen ist, erweist sich als schwierig, sondern auch die Methodik, nach der man sie misst. Freilich sind geeignete Messverfahren und statistische Auswertungsmethoden nicht Gegenstand der folgenden Erörterungen. Stattdessen sollen unterschiedliche Konzepte daraufhin geprüft werden, ob sie dem oben entwickelten

Armutsbegriff adäquat sind. Außerdem gilt es, einem positivistischen Armutsverständnis entgegenzutreten, das Einkommensarmut und quantitative Forschungsmethoden gleichermaßen verabsolutiert, ohne eine kritische Gesellschaftstheorie als Grundlage der Armutsforschung zu akzeptieren.

Wie man Armut misst: Ansätze und Methoden der empirischen Armutsforschung

Besonders große Aufmerksamkeit in der (Medien-)Öffentlichkeit finden erfahrungsgemäß Statistiken, Daten und Zahlen, obwohl sie über das wirkliche Ausmaß der Armut häufig wenig Auskunft geben, vielmehr nicht selten der Verschleierung und Beschönigung unerfreulicher gesellschaftlicher Zustände dienen. Man kann so weit gehen, von einem in der Öffentlichkeit grassierenden Positivismus und »Zahlenfetischismus« zu sprechen, unter dem die Aufklärung über strukturelle Zusammenhänge und Hintergründe leidet. Kaum ist eine neue, noch so dubiose »Studie« zur Armutsentwicklung auf dem Markt, schlachten teilweise sensationslüsterne Meinungsmacher und Multiplikatoren ihre Ergebnisse für sich aus.

Armut ist ein derart komplexes Phänomen, dass es sich empirisch nie vollständig erfassen und exakt quantifizieren lässt. Gleichwohl hat, wer nicht über valide Daten verfügt, keine solide Argumentations- und erst recht keine taugliche Handlungsbasis. Genauso unerlässlich wie die Fakten sind für Sozialwissenschaftler/innen ihre gute Präsentation und ihre überzeugende Interpretation. Armut lässt sich nur dann mit Erfolg bekämpfen, wenn ein Konsens über ihre Existenz und ihr (ungefähres) Ausmaß herrscht. Deshalb ist möglichst verlässliches Zahlenmaterial die Grundlage einer fundierten Beschäftigung mit dem Armutsproblem und dessen Lösung. Es kommt allerdings nicht darauf an, jeden einzelnen Armen zahlenmäßig zu erfassen, sondern darauf, den entscheidenden Trend, d.h. die Entwicklungsrichtung der Sozialstruktur zu dokumentieren und hieraus richtige Schlussfolgerungen zu ziehen.

Fragt man Leute auf der Straße, was sie mit dem Begriff »Armut« verbinden, dürfte häufig die Antwort »Hartz IV-« oder »Sozialhilfebezug« lauten. Dabei handelt es sich um staatliche Transferleistungen, die an eine Bedürftigkeitsprüfung gebunden sind. Für einen Wissenschaftler, der das Ausmaß der Armut in einem Landkreis, einer kreisfreien Stadt, einem Bundesland oder der Republik insgesamt feststellen will, bietet der Bezug

von Sozialleistungen als Maßstab große Vorteile: Von den Gebietskörperschaften bzw. deren zuständigen Stellen sind genaue Zahlen darüber leicht
zu erhalten. Allerdings liegen auch die Nachteile einer solchen Vorgehens-
weise auf der Hand: Man spricht von »verdeckter Armut«, »versteckter
Armut«, »verschämter Armut« oder einer »Dunkelziffer der Armut«, womit
man Personen meint, denen bedarfsgeprüfte Transferleistungen zustehen,
die aber darauf verzichten, sei es, weil sie keine oder falsche Informationen
darüber oder über ihre Anspruchsberechtigung besitzen, sei es, weil sie zu
stolz sind oder sich schämen, einen Antrag auf »Hartz IV« (Arbeitslosengeld II bzw. Sozialgeld) oder Sozialhilfe (Hilfe zum Lebensunterhalt bzw.
Hilfe in besonderen Lebenslagen) zu stellen, oder sei es, weil sie befürchten, ihre Angehörigen würden von den Sozialbehörden regresspflichtig
gemacht.[72] Durch die Einführung der »Grundsicherung für Arbeitsuchende« (SGB II bzw. Hartz IV) am 1. Januar 2005 dürfte die Dunkelziffer
jedoch gesunken sein, weil der Gang zum örtlichen Jobcenter offenbar
weniger abschreckend wirkt als der Gang in das bis dahin zuständige Sozialamt.

Wenn es darum geht, die Armut zu messen, unterscheidet man zwischen dem Ressourcen- und dem Lebenslagenansatz. Das zuerst genannte
Konzept ist für Ressourcen jeder Art offen, beschränkt sich allerdings in
der Regel auf die ökonomischen bzw. monetären. Die relative Einkommensarmut wird im *Haushalts*kontext erhoben, was Kritik aus den Reihen
der feministischen Armutsforscherinnen hervorrief. Karin Heitzmann wies
die Hypothese, dass die in einem Haushalt vorhandenen Ressourcen gleich
verteilt würden und somit alle seine Mitglieder entweder armutsgefährdet
seien oder nicht, als Unterstellung zurück: »Armutsgefährdet sind Personen
und nicht Haushalte.«[73] Gleichwohl muss der familiäre bzw. der Haushalts-
kontext berücksichtigt werden, in dem Individuen leben, soll kein falsches
Bild ihrer Lebenssituation entstehen.

Damit die Ergebnisse trotz unterschiedlicher Haushaltsgrößen vergleichbar sind, verwendet man sog. Äquivalenzskalen und berechnet damit
ein *bedarfsgewichtetes* Pro-Kopf-Einkommen. Man ermittelt aus dem Netto-
einkommen jenes Haushalts, dem eine Person angehört, mittels einer (von
der OECD entwickelten und später modifizierten) Äquivalenzskala, die
Einsparungen durch das gemeinsame Wirtschaften sowie die unterschiedlichen Bedarfe von Erwachsenen und Kindern berücksichtigt, das bedarfsgewichtete Pro-Kopf- bzw. das Nettoäquivalenzeinkommen. Existieren
hierüber zu allen Bewohner(inne)n eines Landes genügend Informationen,

bedarf es schließlich noch einer Konvention, wo die Armut beginnt. Sprach man früher in der EU ab 60 Prozent des Durchschnittseinkommens von »Armutsnähe«, ab 50 Prozent von »relativer Armut« und ab 40 Prozent von »strenger Armut«, ist heute ab 60 Prozent des Medianeinkommens lediglich von einem »Armutsrisiko« die Rede, was Ottmar Schreiner mit Blick auf die Armuts- und Reichtumsberichterstattung der Bundesregierung kritisiert: »Dieser eher verniedlichende Begriff lässt wohl aus taktischen Gründen offen, inwieweit diese Menschen tatsächlich arm sind.«[74]

OECD und EU setzten die Armuts(risiko)grenze früher bei 50 Prozent des arithmetischen Mittels an und haben sich mittlerweile auf 60 Prozent des Medians verständigt. Die zuletzt genannte Berechnungsweise, bei welcher nicht der Durchschnitt aller Einkommen, sondern das Einkommen der mittleren Person in einer Reihe aller Gesellschaftsmitglieder zugrunde gelegt wird, soll verhindern, dass Extremausschläge nach oben (Einkommen im mehrstelligen Millionenbereich) die Ergebnisse verzerren. Gleichwohl zieht Olaf Groh-Samberg das arithmetische Mittel dem Zentralwert (Median) vor, was er wie folgt begründet: »Die Sensitivität des arithmetischen Mittelwerts gegenüber hohen Einkommen ist im Kontext des Konzepts relativer Armut theoretisch als Vorteil zu betrachten, weil auf diese Weise auch Veränderungen im oberen Einkommensbereich in die ›Referenzgruppe‹ einbezogen werden.«[75] Dagegen werde bei Verwendung des Medians implizit angenommen, dass sich die Gruppe der Armen nur am Wohlstand in der unteren Einkommenshälfte orientiere, weil er selbst dann unverändert bleibe, wenn sich das Einkommensvolumen des reicheren Bevölkerungsteils verdoppeln würde.

Armuts(risiko)schwellen, die sich auf relative Einkommensarmut beziehen, haftet immer etwas Willkürliches an. Olaf Groh-Samberg kritisiert denn auch, dass die Verwendung einkommensbasierter Armutsmaße in der deutschen Sozialberichterstattung immer noch klar vorherrscht. »Das Konzept der relativen Einkommensarmut kann weder das Ziel einer möglichst validen Messung von Armut erreichen, geschweige denn als ungleichheitssoziologisch durchdachtes Konzept von Armut gelten. Es ist ein statistischer, weitgehend bürokratischer Indikator der Ungleichverteilung von Einkommen im unteren Bereich, mit vielen Messfehlern behaftet und mit noch mehr ›Ermessensspielräumen‹ ausgestattet, die mit einer gewissen inneren Zwangsläufigkeit den statistischen Ämtern die Deutungshoheit (welche Äquivalenzskala? Median oder Mean? Welche Schwelle?) überlassen.«[76]

Die empirischen Methoden zur quantitativen Erfassung von Armut und Reichtum sind begrenzt. Praktisch alle verfügbaren Datengrundlagen haben den Nachteil, dass sie die höchsten Einkommen entweder – wie die Einkommens- und Verbrauchsstichprobe (EVS) des Statistischen Bundesamtes, die alle fünf Jahre erhoben wird – gar nicht erfassen oder gerade im Spitzenbereich aufgrund von Verschleierungstaktiken der Superreichen besonders ungenau sind. Auf der anderen Seite des sozialen Spektrums sieht es ganz ähnlich aus: »Extreme Formen von Armut wie etwa bei Wohnungslosen, illegalisierten MigrantInnen, Suchtkranken und sehr stark deprivierten oder verschämten Gruppen sind der empirischen Analyse nur schwer zugänglich und können bestenfalls durch aufwendige qualitative Fallstudien erforscht werden.«[77]

Die unterschiedlichen Ressourcenverteilungen in Haushalten zeigen die Problematik des Bezugspunktes. Dagegen bezieht der Lebenslagenansatz ausdrücklich sämtliche Lebensbereiche ein, seine Vertreter/innen haben allerdings enorme Schwierigkeiten, diesem Anspruch in der Forschungspraxis gerecht zu werden. So leicht es für einen Wissenschaftler ist, Datenmaterial zur Einkommenssituation von Haushalten zu bekommen, so schwer ist es, deren Lebenslagen zu bestimmen. Hinsichtlich der Lebenslagedimension des Wohnens fragt man die Betreffenden z.b., ob jedes Familienmitglied sein eigenes Zimmer zur Verfügung hat oder nicht.

Als erstes Resultat dieser methodisch-theoretischen Vorüberlegungen kann man festhalten, dass jede *eindimensionale* Konzeptualisierung, etwa eine Fokussierung auf *Einkommens*armut, nur sehr begrenzt aussagekräftig ist. Vor allem in Bezug auf die Armut von Kindern hat es keinen Sinn, das Einkommen zum Maß aller Dinge zu machen, denn die jüngsten Mitglieder der Familie wissen zumeist weder, über wie viel Geld diese verfügt, noch erst recht, wofür sie es ausgibt. Vielmehr kommt es darauf an, möglichst präzise Informationen über die Lebensbedingungen zu erhalten, unter denen die Kinder aufwachsen. Bewährt dabei hat sich in den letzten Jahren der sog. Lebenslagenansatz. Statt nach dem Haushaltsbudget zu fragen, versuchen Armutsforscher/innen herauszufinden, wie es den Kindern in verschiedenen Lebensbereichen geht: Wohnung, Wohnumfeld, soziale Netzwerke, Gesundheit, Bildung, Freizeit und Kultur spielen dabei die Hauptrolle.[78]

Als Urheber des Begriffs »Lebenslage« gilt der Nationalökonom und Philosoph Otto Neurath, der diesen Terminus schon Anfang der 1930er-Jahre zur soziologischen Gesellschaftsanalyse vorschlug. Aufgegriffen und für sozialpolitische Fragestellungen fruchtbar gemacht hat ihn 1950/51 der Kölner Sozialwissenschaftler Gerhard Weisser. Nach ihm ist darunter jener »Spielraum, den einem Menschen (einer Gruppe von Menschen) die äußeren Umstände nachhaltig für die Befriedigung der Interessen bieten, die den Sinn seines Lebens bestimmen«, zu verstehen.[79] Somit hebt der Terminus nicht nur auf verschiedene Aspekte der jeweiligen Arbeits- und Lebensbedingungen ab, sondern betont auch den objektiv vorhandenen und subjektiv empfundenen Spielraum der Lebenswelt, den die Lebensbedingungen für die Befriedigung von Interessen in ihren je spezifischen Ausprägungen bieten können. Eine begriffliche Präzisierung erfuhr das Konzept Mitte der 70er-Jahre durch Ingeborg Nahnsen, die das Weisser'sche Konzept unter Beibehaltung seiner sozialwissenschaftlichen Implikationen von einigen Unbestimmtheiten befreite.[80]

Vertreter/innen des Lebenslagenansatzes erweiterten den wissenschaftlichen Armutsbegriff insofern, als sie die Kumulation prekärer Lebensverhältnisse mit der Einkommensarmut in Verbindung brachten. »Der ›Lebenslagenansatz‹ stellt den Versuch dar, die armutstypische Zusammenballung unterprivilegierter Lebenslagen systematisch zu erfassen und im Rahmen einer Theorie der ›sozialen Ungleichheit‹ zu interpretieren.«[81] Trotz einer langen Geschichte des Ansatzes stehen seine theoretische Fundierung und seine empirische Umsetzung jedoch noch weitgehend aus.[82] Einer der ersten Operationalisierungsversuche für empirische Untersuchungen stammt von Klaus Lompe und seiner Forschergruppe, die während der 80er-Jahre eine Lebenslagenanalyse bei arbeitslosen Sozialhilfeempfänger(inne)n durchführten.[83]

Schwer einsehbar ist, warum der Lebenslagenansatz um die Mitte der 90er-Jahre von Werner Hübinger gleichermaßen gegen die marxistische Klassen- wie gegen die bürgerliche Sozialstrukturanalyse in Stellung gebracht wurde: »Klassen- wie auch Schichtmodelle bieten kein ausreichendes begriffliches und theoretisches Instrumentarium, um die neuen sozialen Ungleichheiten und das unterste Segment der Schichtungshierarchie – das Armutssegment – hinreichend analytisch zu differenzieren und zu beschreiben. Das Lebenslagenkonzept scheint geeignet zu sein, die komplexe soziale Realität viel differenzierter abzubilden.«[84] Schließlich hatte derselbe Armutsforscher einige Jahre vorher, als der Marxismus noch nicht so stark diskreditiert war wie nach der Vereinigung von BRD und DDR, zu Recht darauf hingewiesen, dass sowohl Friedrich Engels' 1845 erschienenes Buch »Die Lage der arbeitenden Klasse in England« wie auch Max Webers 1894 veröffentlichter Aufsatz »Entwicklungstendenzen in der Lage der ostelbischen Landarbeiter« ihren Anspruch, eine soziale Lagenanalyse zu liefern, schon im Titel zu erkennen geben.[85]

Hübinger fand das Grundanliegen des Lebenslagenkonzepts überzeugend, sah damit jedoch auch »kaum lösbare Probleme« auf die Armutsforschung zukommen: »Armut mehrdimensional als Kumulation oder Kombination von Unterversorgungslagen und Benachteiligungen zu definieren, scheint letztlich weder theoretisch noch empirisch einlösbar.«[86] Olaf Groh-Samberg bemerkt ebenfalls, dass der Lebenslagenansatz nicht erst bei der praktischen Umsetzung, sondern bereits im Hinblick auf das theoretische Gerüst problematisch sei: Indem sich der Lebenslagenansatz unterschiedslos auf alle Problemlagen des Lebens beziehe, die in irgendeiner Form, sei es als Folgen, als Ursachen oder als ihr unmittelbarer Ausdruck, mit Armut in engem Zusammenhang stehen, könne er diese begrifflich und analytisch nicht klar von den übrigen Erscheinungsformen sozialer Ungleichheit abgrenzen.[87]

In der öffentlichen Diskussion wie der Fachliteratur werden die Auslöser von Armut häufig mit deren Ursachen verwechselt. Während strukturelle Zusammenhänge und gesellschaftliche Verhältnisse, unter denen Menschen leben bzw. aufwachsen, die Voraussetzungen für Pauperisierungs- bzw. Prekarisierungsprozesse bilden, lösen bestimmte Ereignisse im Lebensverlauf solche Entwicklungen aus oder lassen sie voll zur Wirkung gelangen. Dadurch scheint es so, als sei der Tod des (Familien-)Ernährers, die Scheidung bzw. Trennung vom (Ehe-)Partner, Arbeitslosigkeit oder eine Mehrlingsgeburt am sozialen Abstieg schuld, den zumeist Frauen, Mütter und/oder deren Kinder anschließend erleiden. Tatsächlich waren sie allerdings schon lange vor dem betreffenden Schicksalsschlag unzureichend gesichert und liefen deshalb Gefahr, arm zu werden.

Dietrich Engels, Geschäftsführer des Instituts für Sozialforschung und Gesellschaftspolitik (ISG), vertritt die Auffassung, dass der Begriff »Lebenslagen« durch seine Beschränkung auf die objektiven Lebensbedingungen geschärft werden könne, und schlägt folgende Definition vor: »Der Begriff ›Lebenslage‹ meint die Gesamtheit der sozialen Zusammenhänge, in denen Personen ihre materiellen und immateriellen Möglichkeiten nutzen.«[88] In eine ähnliche Richtung zielt die Argumentation von Olaf Groh-

Samberg, der grundsätzliche Kritik am Lebenslagenansatz übt, ohne diesen zu verwerfen. Für seine Strukturanalyse hat Groh-Samberg einen Armutsindikator gebildet, der Einkommens- und materielle Lebenslagen miteinander kombiniert, wodurch sich im Verhältnis von Armut, Prekarität und Wohlstand sechs Zonen ergeben: die Zone des gesicherten Wohlstandes, die Zone des instabilen Wohlstandes, inkosistente Armut, temporäre Armut, die Zone der Prekarität und die Zone der extremen Armut. In einer Längsschnittanalyse auf der Basis repräsentativer SOEP-Daten von 2000 bis 2004 gelangt Groh-Samberg zu dem Ergebnis, dass sich nicht ganz die Hälfte aller erfassten Personen in der Zone eines gesicherten Wohlstandes und etwas mehr als ein Viertel in der Zone eines instabilen Wohlstandes befinden: »In der Zone der Prekarität, in der sich Phasen der manifesten Armut mit Phasen des prekären Wohlstands abwechseln, lebt etwa ein Zehntel der Population, und für einen nur geringfügig kleineren Bevölkerungsteil, acht bis neun Prozent, hat sich die Armut bereits dauerhaft und in mehreren Lebensbereichen verfestigt. Starke Fluktuationen zwischen Armut und Wohlstand zeigen sich bei gut fünf Prozent der Personen, und ein noch kleinerer Anteil von etwa vier Prozent ist über den betrachteten Zeitraum hinweg dauerhaft inkonsistent arm.«[89]

Gesondert hat Groh-Samberg die Armutsentwicklung in Ost- und Westdeutschland miteinander verglichen. In den alten Bundesländern lässt sich nach seinen Erkenntnissen ein »Trend zur zunehmenden Verfestigung von Armut« ausmachen: »Während die Zone des gesicherten Wohlstands weitgehend konstant bleibt, nimmt die Zone der extremen Armut seit Anfang der 90er Jahre kontinuierlich zu.«[90] In den neuen Bundesländern zeigt sich ein ähnliches Bild, die Zone des gesicherten Wohlstandes ist hier allerdings deutlich kleiner, während die Zone der extremen Armut von ca. 4 auf 9 Prozent anwächst. »Die Entwicklung in Ostdeutschland entspricht also noch weit stärker als die westdeutsche einer zunehmenden Polarisierung der Gesellschaft in gesicherten Wohlstand auf der einen und extreme Armut auf der anderen Seite.«[91]

Karl August Chassé weist gleichfalls auf die »eindeutige Klassenspezifik« der Armut in Ostdeutschland hin: »Die Diskontinuität der Erwerbsbiografie mit ihren Wechseln zwischen fester, keiner und prekärer Beschäftigung und der immer stärkeren Notwendigkeit der Neu- oder Weiterqualifizierung verallgemeinert inzwischen ein gerütteltes Maß an Verunsicherung und Armutsbedrohung innerhalb fast aller [Gruppen von; Ch.B.] Erwerbstätigen und auch bei Freiberuflichen. Dennoch bleibt bei den

weniger qualifizierten Arbeitskräften die Wahrscheinlichkeit deutlich höher, von dauerhafter Armut und prekären Lebenslagen betroffen zu sein.
Insbesondere sind Frauen, bestimmte Jugendliche, Behinderte und
Migranten von Benachteiligungen auf dem Arbeitsmarkt und von Armut
betroffen oder bedroht.«[92]

Unterschwellig drehen sich neuere Armutsdebatten, auf die wir nach-
folgend einen Blick werfen, immer um die Frage, ob sich die Armut durch
Wandlungen der Arbeitswelt einerseits sowie die Rücknahme wohlfahrtsstaatlicher Sicherungsgarantien andererseits verfestigt und vertieft, oder ob
sie breiter streut und auch die Mittelschicht erfasst, anders formuliert, ob
eine neuerliche Pauperisierung, soziale Polarisierung und eine stärkere
Marginalisierung der Betroffenen oder ob eine Generalisierung des Ar-
mutsrisikos und eine umfassende »Durchprekarisierung« der Gesellschaft
stattfinden. Olaf Groh-Samberg spricht in diesem Zusammenhang von
»Spaltungs-« und »Entgrenzungsszenarien«, die er folgendermaßen charakterisiert: »Spaltungsszenarien liegen meist eindimensionale und statische
Armutsmessungen zu Grunde, wobei die ansteigenden Armutsquoten als
Zunahme einer über die Zeit weitgehend identischen Armutspopulation
interpretiert werden. Entgrenzungsszenarien beziehen sich dagegen auf
dynamische Armutsanalysen, die deutlich machen, dass in einer längs-
schnittlichen Perspektive betrachtet ein weitaus größerer Teil der Bevölkerung von Armut betroffen ist, als die statischen Quoten vermuten
lassen.«[93] Zu fragen bleibt jedoch, ob auf diese Weise nicht mögliche Armutsentwicklungen zu Scheinalternativen emporstilisiert werden, die durchaus miteinander vereinbar sind und sich in weltwirtschaftlichen Krisen-
und/oder gesellschaftlichen Umbruchsituationen sogar wechselseitig verstärken können.

Die These der sozialen Exklusion: Arme als »Ausgeschlossene«, »Überflüssige« und »Entbehrliche«?

Vor allem in Frankreich wird die Armut bereits seit längerer Zeit mit sozialem Ausschluss (*exclusion*) in Verbindung gebracht. Damit tragen die dortigen Sozialwissenschaftler/innen der Tatsache Rechnung, dass sich Armut
selten in Unterversorgungslagen erschöpft, sondern darüber hinaus meistenteils durch gesellschaftliche Ausgrenzungspraktiken gekennzeichnet ist,
unter denen die Betroffenen häufig noch stärker zu leiden haben als unter
materiellen Entbehrungen. Marginalisierung, Stigmatisierung und Krimina-

lisierung gehörten immer schon zu den eng mit Pauperisierung verbundenen Prozessen. Selbst Robert Castel als einer seiner Hauptprotagonisten beklagt jedoch mittlerweile die Inflationierung des Exklusionsbegriffs, der zu einem »Allzweckwort« degeneriert sei.[94] Hierzulande hat sich Martin Kronauer besonders intensiv mit dem Exklusionsbegriff auseinandergesetzt und das so bezeichnete Konzept für die Analyse der Gesellschaftsentwicklung nutzbar gemacht. Er sieht darin einen Terminus, der eine doppelte Aussage impliziert: »dass anhaltende Arbeitslosigkeit, Unterbeschäftigung und Armut eine neue gesellschaftliche Spaltung hervorbringen, und dass sich diese Spaltung im Ausschluss von wesentlichen Teilhabemöglichkeiten an der Gesellschaft niederschlägt.«[95] Kronauer erkannte durchaus, dass der Exklusionsbegriff missverständlich und mehrdeutig ist, denn er trat seinem »mystifizierenden Gebrauch« entgegen und reservierte ihn für bestimmte Fälle: »Exklusion führt dann in eine eigenständige soziale Lage hinein, wenn die Abhängigkeit von öffentlicher Fürsorge anhält, weil die Betroffenen an der ökonomischen Produktion und Reproduktion der Gesellschaft nicht teilnehmen, im ökonomischen Sinne ›überflüssig‹ geworden sind, aber auch sonst – und diese weitere Bedingung ist wichtig – keinen positiv definierten Platz in der Gesellschaft (Rentner, Vorruheständler etc.) einnehmen können.«[96]

Einerseits lässt sich kaum mehr leugnen, dass es Armut in der Bundesrepublik gibt und dass sie mit Hartz IV auch die Mittelschicht erreicht hat. Andererseits vertieft und verfestigt sich das Problem, je mehr die von der Bundesregierung seit geraumer Zeit als Patentrezept zur Krisenbewältigung propagierte, von sechs auf bis zu 24 Monate Dauer ausgedehnte und als Mittel zur vorübergehenden Schönung der Arbeitslosenstatistik präferierte Kurzarbeit drohende Konkurse nicht verhindern, sondern bloß verzögern kann und in Langzeit- bzw. Dauerarbeitslosigkeit übergeht. Martin Kronauer und Berthold Vogel konstatierten bereits während der 90er-Jahre, dass sich – unabhängig von den Strukturbrüchen zwischen Ost und West – erstmals nach 1945 eine Spaltungslinie der sozialökonomischen In- bzw. Exklusion quer durch ganz Deutschland ziehe: »Sie trennt diejenigen, die zum Erwerbssystem gehören oder zumindest in bestimmten Abstufungen noch Zugang zu ihm haben, von den anderen, die am Arbeitsmarkt *dauerhaft* und gegen ihren Willen von diesem Zugang ausgeschlossen werden.«[97]

Olaf Groh-Samberg bewertet diesen Ansatz sehr positiv, was er folgendermaßen begründet: »Das Konzept der sozialen Exklusion hebt […] die Armutsproblematik auf eine gesellschaftstheoretische Ebene. Es geht nicht mehr allein um die Gleichheit oder Ungleichheit von Ressourcen und Lebensstandards, sondern um das, was den sozialen Zusammenhalt ausmacht und die Einzelnen an die Gesellschaft bindet bzw. sie aus der Gesellschaft ausgrenzt.«[98] Fraglich erscheint jedoch beispielsweise, ob diese Form der Exklusion überhaupt möglich ist und ob, wenn der Schwerpunkt auf die Innen-außen-Beziehung gelegt wird, der Oben-unten-Gegensatz noch angemessen berücksichtigt werden kann.

Arme sind zwar von materiellen, sozialen und kulturellen Ressourcen bzw. Beteiligungsmöglichkeiten ausgeschlossen, stehen aber nicht außerhalb der Gesellschaft und ihrer für das menschliche Leben unverzichtbaren institutionellen Arrangements: »Gerade die Personengruppen, die auf Unterstützung bei der Bewältigung ihrer prekären Lebenslage angewiesen sind, können sich den bürokratisierten Abläufen und rechtlichen Regelungen des Wohlfahrtsstaates nicht entziehen.«[99] Da der Ausschluss aus der Gesellschaft als solcher gar nicht möglich ist, hält Armin Nassehi den Exklusionsbegriff aus soziologischer Sicht für theoretisch untauglich und zur Beschreibung von Armut, unterprivilegierten Lebenslagen oder begrenzten Partizipationsmöglichkeiten wenig sinnvoll.[100] An einem Beispiel verdeutlicht der Münchner Hochschullehrer, dass auch ein gradueller In- bzw. Exklusionsbegriff der sozialen Lage von Marginalisierten nicht gerecht wird: »Ein von Armut Betroffener ist keineswegs weniger in das Wirtschaftssystem inkludiert als jemand mit hohem Geldvermögen.«[101] Wer hohe Schulden hat oder zahlungsunfähig ist, wird sogar zwangsweise an das Finanzsystem gekettet und daran gehindert, sich einfach auszuklinken. Nassehi plädiert deshalb auch dafür, Abschied von der »Container-Metapher« zu nehmen, die soziale Zusammenhänge nicht treffend charakterisiere: »Eine Gesellschaft ist kein Behälter, in dem man drin ist oder aus dem man herausfallen kann.«[102]

»Überzählige«, die nutzlos sind, gibt es schon deshalb nicht, weil sie Mitglieder der Arbeitsgesellschaft bleiben, was Ariadne Sondermann, Wolfgang Ludwig-Mayerhofer und Olaf Behrend mit ihrem Befund untermauern, »dass auch ALG-II-Empfänger, die schon länger und häufig nicht zum ersten Mal arbeitslos sind, die Normen der Arbeitsgesellschaft teilen und an dem nach wie vor wirkungsmächtigen Deutungsmuster partizipieren, Lohnarbeit sei zentrale Voraussetzung für eine vollwertige gesellschaftliche Teilhabe.«[103] Heute arm zu sein bedeutet zwar, von der *Mehrheits*gesellschaft ausgegrenzt zu werden, aber nicht, ganz aus dem gesellschaftlichen Bedingungsgefüge ausgeschlossen zu sein. Eine solche

Innen-außen-Spaltung entspricht laut Berthold Vogel kaum der Realität einer sich ständig wandelnden und eines sich neu formierenden Wohlfahrtsstaates: »In Bereiche sozialer Sicherheit und stabiler Beschäftigung sickert Prekarität ein. Zugleich werden diese Bereiche sozialer und beruflicher Prekarität arbeitsrechtlich und arbeitsmarktpolitisch neu ›eingehegt‹ und auf Dauer gestellt.«[104]

Das innerhalb der Armutsforschung verwendete Begriffspaar »Inklusion – Exklusion« stammt aus der Systemtheorie von Niklas Luhmann, die mit ihm das Individuum ins Verhältnis zum Gesellschaftssystem setzt. Frank Hillebrandt argumentiert, dass die Systemtheorie im Rahmen der funktionalen Differenzierung das Grundproblem der sozialen Ungleichheit nicht adäquat erfassen könne. Er hält die Übertragung des Luhmann'schen Begriffsapparates auf das Problem der sozialen Ungleichheit für ein Missverständnis, dem der Bielefelder Soziologe allerdings selbst Vorschub geleistet habe, weil seine Systemtheorie suggeriere, dass Personen, die aus allen Funktionssystemen der Gesellschaft herausfallen, einer sozialen Exklusion unterlägen, die sie aber gleichzeitig relativiere, weil damit aus ihrer Sicht immer gleichzeitig auch Inklusion verbunden ist. Das von den Systemtheoretikern präferierte Begriffspaar »Inklusion/Exklusion« diene ursprünglich einer funktionalistischen Interpretation des Verhältnisses von Individuum und Gesellschaft, weshalb es sich nur sehr bedingt zur Analyse der sozial strukturierten Ungleichheit eigne und Luhmanns Konzeption eine »ungleichheitstheoretische Lücke« aufweise: »Das Phänomen ›soziale Ungleichheit‹ kann nicht zum zentralen Thema der soziologischen Systemtheorie erhoben werden, weil es sich nicht in ihre äquivalenzfunktionalistische Theorieanlage einpassen lässt. Dadurch geraten wichtige Strukturbildungen der Sozialität wie die ungleiche Verteilung von Lebenschancen, die mit einem analytischen Begriff der sozialen Klasse untersucht werden können, aus dem Blick.«[105]

Während der 80er- und 90er-Jahre spielten die zum Teil schon früher geprägten Begriffe »underclass«, »new urban underclass«, »ghetto underclass« bzw. »black underclass« in der US-amerikanischen Armutsdiskussion eine Schlüsselrolle.[106] Sie bezeichneten – häufig mit rassistischem Unterton – eine Armutspopulation, die sich im Gegensatz zur »lower class« selbst und jegliche Hoffnung auf Besserung ihrer sozialen Lage aufgegeben hat. In verwahrlosten Stadtteilen wohnend bzw. hoch segregiert, hieß es, hätten solche überwiegend der schwarzen Minderheit angehörenden Personen keinerlei berufliche Aufstiegsmöglichkeiten oder seien nicht willens, diese zu nutzen. Stattdessen verharrten sie in völliger Passivität, verließen sich entweder auf öffentliche Unterstützung oder verdienten ihren Lebensunterhalt durch Drogenhandel, Gelegenheitsdiebstähle, Hehlerei, Prostitution, Zuhälterei, Schwarzarbeit o.Ä.

Eindeutig negativ konnotiert, diente der Begriff »underclass« manchen Sozialwissenschaftlern dazu, ein Bild der absoluten Trostlosigkeit vom Existenzkampf der afroamerikanischen Gettobewohner/innen zu zeichnen, das für die Reagan-Administration den Vorteil bot, Sozialleistungen im bereits vorher wenig generösen US-amerikanischen Wohlfahrtsstaat kürzen und den Druck auf die Betroffenen massiv erhöhen zu können, ohne dass es seitens der liberalen Öffentlichkeit größere Gegenwehr gab. »Mit Hilfe des ›Unterklasse‹- und Armutsdiskurses wurde auf pseudo-wissenschaftliche, tatsächlich aber höchst ideologische Weise die Verantwortung für die Folgen jahrhundertelanger Unterdrückung und Marginalisierung der schwarzen Minderheit durch die weiße Dominanzgesellschaft den Betroffenen selbst aufgebürdet.«[107]

Tatsächlich kann Armut zu Resignation, Passivität und Apathie der davon Betroffenen führen, ohne dass es diese Folgeerscheinungen größtenteils nicht selbst verschuldeter Perspektivlosigkeit rechtfertigen, deren Opfer in diffamierender Absicht als Mitglieder einer »underclass« oder einer Unterschicht zu bezeichnen. Was in den angelsächsischen Ländern meist abfällig »urban underclass« genannt wird, nämlich eine sozial homogene Schicht total Deklassierter und Gettoisierter, welche die Innenstädte der Metropolen bevölkern, hatte sich, als dieser Diskurs gegen Mitte der 90er-Jahre in die Bundesrepublik hinüberschwappte, hierzulande schlimmstenfalls ansatzweise herausgebildet. Obwohl es weder die Armengettos am Rande der Großstädte – wie in den USA – noch das Phänomen der Straßenkinder nach südamerikanischem Muster gab, machten sich die berufliche Perspektivlosigkeit und soziale Ausgrenzung vieler Menschen immer deutlicher bemerkbar. Die beiden Stadtforscher Peter Bremer und Norbert Gestring lehnten den Terminus »underclass« denn auch nicht generell ab, sondern machten seine Verwendung davon abhängig, ob bestimmte Voraussetzungen erfüllt sind: »Mit dem Begriff Underclass wird eine neue Qualität sozialer Spaltung, die Herausbildung einer Schicht von Ausgegrenzten beschrieben, die dauerhaft vom Arbeitsmarkt ausgeschlossen sind, in Armut leben und meistens von staatlichen Sozialtransfers abhängig sind.«[108] Bezogen auf die Bundesrepublik bejahten Bremer und Gestring vor dem Hintergrund einer Beendigung des sozialen Wohnungsbaus die

Frage, ob es vergleichbare Tendenzen gebe, mit der Begründung, dass ein Segment der Armen – wie in den USA – dauerhaft ausgegrenzt werde.

Richard Hauser, damals Hochschullehrer für Sozialpolitik am Fachbereich Wirtschaftswissenschaften der Universität Frankfurt am Main, nahm gegen Ende der 90er-Jahre zwar entsprechende Tendenzen wahr, wies aber darauf hin, dass längst nicht alle Kriterien für eine »Unterklasse« vorhanden seien und ein »großzügiger Sozialstaat« dem von den Marktkräften ausgehenden Druck zu deren Herausbildung durch die Gewährung von Transfers als Lohnersatzleistung und von anderen Hilfen mit Erfolg entgegenwirken könne.[109] Kurz nach der Jahrtausendwende äußerte sich der Trierer Jugend- und Gewaltforscher Roland Eckert pessimistischer, als er die Entstehung einer »social underclass« hierzulande und damit die Verlagerung der sog. Dritten in die sog. Erste Welt antizipierte: »Wir stehen heute erst am Anfang einer Entwicklung, die in anderen Ländern sehr viel weiter fortgeschritten ist und bereits zu hohen Kosten durch die Bildung von Slums und die von diesen ausgehende Kriminalität geführt hat.«[110]

Armut hat es immer gegeben; neu erscheint aber manchen Sozialwissenschaftler(inne)n, dass die Armen für die Reichen heute keinen unmittelbaren Nutzen mehr haben: »Die Reichen, die zufällig die Akteure mit den meisten Ressourcen und der größten Macht auf der politischen Bühne sind, brauchen die Armen weder zur Rettung ihrer Seelen (die sie nicht zu haben glauben und die sie ohnehin nicht der Fürsorge für wert halten würden) noch um reich zu bleiben oder reicher zu werden (was ihrer Meinung nach einfacher wäre, gäbe es nicht die Forderung, einen Teil ihres Reichtums mit den Armen zu teilen).«[111] Heinz Bude behauptete sogar, daß die Armut »niemandem mehr« nütze: »Sie belastet im Gegenteil das soziale Sicherungssystem, das im Prinzip von allen finanziert wird.«[112] Dies war jedoch seit dem Entstehen der mittelalterlichen Armenpflege immer der Fall. Sozial ausgegrenzte Minderheiten nützen sowohl den Herrschenden als auch dem bestehenden Wirtschafts- und Gesellschaftssystem heute wie vor weit über 100 Jahren, denn sie führen den Nichtarmen genau wie damals plastisch vor Augen, was ihnen bei einer grundlegenden Veränderung ihrer Lebensweise oder bei einer Loyalitätsverweigerung droht. Ohne den im Verweigerungsfalle zu erwartenden sozialen Abstieg, dem die abhängig Beschäftigten entgehen möchten, weil sie in der Nachbarschaft sehen, welche Entwürdigungen damit verbunden sind, entfiele für sie das zentrale Motiv, sich tagtäglich dem Lohnarbeitszwang und dem Direktionsrecht der Unternehmer bzw. ihrer Manager zu unterwerfen.

Claus Offe hatte bereits um die Mitte der 90er-Jahre mit Blick auf soziale Marginalisierungsprozesse und die Ausgrenzung einer »neuen Unterklasse« zwischen Gewinnern, Verlierern und Nicht-Kompetenten, Nicht-Teilnahmeberechtigten bzw. »Untauglichen« oder »Überflüssigen« unterschieden. »Nicht die Verlierer sind marginalisiert (paradox könnte man sogar sagen: Wenn man bloß Verlierer ist – in institutionalisierten Verteilungskämpfen, in formalen Buldungs- und Gesundheitseinrichtungen, auf Märkten und in Wahlen –, dann hat man schon gewonnen, weil man über die Statusrechte eines legitimen Teilnehmers verfügt). Marginalisiert sind die von der Teilnahme Ausgeschlossenen: Nicht-Versicherte, Schulabbrecher, ›the unemployable‹, Ausländer ohne Aufenthalts- und Arbeitserlaubnis (›Illegale‹), Kriminelle, physisch und psychisch Behinderte und chronisch Leistungsgeminderte, Drogenabhängige.«[113] Bude differenzierte wenig später in ähnlicher Form zwischen Arbeitslosen, Armen und »Entbehrlichen« bzw. »Überflüssigen«. Arbeitslosigkeit war für ihn eine Bedingung von »Überflüssigkeit«, aber keine notwendige und erst recht keine hinreichende: »Für die Feststellung von Überflüssigkeit ist am Ende ein bestimmter phänomenologischer Befund entscheidend, der etwas mit einem Körperausdruck von Müdigkeit, Abgestumpftheit und Apathie zu tun hat.«[114]

Klassen und Schichten haben sich bei Bude zwar keineswegs unter der Hand aufgelöst, wie das in manch anderen neueren Gesellschaftstheorien der Fall ist, die sozialen Trennlinien verlaufen für ihn aber wie in den Theoriemodellen von Claus Offe (Disparitätenlehre), Ulrich Beck (Konzeption der »Risikogesellschaft«) oder »postmodernen« Milieutheoretikern, auf die später noch einzugehen sein wird, eher horizontal: »Bei den ›neuen Armen‹ haben wir es mit einer *fluiden Masse* zu tun, die sich der Festlegung auf eine Gruppendefinition erst einmal entzieht. Die ›akzidentielle Ungleichheit‹ stellt eine Verwerfung dar, die sich *quer* durch alle Schichten und Klassen zieht.«[115] Damit wird der Eindruck erweckt, als sei die Klassenzugehörigkeit eines Menschen für dessen soziales Schicksal und Armutsrisiko unwichtig oder nebensächlich.

Unter Rekurs auf Pierre Bourdieu ordnet Bude den sozialen Raum entlang zweier Dimensionen: der vertikalen Dimension einer sozialen Stufenleiter und der horizontalen Dimension einer Fühlung mit dem sozialen Wandel. Die soziale Stufenleiter sei, meint Bude, in letzter Zeit »glitschiger geworden. Der Absturz scheint von überall möglich.«[116] Selbst wenn dies so wäre, was m.E. nicht der Fall ist, sondern eine illusionäre Risikogleichheit aller Gesellschaftsmitglieder unterstellt, dürfte nicht übersehen bzw. verschwiegen werden, dass alle, die von ganz oben herunterstürzen, weich fallen, wohingegen die sozialstaatlichen Sicherungsmechanismen für Arbeitslose, Alte und Arme gelockert wurden. Denn genau hier liegt ein Schlüssel zum Verständnis der jüngsten Gesellschaftsentwicklung einschließlich des sozialen Polarisierungsprozesses, der die »Kapital-Gesellschaft« verstärkt in Arm und Reich spaltet. Die entscheidenden Veränderungen spielen sich für Bude aber offenbar in der zuletzt genannten Sphäre ab: »Weil vom Wechsel der funktionalen Arbeitsteilung, von der veränderten Zusammensetzung der Bevölkerung durch Einwanderung, vom Umbau des Wohlfahrtsstaates und von der Entstandardisierung der Lebenslaufregimes keine Lebenswelt und kein Sozialsystem unberührt bleibt, lässt sich die Dynamik des sozialen Ausschlusses nicht auf einen bloßen Algorithmus der Armut reduzieren.«[117]

Für Bude bilden die »Überflüssigen« eine »klinische« und zugleich eine »transversale Kategorie«, was er folgendermaßen begründet: *Klinisch*, weil dem nüchternen Verweis auf die Zwänge neuer Wettbewerbsstrukturen mit dem Bestehen auf kollektiv erkämpften und individuell erworbenen Anrechten nur schwer zu begegnen ist. *Transversal*, weil es sich um *gestreute Effekte* handelt, die nach einem topologischen Verständnis gesellschaftlicher Privilegierungen nicht zu erfassen sind. […] Es scheint weder ein theoretisches noch ein moralisches Privileg der Steuerung und des Ausgleichs zu geben. Deshalb bilden die ›neuen Armen‹ ein sozialstrukturelles Phänomen, das an die Grundfeste unserer Gesellschaftsverfassung rührt.«[118]

Trotz dieser These sind Armut und Reichtum, aufgrund ihres wechselseitig bedingten Wachstums das sozialstrukturelle Kardinalproblem unserer Zeit, für Bude und seine Gesellschaftsanalyse keine zentralen Kategorien. Exklusionstheoretiker wie Bude verabsolutieren das »Drinnen« bzw. »Draußen«, berücksichtigen aber weder jene Zwischenstufen, die wichtig sind, um ein differenzierteres Bild zu zeichnen und überzeugende Antworten auf Fragen nach den Soziallagen der Betroffenen zu geben, noch ein »Oben« und ein »Unten« genügend, die über das materielle Sein der Gesellschaftsmitglieder entscheiden.

Stattdessen rückt Bude die »Überflüssigen«, »Entbehrlichen« und »Ausgeschlossenen« in den Mittelpunkt aller Überlegungen zum Armutsproblem. Entbehrlich oder überflüssig könnten Personen in mehrerer Hinsicht sein: aus ihrer eigenen, subjektiven Sicht; für ihre Familie, Freunde und

Bekannte; für das Wirtschafts- bzw. Gesellschaftssystem als solches und/oder für die Herrschenden. Dass von Armut betroffene oder bedrohte Menschen ein weniger ausgeprägtes Selbstwertgefühl als wohlhabende Mitbürger/innen besitzen, wundert niemanden. Aber völlig Verelendete, die sich selbst für »unnütz« hielten oder von ihren Mitmenschen dafür gehalten wurden, hat es immer gegeben. Auch besteht kein Grund, diese (Selbst-)Abwertung als Bezeichnung für eine ganze Gruppe zu übernehmen, weil sie zutiefst verletzend wirken muss und Hoffnungslosigkeit verbreitet, wo Bestätigung und Ermutigung nötig wären. Für die Gesellschaft ist niemand entbehrlich oder überflüssig, weil jedes ihrer Mitglieder nützliche Funktionen außerhalb der Erwerbsarbeit wahrnimmt oder künftig übernehmen kann. Vergleichbares gilt für die Volkswirtschaft eines jeden Landes, denn Arme treten – wenn auch nur in begrenztem Umfang – als Konsumenten in Erscheinung, und darüber hinaus wirkt ihr Schicksal abschreckend auf die übrigen Gesellschaftsmitglieder, deren Verhalten dadurch »positiv« im Sinne größerer Systemkonformität beeinflusst werden dürfte. Aus demselben Grund haben die Herrschenden, Reichen und Einflussreichen ein Interesse an der Armut als Druckmittel bzw. Disziplinierungsinstrument, das nur funktioniert, wenn es genügend davon Betroffene gibt.

Folglich ist kein Mensch überflüssig oder entbehrlich, es sei denn in den Augen von Zynikern und gefühllosen Zeitgenossen, deren Sichtweise die Sozialforscher/innen aber nicht übernehmen und damit legitimieren dürfen. Das sozialwissenschaftliche Paradigma der »Überflüssigen« dramatisiert die Folgen der Armut für die Betroffenen nicht bloß unnötig, sondern führt – sicher ungewollt – auch dazu, diese noch mehr zu diskreditieren. Wer die Armen zu »Überflüssigen« bzw. »Entbehrlichen« erklärt, wie das Bude tut, verkennt nicht bloß ihre Systemrelevanz als postindustrielle Reservearmee und menschliches Drohpotenzial gegenüber den abhängig Beschäftigten, macht sie vielmehr auch wehrloser im Kampf gegen ihre fortschreitende Entrechtung, Entpersönlichung und Entwürdigung. Statt den Innen-außen-Gegensatz überzubetonen und damit Arme selbst auszuschließen, müssten Sozialwissenschaftler/innen viel stärker den Oben-unten-Gegensatz akzentuieren.

Vereinzelung und Vereinsamung gehören laut Bude zu den konstitutiven Merkmalen der »Überflüssigkeit«, die deshalb soziokulturell nicht zuletzt daran festzumachen sei, dass sich Arme durch seichte Programme der privaten Fernsehsender zerstreuen. »Für die Überflüssigen von heute ist charakteristisch, daß sie bis zu einem gewissen Grade wohlfahrtsstaatlich versorgt, aber vor allem, daß sie rund um die Uhr unterhalten werden.«[119] Als sei dies etwas Neues und nicht bloß die Wiederkehr von »Brot und Spielen«, mit denen man sozial Benachteiligte schon in der Antike ruhig stellte! Zu fragen wäre an dieser Stelle, welche Alternativen es dazu gibt, was dagegen getan werden kann und wer die Träger einer möglichen Bildungsoffensive sein könnten.

Bude vertritt einen Exklusionsbegriff, der sich weder auf soziale Benachteiligung noch auf relative Armut beschränkt. Es geht ihm vielmehr um die Feststellung, dass den Betroffenen ein Platz im Gesamtgefüge der Gesellschaft verweigert wird: »Für die Exkludierten gilt der meritokratische Grundsatz ›Leistung gegen Teilhabe‹ nicht mehr. Was sie können, braucht keiner, was sie denken, schätzt keiner, und was sie fühlen, kümmert keinen.«[120] Budes Kritik am Fortschrittsglauben in unserer Gesellschaft richtet sich primär gegen den Wohlfahrtsstaat und dessen Transferleistungen, die allein keine gesellschaftliche Teilhabe ermöglichten. »Die Überzeugung, soziale Benachteiligungen durch individuell zuerkannte und verabreichte Zahlungen auszugleichen, hat zur Züchtung einer Kultur der Abhängigkeit geführt, die die Leute zu Klienten einer Anstalt statt zu Herren über ihr eigenes Leben gemacht hat.«[121] Das ursprüngliche Prinzip des Sozialstaates, Hilfe zur Selbsthilfe zu gewähren, habe sich zuletzt in sein Gegenteil, die »Verfestigung von Wohlfahrtsabhängigkeit«, verkehrt. Wer so formuliert, war selbst noch nie auf Transferleistungen angewiesen und kann sich auch nicht in die Lage derjenigen hineinversetzen, auf die das zutrifft.

»Blaming the victim« werden im Englischen die Bemühungen genannt, das Opfer der gesellschaftlichen Verhältnisse auch noch zu demütigen. Dies geschieht heute, indem man beruflich und/oder sozial Gescheiterte in aller Öffentlichkeit beschimpft und sie der Lächerlichkeit preisgibt. Wer dem »Prekariat« angehört, wird selbst von kritischen Sozialwissenschaftler(inne)n und Journalist(inn)en verächtlich gemacht. Wenn man Arme z.B. als »ein für alle Mal abgehängt« bezeichnet,[122] wird das Problem der beruflichen und sozialen Perspektivlosigkeit nicht wertfrei beschrieben, sondern man beleidigt damit die Betroffenen und nimmt ihnen jegliche Hoffnung, an ihrer prekären Lebenssituation etwas zu verändern.

Sozialhilfe und Arbeitslosengeld II: Armut, bekämpfte Armut oder besiegte Armut?

Seit ihrer Gründung gegen Ende der 70er-/Anfang der 80er-Jahre verstanden sich die GRÜNEN nicht bloß als parlamentarischer Arm der Ökologiebewegung, sondern auch als Sprachrohr der sozial Benachteiligten und Armen. Der Karlsruher Soziologe Bernhard Schäfers bescheinigte ihnen, damals »sehr nachdrücklich die Anliegen der sozialen Randgruppen« vertreten zu haben: »Erst durch die GRÜNEN wurde das Thema der Armut unter wirkungsvoll zugespitzten Begriffen wie ›Zwei-Drittel-Gesellschaft‹, ›Politik der Armut‹, ›Politik der Ausgrenzung‹ etc. wieder ein Thema der politischen Landschaft und der grundlegenden Debatten um Struktur und Zukunft des Sozialstaats.«[123] In einer Großen Anfrage zum Thema »Armut und Sozialhilfe in der Bundesrepublik Deutschland«, die sie am 9. Dezember 1985 stellten, bemängelten die erst zweieinhalb Jahre vorher in das Parlament eingezogenen GRÜNEN, dass die »Marginalisierung und Verarmung immer breiterer Teile der Bevölkerung« zunehme, was sie auf die falsche Sozialpolitik der CDU/CSU/FDP-Koalition unter Helmut Kohl wie der Vorgängerregierung unter Helmut Schmidt zurückführten.[124] Da die von ihnen kritisierte Entwicklung dem Sozialstaatsgebot des Grundgesetzes widerspreche, seien »Schönfärberei und Verniedlichung des Armutsproblems in offiziellen Verlautbarungen« unangebracht: »Vielmehr erweist sich die Institutionalisierung einer regelmäßigen Armutsberichterstattung als dringend erforderlich, die Aufschluß über das tatsächliche Ausmaß von (offener und verdeckter) Armut, deren Ursachen und Auswirkungen gibt und auf die sich eine präventive Armutsbekämpfung beziehen könnte.«[125] Ausgehend von derartigen Überlegungen wollten die GRÜNEN u.a. von der schwarz-gelben Bundesregierung wissen, wie sie den Begriff »Armut«, bezogen auf die hiesigen Verhältnisse definiere und was sie – außer der Verteilung von Broschüren – tue, um auch zu einem Abbau der »verschämten Armut« beizutragen.[126]

Ausweichend antwortete das Bundesministerium für Jugend, Familie, Frauen und Gesundheit namens der Regierung am 24. September 1986: »Der Begriff ›Armut‹ entzieht sich wegen seiner Vielschichtigkeit einer allgemeingültigen Definition.«[127] Zwar ließen sich »Teilaspekte von Erscheinungsformen der Armut« beschreiben, z.B. im Hinblick auf »soziale Brennpunkte« in Großstädten, die Versorgung von Obdachlosenfamilien mit Wohnraum, Nichtsesshaftigkeit, Notlagen bei Überschuldung, die Situation arbeitsloser Jugendlicher und die »Dunkelzifferproblematik« vornehmlich bei älteren Menschen. »Hingegen kann Armut nicht etwa mit dem Bezug von Sozialhilfeleistungen gleichgesetzt werden.« Damit werde vielmehr der soziokulturelle Mindestbedarf sichergestellt, was die Entstehung von Armut gerade ausschließe.

Ulrich Schneider, Armutsforscher und heute Hauptgeschäftsführer des Paritätischen Wohlfahrtsverbandes, hielt dem entgegen, dass der Bezug von Sozialhilfe keine gesellschaftliche Teilhabe ermögliche, sondern Ausgrenzung für die Betroffenen mit sich bringe. »Sozialhilfe zu beziehen heißt, auf vieles verzichten und vieles einschränken zu müssen, was in unserer Gesellschaft völlig üblich ist: der Gang zum Friseur, der Besuch einer Gaststätte mit Freunden, die Bewirtung von Gästen zu Geburtstagen oder anderen Anlässen, das Kind auf eine Klassenfahrt mitfahren zu lassen, vielleicht ein Instrument zu erlernen und dazu Unterricht zu nehmen, Bücher zu kaufen, ins Kino zu gehen, sich modern zu kleiden und anderes.«[128] Sozialhilfeempfänger/innen gelten in der modernen Hochleistungs- und Konkurrenzgesellschaft als Versager/innen, d.h. als Menschen, die unfähig sind, sich selbst zu ernähren, vielleicht sogar als »Schmarotzer«, die auf Kosten der Allgemeinheit, des Staates bzw. der Steuerzahler/innen leben.

Knapp ein Jahrzehnt später stellte die SPD eine Große Anfrage zur Armut in der Bundesrepublik Deutschland, welche das Gesundheitsministerium am 13. November 1995 in einem Schreiben stellvertretend für die Regierung beantwortete. Darin hieß es wieder, die (damals steigende) Anzahl der Sozialhilfebezieher/innen sei kein Indikator für das (wachsende) Ausmaß der Armut: »Die Sozialhilfe bekämpft Armut, sie schafft sie nicht. Wer die ihm zustehenden Leistungen in der Sozialhilfe in Anspruch nimmt, ist nicht mehr arm. Als arm können im Gegenteil Personen angesehen werden, die Anspruch auf Sozialhilfe haben, diesen Anspruch aber nicht geltend machen.«[129] Erneut stellte die Bundesregierung fest, dass sich der Armutsbegriff wegen seiner Vielschichtigkeit einer allgemeingültigen Definition entziehe. Auf der Grundlage des gesellschaftlichen Durchschnitts bestimmte Einkommensgrenzen festzulegen, führe zu keinem sinnvollen Armutsmaß: »Denn die 50-Prozent-Schwelle (gleiches gilt für 40- bzw. 60-Prozent-Schwellen) mißt keine Armut (Einkommensarmut) oder Not; sie mißt vielmehr Ungleichheit bezogen auf einen variablen Parameter (durchschnittlich verfügbares Einkommen).«[130] Armut und soziale Ungleichheit hätten zwar miteinander zu tun, seien aber nicht identisch. Wenn alle Bürger/innen eines Landes sehr niedrige Einkommen hätten, lasse sich nach dieser Definition überhaupt keine Armut feststellen. Hingegen falle diese Schwelle in einem verhältnismäßig reichen Staat wie der Bundesrepublik Deutschland mit breiter Einkommensverteilung so hoch aus, dass man kaum von einer »*Armut*schwelle« sprechen könne.

Wolfgang Hoffmann bemängelte in der *Zeit* (v. 30.7.1998) unter dem Titel »Kartell des Schweigens«, dass »Politiker aller Couleur« in Bund und Ländern die Armut in Deutschland verdrängten, obwohl nahezu alle Studien, die von der Regierung seit 1982 in Auftrag gegeben worden seien, die wachsende soziale Not belegten. Typisch dafür, wie die damalige CDU/CSU/FDP-Koalition das von ihr selbst verschärfte Problem verharmloste, war auch die öffentliche Kontroverse um den Zehnten Kinder- und Jugendbericht bzw. die Kritik der damaligen Familienministerin Claudia Nolte (CDU) an seinem Armutsbegriff, geübt kurz vor der Bundestagswahl am 27. September 1998.[131] Die von dem Berliner Bildungsforscher Lothar Krappmann geleitete Sachverständigenkommission hielt es wegen unterschiedlicher Definitionen und Messverfahren zwar für unmöglich, die »zutreffende« Zahl der armen Kinder und Familien zu ermitteln, sah jedoch ihre Einschätzung durch sämtliche Analysen bestätigt, »daß Kinderarmut ein gravierendes Problem in Deutschland ist.«[132] Sowohl der Anteil der Sozialhilfeempfänger/innen bei Kindern und Jugendlichen als auch der Anteil jener Kinder sei gestiegen, deren Pro-Kopf-Einkommen nicht die Hälfte des Einkommensanteils erreicht, der für sie in dem Haushalt vorhanden sein müsste, damit sie oberhalb der so definierten Armutsgrenze lebten, und damit aus der Altersarmut der 60er-Jahre eine Armut junger Menschen geworden. Hingegen erklärte die Bundesregierung das Konzept der »relativen Armut« sowie die Orientierung der Kommission am Sozialhilfebezug und an der 50-Prozent-Marke des Durchschnittseinkommens kurzerhand für ungeeignet, um soziale Problemlagen von Familien und Kindern zu erfassen. Die »schwierige wirtschaftliche Entwicklung der vergangenen Jahre« belaste auch Kinder und Jugendliche, denn die hohe Arbeitslosigkeit habe negative Folgen für die betroffenen Familien. Gleichwohl kam die Bundesregierung zu dem überraschenden Schluss: »Die sozialen Sicherungssysteme – Arbeitslosenunterstützung, Sozialhilfe etc. – verhindern existenzbedrohende Not und reale Armut. Sie können aber nicht verhindern, daß sich die materielle Lage der Menschen, die arbeitslos werden, verschlechtert.«[133]

Die Armuts- und Reichtumsberichte der Bundesregierung: Lebenslagen in Deutschland

Da sich die liberal-konservative Bundesregierung strikt weigerte, Armut als gesellschaftliche Realität anzuerkennen, machten sich Wohlfahrtsverbände, Gewerkschaften und Kirchen daran, dieses Problem ihrerseits zu dokumentieren. Zu nennen sind in diesem Zusammenhang einschlägige Berichte des Paritätischen Wohlfahrtsverbandes und der Caritas.[134] Im Februar 1994 erschien der erste Armutsbericht des DGB, der Hans-Böckler-Stiftung und des Paritätischen Wohlfahrtsverbandes, im November 2000 der mit über 600 Seiten noch umfangreichere zweite.[135] Auch manche Kommunen und einzelne Länder bauten früher als der Bund eine regelmäßige Berichterstattung zum Thema »Armut« auf, wenngleich es den meisten schwer fiel, das Phänomen als solches offen zu benennen. Deshalb wurden die einschlägigen Materialsammlungen häufig verschämt »Sozialberichte« genannt. Sie erfüllten denn auch nur in den wenigsten Fällen die hochgesteckten Erwartungen, sondern glichen, wie der Duisburger Hochschullehrer Dieter Oelschlägel monierte, nicht selten »Datenfriedhöfen«, die mehr über die Belastung des kommunalen Haushalts durch Sozialhilfekosten als über die reale Lebenssituation der Armen aussagten.[136]

Während es auf regionaler bzw. lokaler Ebene schon länger einzelne Sozialberichte gab, die sich darauf konzentrierten, das Ausmaß der Armut in einer Stadt oder einem Bundesland zu erfassen,[137] lehnte die Bonner CDU/CSU/FDP-Koalition entsprechende Anträge der Oppositionsfraktionen wiederholt ab, denselben Versuch auf zentralstaatlicher Ebene zu unternehmen. Erst die rot-grüne Koalition legte im April 2001, zweieinhalb Jahre nach dem Regierungswechsel, den ersten Armuts- und Reichtumsbericht vor. Er bestand aus zwei Bänden: einem Berichtsteil und einem nur wenig dünneren Materialband.[138]

Walter Hanesch und andere Armutsforscher/innen bemängelten, dass es sich nicht um einen Expertenbericht handelte, sondern um ein regierungsamtliches Dokument, welches das zuständige Bundesministerium auf der Grundlage wissenschaftlicher Expertisen und flankiert von einem Beraterkreis mit Verbandsvertreter(inne)n erstellt hatte: »Das eher zögerliche und halbherzige Vorgehen bei der Planung und Erstellung des Armuts- und Reichtumsberichts macht […] deutlich, dass auch diese Regierung vor der Brisanz dieser Thematik zurückschreckt und sie unter Kontrolle zu halten versucht, statt sie offensiv anzugehen.«[139] Darin wurde eindrucksvoll dokumentiert, welches Ausmaß die soziale Ungleichheit in Deutschland erreicht hatte. Während es einer großen Mehrheit der Bevölkerung immer noch gut oder sogar sehr gut ging, wuchs die Anzahl derer, die in relativer Armut, Unsicherheit und Existenzangst lebten. Die Zahl der Sozialhilfebezieher/innen hatte sich in *West*deutschland von 1973 bis 1998 auf 2,5 Mio. vervierfacht (insgesamt waren es in dem zuletzt genannten Jahr etwa 2,88 Mio.).[140] Auch hatte das Ausmaß relativer Einkommensarmut seit Beginn der 80er-Jahre kontinuierlich zugenommen, variierend mit dem jeweiligen Berechnungsmaßstab. So lebten laut Regierungsbericht nach der alten (Kinder und Jugendliche höher gewichtenden) OECD-Skala »1998 ungefähr 20% der westdeutschen Bevölkerung von weniger als 60% des durchschnittlichen Nettoäquivalenzeinkommens, aber nur 7% von weniger als der Hälfte des Medians.«[141]

Der in relativ kurzer Zeit erstellte Regierungsbericht beeindruckte zwar durch seine Datenfülle, enttäuschte aber in konzeptioneller Hinsicht und ließ vor allem klare Aussagen zu den Ursachen der sozialen Polarisierung, zum Reichtum und zur Armutsbekämpfung vermissen. Hinsichtlich seiner Datenbasis ging der Bericht bis 1973 zurück und reichte gewiss nicht zufällig nur bis zum Amtsantritt von Rot-Grün im Herbst 1998, was es der neuen Bundesregierung ermöglichte, darin die Versäumnisse ihrer Vorgängerinnen anzuprangern, ohne selbst für politische Fehler einstehen zu müssen. Obwohl bzw. vielleicht auch gerade weil ihm hauptsächlich eine symbolische Bedeutung zukam, wirkte der Bericht als Fanal, dass Armut in der Bundesrepublik existierte, dass die Regierung dem jahrzehntelang verleugneten Umstand einer sozialen Spaltung endlich Rechnung trug und dass sie dem Problem den Kampf erklärte.

Einerseits kann man gar nicht hoch genug veranschlagen, dass die Bundesregierung mit dem Bericht offiziell konzedierte, dass es Armut hierzulande gibt und zumindest im Titel gleichzeitig ein Zusammenhang mit dem Reichtum hergestellt wurde. Oskar Negt sah darin denn auch »einen historischen Fortschritt für die Armutspolitik«, welche bis dahin »ersatzweise und unzulänglich« von Wohlfahrtsverbänden, Gewerkschaften und Kirchen betrieben worden sei.[142] Andererseits wies der Regierungsbericht jedoch zahlreiche Lücken, methodische Mängel und grobe Fehlinterpretationen auf, die es Leser(inne)n unmöglich machte, sich ein adäquates Bild von den »Lebenslagen in Deutschland« zu machen.[143]

Rot-Grün setzte die unselige Tradition aller bisherigen Bundesregierungen fort, den massenhaften Bezug und die sich verfestigende Abhängigkeit vieler Menschen von Sozialhilfe nicht etwa als Folge bzw. Ausdruck der wachsenden Armut zu begreifen, sondern darin umgekehrt einen (Teil-) Erfolg des Wohlfahrtsstaates bei der Armutsbekämpfung zu sehen. Obwohl der Leistungsbezug zweifellos ein starkes Indiz für Armut ist, wurde die Sozialhilfe im ersten regierungsoffiziellen Armuts- und Reichtumsbericht als »wirksames Instrument zur Bekämpfung von Armut und materiellen Notlagen« glorifiziert und gleichzeitig kritisiert, dass man den Leistungsbezug in der öffentlichen Diskussion »fälschlicherweise« häufig mit Armut gleichsetze: »Insbesondere bei steigenden Empfängerzahlen wird von einer zunehmenden Armut gesprochen. Diese Einschätzung ist besonders dann irreführend, wenn durch eine Anhebung der Leistungen der Sozialhilfe der Kreis der Anspruchsberechtigten ausgeweitet wird. Eine solche Entwicklung kann nicht als Anzeichen für eine steigende Armut interpretiert werden, sondern ist Ergebnis des gesetzgeberischen Willens zur Verbesserung der Lebenslage auf Sozialhilfe angewiesener Menschen.«[144]

Werner Rügemer warf der rot-grünen Koalition vor, nicht nur in Bezug auf den Kosovo-Krieg »systematische Desinformation« zu betreiben: »Auch hinsichtlich der sozialen Wirklichkeit sollen die Regierten, die Wähler, die Bürger für dumm verkauft werden.«[145] Hier sei nur das krasseste Beispiel herausgegriffen, welches der Kölner Publizist nannte: Der im Regierungsbericht ohnehin bloß am Rand thematisierte Reichtum stand völlig unvermittelt neben der Armut und beschränkte sich vorrangig auf das Einkommen der Besserverdienenden und das private Geldvermögen, wohingegen das Immobilienvermögen nicht zum Marktwert, sondern zum erheblich niedrigeren steuerlichen Einheitswert und das noch wichtigere Produktivvermögen überhaupt nicht berücksichtigt wurde – von den Luxusgütern, die Millionäre, Multimillionäre und Milliardäre im Unterschied zu den Durchschnittsbürger(inne)n besitzen, ganz zu schweigen.[146] Selbst solche Kommentatoren, welche die Armutsanalyse des Berichts für »zutreffend« bzw. »im Großen und Ganzen auch gelungen« hielten, erklärten seine Aussagen zum Reichtum für fragwürdig: »Wer kann begreifen«, fragte Gottfried Erb in der SPD-Theoriezeitschrift, »dass Schmuck, Kunstgegenstände, Autos und eine Yacht, um nur das zu nennen, nicht zum Reichtum zählen, wo sie zu seinen sichtbarsten Zeichen gehören?«[147]

Nach am 27. Januar 2000 und am 19. Oktober 2001 gefassten Parlamentsbeschlüssen soll die Bundesregierung ihren Armuts- und Reichtumsbericht seither regelmäßig zur Mitte einer Legislaturperiode vorlegen. Hinter den ministeriellen Kulissen wurde beim nächsten Mal, im Herbst 2004, jedoch lange darum gerungen, wie ein Imageschaden für die Regierung zu vermeiden sei, denn Bundeskanzler Schröder und seine Fachminister/innen hatten nicht nur verkündet, die Arbeitslosenzahl deutlich reduzieren, sondern auch die (Kinder-)Armut verringern und den privaten Reichtum gleichmäßiger verteilen zu wollen, ohne dass der Entwurf eines 2. Armuts- und Reichtumsberichts der Bundesregierung irgendwelche Belege für diesbezügliche Erfolge enthielt. Demnach hatte die soziale Polarisierung sogar zugenommen, was seinen Niederschlag in den Expertisen zum Regierungsbericht fand. Überraschende und für die Bundesregierung enttäuschende Resultate des Berichtsentwurfs, der am 14. Dezember 2004 vorlag und »zur Ressortabstimmung und Beteiligung von Verbänden und Wissenschaft« diente, drangen durch (möglicherweise taktisch begründet gezielt vorgenommene) Indiskretionen an Journalisten. Hauptsächlich ein »Vermögen: Wer hat, dem wird gegeben« überschriebener Artikel von Alexander Neubacher im *Spiegel* (v. 29.11.2004) sorgte für Aufregung. Gemeinsam mit zahlreichen Pressemeldungen über einzelne Berichtsdaten kanalisierte er aber zugleich lange vor den beiden wichtigen Landtagswahlen im Frühjahr 2005 den Unmut über die Erfolglosigkeit der rot-grünen Armutsbekämpfung.[148]

Der erst am 2. März 2005 vom Bundeskabinett gebilligte Bericht konnte denn auch nicht darüber hinwegtäuschen, dass sich die Kluft zwischen Arm und Reich seit dem Regierungsantritt von Rot-Grün weiter vertieft hatte, und zwar beim privaten (Geld-)Vermögen wie auch beim Einkommen. War die »Armutsrisikoquote« zwischen den Jahren 1998 und 2003 von 12,1 Prozent auf 13,5 Prozent gestiegen, so verfügten die vermögendsten 10 Prozent der Haushalte mit knapp 47 Prozent des gesamten Nettovermögens im Jahr 2003 über gut 2 Prozent mehr als fünf Jahre zuvor, wobei das Betriebsvermögen erneut ausgeklammert blieb.[149]

Einem kritischen Leser des Regierungsberichts, der das Scheitern aller Versuche dokumentierte, Armut und soziale Ungleichheit zu verringern, fielen erneut zahlreiche Defizite, Brüche und Widersprüche ins Auge. Konzeptionell versuchte man zwar in Anknüpfung an den erreichten Forschungsstand, Armut qualitativ zu fassen und nicht auf fehlende finanzielle Ressourcen zu reduzieren, erlag jedoch der Versuchung, den bis dahin vorherrschenden Gerechtigkeitsbegriff zwecks Rechtfertigung der rot-grünen Regierungspraxis in Frage zu stellen. Es komme, wurde behauptet, nicht so sehr auf die Umverteilung von materiellen Ressourcen, vielmehr auf die Bereitstellung von »Teilhabe- und Verwirklichungschancen« an.[150]

Man rekurrierte damit auf den Ansatz von Amartya Sen, dem indischen Ökonomen und Nobelpreisträger.[151] Dieser begreift Armut zwar als Mangel an »Verwirklichungsmöglichkeiten«, ohne jedoch im Geringsten zu bestreiten, dass Letzterer mit der Knappheit materieller Ressourcen bzw. monetärer Mittel (Einkommen und Vermögen) verbunden ist.»In einem reichen Land verhältnismäßig arm zu sein kann die Verwirklichungschancen selbst dann extrem einengen, wenn das absolute Einkommen gemessen am Weltstandard hoch ist.«[152] Statt der Mittel hält Sen die Zwecke für zentral, denen sie dienen und welche Menschen verfolgen, sowie jene Fähigkeiten, die es ihnen ermöglichen, ihre Ziele zu erreichen. Sen wird missverstanden, wenn man daraus folgert, dass *Einkommens*armut und deren Bekämpfung von untergeordneter Bedeutung sind. Zwar hat die Verbesserung der Bildung, Gesundheitsversorgung, Wohnbedingungen usw. einen (hohen) Eigenwert, sie begründet aber keinen Gegensatz zur Verringerung materieller Defizite. Um seine »Teilhabe- und Verwirklichungschancen« wahrnehmen zu können, braucht man Finanzmittel, über die Personen kaum verfügen dürften, denen bei der Sozialhilfe und beim Arbeitslosengeld II zugemutet wurde, mit 1,26 EUR im Monat für Kino- und Theaterbesuche auszukommen.

Neben der »Chancengleichheit«, die den freien Zugang eines jeden Menschen zu Bildungsinstitutionen und zum Arbeitsmarkt voraussetzt, erfuhr besonders die »Generationengerechtigkeit« im 2. Armuts- und Reichtumsbericht der Bundesregierung eine demonstrative Aufwertung, was vermutlich gleichfalls den Legitimationsbedürfnissen von SPD und Bündnis 90/Die Grünen geschuldet war. Dabei handelt es sich um ein Schlagwort, das wenig zur Klärung der bestehenden Verteilungsverhältnisse, zum Verständnis der gesellschaftspolitischen Hintergründe und zur Aufhellung der sozialstrukturellen Zusammenhänge beiträgt.[153]

Der 2. Armuts- und Reichtumsbericht ignorierte weitgehend die *dreifache* Spaltung im vereinten Deutschland, zwischen Ost und West, Nord und Süd sowie Oben und Unten. Da redete man beispielsweise einen »Aufholprozess in den neuen Ländern« schön,[154] obwohl sich regionale und soziale Disparitäten zunehmend überlappten. Neben dem West-Ost-Wohlfahrtsgefälle, das seit jeher von einem Süd-Nord-Wohlstandsgefälle in beiden Landesteilen der alten Bundesrepublik überlagert wird, vertiefte sich die Kluft zwischen oben und unten, weshalb man heute, 20 Jahre nach der DDR-»Wende«, in mehrfacher Hinsicht von einer *Zweiklassengesellschaft* sprechen kann. Durch sozioökonomische Krisenerscheinungen und Massenarbeitslosigkeit franst die kleinbürgerliche Mitte in den westlichen Bundesländern aus, während sie in den östlichen gar nicht erst zu einer relevanten Kraft geworden ist.

Weiter verwischte der Bericht die *strukturellen* Zusammenhänge zwischen einer wachsenden Armutspopulation und einem sich parallel dazu vermehrenden Reichtum. Die erschreckend hohe Armutsquote wurde auf eine vor allem aus »externen Schocks«, wie etwa den Terroranschlägen des 11. September 2001, dem letzten Irakkrieg, dem Zusammenbruch des IT-Booms und spektakulären Bilanzskandalen von US-Unternehmen, resultierende Wachstumsschwäche zurückgeführt und damit als bloßes Konjunktur-, nicht als Strukturproblem (an)erkannt.[155] Dass zunehmender Reichtum in einem Wirtschafts- und Gesellschaftssystem, welches auf dem Privateigentum an Produktionsmitteln, der Konkurrenz und der Mehrwertproduktion durch Ausbeutung menschlicher Arbeitskraft basiert, zwangsläufig Armut hervorbringt, blieb völlig außer Betracht.

Schließlich fehlte die Einsicht, dass eine Regierungspolitik der Standortsicherung, wie sie SPD und Bündnis 90/Die Grünen machten, die soziale Polarisierung verschärft. Während Kapitaleigentümer, Begüterte und Spitzenverdiener als Gewinner dieser Form der ökonomischen Modernisierung immer reicher wurden, gehörten Millionen (Langzeit-)Arbeitslose, Obdachlose, Migrant(inn)en, (chronisch) Kranke, Behinderte, sozial benachteiligte Familien und Rentner/innen zu den Hauptverlierer(inne)n rotgrüner Reformen.

Die im November 2005 gebildete Große Koalition setzte die von ihrer Vorgängerregierung begründete Tradition der Armuts- und Reichtumsberichterstattung fort. Seinen Entwurf für den 3. Armuts- und Reichtumsbericht stellte der zuständige Arbeits- und Sozialminister Olaf Scholz (SPD) am 19. Mai 2008 der Öffentlichkeit vor, ohne das Kabinett informiert und eine Ressortabstimmung der Ministerien darüber herbeigeführt zu haben. Noch vor seiner kurzfristig anberaumten Pressekonferenz gab Scholz ausgerechnet *Bild am Sonntag* (v. 18.5.2008) ein Interview, in dem er seine Interpretation der vorgelegten Daten erläuterte und sich so die Deutungshoheit hierüber sicherte. Unter der Überschrift »Jeder achte Deutsche lebt in Armut!« verkündete Scholz seine zentrale Botschaft: »Der Sozialstaat wirkt!« Ohne die Sozialtransfers wie das Arbeitslosengeld II, Wohngeld und Kindergeld gäbe es laut Scholz doppelt so viele Arme. Die beiden BamS-Redakteure Michael Backhaus und Bernhard Kellner bezweifelten, dass man da von »Armut im engeren Sinn« reden könne, und erklärten die

Orientierung des Berichts am Durchschnittseinkommen für »völlig lebensfremd. Denn wenn alle Bankvorstände in diesem Land eine Million Euro zusätzlich erhalten, steigt das Durchschnittseinkommen und somit die statistische Zahl der Armen. An deren tatsächlicher Situation hat sich aber nichts geändert.« Zwar war diese Feststellung falsch und unsachgemäß, weil das *Median*einkommen überhaupt nicht steigt, nur weil einige Bankiers mehr verdienen, Scholz wies sie aber nicht zurück, sondern reagierte eher defensiv: »Klar. Wir haben es mit einem statistischen Wert zu tun. Und richtig ist auch, dass viele der 13 Prozent der Bürgerinnen und Bürger, die von Armut in Deutschland bedroht sind, mehr zum Leben haben als die Durchschnittsverdiener in vielen anderen Ländern. Doch man vergleicht die eigene Situation mit der des Nachbarn.«

Zunächst fiel das Presseecho auf den Entwurfstext verhältnismäßig positiv aus,[156] die öffentliche Kritik daran wurde allerdings umso lauter, je mehr Politiker/innen, Expert(inn)en und Journalist(inn)en sich mit seinen Details befassten. Über zentrale Aussagen des Regierungsberichts gab es, wie sich zeigte, zwischen den Koalitionspartnern gravierende Meinungsverschiedenheiten.[157] Da die berücksichtigten Zahlen nur bis zum Jahr 2005 reichten, enthülle der Bericht bloß die schlechte Bilanz der rot-grünen Sozialpolitik, meinte beispielsweise CDU-Generalsekretär Ronald Pofalla. Inzwischen seien die Arbeitslosigkeit und damit auch die Armut erheblich gesunken, was der Bericht unerwähnt lasse, kritisierte der damalige Wirtschaftsminister Michael Glos (CSU).

Zwar war die Arbeitslosigkeit in den Monaten davor zurückgegangen, die »Armutsrisikoquote« deshalb aber nicht automatisch gesunken. Denn wenn die Menschen im Wirtschaftsaufschwung auf breiter Front mehr verdienen, erhöht sich gleichzeitig das Medianeinkommen und damit die Hürde, um nicht mehr als arm zu gelten.[158] Außerdem waren trotz der sehr guten Konjunkturlage zahlreiche Arbeitsplätze im Niedriglohnbereich entstanden, weshalb früher Erwerbslose der Armut nicht immer entkamen, wenn sie einen solchen übernahmen. Eine neue Qualität dieses Wirtschaftsaufschwungs lag darin, dass die ökonomische Leistung deutlich zugenommen hatte, bei der Mehrzahl der privaten Haushalte davon jedoch nichts angekommen war, weshalb Camille Logeay und Rudolf Zwiener im Sommer 2008 das vernichtende Urteil fällten: »Trotz eines gut dreijährigen Konjunkturaufschwungs ist die reale Einkommenssituation vieler Haushalte heute schlechter als zuvor.«[159]

Gewissermaßen seitenverkehrt zu den Unionsparteien und ihren Minister(inne)n im Kabinett Merkel/Steinmeier warfen manche Armutsforscher/innen, linke Kritiker/innen und einzelne Journalist(inn)en der Bundesregierung vor, die soziale Lage in dem Bericht zu beschönigen.[160] Hatte die »Armutsrisikogrenze« im 2. Regierungsbericht von 2005 noch bei 938 EUR gelegen, war sie im 3. Armuts- und Reichtumsbericht drastisch auf 781 EUR gesunken, wodurch sich die Zahl der Betroffenen rein rechnerisch deutlich verringerte. Dies war nur zu einem geringen Teil den Lohn- und Gehaltseinbußen geschuldet, die Arbeitnehmer/innen hierzulande in der Zwischenzeit erlitten hatten. Entscheidender war, dass die Bundesregierung bzw. das zuständige Arbeits- und Sozialministerium von einer anerkannt seriösen Datengrundlage, dem Sozio-oekonomischen Panel (SOEP), das seit 1984 bundesweit und mittlerweile vom DIW erhoben wird, zu einer anderen Quelle, nämlich der Gemeinschaftsstatistik über Einkommen und Lebensbedingungen »Leben in Europa« (EU-SILC), hinübergewechselt hatte, die erst seit 2005 gleichfalls jährlich erhoben wird und EU-weite Vergleiche ermöglicht,[161] aber bei weitem nicht denselben hohen wissenschaftlichen Ansprüchen genügt.

Besonders groß fiel der Unterschied durch die Verwendung einer anderen Erhebung bei den Kindern unter 15 Jahren aus: Während die »Armutsrisikoquote« für diese Gruppe im Jahr 2005 nach den Ergebnissen von EU-SILC bei 12 Prozent lag, d.h. sogar einen Prozentpunkt unter dem Wert für die Gesamtbevölkerung, lag sie auf der Grundlage des SOEP mehr als doppelt so hoch, nämlich bei 26 Prozent (18 Prozent insgesamt), was der 3. Armuts- und Reichtumsbericht der Bundesregierung nur am Rande vermerkt.[162] Dies ist ein sehr aufschlussreiches Beispiel dafür, wie ein Ministerium die Armut »herunterrechnen« kann, um seine eigene Politik in einem besseren Licht erscheinen zu lassen. Obwohl der Vorwurf einer Manipulation überzogen wäre und es sich auch nicht um einen statistischen Taschenspielertrick handelte, weil ein solcher viel schwerer durchschaubar gewesen wäre, geht man sicher kaum fehl in der Annahme, dass die Bundesregierung bei einem für sie ungünstigeren Ergebnis die Datengrundlage unverändert gelassen hätte.

Globalisierung als neoliberales Projekt zur Vergrößerung der sozialen Ungleichheit

Häufig bleiben Untersuchungen zur Armutsentwicklung rein deskriptiv und lassen ein Theoriedefizit im Hinblick auf die Erklärung von deren Ursachen erkennen. Umso wichtiger erscheint das Bemühen, die gesellschaftlichen Wurzeln der Armut zu analysieren. Zwar sind Armutsphänomene, Mangelerscheinungen und soziale Bedürftigkeit historisch gesehen nichts Neues, vielmehr so alt wie die Menschheit selbst, sie weisen hier und heute aber »postmoderne« Züge auf, die es nahelegen, ihre Entstehungsursachen in jüngster Zeit zu suchen. Michel Chossudovsky, Professor für Wirtschaftswissenschaft an der Universität Ottawa, spricht von einer »Globalisierung der Armut«, für die er Institutionen wie die Weltbank, den Internationalen Währungsfonds (IWF) und die Welthandelsorganisation (WTO) verantwortlich macht. Der sog. Washingtoner Konsens habe große Teile der Weltbevölkerung nach dem Ende des sog. Kalten Krieges in eine ökonomische und soziale Krise ungeheuren Ausmaßes gestürzt: »Die Neue Weltordnung nährt sich von menschlicher Armut und der Zerstörung der natürlichen Umwelt. Sie schafft soziale Apartheid, schürt Rassismus und ethnische Kämpfe, sie höhlt die Rechte von Frauen aus und stürzt häufig Länder in zerstörerische Auseinandersetzungen zwischen verschiedenen Volksgruppen.«[163]

In letzter Konsequenz ist die wachsende Dramatik der Armut auf die Weltmarktdynamik und die verschärfte »Standortkonkurrenz« zurückzuführen. Vergleicht man die soziale Situation von Armut betroffener Personen in westlichen Wohlfahrtsstaaten mit jener extrem armer Bewohner/innen in Entwicklungsländern des Südens, springt sofort ins Auge, dass die Armut viele Gesichter hat. »Zwar bestehen bedeutsame Unterschiede der Armut in der Dritten und der Ersten Welt, dennoch lassen sich auf der Ebene der Ursachen und Folgen Gemeinsamkeiten benennen, die mit der sozialen Polarisierung zusammenhängen, die der gegenwärtige Prozeß der Globalisierung mit sich bringt.«[164] H. Gerhard Beisenherz, wiss. Mitarbeiter am Deutschen Jugendinstitut (DJI) in München, hat die o.g. unterschiedlichen Armutsformen im Sinne einer gemeinsamen wirtschaftstheoretischen Perspektive erfasst und sie dann mittels des Begriffs »Globalisierungsarmut« analytisch eingeordnet. Für ihn handelt es sich um einen ganz neuen Armutstyp, der die »radikale Hegemonie des Ökonomischen gegenüber kulturellen und sozialen Standards und Traditionen« zum Ausdruck bringt, wodurch soziale Differenzierung in Polarisierung umschlägt und Strategien der Unterstützung benachteiligter Bevölkerungsschichten obsolet werden:»An die Stelle einer Philosophie der Reintegration tritt das Management von Inklusions- und Exklusionsprozessen. Damit wird Exklusion wieder denkbar, legitimiert durch die Figur der umfassenden Selbstverantwortlichkeit des Selbst-Unternehmers. Nur wer im Sinne dieses neuen Leitbildes zumindest seine eigene Armut selbst bekämpfen kann, gilt sozial als Zugehöriger, und primär an diesen richtet sich eine an Effektivität orientierte Hilfe.«[165]

Seit den frühen 1990er-Jahren ist von»Globalisierung« die Rede. Buchveröffentlichungen darüber füllen inzwischen ganze Bibliotheken.[166] Zwischen der Globalisierung als»Gattungsbezeichnung« für die nationalstaatlichen Grenzen überschreitende und der Tendenz nach überwindende Prozesse einer Intensivierung wissenschaftlich-technischer, ökonomischer, politischer, sozialer und kultureller Beziehungen einerseits sowie und dem neoliberalen Konzept der»Standortsicherung« andererseits muss deutlich unterschieden werden, anstatt beide gleichzusetzen oder gar zu verwechseln. Als zwei Grundpositionen der Globalisierungsdiskussion stehen sich die sog. Ideologie- und die sog. Sachzwangthese gegenüber. Letztere wurde als»eine Form des Ökonomie-Fetischs« bezeichnet, weil ignoriert werde, dass Veränderungen der Weltwirtschaft auch Ergebnis gesellschaftlicher Kämpfe und politischer Entscheidungen seien.»Die VertreterInnen der *Ideologie-These* leugnen nicht nur die Umbrüche und Veränderungen, die zu einer neuen Qualität des kapitalistischen Reproduktionszusammenhangs geführt haben; mit ihrem aufklärerischen Habitus übersehen sie die überaus wirkungsmächtige Dimension diskursiver Performanz – Ideologie wird hier nur als eine Art ›falsches Bewußtsein‹ verstanden.«[167] Stephan Adolphs, Wolfgang Hörbe und Serhat Karkayali meinen, stattdessen müsse die (neoliberale Variante der) Globalisierung im Rahmen einer dritten Grundposition, der sog. Projektthese, als Bestandteil und Resultat einer Vielzahl von»Politikprojekten« begriffen werden, die je nach den gegebenen sozialen Kräftekonstellationen mit unterschiedlichem Gewicht durchschlügen:»Sie sind als Versuche anzusehen, Formen der Regulation zu etablieren, die die – aufgrund andauernder Krisenprozesse – immer stärker auftretenden gesellschaftlichen Widersprüche und Konflikte ›lösen‹ sollen.«[168]

Hinter dem wohlklingenden Etikett»Globalisierung« verbirgt sich ein gesellschaftspolitisches Großprojekt des Neoliberalismus, das überall auf der Welt mehr soziale Ungleichheit bezweckt. Aus einer Wirtschaftstheorie, die durch Verbesserung der Angebotsbedingungen (z.b. Steuererleichterungen für Unternehmen) optimale Verwertungsmöglichkeiten für das Kapital zu garantieren empfahl, hat sich der Neoliberalismus zu einer Sozialphilosophie entwickelt, welche die ganze Gesellschaft nach dem Modell der Leistungskonkurrenz (um)gestalten will, wobei ihr der Wettbewerb zwischen (arbeitenden) Menschen, Unternehmen, Regionen und Nationen, kurz:»Wirtschaftsstandorten« unterschiedlicher Art, als Wundermittel zur Lösung aller sozialen Probleme gilt.[169]

Mit dem Projekt einer neoliberalen Modernisierung bzw. einer Umstrukturierung fast aller Gesellschaftsbereiche nach dem Muster des Marktes, seiner Konkurrenzprinzipien und Leistungsnormen verbindet sich der Irrglaube, durch einen möglichst scharfen »Standortwettbewerb« könne universeller Wohlstand geschaffen, Arbeitslosigkeit als Massenphänomen beseitigt und Armut für immer überwunden werden. »Die Annahme, dass Globalisierung quasi ein menschliches Herz habe und Menschen weltweit in Arbeit und Brot bringt, erweist sich […] als Irrtum. Unter dem Aspekt der Verteilungs- und hier wiederum der Bedarfsgerechtigkeit ist vielmehr das Gegenteil der Fall.«[170] John Gray, Professor an der London School of Economics and Political Science und früher einer der wichtigsten Berater von Margaret Thatcher, spricht denn auch von einer »falschen Verheißung« im Hinblick auf die Segnungen des globalen Kapitalismus.[171]

Sozialstaatskritik und Standortlogik

Der moderne Wohlfahrtsstaat geriet um die Mitte der 1970er-Jahre ins Kreuzfeuer neoliberaler Kritik. Politiker/innen, Publizist(inn)en und Wissenschaftler/innen bemängelten, dass er immer weniger bezahlbar und seiner Hauptaufgabe der Armutsbekämpfung nicht (mehr) gewachsen sei. Für den Neoliberalismus, der eine Wirtschaftstheorie war, die Margaret Thatcher in Großbritannien und Ronald Reagan in den USA zum Regierungsprogramm erhoben, bevor daraus eine umfassende Gesellschaftsphilosophie und schließlich eine Art politischer Zivilreligion wurde, die alle entwickelten Industriegesellschaften erfasste, sind »soziale Wohltaten« purer Luxus, den sich selbst eine reiche Industrienation wie die deutsche nicht mehr leisten kann.

Wirtschaftsliberale möchten den Wohlfahrtsstaat am liebsten auf seine Basisfunktion der Armutsbekämpfung, -vermeidung und -verringerung reduzieren. Jan Roß stellt beispielsweise – ausgerechnet in einer »Streit-schrift gegen den Vulgärliberalismus«, als dessen Kritiker er sich versteht – fest: »Für die dringenden Bedürfnisse der wenigen wirklich Armen würde das Geld schon reichen. Aber es den vielen recht zu machen, denen es eigentlich ganz gut geht und deren Ansprüche entsprechend hoch sind – das eben ist nicht mehr zu bezahlen. Deshalb ist der oft angeprangerte ›Sozialabbau‹ unvermeidlich.«[172] Darüber hinaus obliegt dem Wohlfahrts-staat jedoch die Gewährleistung eines Höchstmaßes an sozialer Sicherheit für alle (im Hinblick auf das erreichte Maß an Produktivität, Wirtschafts-kraft und gesellschaftlichem Wohlstand), d.h. unter den gegebenen Vor-aussetzungen nicht zuletzt: Lebensstandardsicherung im Falle des Arbeits-platzverlustes, der Invalidität oder der Erwerbsunfähigkeit im Alter, und die Schaffung eines sozialen Ausgleichs, damit die Einkommens- bzw. Vermögensunterschiede nicht ins Extreme wachsen.

Kennzeichnend für den *deutschen* Wohlfahrtsstaat war seit Otto von Bismarcks Sozialreformen im 19. Jahrhundert, dass die Lohnarbeiter gegen allgemeine Lebensrisiken wie Krankheit, Invalidität und Not im Rentenal-ter *versichert* wurden. Durch die Zahlung von Beiträgen, an der sich ihre Arbeitgeber später grundsätzlich halbparitätisch beteiligten, erwarben sie – in der Bundesrepublik gemäß Art. 14 Abs. 1 GG verfassungsrechtlich geschützte – Ansprüche, die beim Eintritt des Versicherungsfalls befriedigt werden mussten. Nachteilig wirkte hingegen, dass sich die gesellschaftliche Statushierarchie und berufliche Standesunterschiede durch das Sozialversi-cherungssystem in den Wohlfahrtsstaat hinein verlängerten bzw. verfes-tigten: Je mehr man bis zur Beitragsbemessungsgrenze verdiente, umso höher fiel später auch die Altersrente aus. Wer keine (lückenlose) Erwerbs-biografie aufwies und/oder zu den Niedrigverdiener(inne)n gehörte, hatte dagegen auch keine bzw. entsprechend geringere Rentenzahlungen zu erwarten und musste in der Regel mit Fürsorgeleistungen vorliebnehmen.

Seine neoliberalen Kritiker werfen dem Sozialstaat vor, die Freiheit nicht bloß der einzelnen Wirtschaftssubjekte, Unternehmer und Arbeit-nehmer/innen, sondern auch seiner armen, erwerbslosen Bürger/innen mit Füßen zu treten. Geradezu beispielhaft argumentiert in diesem Zu-sammenhang Rainer Hank: »Der Wohlfahrtsstaat entwürdigt, indem er Almosen verteilt.«[173] Dies tat der Sozialstaat früher gerade nicht, weil er die Grundrechte achtete und sein Handeln auf Rechtsansprüchen beruhte, die bürokratische Willkürmaßnahmen seitens der Behörden ausschließen soll-ten. Erst die neoliberale Transformation des Wohlfahrtsstaates reduziert diesen darauf, nur noch das Existenzminimum seiner vom Markt ausgegrenzten Bürger/innen mehr schlecht als recht zu sichern oder durch das zivilgesellschaftliche Engagement der Besserverdienenden sichern zu lassen. Almosen schaffen keine soziale Gerechtigkeit,[174] wie sie der moderne Wohlfahrtsstaat verlangt, vielmehr das Gegenteil davon. Wenn es den Reichen überlassen bleibt, was sie den Armen geben, wird deren Menschenwürde im Schenkungsakt selbst verletzt. Nur der bisher verfassungsgerichtlich garantierte Rechtsanspruch auf Transferleistungen verhindert, dass Lebensrisiken in Existenzkrisen münden. Ohne den entwickelten Wohlfahrtsstaat wird die Lohnarbeit im globalisierten Kapitalismus zum sozialen Vabanquespiel, was jeder Durchschnittsverdiener weiß, der kein Vermögen besitzt.

Wortführer des Neoliberalismus wie Hank forderten die Beschränkung auf einen »Kernsozialstaat«, der nur noch dann tätig werden solle, wenn für Risiken »auf privaten Kapital- und Versicherungsmärkten eine effiziente Vorsorge nicht möglich ist. Dies gilt beim heutigen Zustand der Kapital- und Versicherungsmärkte allenfalls noch für die Arbeitslosenversicherung, nicht aber für die Kranken- und Rentenversicherung und schon gar nicht für die Pflegeversicherung.«[175] Perspektivisch droht das Gemeinwesen in einen Wohlfahrtsmarkt sowie einen Wohltätigkeitsstaat gespalten zu werden: Auf dem Wohlfahrtsmarkt kaufen sich Bürger/innen, die es sich finanziell leisten können, soziale Sicherheit (z.B. Altersvorsorge durch Versicherungspolicen der Assekuranz). Dagegen stellt der »postmoderne« Sozialstaat nur noch euphemistisch »Grundsicherung« genannte Minimalleistungen bereit, die Menschen vor dem Verhungern und Erfrieren bewahren, gibt sie ansonsten jedoch der Obhut karitativer Organisationen und privater Wohltäter/innen anheim.

Milton Friedman, einer der »Klassiker« des Neoliberalismus, erklärte die Privatwohltätigkeit seinerzeit zu der in mehrerer Hinsicht wünschenswertesten Form der Armutsbekämpfung: »Es ist bemerkenswert, daß in der Periode des Laissez-faire, in der Mitte und gegen Ende des 19. Jahrhunderts, in den Vereinigten Staaten und in Großbritannien private Hilfsorganisationen und wohltätige Einrichtungen eine außergewöhnliche Verbreitung erfuhren. Einer der Hauptnachteile der Zunahme öffentlicher Wohlfahrt lag in der gleichzeitigen Abnahme privater Aktivitäten dieser Art.«[176] Umgekehrt haben das karitative Engagement, die ehrenamtliche Tätigkeit in der »Bürger-« bzw. »Zivilgesellschaft«, die wohltätigen Spenden sowie das Stiftungswesen hierzulande offenbar gerade deshalb wieder

Hochkonjunktur, weil man den Sozialstaat demontiert und dafür gesellschaftliche Ersatzinstitutionen benötigt.

Ginge es nach den neoliberalen Theoretikern, würden die meisten Bildungs-, Wissenschafts-, Kultur-, Umweltschutz-, Freizeit-, Sport- und Wohlfahrtseinrichtungen, kurz: fast alle Bereiche des öffentlichen Lebens, die nicht hoheitlicher Natur sind, noch stärker als bisher vom Kommerz beherrscht bzw. von der Spendierfreude privater Unternehmen, Mäzene und Sponsoren abhängig gemacht. Dabei wäre es erheblich besser, sie in der Obhut staatlicher – und das heißt bei uns: demokratisch legitimierter – Institutionen zu belassen. Stiftungen, die oftmals eher Steuersparmodelle für Multimillionäre und Milliardäre bilden als philanthropischen Motiven entspringen und sozial Benachteiligten nützen, können den entwickelten Wohlfahrtsstaat nicht ersetzen, sie dürfen ihn aber auch nur so weit ergänzen, als es der Erfüllung seiner verfassungsmäßigen Aufgaben dient. Öffentlich kontrollierten Entscheidungsprozessen gebührt absoluter Vorrang gegenüber privaten, dem Interesse an Imagepflege oder altruistischen Regungen geschuldeten Aktivitäten im sozialen Bereich.

Die staatliche Sozialpolitik lehnen Neoliberale zwar meistenteils nicht grundsätzlich ab, stehen ihr jedoch äußerst skeptisch gegenüber und beschränken sich daher auf einen »sozialpolitischen Minimalismus«, den Bernd Reef als »zentrales Charakteristikum« ihrer Konzeption betrachtet.[177] Der Würzburger Ökonom Norbert Berthold will die Staatseingriffe drastisch verringern und betrachtet die »Garantie eines Existenzminimums« als »eigentliches Betätigungsfeld« des Sozialstaates, auf welches sich dieser zurückziehen soll.[178] Dass sich der Sozialstaat darauf beschränkt, das Verhungern seiner Bürger/innen zu verhindern, dürfte allerdings weder im Sinne des *Grundgesetzes* noch in einer so wohlhabenden Gesellschaft wie unserer ethisch verantwortbar sein. Zu fragen ist vielmehr, ob der staatliche Verantwortungsbereich angesichts zuletzt wieder massiv wachsender sozialer und Beschäftigungsprobleme wirklich ohne verheerende Konsequenzen für Wirtschaft und Gesellschaft eingeschränkt werden kann, zumal die Globalisierung neben supranationalen Regulierungserfordernissen einen signifikant größeren politischen Handlungsdruck nach innen schafft.

Neoliberale möchten die Sozialleistungen drastisch reduzieren, was sie nicht immer deutlich zum Ausdruck bringen, und zudem auf die »wirklich Bedürftigen« konzentrieren. Exemplarisch sei der ehemalige Bundeswirtschaftsminister und FDP-Politiker Otto Graf Lambsdorff zitiert: »Bei mehr Marktwirtschaft hätten wir mehr mündige Bürger, weniger Trittbrettfahrer auf dem Wohlfahrtszug und mehr Arbeit in zumutbaren Beschäftigungen. Dann wäre auch mehr Hilfe für die wirklich sozial Schwachen möglich.«[179] Man sollte Arme nicht als »sozial Schwache« bezeichnen, wie das viele Politiker, publizistische Meinungsführer und Multiplikatoren tun, sondern als Bedürftige, Benachteiligte und Einkommensschwache, um sie nicht durch eine unbedachte, diskreditierend wirkende Wortwahl sprachlich abzuwerten. Denn Jens S. Dangschat fragt zu Recht: »Sind nicht vielmehr jene Menschen ›sozial schwach‹, die ihren Reichtum zu Lasten des Zusammenhalts der Gesellschaft noch weiter steigern und die ihre Wohlstandsposition dem zunehmenden Ausspielen der sozialen Integration gegenüber den Wachstums- und Wettbewerbsbedingungen verdanken, und vor allem jene, die diese Entwicklung bewußt forcieren, um ihre eigenen Vorstellungen gesellschaftlicher Modernisierung gegen die Interessen der Mehrheit durchzusetzen?«[180]

Sozialstaatlichkeit begreifen Ultraliberale als Standortnachteil, der die internationale Konkurrenzfähigkeit gefährdet: »Wenn Europa im 21. Jahrhundert als erfolgreicher Industriestandort überleben und den Weg zurück zur hohen und stabilen Beschäftigung finden soll, muß die optimale Wirtschaftsleistung Vorrang vor der maximalen Sozialleistung haben.«[181] Daher ist der Wohlfahrtsstaat für neoliberale Ökonomen bestenfalls ein notwendiges Übel, aber nicht mehr. Selbst wer sie – wie etwa der Kölner Emeritus Carl Christian von Weizsäcker – nicht mit der Globalisierung in Verbindung bringt, thematisiert ausschließlich die »*Grenzen* der Sozialpolitik«, statt ihre *Möglichkeiten* in einer Gesellschaft auszuloten, die nie wohlhabender war. Dahinter steckt die Furcht, der Wohlfahrtsstaat mache seine Klientel zu Faulenzern und gefährde das Funktionieren der Marktwirtschaft, wenn er die Armen zu stark unterstütze: »Ein zu weit ausgebauter Sozialstaat hemmt die Leistungsbereitschaft seiner Nutznießer.«[182]

Neoliberale propagieren einen reinen Fürsorge-, Almosen- und Suppenküchenstaat, der die »Lohnnebenkosten« und folgerichtig auch die Sozialleistungen reduziert, damit sie die Firmen kaum belasten und deren Konkurrenzfähigkeit auf dem Weltmarkt nicht gefährden. Man müsse, lautet das Credo, mehr Lohnspreizung bzw. Einkommensungleichheit hinnehmen, um die Arbeitslosigkeit mit Erfolg bekämpfen zu können. Der frühere sächsische Ministerpräsident Kurt Biedenkopf bemerkte in Anlehnung an das neoliberale Mantra, wonach die »Personalzusatzkosten«, vor allem die Arbeitgeberbeiträge zur Sozialversicherung, die internationale Wettbewerbsfähigkeit der Bundesrepublik beeinträchtigen: »Es wird eine entscheidende Aufgabe der Reform des Systems der sozialen Sicherheit sein, das Arbeitsverhältnis – zumindest teilweise – von diesen Lasten zu befreien und andere Formen der Finanzierung der sozialen Systeme zu entwickeln.«[183]

Folgen der neoliberalen Politik

Das positive Moment an der Globalisierung ist die Überwindung nationaler und kontinentaler Grenzen, die negativen Auswirkungen der Standortpolitik bestehen hingegen in der Wohlstandsmehrung für relativ wenige und in der Verarmung vieler Menschen, verbunden mit einer Tendenz zur Spaltung von Wirtschaft, Gesellschaft und (Sozial-)Staat. Robert Went spricht treffend von einer »doppelten Polarisation – innerhalb der Länder und weltweit zwischen den Ländern« als Ursache wachsender sozialer Unterschiede bzw. Gegensätze.[184] Der ganze Planet wurde in Gewinner- und Verliererstaaten und jede Gesellschaft mit enormen materiellen Konsequenzen noch einmal in soziale Auf- und Absteiger/innen gespalten. Dies ging nicht zuletzt mit tiefgreifenden Bewusstseinsveränderungen der davon Betroffenen einher: Einerseits richtet sich der unter Bessergestellten verbreitete Wohlstandschauvinismus gegen sozial Benachteiligte, andererseits büßen die Ausgegrenzten oft genug an Selbstbewusstsein und Selbstwertgefühl ein, das sie dringend brauchen würden, um sich auf dem Arbeitsmarkt zu behaupten.

In der neoliberalen Weltsicht erscheint Armut nicht als gesellschaftliches Problem, vielmehr als selbst verschuldetes Schicksal, das im Grunde eine gerechte Strafe für Leistungsverweigerung oder die Unfähigkeit darstellt, sich bzw. seine Arbeitskraft auf dem Markt mit ausreichendem Erlös zu verkaufen, wie der Reichtum umgekehrt als angemessene Belohnung für eine Leistung betrachtet wird, die im Falle eines Börsenspekulanten auch ganz schlicht darin bestehen kann, den guten Tipp eines Anlageberaters zu befolgen.

Dass die neoliberale Hegemonie, d.h. die öffentliche Meinungsführerschaft des Marktradikalismus nicht ohne Folgen für das Alltagsbewusstsein geblieben ist, zeigt der Wandel im Hinblick auf typische Erklärungen für Armutsentwicklungen, die Serge Paugam in einer mehrere europäische Länder miteinander vergleichenden Studie untersucht hat. Der französische Sozialwissenschaftler konnte nachweisen, »dass individuelle Verantwortung seit Ende der 1990er Jahre deutlich häufiger als Erklärung von

Armut angeführt wird.«[185] Dies dürfte mit der starken Betonung der »Eigenverantwortung« im Neoliberalismus zusammenhängen. Nicht weniger wichtig für das gewählte Erklärungsmuster sind allerdings persönliche Erfahrungen mit Arbeitslosigkeit und Armut. »Wenn die Arbeitslosigkeit hoch ist, steigt die Wahrscheinlichkeit spürbar, dass die befragten Personen Ungerechtigkeit als Ursache für Armut angeben; wenn die Arbeitslosigkeit niedrig ist, geht sie auch wieder in signifikantem Maß zurück.«[186]

Die neoliberale Modernisierung führte praktisch überall auf der Welt zu sozialer Polarisierung, Pauperisierung und Entsolidarisierung. In einer kapitalistischen Hochleistungsgesellschaft, die den Wettbewerb bzw. die Leistung geradezu glorifiziert und Letztere mit Prämien, Gehaltszulagen oder Lohnsteigerungen prämiert, erscheint Armut funktional, weil sie nur das Pendant dessen verkörpert, was die Tüchtigeren und daher Erfolgreichen in des Wortes doppelter Bedeutung »verdient« haben. Armut ist mithin weder ein politischer »Betriebsunfall« noch ein »unsozialer Kollateralschaden« des Globalisierungsprozesses, vielmehr systembedingt, d.h. Strukturmerkmal und Funktionselement einer kapitalistischen Marktgesellschaft im Zeichen der Restrukturierung fast aller Lebensbereiche nach dem Konkurrenzparadigma und neoliberalen Modellvorstellungen.

Bereits seit geraumer Zeit bildet die Bundesrepublik – sich damit anderen westlichen Industriestaaten angleichend – eine *duale* Armutsstruktur aus: Den armen Erwerbslosen, die aufgrund zu niedriger oder fehlender Lohnersatzleistungen auf das Existenzminimum zurückgeworfen werden, sind die erwerbstätigen Armen zur Seite getreten, deren Lohn für ein Leben im gesicherten Wohlstand nicht ausreicht. Während sich die Langzeit-, perforierte bzw. Mehrfacharbeitslosigkeit vornehmlich älterer und/oder gering qualifizierter Personen zur Dauerarbeitslosigkeit verfestigt und die hiervon Betroffenen eine Schicht total Deklassierter, d.h. vom Arbeitsmarkt wie auch von der Beteiligung an gesellschaftlichen Prozessen weitgehend Verbannter bilden, nimmt die Zahl jener Personen/Haushalte, deren Einkommen *trotz* kontinuierlicher Lohnarbeit in Form eines oder sogar mehrerer Arbeitsverhältnisse nicht oder nur knapp über der relativen Armutsgrenze liegt, gleichfalls zu. Auch in der Bundesrepublik hat sich ein breiter, seinem Umfang nach oftmals unterschätzter Niedriglohnsektor herausgebildet, der längst nicht mehr nur typische Frauenarbeitsplätze umfasst.[187]

Prozesse der Pauperisierung, der sozialen Polarisierung und einer Dualisierung der Sozialstruktur sind Resultate der neoliberalen Modernisierung.

Denn die wirtschaftliche Globalisierung führt keineswegs zur Verallgemeinerung des Wohlstandes. Vielmehr wirkt die Standortpolitik als »soziales Scheidewasser«, das die Bevölkerung in Gewinner und Verlierer/innen, diese jedoch wiederum in Marginalisierte (Dauerarbeitslose, Deprivierte und Langzeitarme) einerseits sowie Geringverdiener/innen (prekär Beschäftigte, von Überschuldung Bedrohte und Kurzzeitarme) andererseits spaltet. Während die Dauerarbeitslosen den »sozialen Bodensatz« im Gegenwartskapitalismus bilden, verkörpern die Niedriglohnempfänger/innen, oftmals Migrant(inn)en und ethnischen Minderheiten entstammend, eher das »Treibgut« des Globalisierungsprozesses.[188]

Einerseits reicht das Armutsrisiko heute bereits bis tief in die Mittelschicht hinein, was sich in der Überschuldung von Existenzgründer(inne)n und »abhängigen« bzw. Soloselbstständigen genauso manifestiert wie in den prekären Lebenslagen von Menschen, die keinen gesicherten Arbeitsplatz haben, sondern fürchten müssen, praktisch über Nacht unter die Armutsschwelle zu sinken. Andererseits weitet sich jener Sektor aus, in dem totale Perspektivlosigkeit, Not und Verelendung die Lebenslagen der Menschen bestimmen. Richard Hauser wies schon um die Mitte der 90er-Jahre auf die wachsende Zahl von »Nichtsesshaften«, Langzeitarmen und verarmten Ausländer(inne)n hin.[189] Mittlerweile dürfte sich deren Situation erheblich verschlechtert haben.

Die latente, aber auch die evidente Armut von Obdachlosen, Trebegänger(inne)n und Bettler(inne)n hat – besonders in den urbanen Zentren und den ostdeutschen Bundesländern – stark zugenommen. Wie man heute seinen Luxus, motiviert durch ein verändertes gesellschaftliches Klima, offener als früher zur Schau stellt, manifestiert sich auch die Armut deutlicher, weil sie breiter streut und tiefer reicht. Ohne die Lage zu dramatisieren, kann man prognostizieren, dass es in der Bundesrepublik, die zu den reichsten Ländern der Welt gehört, künftig eher mehr als weniger Armut geben wird. Dies gilt hauptsächlich für Ostdeutschland, wo sich der Um- bzw. Abbau des Sozialstaates noch drastischer auswirkt als in Westdeutschland, weil die Menschen jenseits der Elbe stärker auf staatliche Transferleistungen angewiesen sind.

Den armen Erwerbslosen, die das Fehlen von oder die großteils unzureichende Höhe der Lohnersatzleistungen auf das Existenzminimum zurückwirft, traten immer mehr erwerbstätige Arme zur Seite. Selbst viele Vollzeitarbeitsverhältnisse reichen nicht mehr aus, um eine Familie zu ernähren, sodass ergänzend ein oder mehrere Nebenjobs übernommen werden und nach Feierabend bzw. an Wochenenden (zum Teil schwarz) weitergearbeitet wird. »Zwischen die Ausgegrenzten und die Arbeitnehmer mit zunächst noch gutem Einkommensniveau (bei Industrie, Banken und Versicherungen und beim Staat) schiebt sich die rapide wachsende Schicht der ›working poor‹. Auf mittlere Sicht wird diese schlecht bezahlte Arbeitnehmerschaft im Service-Sektor das Lohnniveau in Deutschland maßgeblich mitbestimmen.«[190]

Die sozialräumliche Segregation nahm zu: Vor allem viele Großstädte zerfallen in regelrechte Luxusquartiere und sozial benachteiligte Wohngebiete, die entweder als »soziale Brennpunkte« bezeichnet oder euphemistisch »Stadtteile mit besonderem Entwicklungs-« bzw. »Erneuerungsbedarf« genannt werden.[191] Dort scheint ein modernes Subproletariat zu entstehen, das sich in erster Linie aus Migrant(inn)en zusammensetzt. Denn die Wanderungsströme weisen gleichfalls eine duale Struktur auf: Neben der Experten- bzw. Elitenmigration, die zwecks Steigerung der Konkurrenzfähigkeit des Wirtschaftsstandortes staatlicherseits durch Ausgabe von Green bzw. Blue Cards gefördert wird, gewinnt die Elendsmigration im Zeichen der Globalisierung an Bedeutung.[192] Die ethnische Unterschichtung der Gesellschaft war hierzulande zwar nie so ausgeprägt wie in den USA, Großbritannien und Frankreich, kennzeichnet aber auch in der Bundesrepublik zumindest den haushaltsnahen Dienstleistungssektor, wo Migrantinnen an die früheren »Perlen« erinnern.[193] Jürgen Friedrichs und Sacha Triemer haben festgestellt, dass die soziale Segregation zwischen 1990 und 2000/2005 zu-, die ethnische Segregation hingegen abgenommen hat: Die deutschen Großstädte sind ihrer Studie nach eher sozial als ethnisch gespalten.[194]

Wenn man den als »Globalisierung« bezeichneten Prozess einer neoliberalen Modernisierung für die kaum mehr zu übersehenden Tendenzen einer Pauperisierung, sozialen Polarisierung und Entsolidarisierung verantwortlich macht, liegen die gesellschaftlichen Ursachen des vermehrten Auftretens von Armut auf folgenden Ebenen:

1. Im Produktionsprozess löst sich das Normalarbeitsverhältnis, von der Kapitalseite unter den Stichworten »Deregulierung« und »Flexibilisierung« vorangetrieben, tendenziell auf. Es wird zwar keineswegs ersetzt, aber durch eine ständig steigende Zahl atypischer, prekärer, befristeter, Leih- und (Zwangs-)Teilzeitarbeitsverhältnisse, die den so oder gar nicht (mehr) Beschäftigten wie ihren Familienangehörigen weder ein

ausreichendes Einkommen noch den erforderlichen arbeits- und sozial-
rechtlichen Schutz bieten, in seiner Bedeutung stark relativiert.
2. Im Reproduktionsbereich büßt die Normalfamilie, d.h. die vom Staat
subventionierte traditionelle Hausfrauenehe mit ein, zwei oder drei
Kindern in vergleichbarer Weise an gesellschaftlicher Relevanz ein. Neben sie treten andere Lebens- und Liebesformen, die zumindest tendenziell weniger materielle Sicherheit gewährleisten (sog. Ein-Elternteil-
Familie,»Patchwork-Familie«, gleichgeschlechtliche Partnerschaft usw.).
3. Hinsichtlich der Entwicklung des Wohlfahrtsstaates bedingt der
Wettbewerb zwischen den»Wirtschaftsstandorten« einen Abbau von
Sicherungselementen für»weniger Leistungsfähige«, zu denen allemal
Erwachsene gehören, die (mehrere) Kinder haben. Kinder und Jugendliche sind heute deshalb so stark von Armut betroffen, weil der»Umbau« des Sozialstaates auf Kosten vieler Eltern geht. Besonders
nachteilig wirkt sich die schrittweise Abkehr von der Sicherung des
normalen Lebensstandards durch Lohnersatzleistungen des Wohlfahrtsstaates aus.

Die Aushöhlung des Normalarbeitsverhältnisses

Mehr als in anderen Wohlfahrtsstaaten beruht das soziale Sicherungssys-
tem in Deutschland auf einer kontinuierlich von der Ausbildung bis zur
Rente sozialversicherungspflichtig betriebenen, insbesondere von (Ehe-)
Männern meist Vollzeit ausgeübten Lohnarbeit. Wenn immer weniger
Arbeitnehmer/innen immer mehr Güter herstellen und immer mehr
Dienstleistungen erbringen, ohne noch eine»feste Stelle« zu haben, die sie
– mitsamt ihren Familien – ernährt, verliert der erwerbsarbeitszentrierte
Sozial(versicherungs)staat seine Basis. Denn ihm liegt seit Bismarcks Zeiten das Normalarbeitsverhältnis zugrunde, also eine unbefristete, sozial-
bzw. arbeitsrechtlich und kollektivvertraglich geschützte Vollzeitbeschäftigung, die sich in einer tiefen Krise befindet.»Ausgelöst durch säkulare
Umstrukturierungsprozesse im Bereich gesellschaftlicher Produktion,
deutet sich eine Situation an, in der eine auf Erwerbsarbeit *im Normalarbeitsverhältnis* basierende gesellschaftliche Reproduktion als Regelfall nicht mehr
vorstellbar ist.«[195]
Zwar nimmt die Armut u.a. wegen der Strukturkrise des Normalarbeitsverhältnisses zu, selbst dieses kann sie jedoch nicht verhindern, wie
Wolfgang Strengmann-Kuhn konstatiert.»Ein beträchtlicher Anteil der

Armen in Deutschland ist erwerbstätig, es handelt sich mehrheitlich um Männer, und ein großer Teil hat ein Normalarbeitsverhältnis.«[196] Ulrich Mückenberger, der diesen Begriff in die Fachdiskussion einführte, hob gleichzeitig hervor, dass der seit langem beobachtbare Niedergang des Normalarbeitsverhältnisses nicht etwa dem technischen Fortschritt geschuldet ist, sondern auf wirtschafts- und sozialpolitischen Entscheidungen beruht, die nach dem Regierungswechsel von Helmut Schmidt zu Helmut Kohl 1985 in das *Beschäftigungsförderungsgesetz* mündeten und auf dem Postulat einer »Flexibilisierung« der Arbeits- und Sozialbeziehungen fußten.

Für das ganze Industriezeitalter charakteristische, wenngleich meist auf *männliche* Arbeitnehmer beschränkte Normalerwerbsbiografien werden längerfristig zur Ausnahme, weil Automatisierung, Computerisierung und Digitalisierung des Produktionsprozesses bzw. eine per Regierungspolitik forcierte Deregulierung und Flexibilisierung zusammen mit der (billigend in Kauf genommenen) Massenarbeitslosigkeit das Normalarbeitsverhältnis so weit aushöhlen, dass es künftig nicht mehr als Garant der Absicherung elementarer Lebensrisiken fungieren kann.

Ulrich Schneider bemerkt zu Recht, dass die Normalerwerbsbiografie der letzten Jahrzehnte sogar im Fall positiver Beschäftigungstrends für künftige Lebensentwürfe nicht mehr vorausgesetzt werden kann: »Phasen der Erwerbstätigkeit werden zunehmend unterbrochen sein von Phasen der Arbeitslosigkeit oder Um- und Nachqualifizierung. Befristete Arbeitsverhältnisse und selbständiger Broterwerb verdrängen die Dauerarbeitsverhältnisse zunehmend. Das heißt aber auch: Das Risiko der Arbeitslosigkeit wird schwerer kalkulierbar, die Sicherheit einer auf die Normalerwerbsbiographie abgestellten sozialen Sicherung geringer, womit die Akzeptanz dieses Systems ebenfalls auf den Prüfstand gerät.«[197]

Zusammen mit einer Globalisierung der Armut und einer Potenzierung der sozialen Ungleichheit hat die Maximierung der Beschäftigungsunsicherheit selbst viele hoch qualifizierte Arbeitnehmer in Schlüsselsektoren der heimischen Volkswirtschaft wie der IT-Branche erreicht.[198] Es gibt kaum noch einen gesellschaftlichen Bereich, der nicht von tiefgreifenden Veränderungen betroffen wäre, und keinen Wirtschaftssektor, dessen Beschäftigte ohne Einbußen an materiellem Wohlstand davonkommen. Sogar in privilegierte Sphären, die bisher geschützt waren, dringt zumindest das Gefühl eines drohenden Abstiegs und Niedergangs ihrer Arbeitnehmer/innen vor. »Der öffentliche Dienst, der immer als ein Vorbild sozialer Sicherheit, als ein Hort der Beschäftigungsstabilität und als Gewährleister trittfester Karriereleitern galt, ist heute zu einem Vorreiter der Flexibilisierung der Arbeitswelt und zu einem Experimentierfeld veränderter Beschäftigungsorganisation geworden.«[199] Die gezielte Umwandlung regulärer Beschäftigung in sozialversicherungsfreie Arbeitsverhältnisse (Scheinselbstständigkeit, 630-DM/325- bzw. 400-Euro-Jobs) höhlte das Normalarbeitsverhältnis weiter aus. Genauso vielfältig wie die Erscheinungsformen der Prekarisierung (z.B. Zeit- bzw. Leiharbeit, Mini- bzw. Midijobs, unbezahlte Praktika, Gelegenheitsarbeit auf Honorarvertragsbasis) sind ihre Folgen für die davon Betroffenen und die Gesellschaft insgesamt. Armut geht häufig mit sozialer Isolation, die materielle Deprivation mit psychischer Depression und gesellschaftlicher Desintegration einher. Almuth Bruder-Brezzel hat auf der Grundlage ihrer Erfahrungen als Therapeutin gezeigt, dass Erwerbslosigkeit, ungesicherte Beschäftigungsverhältnisse und Niedrigeinkommen »individuell und kollektiv weitreichende soziale und psychologische Folgen« haben: »Prekarisierung des Lebens, also ein Leben auf dem schwankenden Boden einer ungesicherten Existenz, Arbeitslosigkeit und der Wechsel zwischen Beschäftigung und Arbeitslosigkeit und mangelhafte finanzielle Absicherung führen nachweislich zu psychologischen Problemen oder verstärken diese.«[200]

Die Auflösung der Normalfamilie

Nicht nur der »Normalarbeitnehmer«, welcher nach 45 Berufsjahren als sog. Standardrentner ohne große Verringerung seines bisherigen Lebensstandards den verdienten Ruhestand genießt, kann schon in Kürze eher zur Ausnahme von der Regel gehören, sondern auch jene Normalfamilie, die bisher neben ihm und seiner (nicht berufstätigen, sondern ganz auf den gemeinsamen Haushalt und die Familienarbeit konzentrierten) Ehefrau ein oder zwei Kinder umfasste. Zwar ist die bürgerliche Kernfamilie bislang kein »soziokulturelles Auslaufmodell«, sie befindet sich aber – vornehmlich bei den städtischen, meistens überdurchschnittlich gebildeten Mittelschichtangehörigen – eindeutig auf dem Rückzug.[201] Singles, alternative Lebens- und Liebesformen, wie etwa sog. Ein-Elternteil-Familien, gleichgeschlechtliche Paare usw., sind dagegen seit geraumer Zeit auf dem Vormarsch.[202]

Vor der Industrialisierung gab es offenbar eine größere Vielfalt der familialen Formen, in denen sich das Zusammenleben der Geschlechter und

Generationen abspielte, als man meist wahrhaben will. Erst in der bürgerlichen Gesellschaft des späten 18. Jahrhunderts traten die Produktions- und die Reproduktionssphäre auseinander. Wie die historische Familienforschung gezeigt hat, wurden Arbeit und Leben (Freizeit) jetzt auch räumlich strikt voneinander getrennt. Seither verließ der Familienvater morgens das Haus, um den Lebensunterhalt zu verdienen, und kam abends dorthin zwecks Regeneration seiner Arbeitskraft zurück. Gleichzeitig avancierte die Familie zum Inbegriff des Privaten und wurde auf die Triade Vater – Mutter – Kind bzw. Kinder beschränkt.[203]

Wenn man so will, war der Aufbau des Systems der sozialen Sicherung eine gesellschaftspolitische Reaktion des Staates auf die Krise der bäuerlichen Großfamilie im Zuge des frühkapitalistischen Urbanisierungs- und Industrialisierungsprozesses. Seinen massivsten Ausbauschub erhielt der deutsche Sozialstaat in quantitativer wie in qualitativer Hinsicht um die Mitte des 20. Jahrhunderts. Während der 50er- und 60er-Jahre erfreute sich das (klein)bürgerliche Familienideal in der Bundesrepublik allergrößter Beliebtheit.»Das moderne Ehe- und Familienmuster, die *moderne Kleinfamilie* (auch ›privatisierte Kernfamilie‹ genannt) – d.h. die selbständige Haushaltsgemeinschaft eines verheirateten Paares mit seinen unmündigen Kindern – war eine kulturelle Selbstverständlichkeit und wurde von der überwältigenden Mehrheit der Bevölkerung auch unhinterfragt gelebt.«[204]

Neben den Arbeits-, industriellen Produktions- und ökonomischen Machtverhältnissen erfasste die Globalisierung auch soziokulturelle, religiöse und familiäre Verhaltensmuster, was wiederum auf jene zurückwirkt. »An die Stelle der alten Familienformen treten allmählich andere Formen des Zusammenlebens, neue Wir-Gruppenkonstruktionen, die vorerst auch eher programmatischen Charakter aufweisen, also sicherlich noch nicht ihre ›endgültige‹ Bewährungsprobe bestanden haben. Die neuen Gruppenkonstellationen bieten veränderte Chancen, teilen die gesellschaftlichen Risiken meist aber bloß anders zu.«[205] Pioniere der durch die Globalisierung ausgelösten Veränderungsprozesse waren Migrant(inn)en bzw. ihre Familien, wodurch sich möglicherweise deren extrem hohes Armutsrisiko erklären lässt.

Der moderne »Turbokapitalismus« (Edward N. Luttwak) fungiert, wenn man so will, als Totengräber der Traditionsfamilie. Gefragt ist der »flexible Mensch«, welcher durch Kinder an einer Berufstätigkeit, wie man sie ihm heute anbietet und abverlangt, jedoch eher gehindert wird.[206] Einerseits verlangt mancher Personalchef, dass hoch qualifizierte junge

Menschen beiderlei Geschlechts so mobil sein müssen, dass sie fähig und bereit sind, heute in Kiel und morgen in Konstanz (wenn nicht gar nächste Woche in London, Tokio oder New York) zu arbeiten; andererseits sollen sie, wenn es nach einer im demografischen Wandel um ihre Reproduktion fürchtenden Gesellschaft geht, sesshaft genug sein, um eine Familie zu gründen und Kinder zu erziehen.

Durch die ständige Zunahme atypischer bzw. prekärer Arbeitsverhältnisse, von (Zwangs-)Teilzeit, Leih-, Zeit-, Termin-, Werkvertrags- und Telearbeit, Scheinselbstständigkeit sowie »perforierter«, d.h. Mehrfach-, Langzeit- oder gar Dauererwerbslosigkeit einerseits und von Single-Haushalten, »unvollständigen«, sog. Ein-Elternteil- bzw. Patchwork-Familien sowie hetero- und homosexuellen Lebensgemeinschaften diverser Spielart andererseits wird das auf überkommenen gesellschaftlichen Normalitätsstandards basierende Sicherungsmodell zumindest perspektivisch in Frage gestellt: »Der fortschreitende Verlust der empirischen Allgemeingültigkeit bisher bewährter Annahmen führt zur Obsoleszenz der immer noch an diesen normativen Fundamenten und Normalitätsunterstellungen orientierten sozialstaatlichen Sicherungsarrangements.«[207]

Zwar ist die Erosion der Normalfamilie nicht zuletzt auf die (gesellschaftliche, berufliche und sexuelle) Emanzipation der Frauen zurückzuführen, welche deren Möglichkeiten fördert, sich frei für eine (andere) Lebens- und Liebesform zu entscheiden, damit entfällt aber zugleich der durch die traditionellen Familienbande gewährte Rückhalt und soziale Schutz. Frauen und Kinder gehören zu den Hauptleidtragenden von Scheidungen bzw. Trennungen. Hans-Jürgen Andreß und Miriam Güllner zeigen empirisch, »daß sich die wesentlichen wirtschaftlichen Veränderungen bereits im Zusammenhang mit der Trennung einer Ehe ergeben und sich nicht erst als Folge der Scheidung erweisen. [...] Mit der Trennung steigt die Armutsquote im Vergleich zur Ausgangssituation auf mehr als das doppelte an. Dabei sind es vor allem die Frauen und die Kinder, die ein erhöhtes Armutsrisiko aufweisen.«[208]

Die Abkehr von der Sicherung des normalen Lebensstandards

Wenn sich die zwischenmenschlichen bzw. familiären Bindungen im Gefolge des neoliberalen Modernisierungsprozesses abschwächen, wächst die Abhängigkeit der Betroffenen vom Markt und vom (Sozial-)Staat.[209] Wird dieser nach Konkurrenzprinzipien und Maßgaben betriebswirtschaftlicher

Effizienz- und Leistungssteigerung »um-« bzw. abgebaut, schwinden früher gewohnte Sicherheitsgarantien. Problematisch ist eigentlich nicht die Tendenz zur »Globalisierung« oder zur »Individualisierung« und zur »Pluralisierung der Lebensstile« selbst, sondern wie die (Regierungs-)Politik damit umgeht: Wenn sie die (Re-)Privatisierung der allgemeinen Lebensrisiken fördert, statt einer Entsolidarisierung der Gesellschaft entgegenzuwirken, wächst der Druck auf abhängig Beschäftigte, Erwerbslose und ihre Familien.

Aus dem Wohlfahrtsstaat, wie man ihn bis dahin kannte, wurde im Rahmen zahlreicher Reformmaßnahmen zunehmend ein »nationaler *Wettbewerbs*staat« (Joachim Hirsch), und zwar in zweierlei Hinsicht: Nach außen fördert er die Konkurrenzfähigkeit des »eigenen« Wirtschaftsstandortes auf dem Weltmarkt und nach innen überträgt er die Marktmechanismen und Gestaltungsprinzipien der Leistungskonkurrenz bzw. betriebswirtschaftlicher Effizienz auf seine eigenen Organisationsstrukturen. Durch diese doppelte Transformation gewann der Wohlfahrtsstaat eine ganz andere Qualität, obwohl das Sozialstaatsgebot unserer Verfassung (Art. 20 Abs. 1 und Art. 28 Abs. 1 Satz 1 GG) weder ein Wirtschaftlichkeitspostulat noch eine Weltmarktorientierung des Systems kennt. Gleichzeitig verlor das Soziale seinen im *Grundgesetz* normierten Eigenwert und wurde dem Ökonomischen von der etablierten Politik im Sinne eines (Markt-)Wirtschaftstotalitarismus unter- bzw. nachgeordnet.

Bei dem durch neoliberale Prinzipien geprägten Wettbewerbsstaat handelt es sich um ein Staatswesen, das nicht mehr für alle sozialen »Kollateralschäden« des kapitalistischen Wirtschaftens die Haftung übernimmt, die hierauf basierende soziale Ungleichheit verschärft und auf diese Weise den Boden für gesellschaftliche Ausgrenzungs- und Ethnisierungsprozesse bereitet. Auf die Liberalisierung des Kapitalverkehrs, die Deregulierung des Arbeitsmarktes, die Flexibilisierung und Ausdifferenzierung der Beschäftigungsverhältnisse sowie die (Re-)Privatisierung der öffentlichen Daseinsvorsorge gerichtet, nahm der Neoliberalismus die Verschlechterung der Arbeits- und Lebensbedingungen eines Großteils der Bevölkerung zumindest billigend in Kauf. Schließlich steht im Zentrum all seiner Bemühungen der sich in Euro und Cent auszahlende Markterfolg bzw. der »Wirtschaftsstandort«, nicht der (arbeitende) Mensch.

Das neue Paradigma fand weit über die Wirtschaftsverbände und ihnen nahestehende Kreise hinaus Resonanz. Zu jenen Politikern, die schon früh über die wachsende Ineffizienz, Unwirtschaftlichkeit und mangelnde

Transparenz des Sozialstaates lamentierten, gehörte der Pforzheimer Oberbürgermeister Joachim Becker (SPD). Er veröffentlichte Mitte der 90er-Jahre ein Buch, das im Stammtischton verkündete, nun müsse endlich Schluss mit dem überbordenden Wohlfahrtsstaat sein: »Ein falsches Verständnis von Sozialpolitik hat eine Lawine sozialer Gefälligkeiten ausgelöst. Und der Staat wurde durch eine falsche Politik der Parteien zum Träger und Verantwortlichen für die Wohlfahrt und den Wohlstand unseres Landes. So ist es kein Wunder, daß in Zeiten des notwendigen Abbaus von Subventionen und sozialen Leistungen der Unmut der Bürger sich gegen alle Politiker richtet.«[210] Dort fanden sich deutliche Fingerzeige auf die Hinwendung der SPD zum »aktivierenden Staat«, welcher seine Unterstützung von Hilfebedürftigen grundsätzlich an deren Bereitschaft zu einer Gegenleistung (in Form gemeinnütziger Arbeit) bindet: »Leistung ist ein tragender Pfeiler unserer gesellschaftlichen Solidargemeinschaft, Sozialhilfeempfang sollte daher auch aus pädagogischen und rehabilitativen (?!) Motiven so weit wie möglich mit einer erbrachten Leistung verbunden werden.«[211]

Ursprünglich war der »aktivierende Sozialstaat« (social investment state) konstitutiver Bestandteil eines »Dritten Weges«, wie ihn Anthony Giddens, damals Direktor der London School of Economics and Political Science und Berater des britischen Premiers Tony Blair, in gleicher Distanz gegenüber dem neoliberalen Marktfundamentalismus und dem sozialdemokratischen Neokeynesianismus der »alten« Sozialdemokratie vertrat.[212] Bodo Hombach, Wahlkampfleiter und erster Kanzleramtsminister von Gerhard Schröder, sprach vom »aktivierenden Sozialstaat« als einem »Trampolin«, das die Erwerbslosen in den Arbeitsmarkt zurückkatapultieren solle.[213] An diesem Bild, das auch Bundeskanzler Schröder benutzte, übte Heribert Prantl, Leiter des Ressorts »Innenpolitik« der *Süddeutschen Zeitung*, beißende Kritik: »Das herzlose Wort vom sozialen Netz als ›Trampolin‹ oder ›Sprungbrett‹ spricht weniger für neue Ideen der SPD denn für ihre neue Gefühllosigkeit: Beide Gerätschaften eignen sich nämlich nur für den gesunden und leistungsfähigen Menschen.«[214]

Leitbild des Neoliberalismus ist kein schwacher, demokratischer und toleranter, vielmehr ein hart durchgreifender sowie von der (Arbeits-) Norm abweichende Bürger/innen streng kontrollierender und nötigenfalls disziplinierender Staat: »Langzeitarbeitslose, neuerdings als ›Kunden‹ angesprochen und gleichsam veralbert, sind bei Strafe des Leistungsentzugs gezwungen, jede Arbeit anzunehmen, auch in Gestalt so genannter Ein-

Euro-Jobs; die Freiheit der Wahl von Arbeitsplatz und Beruf ist ihnen damit genommen.«[215] Wie in den USA, die während der 90er-Jahre den Vorreiter für entsprechende Programme spielten, trat auch hierzulande an die Stelle des »wohltätigen« trat mehr und mehr der »disziplinierende« Staat.[216]

Modellcharakter hatte die Mitte der 90er-Jahre als fünfter und letzter Versicherungszweig geschaffene Pflegeversicherung. Sie ebnete den künftig womöglich als richtungweisend geltenden Weg vom Sozialversicherungs- zum (stärker steuerfinanzierten) Fürsorgestaat, der sich nicht mehr am individuellen Bedarf orientiert, sondern auf eine Mindestsicherung und Armenfürsorge beschränkt. In der Sozialen Pflegeversicherung gingen das Versicherungs- und das Fürsorgeprinzip, die Sozialstaatlichkeit und die Marktlogik eine merkwürdige Mischung bzw. eine widersprüchliche Verbindung ein. Klient(inn)en der ambulanten Pflegedienste avancierten zu »Kund(inn)en«, die sich für einen (Billig-)Anbieter entscheiden können. *Wettbewerbs*strukturen schufen einen regelrechten »Pflegemarkt«, der zwar noch politisch reguliert wird, die Konkurrenz als maßgebliches Lenkungsprinzip aber in den Sozialstaat hinein verlängert. In der Praxis sorgten *gewinn*orientierte Pflegedienste weniger durch hohe Qualitätsstandards als durch unseriöse Abrechnungsmethoden für Aufsehen. Erstmals wurde die Beitragsparität zwischen Arbeitnehmer(inne)n und Arbeitgebern durchbrochen, indem man Letzteren als »Kompensation« für ihre finanzielle Beteiligung an der Pflegeversicherung die Streichung des Buß- und Bettages als gesetzlicher Feiertag zubilligte. Insofern erfüllte die Pflegeversicherung im negativen Sinn eine gesellschaftspolitische *Pilot*funktion. Daniel Kreutz sah darin den »Prototyp eines post-sozialstaatlichen Systems«, weil sie, unter Preisgabe des Grundsatzes paritätischer Finanzierung einseitig von den Versicherten bezahlt und mittels gedeckelter Leistungen für Bedürftige gleichsam auf eine »Basissicherung« beschränkt, primär der Kostenüberwälzung von den Sozialhilfeträgern auf die abhängig Beschäftigten diene.[217]

Die mit dem Namen von Walter Riester verbundene Rentenreform 2000/01 war ein Schritt zur Umstellung der Altersvorsorge vom Umlage- auf das Kapitaldeckungsverfahren. Das rot-grüne Reformwerk lief auf eine (Teil-)Privatisierung der sozialen Sicherung hinaus und entlastete die Arbeitgeberseite, während sich der Leistungsumfang für die Betroffenen im Sinne einer bloßen Minimalabsicherung großer Teile der Bevölkerung verringerte. Es handelte sich dabei letztlich um einen sozialpolitischen Richtungs- bzw. Regimewechsel:»Das ›Versichertensystem‹ mit der Garantie eines relativ hohen Lebensstandards soll zum Grundversorgungssystem auf niedrigem Niveau mit geringen Beiträgen/Abgaben umgewandelt werden. Der Lebensstandard soll dann durch eine ergänzende private Absicherung gehalten werden.«[218] Nach der Pflegeversicherung brach mit Einführung der sog. Riester-Rente auch ein »klassischer« Versicherungszweig mit dem Prinzip einer paritätischen Finanzierung der sozialen Sicherung. Privatvorsorge fungiert nicht als Ergänzung der Gesetzlichen Rentenversicherung, sondern – weil nur von den Arbeitnehmer(inne)n bezahlt – als teurer Ersatz für bislang von den Arbeitgebern mitfinanzierte (und künftig vermutlich sehr viel geringere) Leistungen der sozialen Sicherung.[219] Besserverdiende profitieren davon, dass sie die Aufwendungen für ihre private Altersvorsorge bei der Einkommensteuer absetzen können. »Der steuerliche Sonderausgabenabzug begünstigt vor allem hohe Einkommensgruppen, da mit zunehmendem Einkommen auch der staatliche Förderanteil steigt (bis zu den gesetzlich festgelegten höchsten Beträgen).«[220] Nach dem Riester-Modell gar nicht gefördert werden hingegen jene, die einer Zusatzrente am meisten bedürften: Sozialhilfebezieher/innen. Leer gingen auch Erwerbslose und Arbeitnehmer/innen aus, die zu geringe Entgeltersatzleistungen bekommen bzw. nicht genug verdienen, um die von den großen Versicherungsgesellschaften angebotenen Produkte bezahlen zu können.

An die Stelle der Versicherungs- treten immer stärker (verbrauchs)steuerfinanzierte Fürsorgeleistungen und die Privatwohltätigkeit, was die öffentliche Aufwertung der »Eigenvorsorge« und der »Selbstverantwortung« kaschiert. Dadurch lässt sich nach neoliberaler Überzeugung die Sozialleistungs- bzw. Staatsquote senken sowie die Erwerbslosigkeit deutlich verringern. Der sozialpolitische Dreiklang neoliberaler Modernisierer lautet im Grunde: Entstaatlichung, Entsicherung und Entrechtung jener Menschen, die entweder unfähig oder nicht willens sind, auf dem (Arbeits-)Markt ein ihre Existenz sicherndes Einkommen zu erzielen. Dass er weniger die Verbesserung der Lebenssituation davon Betroffener als die Entlastung der Unternehmen, Kapitaleigentümer und Spitzenverdiener bezweckt, lässt ihn besonders für Letztere attraktiv erscheinen, obwohl die negativen Folgen auch für sie auf der Hand liegen.

Von der Alters- zur Kinderarmut und wieder zurück?

Armut hat viele Gesichter, die sich mit der Zeit bzw. wirtschaftlichen Erschütterungen und politischen Umbrüchen teilweise drastisch verändern. Zugleich sind je nach den Rahmenbedingungen unterschiedliche Gruppen von Armut betroffen, was erhebliche Konsequenzen für deren öffentliche Wahrnehmung sowie die entsprechenden Reaktionen von Regierung, Parlament und Verwaltung sowie Massenmedien und Fachwissenschaft darauf hat. Nunmehr soll gezeigt werden, wie sich die Armutspopulation im Laufe der (west)deutschen Nachkriegsgeschichte wandelte und welche Auswirkungen für Diskurse darüber hieraus resultierten. Neben einem Überblick zur gegenwärtigen Kinderarmut als Haupterscheinungsform steht ein Ausblick auf das künftig vermutlich (wieder) im Vordergrund stehende Problem der Altersarmut.

Kinderarmut – ein Überblick

Betrachtet man die Sozialgeschichte der Armut, waren junge und alte Menschen fast immer überproportional davon betroffen, was mit ihrer im Vergleich zu den erwerbsfähigen mittleren Generationen größeren Vulnerabilität zu erklären ist. Bis zur Großen Rentenreform, die Konrad Adenauer als damaligem Kanzler und seiner CDU als führender Regierungspartei bei der Bundestagswahl im September 1957 den größten Wahlerfolg hierzulande bisher überhaupt bescherte, bildeten Frauen, die keine oder nur geringe Rentenansprüche hatten, die Hauptbetroffenengruppe. Über ein Jahrzehnt nach Kriegsende hausten immer noch zahlreiche Greisinnen auf Trümmergrundstücken und in feuchten Kellern, wo es im Winter bitter kalt und gesunde Nahrung knapp war. Nunmehr wurde das aus Bismarcks Zeiten stammende Kapitaldeckungsprinzip durch ein modifiziertes Umlageverfahren ersetzt und die Altersrente dynamisiert, d.h. dem wachsenden Wohlstandsniveau regelmäßig angepasst. »Stellten Personen im Rentenalter einen Großteil derjenigen, die in den 1950er Jahren kommunale Fürsorgeleistungen bekamen, so reduzierte sich deren Zahl bereits im Jahr des Inkrafttretens drastisch.«[221] Freilich war die Altersarmut durch das Inkrafttreten der Großen Rentenreform keineswegs für immer beseitigt, sondern nur spürbar abgemildert, und auch wenn sie das Armutsbild in der Bundesrepublik nicht mehr so stark wie bis dahin bestimmte, existierte sie als großes Problemfeld für die Sozialpolitik und die Soziale Arbeit fort.[222]

Mit dem *Bundessozialhilfegesetz* (BSHG) wurde 1961/62 das überkommene Fürsorgerecht abgelöst und ein vor Gericht einklagbarer Rechtsanspruch auf Existenzsicherung geschaffen. »Neben der Abkehr von obrigkeitsstaatlichen Fürsorgevorstellungen beinhaltete diese Reform im Wesentlichen zwei Neuerungen: erstens ein gesetzliches Anrecht auf finanzielle Unterstützung im Falle wirtschaftlicher Notlagen für alle Bürger (laufende Hilfe zum Lebensunterhalt) und zweitens spezielle Unterstützungsleistungen für Personen in besonders problematischen Lebenssituationen (Hilfe in besonderen Lebenslagen).«[223] Man betrachtete den Staat mit der Sozialhilfe als »letztem Netz« als einen Ausfallbürgen, der einspringen sollte, wenn alle übrigen Einkommensquellen versiegten, und ging seinerzeit davon aus, dass dies nur höchst selten passieren werde.

In einer Zeit des relativ kontinuierlichen Wachstums von Wirtschaft und allgemeinem Wohlstand setzten alle Bundesregierungen diese Traditionslinie der Sozialgesetzgebung – wenngleich mit unterschiedlichen Akzentsetzungen – fort, wodurch Armut hierzulande zwar keineswegs ausgerottet, aber spürbar zurückgedrängt und jahrzehntelang eher zu einer gesellschaftlichen Rand(gruppen)erscheinung wurde. Zu einer historischen Zäsur in der Wohlfahrtsstaatsentwicklung führte die Weltwirtschaftskrise 1974/75, denn seither fand ein weiterer Ausbau des Systems der sozialen Sicherung bloß noch in Ausnahmefällen und Randbereichen statt.[224] Gleichzeitig wurden zahlreiche Sozialleistungen gekürzt, Anspruchsvoraussetzungen verschärft sowie die Kontroll- und Überwachungsmaßnahmen gegenüber den Leistungsbezieher(inne)n intensiviert, was nicht ohne negative Folgen blieb. Die bis dahin kaum mehr sichtbare Armut wurde wieder zu einem das Erscheinungsbild der bundesdeutschen Gesellschaft mit bestimmenden Phänomen.

Dass die Armut »weiblich« war, wurde beinahe zu einem geflügelten Wort. Der damit bezeichnete Zusammenhang stieß vor allem während der 70er- und 80er-Jahre auf die Kritik feministischer Wohlfahrtsstaatsforscherinnen. Betroffen seien zunächst alleinerziehende Mütter, hieß es allenthalben. So bemängelte Ute Gerhard, »daß unsere reiche Gesellschaft nur unter disziplinierenden, kontrollierenden und beschämenden Bedingungen bereit ist, das Existenzminimum von Frauen zu sichern, die ihre Kinder nicht in einer ›normalen‹ Familie großziehen.«[225] Zudem fielen die Renten der Frauen infolge des Ausschlusses vom und vielfältiger Diskriminierung im Erwerbsleben sehr viel niedriger aus als die der Männer: »Weil unser Rentenrecht als Lohnersatzsystem organisiert ist, das sich an der Lebens-

und Erwerbsbiographie eines männlichen Lohnarbeiters mit einer weiblichen Zuarbeiterin orientiert und geschlechtsspezifische Privilegien auf dem Arbeitsmarkt als Besitzstände und im Sicherungssystem als sogenannte Beitragsgerechtigkeit honoriert, sind Frauen, die die Familienarbeit geleistet haben, im Alter in jedem Fall ärmer als Männer.«[226]

Klaus Lompe wies 1987 auf die Tendenz zur »Verjüngung« der Betroffenen hin: »War die Population der alten Armut in der Regel dadurch gekennzeichnet, daß sie arbeitsunfähig, krank und/oder alt war, so ist die der *neuen* Armut heute vor allem arbeitsfähig, arbeitslos und zum großen Teil jung.«[227] Man müsse nur die vorhandenen Statistiken auswerten, meinte der Braunschweiger Armutsforscher damals, um deutlich erkennen zu können, »daß immer mehr Kinder in von Arbeitslosigkeit und Sozialhilfebezug betroffenen Familien aufwachsen.«[228] Zu ähnlichen Resultaten gelangte ein Forschungsprojekt an der Universität Frankfurt am Main, das Thomas Klein leitete. Seine mikroanalytische Untersuchung zur Betroffenheit von Familien durch Arbeitslosigkeit bestätigte soziale Abstiegs- und Verarmungsprozesse »in beträchtlichem Ausmaß«, die zum Teil durch Gewährung von Arbeitslosenunterstützung sowie Wohngeld aufgefangen werden könnten: Arbeitslosigkeit habe sich mittlerweile neben den Versorgungslücken im Alter zu einer der Hauptursachen von Armut entwickelt, die in erster Linie traditionell ebenfalls armutsgefährdete Mehrkinderfamilien treffe.[229]

1989 sprach Richard Hauser von einer »Infantilisierung der Armut«, weil Kinder und Jugendliche seither zu den Hauptbetroffenen dieser Entwicklung gehören.[230] Ilona Ostner erklärt den Terminus »Infantilisierung« allerdings für missverständlich und fragwürdig, was sie folgendermaßen begründet: »Der Begriff ist nicht sehr glücklich gewählt, konnotiert er doch eine Verniedlichung des Phänomens ›armer Kinder‹. Man hält an ihm fest, vielleicht, weil er sich auf ›Feminisierung‹ – jene ›Feminisierung der Armut‹, die die 1980er Jahre entdeckten und betonten – reimt, ein Begriff, von dem man sich nun verabschieden will.«[231] Wer von den Erwachsenen, Frauen und Müttern, die sie betreuen, nicht sprechen will, sollte zwar auch von den Kindern schweigen. Gleichwohl ist die Zahl der armen Kinder höher als die Zahl der armen Mütter. H. Gerhard Beisenherz plädiert für die Bezeichnung »Maternalisierung«, weil Kinder- primär Mütterarmut sei: »Es sind die sehr differentiellen Einkommenschancen unterschiedlicher Haushaltstypen, die für die Kinderarmut verantwortlich sind. Unter diesen stehen die Diskriminierungen an erster Stelle, die für Frauen im gebärfähigen

Alter auf dem Arbeitsmarkt bestehen und aufgrund der Zeiten, die für Haushalt, Kinderbetreuung und -erziehung anfallen, zusätzlich verstärkt werden.«[232] Olaf Groh-Samberg hält die Hauser'sche Formulierung für »einseitig«, weil sie nur auf den Aspekt der Polarisierung zwischen Haushaltsformen mit und ohne Kinder abhebe, die sozialstrukturellen und ethnischen Polarisierungen jedoch ausblende. Armut sei indes in die »klassen- und migrationsspezifische Strukturierung sozialer Ungleichheiten« eingebettet: »Arbeiterfamilien mit Migrationshintergrund stellen die größte Armutsgruppe in Deutschland dar.«[233]

Während die Armutsbetroffenheit von Kindern mit Migrationshintergrund im Unterschied zu deren Bildungsbenachteiligung (bzw. »Bildungsarmut«) zunächst wenig Aufmerksamkeit fand, stand die Kinderarmut hierzulande seit der Jahrtausendwende im Zentrum der Armutsforschung, was sich auch in einer Fülle wissenschaftlicher Veröffentlichungen dazu niederschlug.[234] Außerhalb der Normfamilie lebende Kinder, z.b. jene von Alleinerziehenden, haben ein erheblich höheres Armutsrisiko, weil das System der sozialen Sicherung und speziell die Familienpolitik der Bundesrepublik ehezentriert sind.[235] Betroffen von Armut und Unterversorgung sind in erster Linie solche Frauen, die wegen fehlender bzw. unzureichender Möglichkeiten der Kinderbetreuung keiner Erwerbsarbeit nachgehen können, deren (Ehe-)Partner arbeitslos ist bzw. ein geringes Einkommen hat (z.b. Migranten) und/oder die keine bzw. eine schlecht bezahlte Teilzeitstelle haben. Folglich machen Alleinerziehende mit ihrem Nachwuchs und Mehrkinderfamilien das Gros der Armen bzw. Unterversorgten aus.

In den letzten Jahren wurde der Wohlfahrtsstaat in einer Weise reformiert, die Kinderarmut nicht reduziert, sondern zementiert und zum Teil selbst produziert hat. »Alle jüngeren Maßnahmen in der Reform des Sozialsystems gehen zu Lasten von Familien und Minderjährigen.«[236] Sofern man weiter »Selbstverantwortung«, »Eigenvorsorge« bzw. »Privatinitiative«, die würdige Unwörter des Jahres wären, weil sie den Rückzug öffentlicher Stellen kaschieren, zum Dreh- und Angelpunkt eines »Um-« bzw. Abbaus des Sozialstaates macht, wird das Problem kaum zu lösen sein. Verschärft wurde es zuletzt durch kräftig steigende Preise für Energie (Gas, Öl und Strom) sowie Lebens-, Nahrungs- und Genussmittel, aber auch höhere Verbrauchssteuern (Anhebung der Mehrwert- und Versicherungssteuer von 16 auf 19 Prozent ab dem 1. Januar 2007), die sozial benachteiligte Mehrkinderfamilien besonders hart treffen. Diese entsprechen nicht dem

neoliberalen Wunschbild, sondern sind auf staatliche Unterstützung angewiesen, um ein gedeihliches Aufwachsen ihrer Kinder zu gewährleisten.
Wenn die Dualisierung, d.h. die Zweiteilung bzw. die Spaltung in Bezug
auf den Arbeitsmarkt, die Sozialstruktur, den Wohlfahrtsstaat, die Migration und die Armutspopulation den Haupteffekt der neoliberalen Globalisierung bildet, bleiben Kinder und Jugendliche davon nicht unberührt.
Vielmehr sind gerade jüngere Menschen, die noch keine Anpassungs-
und/oder Verdrängungsmechanismen entwickelt haben, hervorragende
Seismografen unsozialer Trends. Kinder leiden nicht nur besonders und in
spezifischer Weise unter Einschränkungen, denen ihre Familien ausgesetzt
werden, sondern auch viel mehr als die Erwachsenen unter der zunehmenden Polarisierung einer Gesellschaft, die noch für lange Zeit ihren Lebens-
und Gestaltungsraum darstellt. Christian Palenthin, Andreas Klocke und
Klaus Hurrelmann sprechen von einer »Auseinanderentwicklung der Lebensbedingungen der heranwachsenden Generation«, welche negative
Auswirkungen auf das Wohlbefinden sowie die Partizipationsmöglichkeiten und Lebenschancen benachteiligter Kinder habe: »Gerade bei Kindern
und Jugendlichen führt die zunehmende Spaltung der Gesellschaft in Arm
und Reich zu zahlreichen Anspannungen und Belastungen.«[237]

*Kinder*armut ist die aktuell am weitesten verbreitete und mit Abstand
brisanteste Armutsform in der Bundesrepublik. Auf dem Höhepunkt des
konjunkturellen Aufschwungs lebten nach Angaben der Bundesagentur für
Arbeit im März 2007 fast 1,929 Mio. Kinder unter 15 Jahren (von ca. 11,44
Mio. dieser Altersgruppe insgesamt) in SGB-II-Bedarfsgemeinschaften,
landläufig »Hartz-IV-Haushalte« genannt.[238] Rechnet man die übrigen
Betroffenen (Kinder in Sozialhilfehaushalten, in Flüchtlingsfamilien, die
nach dem *Asylbewerberleistungsgesetz* ein Drittel weniger als die Sozialhilfe
erhalten, und von sog. Illegalen, die gar keine Transferleistungen beantragen können) hinzu und berücksichtigt außerdem die sog. Dunkelziffer,
lebten etwa 2,8 Millionen Kinder, d.h. mindestens jedes fünfte Kind dieses
Alters, auf oder unter dem Sozialhilfeniveau. Verschärft wurde das Problem durch erhebliche regionale Disparitäten (Ost-West- und Nord-Süd-
Gefälle). So lebten in Görlitz 44,1 Prozent aller Kinder unter 15 Jahren in
Hartz-IV-Haushalten, wohingegen es beispielsweise im wohlhabenden
bayerischen Landkreis Starnberg nur 3,9 Prozent waren. Zur selben Zeit
betrug das Privatvermögen der beiden reichsten Deutschen, der Gebrüder
Albrecht (Eigentümer der Aldi-Ketten Nord und Süd), laut dem US-Wirt-
schaftsmagazin *Forbes* 37,5 Mrd. US-Dollar und stieg bis auf die Höhe von

50 Mrd. US-Dollar im Jahr 2008, was das mittlerweile erreichte hohe Maß der sozialen Polarisierung verdeutlicht.

Altersarmut – ein Ausblick

Karl und Theo Albrecht sind zwei alte Männer, die ein selbst für wohlhabende Deutsche unvorstellbar großes Vermögen angehäuft haben, während Millionen Kinder in der Bundesrepublik aus Geldmangel vom Mittagstisch ihrer KiTa abgemeldet werden, ohne Frühstück in die Schule kommen oder wegen angeblicher Unpässlichkeit nicht mit auf eine Klassenfahrt gehen. Auf den ersten Blick sieht es so aus, als seien die Senioren reich und die Jungen arm. Die soziale Polarisierung existiert allerdings nicht zwischen den Generationen, sondern innerhalb sämtlicher Altersgruppen, bei den Jüngeren genauso wie bei den Älteren: Die tendenziell zunehmende Armut geht mit steigendem Wohlstand und vermehrtem Reichtum einher, ja sie bildet, wenn man so will, geradezu dessen Kehrseite. »Neben einer wachsenden Minderheit der Kinder und Jugendlichen, die in Armutsverhältnissen aufwachsen, lebt auf der anderen Seite des sozialen Spektrums eine ebenfalls wachsende Zahl in sehr wohlhabenden Familien.«[239] Es gab noch nie vergleichbar viele Haushalte ohne die geringsten materiellen Sorgen und so viele Kinder mit eigenem (Kapital-)Vermögen in der Bundesrepublik wie heute. Um dadurch Steuervorteile (z.B. mehr Freibeträge pro Familie) zu erlangen, übertragen wohlhabende Eltern ihren Kindern bereits kurz nach der Geburt einen Teil des eigenen Besitzes, etwa ihres Wertpapierdepots.

Umgekehrt gehören Rentner/innen neben den (Langzeit-)Arbeitslosen, Behinderten und Kranken bzw. ihren Kindern zu den Hauptbetroffenen der »Reformen«, die das System der sozialen Sicherung in den letzten Jahren bis ins Mark erschütterten. Dabei handelte es sich nicht bloß um Leistungskürzungen, die davon Betroffene im Einzelfall hart genug treffen, sondern auch um Strukturveränderungen, die zu einem Systemwechsel führen könnten. Durch die sog. Riester-Reform wurde beispielsweise das Prinzip der Lebensstandardsicherung in der Rentenversicherung aufgegeben,[240] noch bevor man dies mittels Hartz IV im Arbeitsmarktbereich realisierte.

Wer aus Altersgründen nicht mehr als postmoderner »Arbeitskraftunternehmer« (Günter G. Voß/Hans J. Pongratz), der sich selbst ausgebeutet und dabei kaum Rentenanwartschaften erwirbt, im Erwerbsleben stehen kann, wird im Finanzmarktkapitalismus kurzerhand ausgemustert und auf seine Pflicht zur eigenen Altersvorsorge verwiesen. Aufgrund der starken Zunahme diskontinuierlicher Erwerbsverläufe, Zeiten »abhängiger Selbstständigkeit«, von Ehescheidungen und zahlreicher Kürzungen im Sozialbereich dürfte sich die demografische Struktur der Armutspopulation schon bald wieder stärker in Richtung der Älteren verschieben. Ausdrücklich genannt seien in diesem Zusammenhang: die Teilprivatisierung der Altersvorsorge und die Senkung des Rentenniveaus gemäß *Altersvermögensergänzungsgesetz*; die Einführung des »Nachhaltigkeits-« und des »Nachholfaktors«; Begrenzung und irrigerweise als »Nullrunde« bezeichnete Aussetzung der jährlichen Rentenanpassung 2004 ff.; die wiederholte Verringerung der Beiträge zur Rentenversicherung, welche die Bundesanstalt bzw. -agentur für Arbeit im Falle des Grundsicherungsbezugs entrichtet; die schrittweise Anhebung des Rentenzugangsalters von 65 auf 67 Jahre nach dem *RV-Altersgrenzenanpassungsgesetz* und dadurch künftig zu erwartende höhere Abschläge.

Mit besonderer Härte trifft die Heraufsetzung des Rentenalters (unter)durchschnittlich Verdienende:»Infolge der in Deutschland sehr unterschiedlichen Lebenserwartung der verschiedenen Einkommenskohorten, mit Differenzen von bis zu neun Jahren, sind die Rentenbezugszeiten für Einkommensschwache nur etwa halb so lang wie für die obere Einkommenskohorte.«[241] Wer von den Betroffenen eine sog. Riester-Rente abgeschlossen hat, kann darauf nicht zurückgreifen, weil sie auf die Grundsicherung im Alter voll angerechnet wird. Da es weder genügend Stellen für ältere Arbeitnehmer/innen noch Maßnahmen der Gesundheitsförderung und der beruflichen Weiterbildung gibt, die eine Annäherung des faktischen Renteneintrittsalters an die bisherige Regelaltersgrenze von 65 erlauben würden, bedeutet die Rente mit 67 deren Kürzung:»Die Brücken zwischen Erwerbsaustritt und Renteneintritt werden, gerade auch zu Lasten der Arbeitslosenversicherung, wieder länger. Hierdurch und in Verbindung mit den Hartz-Gesetzen wird eine Rückkehr der weitgehend überwunden geglaubten Altersarmut sehr wahrscheinlich.«[242]

Die sog. Hartz-Reformen haben nicht bloß die momentane Situation der Arbeitslosen verschlechtert, sondern auch die Ausgangslage der künftigen Rentnergenerationen durch Absenkung der Beiträge zur Gesetzlichen Rentenversicherung (GRV) in doppelter Hinsicht beeinträchtigt:»Erstens wurde der für die gesetzliche Rente günstigere Arbeitslosengeldbezug verkürzt; zweitens wurde die Arbeitslosenhilfe durch das pauschale Arbeitslosengeld II ersetzt, das nur marginal verbeitragt wird.«[243] Ein Arbeitsloser erwirbt dadurch pro Jahr im Hartz-IV-Bezug minimale Rentenanwartschaften, die seine Monatsrente bloß um 2,19 EUR erhöhen.

Noch sieht zumindest die Bundesregierung in der Altersarmut »kein aktuelles Problem«, wie ihr 3. Armuts- und Reichtumsbericht beschwichtigend erklärt: »Das Armutsrisiko Älterer hat trotz schwieriger wirtschaftlicher Rahmenbedingungen nicht zugenommen. Ende 2006 bezogen nur 2,6% der Frauen und 1,8% der Männer und damit insgesamt 2,3% der Menschen im Alter ab 65 Jahren Grundsicherung im Alter und bei Erwerbsminderung. Niedrige Alterseinkommen drohen jedoch bei Personengruppen, die längere Phasen selbständiger Tätigkeit mit geringem Einkommen, geringfügiger Beschäftigung, Arbeitslosigkeit oder familienbedingter Erwerbsunterbrechungen in ihren Erwerbsbiografien aufweisen.«[244] Verwiesen wurde an derselben Stelle auf die Notwendigkeit zusätzlicher, d.h. privater Altersvorsorge, wie sie die rot-grüne Koalition bei gleichzeitiger Kürzung der gesetzlichen Rente für alle in Gestalt der sog. Riester- und der sog. Rürup-Rente mit staatlicher Unterstützung für wenige ermöglicht bzw. erleichtert hatte.

An die Stelle der Infantilisierung dürfte künftig eine Seniorisierung der Armut treten, zumal mittlere Jahrgänge, die gegenwärtig noch erwerbstätig sind, als »Generation im Übergang« zur nachgelagerten Rentenbesteuerung durch das am 1. Januar 2005 in Kraft getretene *Alterseinkünftegesetz* übermäßig belastet werden. Nach dem Auslaufen der sog. 58er-Regelung, die dafür sorgte, dass ältere Langzeitarbeitslose dem Arbeitsmarkt nicht mehr zur Verfügung stehen mussten, um Transferleistungen beziehen zu können, werden die Betroffenen mit 63 Jahren zwangsverrentet, was ihre dürftigen Rentenansprüche weiter verringert. Für die genannte Tendenz zur »(Re-)Seniorisierung« des Armutsproblems spricht auch, dass in der Diskussion über eine neuerliche Rentenreform radikalere Vorstellungen bezüglich der Privatisierung sozialer Risiken an Boden gewinnen könnten, weil ihre Protagonisten nicht nur die Demografie als Mittel der Demagogie, sondern auch die Unterversorgung vieler Familien als geistige Waffe im sich zuspitzenden gesellschaftlichen Verteilungskampf benutzen: So wird unter Hinweis auf die heute angeblich bestehende Generationen*un*gerechtigkeit eine weitere Kürzung von Altersrenten verlangt, staatliche »Sparpolitik« legitimiert sowie Kinderarmut im Sinne einer Spaltung der Armutspopulation in Jung und Alt instrumentalisiert.

Eine Schlüsselgröße für die künftige Rentenhöhe ist die Bruttolohnsumme, nach der sich Arbeitnehmer- und Arbeitgeberbeiträge zur Gesetzlichen Rentenversicherung richten. Winfried Schmähl, der fürchtet, dass die Altersrenten in ihrem Realwert wie in Relation zum allgemeinen Einkommensniveau weiter zurückbleiben, nennt außerdem den Beschluss der Großen Koalition, die abgabenfreie Entgeltumwandlung als Dauerregelung beizubehalten. Die rot-grüne Bundesregierung hatte den Versicherten bis zum Jahr 2008 befristet das Recht eingeräumt, Teile ihres Lohns in – ausschließlich von den Beschäftigten finanzierte – Ansprüche auf betriebliche Altersrenten umzuwandeln, ohne dass für diese Lohnanteile Steuern und Sozialabgaben anfielen. Davon profitieren die Arbeitgeber, während die Einnahmenbasis der Rentenversicherungsträger unterminiert und der Leistungsanspruch aller Versicherten reduziert wird: »Nicht nur, dass für diese Entgeltbestandteile keine GRV-Ansprüche erworben werden, ein Anstieg der Entgeltumwandlung mindert zudem auch die Entwicklung der für die Rentenanpassung maßgeblichen Entgelte und reduziert damit auch den Rentenanpassungssatz (sofern es überhaupt eine Anpassung gibt). Dies trifft alle Versicherten, gegenwärtige und künftige Rentner, unabhängig davon, ob sie die Entgeltumwandlung nutzen konnten oder nicht.«[245]

Absehbar ist,»dass der Anteil der Grundsicherungs-Rentner und damit das Problem der Altersarmut in den nächsten beiden Jahrzehnten massiv zunehmen wird.«[246] Bereits heute reproduziert sich im Ruhestand die soziale Ausdifferenzierung und Polarisierung der modernen Erwerbsarbeitsgesellschaft, was Hans-Ulrich Wehler folgendermaßen ausdrückt:»Alte Bundesdeutsche – sie werden nicht von glücklichen Gesichtern an der Reling von Kreuzfahrtschiffen in der Karibik repräsentiert, auch nicht von den stumpfen Mienen der Dauerbesucher ihrer Stammkneipen. Vielmehr tut sich ein tief zerklüftetes Panorama von Altersarmut auf, die durch verschiedene Dimensionen der sozialen Ungleichheit schroff voneinander getrennt werden – wie vorher im Berufsleben so jetzt im Ruhestand.«[247]

2. (Zerr-)Bilder der Armut: Wie man das Problem leugnet, verharmlost und verdrängt

Überblickt man die aktuellen und die früheren Armutsdiskussionen in der Bundesrepublik, fallen regelrechte »Konjunkturen« des Themas ins Auge. Perioden der Tabuisierung, Leugnung und Verharmlosung wechselten mit – allerdings erheblich selteneren – Phasen der angemesseren Thematisierung ab. Manchmal gingen Dramatisierung und Verdrängung bzw. Skandalisierung und Bagatellisierung der Armut sogar Hand in Hand.[1] Stephan Leibfried u.a. halten es für zu einfach, nur von einer Verdrängung zu sprechen, weil man die Armut in der Früh- und der Spätphase der alten Bundesrepublik durchaus als soziales Problem (an)erkannt und es höchstens während der 60er-Jahre eine »Latenz des Themas« gegeben habe: »Wandel von Armutsbildern, nicht Verdrängung von Armut – so lautet der Befund unseres Rückblicks auf die politische Geschichte der Armut.«[2] Die anhaltende Prädominanz bestimmter Armutsbilder bedeutete gleichwohl, dass die gesellschaftliche Realität verdrängt wurde. Verdrängung darf allerdings nicht im psychologischen oder psychoanalytischen Sinn, sondern muss im politischen Sinn verstanden werden.

Hier wird die Position vertreten, dass Armut in (West-)Deutschland selten oder vielleicht sogar nie den Aufmerksamkeitsgrad gefunden hat, der ihr eigentlich gebührt, und dass sie keineswegs zufällig immer wieder aus dem öffentlichen Diskurs verschwunden, sondern daraus teilweise gezielt verbannt worden ist. Schließlich besaßen wirtschaftlich potente Gruppen der Gesellschaft ein Interesse an ihrer Tabuisierung und konnten Politik, Massenmedien und Wissenschaft in diesem Sinne beeinflussen. Armut wurde mit dem Ziel eskamotiert, kaschiert oder ideologisch verbrämt, die sich tendenziell immer stärker ausprägende soziale Ungleichheit zu legitimieren. Pointiert formuliert: Zu keinem Zeitpunkt hat sich die Gesellschaft ernsthaft mit dem Problem der sozialen Ungleichheit auseinandergesetzt und nach Möglichkeiten zu dessen Lösung gesucht, sondern die Armut meistenteils bewusst ignoriert, negiert oder relativiert, um ihm ausweichen zu können.

Exemplarisch soll dargestellt werden, wie einflussreiche Teile der Öffentlichkeit – vor allem die Massenmedien, die etablierte Politik und die Fachwissenschaft – Armut in der Bundesrepublik wahrnehmen bzw. verdrängen. Nur wenn die Mechanismen, mit deren Hilfe das geschieht, durchschaut und kritisch hinterfragt werden, lassen sich die dort kursierenden Zerrbilder der Armut korrigieren. Dies scheint umso nötiger zu sein, als Klischees und Stereotype von den Massenmedien über längere Zeit reproduziert worden sind und sich dadurch im öffentlichen Bewusstsein festgesetzt haben.[3]

Legenden und Illusionen im Wirtschaftswunderland: Wohlstand für alle

Nach der Kapitulation am 8. Mai 1945 befand sich die (west)deutsche Gesellschaft in einem tiefgreifenden Umbruch. Während der unmittelbaren Nachkriegszeit herrschte vor allem in vielen Großstädten nackte Existenzangst, weil Millionen Deutsche im Bombenhagel der Alliierten ihr ganzes Hab und Gut verloren hatten. Hungerkrisen bestimmten den Alltag, denn die Versorgungslage der Bevölkerung war unmittelbar nach dem Zusammenbruch des NS-Regimes und seiner verheerenden militärischen wie moralischen Niederlage noch schlechter als im Krieg, zumal mehrere Millionen Flüchtlinge und Heimatvertriebene aus den Ostgebieten des Reiches nach Westen strömten und mit ernährt werden mussten. Lebensmittelkriminalität, Ernährungsstreiks, Teuerungskrawalle und Hungerdemonstrationen bestimmten nicht bloß den Alltag vieler entwurzelter Menschen, sondern stellten auch ein großes Konfliktpotenzial für die äußerst labile gesellschaftliche Nachkriegsordnung dar.[4]

Durch die Währungsreform, bei der sämtlichen Besitzer(inne)n einer gültigen Lebensmittelkarte am selben Stichtag für 40 Reichsmark eine gleich hohe »Kopfquote« in neuer Währung ausgehändigt wurde, nachdem die westlichen Siegermächte heimlich die dafür benötigten Banknoten jenseits des Atlantiks gedruckt, nach Bremen verschifft und auf ihre Besatzungszonen verteilt hatten, entstand der Gründungsmythos einer größeren Egalität der deutschen Nachkriegsgesellschaft. Dieser grundfalsche Ein-

druck verstärkte sich wegen der Tatsache, dass die Bundesrepublik
Deutschland eine Währung erhielt, noch bevor sie als Staat auf die politische Weltbühne trat. »Am Abend des 20. Juni 1948 schien es, als seien mit
einem Schlage alle Westdeutschen gleich arm oder gleich reich geworden,
denn jeder hatte nur 40 DM gültiges Bargeld. Später wurde daraus die
Legende, durch die Währungsreform habe jeder die gleiche Chance zu
einem wirtschaftlichen Neubeginn erhalten.«[5]

Da es durchaus Menschen gab, die kein Bargeld in Höhe von 40
Reichsmark zum Umtauschen besaßen, weil sie zu arm waren, und Arbeitgeber zusätzlich 60 DM pro Beschäftigten erhielten, von dem meist sehr
viel größeren Vermögen – Sachwerte wie Gebäude, Autos und Maschinen
blieben ja unangetastet – abgesehen, das ihnen erhalten blieb und sich jetzt
leichter vergrößern ließ, vertiefte sich die Kluft zwischen Kapital und Arbeit. Gleichwohl sah es so aus, als begünstige die Geldumstellung gerade
sozial Benachteiligte, denn alle Bankguthaben wurden – ebenso wie Schulden – im Verhältnis 10 (bzw. 6,5) zu 1 abgewertet. Vor allem Arbeiter,
kleine Angestellte und Beamte verloren jedoch oftmals ihre ganzen Er-
sparnisse bis auf einen kümmerlichen Rest. »Mit 40 DM ›Kopfgeld‹, sehr
knappem Einkommen und dem traurigen Wissen, daß alles Ersparte bis
auf einen Notgroschen vernichtet worden war, profitierten die breite Unterschicht und der untere Mittelstand sehr wenig von den geradezu sensa-
tionellen Veränderungen, die in der Nacht vom 20. zum 21. Juni 1948 vor
sich gingen.«[6]

Dass die Schaufenster und Regale vieler Läden, in denen zuvor gähnende Leere geherrscht hatte, bereits am Morgen nach der Währungsum-
stellung voller heißbegehrter Waren lagen, von denen manche Durch-
schnittsverbraucher/innen geglaubt hatten, es gäbe sie überhaupt nicht
mehr, ließ die Währungsreform in den Augen von Millionen Menschen als
Geburtshelferin des sich bereits abzeichnenden neuen Wohlstandes erscheinen, den man primär auf die »Soziale Marktwirtschaft« zurückführte,
wie das kapitalistische Wirtschaftssystem fortan auf Initiative einer annähernd zwei Jahrzehnte lang den Bundeskanzler stellenden CDU/CSU genannt wurde.

Im weiteren Verlauf der Währungsreform festigte sich der falsche Eindruck, als seien die Allerärmsten besser gestellt als zuvor, erhielten sie ihre
Kleinstrenten oder Beihilfen seit dem 1. Juli 1948 doch in alter Höhe, nur
fortan in D-Mark. »Aber davon hatten die Rentner und Unterstützungs-
empfänger kaum Vorteile; die Höhe ihrer Mieten, die Kosten für Strom

und Heizung und auch die Preise der auf Marken erhältlichen Lebensmittel blieben ja zunächst gleich.«[7] Bernt Engelmann ergänzt diese Feststellung um den Hinweis, dass schon bald alles, was sie kaufen mussten, um leben zu können, teurer wurde, weshalb sich ausgerechnet die Allerärmsten letzten Endes sogar schlechter gestanden hätten als vorher.

Michael Jungblut, der 1971 das Buch »Die Reichen und die Superreichen in Deutschland« veröffentlichte, zitiert darin Erik Nölting, 20 Jahre vorher wirtschaftspolitischer Sprecher der SPD-Bundestagsfraktion, mit dem 1951 in einem Streitgespräch gegen den damaligen Wirtschaftsminister Ludwig Erhard (CDU) gerichteten Satz: »Die Bundesrepublik ist ein Paradies für die Reichen und eine Hölle für die Armen geworden.« Den weiteren Gang der Ereignisse kommentierte Jungblut folgendermaßen: »Die Fahrt ging zwar nicht in die Hölle der Armen, wohl aber in ein Paradies für die Reichen, die dort allein die Früchte vom Baum der Vermögensbildung ernten konnten, während die große Masse der Arbeitnehmer nur vom Fallobst der Sparförderung naschen durfte.«[8] Jungblut beschreibt, wie der damals noch parteilose Fachmann Erhard in seiner Funktion als Direktor für Wirtschaft der Bizone mit »Zähigkeit, Zielstrebigkeit und dem Mut zu einsamen Entschlüssen« die Rekonstruktion der kapitalistischen Marktwirtschaft betrieb und sich schließlich durchsetzte, obwohl ihm zunächst weder die Bevölkerung noch die Vertreter der Besatzungsmächte folgen mochten, was sich erst änderte, als seine neoliberale Wirtschaftspolitik unerwartete Erfolge zeitigte.

In dem lang anhaltenden und nur durch leichte konjunkturelle Rückschläge unterbrochenen westdeutschen Wirtschaftsaufschwung ging die Massenarmut schnell zurück, wenngleich das Armutsproblem nie ganz verschwand. Das unvorstellbare Nachkriegselend mit Wohnungsnotstand, Kältetoten sowie Hunger- und Versorgungskrisen wich im Laufe der 50er- und frühen 60er-Jahre, durch äußerst günstige weltpolitische und -wirtschaftliche Rahmenbedingungen gefördert, einem meist allerdings recht bescheiden anmutenden Wohlstand für immer größere Bevölkerungsteile. Vor diesem Hintergrund versprach der spätere Bundeskanzler Ludwig Erhard in seinem Anfang 1957 erschienenen Buch »Wohlstand für Alle«, das Auf und Ab der Konjunkturzyklen zu überwinden, Vollbeschäftigung zu gewährleisten und den privaten Reichtum durch Verstetigung des Wachstums zu maximieren, ohne dass eine Umverteilung stattfinden müsse: »Ich werde […] nie müde werden, dafür zu sorgen, daß die Frucht des wirtschaftlichen Fortschritts immer breiteren und am Ende möglichst allen Schichten des Volkes zugute kommt.«[9] Gleichzeitig betonte Erhard die »sehr enge Interdependenz« zwischen Wirtschafts- und Sozialpolitik, welche für ihn ein Spannungsverhältnis implizierte, das er auflöste, indem Ersterer kurzerhand der Primat zugesprochen und Letztere mit einer subalternen Rolle bedacht wurde: »Die volkswirtschaftlich *neutrale und autonome Sozialpolitik* gehört [...] der *Vergangenheit* an; sie muß vielmehr einer Sozialpolitik Platz machen, die mit der Wirtschaftspolitik aufs engste abgestimmt ist. Die Sozialpolitik darf der volkswirtschaftlichen Produktivität nicht indirekt Abbruch tun und den Grundprinzipien der marktwirtschaftlichen Ordnung nicht widerstreben wollen.«[10]

Die neoliberalen Zauberformeln »private Initiative«, »Eigenverantwortung« und »Selbstvorsorge« standen für Erhard im Mittelpunkt, während er den »Versicherungszwang« von Arbeitnehmer(inne)n im Bismarck'schen Sozialstaat als Widerspruch zur ökonomischen Freiheit begriff. Erhard warnte denn auch vor einem »Versorgungs- und Wohlfahrtsstaat«, der seiner Meinung nach »Armseligkeit« für alle« bedeuten musste, weil die Volkswirtschaft durch ein System kollektiver sozialer Sicherheit zerstört würde: »Die soziale Marktwirtschaft kann nicht gedeihen, wenn die ihr zugrunde liegende geistige Haltung, d.h. also die Bereitschaft, für das eigene Schicksal Verantwortung zu tragen und aus dem Streben nach Leistungssteigerung an einem ehrlichen freien Wettbewerb teilzunehmen, durch vermeintliche soziale Maßnahmen auf benachbarten Gebieten zum Absterben verurteilt wird.«[11]

Erhard bekämpfte Adenauers Pläne für eine umfassende Rentenreform mehr oder weniger offen. Er stellte zwar die Grundidee des damaligen Bundeskanzlers, nunmehr auch Rentner/innen durch eine Dynamisierung der Altersrente an den gesellschaftlichen Produktivitätsfortschritten und Wohlstandsgewinnen zu beteiligen, nicht in Abrede, verwarf aber eine Indexierung mit dem Argument, sie fördere inflationistische Tendenzen: »Die eigentliche Gefahr, ja die fast *zerstörende Wirkung einer dynamischen Rente* liegt denn auch nicht sosehr in ihrer Beweglichkeit an sich, sondern in ihrer Koppelung an die Lohnentwicklung, die durchaus über das mit der Stabilität des Geldes zu vereinbarende Maß hinausgehen kann.«[12] Dass sich Adenauer schließlich gegen die nicht unbeträchtlichen Widerstände auch in der eigenen Partei durchsetzte und ihm mit der Großen Rentenreform ein wichtiger Schritt zum Aufbau des westdeutschen Sozialstaates und im September 1957 ein triumphaler Wahlsieg gelang, war vermutlich nicht zuletzt der Systemkonkurrenz im Kalten Krieg geschuldet: Einflussreiche

politische und Wirtschaftskreise wollten damit sowohl den eigenen Bür-
ger(inne)n wie den »Brüdern und Schwestern in der Zone« zeigen, dass der
moderne Kapitalismus dem Staatssozialismus nicht nur wissenschaftlich-
technisch und wirtschaftlich haushoch überlegen, sondern auch im Hinblick auf soziale Leistungen großzügiger als Letzterer sei, wovon sie sich
mehr Systemloyalität und dauerhafte Stabilität versprachen.

Während in der BRD die Einkommen stiegen und die (Kapital-)Ver-
mögen wuchsen, aber auch immer stärker auseinanderdrifteten, war die
DDR eine auf deutlich niedrigerem Wohlstands- und Konsumtionsniveau
sehr viel egalitärer strukturierte Gesellschaft. Günter Manz betont, »daß es
niemanden gab, der am Existenzminimum lebte. Es gab keine Obdachlosigkeit, weil von staatlicher Seite jeder, auch Alkoholiker und straffällig
gewordene Bürger, Wohnraum und Arbeit zugewiesen bekamen.«[13] Sowohl der Staat als auch die Volkseigenen Betriebe (VEB) und Kombinate
bemühten sich, soziale Desintegration durch eine umfassende Subventionierung von Konsumgütern und Dienstleistungen in Grenzen zu halten.
»Subventionspolitik kann relative Armut nicht verhindern. Sie sicherte
jedoch eine Existenz unter annehmbaren Bedingungen, d.h. jenseits von
Hunger, Obdachlosigkeit, Ausschluß aus dem gesellschaftlichen Leben. Sie
glich soziale Differenzierungen vor allem durch unentgeltliche Leistungen,
die jedem Bürger zur Verfügung standen, in bestimmter Hinsicht aus.«[14]
Wenn man so will, war die DDR, was die BRD – wie noch gezeigt wird –
sein wollte oder sogar bereits zu sein glaubte: sozial weitgehend nivelliert.

Sieht man von den verhältnismäßig dürftigen Renten vieler Ruhe-
ständler/innen ab, beschränkte sich die Armut im ostdeutschen »Arbeiter-
und Bauernstaat« auf gesellschaftliche Außenseiter bzw. sog. Randgruppen.
In der DDR war Armut jedoch aus ganz anderen Gründen prinzipiell kein
Gegenstand öffentlicher Diskurse: Das hätte nämlich dem herrschenden
Verständnis von sozialer Sicherheit widersprochen und die Regierungspolitik der programmatisch Kommunismus und Klassenlosigkeit verpflichteten SED zutiefst diskreditiert.[15] Die von Armut betroffenen Menschen
wurden zu DDR-Zeiten häufig mit dem Negativetikett »asozial« belegt. Es
ist aus dem NS-Regime nur zu gut bekannt und geeignet, sie zu diskrimi-
nieren oder gar zu kriminalisieren, ohne dass aus dieser historischen Paral-
lelität eine inhaltliche Gleichsetzung von Kommunismus bzw. Staatssozialismus und Nationalsozialismus bzw. Faschismus resultieren darf.[16] Umso
problematischer war allerdings, dass in der DDR mit rigiden Strafmaß-
nahmen gegen Menschen vorgegangen wurde, die den gesellschaftlichen

Normen nicht folgten, sondern zum Teil bewusst im Widerspruch dazu leben wollten.

Die wenigen Sozialwissenschaftler/innen, welche es an den Hochschulen der jungen Bundesrepublik gab, reflektierten die Zäsur nach der Befreiung vom Hitlerfaschismus selten kritisch und diskutierten erst recht nicht intensiv darüber. Manche Zeitgenossen beschäftigte jedoch die Frage, ob das NS-Regime, die Kriegsereignisse und die Machtübernahme durch die Alliierten das Klassengefüge der bürgerlichen Gesellschaft erschüttert oder gar zerstört hatten. Da praktisch sämtliche Bevölkerungsschichten unter den massiven Zerstörungen, sozialen Verwerfungen und materiellen Entbehrungen litten, die das Alltagsleben vornehmlich im Nachkriegsjahrzehnt bestimmten, lag es nahe, weniger die gesellschaftlichen Interessengegensätze als die gemeinsamen Unsicherheiten und Zukunftsängste zu betonen. Extreme Armut, die sich in Massenelend, Wohnungslosigkeit und Hungersnot äußerte, wurde daher selten als eine Folge der Klassenspaltung, überkommener Herrschaftsverhältnisse oder ungleicher Verteilungsrelationen, sondern eher als von den Alliierten oktroyierte und von der Bundesregierung nicht unmittelbar zu beeinflussende Kriegslast betrachtet. Obwohl es eine dankbare Aufgabe gewesen wäre, zu erforschen, wann und wie die absolute Armut der Jahre 1945 ff. in relative Armut umschlug, wurden solche Fragen im westdeutschen Wissenschaftsbetrieb nie gestellt.

Wie man während der 50er-Jahre in *sozialpädagogischen* Fachkreisen über die Armut und davon Betroffene dachte, zeigen aus dem Nachlass Hans Scherpners veröffentlichte (Vorlesungs-)Manuskripte. Bis zu seinem Tod 1959 vertrat Scherpner das Fach »Fürsorgewesen« und leitete das von ihm gegründete Institut für Sozialarbeit und Erziehungshilfe an der Universität Frankfurt am Main. Scherpner unterschied zwei Typen der Hilfebedürftigkeit, die seiner Auffassung nach in einer Wechselbeziehung zueinander stehen: »Die erste Grundform der Hilfebedürftigkeit hat ihren Grund in der Unangepaßtheit des Einzelnen an die materiellen Lebensbedingungen der Gesellschaft, entspringt also aus einem Versagen den wirtschaftlichen Erfordernissen des Gesellschaftslebens gegenüber. Diese wirtschaftliche Hilfebedürftigkeit nennen wir mit der einfachen alten Bezeichnung Armut (auch wenn dieser Begriff heute nicht modern ist und durch Umschreibungen ersetzt wird).«[17] Wurde diese Ausprägung der Hilfebedürftigkeit den Erwachsenen zugeordnet, betrifft die andere vor allem Jugendliche, denen es an (sozial)pädagogischer Betreuung und Zuwendung mangelt: »Die zweite Grundform der Hilfebedürftigkeit beruht auf der Unzulänglichkeit gegenüber der moralischen Ordnung der Gemeinschaft und den daraus sich stellenden Forderungen an den Einzelnen. Diese erzieherische Hilfebedürftigkeit bezeichnen wir als Verwahrlosung.«[18] Armut setzte Scherpner mit »wirtschaftlicher Hilfebedürftigkeit« gleich, als deren Ursache er die »Unwirtschaftlichkeit des Armen« nannte.[19] Diesen missverständlichen Begriff übernahm Scherpner von seinem akademischen Lehrer und Amtsvorgänger Christian Jasper Klumker. Er meinte damit allerdings nicht etwa bloß die subjektive Seite, d.h. die durch persönliche Eigenschaften, moralische und/oder Kompetenzdefizite bedingte Unfähigkeit des Armen, zu wirtschaften: »Der Einzelne, dessen Verhältnis zu den Wirtschaftsanforderungen in Frage steht, muß immer in seiner Zugehörigkeit zu konkreten Wirtschaftsformen, von der Volkswirtschaft bis hin zu seiner Berufsstätte und seinem Haushalt betrachtet werden. Denn hier ist es, wo er mit seinen individuellen Fähigkeiten und Unfähigkeiten reüssiert oder versagt. Das heiß also, subjektive Qualitäten des Einzelnen und objektive – vom Willen und [von; *Ch.B.*] den Fähigkeiten des Individuums gänzlich unabhängige – Gegebenheiten wirtschaftlicher Art wirken zusammen, damit der Tatbestand der Unwirtschaftlichkeit im Einzelfall entsteht.«[20]

Die (west)deutsche Soziologie verzichtete jahrzehntelang darauf, sich mit dem Armutsproblem auseinanderzusetzen. Spezialuntersuchungen westdeutscher Fachwissenschaftler/innen zu dieser Thematik hatten denn auch absoluten Seltenheitswert. Von nennenswerter Bedeutung waren zwischen Mitte der 50er- und Mitte der 70er-Jahre nur zwei Buchveröffentlichungen: Stephanie Münke behandelte das Thema in dem Buch »Die Armut in der heutigen Gesellschaft« theoretisch anspruchsvoll und auf der Basis einer qualitativen Studie, die sie im Rahmen eines DFG-geförderten Forschungsprojekts an der FU Berlin (West) durchgeführt hatte; Heinrich Strang promovierte 20 Jahre später mit einer Dissertation zum Thema »Erscheinungsformen der Sozialhilfebedürftigkeit«, die neben einer in Kiel durchgeführten empirischen Untersuchung eine breiter angelegte Literaturanalyse enthielt.[21] Ansonsten blieb die Armut ein blinder Fleck der Sozialwissenschaft in Westdeutschland und Berlin (West). Selbst in einschlägigen DDR-Publikationen wie Jürgen Kuczynskis zweibändiger »Darstellung der Lage der Arbeiter in Westdeutschland seit 1945«, die 1963 im Ostberliner Akademie-Verlag erschien, sucht man das Stichwort »Armut« vergebens.[22]

Soziologen vermochten die Armut nicht mehr zu erkennen, so scheint es beinahe, weil sie in der Nachkriegsgesellschaft bloß noch die neuen, hauptsächlich positiven Entwicklungsmomente wahrhaben wollten. Marx und der Marxismus galten spätestens durch die Herausbildung des modernen Wohlfahrtsstaates seit 1945 als widerlegt. Auch hatte sich ihre Prognose einer sich weiter zuspitzenden Klassenspaltung nicht erfüllt. Theodor Geiger, der eine Soziologie-Professur in Århus (Dänemark) angenommen hatte, hielt das marxistische Modell der industriellen Klassengesellschaft, das für die »Periode des Hochkapitalismus« nach seiner Überzeugung »nicht unangemessen« war, für mittlerweile überholt.[23] Durch die breit gefächerte Einkommensskala und die wachsende Bedeutung des Konsums hätten das Eigentum an Produktionsmitteln als oberstes Kriterium der Klassenspaltung wie auch diese selbst an Relevanz eingebüßt, argumentierte Geiger weiter. »Man kann die Bevölkerung allerdings in Arme, Minderbemittelte, Wohlsituierte und Reiche einteilen, aber die Grenzen zwischen je zwei benachbarten Kategorien sind willkürlich gezogen und in Wirklichkeit fließend. Der letzte der Minderbemittelten steht dem obersten seiner Kategorie ferner als dem obersten Armen.«[24] Was die Arbeiterschaft angehe, habe die Einkommensverteilung die frühere Klassengrenze durchbrochen, weil sie ihre Mitglieder »gruppenweise mit einzelnen Gruppen aus anderen Schichten« gleichstelle, wodurch das Klassenverhältnis viel von seiner trennenden Kraft verliere: »Die meisten Arbeiter sind nach Kaufkraft und Verbrauchsgewohnheiten kleinbürgerlich.«[25] Durch die »Institutionalisierung des Klassenantagonismus«, von der Geiger sprach, war diesem seiner Meinung nach der schärfste Stachel genommen, und eine »Interessenverwandtschaft zwischen Kapital und Lohnarbeit« entstanden: »Die Leidtragenden sind jene Schichten der Gesellschaft, die man als Nur-Verbraucher bezeichnen kann, d.h. diejenigen, die keinen unmittelbaren Anteil an Herstellung und Umsatz materieller Güter haben. [...] Das Elend wächst mit der Entfernung des Einkommensbeziehers von der Güterproduktion.«[26]

In dem ausgesprochen kleinbürgerlich-spießigen, repressiven und konformistischen Klima des Kalten Krieges waren gesellschaftliche Spaltungslinien, die das eigene, westliche »Lager« politisch-ideologisch hätten schwächen können, tabu. Insbesondere scheute man allgemein davor zurück, einen derart verrufenen Terminus wie »Klasse« zu benutzen. »Von einer flexiblen, etwa auf Max Webers Überlegungen basierenden Klassentheorie wollte zunächst keiner ausgehen, nicht zuletzt wohl auch deshalb, weil der

Klassenbegriff wegen der marxistischen Konnotationen, die er in der deutschen politischen Semantik mit großer Zählebigkeit behalten hat, geradezu stigmatisiert blieb.«[27]

Stattdessen rekurrierten die westdeutschen Fachwissenschaftler auf den Schichtbegriff, um das Sozialgefüge der Bundesrepublik zu analysieren. Exemplarisch seien hier Karl Martin Bolte, Dieter Kappe und Friedhelm Neidhardt zitiert, die noch 1968 von einer »ungeschichtete(n) breite(n) Mitte« sprachen: »In unserer Gesellschaft gibt es vielfältige Statusdifferenzierungen, aber der Statusaufbau der Gesellschaft ist nicht in klar gegeneinander abgegrenzte Schichten unterteilt. Am stärksten sind Schichtungstendenzen oben und vor allem ganz unten im Statusaufbau. Zwischen diesen in ihren Grenzen unscharfen Ober- und Unterschichten gibt es einen weitgehend fließenden Übergang vom Höher zum Tiefer, in dem viele Gesellschaftsmitglieder nicht einmal einen präzise bestimmbaren gesellschaftlichen Status haben.«[28] Man begnügte sich mit der Einteilung der Bevölkerung in drei Schichten (Ober-, Mittel- und Unterschicht), die wiederum jeweils noch einmal in ein oberes und ein unteres Segment zerfielen (obere und untere Oberschicht, obere und untere Mittelschicht sowie obere und untere Unterschicht). Seltener wählte man bei der weiteren Untergliederung gleichfalls eine Dreiteilung (obere, mittlere und untere Ober-, Mittel- und Unterschicht). Dadurch wirkte die Sozialstruktur »pluralistisch«, aber sehr diffus, und ein deutlich konturiertes Bild der Macht- und Herrschaftsverhältnisse im Gegenwartskapitalismus wollte sich nicht mehr recht einstellen.

Zusammen mit den Klassen und einer darauf gestützten Herrschaftsstruktur wurde die Armut aus dem wissenschaftlichen Sprachgebrauch verbannt. Während der späten 50er- und frühen 60er-Jahre, als in Westdeutschland annähernd Vollbeschäftigung herrschte, Konjunkturkrisen für immer überwunden schienen und sich der private Wohlstand auf fast alle Gesellschaftsschichten erstreckte, »konnte Armut als nachrangige Restgröße betrachtet werden und verschwand aus der wissenschaftlichen und politischen Diskussion.«[29] Je mehr Bevölkerungsgruppen im Laufe des relativ stetigen Wirtschaftsaufschwungs wenn auch zum Teil unterdurchschnittlich am gesellschaftlichen Wohlstand beteiligt wurden, umso weniger Aufmerksamkeit fand die Armut der übrigen. »Armut« entwickelte sich aus einem *Reiz*wort im Kalten Krieg während der hierzulande besonders stark ausgeprägten Prosperitätsperiode mehr und mehr zu einem politischen *Un*wort. Auf dem Höhepunkt des »Wirtschaftswunders« war zwar nicht die Armut selbst, wohl aber der Begriff fast völlig aus dem öffentlichen Diskurs und der soziologischen Fachliteratur verschwunden.

Wer die Vokabel »Armut« trotzdem in den Mund nahm und damit nicht die soziale Notlage der Entwicklungsländer meinte, die man in der westdeutschen Öffentlichkeit eher paternalistisch behandelte und durch Spendenaktionen einzudämmen suchte, war als Kommunist verschrien und wurde aufgefordert, »nach drüben« zu gehen, d.h. in die DDR überzusiedeln. Als der Schriftsteller Rolf Hochhuth die sozialen Verhältnisse der Bundesrepublik im *Spiegel* (v. 26.5.1965) unter dem Titel »Der Klassenkampf ist nicht zu Ende« kritisierte, wurde er heftig angefeindet. Von den Repräsentanten des westdeutschen Separatstaates wollte niemand hören, »daß Besitzlose in der Bundesrepublik nicht eine Minderheit sind, sondern bei weitem die Mehrheit des Volkes, nämlich mit geringen Ausnahmen alle Lohn- und Gehaltsempfänger, die nichts besitzen als ihre Gesundheit, ihren Arbeitsplatz und vielleicht noch ein Sparkonto, das günstigenfalls für einen Ferienaufenthalt der Familie ausreicht, aber schon nicht mehr dann, wenn eine Zahnbehandlung oder die Anschaffung einer Waschmaschine nötig sind.«

Wenn jemand Karriere im Wissenschaftsbetrieb machen wollte, war dafür kaum ein Thema weniger förderlich als die Armut, deren Entstehung und Entwicklung nicht zuletzt deshalb weitgehend im Dunkeln blieben. »Die Armut galt hierzulande als überwunden; das Phänomen der Armut als Forschungsobjekt erschien für die Soziologen kaum ›lohnenswert‹.«[30] Es sollte Jahrzehnte dauern, bis die (bundes)deutsche Armutsforschung einen mit anderen westlichen Industriestaaten, vor allem den USA, Großbritannien, Frankreich und den skandinavischen Ländern, vergleichbaren Entwicklungsstand erreichte.

Die »nivellierte Mittelstandsgesellschaft« – das Ende von Armut und Reichtum?

Kaum hatte sich die Kennzeichnung der westdeutschen Ökonomie als »Soziale Marktwirtschaft« durchgesetzt und dem Nachkriegskapitalismus ein positives Image verliehen, machte Helmut Schelsky, seinerzeit Professor für Soziologie an der Hamburger Akademie für Gemeinwirtschaft, mit einer Legitimationsformel regelrecht Furore, welche die Bundesrepublik Deutschland als »nivellierte Mittelstandsgesellschaft« charakterisierte. Nivelliert seien nicht nur die Klassengegensätze, welche sich in ein »gesteigertes gleichförmiges Sozialbewußtsein« aufgelöst hätten, schrieb Schelsky bereits 1953, sondern auch die Realeinkommen, der Geschmack und der Lebensstil.[31] Die junge Bundesrepublik erschien Schelsky als das Land auf der Welt, wo die Klassenstruktur der bürgerlichen Gesellschaft am weitestgehenden überwunden sei. Er diagnostizierte einen »Entschichtungsvorgang«, durch den die Bedeutung von Bevölkerungsschichten überhaupt schwinde, während die soziale Mobilität zunehme und die Masse der erzeugten Güter für alle Bürger zumindest subjektiv genügend Teilhabemöglichkeiten eröffne: »Der universale Konsum der industriellen und publizistischen Massenproduktionen sorgt auf der materiellen und geistigen Ebene dafür, daß fast jedermann seinen Fähigkeiten angemessen das Gefühl entwickeln kann, nicht mehr ganz ›unten‹ zu sein, sondern an der Fülle und dem Luxus des Daseins schon teilhaben zu können.«[32]

Weder war der bundesdeutsche Nachkriegskapitalismus in seiner Aufbauphase durch eine soziale Nivellierung gekennzeichnet, noch hatte der »Mittelstand«, wie sich Handwerker, Kaufleute und »Freiberufler« gern nannten, um den Schichtbegriff zu vermeiden, nennenswerten politischen Einfluss auf die Geschicke des Landes. Die populärwissenschaftlichen, ungefähr zur selben Zeit wie Schelskys frühe Arbeiten erschienen Buchveröffentlichungen von Kurt Pritzkoleit gaben über die soziale Spaltung der Nachkriegsgesellschaft zwar inhaltlich fundiert und sehr detailliert Auskunft,[33] wurden allerdings trotz relativ hoher Auflagen in parteipolitischen ebenso wie in Fachkreisen weitgehend ignoriert. Ähnliches gilt für die Publikationen des Schriftstellers Bernt Engelmann, der sich unter so einprägsamen Titeln wie »Das Reich zerfiel, die Reichen blieben« und häufiger Berufung auf Pritzkoleit gleichfalls immer wieder mit den alten und neuen deutschen Machteliten sowie den Kapitalmagnaten, Spitzenmanagern großer Konzerne und Börsenspekulanten beschäftigte.[34] Man wird mit Anekdoten über die auch politisch einflussreichen Großbankiers Hermann Josef Abs, Baron Friedrich Carl von Oppenheim sowie Robert Pferdmenges unterhalten und erfährt gleichzeitig amüsante Details über die damals reichsten Männer der Bundesrepublik wie den Konzernchef Friedrich Flick oder den bayerischen Bankier und Großgrundbesitzer August von Finck.

Entgegen Schelskys populären Annahmen waren Klassen und Schichten weder durch die »Volksgemeinschaft« der Nationalsozialisten noch durch das »Wirtschaftswunder« der Nachkriegszeit zum Verschwinden gebracht, die damit verbundenen Interessengegensätze und strukturell bedingten Konflikte vielmehr nur materiell überdeckt bzw. ideologisch verschleiert worden. Darüber nicht mehr zu sprechen hieß eben gerade nicht, sie für immer zu überwinden, sondern die fortbestehenden Antagonismen zu zementieren. Dasselbe gilt natürlich für die Armut, der Schelsky nicht zufällig genauso wenig Aufmerksamkeit schenkte wie dem nur scheinbar egalitären Vermögensverhältnissen gewichenen Reichtum, der sich hauptsächlich im Eigentum an Produktionsmitteln manifestierte und sich bald stärker in wenigen Händen konzentrierte als zur Zeit des Kaiserreichs, der Weimarer Republik und des NS-Regimes.

Vor diesem Hintergrund fiel es auch den meisten Journalist(inn)en schwer, das Problem der Armut überhaupt noch wahrzunehmen. Ein längerer, im *Spiegel* (v. 20.12.1961) erschienener Artikel berichtete unter dem Titel »Unsere Armen haben das nicht nötig!« – Elend im Wunderland« über die Schwierigkeiten sozial Bessergestellter, ihre geplanten Geld- und Sachspenden rechtzeitig zum Weihnachtsfest an die »richtigen« Armen zu bringen. Anfang Dezember, schrieb der Verfasser Peter Brügge, beginne »von der Isar bis zur Elbe« eine »fast sehnsüchtige Suche nach einer Armut, die es kaum mehr gibt.« Er hatte für seine Reportage die ganze Bundesrepublik bereist und stellte beruhigt fest, dass die Wohlfahrtsämter den Bedürftigen nicht bloß genug Mittel für die Anschaffung von Kleidung und Möbeln zur Verfügung stellten, sondern auch Winterbeihilfe und Weihnachtsgeld zahlten: »Die abgerissenen, ausgemergelten Armen, die noch vor zehn Jahren zum Straßenbild deutscher Städte gehörten, sind (bei eineinhalb Milliarden Mark jährlicher Fürsorgeausgaben im Bundesgebiet) amtlich so weit veredelt, daß sie nicht mehr auffallen.« Neben der einen Million Fürsorgeempfänger(inne)n müsse auch eine große Zahl von Lastenausgleichs-Rentner(inne)n, Hilfsarbeiter(inne)n und kleinen Angestellten mit großer Familie zu den Armen gerechnet werden: »Die krasse Armut ist verschwunden, aber in bescheidensten Verhältnissen leben weit mehr Menschen, als es die Tabellen der Fürsorge nachweisen.« Not sei dort zu finden, wo schwere Krankheiten, Unfälle oder andere Unwägbarkeiten des Lebens in Familien mit kleinem Haushaltseinkommen das mühsam ausbalancierte Budget durcheinanderbrächten, sowie bei allein und von der Fürsorge lebenden Alten. Die empfindlichste Not entstehe »nicht mehr aus materiellem Mangel«, hieß es weiter, sondern habe ihre Ursache wohl eher »im Mangel an Liebe und familiärer Geborgenheit. Die moderne deutsche Familie, emsig und möglichst geschlossen am Verdienen, und die moderne deutsche Wohnung, hell, praktisch und klein, sie bieten keinen

Platz mehr für die Eltern oder Großeltern und deren Schrullen.« Einsam säßen viele hunderttausend ältere Menschen in ihrer Ein-Zimmer-Wohnung oder einem Fürsorge-Altersheim.

Lange wurde Armut, wenn man sie überhaupt noch wahrnahm, als Kriegsfolge und Nachwirkung der Besatzungszeit betrachtet, die im Zuge des erfolgreichen Wiederaufbaus von selbst verschwinden werde. In bzw. unmittelbar nach dem Zweiten Weltkrieg waren viele Deutsche evakuiert, ausgebombt oder vertrieben worden. Nicht zuletzt diesen persönlichen Erfahrungen dürfte es geschuldet sein, dass Armut noch Jahrzehnte später mit Wohnungsnot identifiziert und auf Obdachlosigkeit reduziert wurde. Außerdem galt sie als Ergebnis der Wechselfälle des Lebens, die manche Menschen »nicht in den Griff bekamen« bzw. »aus der Bahn warfen«, weshalb Jürgen Roth rückblickend eine »Pathologisierung der Armut« kritisiert: »In einer Gesellschaft, in der es verpönt war, von sozialen Klassen zu sprechen, man statt dessen Begriffe wie Schichten, Gruppen und schließlich den der nivellierten Mittelstandsgesellschaft einführte, durfte es die Armut als Klassenproblem nicht geben, sondern nur als pathologische Erscheinungsformen bestimmter Gruppen.«[35]

Die westdeutschen Soziologen debattierten damals gar nicht mehr über Armut, sondern stellten die Frage, ob es in der modernen Industrie- bzw. Dienstleistungsgesellschaft überhaupt noch ein Proletariat gab, was vorwiegend verneint wurde. Aus einer der Tendenz nach revolutionären Klasse sei längst eine Schicht von braven Mittelständlern und biederen Arbeitsbürgern geworden, die sich für Konsumgüter, aber nicht für das Thema der sozialen Gerechtigkeit oder die Überwindung des Kapitalismus interessierten. Hans Paul Bahrdt wies allerdings zu Beginn der 60er-Jahre darauf hin, dass mitnichten alle sozialen Probleme, mit denen die Industriearbeiterschaft früher konfrontiert war, gelöst seien. Beispielsweise müsse eine Arbeiterfamilie auf viele Annehmlichkeiten des Lebens verzichten, solange die Kinder noch klein seien und die Frau deshalb nicht erwerbstätig sein könne: »Es ergibt sich außerdem der Zwang zur Mehrarbeit über den 7- oder 8-Stunden-Tag hinaus, wenn nicht die nackte Armut das Familienleben bestimmen soll.«[36] Auch der Publizist Walter Dirks hob hervor, »daß zwar das Elend und der sogenannte Pauperismus bei uns im Lande verschwunden sind, daß damit aber keineswegs alle wesentlichen Kennzeichen der Proletarität überwunden sind. Viele Arbeitnehmer leben als besitzlose Menschen am Rand des Existenzminimums, und die Sicherheit, die sie gewonnen haben, hat sie in neue Formen der Abhängigkeit von übermächtigen Apparaturen verstrickt.«[37] Die bundesdeutsche Realität einer in sich tief gespaltenen Wohlstandsgesellschaft spiegelten die Gesellschaftstheorien und Strukturanalysen der meisten Soziologen – wenn überhaupt – nur sehr verzerrt wider. Da man weder von der Bundesrepublik als Klassengesellschaft noch über die unterschiedlichen Gesellschaftsklassen sprechen wollte, schwieg man auch über die Armut. Schelsky stieß mit seiner Nivellierungsthese in Fachkreisen nur auf wenig Zustimmung, aber selten auf offenen Widerspruch prominenter Kollegen. Der liberale Soziologe Ralf Dahrendorf bezweifelte zwar, dass man in einer nivellierten Mittelstandsgesellschaft lebe, hielt das Gerede darüber allerdings für den Ausdruck einer hierzulande angeblich herrschenden »Ideologie der Gleichheit im Sinne der sozialen Gleichrangigkeit«, die es Mitgliedern der Oberschicht sogar dann verbiete, sich als höherstehend zu beschreiben, wenn dies zutreffe.[38] Dahrendorf gehörte zu den wenigen Sozialwissenschaftlern, die am Klassenbegriff festhielten, der für ihn allerdings nicht auf die ökonomische Sphäre beschränkt bleiben durfte. Durch die Auswertung der offiziellen Einkommensteuer- und Vermögensteuerstatistiken gelangte Dahrendorf um die Mitte der 60er-Jahre zu dem Schluss, dass zwischen deren Spitzengruppen und dem Rest der Bevölkerung »außerordentliche Unterschiede« bestanden: »Die Schätzung geht wohl nicht fehl, daß etwa 10.000 Personen in der Bundesrepublik auf Grund ihres Vermögens oder Einkommens die Millionengrenze überschreiten und damit ein Niveau sozialer Stellung erreichen, das den meisten anderen nur als Traum vom Totoglück gegenwärtig wird.«[39]

Michael Jungblut wies darauf hin, dass den meisten Bundesbürger(inne)n gar nicht bewusst war, das sich ein »Geldadel«, wie er die Superreichen nannte, herausgebildet hatte, verbunden mit einer »ungeheure(n) Vermögenskonzentration«, vornehmlich bei den Großkonzernen als dem industriellen Kernbereich des Gegenwartskapitalismus: »Während die große Masse der Arbeitnehmer bescheidene Summen auf ihren Sparkonten ansammelte, die vor allem dazu dienten, die etwas kostspieligeren Statussymbole wie Auto, Fernsehgerät und Waschmaschine anzusparen, teilten einige wenige Reiche die deutsche Wirtschaft unter sich auf.«[40] Jungblut nennt die Namen von Friedrich Flick, Helmut Horten, Rudolf August Oetker und Herbert Quandt, die damals mit Hilfe des Staates und seiner Steuerpolitik riesige Firmenimperien errichteten. Sehr viel ausgeprägter als beim Einkommen waren nämlich längst die Gegensätze im Hinblick auf die Verteilung der (Betriebs-)Vermögen, wie das sog. Krelle-Gutachten belegte, welches das Bundesministerium für Arbeit und Sozialordnung über Möglichkeiten und Ziele der Ertragsbeteiligung von Arbeitnehmern in Auftrag gegeben hatte: 1,7 Prozent der Bevölkerung besaßen 1960 nicht weniger als 70 Prozent des Produktivvermögens.[41] »Diese Zahl zerriß den Schleier der Wohlstandsnivellierung und beförderte das alte unvermindert steile Vermögensgefälle ans Tageslicht«, kommentierte Norbert Blüm, damals Hauptgeschäftsführer der CDU-Sozialausschüsse, treffend.[42]

Friedrich Fürstenberg vertrat wenig später, ohne Schelsky als Hauptkontrahenten jedoch ausdrücklich zu nennen, umgekehrt die These, »daß die Klassengesellschaft der frühindustriellen Periode nicht durch einen Nivellierungs-, sondern durch einen Differenzierungstrend, durch eine Auffächerung sozialer Unterschiede, strukturell verändert worden ist. Das Schichtungsgefüge ist unübersichtlicher, und die sozialen Unterschiede sind allenfalls damit weniger spürbar geworden.«[43] Fürstenbergs Buch über die Sozialstruktur der Bundesrepublik erschien, kurz nachdem Kanzler Erhard gestürzt und am 1. Dezember 1966 die Große Koalition der Union mit der SPD gebildet worden war. Obwohl sich Westdeutschland bereits mitten in der Rezession befand, taucht das Wort »Armut« darin allerdings nicht auf.

Während viele seiner Fachkollegen die These von der »nivellierten Mittelstandsgesellschaft« als Simplifizierung der sozialen Realität zurückwiesen,[44] ging Schelskys Bezeichnung für die junge Bundesrepublik in den öffentlichen bzw. Mediendiskurs ein und prägte jahrzehntelang deren Selbstverständnis. Geradezu begierig stürzten sich Politiker auf Schelskys griffige Formel, die sowohl den Herrschaftsinteressen einer kleinen, zunehmend reicher werdenden Minderheit wie auch dem Wunschdenken, Aufstiegsstreben und Harmoniebedürfnis weiter Bevölkerungsteile gerecht wurde. Einer »nivellierten Mittelstandsgesellschaft« anzugehören, die niemanden ausgrenzte und jedem hervorragende Aufstiegschancen bot, entsprach vielfach der kollektiven Selbsteinschätzung und -täuschung relativ saturierter Wohlstandsbürger, wie Hans-Ulrich Wehler bemerkt: »Als die Wogen des ›Wirtschaftswunders‹ hochgingen, das Realeinkommen sich bereits verdoppelt hatte, bestand offensichtlich die ausgeprägte Neigung, sich einem breiten, dem Selbstbewusstsein angenehm erscheinenden Ensemble von Mittelschichten zuzuordnen.«[45]

Zudem passte die Kernthese des konservativen Soziologen sowohl der Union wie auch der SPD hervorragend ins parteitaktische Konzept. Gerhard Schäfer wies auf ihre Verwertbarkeit für beide Volksparteien und großen parteipolitischen Lager der Bundesrepublik hin:»Der CDU und der Regierung Adenauer entsprach das Theorem in der Stärkung ihres kleinbürgerlich-mittelständischen Eigentumsgedankens, der schon im Ahlener Programm vom Februar 1947 zu finden ist und in den Adenauerschen Regierungserklärungen von 1953 und 1957 Schlüsselbedeutung erlangte. Der Sozialdemokratie kamen die vereinheitlichenden Tendenzen eines durch Auf- und Abstiegsprozesse zustande gekommenen mittelständischen Konsumtions- und Verhaltenstypus auf ihrem Wege von der Klassen- zur Volkspartei Godesberger Prägung sehr entgegen.«[46]

Jahrzehntelang prägte die Charakterisierung als»nivellierte Mittelstandsgesellschaft« das Selbstbild der jungen Bundesrepublik, was die etablierte Politik, Parteien und (Medien-)Öffentlichkeit unfähig machte, sozialökonomische Polarisierungstendenzen zu erkennen und ihnen adäquat zu begegnen. Dass diese populäre Chiffre ihren Charme für deutsche Spitzenpolitiker keineswegs verloren hat, zeigt die Tatsache, dass Bundesarbeits- und Sozialminister Olaf Scholz sie heute noch bemüht, wenn er von einem »Gefühl tiefer Verunsicherung« bei vielen Bürger(inne)n spricht:»Und zwar nicht nur in den sozialen Brennpunkten an den ausfransenden Rändern unserer Großstädte – deren Existenz wir in unserer nivellierten Mittelstandsgesellschaft lange Zeit für undenkbar hielten –, sondern auch mitten im Herz des deutschen Wohlstandsmodells: im Arbeitsleben.«[47]

Dieter Claessens, Arno Klönne und Armin Tschoepe bescheinigten Schelsky in ihrer zuerst Mitte der 60er-Jahre erschienenen»Sozialkunde der Bundesrepublik Deutschland« zwar, eines der am weitesten verbreiteten sozialwissenschaftlichen Schlagworte überhaupt kreiert zu haben, widersprachen ihm aber mit folgender Begründung:»Das Modell einer ›nivellierten Mittelstandsgesellschaft‹ vernachlässigt grundsätzlich noch bestehende soziale Unterschiede, die in sicherlich verschiedenem Umfang noch in etlichen Teilbereichen der Gesellschaft nach wie vor auftreten und wirksam sind.«[48] Dass in dem zitierten Satz gleich zwei Mal die Einschränkung »noch« vorkommt, verweist allerdings darauf, dass selbst kritische Soziologen auf dem Höhepunkt der lang anhaltenden westdeutschen Nachkriegskonjunktur nicht von einer schärferen Konturierung der Klassengegensätze ausgingen. Claessens, Klönne und Tschoepe hielten es nur für»voreilig«, gleich von einer Nivellierung der sozialen Unterschiede zu sprechen. »Denn auch weiterhin zeigt die Schichtung der Haushaltseinkommen trotz einer deutlichen ›Massierung‹ in den mittleren Bereichen eine sehr breite Streuung.«[49] Dass um die Mitte der 60er-Jahre immerhin noch mehr als eine Drei- viertelmillion Personen laufende Hilfe zum Lebensunterhalt bezogen, führten Claessens, Klönne und Tschoepe als Beleg für die erschreckend große Zahl der in materielle Not geratenen Personen an. »Es gibt also noch ›Arme‹ in unserer Gesellschaft, allerdings nicht mehr im Sinne einer be- sonderen Schicht oder Gruppe, die abgesondert von den übrigen existiert. Die heute von den Einrichtungen der Sozialhilfe gesicherten Menschen sind nicht mehr jene, um die sich noch die ›Armenpflege‹ und ›Fürsorge‹ vergangener Jahrhunderte kümmerten, es sind vielmehr jene, die aus den verschiedensten Gründen, mehr oder weniger zufällig, von den Leistungen der Sozialversicherung oder Versorgung nicht oder nur teilweise erfaßt wurden.«[50]

Selbst linke Kritiker des Modells der »Sozialen Marktwirtschaft« setzten Armut bzw. die davon Betroffenen noch 1968 (!) verschämt in Anfüh- rungszeichen und ließen durchblicken, dass sie einen Ausgleich der sozia- len Gegensätze in nächster Zeit angesichts der Sonderentwicklung des »Rheinischen Kapitalismus« keineswegs für unmöglich hielten. Tatsächlich schien Ludwig Erhard, der am 16. Oktober 1963 nach Konrad Adenauers von der FDP erzwungenem Rücktritt als Bundeskanzler zu dessen Nach- folger gewählt wurde, sein in Buchform gekleidetes Versprechen, das er wenige Jahre zuvor als Wirtschaftsminister gegeben hatte, halten zu kön- nen: Mittlerweile hatte der private Wohlstand aufgrund der fast erreichten Vollbeschäftigung, wachsenden Arbeitskräftemangels und steigender Real- löhne so breite Schichten erfasst, dass kaum jemand Armut noch für ein gesellschaftlich und politisch relevantes Problem hielt. Wer dies wie der Armutsforscher Heinrich Strang doch tat, löste das »Elend der sozialen Isolation« aus seinem sozioökonomischen Kontext heraus und erklärte es für das eigentliche Problem: »Unsere moderne Gesellschaft hat das Prob- lem der materiellen Not weitgehend bewältigt; nun erst wird der Blick frei für die Hilfestellung auf geistig-seelischem Gebiet.«[51]

Obwohl die Wachstumsraten der Bundesrepublik beeindruckend aus- fielen – das Bruttosozialprodukt verdreifachte sich zwischen 1950 und 1970 –, verteilte sich der wachsende gesellschaftliche Reichtum ungleich. Je mehr die westdeutsche Gesellschaft, statt ihre widersprüchliche Realität und sozial heterogene Zusammensetzung zu akzeptieren, ein unrealisti- sches (Zerr-)Bild von sich selbst entwickelte, in dem weder Raum für nen-

nenswerte Armut noch für großen Reichtum war, umso weniger war sie fähig, soziale Polarisierungstendenzen, die sich in ihrer Mitte breitmachten, auch nur wahrzunehmen, von der Bereitschaft ihrer Eliten, dieser Entwicklung konsequent entgegenzusteuern, ganz zu schweigen. Die wichtigsten Meinungsführer der Bundesrepublik verbreiteten beinahe grenzenlosen Zukunftsoptimismus, verdrängten aber die sozialen Schattenseiten der Hochkonjunktur und übersahen geflissentlich, dass bereits die dunklen Wolken der Rezession am Horizont aufzogen.

Mentaler Verdruss im materiellen Überfluss: Klagen die Armen nur auf hohem Niveau?

Während der 50er-Jahre wuchsen in allen Industriestaaten des Westens der gesellschaftliche Reichtum sowie die Masseneinkommen sehr viel schneller und kräftiger als in früheren Konjunkturphasen. Daher landete der US-amerikanische Ökonom John Kenneth Galbraith 1958 mit dem Titel »Gesellschaft im Überfluß« (The Affluent Society) einen Weltbestseller. Ursprünglich sollte das Buch interessanterweise »Warum Menschen arm sind« heißen. Während der Recherchen dazu gelangte Galbraith allerdings zu der Überzeugung, dass sich besonders in den Vereinigten Staaten ein bis dahin beispielloser Wohlstand herausgebildet habe, weshalb wichtige Ideen, die aus einer Zeit bitterster Armut stammten, auf die Gegenwart nicht mehr anwendbar seien: »Einst war die Armut der entscheidende und alles bestimmende Faktor, heute ist sie es offensichtlich nicht mehr. Man wird nicht erwarten dürfen, daß die in einer Welt der Not entstandenen Vorstellungen auch noch in einer Gesellschaft gelten werden, in der jeder Durchschnittsbürger Zugang hat zu allen Annehmlichkeiten des Daseins: zu Nahrung und Genuß, zu Vergnügen, zu Reisen und zu allen Errungenschaften der Hygiene – zu Annehmlichkeiten, die vor einem Jahrhundert nicht einmal den reichsten Leuten zur Verfügung standen.«[52]

Die inzwischen eingetretenen Veränderungen empfand Galbraith vornehmlich deshalb als so tiefgreifend, weil der einzelne Konsument längst gar nicht mehr wisse, was er sich eigentlich noch wünschen solle. Dies müsse ihm erst durch die Werbung und geschickte Verkäufer eingeredet werden, was früher wohl kaum denkbar gewesen sei. Obwohl er Armut, ehemals ein Problem der Mehrheit, nur noch für das Problem einer kleinen Minorität hielt, tat Galbraith nicht so, als ob sie gänzlich verschwunden oder irrelevant geworden sei. Vielmehr differenzierte der Harvard-Profes-

sor zwischen individueller bzw. Armut »im Einzelfall«, die auf besonderen
Merkmalen, Charaktereigenschaften oder persönlichen Versäumnissen der
davon Betroffenen basiere, und »insularer« Armut, die sich in den Slums
zusammenballe, beispielsweise rassistischen Diskriminierungspraktiken
oder ungleichen Bildungschancen geschuldet sei und daher mit der »öffentlichen Armut« bzw. der »Armut des Gemeinwesens« zusammenhänge.
Hieraus zog Galbraith den Schluss, »daß ein Wachstum der Wirtschaft
nicht die Lage jener Menschengruppen zu verbessern vermag, die aus
Gründen, die in ihnen selbst oder in der Ungunst der Umwelt liegen, von
diesem Prozeß ausgeschlossen sind oder von ihm überhaupt nicht erreicht
werden.«[53] Wichtig sei es, die nach dem Zweiten Weltkrieg in den USA
zurückgefahrenen öffentlichen Dienste gegenüber dem privaten Sektor zu
stärken, um ein soziales Gleichgewicht zu wahren.

Eine weitere zentrale Unterscheidung traf Galbraith, als er darauf hin-
wies, dass sich die Möglichkeiten der Armutsbekämpfung grundlegend
verändert hatten: »Eine arme Gesellschaft mußte [...] auf der Regel bestehen: Wer nicht arbeitet, darf auch nicht essen. Wahrscheinlich hatte auch
der nicht minder unbarmherzige Brauch seine Berechtigung, Arbeitsunfä-
hige oder solche Menschen, deren Leistung weit unter der Norm liegt, dem
gleichen harten Gesetz zu unterwerfen. Eine reiche Gesellschaft aber hat
keine Entschuldigungsgründe für eine derartige Haltung.«[54] Sie könne
vielmehr ohne Umschweife denen, die kein Einkommen hätten, dazu verhelfen und Bedürftige großzügig versorgen. Vor allem, meinte Galbraith,
dürfe die Gesellschaft ihre Kaltherzigkeit und den Mangel an Menschen-
liebe nicht philosophisch verbrämen. Galbraith begriff die Armut in Nord-
amerika – anders als die in Indien, wo nur wenigen Menschen größerer
Wohlstand vergönnt sei – als Schande und bemerkte selbstkritisch: »Wir
ignorieren das ganze Problem, weil wir genauso wie jede Gesellschaft zu
jeder Zeit über die großartige Gabe verfügen, das nicht zu sehen, was wir
nicht sehen wollen.«[55]

Während der 60er-Jahre beschäftigte das Thema »Armut« die US-amerikanische Öffentlichkeit jedoch intensiv. 1962 veröffentlichte Michael
Harrington sein Buch »Das andere Amerika« (The Other America. Poverty
in the United States), das die Johnson-Administration gemeinsam mit der
erstarkenden Bürgerrechtsbewegung zum Handeln zwang. Harrington
rechnete 40 bis 50 Millionen US-Amerikaner/innen, ca. ein Viertel der
Gesamtbevölkerung, zu den Armen und widersprach damit der These,
dass die Armut nur Inseln bilde und hauptsächlich bei den Schwarzen bzw.

auf dem Land vorkomme. »Die Zahlen weisen vielmehr auf ein Massenproblem hin, und zwar auf ein sehr ernstes, weil es [...] gerade Menschen betrifft, die gegen den Fortschritt immunisiert wurden und für die der Fortschritt der Technik die Welt auf den Kopf gestellt hat.«[56]

Der Historiker Gabriel Kolko bezeichnete in seinem ungefähr zur selben Zeit erschienenen Buch »Besitz und Macht« (Wealth and Power in America. An Analysis of Social Class and Income Distribution) die Armut mit John Kenneth Galbraith als »späte Entdeckung«, hielt diesem jedoch entgegen: »Die Armut ist eine verspätete Entdeckung nicht deshalb, weil sie *verschwunden* ist, sondern weil die Sozialwissenschaftler *glauben*, sie wäre es.«[57] Darüber hinaus übte Kolko scharfe Kritik an Galbraith' These eines allgemeinen wirtschaftlichen Überflusses in den USA, die nicht mit den Tatsachen übereinstimme. Statt eine kritische Haltung einzunehmen, seien die Sozialwissenschaftler zu Advokaten jener Gesellschaft geworden, die sie für egalitär hielten. Konservativ in der Methodik, zögen sie weder Schlussfolgerungen für die Zukunft, noch wiesen sie auf vorhandene Mängel hin, sondern rühmten die Errungenschaften des Status quo.[58]

Kolko leugnete die allgemeinen Wohlstandsgewinne der Nachkriegszeit nicht, wies allerdings darauf hin, dass man sie aufgrund der Konzentration des Kapitals und der Kumulation des Reichtums bei wenigen Personen relativieren müsse. Vor allem sage die Erhöhung der Einkommen wenig über die Verteilung dieser Einkommen aus: »Hat sich das Realeinkommen einer Gruppe erhöht, so heißt das eben noch nicht, daß ihr Anteil am Volkseinkommen gestiegen ist. Tatsächlich kann eine Einkommensgruppe einen Aufschwung ihres Reallohns und gleichzeitig einen Rückgang ihres Anteils am Volkseinkommen erleben.«[59]

Ferdinand Lundberg, Professor für Sozialwissenschaften und Volkswirtschaftslehre an der Universität New York, erregte 1968 mit seinem Buch »Die Reichen und die Superreichen« (The Rich and the Super-Rich. A Study in the Power of Money Today) international Aufmerksamkeit. Er warf darin auch einen Blick auf den entgegengesetzten Pol des sozialen Spektrums, zählte »bestimmt 70 Prozent« der US-Amerikaner/innen zu den Armen und scheute auch im Kalten Krieg vor provokativen Vergleichen mit der Sowjetunion nicht zurück: »Die meisten Leute in den Vereinigten Staaten besitzen nur wenig mehr als ein russischer Bauer, und nach diesem Standard sind sie arm zu nennen.«[60]

Während vor allem dort, aber auch in anderen westlichen Industriestaaten kritische Intellektuelle die Armut wie Galbraith für einen Schandfleck hielten oder wie der US-amerikanische Soziologe C. Wright Mills vor einer Machtzusammenballung im Dreieck von Wirtschaft, Politik und Militär warnten,[61] fiel die Fachwissenschaft hierzulande in einen wahren Dornröschenschlaf, aus dem sie erst die Schüler- und Studentenbewegung der späten 60er-Jahre erlöste. Norbert Blüm konstatierte denn auch zu Beginn der 70er-Jahre, die Lebensverhältnisse der Armen seien noch weitgehend eine »Terra incognita« der empirischen Sozialforschung: »Wir sind arm an Wissen über die Armut. Auch das gehört zur Selbstimmunisierung des Wohlstandsbürgers, daß er sich gegen Verunsicherungen seiner seelischen Gesundheit durch Flucht in die Unkenntnis schützt.«[62] Dieses Verfahren gleiche dem Versteckspiel von Kleinkindern, die glaubten, beim Schließen der Augen verschwände die Welt und würden sie selbst nicht mehr erkannt.

Für die lange »Zurückhaltung« der Sozialwissenschaften gegenüber dem Armutsphänomen nennt Thomas Rommelspacher drei Gründe: »Zunächst paßte das Thema Armut weder in das wohlfahrtsstaatliche Selbstbild der damaligen BRD noch zu einer Soziologie, deren Forschungsinteressen stark von den Problemen und Lagen der Mittelschichten geprägt waren. Hinzu kam, daß aufgrund der – verglichen mit Großbritannien und den USA – fehlenden Tradition der Armutsforschung die in diesen beiden Ländern bereits in den 60er Jahren einsetzende Armutsdiskussion [...] in der BRD kaum rezipiert wurde. Möglicherweise war aber auch der Forschungsgegenstand nicht reputierlich.«[63] Sich als Sozialwissenschaftler/in schwerpunktmäßig mit gesellschaftlichen Außenseiter(inne)n bzw. den berühmt-berüchtigten A-Gruppen (Arbeitslosen, Alkoholikern, Alten, Ausländern, Alleinerziehenden und/oder anderen Armen) zu beschäftigen, galt damals tatsächlich eher als despektierlich.

Während US-Präsident Lyndon B. Johnson am 8. Januar 1964 den »bedingungslosen Krieg gegen Armut« (*unconditional war on poverty*) ausrief, waren deren Existenz und die Notwendigkeit, sie zu bekämpfen, hierzulande mehr oder weniger von der politischen Agenda verschwunden. Als die *Bild*-Zeitung am selben Tag »Uns geht es so gut wie noch nie« titelte, drückte sie wohl die damals herrschende Stimmung aus. Umso erleichterter konstatierte der *Spiegel*, als er am 8. Dezember 1965 einen »Report über die Armut in der Bundesrepublik« veröffentlichte, sie habe ein »gepflegtes Gesicht«. Sozialhilfeempfänger gälten zwar gemeinhin als Notleidende, hätten aber mittlerweile das Nötigste: »Sie brauchen Hunger und Kälte

nicht zu fürchten, und nicht die Gefahr, sich in der Not von ihren Fernsehtruhen oder Kraftfahrzeugen trennen zu müssen.«
Nach solchen ironischen Seitenhieben auf die Armen der Bundesrepublik hieß es im zitierten *Spiegel*-Heft 50/1965, sie seien zu»Empfangsberechtigte(n)« geworden:»Aus dem Almosen der Gemeinde, das einst nur zusammen mit frommem Zuspruch gereicht wurde und zu Kaisers Zeiten mit dem Verlust des Wahlrechts und einer empfindlichen Beschneidung der Freizügigkeit verbunden war, wurde eine Art sozialer Kundendienst.«
Was beinahe wie eine armenpolitische Nostalgie klang, die durch nichts gerechtfertigt war, mündete in Randbemerkungen über den höflichen Umgang der Behörden mit ihrem Klienten, den die *Spiegel*-Redakteure übrigens schon als»Kunden« bezeichneten und der – in einer westdeutschen Großstadt oder Berlin (West) wohnend – selbst modische Extrawünsche erfüllt bekomme:»Dem Notleidenden von 1965 wagt ein deutsches Sozialamt nicht mehr ohne weiteres alte Kleider und meist nicht einmal mehr Gutscheine für den Erwerb von neuen Kleidern anzudienen.«
Was der *Spiegel*-Report nicht leugnen konnte, war die»stattliche Zahl von heimlich Armen« – er nannte 50.000 –, aber auch die eng damit verbundene Tatsache, dass es verschämt im Abfall wühlende Bundesbürger/innen gab. Durch das am 1. Juli 1962 in Kraft getretene *Bundessozialhilfegesetz* habe nicht bloß die Zahl der Bedarfsberechtigten bei»wachsendem Wohlstand« zugenommen, sondern auch die Zahl der Planstellen in den zuständigen Behörden und die Funktion der dort Beschäftigten:»Während mild gestimmte Wohltätigkeitsvereine noch immer nach einem Bild von Armut spähen, das sich an der fadenscheinigen Not aus den anklagenden Dramen Gerhart Hauptmanns orientiert, avancierte der Fürsorger vom Armutskontrolleur zum Helfer in Lebenskrisen. Nach Möglichkeit diskret wie ein Helfer in Steuersachen, hat er sich den Gegebenheiten jeder Notlage individuell anzupassen und wendet in der Regel ebensoviel Mühe daran, Bedürftige zu finden, wie daran, Unterstützung zuzuteilen.«
In einer Gesellschaft, die Wohlstand für alle zu erstreben vorgebe, beeinträchtige das Elend die schöne Optik zwar nicht mehr durch hohle Wangen und äußere Schäbigkeit, stellte der *Spiegel* (v. 8.12.1965) sarkastisch fest.»Im gleichen Maße, in dem die Armut aus den Niederungen kümmerlicher Not auf ein bescheidenes, doch gesichertes Existenzminimum gehoben wurde, rückten aber Hunderttausende von Arbeitern und Angestellten der untersten Lohngruppen in unangenehme Nähe der neuen Armutsdefinition.« Tatsächlich waren es freilich vor allem Frauen, die aufgrund ihrer

Eingruppierung in sog. Leichtlohngruppen kaum über die Runden kamen, ohne ergänzende Sozialhilfe in Anspruch zu nehmen. Diese bezeichnete man in einer für den *Spiegel* bis heute typischen Art als »Ermunterungszuschlag«, der mit dem Hinweis auf das sog. Lohnabstandsgebot problematisiert wurde, denn in der Praxis bedeute er,»daß halbtags arbeitende Kunden der Sozialhilfe gelegentlich mehr nach Hause tragen als voll Arbeitende, die an staatlichen Beistand nicht zu denken wagen.« Erwähnung in dem als besonders aufschlussreiches Zeitdokument hier ausführlich zitierten *Spiegel*-Armutsreport fand auch der Missbrauch von Sozialleistungen. Denn neben den verschämten Armen gebe es auch viele Unverschämte, in der *Spiegel*-Terminologie »gutsituierte Bettler und Schnorrer« genannt, die gleich bei mehreren Stellen anklopften, was schon wegen der Vielzahl einander überschneidender Unterstützungsprogramme verlockend sei.

Zwar sei die Bundesrepublik ein »Land ohne schreiendes Elend«, offensichtlich jedoch »kein Land ohne Elendsquartiere«, wurde anschließend konstatiert: »Nach wie vor vegetiert mehr als eine Viertelmillion Bundesbürger in Notquartieren und Nissenhütten, und selbst in den Resten ehemaliger Konzentrationslager, wie Dachau und Flossenbürg, nisten immer noch Familien in drangvoller Enge.« Selbst die Bewohner von Baracken, Behelfsbauten und Obdachlosenunterkünften seien aber überwiegend nicht bedürftig, wovon nicht zuletzt ein sich über den Hüttendächern erhebender »Wald von Fernsehantennen« zeuge. Die rund 300.000 als »nichtsesshaft« geltenden Bundesbürger befänden sich auf der »Schattenseite des Wirtschafts- und Wohnungswunders«, häufig sei es allerdings keineswegs materielle Not, welche sie auf die Straße treibe, sondern die Unfähigkeit, mit Familie und fester Adresse ein normales Leben zu führen: »Es sind die Fußkranken des wirtschaftlichen Gepäckmarsches, die arbeitend, aber ohne Ziel, von Asyl zu Asyl ziehen, Tramps und Penner, Unersättliche und Enttäuschte, Verirrte und Zerbrochene.«

Kinderreichtum erweise sich trotz der großzügigen Sozialleistungen als Hemmnis für Arbeiterfamilien, eine angemessene Wohnung zu finden: »Es fehlt an geeigneten Wohnungen für Kinderreiche und Alte, aber auch an geeigneten Nachbarn, an Sympathie, Respekt und Anteilnahme.« Von einem »rapid zunehmenden Notstand der Alten« war die Rede, verbunden mit Einsamkeit, die vornehmlich Rentnerinnen treffe, welche meist bemüht seien, ihre elende Situation nach außen zu verheimlichen. »Überall herrscht Mangel an freiwilligen Helfern und Mangel an gutem Willen, die Armut von 1965 so zu sehen, wie sie ist: nicht von Hunger geplagt, sondern von dem Mangel an Zuwendung; eine Armut, deren Schrecken viel eher der Verlust gesellschaftlicher Anerkennung und Tuchfühlung ist als die Kälte des Winters oder ein leerer Magen.«

Ähnlich plastisch wie über Arme und Sozialhilfebezieher/innen berichteten Zeitungen und Zeitschriften, vor allem die Boulevardpresse und Illustrierte über Prominente bzw. Superreiche. Sieht man von dieser Form der Hofberichterstattung ab, spielte der Reichtum allerdings praktisch keine Rolle in der westdeutschen Medienöffentlichkeit. Einen wichtigen Grund dafür, dass die Armut nur sporadisch die Beachtung der Journalist(inn)en fand, nennen Dorothee Beck und Hartmut Meine: »Wer die ungerechte Verteilung des Reichtums in unserer Gesellschaft anprangert, kratzt an dem Mythos, viel Geld habe etwas mit großer Leistung zu tun.«[64]

Um die Mitte der 60er-Jahre wähnten sich die meisten Politiker und publizistischen Meinungsführer der Bundesrepublik auf dem besten Weg zu einem immerwährenden Wohlstand. Das konjunkturelle Auf und Ab der Vergangenheit schien überwunden, und einem ungebremsten Wirtschaftswachstum, das bloß noch einigermaßen gerecht verteilt werden musste, nichts mehr entgegenzustehen. Es gab bloß noch wenig Sensibilität gegenüber der sozialen Ungleichheit, die sich trotz Vollbeschäftigung nicht verflüchtigt hatte. Jahrzehntelang blieb Armut geradezu ein Tabuthema, mit dem sich die deutsche Öffentlichkeit kaum befasste. Während die relativ geringen Einkommensdifferenzen in der DDR verhinderten, dass sich die kommunistische Partei- und Staatsführung überhaupt mit dem Problem auseinandersetzen musste, nahmen die Massenmedien der Bundesrepublik nur sporadisch davon Notiz.

Mit der Rezession und der Massenarbeitslosigkeit kehrt das Armutsrisiko ins Bewusstsein zurück

Erst im Gefolge der Rezession 1966/67 einerseits sowie der Schüler- und Studentenbewegung bzw. der Außerparlamentarischen Opposition (ApO) andererseits wurde die Armut in der Bundesrepublik wieder öffentlich wahrgenommen und zumindest ansatzweise in Politik, Fachpublizistik und Sozialwissenschaft thematisiert. Nunmehr wandten sich vor allem systemkritisch eingestellte Studierende, Sozialwissenschaftler/innen und Sozialarbeiter/innen bzw. -pädagog(inn)en den lange vergessenen und vernachlässigten Bewohner(inne)n von Notunterkünften und Obdachlosenasylen zu.[65] Während der Rezession stieg die Zahl der Arbeitslosen in Westdeutschland und Berlin (West) nach Jahrzehnten des kontinuierlichen Rückgangs wieder auf über eine halbe Million, was die ganz auf Vollbeschäftigung eingestellte Politik der Bundesrepublik tief erschütterte und zum ersten wirklichen Regierungswechsel führte. Ludwig Erhard wurde durch Kurt-Georg Kiesinger als Bundeskanzler einer Koalition von CDU/CSU und SPD ersetzt, die nach dem Sieg bei der nächsten Bundestagswahl am 28. September 1969 eine sozial-liberale Koalition unter Willy Brandt bildete. Während der Weltwirtschaftskrise 1974/75, die durch eine drastische Erhöhung des Rohölpreises (»Ölschock«) ausgelöst wurde, überschritt die offizielle Zahl der Arbeitslosen erstmals seit Jahrzehnten die Millionengrenze, wodurch allmählich auch die Armut wieder in den Fokus einer breiteren Öffentlichkeit rückte.

Wirtschaft in der Krise – Sozialpolitik im Aufbruch – Wiederentdeckung der Klassen

Helmut Schelskys Nivellierungsthese wurde gegen Ende der 60er-Jahre energischer als um die Mitte der 50er-Jahre widersprochen, weil sich das Land damals in einem tiefgreifenden politischen und soziokulturellen Wandel befand, der öffentliche Kritik an Dogmen der Vergangenheit geradezu herausforderte. Beispielsweise warf ihm Ralf Dahrendorf vor, in moderater Form die deutsche Ideologie einer »Gemeinschaft des ganzen Volkes« zu vertreten und die soziale Auf- und Abstiegsmobilität, für Schelsky das Hauptkennzeichen der neuen Gesellschaftsformation, maßlos zu überzeichnen: »Kann man eine solche Behauptung ernstlich aufrechterhalten in einer Gesellschaft, in der allenfalls jedes zehnte Arbeiterkind die Chance des Aufstiegs hat und jedes zehnte Akademikerkind um ein paar Sprossen der Statusleiter absteigt?«[66] Eine »verblüffende Verengung der Perspektive« erblickte Dahrendorf in Schelskys Diagnose einer »klassenlosen Gegenwart«, der selbst gravierende Schichtunterschiede suspekt waren: »Die Behauptung, die Durchsetzung bürgerlicher Gleichheitsrechte und die Reduktion der Schichtdistanzen sei in Deutschland weiter avanciert als andernorts, steht in so evidentem Widerspruch zu allen Beobachtungen, daß sie nur als Beruhigungsideologie noch einen Sinn haben kann.«[67]

Zwar nahm die öffentliche Aufmerksamkeit gegenüber Problemen der sozialen Ungleichheit damals spürbar zu. Gleichzeitig richtete sich der

Blick mancher westdeutscher Sozialwissenschaftler, bedingt durch die Fixierung der kritischen Intelligenz auf den ihr am leichtesten zugänglichen *Reproduktions*bereich, aber nicht mehr so stark wie früher auf die vertikale Spaltung der Gesellschaft (in ein Oben und ein Unten bzw. in Arm und Reich), welche die traditionell auf den *Produktions*bereich konzentrierte Arbeiter- und Gewerkschaftsbewegung problematisiert hatte, sondern eher auf horizontale Disparitäten, die Claus Offe gemeinsam mit anderen Kollegen zuerst auf dem legendären Frankfurter Soziologentag im April 1968 thematisierte:»Die unter dem Gesichtspunkt des sozialen Wandels dominante Form der Ungleichheit ist weniger in der vertikalen Dimension der Ungleichheit von Schichten und Klassen zu suchen als in der horizontalen Dimension der Disparität von Lebensbereichen, d.h. der ungleichgewichtigen Befriedigung der verschiedenen Lebensbedürfnisse.«[68]

Zu den einflussreichsten Schriften jener unruhigen, von der Aufbruchstimmung kritischer Intellektueller und eines Großteils der akademischen Jugend bestimmten Zeit gehörte das im September 1969 erschienene Fischer-Taschenbuch von Urs Jaeggi»Macht und Herrschaft in der Bundesrepublik«, das im Januar 1973 unter dem Titel»Kapital und Arbeit in der Bundesrepublik« erweitert wie aktualisiert neu aufgelegt wurde. Darin kam das Wort»Armut« auf insgesamt 239 bzw. 377 Seiten nur ein Mal vor, und zwar bloß unter Bezugnahme auf Gabriel Kolkos oben zitierte Studie zur Sozialstruktur und Einkommensverteilung in den USA.[69]

Gegen Ende der 60er-/Anfang der 70er-Jahre erreichte die Bundesrepublik den bisherigen Gipfelpunkt ihrer Wohlstandsentwicklung, versteht man darunter nicht bloß die nach Überwindung der Rezession 1967/68 weiter relativ kontinuierlich steigende Höhe des Bruttoinlandsprodukts, sondern auch eine halbwegs gleichmäßige Verteilung des Volkseinkommens auf sämtliche Gesellschaftsschichten, die Zufriedenheit einer Bevölkerungsmehrheit mit den materiellen Gegebenheiten und sozialen Frieden. Je weniger Arme es gab, umso leichter fiel es Politikern, Wissenschaftlern und Journalisten, sie zu ignorieren oder die sozialen Außenseiter für ihr Schicksal selbst verantwortlich zu machen und die gesellschaftlichen Ursachen der Armut zu leugnen. Helmut Schoecks»Kleines Soziologisches Wörterbuch« verkündete, »echte Armut« sei in westlichen Industriegesellschaften »ein Sonderfall«, der nur einen »kleinen Prozentsatz« der Gesamtbevölkerung betreffe:»Es gibt allerdings auch eine strukturelle A., d.h. Personen (u.U. über Generationen hinweg in derselben Familie), die selbst aus einem großzügigen Angebot von Sozialhilfen, Unterstützungsgeldern usw. so unzweckmäßig Gebrauch machen, daß es nicht gelingt, sie zur selbständigen erfolgreichen Teilnahme am Arbeitsprozeß zu bringen (als soziales Problem ist dies z.b. besonders deutlich bei farbigen Minderheiten der USA).«[70]

Rudolf Schilcher, der das Stichwort »Armut« in einem anderen soziologischen Wörterbuch verfasst hatte, das gleichfalls 1969 erschien, betonte zwar, dass diese individuell verursacht und gesellschaftlich bedingt sein könne, hatte bei Letzterem aber nur Umbruchsituationen und Ausnahmefälle im Auge: »Materiell wird A. verursacht durch persönliches Schicksal (Krankheit, Invalidität, Tod des Ernährers, Alter, Arbeitsscheu usw.); durch allgemeine Zeitereignisse (Naturkatastrophen, Kriege, Revolutionen) und durch damit oft, aber nicht notwendig verbundene Veränderungen der gesellschaftlichen Ordnung (z.b. Behinderung einer bestimmten Gesellschaftsgruppe); durch unwirtschaftliches Verhalten des Einzelnen sowie schließlich durch Kombinationen der genannten Gründe.«[71]

Armut schien sich damals auf gesellschaftliche »Randgruppen« zu beschränken, weshalb sich die ohnehin kaum vorhandene Armutsforschung auf (Schwerst-)Behinderte, psychisch Kranke, (jugendliche) Arbeitslose, Strafgefangene, Vorbestrafte, ausländische »Gastarbeiter«, die großteils in Baracken und Blechcontainern hausten, Aussiedler/innen, die in Übergangswohnheimen untergebracht waren, Drogenabhängige, »Nichtsesshafte«, Trebegänger/innen und Obdachlose konzentrierte.[72] Die größte Sensibilität gegenüber dem Armutsproblem gab es damals noch im Bereich der Sozialarbeit bzw. -pädagogik, welcher stark expandierte und vom Ausbau des Wohlfahrtsstaates unter Bundeskanzler Willy Brandt profitierte.

Umso verwunderter, überraschter und entsetzter war die westdeutsche Öffentlichkeit, als der Journalist Jürgen Roth zu Beginn der 70er-Jahre sein Buch »Armut in der Bundesrepublik Deutschland« veröffentlichte, das gründlich mit der Vorstellung brach, diese gleiche einem sozialen Idyll. Wenn man Bernhard Schäfers glauben darf, stieß bereits der Titel »vielfach auf ungläubige Ablehnung: er paßte nicht in das Selbstbild der Bundesrepublik.«[73] Roth veranschlagte die Zahl der hierzulande in Armut lebenden Menschen auf über 14 Mio.[74] Er zeichnete ein ziemlich düsteres Bild, das undifferenziert wirkte, weil überhaupt kein Unterschied zwischen dem hiesigen und dem Elend in den USA gemacht wurde. »Überall finden sich: hohe Säuglingssterblichkeit, ungeheuer viele ungelernte Arbeiter, Diskriminierungen durch die Umwelt, hoher Anteil an Schulversagern, hohe Kriminalitätsquote, wenig Chancen zum sozialen Aufstieg, Arbeitslosigkeit, hoher Anteil an psychischen Krankheiten, hohe Kinderzahl, falsche Ernährung und Untergewicht.«[75] Am in der Bundesrepublik bestehenden System der sozialen Sicherung ließ Roth kein gutes Haar. Vielmehr betrachtete er den Wohlfahrtsstaat offenbar als bloße Fassade des kapitalistischen Profitsystems. Die bundesdeutsche Wohlfahrt sei, meinte Roth, an den Normen des Mittelstandes ausgerichtet, weshalb Hilfe nur erhalte, wer leistungsfähig, produktiv und organisiert sei: »Um die sozial Schwachen, die Alten, die Ohnmächtigen, kümmert sich niemand, will sich niemand kümmern.«[76]

Roth verband seine Sozialreportagen über Obdachlosensiedlungen und Elendsviertel mit einer Fundamentalkritik an der kapitalistischen Wirtschafts- bzw. Gesellschaftsordnung sowie beißender Polemik gegenüber den politisch Verantwortlichen: »Ein System, das Armut in solchen Ausmaßen wie in der BRD produziert, kann sich auch schlecht selbst in Frage stellen, indem die Ursachen, die zu Armut führen, beseitigt werden. Für die Proletarier, die Armen und die Elenden, ›die durch den Kapitalismus elend geworden sind‹, gibt es in diesem asozialen Gesellschaftssystem keine Hilfe.«[77] Auch die Unterstützung durch karitative Organisationen, Wohlfahrtsverbände und sozialstaatliche Institutionen zur Bekämpfung der Armut hielt Roth für reine Augenwischerei. Ein soziales Sicherungssystem, das diesen Namen verdiene, existiere in der Bundesrepublik überhaupt nicht: »Das Prinzip der Solidarität ist Vorwand, um die Profite der Herrschenden auf billige Weise zu vergrößern.«[78]

Kritisch zur Armut in der Bundesrepublik äußerten sich auch einzelne Oppositionspolitiker wie Norbert Blüm, damals Hauptgeschäftsführer der CDU-Sozialausschüsse. Dieser hatte jedoch eine ganz andere Problemsicht als Roth, denn er ging davon aus, dass es sich bei den Betroffenen im Wesentlichen um Marginalisierte handelte: »Armut charakterisiert nicht mehr das allgemeine Erscheinungsbild der bundesrepublikanischen Gesellschaft. Sie hat sich an deren Ränder zurückgezogen und existiert dort verschämt und versteckt.«[79] In einer Gesellschaft, die auf den Fortschritt setze, bedeute Armut jedoch einen Rückschritt, fuhr Blüm fort. Er benannte auch das eigentliche Problem, den mit ihr zusammen wachsenden Reichtum: »Der Abstand zwischen Armut und Wohlstand vergrößert sich; und mit ihm die Desintegration der Armen.«[80] Gerade weil die Armut in der Wohlstandsgesellschaft keine Massenerscheinung mehr sei, verliere sie für die lediglich auf ihre Wiederwahl orientierten Politiker an Interesse.

Ungefähr zur selben Zeit, als Roth und Blüm auf unterschiedliche Weise die Auswüchse der Wohlstandsgesellschaft skandalisierten, erfuhren die Kritik der politischen Ökonomie des Kapitalismus und die marxistische Gesellschaftstheorie im Gefolge der Schüler- und Studentenbewegung hierzulande eine Renaissance. Nach dem Aufbruchjahr 1968, das für Protestbewegungen der Betroffenen und fortschrittliche Wissenschaftler/innen eine günstigere Stimmung bzw. einen geistigen Nährboden schuf, wurde die Soziologie an den meisten westdeutschen und (West-)Berliner Universitäten zu einer regelrechten Modedisziplin. Außerhalb des Hochschulbereichs nutzten zahlreiche (ultra)linke Theoriezirkel sowie manchmal sektiererisch erscheinende Parteien und Organisationen die Gunst der Stunde für empirische Untersuchungen zur Sozialstruktur des (Spät-)Kapitalismus. Genannt seien hier nur das Projekt Klassenanalyse sowie das Institut für Marxistische Studien und Forschungen (IMSF), die sich auf einem relativ hohen theoretischen Niveau bewegten.[81]

Die sozial-liberale Reformpolitik und die Oppositionskritik an der Armutsentwicklung

Nach der Bildung einer sozial-liberalen Koalition unter Führung Willy Brandts im Herbst 1969 normalisierten sich nicht nur die Beziehungen zwischen den beiden deutschen Staaten dadurch, dass eine von den Siegermächten des Zweiten Weltkrieges unterstützte Ost- und Entspannungspolitik betrieben und der Grundlagenvertrag geschlossen wurde, sondern es verringerten sich auch die sozialen Spannungen und Konflikte im Innern. Aufgrund richtungweisender Reformen im Bereich der Wirtschafts- und Sozialpolitik schien die Gefahr der Verarmung größerer Bevölkerungsgruppen vorerst gebannt zu sein, denn mit dem »Modell Deutschland« (SPD-Wahlslogan) verband sich nicht zuletzt die Zielsetzung einer größeren Verteilungsgerechtigkeit.

Dies änderte sich während der Weltwirtschaftskrise 1974/75 freilich grundlegend. Je mehr Personen wegen zunehmender Arbeitslosigkeit und Armut auf staatliche Unterstützungsleistungen angewiesen waren, umso weniger kamen sie in deren Genuss. Da es keine hohen Zuwächse des Bruttoinlandsprodukts mehr zu verteilen gab, entfiel nun auch in der Bundesrepublik die Grundlage für einen sozialstaatlichen Konsens aller gesellschaftlich relevanten Kräfte, der nach dem Zweiten Weltkrieg und im Zeichen des »Wirtschaftswunders« die Inklusion benachteiligter Minderheiten ohne Einbußen für die große Mehrheit und die besonders Privilegierten ermöglicht hatte. Nach dem »Öl(preis)schock« im Herbst 1973 wurde lautstark eine »Tendenzwende« in der Gesellschaftspolitik gefordert,[82] die für den Sozialstaat wie die politische Kultur nicht ohne gravierende Folgen bleiben sollte. Während die Reformimpulse der Schüler- und Studentenrevolte auf dem »langen Marsch durch die Institutionen« erlahmten, gewannen national- und liberalkonservative Positionen wieder deutlich an Boden.[83] Die ökonomischen Krisenerscheinungen sowie die damit verbundenen gesellschaftlichen Machtverschiebungen und ihre Konsequenzen für das parlamentarische bzw. Parteiensystem trugen dazu bei, dass Willy Brandt, dem Kanzler der »inneren Reformen«, am 16. Mai 1974 mit Helmut Schmidt ein rechtssozialdemokratisch-pragmatischer Krisenmanager folgte.

Nach dem Kanzlerwechsel Brandt/Schmidt ließ die massive liberalkonservative Kritik an der Wirtschafts- und Sozialpolitik nicht etwa nach. Vielmehr verhärtete sich die Opposition gegenüber dem SPD/FDP-Kabinett noch. In der (Fach-)Öffentlichkeit mehrten sich den Sozialstaat und seine Entwicklungsperspektiven betreffende Kassandrarufe. Neokonservative und wirtschaftsliberale, aber auch sozialdemokratische Autoren behaupteten, die »Grenzen des Sozialstaates« seien mittlerweile erreicht oder längst überschritten.[84] Friedhelm Hengsbach spricht rückblickend von einem »dreißigjährige(n) Feldzug gegen den Sozialstaat«, der damals begann und im Grunde bis heute anhält,[85] wenngleich die entscheidende Schlacht womöglich noch aussteht.

Folgerichtig führte die damalige Weltwirtschaftskrise zu einem Kurswechsel in der westdeutschen Sozialpolitik: Durch zuerst noch relativ geringfügige Leistungskürzungen und eine schrittweise Verschärfung der Anspruchsvoraussetzungen wollte man die öffentlichen Finanzen konsolidieren und gleichzeitig die privaten Investitionen stimulieren. Das am 1. Januar 1976 in Kraft getretene *Haushaltsstrukturgesetz*, welches die Staatsausgaben vor allem im Bereich der Bundesanstalt für Arbeit und im Bildungswesen verringerte, markierte eine historische Zäsur. Denn damit ging die mehrere Jahrzehnte währende sozialpolitische Expansionsperiode zu Ende, und eine Phase der Stagnation bzw. der Regression begann.[86]

Bei den etablierten Politikern und Parteien dominiert meistenteils ein taktischer Umgang mit sozialen Problemen, wofür beispielsweise der Umstand spricht, dass es praktisch immer die Opposition war, von der (energischere) Schritte zur Bekämpfung der Armut gefordert wurden, während dieselben Politiker, sobald sie in der Regierung saßen, häufig das Ausmaß und die gesellschaftliche Bedeutung der Armut herunterspielten. Seit der

Weltwirtschaftskrise 1974/75 waren es zunächst prominente CDU-Politiker, die den Finger in die Wunde fortbestehender sozialer Gegensätze und einer sich weiter öffnenden Schere zwischen Arm und Reich legten. In der Weihnachnachtsausgabe des linken Politmagazins *konkret* (v. 24.12.1975) erschien eine Kolumne von Norbert Blüm, die den Titel »Elend – wie breit darf es sein, Herr Apel?« trug. Einleitend zitierte Blüm den damaligen Finanzminister Hans Apel (SPD), der am 4. November 1975 im Bundestag geäußert hatte, trotz hoher Arbeitslosigkeit gebe es kein verbreitetes Elend in unserem Land, und fragte anschließend: »Wie ›breit‹ muß eigentlich Armut sein, um als ›verbreitetes Elend‹ sozial-liberal anerkannt zu werden?« Blüm mokierte sich über den Verdrängungsmechanismus, mittels dessen die Armen marginalisiert würden: »Während sich mitten in der Gesellschaft, die sich gerne als Wohlstandsgesellschaft angesprochen hört, Armut breitmacht, haben wir die Armen im politischen Sprachgebrauch an den ›Rand‹ gedrängt, genau dorthin, wo sie im öffentlichen Bewußtsein lokalisiert sind. Gegen ›verbreitetes Elend‹ immunisiert Unkenntnis. Die Ignoranz war schon immer der zuverlässigste Garant saturierter Arroganz.« Da die Armut hierzulande im toten Winkel der politischen Aufmerksamkeit liege, sei sie nur unzureichend durch den Mangel an bestimmten Gütern charakterisiert; materieller Mangel verbinde sich vielmehr mit dem Mangel an sozialer Integration: »Armut und sozialer Ausschluß sind Verbündete. Und es läßt sich gar nicht mit Sicherheit ausmachen, was Ursache, was Wirkung ist.« Die wirtschaftliche Depression drücke ganz besonders die Armen, weil die Krise bei ihnen zuerst ankomme und am längsten bleibe: »In der Hochkonjunktur finden alle Arbeit. Wenn's abwärtsgeht, fliegen als erstes die Kranken, Kränklichen, Alten und all die heraus, die das Brandmal ›Asozial‹ tragen.«

Blüm thematisierte nicht nur die negativen Folgen der Weltwirtschaftskrise, sondern auch die verheerenden Konsequenzen des Sozialabbaus, der mit ihr Hand in Hand ging, für die Armen und Benachteiligten: »Wenn die ›Grenzen des Sozialstaates‹ zurückverlegt werden, sind es die Armen, die ins Niemandsland geraten. Rentenniveausenkung, Selbstbeteiligung und ähnlich akademisch unschuldige Vorschläge verbreitern das Elend, wenn sie von des Gedankens Blässe den Weg in die sozialpolitische Praxis antreten.« Dabei seien es gar nicht die Armen gewesen, die vom »sozialpolitischen Wildwuchs« profitiert hätten, denn die »Ausbeuter unseres Sozialsystems« befänden sich mehrheitlich oberhalb der Sozialhilfesätze. Beispielsweise nutzten vor allem jene die Sparförderung, die etwas auf dem

Konto hätten, um es in die Prämienzone zu verschieben. Auch die Schlupflöcher der Steuergesetzgebung würden nicht von denen ausgenutzt, die sich keinen Steuerberater leisten könnten. »Die Armen sind die letzten, die von den Segnungen des Sozialstaates, und die ersten, die von seinem Abbau erreicht werden.«

Neben Blüm entdeckten nicht weniger prominente Unionspolitiker um die Mitte der 70er-Jahre, was sie »Neue Soziale Frage« nannten. Heiner Geißler, später Bundesfamilienminister und Generalsekretär der CDU, führte die »Neue Armut« als »empirische(n) Beweis« dafür ins Feld, dass die Wirtschafts- und Sozialpolitik der SPD/FDP-Koalition verfehlt und eine zu starke Konzentration der Bundesregierung auf die Vertretung der Interessen gut organisierter Gruppen wie der Arbeitnehmer/innen erfolgt sei: »Die politische Verantwortung in der Bundesrepublik Deutschland für die Einkommen und die Einkommensverteilung hat sich in den vergangenen Jahren, vor allem seit 1969, durch die Untätigkeit des Staates immer stärker auf die Tarifpartner verlagert. Dabei haben die Regierenden weitgehend vergessen, daß der Arbeitnehmer, wenn er verheiratet ist und Kinder hat, vom Lohn, und zwar von dem Lohn, den er am Arbeitsplatz aufgrund seiner Leistung erzielt, allein nicht leben kann.«[87] Notwendig sei die zuletzt vernachlässigte Anpassung des Sozialeinkommens, das im Rahmen der sekundären Einkommensumverteilung durch den Staat ergänzend hinzutrete, an die wachsenden finanziellen Belastungen, beispielsweise hinsichtlich regelmäßiger Erhöhungen des Kindergeldes (Familienlastenausgleich), des Wohngeldes und der Ausbildungsförderung (BAföG). Geißlers Fazit lautete: »In der Bundesrepublik Deutschland gibt es wieder bittere private Armut. 5,8 Millionen Menschen in 2,2 Millionen Haushalten verfügen nur über ein Einkommen, das unter dem Sozialhilfeniveau liegt. Es handelt sich dabei nicht um ›Gammler, Penner und Tippelbrüder‹, sondern um 1,1 Millionen Rentnerhaushalte mit 2,3 Millionen Personen und 600.000 Arbeiterfamilien mit 2,2 Millionen Personen und 300.000 Angestelltenhaushalte mit 1,2 Millionen Personen.«[88]

Geißler spitzte eigentlich nur zu, was sich bei Theodor Geiger, Helmut Schelsky und Claus Offe, aber auch bei Michael Harrington lange vorher fand, die These nämlich, dass nicht mehr nur der Antagonismus von Kapital und Arbeit die Armutspopulation strukturiere, sondern dass dieser überlagert oder gar ersetzt werde durch andere Dimensionen der sozialen Ungleichheit. Auch dass der spätere CDU-Generalsekretär für das Phänomen mit der »Neuen Sozialen Frage« ein prägnantes Schlagwort erfand, das als politischer Kampfbegriff für Wahlkämpfe taugte, trug zum zeitweiligen Erfolg dieser Formel in der Öffentlichkeit bei. Nach der Regierungsübernahme durch die Unionsparteien und Geißlers Aufstieg vom Landes- zum Bundesminister verschwand sie allerdings schnell wieder in der Versenkung.

Für den Publizisten Jürgen Roth war die »Neue Soziale Frage« nur ein weiterer Versuch von Unionspolitikern, soziale Konflikte bzw. Krisen auf dem Rücken der abhängig Beschäftigten zu lösen, ohne die Macht der Kapitaleigner anzutasten, und die Gewerkschaften als legitime Interessenvertretungsorgane der Arbeitnehmer/innen schon im Vorfeld künftiger Verteilungskämpfe zu schwächen.[89] Tatsächlich trug das zwar wenig präzise, aber nicht unpopuläre Schlagwort der »Neuen Sozialen Frage« dazu bei, organisierte und nichtorganisierte Gruppen – unabhängig von der Vereinbarkeit ihrer Interessen wie der Berechtigung ihrer Ansprüche gegenüber der ständig wachsenden Kapitalmacht – auseinanderzudividieren. »Geißlers Kritik an einer auf die Arbeitnehmerschaft fixierten Sozialversicherungspolitik sollte die Gewerkschaften und die Sozialdemokratie treffen, deren Mitglieder und Wähler durch die Sozialpolitik begünstigt erscheinen sollten gegenüber anderen, die ›wirklich arm‹ waren: die alten Frauen, die Kranken und die Behinderten.«[90]

Während die SPD mit dem »Modell Deutschland« warb, zog die Union gegen die Regierungspartei und deren Bundeskanzler 1976 unter der reißerischen Parole »Freiheit oder/statt Sozialismus« in den Wahlkampf. Helmut Schelsky monierte damals in einer Publikation die Bevormundung des Menschen durch einen bürokratischen »Versorgungsstaat«, welcher zur reinen »Wohlfahrtsdiktatur« bzw. zur »Herrschaft der Funktionäre« entartet sei und die persönlichen Entfaltungsmöglichkeiten aller Bürger/innen beschneide, was die Selbstheilungskräfte des Marktes lähme.[91] Es gehe, meinte Schelsky, letztlich um die Beantwortung der Frage, ob man »die Bewahrung der Freiheit der Person oder die Vervollkommnung der sozialen Gerechtigkeit als wichtiger« ansehen müsse.[92] Am 19./20. April 1978 hielt die CDU in ihrem Bonner Konrad-Adenauer-Haus eine Fachtagung zum Thema »Verwaltete Bürger – Gesellschaft in Fesseln. Bürokratisierung und ihre Folgen für Staat, Wirtschaft und Gesellschaft« ab. Da war von einer »Unüberschaubarkeit« des Sozialstaates die Rede, verbunden mit Gefühlen des Ausgeliefertseins. Während die Eigeninitiative der Menschen erlahme, nähmen Begehrlichkeiten und Staatsverdrossenheit unter ihnen zu. Weil sich der Bürger selbst gegenüber einer anonymen Verwaltungsapparatur (»Moloch Staat«) nicht mehr für seine eigene soziale Sicherung verantwortlich fühle, komme es zu einer »Anspruchsinflation«, die bei der Nachgiebigkeit von guten Wahlergebnissen abhängiger Politiker in den »Gefälligkeitsstaat« münde.[93] Hinter der liberalkonservativen Sozialstaats- bzw. Bürokratiekritik steckte ein Freiheitsverständnis, das sich an der unternehmerischen Dispositionsfreiheit, nicht an den allgemeinen Freiheitsvorstellungen radikaler Demokrat(inn)en sowie der Arbeiter- und Gewerkschaftsbewegung (Freiheit von Ausbeutung und Unterdrückung) orientierte. Auch namhafte Sozialdemokraten beteiligten sich an der Diffamierung des öffentlichen Dienstes und seiner Leistungen. So bezeichnete der SPD-Bundestagsabgeordnete Ulrich Lohmar die öffentliche Verwaltung als »lautlose(n) Krake(n)«, welcher einen »Klassenkampf gegen die Arbeitnehmer, freiberuflich Tätigen und kleinen Unternehmer in der privaten Gesellschaft« führe.[94]

Regierungspolitik gegen Arbeitslose und Arme – Sozialstaat und Leistungsmissbrauch in der Kritik

Durch die beiden Wirtschaftskrisen 1974/75 und 1980/81 wurden die Westdeutschen endgültig aus ihrem »kurze(n) Traum immerwährender Prosperität« gerissen,[95] welcher sie während der gesamten Rekonstruktionsperiode nach 1945 begleitet und daran gehindert hatte, die gesellschaftliche Realität und damit auch die Armut wahrzunehmen. Er wich allerdings nur sehr langsam der Einsicht, dass weder die Anfälligkeit des kapitalistischen Systems für Konjunkturrückschläge überwunden noch das Problem der sozialen Ungleichheit verschwunden war. Bernhard Schäfers bemerkte denn auch, »daß die Bundesrepublik ihr Selbstbild korrigieren mußte: es gibt Armut und es gibt Randgruppen in einem auch sozialstatistisch ›relevanten‹ Umfang.«[96]

Die längst überfällige Revision der westdeutschen Lebenslüge, dass die Gesellschaft keine tiefen sozialen Risse aufweise und der Wohlfahrtsstaat in seiner bewährten Gestalt das Entstehen von Armut verhindere, scheint jedoch nur sehr oberflächlich erfolgt zu sein. Einerseits schlug sich die Erkenntnis, dass die westdeutsche Wohlstandsgesellschaft neben einer wachsenden Konsumfülle materielle Armut hervorbrachte, in der Öffentlichkeit nur mit einer gewissen Zeitverzögerung nieder. Andererseits blieb die meritorische Grundüberzeugung, wonach die Leistung der Individuen über ihr Schicksal entscheidet, trotz gegenteiliger Erfahrungen im Wesentlichen bestehen, und die illusionäre Hoffnung, dass kein Gesellschaftsmitglied im »Wirtschaftswunderland« bevorzugt oder benachteiligt würde, prägte auch weiterhin das Massenbewusstsein.

SPD und FDP nahmen zu Beginn der 80er-Jahre weitere Leistungskürzungen vor, konnten sich jedoch nicht über das Tempo und die Tiefe der angeblich nötigen Einschnitte ins soziale Netz einigen. In der mehrwöchigen Regierungskrise spielte ein Memorandum, das der damalige Bundeswirtschaftsminister Otto Graf Lambsdorff (FDP) am 9. September 1982 unter dem Titel »Konzept für eine Politik zur Überwindung der Wachstumsschwäche und zur Bekämpfung der Arbeitslosigkeit« vorlegte, die Schlüsselrolle. Bundeskanzler Helmut Schmidt (SPD) bezeichnete Lambsdorffs Denkschrift im Bundestag als »Dokument der Trennung«, das als Wegweiser zu anderen Mehrheiten diene: »Sie will in der Tat eine Wende, und zwar eine Abwendung vom demokratischen Sozialstaat im Sinne des Art. 20 unseres Grundgesetzes und eine Hinwendung zur Ellenbogengesellschaft.«[97] Schmidt wurde drei Wochen später gestürzt und Helmut Kohl zum Bundeskanzler einer CDU/CSU/FDP-Koalition gewählt.

Nach knapp 13 Jahren zerbrach die SPD/FDP-Koalition, wohl nicht zuletzt an den gegensätzlichen Vorstellungen ihrer Partner zur Sozialpolitik. Im sog. Lambsdorff-Papier erhoben die Liberalen für die Sozialdemokraten unannehmbare Forderungen nach spürbarer Verbesserung der Kapitalerträge und einer »Verbilligung des Faktors Arbeit« durch Senkung der Sozialleistungsquote.[98] Die nachträgliche Lektüre des Papiers, das Lambsdorffs damaliger Staatssekretär Otto Schlecht zusammen mit dem Leiter der Grundsatzabteilung im Wirtschaftsministerium und späteren Bundesbankpräsidenten Hans Tietmeyer verfasst hatte, wirft die Frage auf, ob es sich dabei um das offizielle Drehbuch für die Wirtschafts- und Sozialpolitik bis heute handelt, so sehr entsprechen fast sämtliche Maßnahmen, die seither ergriffen wurden, dem dort niedergelegten Handlungskatalog. Von einer zeitlichen Begrenzung der Bezugsdauer des Arbeitslosengeldes auf zwölf Monate über die Einführung eines »demografischen Faktors« zur Beschränkung der Rentenhöhe (»Berücksichtigung des steigenden Rentenanteils in der Rentenformel«) bis zur stärkeren Selbstbeteiligung im Gesundheitswesen listete das Lambsdorff-Papier fast alle »sozialen Grausamkeiten« auf, welche die Nachfolgeregierungen verwirklichten. Erst das als »Hartz IV« bekannte Gesetzespaket der rot-grünen Koalition ging durch die Abschaffung der Arbeitslosenhilfe und die Absenkung des (an deren Stelle tretenden) Arbeitslosengeldes II auf Sozialhilfeniveau über den damals selbst auf einen Großteil der politischen Klasse provokativ wirkenden Forderungskatalog der FDP hinaus. Das sog. Lambsdorff-Papier war mehr als eine koalitionspolitische Scheidungsurkunde, denn damit errang der Neoliberalismus die Hegemonie, d.h. die öffentliche Meinungsführerschaft in der Bundesrepublik. Was den Marktradikalen bereits in Großbritannien unter Margaret Thatcher und in den USA unter Ronald Reagan gelungen war, schafften sie nach dem Regierungswechsel Schmidt/Kohl auch hierzulande: unter dem Beifall der Massenmedien von einer Fundamentalkritik am Interventionsstaat zu einer radikaleren »Reform«-Politik überzugehen, die rückwärtsgewandt und modern zugleich ausfiel. Wie jenseits des Atlantiks, wo der »Krieg gegen die Armut« zu einem Krieg gegen die Armen und den Wohlfahrtsstaat entartete,[99] richtete sich die (bundes)deutsche Regierungspolitik der 80er- und 90er-Jahre eindeutig gegen sozial Benachteiligte, während Begüterte steuerlich massiv entlastet wurden.

Die liberal-konservative Koalition und die Reaktion der Gesellschaft auf Massenarbeitslosigkeit

Während Peter Townsend für Großbritannien gegen Ende der 70er-Jahre seine umfassende Untersuchung »Poverty in the United Kingdom« (Armut im Vereinigten Königreich) publizierte, der das Konzept der multiplen Deprivation zugrunde lag,[100] hinkte die westdeutsche Armutsforschung den internationalen Standards auch während der 80er-Jahre hinterher. Das »konstruktive Misstrauensvotum« gegen Bundeskanzler Helmut Schmidt und die Wahl Helmut Kohls zu seinem Nachfolger am 1. Oktober 1982 wirkten auf den Armutsdiskurs hierzulande allerdings – so paradox das klingen mag – eher belebend als deprimierend. Ungefähr zur Zeit des Regierungswechsels erschien Wolf Wagners Buch »Die nützliche Armut«, welches knapp zehn Jahre später unter dem Titel »Angst vor der Armut« noch einmal aufgelegt wurde. Darin findet sich die originelle These, das Netz der sozialen Sicherung – Kernbestandteil des durch Fürst Otto von Bismarck begründeten Wohlfahrtsstaates – sei insofern »umgestülpt«, als es sich, statt nach unten durchzuhängen, damit man sicher hineinfallen kann wie ein Artist auf dem Drahtseil in das Netz unter der Zirkuskuppel, hochwölbe. An den Rändern, wo es sichernd und stützend wirken müsste, um Menschen den nötigen Halt zu geben, falle das »soziale Netz«, von dem so viel die Rede sei, steil ab. Wenn man sich nicht anklammere und abstrample, um wieder hoch zu kommen, sei der Fall nach ganz unten vorprogrammiert. Durch diese Konstruktion würden die Menschen veranlasst, sich anzupassen und der Lohnarbeit zu unterwerfen, ohne dass es massenhaft Armut geben müsse. Unabhängig davon, wo man die Armutsgrenze ansetze, ob unterhalb, oberhalb oder exakt bei der Sozialhilfe, galt laut Wagner das Verdikt: »Die Sozialpolitik ist so konstruiert, daß sie in allen ihren Bereichen in der Armut endet. Sie produziert zwar nicht selbst die Notsituationen, die letztlich dann die Armut erzeugen. Sie läßt sie aber zu.«[101] Problematisch war, dass damit in letzter Konsequenz der Sozialstaat und nicht mehr das kapitalistische Wirtschaftssystem, dessen unerbittliche Konkurrenzgesetze oder regelmäßige Konjunkturkrisen für die Armut verantwortlich gemacht wurden.

Die »geistig-moralische Wende«, von der Bundeskanzler Kohl sprach, brachte für Arme und sozial Benachteiligte keine materiellen Vorteile, sondern weniger Unterstützung in schwierigen Lebenslagen, mehr Missbrauchsvorwürfe an ihre Adresse und einen stärkeren (Kontroll-)Druck der zuständigen Behörden mit sich. Allerdings nahm die von CDU/CSU und FDP ohne Wählervotum umgebildete Regierungsmehrheit zuerst nur solche Leistungskürzungen vor, die das alte Bundeskabinett bereits für seine nächste »Haushaltsoperation« ins Auge gefasst hatte. Maßnahmen der Privatisierung sozialer Risiken, der Flexibilisierung von Beschäftigungsverhältnissen und der Deregulierung, durch die Arbeitnehmer- bzw. Gewerkschaftsrechte eingeschränkt wurden, während sich die Zahl der sozial Benachteiligten und Bedürftigen deutlich erhöhte, folgten erst nach der Bundestagswahl am 6. März 1983. Dabei errangen CDU und CSU, die mit dem Slogan »Den Aufschwung wählen!« für sich geworben hatten, deutliche Stimmengewinne, wodurch das »Wende«-Manöver der FDP mehrheitlich bestätigt und ihre Regierungskoalition nachträglich demokratisch legitimiert wurde.

Nur einen Monat später erschien ein Buch, in dem Meinhard Miegel den Versuch unternahm, die Einkommens- und Vermögenssituation der privaten Haushalte zu analysieren, ihre weitere Entwicklung zu prognostizieren und der CDU/CSU/FDP-Regierung auf dieser Grundlage wissenschaftliche Ratschläge für ihre Sozial-, Arbeitsmarkt- und Rentenpolitik zu geben. Der Leiter des Instituts für Wirtschafts- und Gesellschaftspolitik kam zu dem Ergebnis, dass es unter einer beachtlichen Schicht relativen Reichtums eine breite Schicht großer Wohlhabenheit gebe, der etwa ein

Fünftel der Bevölkerung angehöre, und dass zwei weitere Drittel der Bevölkerung über ganz ansehnliche Einkommen und mehrheitlich über recht stattliche Vermögen verfügten. Nur ungefähr ein Siebtel der Bevölkerung falle wirtschaftlich etwas ab, ohne jedoch mehrheitlich arm zu sein: »Arm ist in der Bundesrepublik Deutschland nur eine kleine Minderheit von allenfalls 3 v.H. bis 4 v.H. der Bevölkerung. Allerdings ist selbst ihre Armut nur eine relative Armut vor dem Hintergrund einer äußerst wohlhabenden Gesellschaft.«[102] Gegen den Einwand, Armut sei – ebenso wie Reichtum – ein relativer Begriff, argumentierte Miegel überzeugend, dass es Maßstäbe zur Beurteilung der Entwicklung geben müsse, jedenfalls dann, wenn es nicht mehr um das bloße Überleben gehe: »Sobald die existentiellen Lebensgrundlagen – Nahrung, Kleidung, Behausung und in unseren Breiten Heizung – gesichert sind (was in den westlichen Industrieländern mit verhältnismäßig kurzen Unterbrechungen seit mehreren Generationen der Fall ist), zählt für die Befriedigung der Bevölkerung und für den sozialen Frieden nur noch die relative Entwicklung, die ohne Vergleichsmaßstäbe nicht feststellbar ist.«[103] Bezogen auf den Wohlstand der (Gesamt-)Bevölkerung nannte Miegel zwei Möglichkeiten des Vergleichs: mit der eigenen Geschichte und mit anderen, also den internationalen Vergleich. In beiden Fällen sei das Resultat für die Haushalte in der Bundesrepublik überwältigend. Hierbei sparte Miegel eine dritte Möglichkeit des Vergleichs jedoch weitgehend aus: zwischen den westdeutschen Haushalten. Sonst hätte sich ergeben, dass die positive Einkommens- und Vermögensentwicklung der zurückliegenden 30 Jahre, die Miegel für eine (häufig verkannte) Revolution hielt, sehr ungleich ausgefallen und die Kluft zwischen Arm und Reich als negative Folge einer Politik zugunsten materiell privilegierter Bevölkerungsteile in dem erfassten Zeitraum trotz vorübergehender Nivellierungstendenzen während der 70er-Jahre noch größer geworden war.

Die neue »Koalition der bürgerlichen Mitte« betrieb eine klar auf Umverteilung »von unten nach oben« gerichtete Wirtschafts- und Sozialpolitik, die sie durch den Verweis auf das Allgemeinwohl legitimierte.[104] Vor allem ihre Steuerpolitik sorgte während der 80er- und 90er-Jahre dafür, dass sich die Einkommensverteilung zulasten von Arbeitnehmer(inne)n, deren Reallöhne sanken, und ihren Familien verschob, während begünstigt wurde, wer Einkünfte aus Unternehmertätigkeit und Vermögen erzielte.[105] Ernst-Ulrich Huster bezeichnete die Verteilungslage als »ungleicher denn je« und sprach mit der Begründung von »sozialer Polarisierung«, dass Armut »strukturell in dieser Gesellschaft nicht neu« sei, wenngleich sie andere

Erscheinungsformen als früher annehme:»Neu ist der parallel dazu anwachsende Reichtum.«[106] Vor allem die Steuerreformen der Jahre 1986, 1988 und 1990 stützten die Behauptung, wonach»die Bundesregierung planmäßig höhere Einkommen bevorteilt. Das obere Einkommensfünftel erhielt 56% der Entlastung (= 19 Mrd. DM), das untere Einkommensfünftel gerade einmal 1% (= 0,3 Mrd. DM).«[107] Zu nennen sind in diesem Zusammenhang außerdem wiederholte Senkungen der Körperschaftsteuer, die Abschaffung der Börsenumsatz- und Gewerbekapitalsteuer, der Verzicht auf die Erhebung der Vermögensteuer sowie eine Vielzahl von Sonderabschreibungsregelungen, die Jahressteuergesetze, das *Fördergebietsgesetz*, das *Standortsicherungsgesetz* und mehrere *Finanzmarktförderungsgesetze* enthielten. Kapitaleigentümer und Großverdiener/innen wurden begünstigt: Sonderabschreibungen, Verlustzuweisungen und Investitionszulagen förderten den Akkumulationsprozess, erhöhten aber gleichzeitig die Privatvermögen von Multimillionären und Milliardären. Bundeskanzler Helmut Kohl machte daraus kein Hehl, sondern rühmte sich, die Ertragsteuern für Unternehmer/innen durch das *Standortsicherungsgesetz* auf den niedrigsten Stand seit 1949 gedrückt zu haben.[108]

Die sozial(ökonomisch)e Polarisierung gehörte zum Programm einflussreicher Kräfte in der Bundesrepublik,[109] verschärfte sich damals also keineswegs zufällig. Unterversorgung und Verarmung größerer Bevölkerungsgruppen waren vielmehr das Ergebnis von Ideologie, Politik und Regierungspraxis des Liberalkonservatismus.[110] Wer dies ausblendete, vertauschte Ursache und Wirkung der Entstehung von Armut in einer Analyse, die sich auf die erscheinende Oberfläche beschränkte. Nur dann bzw. dort, wo der Sozialstaat rudimentär entwickelt ist, wegen fehlender Effizienz seiner Organisationsstruktur nicht greift oder aufgrund der Stärke seiner Kritiker zurückgestutzt wird, kann sich die Armut in der Gesellschaft ausbreiten. Da die zentrale bzw. Basisfunktion eines jeden Sozialstaates in der Armutsbekämpfung, -verhinderung und -verringerung besteht, bedeutet sein Abbau gesellschaftspolitisch einen Frontalangriff auf die Armen.

Als indirekte Reaktion auf die Wirtschafts- und Sozialpolitik der neuen Regierung Kohl/Genscher erschienen mehrere Publikationen, die mit den unterprivilegierten Gesellschaftsschichten und den Erwerbslosen auch die Armen in den Blick nahmen. Teilweise handelte es sich um politische Kampfschriften, die das CDU/CSU/FDP-Kabinett bezichtigten, den bundesdeutschen Sozialstaat zerschlagen und vor allem die Erwerbslosen der

Armut preisgeben zu wollen.[111] Viele einfühlsame Berichte über die Armut jener Zeit stammen von Journalist(inn)en bzw. Publizist(inn)en, die Empathie mit den Betroffenen empfanden und sich mittels eines »Selbstversuchs« in ihre Lage hineinversetzten. So schilderte Günter Wallraff in dem Bestseller »Ganz unten«, wie er – als der türkische Hilfsarbeiter Levent (Ali) Sigirlioglu getarnt – nach der »Wende« im Herbst 1982 von Industriebetrieben, Bauunternehmern, Schnellrestaurants und Zeitarbeitsfirmen ausgebeutet wurde.[112] Auf seinen Spuren wandelnd, lebte Michael Schomers gegen Ende der »Ära Kohl« zwei Monate lang als Sozialhilfeempfänger in Duisburg-Marxloh.[113]

Während der 80er-Jahre vollzog sich in der »alten« Bundesrepublik eine tiefgreifende soziale Spaltung zwischen Beschäftigten und Erwerbslosen, deren materielle Schlechterstellung zuerst im Gewerkschaftsbereich registriert und als »neue Armut« etikettiert wurde. Die gewerkschaftlich orientierten Journalisten Werner Balsen, Hans Nakielski, Karl Rössel und Rolf Winkel beschrieben das Phänomen in einem 1984 erschienenen Buch gleichen Titels am Beispiel des finanziellen Abstiegs einer Familie und führten es auf die systematische Ausgrenzung von Erwerbslosen aus dem staatlichen Unterstützungssystem zurück, die sie mit der »Aussteuerung« dieser Personengruppe im Endstadium der Weimarer Republik verglichen. »Armut hat es in der Bundesrepublik, einem der reichsten Länder der Welt, immer gegeben: die Armut von Rentnern, Obdachlosen, Behinderten, Ausländern und Sozialhilfeempfängern. Aber durch die jetzt schon zehn Jahre lang anhaltende Massenarbeitslosigkeit und die dramatischen Kürzungen bei der Arbeitslosenunterstützung ist eine in der Geschichte der Bundesrepublik neue Form der Armut dazugekommen: die Armut der Arbeitslosen.«[114]

Kurz bevor Helmut Schmidt durch Helmut Kohl ersetzt wurde, hatte sich der DGB endlich zu größeren Demonstrationen und Protestaktionen gegen die »Sparpolitik« der SPD-geführten Bundesregierung durchgerungen. Kaum war die Partei von der schwer auf ihr lastenden Regierungsverantwortung befreit, vollzog sie wieder den Schulterschluss mit den Gewerkschaften. Die gleichfalls ungeliebte Oppositionsrolle öffnete selbst prominenten Sozialdemokraten die Augen für gesellschaftliche Fehlentwicklungen, die sie in der Regierung mit eingeleitet hatten, und Kardinalprobleme wie die um sich greifende Armut. Peter Glotz, damals Bundesgeschäftsführer und anerkannter »Cheftheoretiker« der SPD, prägte in seinem 1984 erschienenen Buch »Die Arbeit der Zuspitzung« die Formel

»Zweidrittelgesellschaft« für eine sich zumindest der Tendenz nach verfestigende soziale Spaltung, ohne dazu jedoch längere Ausführungen zu machen.[115] Heftig wandte sich der Soziologe Lutz Leisering gegen diesen Begriff, der das Armutsproblem seiner Meinung nach unterschätzt:»Armut ist heute sozial entgrenzt, d.h., sie betrifft nicht nur traditionelle Randgruppen, und sie betrifft insgesamt mehr Leute als in den üblichen Messungen des Ausmaßes der Armut angegeben.«[116] Indes hat Jens S. Dangschat zu Recht darauf hingewiesen, dass der politische Kampfbegriff »Zweidrittelgesellschaft« eine Warnung, keine Beschreibung der Realität enthält, die man überprüfen (und damit verifizieren oder widerlegen) kann.[117] Leiserings Kritik an dem Glotz'schen Terminus konnte nicht überzeugen, zumal er selbst Längsschnittmessungen zitierte, wonach »fast das ganze untere Bevölkerungsdrittel (sic!) zeitweise von Armut betroffen ist (31%).«[118] Etwas anderes hatte weder Peter Glotz behauptet, noch dürften die meisten Benutzer/innen des Begriffs »Zweidrittelgesellschaft« etwas anderes damit gemeint haben. Vielmehr ist der Begriff nie im Sinne einer strikten Trennung von zwei in sich relativ stabilen und homogenen Gruppen verwandt worden, wie es seine Kritiker/innen behaupten.[119] Die irrationalen Bedenken gegenüber der Glotz'schen Terminologie resultierten offenbar aus der Furcht, damit eine weitgehend stigmatisierte Gesellschaftsanalyse und eine antiquierte Strategie zu übernehmen. Stephan Leibfried und Lutz Leisering behaupteten jedenfalls allen Ernstes, das Bild einer Zweidrittelgesellschaft übertrage »den alten Klassenkampf auf heutige Armut«.[120]

Auch im etablierten Wissenschaftsbetrieb blieb das Anwachsen der Armut während der 80er-Jahre nicht ohne Echo. Zumindest nahm die Zahl einschlägiger Veröffentlichungen in diesem Zeitraum gegenüber den vorangegangenen Dezennien zu.[121] Karl August Chassé beklagte jedoch gegen Ende der 80er-Jahre einen »Mangel an qualitativen Untersuchungen«, zumal die »breiter einsetzenden Verarmungsprozesse« solche immer nötiger machten.[122] Richard Hauser und Udo Neumann gelangten denn auch zu dem Schluss, dass noch keine »konsistente« Armutsforschung, sondern nur ein buntes Gemisch existiere, das durch unterschiedliche Definitionen, empirische Zugänge und sozialpolitische Grundorientierungen gekennzeichnet sei: »Die Armutsforschung in der Bundesrepublik wurde vielfach von Ökonomen und Sozialpädagogen betrieben, von einer etablierten ›Soziologie der Armut‹ kann nicht gesprochen werden, wenngleich sich zunehmend auch Soziologen dieser Thematik zuwenden.«[123]

Chassé hob in dem zitierten Buch besonders hervor, dass sich die Armut zuletzt erheblich verändert und ein »neues Gesicht« angenommen habe: »Die Armen in der Bundesrepublik haben deutlich mehr als das absolute Existenzminimum. Sie verfügen über eine – wenn auch kleine, beengende – Wohnung mit fließendem Wasser und Strom, über Kühlschrank, Radio und Fernseher. Sie haben jedoch oft kein Bad, keine Zentralheizung, keinen Farbfernseher und kein Auto. Sie müssen rechnen, wenn sie ihre Haushaltsgeräte nutzen, und können sie bei Defekten nicht reparieren lassen. Sie haben zu essen, aber sie müssen mit den Billigartikeln aus den Discountläden vorlieb nehmen. Nudeln, einfache Konserven und Kartoffeln bestimmen den Speisenplan. Einmal essen zu gehen ist ›nicht drin‹. Die angenehmen Dinge des Lebens bleiben unerreichbar: der Urlaub, der Gaststättenbesuch, das Auto, teurere Geräte oder Kleidung. Die wichtigen Kontakte zu Freunden, Verwandten und Nachbarn müssen oft reduziert werden und machen sozialer Isolation Platz. Das Leben bleibt im Bannkreis materiellen Elends.«[124]

In einem *Spiegel*-Report über die Neue Armut, der das Zitat »Kein Geld, kein Spaß, wozu noch leben?« im Titel trug, bestätigte das Hamburger Nachrichtenmagazin bezeichnenderweise am 24. Dezember 1984, die versteckte Armut von Familien, deren (männliches) Oberhaupt seit längerer Zeit arbeitslos sei, stelle ein inzwischen millionenfach verbreitetes Schicksal dar: »Zwei Jahre, nachdem eine Mehrheit der Bundesbürger ›den Aufschwung‹ (CDU/CSU-Werbung) gewählt hat, gibt es in Westdeutschland, einem der reichsten Länder Europas, mehr soziales Elend als früher.« Vor allem seit Beginn der Kohl-Ära hätten von der breiten Öffentlichkeit unbeachtete Gesetzesänderungen und der Verzicht auf dringend notwendige Anpassungsmaßnahmen zu einem »sozialen Erdrutsch« geführt. Kritisiert wurde in dem Report, dass sich Dimension und Dramatik der neuen Not bisher offenbar weder den Bürger(inne)n noch den Politikern erschlossen hätten: »Viele nehmen die Neue Armut erst zur Kenntnis, wenn es sie selber trifft.«

Der Journalist Michael Preute berichtete ein Vierteljahr später im *Spiegel* (v. 1.4.1985) unter dem Zitat-Titel »Dat Leben lohnt nich mehr« über die Altersarmut und ihre Folgen für davon Betroffene. Er hatte zuvor sechs Monate lang in der Kölner Südstadt den Alltag alleinstehender Senior(inn)en beobachtet, die teilweise Tierfutter äßen, weil es billiger als Fleisch und ihr Einkommen äußerst niedrig sei. Statt daraus jedoch Schlussfolgerungen für Politik, Wirtschaft und Gesellschaft abzuleiten, fuhr der Verfasser fort: »Aber es ist nicht so sehr materielle Not (56 Prozent aller alten Frauen in der Bundesrepublik beziehen eine Rente von weniger als 500 Mark), es ist die tiefe Einsamkeit, die vor allem alleinstehende Alte verbittert.«

Margarete Tjaden-Steinhauer, Professorin an der Gesamthochschule Kassel, kritisierte Mitte der 80er-Jahre die neueren Studien zur Armut, denen sie jeden Erkenntnisfortschritt gegenüber der Historie absprach: »Die heutigen Deutungs- und Definitionsversuche verhalten sich zur Geschichte des Armutsbegriffs und seines Bedeutungsgehalts ignorant, fallen in ihrer Erklärungspotenz hinter den längst erreichten Stand zurück und sind daher für eine gründlichere Betrachtung der Armut und des Elends in der Gesellschaft der Bundesrepublik nicht geeignet.«[125] Tjaden-Steinhauer wollte ihnen keinen weiteren hinzufügen, rekurrierte vielmehr auf den Marx'schen Armutsbegriff und rehabilitierte den Terminus »Pauperismus«, der für sie eng mit dem kapitalistischen Akkumulationsprozess verbunden war, aber nicht recht zum damaligen Zeitgeist passen wollte.

Armutsrisiken in der »Risikogesellschaft«

Die etablierte Sozialwissenschaft verschloss vor der wachsenden Armut die Augen, denn sie orientierte sich während der 80er- und 90er-Jahre an Modernisierungs- und Individualisierungstheoretikern, die marxistische Klassen- und Schichtungsanalysen für durch die neuere Gesellschaftsentwicklung überholt hielten. Nun war fast überhaupt nicht mehr von Klassen und Schichten die Rede, sondern bloß noch von soziokulturellen Milieus und Institutionen kollektiver Normengebung, die tradierte Sicherungssysteme und überkommene Reproduktionsmuster zugunsten einer »Pluralisierung der Lebensstile« auflösten. »Pluralisierung der Lebensstile heißt: Zunahme von gruppen-, milieu- und situationsspezifischen Ordnungsmustern zur Organisation von Lebenslage, Ressourcen und Lebensplanung.«[126]

Kaum war die Regierung Kohl/Genscher im Amt, da verkündete der Soziologe Ulrich Beck zuerst mit, kurz darauf jedoch schon ohne Fragezeichen, die Mitglieder der von ihm avisierten »individualisierten Arbeitnehmergesellschaft« ließen sich »jenseits von Stand und Klasse« verorten.[127] Becks Mainzer Fachkollege Stefan Hradil formulierte im Untertitel seines Buches »Sozialstrukturanalyse in einer fortgeschrittenen Gesellschaft. Von Klassen und Schichten zu Lagen und Milieus« das Forschungsprogramm einer postmodernen Soziologie, für die soziale Antagonismen, gegensätzliche Klasseninteressen und Schichtunterschiede keine Rolle mehr spielten.[128]

Beck sprach in seinem 1986 erschienenen, bis heute viel zitierten und weit über den Wissenschaftsbereich hinaus einflussreichen Buch »Risikogesellschaft« von einem sozialen »Fahrstuhl-Effekt«, der alle Klassen und Schichten nach dem Zweiten Weltkrieg »insgesamt eine Etage höher gefahren« habe: »Es gibt – bei allen sich neu einpendelnden oder durchgehaltenen Ungleichheiten – ein kollektives Mehr an Einkommen, Bildung, Mobilität, Recht, Wissenschaft, Massenkonsum. In der Konsequenz werden subkulturelle Klassenidentitäten und -bindungen ausgedünnt oder aufgelöst. Gleichzeitig wird ein Prozeß der Individualisierung und Diversifizierung von Lebenslagen und Lebensstilen in Gang gesetzt, der das Hierarchiemodell sozialer Klassen und Schichten unterläuft und in seinem Wirklichkeitsgehalt in Frage stellt.«[129] Während am Beginn der Bundesrepublik ein »kollektiver Aufstieg« gestanden habe, seien die 80er-Jahre von einem »kollektiven Abstieg«, einem »Fahrstuhl-Effekt« nach unten« gekennzeichnet: »Dieselben Bildungspatente (Abitur, Diplom, betriebliche Ausbildung), die noch bis in die siebziger Jahre hinein sichere Arbeitsmarktchancen eröffnet haben, bieten keine Gewähr mehr dafür, überhaupt einen existenzsichernden Arbeitsplatz zu ergattern.«[130]

Mit der wohlfahrtsstaatlichen Modernisierung sei die Klassenbildung durch Verelendung oder ständische Vergemeinschaftung entfallen, und gleichzeitig habe sich eine gesellschaftliche Individualisierung vollzogen, die das Denken und Forschen in traditionellen Großgruppen-Kategorien wie Ständen, Klassen und Schichten obsolet mache. Weder sei der Kapitalismus untergegangen, noch setze sich der Klassenkampf nach dem Marx'schen Geschichtsmodell bis zu dessen Untergang fort: »Die Dynamik des sozialstaatlich abgesicherten Arbeitsmarktes hat die sozialen Klassen im Kapitalismus ausgedünnt oder aufgelöst. Wir stehen – marxistisch gedacht – mehr und mehr dem (noch unbegriffenen) Phänomen eines Kapitalismus ohne Klassen gegenüber mit allen damit verbundenen Strukturen und Problemen sozialer Ungleichheit.«[131] Was Beck als »Kapitalismus ohne Klassen« bezeichnete, war viel eher ein Kapitalismus ohne Klassenbewusstsein derjenigen, die dessen soziale Risiken hauptsächlich zu tragen hatten: Arbeitnehmer/innen, Niedriglöhner/innen, Auszubildende, Scheinselbstständige und Erwerbslose.

Obwohl die ökologischen Risiken den Fixpunkt seiner Untersuchung bildeten und seinerzeit aufgrund des Reaktorunfalls in Tschernobyl die öffentliche Debatte beherrschten, war Beck *sozialen* Problemen gegenüber keineswegs ignorant. Er registrierte vielmehr sehr wohl, dass mit der Langzeit- und Dauerarbeitslosigkeit von Millionen Menschen auch die materielle Armut zunahm, verlor sich bei ihrer Analyse jedoch teilweise in nebulösen Formulierungen: »Die neue Armut verschwindet in ihrer Stummheit und wächst in ihr.«[132] Beck wies nicht bloß auf die zunehmende Zahl der Sozialhilfeempfänger/innen und »Tippelbrüder«, sondern auch auf den »Breiten- und Echoeffekt der Massenarbeitslosigkeit« hin und prognostizierte in diesem Zusammenhang einen »Globalschock der materiellen Verunsicherung hinter den noch intakten Fassaden der Normalexistenz bis hinein in die bestintegrierten und wohlverdienenden Facharbeiter- und gehobenen Angestellten-Familien.«[133]

Durch die Auflösung der sozialen Klassenunterschiede werden die bestehenden Ungleichheiten laut Beck nicht beseitigt, sondern nur umdefiniert und soziale Risiken individualisiert. Im selben Maße gewinne individuelles Leistungsdenken an Bedeutung, weshalb man sagen könne, »daß die *Leistungsgesellschaft* mit ihren Möglichkeiten der (Schein-)Legitimierung sozialer Ungleichheiten sich in Zukunft erst in ihrer ganzen Problematik entfalten wird.«[134] Beck kritisierte die bis heute wachsende Bedeutung »ungeschützter« Beschäftigungsverhältnisse – von der legalen und illegalen Leiharbeit über die geringfügige Beschäftigung, Saisonarbeit und »kapazitätsorientierte variable Arbeitszeit« (Kapovaz) bis zu Werkverträgen, »freier Mitarbeit« und Schwarzarbeit – und prognostizierte: »*Ohne* Ausbau des sozialen Sicherungssystems droht eine Zukunft der Armut. *Mit* der Schaffung eines rechtlich abgesicherten Mindesteinkommens für alle könnte der Entwicklung ein Stück Freiheit abgewonnen werden.«[135]

Knapp 20 Jahre später sah Beck die Bundesrepublik, obwohl sie noch nie so reich war wie damals, übrigens als eine »Gesellschaft des Weniger« auf der sozialökonomischen Talfahrt: »Jetzt, am Beginn des 21. Jahrhunderts, lauern überall Gefahren – und der Fahrstuhl bewegt sich nach unten.«[136] Dabei übersah der Münchner Soziologe allerdings erneut, dass sich Gesellschaften nicht gleichförmig entwickeln und ein *Paternoster-Effekt* dominiert: In demselben Maße, wie die einen nach oben gelangen, geht es für die anderen nach unten. Mehr denn je existiert im Zeichen der Globalisierung bzw. der neoliberalen Modernisierung ein soziales Auf und Ab, das Unsicherheit und Existenzangst für eine wachsende Zahl von Menschen mit sich bringt. Innerhalb aller westlichen Gesellschaften tut sich eine »wachsende Wohlstandskluft« auf: »Während jener Bevölkerungsteil, der seinen Lebensunterhalt vom Arbeitslohn bestreitet, die Globalisierung als potentielle Bedrohung der eigenen Existenz empfinden muss, verkehrt sich diese Wahrnehmung dann ins Gegenteil, wenn man in erster Linie von Finanzgeschäften bzw. Kapitalrendite lebt.«[137]

Gestützt auf Vorarbeiten US-amerikanischer Sozialwissenschaftler, die auf der Basis longitudinaler Mikrodaten empirische Längsschnittuntersuchungen zur Armuts*dauer* angestellt hatten, und augenscheinlich ohne deren Kenntnis von Ulrich Beck in seinem Buch »Risikogesellschaft« angestellte Überlegungen, auf die Lutz Leisering hinweist,[138] konstituierte sich zu Beginn der 90er-Jahre am Zentrum für Sozialpolitik bzw. am DFG-Sonderforschungsbereich 186 »Statuspassagen und Risikolagen im Lebensverlauf« der Universität Bremen eine Forschungsrichtung, die sich selbst als »lebenslauftheoretische« oder »dynamische Armutsforschung« bezeichnete. Gemeint war hiermit, dass die zeitliche Dynamik der Armut erfasst und die angeblich statische Betrachtungsweise der bisherigen Studien zur Sozialstruktur der Bundesrepublik und zur sozialen Ungleichheit überwunden werden sollte.

Die theoretische Grundlage des Konzepts bildeten Becks Reflexionen zur modernen »Risikogesellschaft«, sowohl im Hinblick auf den Befund der Verzeitlichung von Armut wie auf deren »Weg-Normalisierung«.[139] Gleichwohl kritisierte Lutz Leisering zu Recht, »daß Beck die anhaltende, ja sich steigernde Problemhaftigkeit ›sozialer‹ Fragen systematisch unterschätzt.«[140] Auch die Begründung seiner Kritik an dem Münchner Soziologen war derart plausibel, dass man sich unwillkürlich fragt, warum die Beck'sche Konzeption überhaupt einen analytischen Dreh- und Angelpunkt der dynamischen Armutsforschung bilden konnte: »In der Theorie der Risikogesellschaft wird der gesellschaftliche Stellenwert von Armut generell unterschätzt, indem alter wie neuer Armut der Status von Wertfragen zugemessen wird, die gegenüber den Überlebensfragen, die sich im Zusammenhang ökologisch-technisch-naturwissenschaftlicher Risiken stellen, an Brisanz zurückträten.«[141]

Beck wiederum zog die Resultate der dynamischen Armutsforschung heran, um seine Sicht des Modernisierungs- bzw. Individualisierungsprozesses zu illustrieren und damit die These zu untermauern, »daß Arbeitslosigkeit und Armut immer weniger dauerhaft eine Gruppe trifft, sondern lebensphasenspezifisch querverteilt wird. Schematisch gesprochen: Die Gegensätze sozialer Ungleichheit tauchen als Gegensätze zwischen Lebensabschnitten innerhalb einer Biographie auf. Lebensverläufe werden bunter, brüchiger, heteronomer. Das heißt nun auch: ein wachsender Teil der Gesamtbevölkerung ist zumindest vorübergehender Arbeitslosigkeit und Armut ausgesetzt.«[142] Beck verband mit der Individualisierung einen Abschied von der Klassengesellschaft, wodurch er der Singularisierung und Biografisierung sozialer Probleme zumindest der Tendenz nach Vorschub leistete. Daran ändert auch Leiserings Bemerkung nichts, den Individualisierungsbegriff seines Kronzeugen Ulrich Beck dürfe man nicht mit der neoliberalen Position verwechseln, wonach freie Akteure für ihre Erfolge und Misserfolge im Leben selbst verantwortlich sind.[143]

Durch die große öffentliche Resonanz der Bremer Wissenschaftler/innen, allen voran Stephan Leibfried und Lutz Leisering, gewann die Armutsforschung in der Bundesrepublik spürbar an Bedeutung, denn nunmehr wurde die Analyse prekärer Lebenslagen erstmals reputierlich, wenn nicht gar zu einer regelrechten Modeerscheinung im Wissenschaftsbetrieb. Im Rahmen des Projekts »Sozialhilfekarrieren« werteten Petra Buhr, Monika Ludwig, Andreas Weber und Michael Zwick unter der Leitung von Leibfried, Wolfgang Voges und später Leisering stichprobenartig Sozialamtsakten der Freien Hansestadt Bremen aus. Armut setzten die Bremer Wissenschaftler/innen wohl aus Gründen der leichteren Operationalisierbarkeit mit laufendem Sozialhilfe*bezug* gleich. Obdachlose und »Nichtsesshafte« fielen dadurch aus ihrem Forschungszusammenhang allerdings ebenso heraus wie andere Hilfebedürftige, die keinen Antrag auf Sozialhilfe gestellt hatten.[144]

In Verbindung mit dem *Karriere*begriff, den die Bremer Wissenschaftler/innen nicht moralisch, sondern als Instrument »zur soziologischen Analyse der verschiedenen individuellen Wege in die, durch die und aus der Sozialhilfe« verstanden wissen wollten, löste sich Armut als soziales Problem, das gesellschaftlich bedingt und nur politisch zu bekämpfen ist, in persönliche Entscheidungsmuster und biografische Episoden auf. Monika Ludwig zufolge zeigten die qualitativen und quantitativen Untersuchungsdaten, dass »Armutskarrieren« offen nach oben wie nach unten sind: »Neben Abstieg ist Aufstieg, neben Erleiden ist Handeln, neben Ausgrenzung ist Hilfe typisch für Armutskarrieren.«[145] Das »offene Karrieremodell« der Forschungsgruppe vermittelt den Eindruck, alles sei möglich. Arme haben jedoch schon wegen fehlender Ressourcen und Freiräume kaum Möglichkeiten, so etwas wie »Karriereplanung« zu betreiben, zumal ihnen das Leistungs- und Konkurrenzdenken, auf dem eine solche beruht, abgehen dürfte.

Die Bremer Forschungsgruppe zeichnete ein sehr komplexes Bild des Armutsproblems: »Armut ist nicht mehr ein fester Zustand oder eine Eigenschaft von Personen bzw. Personengruppen, sondern zunächst ein Ereignis, eine Phase im Lebenslauf, die sich nicht notwendig als Zugehörigkeit zu einer sozialen Randgruppe verfestigen muß. Armut ist ›verzeitlicht‹ und ›biographisiert‹ und, in der Folge, auch mehr als früher ›sozial entgrenzt‹.«[146] Armut war zwar noch nie »ein fester Zustand« oder gar so etwas wie die »Eigenschaft« von Personen(gruppen). Sie ist jedoch auch heutzutage kein bloßes (Natur-)Ereignis, sondern höchstens eine mögliche Folge davon: Frühinvalidität, Arbeitslosigkeit, Scheidung, Tod des fast durchweg männlichen (Allein-)Ernährers und andere Schicksalsschläge haben schon immer Not und Elend vieler Familien nach sich gezogen. Zudem provoziert die These der »sozialen Entgrenzung« das Missverständnis, heutzutage sei *jeder* Mensch der Möglichkeit nach von Armut bedroht, was Multimillionäre und Milliardäre vermutlich zum Schmunzeln brächte.

Petra Buhr wies darauf hin, dass heute Familien mit (mehreren) Kindern ein höheres Risiko haben, Sozialhilfebezieher/innen zu werden, und auch, es zu bleiben, dass es einem Teil der Familien wie der (meist weiblichen) Alleinerziehenden jedoch sogar noch nach zwei, drei oder mehr Jahren gelingt, den Bezug wieder zu verlassen.[147] Dass jemand, der arm war, es sein ganzes Leben lang blieb, galt aber zu keiner Zeit als ausgemacht. Schon im Altertum gab es einen *Aschenputtel-Effekt*, der insbesondere Frauen – wiewohl selten – aus einer Armutslage herausführte. Wenn eine Sozialhilfeempfängerin unserer Tage ihre persönliche Situation durch die Partnerschaft oder Ehe mit einem Mann verbessert, sprechen die Bremer Forscher/innen von einem »familienbestimmt normalisierten Lebensverlauf«.[148] Die bloße Flucht in eine andere Form der Abhängigkeit ist aber nicht »normal«, sondern ein Skandal, weil die eigenständige soziale Sicherung für Frauen nötig und möglich wäre. Weil unterschiedliche Schichten der Gesellschaft davon betroffen waren, sprachen auch Karl-Jürgen Bieback und Helga Milz von einer »Normalisierung« der Armut: »Armut ist [...] ein ›normaler‹ Zustand und ein integraler Bestandteil unserer Gesellschaft geworden.«[149] Hier liegt zweifellos ein Dilemma, das die Bremer Wissenschaftler/innen unterschätzten: Wenn (fast) jeder im Laufe seines Lebens von Armut bedroht ist, ist nämlich eigentlich keiner richtig betroffen! Das Phänomen der Kurzzeitarmut – könnte man beinahe meinen – löst sich dadurch als gesellschaftspolitisches Problem auf.

Die gesellschaftlichen Ursachen für viele Erscheinungsformen von Armut und manche Folgen, die sie zeitigt, sind uralt. So gibt es nach wie vor, was man das *Hauptmann-von-Köpenick-Paradox* nennen kann: Wer keinen Arbeitsplatz hat, bekommt keine Wohnung, und wer keine Wohnung hat, bekommt keinen Arbeitsplatz. Eher traditionell erscheinen auch andere Folgen der Armut: Ernährungsmängel und Unterernährung etwa gehören immer noch zu den typischen Begleiterscheinungen von Armutslagen. Horst Schmitthenner und Hans-Jürgen Urban hoben die (weiterhin oder wieder bestehende) Abhängigkeit des Gesundheitszustandes eines Menschen von seiner sozialen Position hervor:»Der von vielen gerne ins 19. Jahrhundert verwiesene Slogan ›Wenn du arm bist, mußt du früher sterben‹ beschreibt leider auch noch die gesellschaftliche Realität zu Beginn des 21. Jahrhunderts.«[150]

Umgekehrt gilt jedoch gerade im Hinblick auf schwere Krankheiten, die eine aufwändige medizinische Behandlung und/oder die Einnahme teurer Medikamente erfordern: Wenn du krank bist, kannst du sehr bald arm werden! Die herkömmlichen Formen der sozialen Ausgrenzung verflüchtigten oder verflüssigten sich nicht. Manche bislang unbekannte Erscheinungsform der Armut, wie etwa die Verelendung von Aidskranken, stellt vielmehr eine Mischung aus traditionellem Pauperismus und trauriger »Episode« dar.

Individuelle Bemühungen, Armut zu überwinden, stießen immer stärker auf *strukturelle* Grenzen, was die Bremer Wissenschaftler/innen weitgehend ignorierten. Die von ihnen besonders hervorgehobene, m.E. maßlos überschätzte Handlungsautonomie der Betroffenen wurde durch eine lange Liste von »Sparmaßnahmen« im Sozialbereich ständig weiter beschnitten. Exemplarisch genannt seien das »Föderale Konsolidierungsprogramm«, das »Spar-, Konsolidierungs- und Wachstumsprogramm«, das »Programm der Bundesregierung für mehr Wachstum und Beschäftigung«, das »Zukunftsprogramm der Bundesregierung zur Sicherung von Arbeit, Wachstum und sozialer Stabilität« sowie schließlich die rot-grüne »Agenda 2010«.

Während sie den Begriff »Klassen*gesellschaft*« für ein Relikt aus der ideologischen Mottenkiste des Marxismus hielten, scheuten sich die Bremer Armutsforscher/innen nicht, von einem »Zwei-Klassen-*Sozialstaat*« zu sprechen:»Unter den gegenwärtigen Bedingungen sind die sozialen Folgen einer Reihe gesellschaftlich ›anerkannter‹ Risikolagen – Alter, Krankheit, Invalidität, bis zu einem gewissen Grad auch Arbeitslosigkeit und künftig auch Pflegebedürftigkeit – versicherungsrechtlich geregelt. Dementspre-

chend ›hoch‹ sind die Transferleistungen, etwa im Vergleich zur Sozialhilfe.«[151] Durch eine solche Differenzierung – angeblich »klassenlose«
Gesellschaft hier, vermeintlicher »Zwei-Klassen-Sozialstaat« dort – trug
man zur Diskreditierung des Letzteren bei. Staatsversagen im Bereich der
Lohnersatzleistungen ist aber kein Beweis für die Leistungsunfähigkeit des
modernen Sozialstaates, sondern eine Folge der Tatsache, dass dieser in
der Bundesrepublik seit Mitte der 70er-Jahre schrittweise demontiert
wurde.

Wer das soziale Sicherungssystem selbst für die Armut verantwortlich
macht, entlastet damit die eigentlichen Verursacher. Dem Wohlfahrtsstaat
wurde unterstellt, dass er seine eigene Klientel erzeuge, durch »konstitutio-
nelle Versorgungslücken« Armut produziere und perpetuiere.[152] Der moderne Wohlfahrtsstaat hat allerdings entscheidend dazu beigetragen, dass
die hierzulande kaum mehr vorstellbare Massenarmut des frühen Industriezeitalters begrenzt und verringert werden konnte. Ihn als (Haupt-)Verur-
sacher von Armutsprozessen zu sehen heißt, solche historischen Tatsachen
einfach auszublenden. Die Bremer Wissenschaftler/innen setzten Ursachen und Symptome gleich: Nicht der Sozialstaat selbst bzw. das Versagen
der Institutionen sozialer Sicherung produziert individuelle Problemlagen,
wie Lutz Leisering unterstellte,[153] sondern sein Um- bzw. Abbau, genauer:
die Entscheidung der (regierenden) Politiker zur Beschränkung solcher
Sicherungsmaßnahmen.

Da die Bremer Forscher/innen die Armut primär innerhalb des staatlichen Unterstützungssystems sowie des Lebenslaufregimes direkt Betroffener thematisierten, verwechselten sie die situativen Anlässe mit den Ursachen von Armut und Unterversorgung. »Von der Macht, die den Schaden
anrichtet und Menschen vernichtet, ist kaum die Rede, vom Konflikt zwischen ökonomischen Interessen und den betroffenen Menschen auch
nicht, von politischer Ökonomie noch weniger.«[154] Dass Armutslagen
gesellschaftlich bedingt sind, wurde von Monika Ludwig, Lutz Leisering und
Petra Buhr in einem Artikel über die Resultate der Bremer Langzeitstudie
zwar als »selbstverständlich« bezeichnet,[155] jedoch verschämt in Anführungszeichen gesetzt.

Die Bremer Wissenschaftler/innen wiesen zu Recht auf die wachsende
Bedeutung des Zeitfaktors in modernen Gesellschaften, der Entwicklung
von Strukturen sozialer Ungleichheit und den damit befassten Wissen-
schaftsdisziplinen hin, verkürzten das Problem jedoch auf den Lebensverlauf, d.h. biografische Besonderheiten, und vernachlässigten z.B. die *inter-*

generative Dimension, also sich über längere Zeiträume erstreckende, strukturell verfestigende Prozesse. Zwar ist die Entwicklung der Armut vom sozialen und soziokulturellen Wandel einer Gesellschaft abhängig, unterliegt jedoch in gleichfalls steigendem Maße wirtschafts-, verteilungs- und sozial*politischen* Weichenstellungen. Was Roland Habich, Bruce Heady und Peter Krause als »soziologische Risikofaktoren« bezeichnen, die neben den »zentralen Lebensereignissen« über Ausmaß und Dauer der Armut bestimmen,[156] sind Strukturelemente, die sich innerhalb der bestehenden Gesellschaftsordnung nicht außer Kraft setzen lassen, einerseits und politische Rahmenbedingungen, die von aktuellen, sich auch verändernden Kräfteverhältnissen zwischen Klassen, Schichten und Gruppen, aber auch staatlichen Institutionen, Parteien, Verbänden und sozialen Bewegungen abhängen, andererseits.

Letztere sind zweifellos stärker zu gewichten, als es die Bremer Wissenschaftler/innen taten. Deren Sichtweise entging nämlich, dass die gesellschaftlichen Polarisierungstendenzen weniger dem Globalisierungs-, Modernisierungs- bzw. Individualisierungsprozess selbst als ihn flankierenden und forcierenden Privatisierungs- bzw. Deregulierungsentscheidungen von Regierungen, also letztlich neoliberalen Politikkonzepten, geschuldet sind. Notwendig wäre daher eine *Politisierung* der Armutsforschung und -diskussion gewesen,[157] vor allem jedoch der Sozialen Arbeit, wenn diese Armut mit Erfolg bekämpfen will. Hierzu hätte nicht bloß eine deutlichere Positionierung bzw. eine konsequentere Parteinahme zugunsten der Betroffenen, vielmehr auch die Herstellung einer Kausalbeziehung zwischen Armut und Reichtum gehört. Michael Klundt argwöhnt jedenfalls, dass bei manchem Armuts- und Sozialforscher die Beschäftigung mit dem Reichtum geradezu verpönt sei, weil dies völlig unbeabsichtigt den Eindruck hervorrufen könnte, dass beide Phänomene zwei Seiten einer Medaille sind.[158]

Seitens der liberal-konservativen Bundesregierung und der Medien erfuhr das Konzept der dynamischen Armutsforschung mehr oder weniger offen Unterstützung, da sich mit seinen Deutungsmustern die politische Entwarnung hinsichtlich der zunehmenden Arbeitslosigkeit und Armut scheinbar wissenschaftlich untermauern ließ.[159] Zwar war die lebenslauftheoretische Armutsforschung nicht darauf gerichtet, den Sozialhilfebezug bzw. die Armut als ihren Forschungsgegenstand zu verharmlosen, wie Lutz Leisering rückblickend noch einmal ausdrücklich betont,[160] aber sie hat im politisch heiß umkämpften Endstadium der »Kohl-Ära« für die damalige Bundesregierung entlastend, nämlich Pauperisierungs- bzw. Prekarisierungstendenzen im Gefolge der Massenarbeitslosigkeit entdramatisierend und relativierend gewirkt, was letztlich – unabhängig von den eigentlichen Intentionen oder vermutlich lauteren Motiven ihrer Protagonist(inn)en – das Entscheidende ist.

Asyldebatte, Standortideologie und Armutsdiskurse im vereinten Deutschland

Durch den Zusammenschluss von BRD und DDR am 3. Oktober 1990 bekam die Armut in Deutschland ein anderes Gesicht. Das soziale Problemfeld der Arbeitslosigkeit wie der Armut wurde in seiner Struktur grundlegend verändert und verlagerte sich stärker nach Osten, wohingegen das Altbundesgebiet sogar von einem mehrjährigen »Vereinigungsboom« profitierte. Die neue Armut war weder temporärer noch singulärer Natur, sondern ein Strukturproblem, das (in seiner ganzen Brisanz) entweder nicht erkannt oder bewusst negiert wurde. Systematisch unterschätzte man das Ausmaß der Armut in Ostdeutschland, von welcher besonders viele Kinder betroffen waren.[161] Dass die Sozialhilfequote hinter der in Westdeutschland zurückblieb, gab Anlass zu der Hoffnung, alles sei halb so schlimm, hing aber vermutlich mit Informationsdefiziten ehemaliger DDR-Bürger/innen zusammen. Diese wussten meist gar nicht, dass man ergänzend Sozialhilfe beantragen konnte, wenn der Lohn, das Arbeitslosengeld oder die Arbeitslosenhilfe zu gering ausfielen, oder es herrschte eine falsche Scham: Noch häufiger als die West- scheuten die Ostdeutschen den schweren Gang zum Sozialamt.[162]

»Transformationsarmut« nennt man einen in ökonomischen Umbruchsituationen bzw. in Übergangsgesellschaften dominierenden Armutstyp.[163] Hiermit geht die Hoffnung einher, dass es sich um kein Phänomen von Dauer, vielmehr um ein Problem handelt, das nach kurzer Zeit mehr oder weniger von selbst verschwindet. Da die (Bundes-)Politik weder durch eine allgemeine soziale Grundsicherung noch durch Schritte der Umverteilung »von oben nach unten« gegensteuerte, verfestigte sich die seit der »Wende« in Ostdeutschland auftretende Armut jedoch und führte zu einer dauerhaften Unterversorgung vieler Menschen. Sie war weder eine soziale Erblast des SED-Regimes noch eine bloße »Randerscheinung des Vereinigungsprozesses« (Kurt Biedenkopf), sondern Resultat einer Implementierung der kapitalistischen Wirtschaftsstruktur, die ohne ausreichende Sensibilität für die Belange der ehemaligen DDR-Bürger/innen erfolgte sowie durch arbeitsmarkt- und beschäftigungspolitische Maßnahmen bloß abgefedert wurde. Wer das Armutsphänomen in den östlichen Bundesländern als nachwirkende Folge des Staatssozialismus und seiner verkrusteten Planwirtschaft abtat, verhielt sich apologetisch und lenkte von mancherlei Fehlentwicklungen und Fehlern der Regierungspolitik nach 1989/90 ab.[164] »Umbruchsarmut« war ein das eigentliche Problem verharmlosender und beschönigend wirkender Begriff, der allerdings erst kritisiert wurde, als sich die Armutsrisiken in Ostdeutschland perpetuierten.[165]

Lutz Leisering schien es, als sei eine lange Phase der Verdrängung von Armut in der politischen Öffentlichkeit beendet, weil das Problem durch die Betroffenheit eines ganzen Landesteils davon eine ganz neue Dimension gewonnen habe.[166] Während sich die sozialen Verwerfungen und regionalen Disparitäten in beiden früheren Separatstaaten mehrten, sank die öffentliche Aufmerksamkeit ihnen gegenüber jedoch spürbar. Rudolf Martens und Ulrich Schneider, Armutsexperten des Paritätischen Wohlfahrtsverbandes, zogen denn auch das bittere Fazit: »Die gar nicht mehr so neue Realität der Armut in Westdeutschland ist durch die Umbrüche in den neuen Bundesländern an den Rand der öffentlichen Diskussion gedrängt worden.«[167] Barbara Riedmüller, die bei den regierenden Unionsparteien »keine ernsthaften Absichten zur Beseitigung von Armut« erkennen konnte, wiederum vermutete, »daß die Armut in der neuen Bundesrepublik nur dann zum öffentlichen Thema wird, wenn es gelingt, die modernen Milieus mit ihren offenen ›Gesellungsformen‹ für eine sozialintegrative Politik zu gewinnen.«[168] Alles deutete jedoch während der frühen 90er-Jahre darauf hin, dass sich Klassen, Schichten und Sozialmilieus eher voneinander distanzierten, separierten und im Sinne der Herausbildung eigener »Parallelgesellschaften« stärker abschotteten.

Während im Wissenschaftsbereich die Tendenz westdeutscher Forschungseinrichtungen vorherrschte, durch »Abwicklung« ostdeutscher Hochschulen und Institute zu expandieren, gab es unter Journalist(inn)en und Publizist(inn)en größere Anstrengungen, die enormen sozialen Probleme der neuen Bundesländer wie auch die Armutsproblematik des vereinigten Deutschland zu dokumentieren, was in Buchform erst mit Verzögerung gelang.[169] Einmal wurden die Verdrängungsmechanismen, mit denen Regierungen und Verwaltungen die Armutsproblematik »entschärften«, sogar in den Medien überzeugend analysiert. In der *Zeit* (v. 4.1.1991) erschien ein bezeichnenderweise »Armut im Wohlstand« überschriebener Artikel, der ein »Subsidiaritätsprinzip besonderer Art« beschrieb: »Für

Wohlstand, wirtschaftlichen Fortschritt und Zukunftsoptimismus zeichnet die Bundesregierung verantwortlich; Armut und Obdachlosigkeit werden von Wohlfahrtsverbänden und Stadtkämmerern verwaltet.« Angesichts drastisch gestiegener Sozialhilfezahlen und der Tatsache, dass die damit verbundene Deklassierung von Millionen Menschen regelmäßig Alte und Schwache traf, stellte der nur mit seinen Initialen (H. Sch.) genannte Verfasser die Frage:»Ob da vielleicht doch etwas in unserem Wirtschafts-, Sozial- und Steuersystem nicht stimmt? Es hat jedenfalls binnen zweier Jahrzehnte bewirkt, dass die Kluft zwischen den unverdient Armen und den Gutverdienenden (von den Reichen zu schweigen) immer tiefer geworden ist und zugleich von der Gesellschaft kaum mehr wahrgenommen wird.«

Sah es gegen Ende der 80er-Jahre noch so aus, als ob die Kritik von SPD und GRÜNEN, aber auch den meisten Sozialverbänden, Gewerkschaften und großen Teilen der Kirchen, dass Wohlhabende und Reiche von der damals am Rhein amtierenden CDU/CSU/FDP-Koalition in skandalöser Weise begünstigt, Arbeitnehmer/innen, Erwerbslose und Rentner/innen hingegen stärker als bisher zur Kasse gebeten würden, bei den Bundesbürger(inne)n bzw. den Wähler(inne)n angekommen sei, bestimmten nach dem Mauerfall am 9. November 1989 ganz andere Fragen die öffentliche Debatte. Nun ging es z.b. um die staatsrechtlichen Modalitäten des Vereinigungsprozesses (Beitritt der ostdeutschen Länder nach Art. 23 GG oder»Neugründung« der Bundesrepublik über Art. 146 GG), den am besten geeigneten Regierungs- und Parlamentssitz (Bonn oder Berlin), die künftige Stellung Deutschlands in der Weltpolitik (europäische Regional-, Mittel- oder Großmacht) und seine wirtschaftlichen Perspektiven (Globalisierungsgewinner oder -verlierer).

Helmut Kohls Ankündigung, aus den ostdeutschen Industriebrachen »blühende Landschaften« zu machen, ließ die bestehenden Gerechtigkeitslücken und die wachsenden Schwierigkeiten, dem Grundgesetzauftrag gemäß für gleichwertige Lebensverhältnisse in ganz Deutschland zu sorgen, fast ganz vergessen. 1990 gab das Presse- und Informationsamt der Bundesregierung unter dem Titel»Nationale Solidarität mit den Menschen in der DDR« eine schwarz-rot-golden umrandete Broschüre heraus, die das feierliche Versprechen einer Regierungserklärung vom 15. Februar des Jahres enthielt:»Unser soziales Netz bleibt dichtgeknüpft. Kein Rentner, kein Kranker, kein Arbeitsloser, kein Kriegsopfer, kein Sozialhilfeempfänger braucht Leistungskürzungen zu befürchten.«[170]

Nur wenige Wochen später wurde die Bemessung der Sozialhilfe – wie schon länger geplant – mit der *Zweiten Verordnung zur Änderung der Regelsatzverordnung* vom 21. März 1990 in einer Weise umgestaltet, die der zitierten Aussage zuwiderlief. Denn seither richtet sich die Höhe des Eckregelsatzes nicht mehr nach dem für ein menschenwürdiges Leben gemäß BSHG nötigen Bedarf der Leistungsbezieher/innen selbst (sog. Warenkorbmodell), sondern nach dem Ausgabe- und Konsumverhalten von Haushalten der untersten Lohn- und Gehaltsgruppen, das die Einkommens- und Verbrauchsstichprobe des Statistischen Bundesamtes alle fünf Jahre ermittelt (sog. Statistikmodell).[171] Durch diesen Modellwechsel stieg der Regelsatz langsamer, als es der Fall gewesen wäre, hätte man den Warenkorb angepasst, was Bund und Länder auch intendierten, hatten die Gremien, in denen Vertreter/innen beider Seiten darüber diskutierten, doch bereits seit Jahren nach konsensfähigen Sparpotenzialen gesucht. »Wiederentdeckt« und in der Folgezeit weiter ausgebaut wurde die »Hilfe zur Arbeit« nach dem BSHG. Um damit eine abschreckende Wirkung zu erzielen, schufen viele Kommunen sog. Arbeitgelegenheiten, die Sozialhilfeempfänger/innen für eine geringe Mehraufwandsentschädigung wahrnehmen mussten, wenn sie ihre Transferleistung nicht einbüßen wollten.

Auch die vollmundige Parole »Niemandem wird es schlechter gehen, dafür vielen besser«, mit der Kohl die Bundestagswahl am 2. Dezember 1990 gewann, erwies sich als wenig realistisch.[172] In den folgenden Jahren dienten die unterschätzten »Kosten der Einheit« den Regierungsparteien CDU, CSU und FDP als Legitimationsbasis für weitere »Sparprogramme« und eine wiederholte Senkung von Sozialtransfers. Durch ihre Art der Berichterstattung und Kommentierung trugen die Massenmedien einerseits dazu bei, dass im Westen der Bundesrepublik die Bereitschaft stieg, »den Gürtel enger zu schnallen« sowie »Opfer für die Brüder und Schwestern im Osten« zu bringen. Während sich auf der anderen Elbseite die Vorurteile gegenüber den »Besserwessis« verfestigten, schürten Medienberichte andererseits Ressentiments gegenüber den »Jammerossis«. Es lag nahe, die kaum mehr übersehbare »Wiederkehr der Armut« (Axel Honneth) mit den Kosten der Vereinigung in Verbindung zu bringen und auf diese Weise als exogenes, d.h. nicht vom eigenen Wirtschafts- und Gesellschaftssystem erzeugtes Problem zu begreifen.

Obwohl der Kalte Krieg für den Westen »siegreich« beendet und der Systemgegensatz 1989/90 überwunden war, sahen manche Beobachter/innen und Kommentator(inn)en die erweiterte Bundesrepublik bzw.

deren Wohlstand zudem durch internationale Entwicklungen und Migrationsbewegungen von außen gefährdet. »Wenn es denn ein neues Bild der Bedrohung des Sozialstaates zu Beginn der 90er Jahre gegeben hat, dann war es das der auf die wenigen Wohlstandsinseln flüchtenden Armen dieser Welt.«[173] Die emotional aufgeladene Asyldebatte 1991/92 drehte sich daher nicht zuletzt um den angeblich massenhaften Missbrauch der Sozialhilfe durch »Wirtschaftsasylanten«, wie Menschen genannt wurden, die nur des größeren Wohlstandes wegen nach Deutschland kämen, ohne in ihrer Heimat politisch verfolgt zu sein. Monatelang überboten sich Presse, Politiker und etablierte Parteien in der Hetze gegen Asylsuchende, die sie kurzerhand zu »Betrügern«, »Sozialschmarotzern« und »Störenfrieden« stempelten.[174] Eine diskursanalytische Untersuchung von *Spiegel*-Artikeln aus jener Zeit ergab, dass solche Metaphern wie »Armenhäuser« für die Herkunftsländer, »Paradies« für die Bundesrepublik und »Invasion« für die Einreise dominierten.[175] Vor allem in den Boulevardmedien häuften sich wahre Horrorgeschichten über Armutsmigrant(inn)en, die das großzügige Asylrecht der Bundesrepublik widerrechtlich in Anspruch nähmen. Ohne solche den »Volkszorn« gegen Flüchtlinge schürende Berichte wären die rassistisch motivierten Pogrome im sächsischen Hoyerswerda (September 1991) und in Rostock-Lichtenhagen (August 1992) kaum vor laufenden Fernsehkameras mit Applaus bedacht worden.

Um angesichts der kurz nach der Vereinigung von BRD und DDR stark steigenden Zahl von Asylanträgen die »materiellen Zuwanderungsanreize« für potenzielle Migrant(inn)en zu verringern bzw. einen nachhaltigen Abschreckungseffekt gegenüber »Wohlstandsflüchtlingen« zu erzielen, verlangte man vornehmlich die Kürzung der Leistungen für Asylbewerber/innen, die Umstellung der Sozialhilfe für diese Personengruppe auf Sachleistungen (Gutscheinsystem) sowie die Ausgliederung der Asylbewerber/innen aus dem allgemeinen Leistungsbezug und die Schaffung eines separaten Transferleistungssystems für diese Menschen.[176]

Am 25. Januar 1993 erschien der *Spiegel* mit der Schlagzeile »Wohlstand ade!« und einem Titelbild, das einen weißen Essteller aus noblem Porzellan zeigt, auf dem nur ein fleischloser Knochen, ein kleines Stück Tomate und das Drittel einer Zitrone liegen. Unter der Zitat-Überschrift »Es kommt noch schlimmer« und einem Hinweis auf das als »Solidarpakt« verkündete »Notprogramm der Bonner Regierung« wurde vorausgesagt, dass »milliardenschwere Kürzungen und Steuererhöhungen« den Lebensstandard der Bürger spürbar einschränken würden. Dem vereinten Deutschland, hieß es weiter, drohten der »Abschied vom Wohlfahrtsstaat alter Prägung« sowie eine »wachsende Kluft zwischen Armen und Reichen«, weshalb ihm »unruhige Zeiten« bevorstünden: »Die sozialen Probleme verschärfen sich. Obdachlose kampieren mittlerweile in allen deutschen Großstädten unter Brücken und in Hauseingängen. Die Zahl der Sozialhilfeempfänger war schon in den Boomjahren sprunghaft angestiegen. Experten prophezeien: Sie wird jetzt im Osten explodieren.« Der kritische Publizist Erich Kuby fragte in seinem Buch »Deutsche Perspektiven«, was diese journalistische Panikmache bezwecke, und bemerkte süffisant: »Wer frißt uns den Kaviar und das Schnitzel weg, läßt uns nur Knochen übrig? Wer sonst als diese verdammten Asylanten und diese faulen und habgierigen ›Ossis‹! Da wird außer der Angst auch Haß geschürt.«[177]

Als sich die von der Vereinigung ausgehenden konjunkturellen Sondereffekte abschwächten, geriet die Sozialhilfe politisch und medial erneut stark unter Druck. Während Bundeskanzler Helmut Kohl erklärte, den »Wildwuchs bei den Sozialleistungen« beschneiden zu wollen, forderte sein damaliger Finanzminister Theo Waigel (CSU) während der parlamentarischen Haushaltsberatungen im Spätherbst 1992, die Sozialhilfesätze einzufrieren. Bald darauf kursierten Pläne, das Arbeitslosengeld und die Sozialhilfe zu senken. Konkret verlangte die Bundesregierung eine Begrenzung des Anstiegs der Regelsätze und eine Verschärfung des sog. Lohnabstandsgebots, was Kürzungen für größere Familien mit sich gebracht hätte. Zwar verhinderte die Mehrheit der sog. A-Länder (SPD-geführt) im Bundesrat, wo der damalige saarländische Ministerpräsident Oskar Lafontaine die Fäden zog, pauschale Kürzungen der Sozialhilfe, die Anpassung der Regelsätze wurde aber gedeckelt.

Asylsuchende wurden durch das am 1. November 1993 in Kraft getretene und später verschärfte *Asylbewerberleistungsgesetz* aus dem Zuständigkeitsbereich des BSHG herausgelöst und mit um ein Drittel niedrigeren Sätzen und *Sach*leistungen (sowie einem geringen Taschengeld) abgefunden. Erstmals brach der Gesetzgeber offen mit dem Bedarfsdeckungsprinzip und teilte die Bevölkerung in zwei Gruppen mit unterschiedlichen Rechtsansprüchen ein: Staatsbürger/innen und Migrant(inn)en, die weiterhin den BSHG-Regelsatz als soziokulturelles Existenzminimum beanspruchen konnten, sowie die Asylbewerber/innen, denen man erheblich weniger zubilligte. Bernhard Santel und Uwe Hunger vertraten daher die These, dass der Wohlfahrtsstaat auf die nicht zuletzt vereinigungsbedingte Finanz- bzw. Legitimationskrise mit der Einengung seiner Schutzverpflichtung auf

Staatsbürger/innen reagiere und dass Zuwanderer als erste gesellschaftliche Gruppe die Wirkungen »postwohlfahrtsstaatlicher Strukturen« zu tragen hätten:»Als Konsequenz von wohlfahrtsstaatlicher Krise, globalem Wettbewerb und Standortkonkurrenz der nationalen Regulierungssysteme ist es […] zur Reetablierung von Schließungs-Politiken gegenüber Einwanderern gekommen. Migranten werden aus den sozialstaatlichen Sicherungssystemen ausgeschlossen und auf Beschäftigungsformen zurückgeworfen, in denen sie Ausbeutungsprozessen schutzlos ausgeliefert sind.«[178] Nicht bloß unter den Flüchtlingen, sondern auch unter anderen Migrant(inn)en nahm die Armut in der Folgezeit drastisch zu. Sie traf vor allem Kinder aus solchen Familien, die mehr noch als einheimische unter den Folgen eines segmentierten Arbeitsmarktes litten.[179]

Die kampagnenartig geführte Asyldebatte, mit welcher zu Beginn der 90er-Jahre öffentlich Stimmung gegen Zuwanderer im Allgemeinen und Flüchtlinge im Besonderen gemacht worden war, fand ihre Fortsetzung und Vertiefung in einer Standortdiskussion, die den »Um-« bzw. Abbau des Sozialstaates ideologisch vorbereitete und begleitete. Im Mittelpunkt stand nunmehr die Wettbewerbsfähigkeit des »eigenen« Wirtschaftsstandortes. Für diesen Fetisch waren politisch einflussreiche Kreise in der Gesellschaft offenbar bereit, nicht bloß die soziale Sicherheit von Millionen Arbeitnehmer(inne)n zu opfern. »Aus der genuin demokratischen Frage, wie viel Chancengleichheit, wie viel soziale Gerechtigkeit und wie viel Minderheitenschutz unsere tolerante, offene Gesellschaft brauche, um ihre demokratischen, sozialen und ökologischen Dimensionen zu bewahren, wurde fast unisono die Debatte darüber, wie viel an sozialer Ungleichheit und Ausgrenzung unsere Gesellschaft braucht, damit ›Leistung sich wieder lohnt‹, die Wirtschaft wieder floriert und der Standort Deutschland wieder attraktiv wird.«[180]

Erwerbslosigkeit erschien den Unternehmerverbänden sowie der Bundesregierung gegenüber früheren Jahrzehnten in sehr viel höherem Maße akzeptabel, weil sie die davon Betroffenen zwang, Arbeitsplätze ohne Tarifschutz anzunehmen, was wiederum zur Senkung der sog. Lohnnebenkosten und damit angeblich zur Sicherung des »Standorts D« beitrug. So erklärte Meinhard Miegel, Berater des damaligen sächsischen Ministerpräsidenten Kurt Biedenkopf (CDU), auf einem Jahreskolloquium der Alfred Herrhausen Gesellschaft im Juni 1994, »daß ein gewisses Maß an Arbeitslosigkeit für die Betroffenen zwar hart, für die Bevölkerung insgesamt jedoch eher förderlich ist.«[181]

Gegen solche Manifestationen einer gezielt betriebenen Entsolidarisierung der Gesellschaft richtete sich im »Superwahljahr« 1994 eine längere,
vom Oswald von Nell-Breuning-Institut für Wirtschafts- und Gesell-
schaftsethik bzw. seinem damaligen Leiter, dem Jesuiten Friedhelm Hengsbach, initiierte und von über 150 Sozialwissenschaftler(inne)n unterzeich-
nete Erklärung, die den Titel »Solidarität am Standort Deutschland« trug.
Darin wurde der »bereits in der Ära Schmidt eingeschlagene Weg des Sozialabbaus« abgelehnt, durch den der Wohlfahrtsstaat insgesamt Schaden zu
nehmen drohe. Auch die »Standortdebatte« trage zu einer Erosion der
gesamtgesellschaftlichen Solidarität bei: »So wie seit Jahren Ausländer unter
den Verdacht des ›Asylmißbrauchs‹ gestellt und damit aus der den Inlän-
dern vorbehaltenen Solidarität ausgeschlossen wurden, wird in den letzten
Monaten die Armutsbevölkerung vermehrt des ›Sozialmißbrauchs‹ verdächtigt. Auf diesem Weg werden die Opfer der gegenwärtigen Konjunk-
tur- und Strukturkrise zu vermeintlichen ›Tätern‹ erklärt, die durch entsprechende Anreize, nämlich durch verminderte Sozialeinkommen oder
durch Arbeitsdienste, zu einer gesellschaftlich konformen Leistungsbereitschaft angehalten werden sollen.«[182]
    Die öffentliche Debatte um den »Industriestandort D« wurde kritisiert,
weil ihre Protagonisten die zunehmende Spaltung der Gesellschaft unberücksichtigt ließen und nicht zu überwinden trachteten, während ihre Vorschläge zur Überwindung der Massenarbeitslosigkeit einseitig auf die (Senkung der) Lohn- bzw. Lohnnebenkosten fixiert und deshalb kaum geeignet
seien, die ökonomische Strukturkrise bewältigen zu helfen.[183] Gemeinsam
mit der Massenarbeitslosigkeit wurde die »neue Armut« als größtes soziales
Problem im vereinten Deutschland begriffen, das überdies durch eine
»Transformationskrise der ostdeutschen Wirtschaft« sowie eine »Finanzie-
rungs- und Legitimationskrise des bundesdeutschen Sozialstaates« gebeu-
telt sei. Starr auf Erwerbsarbeit zentriert, könnten die wohlfahrtsstaatlichen
Sicherungssysteme aus den Arbeitsmarktproblemen erwachsende Abstiege
nicht aufhalten, perpetuierten sie vielmehr in Form geringerer Sozialeinkommen. »Den dauerhaften Ausschluß aus bzw. die dauerhafte Benachteiligung auf dem Arbeitsmarkt fängt der bundesdeutsche Sozialstaat also
nicht durch kompensatorische Sozialeinkommen auf, sondern setzt sie statt
dessen in nicht ausreichenden Fürsorgeleistungen, letztlich in der Sozialhilfe, fort.«[184]
    Die Zahl der Hilfe zum Lebensunterhalt beziehenden Menschen habe
sich zwischen dem letzten Vollbeschäftigungsjahr 1973 und der Vereini-

gung beider deutscher Staaten 1990 im Altbundesgebiet auf 2,9 Mio. ver-
dreifacht, stellte die Erklärung zur Solidarität am Standort Deutschland
fest. Für viele von ihnen, nämlich die langfristig von Armut betroffenen,
sei die Sozialhilfe zu einer dauerhaften Grundversorgung geworden, hieß
es weiter:»Gerade diesen Betroffenen räumt die Sozialhilfe nicht die Lebenschancen ein, die auch nur annähernd mit denen vergleichbar wären,
die für die Erwerbstätigen mit mindestens durchschnittlichem Monatseinkommen – trotz ihrer unbestreitbaren Einkommensverluste in den vergangenen Jahren – selbstverständlich sind. So sind die sozialstaatlichen Instrumente dafür verantwortlich, dass sich diejenigen, die bereits auf dem
Arbeitsmarkt ausgegrenzt bzw. benachteiligt werden, häufig auch in rand-
ständigen Lebenslagen wiederfinden.«[185]

Um die Kluft zwischen Arm und Reich zu überwinden, forderten die
Sozialwissenschaftler/innen am Ende ihrer Erklärung einen neuen Gesellschaftsvertrag, den alle Bundesbürger/innen miteinander schließen sollten:
»Dieser Vertrag umfasst die wechselseitige Verpflichtung, die gesellschaftliche Spaltung gemeinsam und nach persönlichem Leistungsvermögen
anzugehen und zu überwinden.«[186] Ein solcher Vertrag lasse sich staatlicherseits nicht erzwingen, könne vielmehr als freiwillige Übereinkunft der
Bürger/innen nur aus öffentlichen Meinungs- und Willensbildungspro-
zessen heraus entstehen.

Zeitungen und Zeitschriften thematisierten die Armut gegen Mitte der
90er-Jahre wieder häufiger als unmittelbar nach der Vereinigung von BRD
und DDR. Sie wurde nunmehr in den Zusammenhang einer Globalisierung gestellt, die gemeinhin als Quelle größeren Wohlstandes auf der ganzen Welt, besonders jedoch der Entwicklungsländer galt. In einem Interview, das er dem *Stern* (v. 3.2.1994) gab, prognostizierte der Berliner Politikwissenschaftler Wolf-Dieter Narr, die Globalisierung der Wirtschaft und
die zunehmende internationale Konkurrenz um Arbeit würden zu einer
Verfestigung der strukturellen Arbeitslosigkeit führen:»Die Ungleichheit
auch in den ökonomisch etablierten Ländern in Europa wird zunehmen.
Der Kampf ums Überleben wird weltweit und auch in Europa viel härter,
bis hin zu Gewaltphänomenen. Es wird auch in der Bundesrepublik über
kurz oder lang Slums geben.« Dieses Reizwort tauchte in der *Zeit*
(v. 16.12.2004) erneut auf, die im Rahmen eines Dossiers über die »Fle-
dermausmenschen von Manila« einen Kasten zum Thema »Slums auch
bald in Deutschland? – Wer arm ist, muss wieder schlecht wohnen« enthielt.

Am 15. Dezember 1994 berichtete Ingrid Kolb im *Stern* unter dem Titel »Armes Deutschland« über mehrere erschreckende Einzelschicksale. Da bis zu 8 Mio. Menschen in der Bundesrepublik an oder unter der Armutsgrenze lebten, schlügen die Kirchen politisch Alarm: »Es geht längst nicht mehr um Randgruppen. Immer häufiger stürzen ganze Familien ab.« Tatsächlich stieg die Arbeitslosenzahl nach dem Ende des Vereinigungsbooms auch in Westdeutschland wieder stark. Außerdem führte die Wirtschafts-, Finanz-, Steuer- und Sozialpolitik der Bundesregierung zu einer überproportionalen Belastung der Geringverdiener/innen und Transferleistungsbezieher/innen, während die sog. Freiberufler/innen, Selbstständigen und Großunternehmen systematisch entlastet wurden.

Die zahlreichen Leistungskürzungen der Kohl-Regierung gipfelten im »Programm für mehr Wachstum und Beschäftigung« vom 26. April 1996, das – geringfügig modifiziert – ein knappes halbes Jahr später Gesetzeskraft erlangte. Das im Sommer 1996 verabschiedete *Gesetz zur Änderung des Bundessozialhilfegesetzes* führte neben Lohnkostenzuschüssen für Arbeitgeber einen Kürzungsautomatismus für die Leistungsbezieher/innen ein: Wenn eine zumutbare Arbeit abgelehnt wurde, *musste* das Sozialamt die Transferleistung fortan um ein Viertel verringern.

Wolfgang Hoffmann monierte in der *Zeit* (v. 18.4.1997) unter dem Titel »Das böse Spiel mit der Armut«, dass die Regelungen zur Sozialhilfe schon ein Jahr nach Novellierung des BSHG wieder zur Disposition gestellt würden, wenn man die Verschärfung des Lohnabstandsgebotes fordere. Dem damals für die Sozialhilfe zuständigen Bundesgesundheitsminister Horst Seehofer (CSU) warf Hoffmann vor, mit seinen Plänen, die sog. wiederkehrenden einmaligen Leistungen zu kürzen und zu pauschalieren, eine »Rolle rückwärts« vorzubereiten. Sinnvoll sei zwar, meinte Hoffmann, alle Leistungen der Sozialhilfe nach der Devise »Alles aus einer Hand« in einer pauschalen Grundsicherung aufgehen zu lassen, dabei dürften aber nicht »nackte Fiskalinteressen« wie bei Bundesfinanzminister Theo Waigel dominieren. In diese Richtung zielende Reformpläne der CDU/CSU/FDP-Regierung ließen sich zwar gegen die Sozialausschüsse der Union und die Mehrheit der sog. A-Länder im Bundesrat nicht durchsetzen. Sie wurden aber nur vorübergehend ad acta gelegt, bis die rot-grüne Koalition nach dem Regierungs- und dem Jahrtausendwechsel wieder darauf zurückgriff.

An diesem »Um-« bzw. Abbau des Wohlfahrtsstaates übten beide christlichen Kirchen, die mit einem gemeinsamen Sozialwort in die öffentliche Debatte eingriffen,[187] deutlich vernehmbar Kritik. Zusammen mit den Gewerkschaften und den Wohlfahrtsverbänden beschlossen ihre Spitzenvertreter auf dem sog. DGB-Sozialgipfel am 7./8. Mai 1996 in Köln eine »Sozialstaatscharta«, die jedoch nur sehr vage Alternativen zur Regierungspolitik umriss. Darin werteten es die Genannten als »Skandal, wenn für eine Million Kinder der erste Schritt ins Leben vom Sozialamt begleitet werden muß. Es ist unerträglich, wenn alleinerziehende Frauen und kinderreiche Familien ins soziale Abseits gedrängt werden. Wir können es nicht hinnehmen, wenn die sozialen Sicherungssysteme zunehmend Lücken aufweisen, so daß immer mehr Menschen, vor allem Arbeitslose, kinderreiche Familien, Alleinerziehende, chronisch Kranke, behinderte Menschen und Alte, in Armut geraten. Bürgerinnen und Bürgern bei Krankheit, Behinderung, Arbeitslosigkeit und im Alter ein menschenwürdiges Leben zu sichern, ist Kern unseres Sozialstaats. Armut und Sozialstaatsgebot lassen sich nicht vereinbaren.«[188]

Durch entsprechende Regierungsentscheidungen gefördert, wurde der bis dahin gegenüber anderen westlichen Industriestaaten »unterentwickelte« Niedriglohnsektor ausgebaut, was vor allem gewerkschaftsnahe Wissenschaftler kritisierten.[189] Da die Sozialhilfe hierzulande als Quasiersatz für einen fehlenden gesetzlichen Mindestlohn herhalten musste und eine Bremse für Lohndumping darstellte, war sie manchen Unternehmen und deren Verbänden schon länger ein Dorn im Auge. Während der 80er- und 90er-Jahre nahm die CDU/CSU/FDP-Koalition nicht bloß im Bereich der Sozialversicherung und ihrer einzelnen Zweige, sondern auch im Sozialhilfesektor laufend Strukturveränderungen vor.

Je weniger soziale Sicherheit der Wohlfahrtsstaat gewährt, umso größer wird die Innere Sicherheit geschrieben. So fand das New Yorker Beispiel von »Null Toleranz«, d.h. eines härteren Durchgreifens gegenüber »sozialen Randgruppen« wie Alkoholikern und anderen Drogenabhängigen, Obdachlosen und Bettler(inne)n sowie Angehörigen jugendlicher Subkulturen und ethnischer Minderheiten in der zweiten Hälfte der 90er-Jahre auch diesseits des Atlantiks viele begeisterte Nachahmer.[190] Wenn sie die von ihnen mit zu verantwortende Armut nicht wahrhaben wollen, neigen liberalkonservative und rechtssozialdemokratische Politiker dazu, nicht etwa diese selbst, sondern die davon Betroffenen zu bekämpfen. Damals mehrten sich denn auch die Bemühungen deutscher Stadtverwaltungen, unangepasste Arme mittels polizei- bzw. ordnungsrechtlicher Maßnahmen aus dem öffentlichen Raum zu verdrängen. Häufig erwiesen sich verdachtsunabhängige Personenkontrollen, Platzverweise und Aufenthaltsverbote,

die sich gegen Wohnungslose, Drogenabhängige und Punker richteten und
für mehr »Sicherheit, Sauberkeit und Ordnung« auf den Straßen sorgen
sollten, jedoch als wirkungslos, wenn nicht gar als kontraproduktiv. »Die
Vertreibung von Armen und Wohnungslosen sowie die Umsetzung von
Bettelverboten führt nicht zu einer Reduzierung von kriminellen Handlungen und Ordnungswidrigkeiten. Vielmehr ist davon auszugehen, daß aus
Not resultierende Beschaffungskriminalität zunimmt.«[191]

Von der »nivellierten Mittelstands-« zur pluralisierten Milieugesellschaft

Dass sich die Gesellschaft aufgrund der Umverteilung »von unten nach
oben« während der 80er- bzw. 90er-Jahre immer deutlicher spaltete, sich
das Kapital in noch weniger Händen konzentrierte und mit der Massenarbeitslosigkeit vor allem in Ostdeutschland vermehrt alte Deprivationser-
fahrungen um sich griffen, entging jenen Soziologen, die sich nach 1968
und der folgenden »Linkswende« wieder den gesellschaftlichen Machtverhältnissen angepasst hatten und US-amerikanische Forschungsmethoden
genauso unkritisch übernahmen wie andere intellektuelle Moden. Die
meisten Fachwissenschaftler wandten sich von der Klassenanalyse, die
gegen Ende der 60er-/Anfang der 70er-Jahre zumindest das Image des
Fachs bestimmt hatte, ab und der bunten Vielfalt soziokultureller Milieus,
Lebensformen und -stile zu. Hingegen wurden die materiellen Probleme,
finanziellen Notlagen und sozialen Ausgrenzungserfahrungen von Millionen Menschen kaum noch zur Kenntnis genommen.[192] Hans-Ulrich Wehler spricht in diesem Zusammenhang von »legitimatorische(r) Rückende-
ckung«, die der postmoderne soziologische Mainstream den »bestehenden
Ungleichheitskonstellationen« gegeben habe.[193] Tatsächlich verschaffte
diese Strömung der Gesellschaftswissenschaften durch ihre Forschungsergebnisse den Reichen und Superreichen sowie den Politiker(inne)n der
etablierten Parteien ein gutes Gewissen gegenüber den Armen im eigenen
Land.
    Hatten seine Fachkollegen zur Zeit des »Wirtschaftswunders« in den
späten 50er- und frühen 60er-Jahren Helmut Schelskys These von der
»nivellierten Mittelstandsgesellschaft« überwiegend verworfen, so erlebte
der mittlerweile verstorbene Soziologe im Gefolge der Vereinigung von
BRD und DDR geradezu eine politisch-ideologisch begründete Renaissance. Gerhard Schulze, der mit seinem 1992 erschienenen Hauptwerk

»Die Erlebnisgesellschaft« als modischer Stichwortgeber und Trendsetter wirkte, schrieb darin rückblickend: »Lange Zeit war die soziologische Fachwelt Helmut Schelsky heimlich dafür dankbar, daß er ihr mit seiner These von der nivellierten Mittelstandsgesellschaft (1953) etwas hinterlassen hatte, wovon man sich immer wieder von Herzen distanzieren konnte. Inzwischen ist die Distanz zu Schelsky geringer geworden, wenn er auch seltener zitiert wird. Es geht hier jedoch nicht um die soziologiegeschichtliche Rehabilitierung Schelskys, sondern um die Feststellung, daß sich bereits Anfang der fünfziger Jahre ein gesellschaftlicher Zustand abgezeichnet hat, der Anfang der achtziger Jahre unübersehbar geworden ist und die soziologische Diskussion zu einer strukturtheoretischen Neubesinnung zwingt.«[194]

Schulze charakterisierte die Bundesrepublik als »Wohlstands- und Freizeitgesellschaft«, die zwar auch neue Formen der Knappheit kenne, welche aber so unauffällig seien, dass sie erst mit empirischen Methoden aufgespürt werden müssten.[195] Unsicherheit herrsche, glaubte der Bamberger Soziologe beobachten zu können, im Hinblick auf die Großgruppenstruktur unserer Gesellschaft. In der »Erlebnisgesellschaft« gebe es signifikant mehr und bessere Möglichkeiten, sich als Person selbst zu verwirklichen, allerdings praktisch keine Armut mehr: »Im Vergleich zur Distanz, die uns von der Armutsgesellschaft trennt, sind Unterschiede der sozialen Lage in der Gegenwart nahezu unbedeutend.«[196] Schulze sah die (west)deutsche Gesellschaft während der jahrzehntelangen Nachkriegsprosperität auf dem Weg von einer Pauperismus- zu einer Sinnkrise, welcher sich auch als Entwicklung von der Überlebens- zur Erlebnisorientierung beschreiben lasse. Hans-Ulrich Wehler kommentiert Schulzes »schwammige(s) Konzept« sarkastisch: »Vom sicheren Hort einer materiell und psychisch zufriedenstellenden Professur, die sozialstrukturelle Bedingungen nicht so hart empfinden ließ, dazu ausgestattet mit viel Sympathie für die bunte Welt der alternativen, postmaterialistischen Bewegungen, konnte der vermeintliche Aufbruch zu neuen Ufern leicht überschätzt werden.«[197]

Umgekehrt hielt der Soziologe Ditmar Brock um die Mitte der 90er-Jahre die These der »nivellierten Mittelstandsgesellschaft« für eine bis in die 70er-Jahre hinein gültige Gesellschaftsdiagnose. Erst seit den 80er-Jahren ließen sich seiner Meinung nach aufgrund einer »historische(n) Trendwende« und großer Erfolge der marktwirtschaftlichen Ordnung »neue Polarisierungstendenzen« beobachten. Im ausgehenden 20. Jahrhundert kristallisiere sich eine »neue gesellschaftliche Trennlinie« heraus, die eine ähnliche Sprengkraft wie die soziale Frage des 19. Jahrhunderts habe. Brock nannte es ein in die »zivilisatorischen Standards« entwickelter Industriegesellschaften des Westens eingelassenes Problem, das womöglich ein »gravierender Konstruktionsfehler« sei: »Immer mehr Menschen können sich immer mehr von dem nicht mehr leisten, was zu den von allen vollwertigen Gesellschaftsmitgliedern erwarteten Standards gehört.«[198] Brock sprach von einer »neuen sozialen Frage«, mit der die Bundesrepublik konfrontiert sei, weil immer größere Teile der Bevölkerung »aus dem Geflecht alltagskultureller Möglichkeiten« herausfielen. Während die meisten prominenten Soziologen der Bundesrepublik die von Brock damals wenigstens zart angedeutete »Rückkehr der Klassengesellschaft« für ausgeschlossen erachteten, gab es andere, die zwar auch Milieuforschung betrieben, dies jedoch auf der Grundlage einer kritischen Gesellschaftstheorie taten und beispielsweise – wie die Forschungsgruppe um den Hannoveraner Soziologen Michael Vester – an Pierre Bourdieus Konzepte des mehrdimensionalen sozialen Raums und des Habitus anknüpften.[199]

Ein im Gefolge der Schüler- und Studentenbewegung zumindest teilweise systemkritisches, Widersprüche und Interessengegensätze der kapitalistischen Gesellschaft thematisierendes Fach mutierte in relativ kurzer Zeit zu einem stärker empirisch orientierten, weitgehend der angloamerikanischen Theorietradition, dem Strukturfunktionalismus, der Systemtheorie und dem Positivismus verpflichteten Wissenschaftszweig und beschrieb höchstens noch, was seine führenden Repräsentanten vorher aktiv mit zu verändern gesucht hatten. Der Siegener Hochschullehrer Rainer Geißler monierte um die Mitte der 90er-Jahre, dass der gesellschaftskritische Geist aus der neueren Sozialstrukturanalyse entwichen sei: »Aus der kritischen Analyse ungleicher Lebenschancen ist eine unverbindliche Analyse vielfältiger Lebensstile geworden; *sozialkritische Ungleichheitsforschung* hat sich unter der Hand in ›postmoderne‹, *unverbindliche Vielfaltsforschung* mit einer stark kultursoziologischen Orientierung verwandelt.«[200] Geißlers Haupteinwand gegen den Mainstream seiner Fachdisziplin gilt bis heute, hat doch die Soziologie nie mehr zu der früheren Tiefenschärfe ihrer Sozialstrukturanalyse zurückgefunden: »Mit der unkritischen Fokussierung auf die dynamische Vielfalt der Lagen, Milieus und Lebensstile wird der kritische Blick für weiterhin bestehende vertikale Ungleichheitsstrukturen getrübt. Es besteht die Tendenz, daß vertikale Strukturen wegdifferenziert, wegpluralisiert, wegindividualisiert und wegdynamisiert werden. Sie werden mit einem

Schleier von Prozessen der Individualisierung, Pluralisierung, Differenzierung und Dynamisierung verhüllt und unkenntlich gemacht.«[201]
Modernisierungs- und Individualisierungstheorien brachten nur einen
geringen Erkenntnisgewinn, wollte man verstehen, wie die Gesellschaft
strukturiert ist. Außerdem überdeckten sie die zunehmenden Marginalisie-
rungstendenzen, welche eher einem Rückfall in den *Früh*kapitalismus als
einer Wohlstand für alle verheißenden Überwindung dieses Gesellschaftssystems ähnelten.»Von den Individualisierungstheoretikern sicherlich
unbeabsichtigt, erleichtert die Betonung der Partikularität, der individuellen
Verschiedenheit, der Erlebnisgesellschaft usw. die Verschleierung eines
gesellschaftlichen Umbaus, der die Zurückdrängung des Sozialstaates und
die Verschärfung der sozialen Unterschiede zum Inhalt hat.«[202]

Die Soziologin Eva Barlösius bemerkte denn auch um die Mitte der
90er-Jahre treffend, dass fast alles, was man damals über Armut in
Deutschland wusste, einschlägigen Memoranden von Wohlfahrtsverbänden und den meist als »Sozialberichten« bezeichneten Dokumentationen
einzelner Städte zu verdanken sei, während ihre eigene Fachdisziplin, wie
sie monierte, relativ wenig zur Aufklärung darüber beitrage:»Die bemerkenswert geringe Aufmerksamkeit der Soziologie dem sozialen Problem
Armut gegenüber hat dazu geführt, daß es zu einem zentralen sozialen
Phänomen beinahe nur Daten gibt, die aus der sozialen Praxis und der
Sozialplanung stammen. Genuin soziologische Untersuchungen über Armut gibt es kaum.«[203]

Das in der bundesrepublikanischen Öffentlichkeit noch immer weitgehend dominante Bild einer »pluralen und mittelschichtsdominanten
Wohlstandsgesellschaft« erschien dem Soziologen Andreas Klocke gegen
Ende der 90er-Jahre korrekturbedürftig:»Unterhalb der säkularen Tendenz
der Individualisierung und der Pluralisierung der Lebensformen ist die
ungebrochene Kraft *ökonomischer* Ungleichheit heute wieder deutlicher zu
›spüren‹. Der Zugang zum oder der Ausschluß vom Arbeitsmarkt sowie
deutliche Einkommensdifferenzen steuern nachhaltiger die soziale Lebenslage der Individuen und der Familien, als noch vor wenigen Jahren in
der Ungleichheitsforschung allgemein angenommen.«[204] *Individuelle* Armutsursachen werden demnach von *ökonomischen* und *sozialen* Entstehungszu-
sammenhängen überlagert, die in den Forschungsbereich der Soziologie
gehören, ohne dass die Fachöffentlichkeit davon jedoch Notiz nahm.

Bis heute leugnen die meisten deutschen Sozialwissenschaftler/innen
beharrlich, dass sie es mit einer Klassengesellschaft zu tun haben. Dies gilt

selbst für solche Fachvertreter/innen, die sich als kritische Intellektuelle
verstehen. Der Soziologe Stephan Lessenich und der Politikwissenschaftler
Frank Nullmeier sprechen beispielsweise von einer »Vervielfältigung der
Konfliktlinien und Spaltungen«, die mit einer »Vereinheitlichung der Kon-
fliktsichten und -muster« korrespondierten: »Die vielfachen Spaltungen
sind Kennzeichen einer in Konkurrenzgruppen und -grüppchen zerfallen-
den und sich entlang ökonomischer Kalküle immer wieder neu gruppie-
renden Gesellschaft. Deutschland erlebt die Zersplitterung einer von Kon-
kurrenzen durchzogenen Gesellschaft, in der jede Lage, jede Gruppe ihr
Heil und Wohl in kompetitiver Entgegensetzung zu anderen Lagen und
Gruppen sucht und suchen muss.«[205] Erscheint diese Schlussfolgerung
schon ausgesprochen deterministisch bis defätistisch, wird die Existenz
von Klassen im Anschluss glattweg geleugnet: »Die Gesellschaft zerfällt in
Markt- und Sozialstaatslagen, die jedoch im Einzelnen bereits als so instabil
erlebt werden, dass keine dauerhafte Identifikation mit einer Rolle und
Gruppe mehr gelingt. Statt stabiler sozialer Klassen mit relativ klar ge-
schnittenen Klasseninteressen gibt es nunmehr eine Fülle potenziell wech-
selnder Markt- und Sozialstaatslagen mit hochgradig situativen Konkur-
renzinteressen.«[206] Deutschland sei heute »auf dem Weg zu einer Konkurrenzgesellschaft«, konzedieren Lessenich und Nullmeier zwar, relativieren
ihre Aussage jedoch sofort wieder, wenn sie das Bezeichnende der gegenwärtigen Situation nicht in der Verfestigung von antagonistischen Klassen-
positionen sehen: »Konkurrenz schafft eine Vielzahl von Zwischenlagen
und situativen Kontexten, zieht aber gerade nicht eine klare und feste
Grenze zwischen ›Gewinnern‹ und ›Verlierern‹ des Konkurrenzspiels.«[207]
Dass sich die sozialen Ungleichheiten, Gegensätze und Spaltungen zu einander feindlich gegenüberstehenden »politischen Lagern« formierten, ist
allerdings kein für Klassengesellschaften konstitutives Merkmal, sondern
historisch eher die Ausnahme gewesen.

Hierzulande wagten es jahrzehntelang fast nur Außenseiter der Wissen-
schaftsgemeinde, die spezifischen Formen jener Spaltung der Gesellschaft
in Arm und Reich, welche heute kaum mehr zu übersehen ist, auf den
Interessengegensatz von Kapital und Arbeit zurückzuführen. Erst seit
kurzem erlebt die Kapitalismuskritik in der Soziologie wieder eine Renaissance, was Lothar Peter mit den wachsenden gesellschaftlichen Problemen,
aufbrechenden Interessengegensätzen und sich verschärfenden Konflikten
im heutigen Finanzmarktkapitalismus erklärt: »Die Wirklichkeit hat mit
Umweltkrise, Massenarbeitslosigkeit, Prekarität, sozialem Ausschluss und

nicht zu bagatellisierenden Formen von Anomie, aber auch mit der hemmungslosen symbolischen Indienstnahme und Pervertierung sozialer Bedürfnisse für die Imperative der Kapitalverwertung und des Marktes in einer so massiven Weise auf die Gesellschaft zugegriffen, dass die Leugnung des Kapitalismusproblems zunehmend auf Misstrauen und Widerstand stößt.«[208] Soziolog(inn)en seien in dieser Situation herausgefordert, durch ihre wissenschaftlichen Expertisen mehr Klarheit über strukturelle Zusammenhänge und Hintergründe zu schaffen. Peter nennt in diesem Kontext seine ausländischen Fachkollegen Richard Sennett, Zygmunt Bauman, Luc Boltanski, Ève Chiapello, Robert Castel und Steven Lukes, denen das Verdienst einer Erneuerung der soziologischen Gesellschaftskritik zukomme, auch wenn viele Fragen offen geblieben seien, nicht alle Befunde überzeugen könnten und methodische Defizite die Erkenntnismöglichkeiten begrenzt hätten.

Die liberalkonservative Staatskritik: der Sozialstaat als Sündenbock für eine falsche Politik?

Die *neoliberale* Wohlfahrtsstaatskritik bemängelte Überversorgung und »Schmarotzertum« der Armen, richtete ihren Hauptstoß jedoch gegen das System der sozialen Sicherheit. Man bezichtigte den Wohlfahrtsstaat, die Armut nicht ernsthaft zu bekämpfen, sondern zu erzeugen oder zu vergrößern. Der FDP-Vorsitzende Guido Westerwelle möchte ungern als »neoliberal« bezeichnet werden, hält sich und seine Partei vielmehr für »neosozial«, wie er der *Zeit* (v. 29.9.2005) sagte: »Das Erwirtschaften, also das Schaffen von Wohlstand und Arbeitsplätzen, ist die Voraussetzung für jede sozial gerechte Unterstützung der wirklich Bedürftigen.« Entgegen der Stammtischweisheit, wonach eine Volkswirtschaft zuerst genügend Reichtum erzeugen muss, bevor der Sozialstaat mittels teurer Transferleistungen die Armut von Randgruppen und benachteiligten Minderheiten lindern kann, ist dieser aber kein unproduktiver Kostgänger der Ökonomie, seine Interventionstätigkeit vielmehr sogar eine Grundvoraussetzung für das Funktionieren moderner Volkswirtschaften.

Mit die rührigsten Triebkräfte einer Transformation des Sozialstaates im neoliberalen Sinne waren Unternehmerverbände wie der Bundesverband der Deutschen Industrie (BDI) und die Bundesvereinigung der Deutschen Arbeitgeberverbände (BDA), konzern- bzw. wirtschaftsnahe Stiftungen sowie ihre PR-Netzwerke. Beispielsweise forderten die Bertelsmann

Stiftung, die Heinz Nixdorf Stiftung und die Ludwig-Erhard-Stiftung im November 2003 in einem Memorandum, das eine gemeinsame Expertengruppe für sie verfasst hatte, einen grundlegenden Umbau der Sozialsysteme, verbunden mit einer drastischen Senkung der Lohnnebenkosten, die »Abschaffung der Arbeitslosenversicherung« und eine Halbierung der Sozialhilfe.[209]

Außer neoliberalen Ökonomen, Kapitalverbänden und von ihnen beeinflussten Meinungsbildnern vertraten und vertreten auch konservative Politiker und Publizisten solche Positionen. Wolfgang Schäuble, damals Vorsitzender der CDU/CSU-Bundestagsfraktion, sprach beispielsweise in seinem 1994 erschienenen Buch »Und der Zukunft zugewandt« von einer »Hypertrophie des Sozialstaates«, die aufgrund hoher Wachstumsraten der Wirtschaft lange kaum als Problem empfunden worden sei, jetzt aber nicht nur Finanzierungsschwierigkeiten bereite: »Ich bin fest davon überzeugt, daß eine Vielzahl unserer Sozialleistungen auch eine demotivierende und damit zukunftsfeindliche Wirkung haben.«[210] An gleicher Stelle war zudem von »sozialer Vollkaskomentalität«, fehlendem Wagemut (»Risikoscheu«) und bloßem »Besitzstandsdenken« die Rede, denen man entgegentreten müsse. Schäuble beklagte eine »Transformation der Sozialpolitik von der individuellen Risikoabsicherung zum Krankenlager gesellschaftlicher Modernisierung«, wodurch Sozialpolitik »immer mehr zu einer Art allgemeiner Ausgleichs- und Gesellschaftspolitik mutiert, die als institutionelle Vorkehrung für die Herstellung von Gleichheit auf immer breiterer Basis kollektive Leistungen bereitstellt und zumißt.«[211] Schäubles politisch-publizistischer Frontalangriff auf den Sozialstaat gipfelte im Ruf nach mehr Ungleichheit, was nichts anderes heißt als eine größere Verteilungs*un*gerechtigkeit: »Man muß sich fragen, ob wir, um unsere gegenwärtigen Probleme in den Griff zu bekommen, nicht wieder zu einer weniger ›durch-egalisierten‹ Gesellschaft finden müssen. Gezielt Eliten zu fördern oder überhaupt erst wieder zu ermöglichen, erscheint mir heute dringlicher denn je.«[212]

Ein anderer Liberalkonservativer, der damalige Bundespräsident Roman Herzog, benutzte in seiner am 26. April 1997 im wiedereröffneten Nobelhotel Adlon gehaltenen Berliner »Ruck«-Rede die Metapher von einem »großen, globalen Rennen«, das begonnen habe und eine »Aufholjagd« der als schwerfällig, satt und behäbig dargestellten Deutschen nötig mache. Erforderlich war aus dieser Sicht eine härtere Gangart gegenüber Leistungsunwilligen und Langzeitarbeitslosen. Herzog, der sich als Mahner und Warner verstand, aber immer mehr zum Verkünder neoliberaler

Heilslehren wurde, wie sie z.b. die Bertelsmann Stiftung propagiert, beklagte in Übereinstimmung mit den Mainstream-Medien einen »Reformstau«, der baldmöglichst aufgelöst werden müsse, um Deutschlands Weltmarktstellung nachhaltig zu stärken: »Uns fehlt der Schwung zur Erneuerung, die Bereitschaft, Risiken einzugehen, eingefahrene Wege zu verlassen, Neues zu wagen.«[213] In großformatigen Zeitungsanzeigen der »Initiative Neue Soziale Marktwirtschaft« lamentierte Herzog z.b. in der *Frankfurter Allgemeinen Sonntagszeitung* (v. 25.11.2001) über das »verfettete« Gemeinwesen und verkündete larmoyant: »Wir haben so viel Sozialstaat aufgebaut, dass er unsozial geworden ist.« Unsozial war allerdings nicht der moderne Sozialstaat, vielmehr eine Gesellschaft, die glaubte, ihn sich finanziell nicht mehr leisten zu können, obwohl sie reich wie nie war. In dem wie ein Interview aufgemachten Text führte der Altbundespräsident, nach einem Beispiel gefragt, die Sozialhilfe an: »Was ich jetzt sage, gilt natürlich nicht für alle [gemeint sind Sozialhilfeempfänger/innen; *Ch.B.*]. Aber für viele ist es komfortabler, sich vom Staat aushalten zu lassen, als sich anzustrengen und etwas zu leisten. Das ist eine zum Himmel schreiende Ungerechtigkeit für alle, die arbeiten.« Wer den Wohlfahrtsstaat auf diese Weise als zu freigiebig im Umgang mit Steuergeldern und als zu großzügig gegenüber den Transferleistungsbezieher(inne)n darstellt, schadet den Armen, die auf ihn existenziell angewiesen sind. Offenbar predigte dort jemand Wasser, der selbst Wein trank: Herzog, der nicht nur sein beträchtliches Gehalt als oberster Staats(ver)diener – durch ansonsten übliche Pensionsabschläge ungeschmälert – bis ans Lebensende bezieht, sondern auf Kosten sehr viel weniger gut betuchter Steuerzahler/innen auch ebenso lange über ein Büro, eine Sekretärin und einen Dienstwagen mit Chauffeur verfügt, war sich keineswegs zu schade, die Ärmsten der Armen (natürlich nicht alle!) des Leistungsmissbrauchs zu bezichtigen, die Hypertrofie der ihn großzügiger als jeden anderen Menschen alimentierenden Bürokratie zu geißeln und die Befreiung der angeblich vom Sozialleviathan entmündigten Wirtschaftssubjekte zu verlangen.

Die erfolgreiche Diskreditierung des Wohlfahrtsstaates in der öffentlichen bzw. veröffentlichten Meinung funktioniert fast immer nach demselben Grundmuster: Man beschneidet seine Leistungen und nimmt den davon abhängigen Menschen, seien es Langzeitarbeitslose, Kranke, Behinderte oder Rentner/innen, immer mehr das für ihr tägliches Leben nötige Geld oder begleitet diesen Prozess mit Sympathie, ruft dabei laut »Haltet den Dieb!« und zeigt mit dem Finger auf das System der sozialen Sicherung. Beispielsweise machte der Wirtschaftsredakteur Rainer Hank den Wohlfahrtsstaat, dessen Demontage er und seine Redaktionskollegen publizistisch zu forcieren suchen, in der *Frankfurter Allgemeinen Sonntagszeitung* vom 22. Oktober 2006 für die Tatsache verantwortlich, dass Deutschland eine Klassengesellschaft sei und sich hier die soziale Ungleichheit verfestige. Der *Spiegel*, dessen einflussreichste Redakteure seit Mitte der 80er-Jahre dafür eintreten, die Arbeitgeber steuerlich wie hinsichtlich ihrer Sozialabgaben zu entlasten, skandalisierte am 2. April 2007 in einer Titelstory unter der Überschrift »Arm durch Arbeit. Wie der Staat die abhängig Beschäftigten immer dreister ausnimmt«, dass die Arbeitnehmer/innen von der Großen Koalition stärker zur Kasse gebeten würden: »Die Globalisierung drückt weiter auf die Löhne, und die abhängig Beschäftigten müssen den ausufernden Sozialstaat weitgehend allein finanzieren.« Als wäre Letzteres keine zwangsläufige Folge eben jener Politik einer Senkung der »Lohnnebenkosten« und der Abkehr von einer paritätischen Finanzierung des Sozialversicherungssystems, für die Wirtschaftslobbyisten, Neoliberale und mit deren Heilslehren sympathisierende Journalist(inn)en plädieren!

Auch der internationale Vergleich und der Hinweis auf jenseits der Grenzen erprobte Musterlösungen sind sehr beliebt, dienen sie doch meist weniger einer Lösung für soziale Probleme im eigenen Land als der Legitimation von Verschlechterungen (Kürzung von Transferleistungen, Verschärfung der Anspruchsvoraussetzungen, Einschränkung von Schutzrechten und Einführung bzw. Ausweitung von Kontrollmechanismen) durch deren Relativierung im Weltmaßstab. Walter Wüllenweber schrieb im *Stern* (v. 19.10.2006): »Wir leisten uns einen der teuersten Sozialstaaten der Welt. Das könnte man ertragen. Aber es ist gleichzeitig der erfolgloseste Sozialstaat.« Von den benachbarten Niederlanden bis zum fernen Neuseeland, die als Pioniere einer neoliberal orientierten Restrukturierung des Wohlfahrtsstaates gelten, wurden Modelle propagiert, die erhebliche Nachteile gegenüber dem deutschen aufweisen.

Die rot-grüne Koalition, Gerhard Schröders »Agenda 2010« und die sog. Hartz-Gesetze

In ihrer am 20. Oktober 1998 geschlossenen Koalitionsvereinbarung mit dem Titel »Aufbruch und Erneuerung – Deutschlands Weg ins 21. Jahrhundert« versprachen SPD und Bündnis 90/Die Grünen eine armutspolitische Kurskorrektur: »Die Bekämpfung der Armut ist ein Schwerpunkt der Politik der neuen Bundesregierung. Besonders die Armut von Kindern muß reduziert werden.«[214] Wer gehofft hatte, die nach der Bundestagswahl am 27. September 1998 gebildete rot-grüne Koalition werde eine ganz andere Sozialpolitik als ihre Vorgängerin machen und die Armen davon profitieren, sah sich jedoch getäuscht. Arme, (Langzeit-)Arbeitslose und Asylbewerber/innen blieben vielmehr die Stiefkinder der Sozialpolitik: Sie kamen in der »produktivistischen«, leistungs- bzw. konkurrenzorientierten und vornehmlich auf die Verbesserung der Weltmarktposition des heimischen Kapitals fixierten Regierungspraxis von SPD und Bündnis 90/Die Grünen eindeutig zu kurz.

Trotz mancher anfänglicher Fortschritte gegenüber dem CDU/CSU-geführten Bundeskabinett konstatierte Petra Buhr bei SPD und Bündnis 90/Die Grünen denn auch einen Positionswechsel im Übergang von der Opposition gegenüber CDU/CSU und FDP zur eigenen Regierungskoalition: War die »Kohl-Ära« für SPD und Bündnisgrüne von einer Dramatisierung der Armut und Forderungen nach Verbesserung der Lebenslage davon Betroffener geprägt, stand in der rot-grünen Regierungszeit die »Aktivierung« der Arbeitsfähigen an erster Stelle.[215] Die beiden Regierungsparteien passten sich dem neoliberalen Mainstream zunehmend an und förderten ihn sogar selbst, indem sie die Debatte über den Missbrauch von Sozialleistungen stimulierten. Mit der starken Betonung von Eigenverantwortung und der Notwendigkeit von mehr Arbeitsanreizen verbunden war eine Abkehr von traditionell »linken« Positionen, die vor allem auf die Folgen von Armut und Ausgrenzung für die Betroffenen hinwiesen, und eine Annäherung an die »rechte« Sozialstaatskritik mit der Hervorhebung von Leistungsmissbrauch und negativen Anreizwirkungen des sozialen Sicherungssystems.[216]

Zu den Mechanismen, mit denen Politiker und Verwaltung die Armut ideologisch zu entsorgen pflegen, gehört seit langem das Argumentationsmuster, wonach sie die Unterstützung des Staates für jene Menschen reservieren möchten, die ihrer am dringendsten bedürfen. Helmut Kohl sagte z.b. am 12. Mai 1998 vor baden-württembergischen Unternehmern in Karlsruhe: »Es ist nicht Sinn des Sozialstaates, Leute zu unterhalten, die gesund sind und sich helfen können. Wir müssen staatliche Hilfe wieder stärker auf die wirklich Bedürftigen konzentrieren.«[217] Damit suggerierte der damalige Bundeskanzler seinem begüterten Publikum, ein Großteil der bisherigen Empfänger/innen sozialer Transferleistungen komme eigentlich ohne Anspruchsberechtigung in deren Genuss. Sein Amtsnachfolger Gerhard Schröder bediente sich derselben Argumentationsfigur, als er gleich in seiner ersten Regierungserklärung am 10. November 1998 ankündigte, soziale Leistungen stärker auf »wirklich Bedürftige« konzentrieren zu wollen.[218]

Dies waren jedoch reine Lippenbekenntnisse, denn beide Regierungschefs handelten dem von ihnen selbst aufgestellten bzw. erneuerten Postulat permanent zuwider, indem sie Leistungskürzungen frühzeitig und massiv dort vornahmen, wo diese besonders stark benachteiligte und bedürftige Gruppen trafen: Arbeitslose, Alte, Kranke, Behinderte und Flüchtlinge. »Gespart« wurde auch und gerade bei den Ärmsten der Armen: Senkte das o.g. *Asylbewerberleistungsgesetz* die Unterstützungssätze für Flüchtlinge unter das Sozialhilfeniveau und verwies diese teilweise (von einem kleinen Taschengeld abgesehen) auf Sachleistungen, so müssen Bettler/innen, Obdachlose und Langzeitarbeitslose aufgrund einer der rotgrünen Gesundheitsreformen seit dem 1. Januar 2004 – wie alle gesetzlich Versicherten – bei ihrem ersten Arzt- und Zahnarztbesuch im Quartal die »Praxisgebühr« in Höhe von 10 EUR entrichten, was sich wegen ihres Geldmangels negativ auf den Gesundheitszustand dieser ohnehin am meisten von Krankheiten heimgesuchten Bevölkerungsgruppen auswirkt. Unter den Erwerbslosen traf das als »Hartz IV« bekannte Gesetzespaket ausgerechnet diejenigen Langzeitarbeitslosen am härtesten, die kein Arbeitslosengeld (mehr) bekamen, sondern auf die niedrigere Arbeitslosenhilfe angewiesen waren. Schließlich zeigte die Abschaffung der Arbeitslosenhilfe zum 1. Januar 2005, dass die Schonung der sozial Bedürftigsten anderen Leistungsempfänger(inne)n gegenüber zwar der neoliberalen Rhetorik entspricht, aber in der Regierungspolitik unterblieb, nicht zuletzt deshalb, weil solche »Randgruppen« keine oder nur eine schwache Lobby haben.

Christian Reiermann, Michael Sauga und Ulrich Schäfer übten am 14. Mai 2001 im *Spiegel* unter der Überschrift »Müßiggang auf Staatskosten?« und Berufung auf ein vom Bundesfinanzministerium in Auftrag ge-

gebenes Gutachten heftige Kritik an der Sozialhilfe:»Anstatt die Armen aus Passivität und Abhängigkeit zu befreien, verleitet die Staatsstütze offenbar dazu, angebotene Arbeit auszuschlagen und lieber auf Kosten der Allgemeinheit zu leben.«Weiter berichteten die *Spiegel*-Redakteure über ein radikales Konzept der rot-grünen Koalition, das arbeitsfähige Transferleistungsempfänger/innen durch drastische Kürzung der Regelsätze und weitgehenden Leistungsentzug zwingen sollte, auch völlig unattraktive Stellen anzunehmen.»Noch schreckt die Regierung davor zurück«, monierten die Verfasser des Artikels,»den Jobmarkt zu modernisieren und das brachliegende Potenzial von Dauerarbeitslosen zu aktivieren. Mit Billigjobs, die dann allerdings durch Lohnsubventionen abgefedert werden müssten, könnten wahrscheinlich Hunderttausende wieder ins Arbeitsleben integriert werden. Allerdings würden auch viele durch die heute eng und dann eben weniger eng geknüpften Maschen des sozialen Netzes fallen.«

Wenn die Regierung ihre Pläne für eine umfassende Reform des Sozialhilfesystems, wie das Hamburger Nachrichtenmagazin behauptete, bis zur nächsten Bundestagswahl auf Eis gelegt hatte, ergab sich aufgrund des Skandals um die angebliche Fälschung der Vermittlungsstatistik durch die Bundesanstalt für Arbeit plötzlich eine unverhoffte Chance zum nächsten Vorstoß. Am 22. Februar 2002 richtete die rot-grüne Regierung eine Kommission»Moderne Dienstleistungen am Arbeitsmarkt« ein, die das VW-Personalvorstandsmitglied Peter Hartz leitete und die eigentlich nur Vorschläge zur Organisationsreform (Umwandlung der Nürnberger Behörde in eine moderne Dienstleistungsagentur) machen sollte. Aufgrund des beginnenden Wahlkampfes sowie der charismatischen Ausstrahlung des Kommissionsvorsitzenden übernahm die Hartz-Kommission immer mehr die Rolle einer Hoffnungsträgerin der Koalition, die bei ihrem Amtsantritt 1998 eine Reduktion der Arbeitslosenzahl um 1 Mio. versprochen hatte und nun angesichts wieder deutlich über die 4-Mio.-Marke steigender Zahlen vollends in die Defensive geriet.

Hartz IV – Armut per oder trotz Gesetz?

Schon aufgrund leerer öffentlicher Kassen griffen manche Ministerien und ihnen nachgeordnete Behörden gern auf Expertisen zurück, die ihnen wirtschaftsnahe Stiftungen zur Verfügung stellten. Vertreter aller etablierten Parteien wallfahrteten geradezu nach Gütersloh, dem Sitz der Bertelsmann Stiftung. Von dort aus wurden immer mehr Politikfelder mit riesigem finanziellem und personellem Aufwand den neoliberalen Strategien, Entwicklungsmodellen und Ideenwettbewerben unterworfen. Beispielsweise förderte die als gemeinnützig anerkannte Stiftung des Konzerngründers Reinhard Mohn, der heute ein Großteil seines Medienimperiums gehört, wichtige Vorarbeiten für die »Agenda 2010« und die sog. Hartz-Gesetze der rot-grünen Bundesregierung.[219]

Kurz vor der Jahreswende 2002/03 formulierten Mitarbeiter/innen der Planungsabteilung des damals von Frank-Walter Steinmeier geleiteten Kanzleramtes ein Thesenpapier mit dem Titel »Auf dem Weg zu mehr Wachstum, Beschäftigung und Gerechtigkeit«, das fortan die Wirtschafts- und Sozialpolitik der Bundesregierung maßgeblich beeinflusste. Es basierte auf der sog. Lissabon-Strategie, die dem Wunsch entsprang, die US-Hegemonie auf dem Weltmarkt zu brechen und selbst eine wissenschaftlich-technisch begründete Führungsrolle zu übernehmen. Auf dem dortigen EU-Sondergipfel am 23./24. März 2000 hatte man als »strategisches Ziel« festgelegt, die Union im laufenden Jahrzehnt »zum wettbewerbsfähigsten und dynamischsten wissensbasierten Wirtschaftsraum der Welt zu machen – einem Wirtschaftsraum, der fähig ist, ein dauerhaftes Wirtschaftswachstum mit mehr und besseren Arbeitsplätzen und einem größeren sozialen Zusammenhalt zu erzielen.«[220]

Während des Frühjahrs und Sommers 2002 bestimmte »Hartz« die öffentlichen Debatten zum Thema »Abbau der Arbeitslosigkeit« und trug zusammen mit der »Jahrhundertflut« an der Elbe und ihren Nebenflüssen sowie der sich zuspitzenden Irak-Krise dazu bei, dass SPD und Bündnis 90/Die Grünen das Blatt bei der Bundestagswahl am 22. September 2002 trotz zunächst katastrophaler Umfrageergebnisse doch noch wenden konnten. Gut einen Monat vor dem Wahlsonntag, am 16. August 2002, präsentierte die Hartz-Kommission im Französischen Dom der Bundeshauptstadt äußerst öffentlichkeitswirksam ihren Schlussbericht, was der Kommissionsvorsitzende mit dem feierlichen Versprechen verband, die Zahl der registrierten Arbeitslosen lasse sich in drei Jahren (»bis zum 16. August 2005«) um zwei Millionen verringern.

Nachdem sich fast alle Massenmedien über mehrere Wochen hinweg darüber ausgelassen hatten, wie die in demoskopischen Umfragen ermittelten Ansehensverluste des Bundeskanzlers und seiner Regierung in der Öffentlichkeit durch möglichst »einschneidende« oder »schmerzhafte« Reformen behoben werden könnten, gab Gerhard Schröder am 14. März

2003 vor dem Bundestag eine Regierungserklärung ab, die eine kleine Arbeitsgruppe unter maßgeblicher Mitwirkung Frank-Walter Steinmeiers entworfen hatte, den hochtrabenden Namen »Agenda 2010« trug und unter dem Doppelmotto »Mut zum Frieden und Mut zur Veränderung« stand.

Deutschland kämpfe derzeit, sagte Schröder am Beginn seiner Rede, mit einer Wachstumsschwäche, die nicht zuletzt strukturell bedingt sei: »Die Lohnnebenkosten haben eine Höhe erreicht, die für die Arbeitnehmer zu einer kaum mehr tragbaren Belastung geworden ist und die auf der Arbeitgeberseite als Hindernis wirkt, mehr Beschäftigung zu schaffen.«[221] In dieser Situation müsse seine Regierung entschlossen handeln, um die Rahmenbedingungen für mehr Wachstum und Beschäftigung zu verbessern: »Wir werden Leistungen des Staates kürzen, Eigenverantwortung fördern und mehr Eigenleistung von jedem Einzelnen abfordern müssen. Alle Kräfte der Gesellschaft werden ihren Beitrag leisten müssen: Unternehmer und Arbeitnehmer, freiberuflich Tätige und auch Rentner.«[222] Dass keineswegs alle Gruppen »den Gürtel enger schnallen« mussten, Einkommen und Vermögen der Kapitaleigentümer und Spitzenverdiener vielmehr sogar überproportional zunehmen sollten, verschwieg Schröder. Je mehr sich unter seiner Regierung der Jargon der Eigenverantwortlichkeit durchsetzte, desto weniger Verständnis hatte die Öffentlichkeit hingegen für mangelnde Leistungsfähigkeit und soziale Bedürftigkeit. Jürgen Kocka forderte in einem »Das Wichtigste ist die Freiheit« überschriebenen *Vorwärts*-Interview (Heft 7-8/2003) die Verringerung der Staatstätigkeiten und bessere Möglichkeiten des Bürgers zur Selbstverwirklichung und Teilhabe: »Staatliche Fürsorge ist nicht mehr so nötig und nicht so wünschenswert wie früher.« Man fragt sich allerdings, wo der Berliner Historiker und damalige WZB-Präsident eigentlich lebte, waren doch – besonders in der Bundeshauptstadt – immer mehr Menschen auf Transferleistungen angewiesen, um ihre und die Existenz ihrer Familie sichern zu können.

Knapp ein halbes Jahr nach seiner Wiederwahl legte sich Bundeskanzler Schröder nunmehr darauf fest, Arbeitslosen- und Sozialhilfe als »Arbeitslosengeld (Alg) II« auf dem Niveau der Letzteren zu verschmelzen, obwohl die SPD als führende Regierungspartei im Wahlkampf noch etwas anderes verkündet hatte. Mit der Arbeitslosenhilfe (Alhi) wurde zum ersten Mal nach dem Zweiten Weltkrieg eine für Millionen Menschen elementar wichtige Sozialleistung wieder abgeschafft und durch eine andere ersetzt, die korrekter »Sozialhilfe II« hätte heißen müssen, weil das Fürsorgeprinzip eindeutig dominiert und die Bedürftigkeitsprüfung bei Hartz IV jener der Sozialhilfe fast wie ein Ei dem anderen gleicht.[223] Euphemistisch als »Zusammenlegung mit der Sozialhilfe« bezeichnet, war die Abschaffung der Arbeitslosenhilfe ein gravierender Rückschritt in der Entwicklung des Arbeits- und Sozialrechts, zumal sie mit einer Abschiebung der Langzeitarbeitslosen in die Wohlfahrt einherging. War die Arbeitslosenhilfe noch eine Lohnersatzleistung, die sich selbst Jahre oder Jahrzehnte später nach der Höhe des vorherigen Nettoverdienstes richtete, ist das Arbeitslosengeld II genauso niedrig wie die Sozialhilfe. Matthias Knuth sprach von einer »Verallgemeinerung von Fürsorge-Prinzipien« und kritisierte die Abkopplung der »Grundsicherung für Arbeitsuchende« genannten Leistung von der Arbeitslosenversicherung: »Hartz IV ist also nicht, wie die öffentlichen Diskurse glauben lassen, eine andere und, wie man hofft, irgendwann in Zukunft wirksamere Form der Arbeitsmarktpolitik, sondern es ist die Überführung von Arbeitsmarkt- in Armutspolitik.«[224]

Der Hannoveraner Sozialwissenschaftler Michael Vester charakterisierte die »Agenda 2010« von Bundeskanzler Gerhard Schröder mit ihrer Verlagerung der Existenzrisiken auf Kranke und Arbeitslose als Paradigmenwechsel von einem »Sozialversicherungsstaat für alle« zu einem Fürsorgestaat, der sich – wenn überhaupt – nur noch um die Ärmsten kümmert.[225] Vor allem das als »Hartz IV« bezeichnete Gesetzespaket sollte die Arbeitslosigkeit (Verwaltung der davon Betroffenen) wie die Arbeit (Senkung des Reallohnniveaus) billiger und die Bundesrepublik damit auf den Weltmärkten konkurrenzfähiger machen. Wie durch die Verabschiedung der sog. Riester-Reform vorher in der Rentenversicherung, wurde das Prinzip der Lebensstandardsicherung hiermit in einem weiteren Versicherungszweig aufgegeben.

Die rot-grüne Koalition brach erneut mit einem für den deutschen Sozialstaat seit Fürst Otto von Bismarck konstitutiven Grundsatz. Ulrich Schneider, Hauptgeschäftsführer des Paritätischen Wohlfahrtsverbandes, übte denn auch heftige Kritik an den Regierungsplänen und sprach von Schröders Agenda 2010 in der *Frankfurter Rundschau* (v. 26.5.2003) als einem »Konzept der Ausgrenzung«, das für ihn den »massivste(n) sozialpolitische(n) Kahlschlag« seit Gründung der Bundesrepublik darstellte: »Noch nie sollten mit einem Handstreich 1,4 Millionen Arbeitslose mit ihren Familien – 3,1 Millionen Menschen mithin – in die Armut gestoßen werden.«

Kontrovers wird diskutiert, ob es sich beim gegenwärtigen »Um-« auch um einen Abbau des Sozialstaates handelt bzw. wie diese Transformation sonst zu bewerten ist. Liberalkonservative und der »Neuen Sozialdemokratie« nahestehende Autoren vertreten die Auffassung, dass es sich hierbei um einen notwendigen, tiefgreifenden Strukturveränderungen (Globalisierung und demografischer Wandel) geschuldeten Anpassungsprozess handle.[226] Stephan Lessenich, der sich als undogmatischer Linker versteht, weigert sich gleichfalls, die Transformation des Sozialstaates als soziale Demontage zu bezeichnen oder gar den Terminus »neoliberal« für die Reformpolitik zu benutzen.[227] Er plädiert stattdessen für die Bezeichnung »neosozial« – ausgerechnet jenen Begriff, den Guido Westerwelle präferiert. Gibt man ihn in eine Internet-Suchmaschine ein, fragt diese den User bezeichnenderweise, ob er »unsozial« meine …

Schon während des Gesetzgebungsverfahrens zu Hartz IV, das sich aufgrund der unterschiedlichen Mehrheiten in Bundestag und -rat länger hinzog, griff die Angst vor dem sozialen Absturz um sich und drang nicht zuletzt wegen der ständig steigenden Arbeitslosenzahlen bis in Kernbereiche der Lohnarbeit vor. Elisabeth Niejahr sprach daher in der *Zeit* (v. 7.4.2004) unter der Überschrift »Die kommende Armut. Wenn die Politik weiterschläft, kehrt die Klassengesellschaft zurück« von einer »diffuse(n) Unsicherheit«, denn diese Angst habe inzwischen auch die Mittelschicht erreicht: »Es ist an der Zeit, einen scheinbar verstaubten Begriff aus dem rhetorischen Abseits zu holen und über den uralten Konflikt zwischen Arm und Reich zu sprechen.« Rund eine Million Langzeitarbeitslose gebe es, die als die armen Alten von morgen gelten müssten, während andere Menschen von Großeltern und kinderlosen Tanten riesige Vermögen erben würden: »In Deutschland droht die Klassengesellschaft alten Stils wiederzukehren.«

Am 8. Juli 2004 machte sich Niejahr in einem weiteren *Zeit*-Artikel über die »Panik in der Mittelschicht« – so lautete der Titel – lustig, indem sie die Furcht, dass Langzeitarbeitslose ihre Lebensversicherung auflösen müssen, bevor sie Arbeitslosengeld II erhalten können, folgendermaßen kommentierte: »Um Not und Elend geht es dabei […] nicht. Man muß sich eine Lebensversicherung überhaupt erst leisten können, um ihren Verlust durch Hartz IV zu fürchten. Andere, die ärger dran sind, wissen nicht einmal, wie man Lebensversicherung schreibt.« Der Soziologe Klaus Dörre warf der *Zeit*-Redakteurin denn auch zu Recht vor, einen problematischen Maßstab anzulegen, wenn sie Armut nur dort verorte, wo man es sich sogar in besseren Tagen nicht leisten konnte, eine Lebensversicherung abzuschließen, von denen die rund 82 Mio. Bewohner/innen der Bundesrepublik übrigens fast 100 Mio. haben. Wirklich legitim erscheine Niejahr offenbar nur jener Protest, der von den »wirklich Bedürftigen« komme, auf welche die Sicherungsleistungen des Sozialstaates ihrer Meinung nach beschränkt werden sollten: »Bei der zutreffenden Beobachtung, daß die subjektiv gefühlte die objektive Bedrohungslage übersteigt, bleibt die Frage nach den realen Ursachen grassierender Abstiegsängste ausgeblendet.«[228]

Bei den zahlreichen Montagsdemonstrationen und Protestaktionen gegen Hartz IV im Herbst 2004 spielte die PDS-Parole »Armut per Gesetz« eine Schlüsselrolle. Bis heute ist die Frage heftig umstritten, ob die Grundsicherung für Arbeitsuchende nur vorher verdeckte Armut sichtbar gemacht oder neue Armut erzeugt hat. Vermutlich ist beides der Fall: Einerseits nahmen und nehmen das Arbeitslosengeld II auch viele Menschen, darunter vor allem Geringverdiener/innen, sog. Freiberufler/innen und (Solo-)Selbstständige, in Anspruch, die aus Scham nicht zum Sozialamt gegangen wären, um »Stütze« zu beantragen, andererseits erhalten mehrere hunderttausend frühere Empfänger/innen von Arbeitslosenhilfe seither weniger oder gar kein Geld mehr, weil das Partnereinkommen (z.b. gut verdienender Ehemänner und Lebenspartner) bei Hartz IV sehr viel strikter auf den Leistungsanspruch der Antragsteller/innen (überwiegend Frauen) angerechnet wird. Insgesamt zeitigte das Gesetzespaket negative Verteilungseffekte, wie Irene Becker und Richard Hauser per Simulationsanalyse nachweisen: »Die Ersetzung der Alh durch das Alg II hat für einen Teil der Betroffenen zwar durchaus positive Effekte, da verdeckte Armut von früheren Alh-Empfängern vermutlich effektiv abgebaut wird. Dies geht aber zu Lasten derjenigen, die bisher mit der Alh knapp oberhalb des Existenzminimums gelebt haben. Die Reform führt also zu einer Umverteilung innerhalb des untersten Segments der Einkommensverteilung – wobei die Zahl der Verlierer dominiert – mit entsprechend fragwürdigen Ergebnissen insbesondere für arbeitslose Frauen und in den neuen Ländern.«[229]

Obwohl es bei Hartz IV fast immer nur um die Höhe der Regelsätze geht, soll an dieser Stelle eine in der öffentlichen und Fachdiskussion über die Arbeitsmarktreform fast immer vernachlässigte Folge der Hartz-Gesetzgebung für Familien mit kleinen Kindern besonders hervorgehoben werden. Durch den enormen (Zeit-)Druck, unter dem Langzeitarbeitslose, jene Niedriglohnempfänger/innen, die ergänzend zu ihrem kärglichen

Lohn Alg II erhalten, und auch Menschen stehen, die seither fürchten müssen, irgendwann von Hartz IV betroffen zu sein, fehlt ihnen häufig die Zeit, um sich intensiv mit ihrem Nachwuchs zu beschäftigen. *Zeit*armut ist eine Armutsform, unter der gerade Kinder mit Lernschwierigkeiten und Verhaltensauffälligkeiten stark leiden, weil dadurch ihre soziokulturellen Entfaltungs- und Entwicklungschancen beeinträchtigt werden.

Durch die (Teil-)Privatisierung bzw. Effektivierung der Arbeitsvermittlung und Kürzung der Leistungen für Erwerbslose, wie sie das Hartz-Konzept enthielt, kann man zwar die Ausgaben des Staates und die sog. Lohnnebenkosten der Unternehmen senken, Letztere aber kaum veranlassen, mehr Stellen zu schaffen. Oft ergab sich nur eine Kosmetik der Arbeitsmarktstatistik: So spalteten etliche Unternehmen bisherige Voll- und Teilzeitarbeitsplätze in mehrere geringfügige Beschäftigungsverhältnisse auf und belasteten durch wegfallende Beiträge die Sozialversicherungen zusätzlich, ohne dass hieraus – wie von Peter Hartz und dem damaligen Bundeskanzler Schröder vollmundig versprochen – ein deutlich spürbarer Rückgang der Erwerbslosigkeit resultierte. Wolfgang Clement, bis zuletzt ein treuer Gefolgsmann Schröders und als neuer »Superminister« für Wirtschaft und Arbeit glühender Verfechter der sog. Hartz-Reformen, verfehlte das erklärte Ziel einer Senkung der Erwerbslosigkeit völlig. Kurz nach dem Inkrafttreten von Hartz IV am 1. Januar 2005 wurde die symbolträchtige Marke von 5 Mio. Arbeitslosen überschritten, was die Reform nicht bloß in der (Medien-)Öffentlichkeit mit einem Schlag diskreditierte. Selbst solche Presseorgane, die sich vorher als publizistische Scharfmacher und Einpeitscher für die Hartz-Gesetzgebung betätigt hatten, gingen nun deutlich auf Distanz und beklagten das Scheitern der rot-grünen Arbeitsmarktreform, nicht ohne allerdings nach radikaleren und »schmerzhafteren« Reformen zu rufen.[230]

An Hartz IV scheiden sich bis heute die Geister: Wie kontrovers das Gesetzespaket selbst unter einander politisch nahestehenden Sozialwissenschaftlern beurteilt wurde, zeigen die Kritik von Ulrich Beck und eine Replik von Gert G. Wagner, Forschungsdirektor am DIW. Beck konstatierte in einem Gastbeitrag für die *Süddeutsche Zeitung* (v. 3.2.2005) unter dem Titel »Die Gesellschaft des Weniger. Arbeitslosigkeit, Hartz IV: ein Land steigt ab«, Hartz IV komme einer Verfassungsänderung gleich, weil die Verschärfung der Zumutbarkeitsregeln den kollektiven Abstieg, die Spaltung der Gesellschaft programmiere: »Allen Ausbildungs- und Einkommensgruppen droht spätestens nach einem Jahr Arbeitslosigkeit die neue Gleichheit der Armut, der Fall in die Sozialhilfe, vorausgesetzt, man überwindet die Scham, sich selbst im bürokratischen Röntgenblick vor aller Welt als arm zu entblößen.« Wagner antwortete in der *Süddeutschen Zeitung* (v. 15.2.2005) unter dem Titel »Adieu Tristesse. Mit Hartz IV ist der Aufstieg möglich«, Gerhard Schröders »Agenda 2010« sei kein tiefer Eingriff in die deutsche Sozialverfassung: »Sie vergrößert nicht die Spaltung der Gesellschaft, vielmehr besteht durch sie wenigstens die Chance, dass der Spaltpilz der Langzeitarbeitslosigkeit Kraft verliert.« Programmatisch gehe es, meinte Wagner, »weder um den Triumph neoliberalen Denkens noch um die Zementierung von dauernder Armut. Selbst das unterste Sicherungsniveau, die Sozialhilfe, ist international gesehen noch eine beachtlich hohe Transferleistung.«

Dies stellte kein Mensch in Abrede, änderte allerdings nichts an der Tatsache, dass Millionen (potenzielle) Bezieher/innen von Arbeitslosenhilfe, die Hartz IV abgeschafft und durch das in aller Regel niedrigere, der Sozialhilfe entsprechende Arbeitslosengeld II ersetzt hatte, zum Teil erheblich schlechter gestellt wurden. Der angeblich ständig wiederholten These, die Reichen würden immer reicher und die Armen immer ärmer, widersprach Wagner. Zumindest für Deutschland zeigten repräsentative Statistiken, dass die Ungleichheit im konjunkturellen Abschwung zwar wachse, weil es mehr Arbeitslose mit niedrigem Einkommen gebe, im Aufschwung aber zurückgehe: »Die Reichen profitieren im Aufschwung ohne Zweifel durch steigende Aktienerträge – aber im Abschwung verlieren sie auch wieder Vermögen, wenn die Aktienkurse fallen.« Abgesehen davon, dass es auch sog. Krisengewinnler gibt, deren Vermögen gerade in Depressionsphasen wächst, dürften sich besonders ganz Reiche von dem geschilderten Mechanismus weitgehend abkoppeln können.

Bald galt der schärfste Eingriff in das deutsche Sozialsystem nach dem Zweiten Weltkrieg vielen Politikern und Publizisten als eine wahre Wohltat für Erwerbslose und Niedriglohnbezieher/innen. Zwar schien Hartz IV, das die wirtschaftsliberal orientierten Medien zunächst euphorisch begrüßt und vehement gegen Kritik von Montagsdemonstrant(inn)en verteidigt hatten, gescheitert zu sein, als die Massenarbeitslosigkeit zwei Jahre später nur unwesentlich gesunken war. Unter der Überschrift »Der Kommunismus siegt. Hartz IV ist das glatte Gegenteil dessen geworden, was es sein sollte: Ausbau statt Abbau des Sozialstaats. Arbeit wird verhöhnt, Nichtstun belohnt« lästerte Hans-Ulrich Jörges, stellvertretender *Stern*-Chefredakteur, in der Ausgabe vom 24. Mai 2006, vor allem ein »ausgewuchertes

System der Zusatzleistungen« trage dazu bei, dass die Kosten für Hartz IV den Bundeshaushalt »wie eine Tsunami-Welle« überspülten: »Der scheinbar brutalste Abbau staatlicher Stütze in der deutschen Sozialgeschichte entpuppte sich als ihr komfortabelster Ausbau. Statt Arbeit unter allen Umständen zu erzwingen, eröffnete Hartz den Weg zu einem gesellschaftlichen Grundeinkommen, das Arbeit verhöhnt und Nichtstun belohnt.« Am nächsten Sonntag, dem 28. Mai 2006, war Jörges denn auch zu Gast bei Sabine Christiansen, die in ihrer ARD-Talkshow das Thema »Arm durch Arbeit, reich durch Hartz IV?« debattieren ließ. Stefan von Borstel geißelte die Arbeitsmarktreform in einem Leitartikel »Falsche Hartz-IV-Umsetzung« für die *Welt* vom 31. Mai 2006 als »typisches Produkt der deutschen Konsensdemokratie« und behauptete: »Für weite Teile der Bevölkerung bietet sich Hartz IV als attraktives Lebensmodell an.« Wer das Arbeitslosengeld II hingegen durch einen Niedriglohnjob aufstocke, müsse einen Großteil seines Verdienstes abliefern. »Nicht Leistungsempfänger sind verarmt, sondern Steuerzahler«, titelte die FAZ am 31. Mai 2006 in Anspielung auf einen angeblich darüber spottenden, aber namentlich nicht genannten Spitzenbeamten der Bundesagentur für Arbeit.

Nur selten fand die Sicht der entschiedenen Kritiker/innen des Reformpaketes so unverblümt Eingang in die Medien wie im Zusammenhang mit der dadurch steigenden Kinderarmut. Beispielsweise machte der *Kölner Stadt-Anzeiger* am 28. Juli 2006 mit der Schlagzeile »Zahl der armen Kinder hat sich verdoppelt. Eine Folge der Hartz-IV-Gesetze« auf. In dem genannten Artikel wurde Bezug auf eine Stellungnahme des Kinderschutzbundes genommen, die neuere Zahlen der Bundesagentur für Arbeit zugrunde legte. Harald Biskup, Verfasser des Artikels, relativierte in seinem Kommentar »Alarmierendes Ergebnis« die dort getroffene Aussage zwar mit dem Satz: »Gemessen an den Favelas von Rio oder den Slums von Bombay leben die zweieinhalb Millionen Kinder, die in Deutschland als arm gelten, im Schlaraffenland.« Zugleich wies er aber darauf hin, dass es sich »unsere immer noch reiche Gesellschaft« nicht leisten könne, junge Menschen sozial zu benachteiligen und kulturell auszugrenzen.

Fünf Jahre nach Vorlage des Kommissionsberichts und drei Jahre nach Inkrafttreten des Gesetzespakets fiel die Würdigung von Hartz IV in der Öffentlichkeit durchwachsen aus. Kritisch äußerte der DGB, das Verarmungsrisiko der Arbeitslosen habe sich deutlich erhöht, weil die Regelsätze nicht armutsfest seien.[231] Selbst manche jener Kommentatoren, die eine insgesamt positive Bilanz der Reform zogen, erklärten die Höhe des Arbeitslosengeldes II für unzureichend. So schrieb Kolja Rudzio unter dem Titel »Was bringt Hartz IV?« in der *Zeit* (v. 13.12.2007), der Regelsatz werde dann zum Problem, wenn unvorhergesehene Ausgaben wie für eine Reparatur der Waschmaschine anfallen. Während es bei der Sozialhilfe die Möglichkeit für Sonderbeihilfen gegeben habe, sei diese mit Hartz IV praktisch entfallen. Dagegen vertrat Sven Astheimer unter der Überschrift »Armut trotz Gesetz« in der FAZ (v. 29.1.2009) die Auffassung, Hartz IV sei »kein staatlich verordnetes Armutsprogramm«, wie die Begleitforschung durch das Institut für Arbeitsmarkt- und Berufsforschung (IAB) der Bundesagentur für Arbeit ergeben habe, und betonte, »dass die Maschen dieses sozialen Netzes nicht zu weit geknüpft wurden. Es trägt mehr Menschen als je zuvor.«

Umstritten blieb die arbeitsmarktpolitische Wirkung der Reform. Als die Zahl der offiziell registrierten Arbeitslosen wegen des letzten Konjunkturaufschwungs bis auf knapp unter 3 Mio. im Oktober 2008 sank, reklamierte die CDU/CSU/SPD-Koalition den Rückgang für sich und erklärte die Schaffung von mehr Jobs zum Erfolg ihrer Umsetzung und »Korrekturen« der rot-grünen Reformpolitik. In FAZ.NET, einer Online-Ausgabe der *Frankfurter Allgemeinen*, erschien am 24. August 2008 ein Artikel von Carsten Germis, der »Das Wunder am deutschen Arbeitsmarkt. Hartz IV wirkt« überschrieben war. Darin hieß es, im Konjunkturaufschwung der zwei Jahre zuvor sei die Arbeitslosigkeit in der Bundesrepublik stärker zurückgegangen als je zuvor nach 1945, weil die »ungeliebten Hartz-Gesetze« genau jene Wirkung gezeigt hätten, die ihnen zugedacht war: Vor allem für qualifizierte Arbeiter und Angestellte aus der Mittelschicht sei es durch die Reformen »ungemütlicher« geworden. Daraus erkläre sich die »neue Dynamik« des Arbeitsmarktes: »Es ist für viele Menschen nicht mehr so attraktiv, vom Arbeitslosengeld zu leben. Wenn nach einem Jahr der Absturz auf Hartz-IV-Niveau droht, suchen sich viele doch einen neuen Job – und nehmen ihn auch dann an, wenn sie sich eigentlich für bessere Aufgaben qualifiziert fühlen und weniger verdienen als früher.« Klaus Zimmermann, DIW-Präsident und einer der führenden neoliberalen Ökonomen, wurde mit den Worten zitiert, die »Akzeptanzlöhne« der Erwerbslosen hätten sich durch Hartz IV »deutlich nach unten bewegt«. Deshalb könnten Betriebe heute vakante Stellen leichter besetzen und hätten sogar zusätzliche Arbeitsplätze für Geringqualifizierte geschaffen. Im Unterschied zur Mittelschicht hätten die meisten Sozialhilfebezieher vom Arbeitslosengeld II finanziell profitiert, schrieb Germis weiter. Bei den Langzeitarbeitslosen mit geringer Qualifikation sei der Erfolg der Hartz-Reformen deshalb nicht ganz so stark: »Weil sich reguläre Arbeit für sie noch nicht lohnt, verharren sie im Arbeitslosengeld II. Doch die Ausweitung des Niedriglohnsektors zeigt, dass sich auch hier etwas tut.«

Hartz IV sollte nicht nur durch Abschaffung der Arbeitslosenhilfe und Abschiebung der Langzeitarbeitslosen in die Wohlfahrt den Staatshaushalt entlasten, sondern auch durch Einschüchterung der Betroffenen mehr »Beschäftigungsanreize« im Niedriglohnbereich schaffen. Man zwingt sie mit Hilfe von Leistungskürzungen, schärferen Zumutbarkeitsklauseln und Maßnahmen zur Überprüfung der »Arbeitsbereitschaft« (vor allem sog. 1-Euro-Jobs), fast jede Stelle anzunehmen und ihre Arbeitskraft zu Dumpingpreisen zu verkaufen. »Arbeitslosengeld II ist ganz klar als ergänzende Sozialleistung zum Niedriglohn konzipiert.«[232] Dies hat gravierende Auswirkungen auf die (noch) Beschäftigten: »Wenn Millionen Arbeitslose endlich so wenig Geld bekommen, dass sie »für jeden Lohn alles machen«, wenn also das Heer der Niedriglöhner (Marx sprach noch von der ›industriellen Reservearmee‹) groß und gefügig genug ist, wird es den erhofften Lohndruck auf die geben, die noch für einen Mehrwert tätig sind.«[233]

Da trotz des irreführenden Namens »Grundsicherung für Arbeitsuchende« auch immer mehr (voll) Erwerbstätige das Alg II als sog. Aufstocker, d.h. im Sinne eines »Kombilohns« in Anspruch nahmen bzw. nehmen mussten, um leben zu können, etablierte Hartz IV ein Anreizsystem zur Senkung des Lohnniveaus durch die Kapitalseite. Damit nahm der Niedriglohnsektor hierzulande fast dieselbe Breite wie in den USA an, was die sozialpolitische Kultur der Bundesrepublik grundlegend verändert, wenn nicht zerstört. Der Journalist Markus Breitscheidel verdingte sich anderthalb Jahre lang für einen Hungerlohn, um anschließend darüber per Film und in Buchform zu berichten. Breitscheidel spricht – nach dem »Selbstversuch« aus einer Betroffenenperspektive argumentierend – von Hartz IV als »Fahrstuhl direkt in die Armut statt in einen neuen, existenzsichernden Job« und bemerkt ergänzend, dass weder die Eigeninitiative der Betroffenen gefördert noch die Unabhängigkeit von Transferleistungen und damit eine spürbare Entlastung des Sozialhaushalts erreicht werde: »Hartz IV, Leih- und Zeitarbeit, so wie ich sie kennengelernt habe, verschärfen eher die Probleme auf dem Arbeitsmarkt und in der Gesellschaft insgesamt, statt sie zu lindern oder gar zu lösen.«[234]

Seit die rot-grüne Koalition den Arbeitsmarkt reformiert hatte, nahm nicht nur der Druck auf Löhne und Gehälter, sondern auch die Bereitschaft zu, ein Anwachsen extremer Armut in der Absicht hinzunehmen oder gar bewusst zu fördern, auf diese Weise für mehr Beschäftigung zu sorgen. Alexander Spermann, Forschungsbereichsleiter »Arbeitsmärkte, Personalmanagement und Soziale Sicherung« am Zentrum für Europäische Wirtschaftsforschung (ZEW) in Mannheim, schlug in einem »Mehr Druck, mehr Anreiz. Wie ein erfolgreiches Kombilohn-Modell aussehen könnte« überschriebenen Beitrag für die *Zeit* (v. 19.1.2006) vor, zeitlich befristete, aber großzügig bemessene Hinzuverdienste für Empfänger/innen von Arbeitslosengeld II so mit dessen degressiver Ausgestaltung zu kombinieren, dass sich die Arbeitsaufnahme lohne: »Das Arbeitslosengeld II – nicht das Sozialgeld für Kinder – muss dabei schrittweise und mit Fingerspitzengefühl je nach Bedarfslage und verfassungskonform auf ein physisches Existenzminimum (!?) abgeschmolzen werden.«

Für erheblichen Medienrummel und wütenden Protest sorgten zwei Wirtschaftswissenschaftler, die im Rahmen eines Forschungsprojekts an der TU Chemnitz errechnet hatten, dass die Regelsätze der Grundsicherung für Arbeitsuchende »eher zu hoch« seien.[235] Dieser »wissenschaftliche« Befund passte hervorragend in eine Serie der *Bild*-Zeitung zum Thema »Sozial-Abzocker«, die am 6. September 2008 »Professor behauptet: 132 Euro Hartz IV im Monat reichen!« titelte. Martin Staiger spricht in diesem Zusammenhang von »Hartz-IV-Hetze« und kritisiert den methodischen Ausgangspunkt der Ökonomen, die modelltheoretisch-abstrakt denkend völlig an der sozialen Realität vorbei argumentierten: »Sie gehen von einem Menschen aus, der danach strebt, seine Existenz unter ausschließlich ökonomischen Gesichtspunkten aufrechtzuerhalten, profaner ausgedrückt: so billig wie möglich einzukaufen.«[236] Im Februar desselben Jahres hatte Berlins damaliger Finanzsenator Thilo Sarrazin übrigens mit einem »Speiseplan« für Hartz-IV-Empfänger/innen, der Bratwurst und Sauerkraut enthielt, Aufsehen erregt.

Kinderarmut als Mode- und Medienthema

»Armut«, lange ein Tabuthema, ist nach der Jahrtausendwende fast zu einem Topthema deutscher Massenmedien geworden. Dies wohl nicht zuletzt deshalb, weil sie nunmehr vor allem Kinder und Jugendliche traf, die darunter im ungünstigsten Fall ein ganzes Leben lang leiden. Denn im Unterschied zu den Erwachsenen haben Kinder noch keine geeigneten Bewältigungsstrategien entwickelt und sind nicht in der Lage, ihre Situation zu reflektieren. Außerdem kann man sie kaum für ihre missliche Lage verantwortlich machen und ihnen schwerlich Leistungsmissbrauch vorwerfen. Deshalb wird auch kein »aktivierender Sozialstaat« bemüht, um ihnen durch »Fördern und Fordern« mehr Eigenverantwortung abzuverlangen. »Da Kinder in unserer Gesellschaft als unmündige Menschen angesehen werden, bleibt [...] die Schuldfrage außen vor.«[237] Vielmehr bilden sie geradezu den Prototyp der »würdigen Armen«. Daher hätte die Verantwortung von Wirtschaft, Staat und Gesellschaft an der Entwicklung im Mediendiskurs über Kinderarmut umso klarer zutage treten können, zumal diese, wenn man so will, die moralisch-soziale Achillesferse des Finanzmarktkapitalismus ist: Selbst solche Kommentator(inn)en, denen die Unterversorgung von »Faulen« und »weniger Leistungsfähigen« mit lebensnotwendigen Gütern als normal erscheint, halten die Kinderarmut für einen gesellschaftspolitischen Skandal.

Zunächst wurde das Problem der wachsenden Kinderarmut verdrängt, beharrlich totgeschwiegen und systematisch verharmlost. Als die Zahl der in Sozialhilfehaushalten lebenden Kinder kurz nach der Vereinigung von BRD und DDR die Millionengrenze überschritt bzw. als dieser Umstand der Öffentlichkeit im Frühjahr 1993 mit einiger Zeitverzögerung bekannt wurde, war das Geschrei groß. Nunmehr avancierte die Kinderarmut zu einem unübersehbaren »Schwerpunkt der Armutsberichterstattung« in deutschen Massenmedien.[238] Typisch dafür war ein unter dem Zitat-Titel »Bitterkeit und Wut« erschienener Artikel im *Spiegel* (v. 17.10.1994), der feststellte, »ungerechte staatliche Transfersysteme« hätten immer mehr Familien unter die Armutsgrenze getrieben: »Auch für Durchschnittsverdiener wird Nachwuchs zum sozialen Risiko.« Die schwierige Lage der Betroffenen wurde eindringlich geschildert und mit statistischen Daten unterfüttert: »Noch nie lebten so viele Familien und Alleinerziehende von der Sozialhilfe (fast 440.000), noch nie so viele Kinder in Obdachlosenheimen, Notunterkünften und auf der Straße (rund 500.000).«

Noch immer berichteten Journalist(inn)en eher sporadisch über die Armut von Familien und Kindern, wobei sie sich meist auf die Schilderung spektakulärer bzw. »Problemfälle« beschränkten.[239] Vor und nach dem Kanzlerwechsel Kohl/Schröder häuften sich die Pressemeldungen über Kinderarmut.[240] Oft beruhigten die Journalist(inn)en sich und ihr Publikum jedoch gleich wieder mit dem Hinweis, es handle sich dabei weniger um materielle Not als um fehlende Zuwendung, mentale Verwahrlosung und Vernachlässigung durch die Eltern.[241] Außerdem erfolgte die ideologische Entsorgung des Problems durch eine Kulturalisierung bzw. Pädagogisierung und eine Demografisierung, die den mehrdeutigen Begriff »Generationengerechtigkeit« zur Legitimation eines weiteren »Um-« bzw. Abbaus des Sozialstaates einschließlich der Kürzung von Altersrenten missbraucht.[242]

Standen früher meist Ältere, besonders Frauen (z.b. Früh- und Kleinstrentnerinnen), im Mittelpunkt der Armutsberichterstattung von Massenmedien und der Spendenaktionen zu geeigneten Anlassen wie dem Weihnachtsfest, so sind es seit geraumer Zeit fast ausschließlich Kinder, die im Zusammenhang mit sozialer Benachteiligung, Verarmung und Verelendung von Menschen in der Bundesrepublik öffentliche Aufmerksamkeit erregen. Dass die Kinder mittlerweile häufiger als eigene Subjekte wahrgenommen wurden, sicherte ihnen mehr und ihren ebenfalls armen Müttern weniger Aufmerksamkeit als noch während der 80er-Jahre. »Im EU-Europa wurde zunächst die Altersarmut von Frauen, dann der Beitrag der Hausfrauenehe, später der Ehe überhaupt, schließlich der Kinder zum Armutsrisiko von Frauen beklagt.«[243] Dies ist nicht bloß der Tatsache geschuldet, dass Familien, Frauen und Kinder nunmehr zu einem deutlich höheren Anteil auf Sozialhilfe angewiesen waren als Rentner/innen, für die es seit dem 1. Januar 2003 eine bedarfsorientierte Grundsicherung im Alter und bei (dauerhafter) Erwerbsminderung gibt, wenngleich nur auf dem Niveau der Sozialhilfe und seit dem 1. Januar 2005 auch formell dort (im SGB X) angesiedelt. Vielmehr trug dazu auch der Umstand bei, dass Kinder – in der neoliberalen Diktion zum »Humankapital« bzw. »-vermögen« avanciert – als Hoffnungsträger/innen für den »Standort D« und als »Zukunft der Gesellschaft« galten, während Senior(inn)en zu unproduktiven Belastungsfaktoren abgestempelt wurden.

Aus den »Kindern der Armen«, wie man sie während der 70er- und 80er-Jahre noch häufig nannte, wurden im Laufe der 90er-Jahre die »armen Kinder«. Dass die meisten Bundesbürger/innen heute unter »Kinderarmut« in erster Linie nicht die Armut *an*, sondern *von* Kindern verstehen, ist als großer Erfolg der Armutsforschung und der auf diesem Gebiet besonders engagierten Organisationen (Deutscher Kinderschutzbund, Paritätischer Wohlfahrtsverband, Unicef u.a.) zu werten. Freilich kann es sich dabei auch um einen semantischen Pyrrhussieg handeln, verdeckt der Begriff die Hintergründe und Entstehungsursachen des Phänomens doch eher. Denn arme Kinder haben arme Eltern, vor allem arme Mütter, die hinter ihrem Nachwuchs zu verschwinden drohen. Kinder als Armutsrisiko ihrer Eltern zu begreifen, verkennt die Tatsache, dass sie nicht die Ursache, sondern nur den Auslöser für soziale Probleme einer Familie bilden.

In der öffentlichen Diskussion über missbrauchte und verwahrloste, teilweise unter tragischen Umständen gestorbene Kinder wie Jessica in Hamburg, Kevin in Bremen und Lea-Sophie in Schwerin, die aufgrund entsprechender Medienberichte manchmal beinahe hysterische Züge annahm, wurde vor allem der Druck auf die Behörden erhöht, früher und massiver einzugreifen, der sozioökonomische Hintergrund dieser Familientragödien aber meistens ausgeklammert. Vielmehr verbanden sich damit in den Massenmedien die Bilder von »Unterschicht«-Eltern, denen ihre Kinder völlig egal und die nur am eigenen Konsum, aber nicht an den Wertorientierungen der Mehrheitsgesellschaft bzw. der Mittelschicht interessiert sind. Ariadne Sondermann, Wolfgang Ludwig-Mayerhofer und Olaf Behrend konstatieren, dass solche Zuschreibungen mit Blick auf die Empirie längst als widerlegt gelten können: »Die Eltern sind vor allem darum bemüht, ihren Kindern dazu zu verhelfen, es einmal besser zu haben; problematisch dürften eher ihre geringen Ressourcen sein, die dem Erfolg dieser Bemühungen Grenzen setzen.«[244]

Mittlerweile wird nicht nur häufiger und ausführlicher, sondern auch sehr viel differenzierter als noch vor wenigen Jahren über die Armut der jüngsten Gesellschaftsmitglieder berichtet. Während sich audiovisuelle Medien stärker auf situative Erfahrungs- und Stimmungsberichte konzentrieren, die rein deskriptiv zu vermitteln suchen, was Armut hierzulande bedeutet und welche Auswirkungen sie im Alltag davon betroffener Familien hat, zeichnen viele Printmedien ein umfassenderes Bild. Vor allem die Lokalzeitungen, aber auch überregionale Tageszeitungen und wöchentlich erscheinende Nachrichtenmagazine veröffentlichen ungefähr seit der Jahrtausendwende immer häufiger Artikel über sozial benachteiligte Familien und das wachsende Leid ihrer jüngsten Mitglieder. Von anerkannten Qualitätszeitungen wie der *Frankfurter Rundschau* und der *Süddeutschen Zeitung* über Wochenzeitungen wie die *Zeit* und Nachrichtenmagazine wie *Focus*, *Spiegel* und *Stern* bis zu Boulevardblättern wie der *tz* und Frauen- bzw. Modemagazinen wie der *Brigitte* brachten praktisch alle bedeutsamen Publikationsorgane des Landes umfangreiche Reportagen und manchmal rührselige Berichte über Kinderarmut.[245] Viele der aufrüttelndsten und einfühlsamsten Artikel über die Armut von Kindern haben übrigens Journalist*innen verfasst,[246] die das Schicksal der Kleinen, wie die Leser/innen merken konnten, nicht kaltließ.

Gleichwohl oder gerade deshalb blieb die politische und mediale Debatte häufig auf der Erscheinungsebene, wo man weder die gesellschaftlichen Hintergründe des Problems erfassen noch Erfolg versprechende Strategien zu seiner Lösung entwickeln kann. Dass die strukturellen Ursachen eine Leerstelle blieben, machen Überschriften wie »Kinder machen arm« im Bremer *Weser-Kurier* (v. 7.12.1999) deutlich. Auch wurde selten auf einem hohen theoretischen Niveau über die Notwendigkeit und die Möglichkeit wirksamer Gegenmaßnahmen reflektiert.[247]

Den öffentlichen Diskurs über Kinderarmut durchziehen zwei Grundmuster, die jedoch selten »in Reinkultur« vorkommen: Entweder wird am Einzelfall demonstriert, welche konkreten Auswirkungen die Armut beispielsweise auf Mehrkinderfamilien in »sozialen Brennpunkten« hat, wodurch man mehr oder weniger erfolgreich Mitleid für die Betroffenen bei den Leser(inne)n weckt.[248] Sich moralisch über die wachsende Not und das erschreckende Elend in einem reichen Land zu empören, hilft jedoch wenig, da (Kinder-)Armut einerseits konstitutiver Bestandteil des bestehenden Wirtschafts- und Gesellschaftssystems ist und die Bundesregierung sie andererseits legitimiert und sehr wenig dagegen tut. Oder die Medienmacher/innen ziehen (offizielle) Statistiken heran, um damit zu belegen, wie problematisch eine hohe Armutsquote unter Kindern in demografischer Hinsicht für Deutschland bzw. ökonomisch für den »Standort« ist und welche Nachteile das für die heimische Volkswirtschaft hat.[249] Doch was taugt der sicherlich gut gemeinte Appell an die nationale Verantwortungsgemeinschaft, wenn die überproportional von Armut betroffenen Halbwüchsigen eben (noch) keine »Leistungsträger/innen« der Volkswirtschaft, sondern als »teure Kostgänger/innen« eines »überbordenden« Wohlfahrtsstaates diskriminierte Angehörige der gesellschaftlichen Unterschicht sind?

Der deutsche Diskurs über Kinderarmut schwankt zwischen dem Hang zur Moralisierung dieses Problems und dem vermeintlichen Zwang zur Sicherung des »Wirtschaftsstandortes«. Weder die Mobilisierung von Mitleid gegenüber den hilflosen Lebewesen noch die Instrumentalisierung der Standortlogik zwecks erfolgreicherer Bekämpfung der Kinderarmut können wirklich überzeugen. Wenn der »Standort D« im Mittelpunkt steht, kommen arme Kinder und schlecht (aus)gebildete Jugendliche höchstens als brachliegendes »Humankapital« vor. Zwar kann man auch im nationalökonomischen bzw. im Standortinteresse berechtigte Kritik an der Kinderarmut üben, läuft aber unter diesen Umständen leicht Gefahr, den Bock zum Gärtner zu machen und Ratschlägen neoliberaler Ökonomen zu folgen, deren Realisierung das Problem wahrscheinlich noch weiter verschärfen würde. Sehr viel sinnvoller erscheint der Versuch, von den Betroffenen und ihren fundamentalen Rechten auszugehen, wie sie die UN-Kinderrechtskonvention enthält, um auf diese Weise den politischen Druck von unten zu verstärken. Gerade die Hegemonie des Marktradikalismus und die Dominanz der neoliberalen Leistungsideologie verhindern nämlich bisher zusammen mit einem entsprechend deformierten Gerechtigkeitsbegriff, dass mehr als Krokodilstränen über fehlende Bildungschancen der Kinder (mit Migrationshintergrund) vergossen und wirksame Gegenmaßnahmen ergriffen werden.

Leicht zynisch wirkte, dass die damalige Bundesfamilienministerin Renate Schmidt in einem Gastbeitrag für *Bild am Sonntag* (v. 27.2.2005) unter dem bezeichnenden Titel »Armut hängt nicht nur vom Geld ab« den Hartz-IV-Empfänger(inne)n wohlfeile Ratschläge gab, wie sie ihre Kinder mit Eintopf statt mit Fast Food billiger und gesünder ernähren könnten. Entscheidender als die Frage, ob eine Familie über viel Geld verfüge, sei die Frage, ob sie es verstehe, gut mit Geld umzugehen. Kochkurse für Arbeitslosengeld II oder Sozialhilfe beziehende Frauen erschienen geradezu als Patentrezept im Kampf gegen die Armut von deren Kindern.

Ganz ähnlich wie die per Boulevardzeitung erteilten Ratschläge der damaligen Familienministerin, nämlich »Geld allein hilft nicht« war ein Artikel in der *Welt* (v. 4.5.2005) überschrieben, in dem Dorothea Siems über ein Regierungsgutachten berichtete, das Hans Bertram als Vorsitzender der entsprechenden Fachkommission zum Thema einer »nachhaltigen«, soll heißen: die Geburtenrate steigernden bzw. stabilisierenden Familienpolitik vorgelegt hatte. Dass Geld allein nicht hilft, weder gegen die Armut *von* noch gegen die – damit zweifellos zusammenhängende – Armut *an* Kindern, hat auch noch nie ein seriöser Armutsforscher oder Demograf behauptet. Aber dass der Staat die Armut von Familien nicht beseitigen und junge Menschen nicht motivieren kann, in Zeiten großer sozialer Unsicherheit mehr Kinder in die Welt zu setzen, ohne viel Geld auszugeben, ist gleichfalls eine Binsenweisheit. Anders formuliert: Armut ist mehr, als wenig Geld zu haben. Aber wer (zu) wenig Geld hat, bleibt arm, selbst wenn ihm weder Liebe noch Zuwendung fehlen.

Als das Bundessozialgericht den Kinderregelsatz nach Hartz IV am 27. Januar 2009 für verfassungswidrig erklärte und die Angelegenheit dem höchsten deutschen Gericht in Karlsruhe zur Letztentscheidung vorlegte, war die Presse des Lobes voll.[250] Dabei hatten die Kasseler Richter gar nicht geurteilt, dass der Satz zu niedrig, sondern nur, dass die Form seiner Ermittlung zu beanstanden sei, weil der Gleichheitsgrundsatz sowenig beachtet werde wie die Menschenwürde und das Sozialstaatsgebot des *Grundgesetzes*. Zudem zog sich die Bundesregierung mit dem Hinweis aus der Affäre, dass sie im Rahmen des damals bereits auf dem Gesetzgebungsweg befindlichen und im Januar/Februar 2009 von Bundestag und -rat gebilligten »Konjunkturpaketes II« ab dem 1. Juli dieses Jahres eine dritte Alterskategorie für Kinder beim Sozialgeld eingeführt und den Regelsatz für die 6- bis 13-Jährigen von 60 auf 70 Prozent des Eckregelsatzes (eines alleinstehenden Erwachsenen) angehoben habe. Verschwiegen wurde, dass den jüngeren sowie den älteren Kindern und den Jugendlichen dadurch nicht geholfen, aber auch, dass die getroffene Maßnahme bis zum 31. Dezember 2011 befristet ist.

Erregte zunächst das jämmerliche Schicksal der Kinder die Gemüter, wandte sich die Aufmerksamkeit mit erheblicher Verspätung auch den Jugendlichen zu. Wie eine Studie des DGB im Februar 2009 belegte,[251] gibt es neben der immer noch hohen Jugend*arbeitslosigkeit* auch vermehrt Jugend*armut*, was nicht verwundert. Denn auch wer einen Ausbildungsplatz hat oder ein Praktikum macht, wird oft so schlecht bezahlt, dass er unter die Armutsgrenze rutscht. Außerdem existiert ein sozialer Teufelskreis: Kinderarmut führt zu Jugendarbeitslosigkeit, weil junge Menschen aus sozial benachteiligten Familien schlechte Chancen auf dem Lehrstellenmarkt haben, und Jugendarbeitslosigkeit führt zu Kinderarmut, nämlich dann, wenn davon betroffene Teenager ihrerseits Nachwuchs bekommen.

Auch das Problem einer möglichen »(Re-)Seniorisierung« der Armut schlägt sich mittlerweile im Mediendiskurs nieder. Zuletzt häuften sich die Zeitungsberichte über Altersarmut und Indizien für deren massenhafte Ausbreitung.[252] Teilweise beklagen dieselben Journalist(inn)en, denen es bei der Absenkung des Rentenniveaus jahrelang gar nicht schnell und radikal genug zugehen konnte, heute die drohende und teilweise schon um sich greifende Altersarmut, ohne zu konzedieren, dass diese ein zwangsläufiges Ergebnis der von ihnen selbst propagierten Reformen bildet. Genannt sei nur die *Zeit*-Redakteurin Elisabeth Niejahr, die den damaligen Arbeits- und Sozialminister Walter Riester am 21. Oktober 1999 unter dem Titel »Arme Junge, reiche Alte« ermahnt hatte, seine Rentenreform müsse »die Rentner zur Kasse bitten«, denen es materiell viel besser gehe als nachwachsenden Generationen: »Sie haben relativ geringe Beiträge gezahlt und bekommen dafür relativ hohe Renten.« Am 30. August 2007 beschwor Niejahr unter dem Titel »Der wahre Altersunterschied« in der *Zeit* die Gefahr einer zunehmenden Altersarmut. Zwar nahm sie vornehmlich Freiberufler/innen und »Soloselbstständige«, die nicht der gesetzlichen Rentenversicherung angehören, in den Blick, erkannte aber nunmehr: »Die Verteilungskonflikte werden vermutlich nicht zwischen den Generationen ausgetragen, sondern innerhalb der Generationen – Arm kämpft gegen Reich statt Alt gegen Jung.«

Der missverständliche Begriff »Bildungsarmut« und die Pädagogisierung des Armutsproblems

Eine ähnlich steile Medienkarriere wie das Thema »Kinder-« machte der Begriff »Bildungsarmut«, von dem zuletzt fast immer dann die Rede war, wenn es um die materielle Unterversorgung junger Menschen hierzulande allgemein und besonders die Schlechterstellung von Migrant(inn)en im deutschen Schulsystem ging. Das traditionell mehrgliedrige, immer noch hierarchisch strukturierte deutsche Bildungswesen wirkt sozial extrem selektiv und benachteiligt jene Schüler/innen, die aus »bildungsfernen« Elternhäusern kommen. Aber dass man Vernor Muñoz Villalobos, UN-Sonderberichterstatter für das Recht auf Bildung, mit demonstrativer Ignoranz und Arroganz begegnete, als er bei seiner Reise durch die Bundesrepublik im Februar 2006 Tendenzen der strukturellen Diskriminierung von Kindern aus armen Familien und solchen mit Migrationshintergrund benannte,[253] hat gezeigt, wie wenig Sensibilität für das Problem hierzulande besteht und wie ein borniertes Bürgertum das Privileg, seinem Nachwuchs ein gymnasiales Bildungsprivileg zu garantieren, ohne Rücksicht auf die weniger betuchten Gesellschaftsschichten verteidigt.

Im angloamerikanischen Wohlfahrtsstaat gehört die Bildungs- seit jeher zur Sozialpolitik, in der Bundesrepublik zählt man sie eher zur Gesellschaftspolitik. Neuerdings steht dieses Verständnis von Bildungspolitik hierzulande im Kreuzfeuer der Kritik. Seitdem die Soziologin Jutta Allmendinger den Begriff in die deutsche Fachdebatte eingeführt hat,[254] spricht man in den Erziehungswissenschaften vermehrt von »Bildungsarmut« und tut so, als könne eine gute Schulbildung oder Berufsausbildung verhindern, dass Jugendliche ohne Arbeitsplatz bleiben. Tatsächlich verhindern Bildungsdefizite vielfach, dass junge Menschen auf dem überforderten Arbeitsmarkt sofort Fuß fassen. Auch führt die Armut von Familien häufig dazu, dass deren Kinder keine weiterführende Schule besuchen oder sie ohne Abschlusszeugnis wieder verlassen. Armut in der Herkunftsfamilie zieht bereits in der Sekundarstufe oftmals Bildungsdefizite der davon betroffenen Kinder nach sich.[255] Der umgekehrte Effekt ist hingegen kaum signifikant: Ein schlechter oder fehlender Schulabschluss verringert zwar die Erwerbschancen, wirkt sich aber kaum nachteilig auf den Wohlstand einer Person aus, wenn diese vermögend ist oder Kapital besitzt.

Für den Sozialstatistiker Walter Krämer, der von der neoliberalen »Humankapitaltheorie« ausgeht, schließen sich ein hoher Bildungsstand und Armut per se aus: »Eine gute Hochschulausbildung etwa ist ein wertvoller Bestandteil unseres Vermögens; ein Diplomingenieur, auch wenn vorübergehend ohne Arbeit und von weniger als 938 Euro im Monat lebend, ist natürlich niemals arm, genauso wenig wie die Hunderttausende von Studenten, die nicht mehr zu Hause wohnen und mit ihren Bafög-Sätzen statistisch zu den Armen unseres Landes zählen.«[256] Was den Diplomingenieur, zumindest wenn er nicht mehr der jüngste ist, von den Studierenden unterscheidet, ist die Tatsache, dass er vermutlich eine Familie mitsamt entsprechenden Unterhaltspflichten, Hypothekschulden o.Ä. und nach länger dauernder Arbeitslosigkeit kaum noch Chancen hat, beruflich wieder Fuß zu fassen. Zu den zahlreichen Menschen, die mit ihrer Hände Arbeit so wenig verdienen, dass sie sich und ihre Familie kaum ernähren können, gehören keineswegs nur schlecht ausgebildete, ganz im Gegenteil: »Im deutschen Niedriglohnsektor sind vor allem Qualifizierte beschäftigt, die angesichts des Überangebots an Arbeitskräften auch in den einfachen Jobs die gering Qualifizierten verdrängt haben.«[257]

Zweifellos ist es mehr als skandalös, dass die Kinder aus sozial benachteiligten Familien erheblich weniger gute Bildungschancen haben als die Zöglinge der besonders Gutsituierten und auf diesem für ihren ganzen Lebens- und Berufsweg zentralen Feld hierzulande stärker diskriminiert werden als in fast allen übrigen entwickelten Industriestaaten, wie der internationale Schulleistungsvergleich PISA 2000 bestätigte.[258] Ursache und Wirkung dürfen allerdings nicht vertauscht werden, indem man so tut, als führten ausschließlich oder hauptsächlich mangelnde Bildungsanstrengungen zu materieller Armut. Obwohl es meistenteils umgekehrt ist, fällt sonst ausgerechnet den Betroffenen im Sinne eines individuellen Versagens (der Eltern) die Verantwortung dafür zu, während ihre gesellschaftlich bedingten Handlungsrestriktionen und die politischen Strukturzusammenhänge aus dem Blick geraten. Natürlich ist Armut mehr als Mangel an Geld, der durch finanzielle Zuwendungen behoben werden könnte. Politiker/innen heben dies immer wieder hervor, womöglich deshalb, um es nicht für ihre Bekämpfung verwenden zu müssen. Armut schlägt sich auch nicht bloß als chronisches Minus auf dem Bankkonto oder als gähnende Leere im Portemonnaie nieder. Denn sie führt zu vielfältigen Benachteiligungen, Beeinträchtigungen und Belastungen, etwa im Bildungs-, Kultur- und Freizeit- wie auch im Gesundheits- und im Wohnbereich. Dieser Umstand hat es materiell besser gestellten Schichten immer schon erleichtert, die Armen nach dem Motto »Geld macht ohnehin nicht glücklich« regelrecht zu verhöhnen, verleitet darüber hinaus jedoch heute noch manche Kommentatoren dazu, Armut zu subjektivieren, zu individualisieren bzw. zu biografisieren und sie auf Sozialisations- bzw. Kulturdefizite oder die »Bildungsferne« der Betroffenen zurückzuführen.

So behauptete Paul Nolte in einem unter dem zynischen Titel »Das große Fressen« erschienenen Gastbeitrag für die *Zeit* (v. 17.12.2003), das Hauptproblem der Unterschicht sei gar nicht die Armut, sondern der massenhafte Konsum von Fast Food und Fernsehen (RTL und Sat.1). Glaubt man dem Berliner Historiker, sind nicht etwa materielle Entbehrungen und gekürzte Sozialleistungen die Problemursache, sondern der Verlust kultureller Werte und Normen, welcher im Rahmen einer »fürsorgliche(n) Vernachlässigung« erfolgt sei: »Einer vergleichsweise hohen materiellen Fürsorge der Unterschicht steht eine Vernachlässigung in sozialer und kultureller Hinsicht gegenüber.« Als sei das »Unterschichtenfernsehen« (Harald Schmidt), dessen übermäßiger Konsum sie angeblich davon abhält, ihren sozialen Aufstieg zu organisieren, das Problem der Dauerarbeitslosen, die nach Zerstreuung suchen, und weder das Problem der Medienkonzerne, die es vornehmlich aus Profitgier betreiben, noch der Politiker, die es nach dem Kanzlerwechsel Schmidt/Kohl zugelassen haben, weil sie davon eine grundlegende Veränderung der politischen Kultur des Landes erhofften wie der damalige Bundeskanzler und CDU-Vorsitzende!

In dasselbe Horn wie Nolte stieß der *Stern*-Redakteur Walter Wüllenweber am 16. Dezember 2004, als er unter dem Titel »Das wahre Elend« von der heutigen Unterschicht behauptete, sie leide keine Not: »Das Elend ist keine Armut im Portemonnaie, sondern die Armut im Geiste. Der Unterschicht fehlt es nicht an Geld, sondern an Bildung.« Sowenig ein ökonomistisch verkürzter Armutsbegriff das Phänomen in seiner ganzen Komplexität erfasst, sowenig Sinn macht ein kulturalistisch verkürzter Armutsbegriff. Ohne die Berücksichtigung der Schlüsselrolle materieller Güter für die Existenz, das Ansehen und die Wertschätzung eines Menschen im Gegenwartskapitalismus kann das Problem nicht verstanden werden. Geradezu paradox erscheint, dass die überragende Bedeutung des Geldes sowie seiner halbwegs gleichmäßigen und gerechten Verteilung auf die unterschiedlichen Bevölkerungsgruppen ausgerechnet zu einer Zeit immer häufiger angezweifelt wird, in der es aufgrund einer fortschreitenden Ökonomisierung, Privatisierung und Kommerzialisierung in fast allen Gesellschaftsbereichen ständig an Relevanz für die Versorgung und den Status von Individuen gewinnt.

Wüllenweber erklärte das Monatseinkommen zum falschen Maßstab, um die Situation von Menschen zu beurteilen, was sich bei den etwa 800.000 jüngeren zeige, die sich in Ausbildung und Studium befänden, denn sie hätten wenig Geld, aber gute Chancen. Reiche und Arme würden gleichermaßen reicher. »Dennoch ist Deutschland ein gespaltenes Land. Aber die Spaltung verläuft nicht entlang der wirtschaftlichen Linien. Es ist eine kulturelle Spaltung.« Armut mache nicht krank, der schlechte Gesundheitszustand der Unterschicht sei vielmehr auf Disziplinlosigkeit zurückzuführen. Bisher hätten Politik, Gesellschaft und Sozialwissenschaften geglaubt, die Lebensformen der Unterschicht seien eine Folge der Armut. Richtig sei jedoch das Gegenteil: »Die Armut ist eine Folge ihrer Verhaltensweise, eine Folge der Unterschichtskultur.«

Wer das Armutsphänomen auf eine verfestigte »Kultur der Armut« zurückführt und damit auf ein Kulturproblem reduziert, missbraucht einen Schlüsselbegriff des bedeutenden US-amerikanischen Kulturanthropologen Oscar Lewis. Dieser hatte während der 1950er- und 1960er-Jahre beobachtet, dass die Armen (in Lateinamerika und von dort stammende US-Immigranten) unter widrigsten sozialen Verhältnissen eine Überlebenskunst entwickeln, die sie befähigt, damit umzugehen, ohne ihre Selbstachtung zu verlieren.[259] Lewis fasste Armut als sich von Generation zu Generation vererbende Lebensform, war allerdings meilenweit davon entfernt, die ökonomischen Herrschaftsverhältnisse und die politischen Rahmenbedingungen auszublenden, wusste er doch um die Klassendeterminiertheit von Pauperisierungs- und sozialen Marginalisierungsprozessen. Aus seinem Bremer Forschungsprojekt hat Lutz Leisering Mitte der 90er Jahre berichtet, dass es selbst bei »verfestigten Sozialhilfekarrieren« keine damit vergleichbaren Entwicklungen gab: »Den Typus eines aktiven Gegenbildes zur herrschenden Kultur – eine ›Kultur der Armut‹ oder gar eine Kultur der Devianz – fanden wir nicht. Sie scheint in Deutschland kaum ausgeprägt zu sein.«[260] Falls sich dies, wie Nolte, Wüllenweber und Co. behaupten, mittlerweile geändert hat, muss nach den Gründen dafür gesucht und gefragt werden, ob die US-Amerikanisierung des Sozialstaates seit der Jahrtausendwende neben einer US-Amerikanisierung der Sozialstruktur unseres Landes auch eine US-Amerikanisierung der (Un-)Kultur seiner Armen nach sich gezogen hat.

Der deutsche Unterschichtendiskurs war im Wesentlichen eine Neuauflage der US-amerikanischen »underclass«-Debatte zwei Jahrzehnte zuvor. Hier wie dort wurde Armut mit einer »Pennermentalität«, fehlender Arbeitsmoral, einem Hang zur (Klein-)Kriminalität und sexueller Promiskuität in Verbindung gebracht, wenngleich nationale Besonderheiten nicht irrelevant waren, wie die rassistisch motivierte Fokussierung der Debatte auf die uneheliche Mehrfachmutterschaft schwarzer Teenager (»black welfare mothers« oder »welfare queens« genannt) in den USA zeigt. Bildung steht hingegen nicht zuletzt deshalb im Mittelpunkt des neueren Armutsdiskurses der Bundesrepublik, weil sie für das deutsche Kleinbürgertum seit jeher eine probate Möglichkeit darstellt, sich nach oben und unten gleichzeitig abzugrenzen. Je mehr die gesellschaftliche Mitte unter ökonomischen Druck gerät und sozial erodiert, umso energischer weigern sich manche ihrer Repräsentanten, Armut und Prekarität als traurige Realität des Gegenwartskapitalismus zu akzeptieren. »Die Umdeutung der sozialen Frage in ein bloßes Mentalitätenproblem passiver Leistungsempfänger bedient sich der – immer schon problematischen – Negativklassifikationen einer Gesellschaft, die so nicht mehr existiert. Sie verfehlt die spezifische Dynamik von Prekarisierungsprozessen, welche zunehmend auch zuvor saturierte Schichten in gesellschaftliche Nachbarschaft zu deklassierten Gruppen bringen.«[261]

In der Bundesrepublik Deutschland seien nicht die Armen immer die Dummen, sondern die Dummen seien immer arm, behauptete Wüllenweber. So wurden Ursache und Wirkung miteinander verwechselt bzw. bewusst vertauscht. Denn wie die Menschheit im welthistorischen Maßstab zuerst genügend Reichtum schaffen musste, damit Kunst und Kultur erblühen konnten, genauso verhält es im persönlichen Nahbereich. Wüllenwebers idealistische Sichtweise stellt die Wirklichkeit geradezu auf den Kopf, denn nach wie vor bestimmt die materielle Lage bzw. das gesellschaftliche Sein das Bewusstsein, den Bildungsdrang und die kulturelle Prägung der Menschen, nicht umgekehrt. Gleichzeitig leistet sie einer Individualisierung, Moralisierung und Pädagogisierung des Armutsproblems insofern Vorschub, als nicht mehr die sozioökonomischen Verhältnisse revolutioniert oder reformiert werden müssen, um es zu beseitigen, sondern bloß noch das Verhalten der Betroffenen einer Änderung durch »Umerziehung« bedarf.

Der heutige Arme wird häufig auf seine (angeblichen) Bildungs- und Kulturdefizite reduziert, die ihn vermeintlich daran hindern, sozial aufzusteigen: »Er besitzt keine Bildung, aber er strebt ihr auch nicht entgegen. Anders als der Prolet des beginnenden Industriezeitalters, der sich in Arbeitervereinen organisierte, die zugleich oft Arbeiterbildungsvereine waren, scheint es, als habe das neuzeitliche Mitglied der Unterschicht sich selbst abgeschrieben. Selbst für seine Kinder unternimmt er keine allzu großen Anstrengungen, die Tür in Richtung Zukunft aufzustoßen.«[262] Dieser historische Vergleich des *Spiegel*-Redakteurs und Bestsellerautors Gabor Steingart hinkt allerdings gewaltig, denn der frühindustrielle Kapitalismus bot dem aufstrebenden Proletariat ganz andere Möglichkeiten, sich als kollektiver Machtfaktor zu entfalten, als der Finanzmarktkapitalismus, in dem sich das »neue Prekariat« mehr oder weniger überflüssig vorkommt. Da den Langzeitarbeitslosen heute in aller Regel berufliche und soziale Perspektiven fehlen, bleiben ihnen oftmals nur politische Resignation, der Rückzug ins Private und Apathie.

Gegen die von Nolte und seinen Gesinnungsgenossen (re)produzierten Klischees und Stereotype gewandt, konstatiert der Soziologe Sighard Neckel: »Die ›neuen Unterschichten‹ wurden gewissermaßen als inneres Ausland der deutschen Marktgesellschaft präsentiert, mit zugleich befremdlichen wie nur allzu bekannten Eigenschaften, an deren Vulgarität sich das gerade erst wieder neu aufkeimende bürgerliche Selbstbewusstsein aufrichten konnte.«[263] Protagonisten einer »neuen Bürgerlichkeit« wie Nolte tun so, als wäre die Armut kulturell bedingt, weil sie dann nicht mehr strukturell bedingt sein und kein Mensch außer den davon Betroffenen selbst etwas dagegen tun kann (bzw. muss). Welche politischen Konsequenzen eine Psychologisierung, Kulturalisierung und Pädagogisierung der Armut hat, zeigt auch Wüllenwebers Essay »Spiel nicht mit den Schmuddelkindern!« im *Stern*-Heft vom 19. Oktober 2006, wo Forderungen nach einer Umverteilung des gesellschaftlichen Reichtums durch höhere Transferleistungen an die Armen energisch widersprochen wurde: »Mit mehr

Sozialknete kann man die Benachteiligung nicht wirksam bekämpfen. Bekäme jede arme Familie 200 oder 300 Euro mehr Stütze im Monat, würden sich dadurch ihre Aussichten auf einen Job, auf ein selbstbestimmtes Leben, auf bessere Aufstiegschancen ihrer Kinder keinen Millimeter verbessern. Die Erfahrung zeigt: Das würde nur den Umsatz bei McDonald's erhöhen.«

Philipp Mißfelder, 29-jähriger Bundestagsabgeordneter, Vorsitzender der Jungen Union und Mitglied des CDU-Präsidiums, löste einen Proteststurm aus, weil er am 15. Februar 2009 auf einem sonntäglichen Frühschoppen seiner Partei in Haltern gesagt hatte: »Die Erhöhung von Hartz IV war ein Anschub für die Tabak- und Spirituosenindustrie.« Mißfelder unterstellte den Bezieher(inne)n von Arbeitslosengeld II, dass sie jene wenigen Euro, die es seit dem 1. Juli 2008 mehr gab und die noch nicht einmal das Steigen der Lebenshaltungskosten auszugleichen vermochten, in Zigaretten und alkoholische Getränke gesteckt hätten. Man fragt sich unwillkürlich, ob solche Äußerungen einen politischen Versuchsballon darstellen, die Stimmung im Land testen sollen und nach einem durchaus möglichen Meinungsumschwung im Zuge der Weltwirtschaftskrise den Auftakt für entsprechende Änderungen der Sozialgesetze (z.B. die Umstellung der Grundsicherung für Arbeitsuchende von Geld- auf Sachleistungen) bilden könnten. Sarkasmus und Zynismus, das wird am Beispiel sowohl des erfolgreichen Journalisten wie des jungen Karrieristen jedenfalls klar, sind die treuen Begleiter von Publizistik und Politik, wenn deren hervorragend bezahlte Vertreter in die Niederungen von Sozialreportagen, Armutsberichterstattung und wohlfeilen Kommentaren zum Verhalten von Betroffenen hinabsteigen.

Ein weiterer, »Die neue Klassengesellschaft« genannter Artikel Wüllenwebers im *Stern* (v. 23.8.2007) beschreibt, wie Angehörige der Mittelschicht etwa aus Neukölln oder Kreuzberg wegziehen, weil sie den dortigen Dreck, Müllberge, Drogenexzesse und Gewalt direkt vor der Haustür nicht mehr ertragen könnten. Schuld sei nicht die Armut, sondern die Erkenntnis der »intakten Familien« mit und ohne Migrationshintergrund, dass man den eigenen Kindern die schlechten Schulen der genannten Berliner Stadtteile nicht zumuten dürfe. Die gesellschaftliche Trennlinie verlaufe zwischen der Mittel- und der Unterschicht, was die »Massenflucht aus den Problemvierteln« auslöse. Beständigkeit, Disziplin, Pflichtbewusstsein und Zuverlässigkeit seien jene Sekundärtugenden, die den Unterschichtangehörigen fehlten. »Einkommensunterschiede sind die bequeme Universal-

erklärung für alle Probleme der Gesellschaft, insbesondere für deren Spaltung.
»Dabei zerfalle die Gesellschaft gar nicht in Arm und Reich, lautet Wüllenwebers zentrale Botschaft, sondern in Menschen unterschiedlicher ethnischer Herkunft, die sich benehmen könnten, und solche, die keinerlei Rücksicht auf andere nähmen:»Anstand ist nicht abhängig vom Kontostand.« Wüllenweber mutmaßt, Deutschland sei auf dem Weg zurück zur Klassengesellschaft, betont jedoch gleichzeitig, die Klassenfrage sei heutzutage »keine Geldfrage mehr«, sondern eine kulturelle.

Markus Fels kommentierte die ersten Ergebnisse einer Unicef-Studie, die unter dem Titel »Zur Lage der Kinder in Deutschland« veröffentlicht wurde,[264] als er im *Rheinischen Merkur* (v. 27.3.2008) schrieb:»Geld allein garantiert nicht, dass die Lebenslage von Kindern zufrieden stellend ist.« Dies ist mehr als banal, und das Gegenteil hat meines Wissens noch nie jemand behauptet. Vielmehr weiß jeder Beobachter, dass es auch manche Fehlentwicklung, Vernachlässigung und Verwahrlosung von Kindern gibt, die in gutsituierten Elternhäusern aufwachsen. Allerdings ist das Risiko, unter Bildungsdefiziten, der mangelnden Zuwendung von Erwachsenen bzw. Gleichaltrigen und/oder gesundheitlichen Einschränkungen zu leiden, für ein armes Kind signifikant höher als für ein Kind aus gehobenen Schichten. Genau dieser strukturelle bzw. Kausalzusammenhang wird aber gern unterschlagen und dabei vielfach so getan, als resultiere die Armut primär aus dem Versagen überforderter (Unterschicht-)Eltern.

Während manche Wirtschaftsjournalisten offenbar nur in Marktkategorien denken bzw. rechnen können, liegt für den mehrfach zitierten *Stern*-Redakteur das eigentliche Problem in der sich verfestigenden »Unterschichtskultur« und dem Mangel an Bildung. Nichts spricht dagegen, Kinder besser zu bilden bzw. auszubilden und somit Verteilungs- um Beteiligungsgerechtigkeit zu *ergänzen*. Falsch wäre es jedoch, sie dadurch *ersetzen* und sich darauf beschränken zu wollen. Unglaubwürdig wird, wer die Bildungs- als besonders zukunftsträchtige Form der Sozialpolitik interpretiert und gleichzeitig von der Schule über den Weiterbildungssektor bis zur Hochschule alle Institutionen dieses Bereichs privatisieren möchte. Denn das heißt letztlich, sie für Wohlhabende und deren Nachwuchs zu reservieren. In einem solchen Bildungssystem stoßen Kinder nur noch auf Interesse, wenn sie (bzw. ihre Eltern) als zahlungskräftige Kunden firmieren. Kontraproduktiv wirken zweifellos die Beschneidung der Lernmittelfreiheit (Verpflichtung der Eltern zur Zahlung von Büchergeld), die Schließung von (Schul-)Bibliotheken aus Kostengründen und die Einführung von Studiengebühren.

Die ideologische Entsorgung des Armutsproblems, das vielfach auf seine psychosoziale und subjektive Dimension reduziert wird, erfolgt im bürgerlichen Feuilleton gewöhnlich mittels seiner Pädagogisierung. Bildungs- und Kulturarmut begründen jedoch entgegen solcher Halbwahrheiten, wie sie die zitierten Autoren verkünden, keine Armutskultur, sondern sind primär Folge materieller Entbehrungen. Vor einer »Therapeutisierung« der Problematik, die im öffentlichen bzw. Mediendiskurs über eine »neue Unterschicht« angelegt ist, warnt denn auch Hans Weiß, Hochschullehrer für Körperbehindertenpädagogik an der PH Ludwigsburg: »Darin werden Armut und Unterschichtszugehörigkeit und ihre Auswirkungen auf Kinder, abstrahiert von den sozioökonomischen Bedingungen, z.b. vom Zusammenhang mit Dauerarbeitslosigkeit, primär als Folge der Verhaltensweisen der betroffenen Menschen, ihrer ›Unterschichtskultur‹ betrachtet und damit letztlich ihnen die ›Schuld‹ für ihre Situation zugeordnet.«[265]

Michael Hartmann bringt den genannten Diskurs mit der herrschenden Leistungsideologie in Verbindung und weist auf seine Funktion zur Rechtfertigung der bestehenden polarisierten Sozialstruktur hin: »Wenn die Unterschichten an ihrem Los letztlich selbst schuld sind, weil sie sich keine Bildung aneignen und einen undisziplinierten Lebenswandel führen, und die Eliten ihre Position ausschließlich ihrer individuellen Leistung verdanken, dann sind die Macht- und Einkommensverhältnisse in der Gesellschaft nur eine zwingende Folge der jeweils unterschiedlichen Anstrengungen der einzelnen Bürger und damit legitim.«[266] Der Erziehungswissenschaftler Micha Brumlik schließlich weist darauf hin, dass diese Form der Analyse auch die Therapie determiniert: »Dort, wo es nicht um weitere Umverteilung von Geld, sondern um die mittel- und langfristige Änderung einer Kultur, also von Haltungen, Einstellungen und symbolisch artikulierten Lebensentwürfen geht, hat die Politik ihr Recht verloren und die Pädagogik als Praxis der Veränderung von Bildungs- und Aneignungsprozessen an Boden gewonnen.«[267]

Gerechtigkeit im Wandel: Folgen der neoliberalen Hegemonie

Mit den Reformbemühungen häuften sich Versuche, die Transformation des Sozialstaates gemäß neoliberaler Konzepte durch eine »Umprogrammierung von Gerechtigkeit« zu legitimieren, wie sich Franz Segbers ausdrückt.[268] Der die politische Kultur der Bundesrepublik jahrzehntelang beherrschende Gerechtigkeitsbegriff wurde in dreifacher Hinsicht modifiziert: von der Bedarfs- zur »Leistungsgerechtigkeit«, von der Verteilungs- zur »Teilhabegerechtigkeit« und von der sozialen zur »Generationengerechtigkeit«. Außerdem diskreditiert man soziale Gleichheit und Gerechtigkeit, indem die Freiheit geradezu mystifiziert und sehr viel stärker als bisher üblich im Sinne von »Privatinitiative«, »Eigenverantwortung« bzw. »Selbstvorsorge« interpretiert, aber kaum problematisiert wird, dass Freiheit insbesondere Entscheidungsautonomie, d.h. die Möglichkeit voraussetzt, sie aufgrund eines Minimums an materiellen Ressourcen bzw. vom Staat gewährter sozialer Sicherheit auch wirklich in Anspruch zu nehmen.

Von der Bedarfs- zur »Leistungsgerechtigkeit«

Nicht nur neoliberalen Kommentatoren der Reformagenda gilt die soziale Gerechtigkeit heute als »Standortrisiko«, das minimiert oder beseitigt werden muss. Statt der *Bedarfs-* wird in Massenmedien öfter *Leistungs*gerechtigkeit zum Kriterium für sozialstaatliches Handeln gemacht. Peer Steinbrück, seinerzeit nordrhein-westfälischer Ministerpräsident, formulierte in einem Gastbeitrag »Etwas mehr Dynamik bitte« für die *Zeit* (v. 13.11.2003) den bis dahin gültigen Gerechtigkeitsbegriffs völlig um, als er soziale Gerechtigkeit auf die Sorge des Staates um die »Leistungsträger« verkürzte: »Soziale Gerechtigkeit muss künftig heißen, eine Politik für jene zu machen, die etwas für die Zukunft unseres Landes tun: die lernen und sich qualifizieren, die arbeiten, die Kinder bekommen und erziehen, die etwas unternehmen und Arbeitsplätze schaffen, kurzum, die Leistung für sich und unsere Gesellschaft erbringen. Um die – und nur um sie – muss sich Politik kümmern.«

Mit der besseren steuerlichen Absetzbarkeit von Kinderbetreuungskosten und dem Elterngeld bot die Familienpolitik der Großen Koalition unter dem maßgeblichen Einfluss von Bundesfamilienministerin Ursula von der Leyen (CDU) und Bundesfinanzminister Steinbrück (SPD) zwei

Beispiele für die Transformation von Bedarfs- in Leistungsgerechtigkeit. Während sozial benachteiligte Familien, die aufgrund ihres fehlenden oder zu geringen Einkommens keine Steuern zahlen, gar nicht erst in den Genuss der ersten, bezeichnenderweise im *Gesetz zur steuerlichen Förderung von Wachstum und Beschäftigung* enthaltenen Maßnahme kommen, profitieren Besserverdienende, die sich eine Tagesmutter oder Kinderfrau leisten und zwei Drittel der Aufwändungen hierfür bis zu 4.000 EUR steuerlich absetzen können, überdurchschnittlich davon.

Das ab 1. Januar 2007 gezahlte Elterngeld ist ein sozialpolitisches Paradox, weil man damit jene Anspruchsberechtigten am meisten subventioniert, die es am wenigsten nötig haben. Obwohl es nicht – wie von der CSU zunächst verlangt – auf die Sozialhilfe bzw. das Arbeitslosengeld II angerechnet wird, haben Transferleistungsempfänger/innen (darunter viele Frauen), die Kinder erziehen, vom Elterngeld ausschließlich Nachteile. Bisher erhielten Sozialhilfebezieher/innen und Arbeitslose das Erziehungsgeld in Höhe von 300 EUR pro Monat zwei Jahre (oder als »Budget« in Höhe von 450 EUR ein Jahr) lang; Elterngeld gibt es dagegen bloß für ein Jahr und sein Sockelbetrag, mit dem sie auskommen müssen, liegt gleichfalls bei 300 EUR (oder bei 150 EUR, wenn er zwei Jahre lang gezahlt wird). Erwerbstätige Paare erhalten im Falle der Teilung von Erziehungsarbeit unter bestimmten Voraussetzungen zwei (Partner-)Monate zusätzlich; im Unterschied zum Erziehungsgeld wird ihnen das Elterngeld als Lohnersatz gezahlt und erst bei 1.800 EUR pro Monat gedeckelt. Mithin erhalten Gutbetuchte auf Kosten von schlechter Gestellten mehr (Eltern-)Geld, das hoch qualifizierte, gut verdienende Frauen motivieren soll, (häufiger) ein Kind zu bekommen und anschließend möglichst schnell wieder in den Beruf zurückzukehren. Damit wird die Familienpolitik zur »Magd des Marktes« gemacht,[269] aber nicht die wachsende Armut von, vielmehr höchstens die Armut an Kindern bekämpft. Steffen Reiche, SPD-Bundestagsabgeordneter und früherer Bildungs- und Wissenschaftsminister des Landes Brandenburg, sieht darin sogar eine Rückkehr zur qualitativen Bevölkerungspolitik:»Mit dem Elterngeld will man bewusst auch besser verdienende Eltern anregen, wieder mehr Kinder zu bekommen. Man erhofft sich davon, dass auch die Gruppe mit der vermeintlich besseren genetischen Disposition einen höheren Beitrag zur demografischen Entwicklung leistet.«[270]

Von der Verteilungs- zur »Teilhabegerechtigkeit«

Stefan Baron, damals Chefredakteur der *Wirtschaftswoche*, klagte am 29. Januar 1998 in seiner Zeitschrift: »Was die Deutschen in den zurückliegenden drei Jahrzehnten unter sozial verstanden und größtenteils immer noch verstehen, hat unser Land in die Krise geführt.« Wettbewerb werde als unsozial verteufelt, Gerechtigkeit hierzulande fälschlicherweise unter Verteilungsaspekten betrachtet: »Soziale Gerechtigkeit ist jedoch nicht Gleichheit am Ziel, sondern am Start, Chancengleichheit also, gleiche Möglichkeiten zu Bildung und Aufstieg, Fairneß, also ein Wettbewerb, bei dem nicht geschoben wird, gleiches Recht für alle.« Ausdrücklich lobte Baron die US-Amerikaner, weil sie ihr Gesellschaftssystem als sozial gerecht empfänden, obwohl es zu großer Ungleichheit in der Verteilung führe.

Wenngleich das Volksvermögen so groß und die Kluft zwischen Arm und Reich so tief wie nie zuvor war, galt die Forderung nach Umverteilung als nicht mehr zeitgemäß. Harald Schartau, damals Vorsitzender der nordrhein-westfälischen SPD und Landesminister für Wirtschaft und Arbeit, äußerte in der *Frankfurter Rundschau* (v. 29.8.2003) die Überzeugung, dass Umverteilungspolitik im viel beschworenen »Zeitalter der Globalisierung«, wo die Nationalstaaten als Wirtschaftsstandorte miteinander konkurrieren, weder zu Vollbeschäftigung noch zu sozialer Gerechtigkeit führe: »Notwendig ist eine Neuinterpretation von sozialer Gerechtigkeit für die heutige Zeit, um marktwirtschaftliche Effizienz und soziale Gerechtigkeit besser in Einklang bringen zu können. Dabei helfen uns nicht die alten Ideologien.«

*Verteilungs*gerechtigkeit, traditionelles Ziel sozialstaatlicher Politik, die nicht auf Armutsbekämpfung reduziert werden darf, wurde durch *Teilhabe-* oder *Beteiligungs*gerechtigkeit ersetzt. In der »zivilen Bürgergesellschaft«, wie sie Gerhard Schröder vorschwebte, steht der Gerechtigkeitsgedanke zwar im Mittelpunkt, bezieht sich aber nicht auf *Verteilungs*gerechtigkeit, die dem früheren Bundeskanzler als von der gesellschaftlichen Entwicklung überholt gilt: »Gerade weil [...] die Herstellung und Bewahrung sozialer Gerechtigkeit in einem umfassenden Sinne oberstes Ziel sozialdemokratischer Politik ist und bleibt, können wir uns nicht mehr auf Verteilungsgerechtigkeit beschränken. Dies geht schon deshalb nicht, weil eine Ausweitung der Sozialhaushalte nicht zu erwarten und übrigens auch nicht erstrebenswert ist. Für die soziale Gerechtigkeit in der Wissens- und Informationsgesell-

schaft ist vor allem die Herstellung von Chancengerechtigkeit entscheidend.«[271]
In seinem Buch »Der Zweiklassenstaat. Wie die Privilegierten
Deutschland ruinieren« sucht Karl Lauterbach für unterschiedliche Gesellschaftsbereiche: die Bildung, das Gesundheitswesen, den Pflegebereich
und das Rentensystem nachzuweisen, dass die große soziale Ungleichheit
staatlicherseits zementiert und Chancengerechtigkeit zwar propagiert, aber
nicht realisiert wird: »Statt für einen gerechten Ausgleich zu sorgen, vergrößert der deutsche Staat die Kluft zwischen Arm und Reich.«[272] So
zutreffend die Kritik des Kölner Hochschullehrers und linken SPD-Bun-
destagsabgeordneten an den von ihm beklagten Schieflagen (z.B. der
»Zweiklassenmedizin«) größtenteils auch ist, geht sie doch am eigentlichen
Kern des Problems vorbei, weil der Sozialstaat für bestimmte Fehlentwicklungen haftbar gemacht wird, wohingegen die ihnen zugrunde liegen-
den Macht- und Herrschaftsverhältnisse häufig aus dem Blick geraten.
Zudem verengt sich Lauterbachs analytische und Zielperspektive im Wesentlichen auf das Wohl des Wirtschaftsstandortes. Man gewinnt den Eindruck, dass es weniger um die von Strukturmängeln betroffenen Individuen als um »Deutschlands« Zukunft und die Senkung der »Lohnnebenkosten« geht, was unterstellt, dass Herrschende und Beherrschte dasselbe
Hauptinteresse (an einer möglichst großen internationalen Wettbewerbsfähigkeit der »eigenen« Volkswirtschaft) haben.
    Viel entscheidender als die Umverteilung von Geld sei, dass Menschen
einen gleichberechtigten Zugang zu den Bildungsinstitutionen und zum
Arbeitsmarkt erhalten, hört man hierzulande immer häufiger. Dies gilt mit
gewissen Einschränkungen auch für die im Juni 2006 vorgelegte EKD-
Denkschrift »Gerechte Teilhabe«, deren plakativer Titel durch mehrere
Textstellen relativiert wird, welche darüber hinaus die Bedeutung der Verteilungsgerechtigkeit betonen.[273] In dem Memorandum wird die Armut
zwar als Herausforderung der Kirchen begriffen, was die Verfasser/innen
aber nicht davon abhält, »normale« Bezieher/innen staatlicher Transferleistungen unter Hinweis auf noch schlechter Gestellte wie Überschuldete,
Wohnungslose, Drogenabhängige, Straffällige und Schwerkranke regelrecht zu verhöhnen: »Wer es in Deutschland geschafft hat, einen Antrag
auf Sozialhilfe oder Arbeitslosengeld II zutreffend auszufüllen und die ihm
zustehenden Leistungen pünktlich zu erhalten, befindet sich nicht in einer
zugespitzten Armutssituation. Dort leben Menschen, die nicht in der Lage
sind, ihre Rechte selbstständig und erfolgreich wahrzunehmen.«[274] Der

wachsende Reichtum müsse an der Finanzierung einer »teilhabefreundli-
che(n) Erneuerung des Sozialstaates« angemessen beteiligt werden: »Da die
Förderung von Teilhabe auch Geld kostet, über das arme Menschen nicht
verfügen, kann das Thema Armut nicht vom Thema Reichtum getrennt
werden.«[275] Wie der Untertitel »Befähigung zu Eigenverantwortung und
Solidarität« erkennen lässt, hat sich der Rat der EKD bei seiner Stellungnahme zur Armut in Deutschland bemüht, die unterschiedlichen Richtun-
gen und Strömungen innerhalb der Kirche wie der Gesellschaft miteinander zu versöhnen.

Eine zentrale Botschaft zieht sich durch den ganzen Text hindurch:
Hartz IV wird – etwas verklausuliert – gutgeheißen, eine »aktivierende
Sozialpolitik«, die nicht nur alimentiert, unmissverständlich bejaht. Seitens
der EKD gab es höchstens Detail-, aber keine Grundsatzkritik am Regie-
rungskurs. Wenn Angela Merkel Deutschland zur »Bildungsrepublik« erklärte, »Bildung (statt wie Ludwig Erhard: Wohlstand) für alle« versprach
und die Bildungs- zur Sozialpolitik des 21. Jahrhunderts erhob, hatte die
Bundeskanzlerin den Segen der Evangelischen Kirche. Von der »Weiterentwicklung eines sozial abgesicherten Niedriglohnbereichs« mittels eines
sog. Kombilohns über »mehr Steuerfinanzierung« von Sozialleistungen
zwecks Verbilligung des »Faktors Arbeit« sowie das »Fordern und Fördern« (unter Gerhard Schröder war noch die umgekehrte Reihenfolge
offizielle Parole) bis zum Ausbau der Kapitaldeckung zur Altersvorsorge
bestand zwischen der EKD und der Bundesregierung bzw. dem Gerechtigkeitsverständnis der sie tragenden Parteien weitgehend Konsens.[276]
Dorothee Beck und Hartmut Meine kritisierten denn auch, dass die EKD-
Denkschrift kaum mehr zu bieten habe als die Phrasen aus rot-grünen und
schwarz-roten Regierungsprogrammen, wonach die »Lohnnebenkosten« zu
hoch, die privaten Altersvorsorgeleistungen unabdingbar und die Staats-
schulden eine kaum mehr zu tragende Bürde für künftige Generationen
sind: »Von der Investitionsverweigerung der Unternehmen, von konjunk-
turfördernder Wirtschaftspolitik, von menschenverachtenden Schmarot-
zer-Debatten hingegen schweigt die EKD-Denkschrift.«[277]

Armut wird darin auf immaterielle Aspekte verkürzt und missverständlich als »fehlende Teilhabe« definiert.[278] »Teilhabe« gewähren nämlich die
wenigen (Besitz, Reichtum und Macht) Habenden den vielen Habenicht-
sen, ohne jedoch ihre Güter mit ihnen teilen zu wollen oder zu müssen. Sie
ist also politisch wie sozial eindeutig von oben nach unten gerichtet und
basiert nicht auf einem Machtanspruch der Beherrschten. Friedhelm

Hengsbach kritisiert diesen Wechsel der Wortwahl und der Sprache, die man innerhalb der Diskussion über Gerechtigkeitsfragen seit geraumer Zeit beobachten kann, weil er ihn an ein idealistisches, feudales Gesellschaftskonzept der Antike oder des Mittelalters erinnert: »Das höherwertige und übergeordnete organische Ganze läßt die geringerwertigen und untergeordneten Mitglieder an der Fülle des Wahren, Guten und Schönen teilhaben.«[279] Dagegen sei »Beteiligung« bzw. »Partizipation« ein politischer, emanzipativ-demokratischer Begriff, der auch eine zivilgesellschaftliche Dimension enthalte, jedoch nicht etwa die des bürgerlichen Ehrenamts, sondern jene direkter Demokratie und sozialer Bewegungen im außerparlamentarischen Raum.

Während die »Teilhabegerechtigkeit« eindeutig im Mittelpunkt des Memorandums der EKD steht, sind ihr die Verteilungs-, Bedarfs- und »Befähigungsgerechtigkeit« nach- bzw. untergeordnet. Bildung, die Menschen im Einzelfall erlaubt, prekäre Lebenslagen zu überwinden, aber möglicherweise nicht als Patentrezept für alle taugt, wird als entscheidender Ausweg propagiert: »Im Sinne einer langfristig vorausschauenden Vermeidung von Teilhaberisiken für große Teile der Bevölkerung kommt der Bildungspolitik entscheidende Bedeutung zu.«[280] Armutsbekämpfung erschöpft sich trotz der Forderung nach »enge(r) Verzahnung von Sozial-, Bildungs- und Arbeitsmarktpolitik«, die als »integrativer Ansatz« bezeichnet wird,[281] für die Verfasser der Denkschrift am Ende in einer konsequenteren Bildungsförderung, einer Familienpolitik, welche die Geburtenrate steigern will, und der Schaffung von mehr Arbeitsplätzen durch den Staat, obwohl die Erwerbslosigkeit (des Familienernährers) zwar ein Auslöser, aber nicht die Ursache der wachsenden Armut bei gleichzeitig steigendem Reichtum ist.

Statt materieller, d.h. Verteilungsgerechtigkeit wird heute in der Regel bloß noch Chancengleichheit gefordert, d.h. freier Marktzugang für alle. Dies reicht jedoch kaum aus, wenn man die Armut bei der Wurzel packen und wirklich beseitigen will. »Wer soziale Gerechtigkeit reduziert auf gleiche Chancen beim Start und darauf hofft, dass sich die so Ausgestatteten in einer auf wirtschaftliche Teilmärkte reduzierten Gesellschaft behaupten werden, akzeptiert die Ökonomisierung von immer mehr Lebensbereichen. Politik, die nur ›Startchancen‹ zuteilt, verzichtet darauf, unsere Gesellschaft zu gestalten. Sie überlässt Altersvorsorge, Gesundheit, Bildung, öffentliche Daseinsvorsorge ›den Märkten‹ und damit den dort agierenden Konzernen.«[282]

Kaum jemand stellt die Frage, weshalb die Bedeutung des Geldes für die Teilhabe der Bürger/innen am gesellschaftlichen Leben ausgerechnet zu einer Zeit, wo es fast in sämtlichen Lebensbereichen wichtiger als früher, aber auch ungleicher denn je verteilt ist, gesunken sein soll. Damit sie in Freiheit (von Not) leben, ihre Bedürfnisse befriedigen und ihre Pläne verwirklichen können, brauchen die Menschen nach wie vor Geld, das sie bei Erwerbslosigkeit, Krankheit, Pflegebedürftigkeit und im Alter als Transferleistung vom Sozialstaat erhalten müssen. Ein größeres Maß an sozialer Gleichheit bzw. Verteilungsgerechtigkeit bildet mehr denn je die Basis für Teilhabechancen benachteiligter Gesellschaftsschichten, denn ohne ausreichende materielle Mittel steht die Chance, an Weiterbildungskursen teilzunehmen und ihre persönlichen Arbeitsmarktchancen zu verbessern, etwa für Erwerbslose nur auf dem Papier. Wollten die Parteien reale Chancengleichheit für alle Bewohner/innen – unabhängig von ihrer Herkunft und den jeweiligen Umständen, unter denen diese leben – schaffen, müsste der von ihnen regierte Staat die sozial Benachteiligten gezielter fördern und durch eine gerechtere (Steuer-)Politik für mehr sozialen Ausgleich sorgen.

Von der sozialen zur »Generationengerechtigkeit«

24 Bundestagsabgeordnete von Bündnis 90/Die Grünen, FDP und CDU/CSU unter 40 Jahren traten im Juli 2003 mit einem Memorandum »Deutschland 2020« an die Öffentlichkeit, das unter Mitwirkung der von den Metallarbeitgebern finanzierten »Initiative Neue Soziale Marktwirtschaft«, der Altana AG und dem Think Tank »res publica« entstanden war, mehr Generationengerechtigkeit forderte und sich gegen eine Verschleppung von Reformen wandte. Nötig sei eine Neudefinition von Gerechtigkeit, die nicht mehr »sozialstaatliche Transfergerechtigkeit« sein dürfe, sondern als »Teilhabegerechtigkeit« für den Zugang zum Arbeitsmarkt und zu ökonomisch tragfähigen Formen sozialer Absicherung sorgen müsse: »Wer heute die soziale Gerechtigkeit nur an der Höhe staatlicher Transfers mißt, der beschränkt damit die Teilhabegerechtigkeit unserer Kinder und Enkel.«[283] Generationengerechtigkeit bedeute, dass die von der aktiven Bevölkerung geschaffenen Ressourcen gerecht verteilt würden und dass die Politik für eine Realisierung dieser Potenziale sorge.

Mit der »Generationengerechtigkeit« wurde keine analytische Kategorie, sondern ein politischer Kampfbegriff salonfähig gemacht, der überdeckt, dass sich die soziale Ungleichheit seit geraumer Zeit *innerhalb jeder* Generation verschärft und die zentrale soziale Trennlinie nicht zwischen Alt und Jung, sondern immer noch, ja mehr denn je zwischen Arm und Reich verläuft. Die soziale Spaltung unserer Gesellschaft wird dadurch biologisiert, auf ein Verhältnis zwischen Alterskohorten reduziert und relativiert. Letztlich handelt es sich bei der Generationengerechtigkeit um ein Konstrukt, das bestimmten Kräften ganz unabhängig von deren Altersgruppenzugehörigkeit dazu dient, im Rahmen sozialökonomischer und Verteilungskonflikte ihre eigene Position zu bestimmen und gegenüber anderen zu verbessern. Oft scheint es beinahe, als sei der Antagonismus zwischen Kapital und Arbeit durch einen neuen Grundwiderspruch, nämlich denjenigen zwischen Jung und Alt, abgelöst und Klassenkampf durch einen »Krieg der Generationen« ersetzt worden. Genannt sei ein Artikel von Jan Roß in der *Zeit* vom 30. Januar 2003, »Krieg den Philistern. Statt Klassenkampf: Deutschland ist seit Jahrhunderten eine Nation des Generationenkonflikts« überschrieben. Damit lenkt man jedoch von den eigentlichen Problemen wie der ungerechten Einkommens- und Vermögensverteilung ab.

Der CDU-Politiker und frühere sächsische Ministerpräsident Kurt Biedenkopf möchte die *soziale* durch *Generationen*gerechtigkeit ersetzen: »Was sich in der Gegenwart als soziale Gerechtigkeit und Schutz vor angeblichem sozialem Kahlschlag präsentiert, läuft [...] letztlich auf die Ausbeutung der kommenden Generation hinaus.«[284] Biedenkopf skandalisiert das Missverhältnis zwischen Staatseinnahmen und -ausgaben, welches sich künftig zuspitze: »Jeder nachfolgende Jahrgang wird unter den Schulden des Staates und unter seinen Zukunftsverpflichtungen schwerer zu tragen haben. Am größten wird die Last für diejenigen sein, die in den vierziger Jahren des 21. Jahrhunderts den Zenit ihrer Schaffenskraft erreicht haben werden – unsere Enkel. Für die Fähigeren unter ihnen wird die Versuchung unwiderstehlich sein, sich der Last zu entziehen. Niemand wird sie daran hindern können.«[285] Weder nehmen die öffentlichen Kreditzinsen in den nächsten Jahrzehnten automatisch zu, sondern nur, wenn keine die Regierungen zur Tilgung der Staatskredite befähigende Steuerpolitik gemacht wird, noch belasten sie *künftige* Generationen aufgrund des wahrscheinlich steigenden Reichtums stärker. Aber selbst wenn es so wäre, wie Biedenkopf behauptet, müsste man deren Kapitalflucht weder als besondere Cleverness (»fähigerer« Gesellschaftsmitglieder) bezeichnen und damit

letztlich entschuldigen noch sie einfach hinnehmen, ohne politische Gegenmaßnahmen zu ergreifen.

Die von CDU, CSU und SPD beschlossene »Schuldenbremse« bewirkt,
dass dem Bund bloß noch eine geringe und den Ländern ab 2020 gar keine
Neuverschuldung mehr erlaubt ist. Sie beruht auf der Vorstellung, jene
Kredite, die der Staat heute aufnehme, bildeten für »unsere Kinder und
Enkel« nur eine untragbare Bürde. Dass Gläubiger und Schuldner/innen
derselben Generation angehören, sowohl Forderungen wie auch Verbind-
lichkeiten existieren und beide weitervererbt werden, unterschlägt man
gern. Neoliberale tun so, als hätten künftige Generationen hohe Schulden-
berge abzutragen, wozu sie weder willens noch in der Lage wären. Dabei
lastet dieser Schuldendienst nur auf einem Teil der kommenden Generationen; ein anderer erhält nämlich mehr Zinsen aus (geerbten) Schuldver-
schreibungen des Staates, als er selbst an Steuern zahlt, und profitiert dadurch sogar von heutigen Budgetdefiziten. Beinahe kurios mutet es an,
wenn Bundeskanzlerin Angela Merkel die Erhöhung der Mehrwert- und
der Versicherungssteuer von 16 auf 19 Prozent, welche seit dem 1. Januar
2007 vor allem Normal- und Geringverdienerfamilien mit vielen Kindern
besonders hart trifft, als »moralische Verpflichtung« gegenüber künftigen
Generationen legitimiert, denen dadurch angeblich der »Marsch in den
Schuldenstaat« erspart bleiben soll.

CDU-Generalsekretär Ronald Pofalla erklärte die Generationengerechtigkeit in einem »Neue Gerechtigkeit durch mehr Freiheit« überschrieben
Gastbeitrag für die FAZ (v. 4.1.2006) zum »entscheidende(n) Kriterium«
für den »Um-« bzw. Abbau des Sozialstaates, das offenbar Jungen wie
Alten materielle Opfer abverlangt: »Jede Generation muß ihren Beitrag
leisten, damit wir soziale Sicherheit heute und morgen gewährleisten können.« Pofalla begründete dieses Gerechtigkeitsverständnis damit, man
müsse für jede Generation »eine faire Balance zwischen Eigenverantwortung und Solidarität« finden: »Alte Gerechtigkeitspolitik ist auf die Gegenwart und auf horizontale Umverteilung beschränkt. Sie führt zu einer immer stärkeren Belastung der kommenden Generationen. Die neue Gerechtigkeit muß Lasten und Leistungen von heute und morgen zwischen Alt
und Jung fair verteilen. Deshalb ist es richtig, daß die Union die Konsoli-
dierung des Haushalts vorantreibt und damit die Schuldenlast unserer
Kinder zurücknimmt, auch wenn dies heute mit harten Einschnitten für
alle verbunden ist.«

Wenn ein Wohlfahrtsstaat trotz eines großen gesellschaftlichen Reichtums demontiert wird, seine Transferleistungen für Bedürftige gesenkt und die gültigen Anspruchsvoraussetzungen verschärft werden, kann weder von *sozialer* noch von *Generationen*gerechtigkeit die Rede sein. Denn offenbar findet eine Umverteilung statt, von der gerade die Mitglieder bedürftiger Alterskohorten nicht profitieren. Beispielsweise *verschlechtert* die geplante Erhöhung des gesetzlichen Rentenzugangsalters von 65 auf 67 Jahre eher die Arbeitsmarktchancen künftiger Generationen, statt Vorteile für diese mit sich zu bringen. Überhaupt müsste, wer in den Ruf nach »Generationengerechtigkeit« einstimmt, darum bemüht sein, dass Heranwachsende auch später noch einen hoch entwickelten Wohlfahrtsstaat und das früher gewohnte Maß an sozialer Sicherheit vorfinden, statt Letztere immer mehr zu beschneiden und die Menschen der privaten Daseinsvorsorge zu überantworten.

Sozialpolitik in den Parteiprogrammen von CDU, CSU und SPD

Mit dem Sozialstaat und Gerechtigkeitsfragen beschäftigten sich auch die etablierten Parteien zuletzt wieder intensiver als zu Beginn des 21. Jahrhunderts. Seinerzeit beherrschte der »Um-« bzw. Abbau des Wohlfahrtsstaates alle Debatten über die Sozialpolitik, sowohl jene der rot-grünen Koalition wie auch der Union. Da die Volksparteien nunmehr in der Großen Koalition vereint waren, sahen CDU, CSU und SPD, als sie im Herbst bzw. Winter 2007 ihre Grundsatzprogramme aktualisierten, offenbar wenig Spielraum für größere Kurskorrekturen und kühne Zukunftskonzepte. Denn ihren Regierungsmitgliedern fallen Parteien ungern in den Rücken, weil sie in der (Medien-)Öffentlichkeit sonst als zerstritten gelten würden. Gleichwohl mussten die Koalitionspartner ihr Profil schärfen, wenn sie die nächste Bundestagswahl für sich entscheiden wollten. Umso erstaunlicher ist, wie stark sich trotz fortbestehender politischer Gegensätze zwischen den Parteilagern in Bezug auf die angeblich notwendige Umgestaltung des Sozialstaates und das ihnen zugrunde liegende Gerechtigkeitsverständnis alle drei Programme gleichen. Manchmal reichen die Gemeinsamkeiten bis in die Begrifflichkeit und einzelne Programmformulierungen hinein.

Das SPD-Leitbild des »vorsorgenden Sozialstaates«

Während die beiden Unionsparteien ihre Grundsatzprogramme ohne erkennbare Widerstände revidierten, verlief die sozialdemokratische Programmdebatte sehr viel wechselhafter und kontroverser. Den im Januar 2007 vorgestellten »Bremer Entwurf« zog die SPD-Spitze ein gutes halbes Jahr später wieder zurück,[286] nachdem vor allem die Aufgabe des Traditionsbegriffs »demokratischer Sozialismus« an der Parteibasis wie bei kritischen Intellektuellen großen Unmut hervorgerufen hatte. Dabei reichten die Monita von der Klage über mangelnde Zuspitzung bis zum Vorwurf der Profillosigkeit.[287] Der überarbeitete, inhaltlich gestraffte und maßgeblich vom damaligen SPD-Vorsitzenden Kurt Beck geprägte Programmentwurf fand auf dem Hamburger Parteitag am 28. Oktober 2007 einhellige Zustimmung. Darin bekennt sich die Partei gleichfalls zum Leitbild des »vorsorgenden Sozialstaates«, welcher allgemeinen Lebensrisiken wie Arbeitslosigkeit, Krankheit, Invalidität und Altersarmut präventiv begegnen soll: »Wir entwickeln den vorsorgenden Sozialstaat, der Armut bekämpft, den Menschen gleiche Chancen auf ein selbstbestimmtes Leben eröffnet, gerechte Teilhabe gewährleistet und die großen Lebensrisiken verlässlich absichert.«[288] Durch seine Tätigkeit, heißt es weiter hinten im Hamburger SPD-Programm, befähige der vorsorgende Sozialstaat die Menschen, ihr Leben selbstbestimmt zu meistern: »Vorsorgende Sozialpolitik fördert existenzsichernde Erwerbsarbeit, hilft bei der Erziehung, setzt auf Gesundheitsprävention. Sie gestaltet den demografischen Wandel und fördert eine höhere Erwerbsquote von Frauen und Älteren. Sie verhindert Ausgrenzung und erleichtert berufliche Integration. Sie entlässt niemanden aus der Verantwortung für das eigene Leben.«[289]

Missverständlich ist das diesen Sozialstaat kennzeichnende und von anderen Sicherungsmodellen unterscheidende Adjektiv insofern, als selbstverständlich *jeder* Sozialstaat seine Bürger/innen vor dem Eintritt sozialer Risiken präventiv zu schützen sucht. Würde er das nicht tun, also beispielsweise auf Schaffung einer Rentenversicherung bzw. vergleichbarer Formen der kollektiven Altersvorsorge verzichten, könnte man schwerlich von einem *Sozial*staat sprechen. »Wenn ein Arbeitnehmer am Ende seines Berufslebens Rente bezieht, ist dies keine staatlich ›nachsorgende‹ Alimentierung, sondern Produkt seiner Vorsorge durch Einzahlung in die Rentenversicherung.«[290]

Der damit verbundene Begriffswandel mutet auch deshalb merkwürdig an, weil man unter einem »Vorsorgestaat« in der an Michel Foucault orientierten französischen Fachdiskussion das hergebrachte Staatsmodell versteht. Seit die Sozialversicherungen den institutionellen Kern moderner Wohlfahrtsstaatlichkeit bilden, ist die Prävention deren Primärfunktion: »Dem Staat kommt die Aufgabe zu, dafür zu sorgen, daß sich ein jeder möglichst prophylaktisch verhält. Über Institutionen wie die Sozialversicherungen wird er das Leben der Bevölkerung als solcher verwalten können, um sie besser vor sich selbst zu bewahren und ihr die Entfaltung der in ihr schlummernden Potentialitäten zu ermöglichen.«[291]

Deutlicher als das Hamburger SPD-Programm stellten Matthias Platzeck, Peer Steinbrück und Frank-Walter Steinmeier, prominente Vertreter des rechten Parteiflügels, zwei Sicherungsmodelle gegenüber: »Der überkommene Sozialstaat, der allzu oft ›reparierend‹ erst dann eingreift, wenn soziale Schadenfälle wie chronische Krankheit, Bildungsmangel oder langfristige Arbeitslosigkeit schon eingetreten sind, ist nicht mehr auf der Höhe unserer Zeit – und er gerät unter dem Druck von Demografie und hoher Staatsverschuldung auch an die Grenzen seiner Finanzierbarkeit. Effizienter und zugleich sozial gerechter ist der *vorsorgende* Sozialstaat, der in die Menschen, in Bildung, Qualifikation, Gesundheit, Lebenschancen und soziale Infrastruktur investiert.«[292] Wolfgang Schroeder, einer der Hauptprotagonisten des »vorsorgenden Sozialstaates«, stellt fest, dieses Konzept sei kein Bruch mit der »nachsorgenden« Seite des deutschen Sozialstaates, die das Fundament jeder Sozialstaatskonzeption bleibe. »Vielmehr geht es darum, vor- und nachsorgende Elemente des Sozialstaates gezielter aufeinander zu beziehen, um einen Legitimation stiftenden Sozialstaat für das 21. Jahrhundert zu entwickeln, der die Bezeichnung ›sozialdemokratisch‹ verdient.«[293]

Sprachlich fällt allerdings der Gegensatz zwischen dem »vorsorgenden« und einem versorgenden bzw. zwischen dem »vorsorgenden« und einem fürsorglichen Sozialstaat ins Auge. Hierbei handelt es sich um eine Scheinalternative, denn präventiv wird der Wohlfahrtsstaat nur tätig, wenn man ihm die Möglichkeiten zur Intervention nicht entzieht, was im Rahmen der rot-grünen Reformpolitik aber schrittweise geschah.[294] Wer die Sozialversicherung mitsamt ihren Grundprinzipien der paritätischen Finanzierung über Beiträge und der Lebensstandardsicherung – in den westeuropäischen Industrieländern fast ein Jahrhundert lang das Instrument der organisierten Risikovorsorge schlechthin – schleift, wie es die SPD mit Gerhard Schröders »Agenda 2010« und zahlreichen Reformmaßnahmen getan hat, kann nur um den Preis seiner politischen Glaubwürdigkeit als Fürsprecher eines

»vorsorgenden Sozialstaates« auftreten. Weshalb dem deutschen Sozialstaat ausgerechnet in einem Moment, wo er unter maßgeblicher Mitwirkung der SPD beispielsweise durch eine Teilprivatisierung der Altersvorsorge (Einführung der sog. Riester-Rente), die Aufgabe des Prinzips der Beitragsparität zwecks finanzieller Besserstellung der Arbeitgeber und schrittweise Absenkungen des Rentenniveaus die Fähigkeit zur solidarisch-kollektiven Vorsorgetätigkeit zugunsten der Arbeitnehmer/innen partiell verloren hat, das Etikett »vorsorgend« angeheftet wurde, erschließt sich höchstens aus dem Kalkül eines modernen Politikmarketings, das gezielt mit positiv besetzten Begriffen spielt, ohne diese noch mit eindeutigen Inhalten zu füllen.

Mit dem Paradigmenwechsel zum »vorsorgenden Sozialstaat« verabschiedet sich die SPD womöglich endgültig vom Sozialversicherungsmodell à la Bismarck, wie Robert Paquet meint. Statt der kollektiven Abdeckung sozialer Standardrisiken avanciert die Stimulierung der Selbstverantwortung durch finanzielle Anreize des Staates zum Kerngedanken: »Die Eigenvorsorge führt aber tendenziell zu einer Individualisierung und Privatisierung der Risiken bzw. ihrer Absicherung, führt zu einer stärkeren Differenzierung der Sicherung insgesamt und bereitet praktisch der Senkung des Mindestniveaus den Boden vor für diejenigen, die keine oder nur sehr geringe Möglichkeiten zu einer eigenständigen Vorsorge mit weitergehenden Leistungsansprüchen haben.«[295] Noch deutlicher benennt Oliver Nachtwey die Konsequenzen des programmatischen Wendemanövers der SPD: »Der vorsorgende Sozialstaat ist eine zentrifugale Institution, die gesellschaftliche durch die private Vorsorge substituiert und in der die Prekären von heute die Altersarmen von morgen sein werden.«[296] Wissen müsste die SPD eigentlich, dass der Abschied vom Sozialversicherungssystem einen hohen Preis hätte, und zwar nicht nur in finanzieller, sondern auch in legitimatorischer Hinsicht. Mehr Steuerfinanzierung heißt nämlich auch, dass die Regierung und die sie tragenden Parteien unmittelbar für die Folgen einer falschen Sozialpolitik verantwortlich gemacht werden dürften, während das Versicherungsmodell bisher als Puffer und damit entlastend gewirkt hat.[297]

Drei zentrale Sozialstaatsziele nennt das Hamburger SPD-Programm: Sicherheit, Teilhabe und Emanzipation. Bei deren Verfolgung ist der vorsorgende Sozialstaat angeblich effektiver als jener, den man bisher kannte. Nicht verschwiegen werden dürfen allerdings seine Nachteile und Nebenwirkungen für die Betroffenen: Er greift tiefer in die Entscheidungsautonomie seiner Bürger/innen ein und beschneidet damit deren Freiheit, weil ihnen mehr Eigenverantwortung, Privatinitiative und Selbstvorsorge abverlangt werden. War soziale Gerechtigkeit für die SPD der Nachkriegszeit eine Synthese egalitärer sowie bedarfs- und leistungsbezogener Prinzipien, die dem Ziel dienten, die Macht des Marktes zu begrenzen, seine negativen Folgen zu korrigieren und seine Entwicklung zu steuern, stellt man dieses Verhältnis heute auf den Kopf: »Das Soziale soll nicht abgeschafft, sondern in den Dienst des Marktes gestellt und nach den Prinzipien des Marktes gelenkt werden.«[298] Auf das Ergebnis der Marktprozesse kommt es der Politik nicht mehr an, sofern sie nur den Marktzugang für alle Bürger/innen gewährleistet hat. Oliver Nachtwey bezeichnet die »Teilhabegerechtigkeit« als »neues Mantra« des sozialdemokratischen Gerechtigkeitsdiskurses, während die Verteilungsgerechtigkeit bloß noch ein Schattendasein friste: »Teilhabegerechtigkeit reduziert die Bedeutung der Verteilungsgerechtigkeit, weil sie sie die gradualistische Logik des Mehr oder Weniger, den Vergleich zwischen Arm und Reich aufhebt: Nicht Einkommen und soziale Lagen sollen angeglichen, sondern die Teilhabe – vor allem am Arbeitsmarkt – ermöglicht werden.«[299]

Leitbilder der Union: »Chancengesellschaft« und »Solidarische Leistungsgesellschaft«

Die Programmdebatte der CDU fand unter dem Motto »Neue Gerechtigkeit durch mehr Freiheit« statt. Norbert Blüm kritisierte diese »Marketingsprache« der Parteiführung unter Angela Merkel, mit der sie Inhaltslosigkeit bzw. Vagheit überdeckte, und fragte, welche Gerechtigkeit damit eigentlich gemeint sei: »Mehr Freiheit für das Finanzkapital, das die Globalisierung beherrscht, ergibt zwar eine ›neue‹, andere Gerechtigkeit, aber keine, die sich mit dem christlichen Verständnis von Gerechtigkeit harmonisieren lässt.«[300] Blüm wies darauf hin, dass Gerechtigkeit der Freiheit bestimmte Grenzen setzt, denn sonst wäre sie seiner Meinung nach nicht mehr als die Möglichkeit zur Ausbeutung.

Unter sozialer Gerechtigkeit versteht die CDU in den »Grundsätzen für Deutschland«, welche ihr Hannoveraner Parteitag am 3. Dezember 2007 beschlossen hat, nicht etwa die Beseitigung oder Verringerung materieller Ungleichheit. Vielmehr sollen alle Mitbürger/innen die gleiche Möglichkeit haben, sich in Freiheit so zu entfalten, wie es ihren persönlichen Fähigkeiten entspricht: »Wir setzen uns dafür ein, dass jeder Mensch seine Lebenschancen frei und verantwortlich wahrnehmen kann. Dafür bietet die Chancengesellschaft die Voraussetzungen und Möglichkeiten. Sie wächst auf dem Boden möglichst gerecht verteilter Lebenschancen. Das erfordert gleiche Startchancen in Bildungswege und in die Arbeitswelt. Dazu gehört nicht, Unterschiede in den persönlichen Anlagen des Einzelnen zu leugnen. Wir wollen gleiche Chancen eröffnen, nicht gleiche Ergebnisse versprechen.«[301] Das auf dem 72. CSU-Parteitag am 28. September 2007 in München verabschiedete Grundsatzprogramm steht unter dem Motto »Chancen für alle! In Freiheit und Verantwortung gemeinsam Zukunft gestalten« und fordert eine »Solidarische Leistungsgesellschaft«, in der möglichst sämtliche Gesellschaftsmitglieder am ökonomischen und sozialen Fortschritt beteiligt werden sollen: »Mit der Solidarischen Leistungsgesellschaft schaffen wir Chancengerechtigkeit für die Schwachen und die Starken.«[302] Zwar bezeichnet das CSU-Programm den Sozialstaat als »tragende Säule unserer Gesellschaftsordnung«, bemängelt jedoch, er habe den »Vorrang privater Selbstverantwortung« sträflich missachtet: »Der politische Irrweg des Versorgungsstaats schwächt die Eigeninitiative, untergräbt die soziale Verantwortung des Einzelnen und bringt die Menschen in eine falsche Abhängigkeit. Eine Politik, die Ansprüche an den Staat weiter vergrößert, ist bequem, schwächt aber unser Gemeinwesen und hilft dem Einzelnen nicht auf Dauer.«[303]

CDU und CSU setzen gleichfalls auf »vorsorgende Sozialpolitik«,[304] ihre neuen Grundsatzprogramme betten diese aber noch stärker als die SPD in den öffentlichen Diskurs über mehr Eigenverantwortung, Selbstvorsorge und Privatinitiative ein. Das neue Leitbild unterstellt, dass sich der bisherige Wohlfahrtsstaat auf Nachsorge beschränkt habe, und suggeriert, durch präventive Maßnahmen lasse sich erreichen, dass Probleme wie Arbeitslosigkeit und Armut erst gar nicht entstünden. »Vorbeugen statt nachbessern« will die CDU in Anlehnung an den Volksmund,[305] aber gerade wenn »das Kind bereits in den Brunnen gefallen« ist, muss man sich auf den Sozialstaat und seine Leistungsbereitschaft hundertprozentig verlassen können.

Außerdem erklärt die CDU, es sei »besser, gerechter und ökonomischer«, für Kinder wie Erwachsene in Bildung bzw. Weiterbildung zu investieren, als Fehlentwicklungen durch Transferzahlungen oder soziale Maßnahmen zu korrigieren.[306] Was unter einer »vorsorgenden Sozialpolitik« zu verstehen ist, bleibt bei den Unionsparteien allerdings ebenso vage und unbestimmt wie im Hamburger SPD-Programm. Zwar bescheinigt das CDU-Programm dem Sozialstaat, Großes geleistet zu haben und unverzichtbar zu sein, kündigt jedoch grundlegende Veränderungen seiner Strukturen an, was mit den vielfältigen Herausforderungen des 21. Jahrhunderts begründet wird. Ziel sei der »aktivierende Sozialstaat«, welcher die Individuen verstärkt motiviere und befähige, im Rahmen ihrer Möglichkeiten Eigeninitiative zu entwickeln und Eigenverantwortung zu übernehmen. Bei der Aus- bzw. Umgestaltung der sozialen Sicherungssysteme will sich die CDU an drei Grundsätzen orientieren: »Sie müssen das Prinzip der Eigenverantwortung stärken, dem Prinzip der Generationengerechtigkeit entsprechen und dürfen das Prinzip der Leistungsgerechtigkeit nicht verletzen.«[307] Außerdem soll ihre Abhängigkeit von der Erwerbsarbeit reduziert werden und ihre Finanzierung künftig weniger über Beiträge und mehr über Steuern erfolgen, um die »gesetzlichen Lohnnebenkosten« (gemeint sind die Arbeitgeberbeiträge zur Sozialversicherung) zu senken.

»Chancengleichheit« als Ersatz für soziale Gerechtigkeit?

Was verbindet die »Chancengesellschaft« der CDU, das Verlangen ihrer bayerischen Schwesterpartei nach »Chancengerechtigkeit in der Solidarischen Leistungsgesellschaft« und den »vorsorgenden Sozialstaat« der SPD miteinander? In allen Leitbildern spielen Bildung und Bildungspolitik eine Schlüsselrolle – die Bildung als Kernressource im Standortwettbewerb der »Wissensgesellschaften« und die Bildungspolitik als Hebel zur Verbesserung der Konkurrenzfähigkeit des eigenen Wirtschaftsstandortes und zur Verwirklichung von mehr Chancengleichheit. Zitieren wir zuerst den CDU-Programmtext: »Aufstieg durch Bildung‹, so lautet unser gesellschaftspolitisches Ziel. Alle müssen einbezogen, keiner darf zurückgelassen werden. Armut beginnt allzu oft als Bildungsarmut. Die Teilhabe aller an Bildung und Ausbildung ist ein Gebot der Chancengerechtigkeit.«[308] Diese wird im Grundsatzprogramm der CSU folgendermaßen definiert: »Chancengerechtigkeit bedeutet, allen jungen Menschen unabhängig von ihrem familiären und sozialen Hintergrund Bildung und Ausbildung zu ermöglichen.«[309] Auch bei der SPD steht die Bildung im Mittelpunkt aller Bemühungen. Sie wird im Hamburger Programm zum »zentralen Element der Sozialpolitik« erklärt und als »die große soziale Frage unserer Zeit« bezeichnet.[310]

Wenn man die »soziale Vererbung« der Armut durch schon im Kindesalter wirksame Selektionsmechanismen bekämpfen möchte, sind ein quantitativer Ausbau und eine qualitative Verbesserung des Bildungssystems der
Bundesrepublik vom Elementarbereich bis zum Hochschulwesen zweifellos unerlässlich. Die soziale Selektivität unseres Bildungssystems wird von
den Unionsparteien jedoch gar nicht ernsthaft in Frage gestellt, denn man
verteidigt trotz anderslautender PISA-Ergebnisse die hierarchische Mehrgliedrigkeit des Sekundarschulwesens und die Privilegierung des Gymnasi-
ums: »Das vielfältige gegliederte Schulwesen hat sich bewährt und erfolgreich weiterentwickelt.«[311]

Alle drei Programmdokumente enthalten nur ein vages Bekenntnis zur
*Verteilungs*gerechtigkeit. So heißt es in den CDU-Grundsätzen, das Ge-
rechtigkeitsziel fordere, »Belastungen angemessen zu verteilen. Deshalb ist
es gerecht, dass die Stärkeren einen größeren Beitrag für unser Gemeinwesen leisten als die Schwächeren.«[312] Und im Hamburger SPD-Programm
wird ziemlich verwunden festgestellt, die Menschen müssten unabhängig
von ihrer Herkunft oder ihrem Geschlecht gleiche Lebenschancen haben:
»Also meint Gerechtigkeit gleiche Teilhabe an Bildung, Arbeit, sozialer
Sicherheit, Kultur und Demokratie, gleichen Zugang zu allen öffentlichen
Gütern. Wo die ungleiche Verteilung von Einkommen und Vermögen die
Gesellschaft teilt in solche, die über andere verfügen, und solche, über die
verfügt wird, verstößt sie gegen die gleiche Freiheit und ist darum ungerecht. Daher erfordert Gerechtigkeit mehr Gleichheit in der Verteilung
von Einkommen, Vermögen und Macht.«[313]

Sehr viel deutlicher als *Verteilungs*gerechtigkeit fordern die Programmdokumente *Chancen-* und *Teilhabe*gerechtigkeit, was nicht zuletzt dem neoliberalen Zeitgeist geschuldet sein dürfte. Obwohl das Volksvermögen nie
größer und die Kluft zwischen Arm und Reich nie tiefer war als zur Zeit
der Verabschiedung ihrer neuen Grundsatzprogramme, hielten die Parteien
das Postulat der Umverteilung für ideologisch verstaubt. Man kann aber
nicht mehr soziale Gerechtigkeit erreichen, ohne die Ungleichverteilung
der materiellen Güter aufzuheben und den vorhandenen Reichtum umzuverteilen. Beinahe wie die politische Quadratur des Kreises mutet es an,
wenn der Sozialstaat mit weniger finanziellen Ressourcen ausgestattet wird
und gleichzeitig mehr leisten, nämlich ergänzend für die Prävention zuständig sein und die soziale Integration sicherstellen soll.

Letztlich weichen die Parteiprogramme der Kardinalfrage nach den im
Finanzmarktkapitalismus bestehenden Herrschafts-, Eigentums- und Macht-

verhältnissen aus. Statt einer Umverteilung des privaten Reichtums, der mächtige Kapitalinteressen entgegenstehen, soll mehr Bildung für die Armen zu größerer Chancengleichheit führen. *Bildungs*armut, auf die sich der Programmdiskurs aller Volksparteien konzentriert, basiert jedoch auf der materiellen Unterversorgung und Benachteiligung in anderen Lebensbereichen. Umgekehrt ist gute (Weiter-)Bildung eine notwendige, aber keine hinreichende Voraussetzung für Chancengleichheit im Berufsleben.

Das für CDU, CSU und SPD gleichermaßen zentrale Ziel der *Chancen*gleichheit korrespondiert mit einer Überakzentuierung der *Leistungs*gerechtigkeit, während die an das Solidaritätsprinzip gebundene und für den bisherigen Sozialstaat konstitutive *Bedarfs*gerechtigkeit weit dahinter zurücktritt. Die formale Chancengleichheit, deren Verwirklichung CDU, CSU und SPD anstreben, garantiert höchstens noch *Verfahrens*gerechtigkeit, aber keineswegs mehr. Es kommt bloß noch darauf an, den freien Marktzugang für alle Gesellschaftsmitgliedern zu garantieren, aber nicht mehr darauf, sie vor den Risiken, nachteiligen Nebenwirkungen und unsozialen Auswüchsen der kapitalistischen Marktwirtschaft zu schützen.

Zu den (Tot-)Schlagworten, die in den Programmdokumenten der Unionsparteien, nicht allerdings im sozialdemokratischen Grundsatzprogramm auftauchen, gehört das der »Generationengerechtigkeit«. So betont die CSU: »Die demographische Entwicklung macht die gerechte Partnerschaft der Generationen in einem zukunftsfesten Sozialstaat zu einer entscheidenden sozialen Frage der nächsten Jahrzehnte.«[314] Die folgende Definition legt die bayerische Regierungspartei ihren Ausführungen zugrunde: »Generationengerechtigkeit heißt, aus Verantwortung für die kommenden Generationen zu handeln und nicht auf deren Kosten zu leben.«[315] Wenn ein Wohlfahrtsstaat demontiert wird, seine Transferleistungen für Bedürftige gesenkt und die gültigen Anspruchsvoraussetzungen verschärft werden, obwohl der gesellschaftliche Reichtum zunimmt, kann jedoch weder von *sozialer* noch von *Generationen*gerechtigkeit die Rede sein.

Parteiprogramme sind sowohl diskursive Spiegelbilder gesellschaftlicher, ökonomischer und politischer Rahmenbedingungen wie auch Resultate innerparteilicher Machtverhältnisse, Strategiedebatten und Formelkompromisse, die Grundüberzeugungen und ideologische Richtungsentscheidungen ihrer Urheber zum Ausdruck bringen. In allen drei Programmdokumenten sind einerseits die Tendenz, den »Um-« bzw. Abbau des Sozialstaates unter Hinweis auf die Globalisierung und den demografischen Wandel als Sachzwang darzustellen, sowie andererseits ein gewandelter, von neoliberalen Einflüssen nicht freier Gerechtigkeitsbegriff unübersehbar.

»Fördern und Fordern«, der regierungsoffizielle Werbeslogan für das als »Hartz IV« bekannt gewordene Gesetzespaket, hat über die Leitbilder »Chancen-«, »Solidarische Leistungsgesellschaft« und »vorsorgender Sozialstaat« den Weg in die Grundsatzprogrammatik von CDU, CSU und SPD gefunden. Obwohl sich die ökonomischen, sozialen und ökologischen Probleme seit geraumer Zeit zuspitzen, bieten die Volksparteien kaum Hinweise, wie ihnen durch eine große Kraftanstrengung der Gesellschaft und/oder zielgenaues Eingreifen des Staates beizukommen wäre. Arbeitslosigkeit und Kinderarmut lassen sich weder durch eine Pädagogisierung des Armutsproblems noch durch die Fetischisierung der Bildung bewältigen und durch Leerformeln wie »Chancengleichheit« oder »Generationengerechtigkeit« höchstens ideologisch entsorgen. Floskelhafte Bekenntnisse zur Gerechtigkeit sind keine Lösung, wenn man (Sozial-)Politik auf der Regierungsebene gestalten und dafür bei den Wähler(inne)n mit Erfolg um mehr Vertrauen werben will.

Noch nie wurden Privatinitiative, Eigenverantwortung und Selbstvorsorge der Bürger/innen so stark betont wie in den neuen Parteiprogrammen, was deshalb erstaunt, weil man früher damit viel mehr bewirken konnte als im Zeichen der Globalisierung bzw. der neoliberalen Modernisierung. Heute sind Staat, Wirtschaft und Gesellschaft wohlhabender, deren Mitglieder allerdings überwiegend hilfloser und schutzbedürftiger. »Der schrittweise Abbau sozialer Sicherungen und der Rückzug des Staates aus der Verantwortung für eine solidarische Daseinsvorsorge trifft […] hochgradig individualisierte Individuen, die dem kalten Wind einer radikalen Marktvergesellschaftung schutzlos ausgeliefert sind, weil ihr Habitus nun ganz grundlegend durch die schrittweise Gewöhnung an ein Mindestmaß an Schutz vor den Unwägbarkeiten des Alltags in der kapitalistischen Wettbewerbsgesellschaft geprägt ist, einer Gesellschaft, die dazu übergeht, nur noch sehr begrenzt solidarische Haftung für ihre Mitglieder zu übernehmen.«[316]

Missbrauchsdebatten auf Stammtischniveau: Stimmungsmache gegen Arme und Sozialstaat

Armuts- und Sozialstaatsentwicklung hängen eng zusammen. In der öffentlichen Diskussion darüber spielen die Massenmedien eine Schlüsselrolle. Jahrzehntelang galt Deutschland nicht nur als Mutter-, sondern auch als Musterland des Wohlfahrtsstaates, das viele Menschen mit großem Stolz gegenüber Ländern mit weniger entwickelten sozialen Sicherungssystemen erfüllte. Hatten die Medien den »eigenen« Wohlfahrtsstaat bis Anfang der 70er-Jahre zum Modellfall hochstilisiert, galt er ihnen seit Mitte dieser Dekade als Auslaufmodell. Exemplarisch sei aus einem Leitartikel der *Zeit* vom 20. Mai 1999 zitiert:»Der Sozialstaat, einst Stolz der Westdeutschen, ist bald nicht mehr zu bezahlen. [...] Der Sozialstaat ist unsozial geworden. Er versagt, weil er zuviel verspricht. Er belastet den Faktor Arbeit, schafft Arbeitslosigkeit.«

Statt über Probleme zu berichten, die der Sozialstaat mehr oder weniger gut löst, berichteten Journalist(inn)en fortan immer häufiger über Probleme, die er angeblich macht. Genannt seien hier zwei Behauptungen: die seiner Unfinanzierbarkeit aufgrund übertriebener Großzügigkeit und seiner Überforderung aufgrund massenhaften Leistungsmissbrauchs. Mit solchen Überschriften wie »Die fetten Jahre sind vorbei« (*Spiegel*-Serie, Titelbild v. 8.9.1980: Gewitterwolken und Blitze über einer Gartenparty mit Luxuskarossen vor dem schicken Einfamilienhaus) wurde die Mehrheit der Bevölkerung schon früh auf angeblich notwendige materielle Opfer vorbereitet, obwohl das Bruttoinlandsprodukt, die Arbeitsproduktivität und das Volksvermögen seinerzeit verhältnismäßig kontinuierlich wuchsen.

Nach der DDR-»Wende« und der Wiedervereinigung 1989/90 wurde die vermeintliche Notwendigkeit, den bestehenden Sozialstaat um- bzw. abzubauen, für viele Zeitungsleser/innen, Radiohörer/innen und Fernsehzuschauer/innen sehr überzeugend mit Sachzwängen gerechtfertigt, denen die Regierung unabhängig von ihrer jeweiligen Zusammensetzung und politischen Grundrichtung irgendwie Rechnung tragen müsse. Globalisierung und demografischer Wandel fungierten dabei als die zwei Großen Erzählungen unserer Zeit, mit denen eine intellektuelle Legitimationsbasis für die Reformen geschaffen wurde.[317]

»Abzocker«, »Sozialschmarotzer« und »Parasiten« avancierten gegen Ende der 70er-/Anfang der 80er-Jahre zu Hauptfeindbildern des neokonservativen bzw. neoliberalen Zeitgeistes. In den Leitartikeln von Zeitungen bzw. Zeitschriften liest und an (west)deutschen Stammtischen hört man seither mehr über den Missbrauch staatlicher Transferleistungen als über das Problem der wachsenden Armut. Wurden zuerst Flüchtlinge zu »Asylmissbrauchern« und Verursachern der Krise des Sozialstaates gestempelt, übernahmen die Sozialhilfeempfänger/innen nach Abschaffung des Art. 16 Abs. 2 Satz 2 und Verabschiedung des *Asylbewerberleistungsgesetzes* im Frühjahr 1993 die Rolle des medialen Feindbildes.

Als die damalige CDU/CSU/FDP-Koalition ihre großen »Sparprogramme« durchsetzte, gab es größere Missbrauchsdebatten, die den »Um-« bzw. Abbau des Sozialstaates flankierten. Dabei stützten sich viele Journalist(inn)en auf das Buch »Sozialkriminalität in Deutschland« von Werner Bruns, dessen beide Ausgaben nicht zufällig 1993 und 1996 erschienen.[318] Beispielsweise empörte sich der *Spiegel* am 22. März 1993 unter Berufung auf Bruns und dem Titel »Sozialhilfe für Napoleon« darüber, dass »Sozialbetrüger« die Steuer- und Beitragszahler/innen jedes Jahr um 10 Mrd. DM prellten. Nach der Feststellung, nie zuvor hätten die Deutschen mehr für den Wohlfahrtsstaat bezahlen müssen, wurde die Frage »Alles für Notleidende?« gestellt und die folgende Antwort gegeben: »Der Sozialstaat Bundesrepublik, so scheint es, wird von Zehntausenden seiner Bewohner nur noch als Selbstbedienungsladen benutzt.«

Durch zahllose Berichte über den Leistungsmissbrauch von Sozialhilfebezieher(inne)n wurde Stimmung gegen die Armen und den Wohlfahrtsstaat gemacht. Politiker und Publizisten überboten, ergänzten sich jedoch teilweise auch in dem Bemühen, die »Faulen« von den »Fleißigen« zu trennen. Exemplarisch für diese Art der Stimmungsmache in den Medien stehen drei Titelgeschichten: »Das süße Leben der Sozial-Schmarotzer« im *Focus* (v. 23.10.1995), »Schlaraffenland abgebrannt. Die Pleite des Sozialstaates« im *Spiegel* (v. 13.5.1996) und »Ärgernis Sozialhilfe. Wann sie notwendig ist, wie sie missbraucht wird« im *Stern* (v. 28.8.1997). In dem zuletzt genannten Heft hieß es: »In Deutschland bekommen 2,5 Millionen Menschen Monat für Monat finanzielle Hilfe zu ihrem Lebensunterhalt. Für viele sind die Milliarden-Zahlungen ein Ärgernis. Politiker fordern, dass die Empfänger dafür arbeiten müssen. Doch der eigentliche Fehler liegt im System: Hilfe, die nur versorgt, motiviert nicht, die eigene Lebenssituation zu verändern.«

Die mediale Skandalisierung der (Finanz-)Situation und (Fehl-)Leistungen des Sozialstaates erinnerte an eine tibetanische Gebetsmühle. Denn die Auffassung, dass eine »Wende zum Weniger« nötig sei (so Jan Roß in der

Zeit v. 14.10.1999), wurde in den Massenmedien der Bundesrepublik wie ein Naturgesetz behandelt, dem zu widersprechen hieß, sich lächerlich zu machen. Roderich Reifenrath sprach am 21. Mai 2003 in der *Frankfurter Rundschau* von einer »FDPisierung der Medienlandschaft«, geriet jedoch in die Nähe einer Verschwörungstheorie, als er über den publizistischen Frontalangriff auf den Sozialstaat schrieb: »Wer in diesen Wochen die Kommentarspalten in Tageszeitungen und Wochenschriften verfolgt, wird den Verdacht nicht los, dass sich tonangebende Chefredakteure allmorgendlich bei einer geheimen Konferenzschaltung der Printmedien in die Hand versprechen, auch heute wieder im Meinungteil keinen Millimeter vom Pfad marktwirtschaftlicher, liberaler, neoliberaler Tugenden abzuweichen.«

Journalist(inn)en benutzten zum Teil manipulative Methoden, wenn es galt, »Sozialkriminalität« zu skandalisieren und in einer Art zu präsentieren, die den Wohlfahrtsstaat als »Selbstbedienungsladen für Arbeitsscheue« erscheinen ließ. Statt seine große soziale wie kulturelle Bedeutung zu würdigen und über viele (neue wie noch immer nicht geschlossene) Leistungslücken zu berichten, denunzierten ihn die meisten Publizisten zunehmend als Last, der man sich möglichst bald entledigen müsse, um die internationale Konkurrenzfähigkeit der Bundesrepublik zu erhalten oder wieder herzustellen. Zitiert sei aus einem *Spiegel*-Artikel »Logik des kalten Buffets« vom 20. Juli 1998, in welchem Elisabeth Niejahr und Jan Fleischhauer konstatierten, der »Sozialstaat deutscher Prägung« sei »kein Modell mit Zukunft« mehr: »Er ist zum Monstrum geworden, das an seiner eigenen Größe zu ersticken droht. Der deutsche Sozialstaat ist unbezahlbar. Er macht die Bürger unfrei, über ihr Einkommen selber zu befinden, und erzieht sie zum Anspruchsdenken. Vor allem aber: Er ist zutiefst ungerecht, weil er seine Leistungen oft willkürlich und nicht selten an den wirklich Bedürftigen vorbei verteilt, und spätestens dies wird ihn auf Dauer ruinieren, denn gerecht zu sein gilt von jeher als sein oberstes Gebot.«

Die von Regierung, etablierten Parteien und Massenmedien im Wechselverhältnis erzeugten Armutsbilder prägen das Alltagsbewusstsein der Durchschnittsbürger/innen. Wer glaubt, der Boulevard bewirke in Bezug auf die politische Meinungsbildung wenig, weil ihm niemand so recht glaube, irrt gewaltig. Zitiert sei mit Walter Krämer ein Hochschullehrer und erfolgreicher Sachbuchautor, der offenbar jedes geschriebene Wort für bare Münze nimmt, wenn es gilt, Sozialleistungsempfänger/innen der Schwarzarbeit zu »überführen« und sie des Missbrauchs zu zeihen: »Wie

die Schlagzeile ›Mit dem Jaguar zum Sozialamt‹ aus einer deutschen Boulevardzeitung beweist (!?), können sich viele nach offizieller Lesart ›arme‹
Menschen in Deutschland heute einen Lebensstandard leisten, von dem
neun Zehntel aller Menschen anderswo nur träumen können.«[319]
Manchmal wird die Armut quasi semantisch erledigt. Durch verharmlo-
sende Begriffe und beschönigende Sprachregelungen lässt sich menschliches Elend zwar weder lindern noch mindern, aber die entscheidende
Frage nach der gesellschaftlichen Verantwortung für solche Zustände und
nach den politisch Schuldigen umgehen. Beispiele dafür nennt Thomas
von Freyberg:»Das soziale Netz wird zur sozialen Hängematte und läßt
die Südsee assoziieren, die Massenarbeitslosigkeit heißt dann kollektiver
Freizeitpark. Zwangsarbeit für Langzeitarme wird zum solidarischen Sozialdienst umgewidmet, und die weitere Senkung der Niedriglöhne – und
parallel dazu der Sozialhilfesätze – geschieht im Gehorsam gegenüber dem
Lohnabstandsgebot, als gehe es hier um Recht und Gesetz.«[320]
Gerhard Schröder kritisierte Helmut Kohls Wortwahl in Bezug auf Erwerbslose und Transferleistungsempfänger/innen:»Der ›Freizeitpark Deutschland‹, der Vorwurf an vom Arbeitsmarkt Ausgegrenzte, sich in der ›sozialen
Hängematte‹ zu vergnügen, weckte deswegen ein so hohes Maß an öffentlicher Empörung, weil damit ein Grundkonsens der bundesdeutschen
Nachkriegsgesellschaft in Frage gestellt wurde: die Verantwortung der
Starken gegenüber den Schwachen.«[321] Nachdem er Kohl als Bundeskanzler abgelöst hatte, bemerkte Schröder am 6. April 2001 gegenüber der *Bild*-
Zeitung:»Es gibt kein Recht auf Faulheit in unserer Gesellschaft!« Beliebt
ist die Metapher von der »sozialen Hängematte«, mit welcher sich der
»Versorgungsstaat« und seine »faulen Nutznießer« (z.B. Arbeitslose) gleichermaßen medial aufspießen lassen. Typisch war das *Spiegel*-Titelbild vom
21. Mai 2001, welches eine mit »Das schwarz-rot-goldene Himmelbett«
überschriebene Hängematte in den Nationalfarben zeigt und die Frage
»Wie faul sind die Deutschen?« stellt.
Der gesellschaftspolitische Rollback, den die rot-grüne Bundesregierung seit Schröders »Agenda 2010«-Rede im März 2003 gemeinsam mit der
»oppositionellen« Mehrheit im Bundesrat bewerkstelligte, war nur möglich,
weil sich die neoliberale Hegemonie, wie sie in der Ökonomie als für Wirtschaft und Beschäftigung »zuständiger« Fachwissenschaft schon lange
existierte, zu jener Zeit auch in den Massenmedien immer stärker niederschlug. Die öffentliche Meinung wurde massiv im Sinne eines Sozialstaat,

Staatsinterventionismus und Wohlfahrt als Hauptstörfaktoren für den »Standort D« abqualifizierenden Marktradikalismus beeinflusst.

Der moderne Wohlfahrtsstaat wird diskreditiert, indem Massenmedien einzelne, meist besonders spektakuläre Fälle des Missbrauchs von Sozialleistungen generalisieren, ohne sein normales, für Erwerbslose, Alte, Kranke, Behinderte, Pflegebedürftige und andere Benachteiligte unverzichtbares und überwiegend segensreiches Funktionieren zu thematisieren. In der Boulevardpresse werden Personen, die sie als »Sozialschmarotzer« entlarvt zu haben glaubt, mit einprägsamen Spitznahmen wie »Florida-Rolf«, »Viagra-Kalle« oder »Mallorca-Karin« belegt, manchmal regelrecht vorgeführt und gleichzeitig zu »guten Bekannten« der Leser/innen gemacht. So berichtete die *Bild*-Zeitung im Sommer 2003 nicht weniger als 19 Mal über Rolf F., einen 64-jährigen Deutschen, der als suizidgefährdeter Ex-Banker in Miami (Florida) von Sozialhilfe lebte. Am 16. August 2003 lautete ihr Aufmacher: »Sind die völlig bescheuert? – Sozialamt zahlt Wohnung am Strand in Florida!« Da die *Bild*-Zeitung als Leitmedium fungiert, stießen auch seriöse Printmedien wie der *Weser-Kurier* anschließend in dasselbe Horn: »Schluss mit Sozialhilfe unter Palmen« überschrieb die Bremer Lokalzeitung am 3. September 2003 eine längere dpa-Meldung. Der mediale Druck und von Politikern der bürgerlichen Opposition angekündigte Bundesratsinitiativen veranlassten die rot-grüne Regierung damals, binnen kürzester Zeit schärfere Regeln für den Sozialhilfebezug im Ausland in das entsprechende Gesetz zu schreiben, obwohl im Jahr 2002 bei Gesamtkosten von ca. 4,3 Mio. EUR nur 959 Personen betroffen waren, darunter übrigens auch viele Jüdinnen und Juden, denen man nach 1945 nicht zumuten wollte, wieder nach Deutschland zu ziehen.

Am 17. Oktober 2005 erschien die *Bild*-Zeitung unter Berufung auf einen »Report« des Hauses von Wirtschafts- und Arbeitsminister Wolfgang Clement über Fälle des Leistungsmissbrauchs, der die betroffenen Langzeitarbeitslosen mit »Parasiten« gleichsetzt und sich gegen Missbrauch, »Abzocke« und Selbstbedienung im Sozialstaat wendet, unter dem Aufmacher »Die üblen Tricks der Hartz-IV-Schmarotzer! ... und wir müssen zahlen«. In dem Artikel des größten deutschen Boulevardblatts heißt es: »Bei Hartz IV wird gnadenlos abgezockt.« Unter den fünf »schlimmsten Fällen«, die das Boulevardblatt aufführte, waren »eine Hartz-IV-Empfängerin aus Tunesien«, die »schon längst wieder in ihrer Heimat« lebte, sowie »ein Libanese«, der als »bei seinen Landsleuten bekannter Sänger« nicht nur »gegen Honorar ständig bei Festen und Hochzeiten« auftrete, sondern auch»ein BMW-Cabriolet« fahre und»sogar einen Manager« habe. Damit erweckte man den Eindruck, als seien Migrant(inn)en überrepräsentiert und als handle es sich bei den»Abzockern« nicht um zum Teil kuriose Ausnahmen, sondern nur die Spitze eines Eisberges.

Genau eine Woche später zog der *Spiegel* mit einer Titelgeschichte»Das Spiel mit den Armen. Wie der Sozialstaat zur Selbstbedienung einlädt« nach. Darin distanzierte man sich zwar von den»knalligen Berichten« der Boulevardpresse, führte das»Finanzdebakel« der mit dem Namen Peter Hartz verbundenen Arbeitsmarktreform aber gleichfalls auf die massenhafte, wenn auch nicht immer missbräuchliche Inanspruchnahme von Sozialleistungen zurück. Sabine Christiansen stieß in dasselbe Horn, als sie ihrer Talkshow am Sonntag, dem 30. Oktober 2005, den Titel»Melkkuh« Sozialstaat – sind wir ein Volk von Abzockern?« gab und selbst die sich ihrer Meinung nach nicht nur unter Erwerbslosen ausbreitende»Mitnahmementalität« geißelte.

Am 7. November 2005 ergänzte der *Spiegel* unter der Überschrift »Missbrauch bei Türken?« und Berufung auf die Bundesagentur für Arbeit, vermutlich beziehe eine»große Zahl türkischer Arbeitsloser«, die nennenswertes Vermögen im Heimatland hätten, ohne es anzugeben, rechtswidrig Arbeitslosengeld II. Auch in der Doku-Soap»Gnadenlos gerecht – Sozialfahnder ermitteln« des Privatsenders Sat.1 werden Migrant(inn)en als »Hartz-IV-Betrüger« entlarvt, die auf Verwandte zugelassene Nobelkarossen fahren, (heimlich) erfolgreiche Unternehmen führen und ausländische Immobilien besitzen. Wenig verwunderte daher, dass *Bild* zum Auftakt der am 20. August 2008 mit hoher Einschaltquote gestarteten Sendereihe »Türkische Familie baut Luxus-Villa mit Hartz IV« titelte.[322]

Zweifellos besteht die Gefahr einer stärkeren Ethnisierung der sozialen Beziehungen und Probleme, wenn Letztere in den Massenmedien als Folge einer»gescheiterten Integration« von Migrant(inn)en dargestellt werden. »Indem man Armut und Ausgrenzung vorrangig als Problem (des Verhaltens) einer ethnischen Minderheit definiert, lässt sich die Mehrheitsbevölkerung umso leichter gegen den Sozialstaat mobilisieren. Insofern ist die Stigmatisierung der Minderheit die diskursive Begleitmusik, die die Bevölkerung auf die nächste Runde anstehender Kürzungen des angeblich so überforderten Sozialstaats einstimmen soll.«[323]

An die Stelle der kritischen Sozialreportage, welche Partei für die Armen und gegen Ämterwillkür ergreift, ist die mediale Missbrauchssuche getreten, wenn Kamerateams die Sozialfahnder der Behörden bei ihrer

Arbeit filmen, um sensationslüstern möglichst hemmungslose »Sozialbetrüger« aufzuspüren, und anstelle der Hintergrundberichte, welche über strukturelle Zusammenhänge aufklären, vermitteln die Fernsehtalkshows bzw. deren mehr oder weniger prominente Teilnehmer immer wieder dieselbe Botschaft, nämlich dass der Wohlfahrtsstaat nicht mehr zeitgemäß sei. Dort verzeichneten Diskussionsthemen wie »Hungern muss hier keiner – Ein Land redet sich arm«, das am 25. Mai 2008 bei Anne Will erörtert wurde, hohe Einschaltquoten.

Wenn die Langzeitarbeitslosen nur ein Haufen skrupelloser Betrüger/innen oder Faulpelze wären, die in einer »sozialen Hängematte« liegen, hätte jener Wohlfahrtsstaat, der ihnen auf Kosten fleißiger Arbeitnehmer/innen ein Leben im Luxus finanziert, seine Existenzberechtigung verloren. Dagegen wird die vermutlich viel höhere Dunkelziffer jener Fälle, bei denen eigentlich Anspruchsberechtigte kein Arbeitslosengeld II bzw. Sozialhilfe erhalten, weil sie aus Unkenntnis über Zuständigkeiten und Rechtsnormen, Furcht vor dem Rückgriff auf Verwandte, falschem Stolz oder Scham (Angst vor Bloßstellung) keinen Antrag stellen, in den Medien so gut wie nie behandelt. Sozialämter müssen auch von sich aus (ohne Antragstellung) tätig werden, sofern ihnen ein Fall der Bedürftigkeit bekannt wird, tun dies aber häufig nicht oder in unzureichender Weise.

Die unrechtmäßige Inanspruchnahme sozialer Leistungen wird selten toleriert, hart sanktioniert und in der (Medien-)Öffentlichkeit häufig dramatisiert. Dies trifft auf vergleichbare Delikte, die eher gut oder gar sehr viel besser Situierte begehen, wie etwa Steuerhinterziehung, keineswegs im selben Maße zu, auch wenn seit dem »Fall Zumwinkel« bei vielen Journalist(inn)en ein Umdenken erkennbar ist. Sofern die betreffende Norm hinsichtlich ihrer generellen Gültigkeit und Sinnhaftigkeit gar nicht in Frage gestellt, sondern nur gebrochen wird, weil man bezweifelt, dass sich »die anderen« daran halten, haben die Medien eine Katalysatorfunktion, weil sie zusammen mit dem sozialen Umfeld den Eindruck massenhafter Devianz vermitteln. Das von Journalist(inn)en immer wieder aufgegriffene Thema »Sozialkriminalität« hat vor allem in Beschäftigungskrisen wie der gegenwärtigen Hochkonjunktur. Dies dürfte nicht zuletzt damit zusammenhängen, dass es sich eignet, um den finanziell unter Druck geratenden Wohlfahrtsstaat als Förderer von Unmoral, Missbrauch und abweichendem Verhalten zu brandmarken. Politiker aller etablierten Parteien bedienen sich der Wirkung solcher Klischees, wenn sie Arbeitslose als »Drückeberger« und »Sozialschmarotzer« bezeichnen und damit – nicht selten übrigens vor Wahlen – »Faulheitsdebatten« entfachen.[324] Die den öffentlichen Armutsdiskurs seit langem durchziehende Unterscheidung zwischen »würdigen« und »unwürdigen« oder sogar nur scheinbar Armen dürfte sich in den letzten beiden Jahrzehnten wieder stärker ausgeprägt haben, was angesichts des neoliberalen Mainstreams und der permanenten Stimmungsmache in den Massenmedien nicht verwundert.[325] Maßgeblich dazu beigetragen hat die Berichterstattung über Leistungsmissbrauch im Wohlfahrtsstaat, den es zweifellos gibt, weil alle – natürlich auch soziale – Rechte, die man Menschen einräumt, auch von Unbefugten in Anspruch genommen werden, aber eben nicht massenhaft, wie gemeinhin suggeriert wird.

Als einer der Gründe, weshalb der Sozialstaat zumindest in seiner bisherigen Form nicht mehr finanzierbar sei, wird häufig angeführt, dass er zu generös, also in seiner Leistungsgewährung viel zu freigiebig sei, was ihn zunehmend überfordere und letzten Endes das Gegenteil des ursprünglich Intendierten bewirke. Arbeitslosigkeit und Armut könnten nicht mehr wirksam bekämpft werden, weil es sich für die davon Betroffenen kaum noch »lohne«, eine Erwerbstätigkeit aufzunehmen. Denn die Höhe der Entgeltersatzleistungen bewege sich auf demselben Niveau wie das maximal erreichbare Arbeitsentgelt. Insofern »erzeuge« der Wohlfahrtsstaat seinerseits Arbeitslosigkeit, statt sie zu verringern oder sozial abzufedern, und sei damit Teil des Problems und nicht mehr Teil seiner Lösung.

Ronald Gebauer, Hanna Petschauer und Georg Vobruba haben empirisch nachgewiesen, dass keine »Armutsfalle« im Spannungsfeld zwischen der Sozialhilfe (bzw. Hartz IV) und dem Arbeitsmarkt existiert.[326] Der linke SPD-Bundestagsabgeordnete Ottmar Schreiner führt ein schlagendes Argument gegen die »faulen« Arbeitslosen an: »Die Tatsache, dass einige Millionen Erwerbstätige arbeiten, obwohl sie damit nur ein Einkommen unterhalb oder nur wenig oberhalb des staatlich garantierten Existenzminimums erreichen, steht in heftigem Widerspruch zu der weit verbreiteten Auffassung, die Arbeitslosengeld-II-Leistungen seien so üppig, dass von ihnen keinerlei Anreiz zur Aufnahme einer Arbeit ausgehe.«[327]

Da die fehlende Arbeitswilligkeit vieler Erwerbsloser für unter diesen grassierende Armut verantwortlich gemacht wird, ist Folgendes zu berücksichtigen:

1. übersteigt die Zahl der Erwerbslosen die der offenen Stellen um ein Vielfaches, was darauf verweist, dass sich Massenarbeitslosigkeit schon

rein mathematisch nicht durch grenzenlose Arbeitswilligkeit beseitigen lässt;

2. sind viele (Langzeit-)Erwerbslose schon aufgrund ihrer gesundheitlichen Beeinträchtigungen und psychosozialen Probleme gar nicht in der Lage, einer Arbeit nachzugehen, die unter den heutigen Konkurrenzbedingungen erhebliche Leistungsanforderungen an sie stellt;

3. rationalisieren viele Langzeitarbeitslose ihre Unfähigkeit, den mittlerweile stark gestiegenen Leistungsanforderungen des Arbeitsmarktes gerecht zu werden, indem sie so tun, als *wollten* sie mittlerweile gar nicht mehr arbeiten, und das, obwohl ihnen jede Möglichkeit fehlt, ihre Leistungsfähigkeit unter Beweis zu stellen.

Journalist(inn)en haben die Regierungen in dem Versuch bestärkt und unterstützt, sich vom erfolgreichen Sozial(staats)modell der alten Bundesrepublik zu verabschieden, und in den Ruf nach möglichst radikalen bzw. »schmerzhaften« Reformen eingestimmt. Massenmedien waren Katalysatoren, wenn nicht Motoren der Sozialreformen, weil sie ein dafür unerlässliches »Reformklima« erzeugt haben, das den institutionellen Wandel vorbereitete und den etablierten Parteien half, diesen auch gegen massiven Widerstand durchzusetzen. Anschließend macht sich häufig wieder zuerst in den Medien eine sozialpolitische Katerstimmung breit, für die der Meinungsumschwung nach Hartz IV steht: Journalist(inn)en gehörten zu den Hauptprotagonist(inn)en dieser Arbeitsmarktreform, kurz nach deren Inkrafttreten hingegen zu ihren schärfsten Kritiker(inne)n, weil sie die Armut noch vergrößerte, statt die Arbeitslosigkeit – wie von Peter Hartz vollmundig versprochen – zu verringern.

Für die Art und Weise, wie über den Sozialstaat gesprochen und geschrieben wird, kennzeichnend waren zahllose Medienberichte, die sich zum Jahreswechsel 2004/05 mit der Flutkatastrophe in Südostasien und deren Folgen befassten. Die ausufernde und oft geradezu voyeuristisch anmutende Tsunami-Berichterstattung verbreitete unterschwellig die entpolitisierend wirkende Botschaft, dass die Natur (also nicht die Gesellschaft) das Schicksal bestimmt. Außerdem ließ man häufig durchblicken, dass es »uns« ja hier noch sehr gut geht, in der sog. Dritten Welt jedoch Not und Elend herrschen. Bei der Überschwemmung von New Orleans im Gefolge der Hurrikane »Katrina« und »Rita« zeigte sich im August/ September 2005, dass Naturkatastrophen nicht alle Bewohner/innen einer Region gleichermaßen treffen, die soziale Situation der Betreffenden vielmehr ganz entscheidenden Einfluss hat.

Debatten über die »neue Unterschicht« und das »abgehängte Prekariat«

Mit dem zitierten *Zeit*-Artikel »Das große Fressen« setzte im Dezember 2003 ein, was man als »deutsche Unterschichtendebatte« bezeichnen kann. Eine zweite Phase der Diskussion begann im Juli 2006, als die Zwischenergebnisse einer Studie »Gesellschaft im Reformprozess« veröffentlicht wurden, die TNS Infratest Sozialforschung Berlin im Auftrag der Friedrich-Ebert-Stiftung durchgeführt hatte. Darin kam der Terminus »abgehängtes Prekariat« vor, ohne dass die Schichtstruktur der Bundesrepublik genauer untersucht wurde, denn es ging um das sozialdemokratische Wählerpotenzial.[328] Fabian Kessl, Christian Reutlinger und Holger Ziegler, die zu Recht bemerken, dass eine »Unterschicht« genannte Gruppe fester Bestandteil fast aller Versuche war, die Sozialstruktur der Bundesrepublik zu analysieren,[329] weshalb die öffentliche Erregung über den Terminus kaum verständlich wird, datieren Beginn und Verlauf dieser Debatte nur unwesentlich anders. Den bisher mit Abstand größten Medienhype um das Thema »Armut« in der deutschen Nachkriegsgeschichte überhaupt gab es, als der damalige SPD-Vorsitzende Kurt Beck in einem Interview, das die *Frankfurter Allgemeine Sonntagszeitung* am 8. Oktober 2006 veröffentlichte, eher beiläufig den Begriff »Unterschichtenproblem« fallen ließ, wie es manche nennen würden. Fast alle Massenmedien des Landes problematisierten diesen Begriff, womit der Höhepunkt einer »Unterschichtendebatte« erreicht wurde, die jedoch – wie im aufgeregten Medienbetrieb unserer Tage üblich – nach einigen Tagen deutlich abebbte und wenig später versandete.

Beck warf den Unterschichtangehörigen in dem genannten Interview vor, »kein Interesse mehr am Aufstieg durch Bildung« zu haben, und verlangte am 12. Dezember 2006 von Henrico Frank, einem Erwerbslosen, der ihn bei einem Wahlkampftermin auf dem Wiesbadener Weihnachtsmarkt ansprach und um Hilfe bei der Stellensuche bat: »Waschen und rasieren Sie sich erst mal … dann finden Sie auch Arbeit!« Mit Deutschlands »frechstem Arbeitslosen« (*Bild*-Zeitung) erhielt das Mitglied jener »Unterschicht«, von der Beck kurz vorher gesprochen hatte, obwohl er sich diesen Begriff gar nicht zu Eigen machte, ein fassbares Gesicht, das für die Boulevardpresse zur Projektionsfläche aller Ressentiments wurde, die man Armen hierzulande entgegenbringt und im Medienbetrieb transportiert bzw. multipliziert. Thomas Schirrmacher spricht denn auch von einer »emotional und populistisch geführte(n) Diskussion, die zudem stark parteipolitisch und ideologisch geprägt« war.[330] Erwerbslosigkeit wurde so zu einem Resultat individuell-unangepasster Verhaltensweisen umformatiert und der Umgang mit den Konsequenzen einer darauf basierenden Armut in die Eigenverantwortung der jeweiligen Person verwiesen.[331]

Politiker der etablierten Parteien, neoliberale Publizisten und Wirtschaftslobbyisten pflegen gemeinsam den Mythos, wonach hierzulande »jeder seines Glückes Schmied« ist. So behauptet Hans-Olaf Henkel, früher IBM-Manager und ehemaliger Präsident des Bundesverbandes der Deutschen Industrie (BDI), allen Ernstes: »Jeder kann Unternehmer werden, und ebenso kann jeder Unternehmer, wenn er schlecht wirtschaftet, im Handumdrehen zum Hartz-IV-Empfänger werden.«[332] Welches kuriose Gesellschaftsbild führende Repräsentanten des Neoliberalismus in der Bundesrepublik haben und wie ihre Aufstiegsperspektive für bisher Erwerbslose konkret aussieht, zeigt eine weitere Äußerung von Henkel. In einem Streitgespräch zwischen ihm und dem IG-Metall-Vorsitzenden Berthold Huber, das die Wochenzeitung *Das Parlament* (v. 30.5.2005) abdruckte, lobte Henkel den Automationsvorsprung japanischer gegenüber amerikanischen wie europäischen Firmen, um dann fortzufahren: »Aber in Japan werden eben auch noch die Schuhe im Hotel von Hand geputzt, und die Schuhputzer können sich im Hotelfach nach oben arbeiten. Bei uns stehen Automaten in den Hotels, die potentiellen Beschäftigten sitzen als Arbeitslose den ganzen Tag vor der Glotze oder streichen um die Häuserblocks. Um den Kunden zu dienen, stehen in Japan oft junge Leute vor den Hotelfahrstühlen und drücken für den Gast den Knopf. Absurd? Ich meine nicht, denn es ist möglicherweise der Beginn einer erfüllenden Karriere.« Prägnanter lassen sich die gängigen Stereotype, dass Erwerbslose faul sind und man sich mit dem nötigen Fleiß auch heute noch »vom Tellerwäscher zum Millionär« hocharbeiten kann, gar nicht formulieren.

Henkel führt gegen Beck ins Feld, das Wort »Unterschicht« lenke nur von der verdrängten Wirklichkeit ab: »Die vermeintliche Ausbeuterklasse ist längst zur ausgebeuteten Klasse geworden. Denn viele von denen, die sich nicht mehr nach oben orientieren, richten sich bequem im Unten ein, weil es ihnen vom Bürgertum finanziert wird.«[333] Als ein Beispiel dafür erscheint Henkel die Tatsache, dass sich Langzeitarbeitslose, die als Erntehelfer verpflichtet werden sollten, lieber krankschreiben ließen, als Spargel zu stechen. Je mehr die SPD den Staat aus wahltaktischen Gründen zum »sorgenden Vormund« der Unterschicht mache, umso abhängiger werde diese von seinen Wohltaten:»Die Unterschicht wächst nicht etwa, weil der Staat zu wenig alimentiert, sondern umgekehrt: Weil die Mittel so reichlich fließen, weil Wohnung und Heizkosten, neuer Laminatfußboden und Kühlschrank aus dem staatlichen Wunderhorn kommen, wächst die Unterschicht.«[334] Becks Parteigenosse Franz Müntefering wiederum, damals Vizekanzler sowie zur Armutsbekämpfung verpflichteter Bundesarbeits- und Sozialminister, leugnete schlicht die Existenz einer Klassenspaltung und einer Schichtstruktur, als er sich gegen eine solche »Einteilung der Gesellschaft« verwahrte und laut *Focus Online* (v. 16.10.2006) zur Begründung sagte:»Es gibt keine Schichten in Deutschland. Es gibt Menschen, die es schwerer haben, die schwächer sind.« Müntefering, der mittlerweile wieder SPD-Vorsitzender ist, hätte gewiss keine Hemmungen gehabt, den Begriff »Mittelschicht« in den Mund zu nehmen. Wenn diese existiert, muss es jedoch auch Schichten darüber und darunter geben.[335] Statt sich dem Armutsproblem zu stellen, setzte Müntefering als zuständiger Fachminister die jahrzehntelange Ignoranz führender Politiker ihm gegenüber fort und erklärte die »Unterschicht« kurzerhand zur Erfindung weltfremder Soziologen. Damit erreichte die Unterschichtendebatte zweifellos ihren geistigen Tiefpunkt, der nur verständlich ist vor dem Hintergrund einer jahrzehntelangen Tabuisierung des Problems »Armut«, einer fehlenden Tradition fundierter Klassen- und Sozialstrukturanalysen sowie eines kaum noch zu unterschreitenden Niveaus sozialdemokratischer Theoriediskussionen in der Bundesrepublik.

Cordt Schnibben wies im *Spiegel* (v. 23.10.2006) darauf hin, dass eine Unterschicht seit 200 Jahren zum bestehenden Wirtschaftssystem gehört: »Wenn der Arbeitsmarkt entscheidet, wer Arbeit bekommt und wer nicht und wer wie viel Geld dafür bekommt, dann wird es Hunderttausende und Millionen Menschen geben, die keine Arbeit haben oder so wenig Geld dafür bekommen, dass sie in Armut leben.« Wenn mit der Unterschicht jene amorphe Masse gemeint ist, die man früher als »Lazarusschicht« oder »Lumpenproletariat« (Karl Marx) bezeichnet und nicht aufgrund ihres revolutionären Elans, sondern wegen der mentalen Ansteckungsgefahr, die sie für die »fleißigen Arbeiter« darstellte, als »gefährliche Klasse« eingestuft hätte, gibt es Anklänge an vergleichbare Diskurse im deutschen Kaiserreich. Rolf Lindner deutet manche Äußerung im Rekurs auf ein dem 19. Jahrhundert entstammendes Gesellschaftsbild.»In der Tat wird auch heute das Verhältnis der leistungsunwilligen, sich auf Unterstützung verlassenden Angehörigen der ›underclass‹ zu den ›working poor‹ als das zentrale sozialpolitische Problem angesehen, und zwar deshalb, weil der underclass die Rolle eines Herdes der Ansteckung (mit dem Infekt des Müßiggangs) zugewiesen wird.«[336]

Münteferings negative Reaktion auf den Begriff »Unterschicht« sei nur aus der sozialdemokratischen Moralpolitik verständlich, die den respektablen Arbeiter vor dem Einfluss des »prolligen« Milieus zu bewahren trachte. Für die strikte Ablehnung der Kategorie »Unterschicht« macht Lindner zwei Ursachen aus: Einerseits klinge in dem Begriff immer noch die von den Sozialdemokraten längst ad acta gelegte Klassengesellschaft an: »Wer von ›Unterschicht‹ spricht, muss auch von ›Oberschicht‹ sprechen und damit von Herrschaft, Macht und struktureller Ungleichheit.«[337] Andererseits müsse die strukturell bedingte Ungleichheit politisch bekämpft werden, während man bei »sozial Schwachen« nur das Muster der Lebensführung zu verändern brauche. »Mit der Verdrängung der Kategorie der Unterschicht werden die letzten Verbindungsleinen zur Sozialstruktur gekappt; der ›sozial Schwache‹ ist ein hilfloser Mensch, der möglicherweise sein Schicksal aufgrund seines Lebensstils selbst zu verantworten hat. Ihm zu helfen ist daher eine an die Erfüllung gewisser Voraussetzungen geknüpfte Gnade, kein sozialpolitisches Gebot.«[338]

Der linkssozialdemokratische Gesellschaftswissenschaftler Horst Heimann bewertete die von Kurt Beck ausgelöste Debatte trotz einzelner irritierender Diskussionsbeiträge positiv, weil er darin ein Indiz für wachsende Sensibilität der Öffentlichkeit gegenüber den bestehenden sozialen Problemen sah: »Sowohl die Tabu-Wörter ›Unterschicht‹ und ›Armut‹ als auch die ernsten sozialen Probleme, die diese Wörter benennen, sind im Bewusstsein vieler Menschen angekommen.«[339] Tatsächlich fiel die Leugnung des Problems einer zunehmenden sozialen Ungleichheit schwerer, nachdem der SPD-Vorsitzende in der geschilderten Art Stellung genommen hatte, aber es folgten kaum politische Initiativen gegen Armut und Unterversorgung.

Umgekehrt darf nicht übersehen werden, dass sich mit dem Begriff »Unterschicht« genauso wie mit dem Begriff »underclass« die Gefahr verbindet, dass er im öffentlichen Diskurs zu Pauschalierungszwecken missbraucht und als »stigmatisierendes Schlagwort« gegen die damit bezeichnete Armutspopulation verwendet wird.[340] Statt eines Paradigmen- bzw. Politikwechsels löste die Debatte über »neue Unterschichten«, »abgehängtes Prekariat« und Armut nämlich auch ideologisch motivierte Abwehrre-

flexe aus: Da wurde entweder der einzelne Betroffene für seine Misere
verantwortlich gemacht oder der Sozialstaat zum Sündenbock erklärt.
Wenn die Armut kein gesamtgesellschaftliches, sondern ein von den Betroffenen selbst verschuldetes Problem wäre, könnte man diesen zumuten,
sich nach der Münchhausen-Methode »am eigenen Schopf« aus dem sozialen Morast herauszuziehen. Dabei wird schlichtweg verkannt, dass die
Bekämpfung der Armut sinnvoller Angebote der Sozial-, Arbeitsmarkt-
und Beschäftigungspolitik bedarf, die es seit den sog. Hartz-Gesetzen allerdings immer weniger gibt.

Vor allem in jüngster Zeit werden die von Armut betroffenen Personengruppen regelrecht verhöhnt. Prominente, Topjournalisten und »Experten«, die teilweise für einen Vortrag mehr Geld erhalten als Langzeitarbeitslose nach Hartz IV in einem ganzen Jahr, scheuen sich nicht, deren
missliche Situation durch unsinnige Vergleiche schönzureden. Walter
Wüllenweber behauptete im *Stern* (v. 19.10.2006) unter dem ironischen
Titel »Spiel nicht mit den Schmuddelkindern!«, Geld hätten die Armen in
Deutschland genug: »Hartz-IV-Empfänger verfügen über denselben mate-
riellen Lebensstandard wie Facharbeiter in den 1970er Jahren.« Der frühere
Bundeskanzler Helmut Schmidt, während dessen Amtszeit der »Um-« bzw.
Abbau des Sozialstaates begann, forderte am 10. Dezember desselben
Jahres im Berliner *Tagesspiegel am Sonntag*, das Jammern über Armut in
Deutschland müsse endlich aufhören. Wer heute von Alg II (damals 345
EUR plus Unterkunfts- und Heizkosten im Falle einer »angemessenen«
Wohnung) lebe, habe meist einen höheren Lebensstandard als in seiner
Jugend ein Facharbeiter mit Frau und Kindern. Als ein Beispiel für die
Dramatisierung des Problems nannte Schmidt eine 18-jährige Alleinerzie-
hende, der die »Sozialfürsorge« eine Wohnung und ein Fernsehgerät finan-
ziere: »Dieses Mädchen gilt als arm und abgehängt, doch in Wirklichkeit
geht es ihr unendlich viel besser, als es uns in ihrem Alter gegangen ist.«

Die britischen Konservativen pflegten im 19. Jahrhundert gesellschaftspolitischen Veränderungen das Argument entgegenzuhalten, der
Arbeiter im Vereinigten Königreich habe eine höhere Lebenserwartung als
ein Edelmann des Mittelalters.[341] Noch früher ernährten sich die Menschen von Feldfrüchten, was Schmidt vermutlich ebenfalls als Wohlstands-
maßstab gelten lassen würde. Der britische Armutsforscher David Piachaud wählt das folgende Beispiel, um zu verdeutlichen, wie absurd solche
Vergleiche sind: »Ein Höhlenbewohner mag ohne das Licht von Sonne
und Sternen gut ausgekommen sein. Heute keinen elektrischen Strom zu

haben, wäre dagegen gesellschaftlich nicht akzeptabel.«[342] Niemand vergleicht seine eigene Lebenslage mit jener früherer Generationen, sondern alle interessiert nur die von eigenen Zeitgenoss(inn)en, meistens unmittelbarer Nachbar(inne)n, von Kolleg(inn)en, Spielkamerad(inn)en, Verwandten, Freunden und Bekannten, an der man sich messen lassen muss.

Nach dem gleichen Muster wie Schmidt verfuhr der Ökonom Hans-Werner Sinn, nur dass dieser nicht die Zeit-, sondern die geografische Achse als Vergleichsmaßstab wählte, um die Armut in der Bundesrepublik zu relativieren, und verschiedene Länder miteinander in Beziehung setzte. In einer Kolumne »Geld fürs Nichtstun« der *Wirtschaftswoche* (v. 18.12.2006) schürte der Präsident des ifo Instituts für Wirtschaftsforschung an der Universität München regelrecht den Sozialneid nach unten. Er monierte, dass die EU-Kommission kein absolutes, sondern ein relatives Armutsmaß benutzt. Dass man mit einem Verdienst, der in Luxemburg zum Leben nicht ausreicht, in Litauen durchaus wohlständig sein kann (um zwei EU-Länder miteinander zu vergleichen, wo die Einkommensunterschiede immerhin den Faktor 10 erreichen), weiß jeder. Diesen wichtigen Umstand unberücksichtigt zu lassen, hieße natürlich, auf einen *realistischen* Armuts- und Reichtumsbegriff zu verzichten. Sinn mokierte sich außerdem darüber, dass Menschen als von Armut bedroht gelten, die weniger als 60 Prozent des Medianeinkommens erreichen: »Wer in einer Steuerenklave, in der der Durchschnittsbürger eine Million Euro verdient, nur über ein Jahreseinkommen von 590.000 Euro verfügt, ist nach dieser Definition arm.« Das reichlich konstruiert wirkende Beispiel kann bloß dann zur schönen Wirklichkeit für wenige Superreiche und zum Schrecken für die vielen Daheimgebliebenen werden, wenn sich die von Sinn befürwortete Politik der größtmöglichen Bewegungsfreiheit für das Kapital durchsetzt. Ansonsten verweist es nur auf die Notwendigkeit, bei der relativen Armut die »richtige« Relation zu wählen und die gesellschaftlichen Rahmenbedingungen angemessen zu berücksichtigen.

In den vergangenen Jahrzehnten hat die Bundesrepublik Deutschland laut Sinn »außerordentlich viel« gegen die Armut getan: »Die Geldleistungen des Sozialstaates an die Ärmsten der Armen sind [...] viel schneller als die Durchschnittslöhne gestiegen, und offenkundig hat die relative Armut abgenommen.« Sinn stört, dass Hartz-IV-Empfänger/innen durchgängig als arm betrachtet würden, weil er ihr Alg II drastisch senken und eine niedrigere, »aktivierende Sozialhilfe« einführen möchte, um dadurch die »materiellen Arbeitsanreize« zu erhöhen. Er verglich sie in seiner Kolumne

mit den italienischen und spanischen Arbeitnehmer(inne)n, die fast alle
arm seien, wenn man die deutschen Maßstäbe anlege, was zeige,»dass man
mit den veröffentlichten Zahlen Schindluder treiben kann und dass die
finanzielle Armut im relativen Sinne nicht das deutsche Problem ist.«Die
»wirkliche« Armut habe überhaupt wenig mit Geldmangel zu tun:»Der
wahre Grund für die Probleme der deutschen Unterschicht ist statt beim
Geld bei den fehlenden Arbeitsplätzen und der damit verbundenen sozialen Ausgrenzung zu suchen.«Stellen fehlten Sinn zufolge jedoch nicht
aufgrund der Krisenanfälligkeit oder der kurzfristigen Profitorientierung
des Finanzmarktkapitalismus, vielmehr umgekehrt wegen der»extremen
hohe(n) Lohnansprüche«, die ein überteuertes Sozialsystem produziere:
»Das deutsche Armutsproblem ist nicht entstanden, weil der Staat zu knau-
serig war, sondern weil er im Gegenteil zu viel Geld für Nichtstun ausgegeben hat.«

Ein besonders makabres Beispiel für die Verharmlosung der Armut
durch eine Gegenüberstellung von unterschiedlichen Lebensbedingungen
bot Wolfgang Schäuble in einem Interview über die Zukunft der Volksparteien, den Nutzen der Kernenergie und sein Vertrauen in die Weisheit
Berliner Ordnungsämter, das die *Zeit* (v. 17.7.2008) unter dem Titel»Große
Koalition? Bitte nicht noch einmal«veröffentlichte. Gefragt nach der Bedeutung des Themas»soziale Gerechtigkeit«, antwortete der Bundesin-
nenminister, durch härteren Wettbewerb würden die Unterschiede hierzulande größer, wohingegen die globalen Unterschiede abnähmen:»Natürlich
ist die Spanne zwischen denen, die bei uns nicht ruhig schlafen können,
weil sie für ihr ererbtes Millionenvermögen Steuern zahlen müssen, und
denen, die mit Hartz IV auskommen sollen, gewaltig. Aber wenn wir uns
anschauen, wie die Lebenschancen für Chinesen, für Inder oder für Süd-
amerikaner sind, relativiert sich das.«Hier irrte Schäuble allerdings gewaltig, denn das Privatvermögen der beiden reichsten Deutschen war ungefähr 100 Millionen Mal so groß wie das monatliche Transfereinkommen
von Alg-II-Bezieher(inne)n, die laut SGB II auch nur ein geringes»Schon-
vermögen« besitzen dürfen und als Langzeitarbeitslose besonders in Ostdeutschland häufig gar keins haben. Dagegen fallen die Einkommens- bzw.
Vermögensunterschiede zwischen einem deutschen Durchschnittsverdiener und Bewohner(inne)n der sog. Dritten Welt sehr viel geringer aus.

Es ist unsinnig, die Armut daran zu messen, wie viel schlimmer die Zustände früher waren oder woanders noch immer sind. Denn da hilft kein
ideologisches Ablenkungsmanöver, sei es auch noch so geschickt eingefä-

delt: Die deutschen Armen leben hier und heute, wo sie auch ihren Lebensunterhalt bestreiten müssen, weshalb es ihnen überhaupt nichts nützt, dass Menschen zu anderen Zeiten und in anderen Ländern noch schlechter dastanden bzw. -stehen. Man muss die Armut daran messen, wie viel besser die Lage der sozial Benachteiligten sein könnte, wenn die Gesellschaft ihre hehren moralischen Ansprüche einlösen und den Reichtum gleichmäßiger verteilen würde.

Roland Tichy, Chefredakteur der *Wirtschaftswoche*, stellte eine jahrzehntelange Benachteiligung der Migrant(inn)en durch die Sozial- und Gesellschaftspolitik und als Folge eine auch räumliche Segregation der Städte entlang ethnischer Zugehörigkeit, d.h. eine zunehmende Gettoisierung fest: »Nur wer blind ist, kann übersehen, dass in Deutschland Slums wachsen, in denen sozial abgehängte Bevölkerungsgruppen wohnen, deren Kinder schon deshalb wiederum arm sein werden, weil sich in diesen Stadtteilschulen die soziale, ethnische und bildungsferne Problematik potenziert.«[343] Einerseits konzedierte Tichy, dass die Betroffenen zu den Leidtragenden einer neoliberalen Reformpolitik gehören: »Die erfolgreiche ökonomische Modernisierung hat unausweichliche (sic!) Verlierer produziert, nämlich beruflich schlecht Qualifizierte.«[344] Andererseits gab Tichy der »neuen Unterschicht« selbst die Schuld an ihrer Misere, denn dank großzügiger sozialer Transferleistungen sei sie weniger deklassiert als »durch ihr eigenes angelerntes und mittlerweile vererbtes Unvermögen« außerstande, vorhandene Chancen zum beruflichen Aufstieg zu nutzen: »Man schaut Unterschichtfernsehen, raucht, ist übergewichtig, hat hohen Alkoholverbrauch und mangelhafte Sprachkenntnisse.«[345]

Auch Gabor Steingart macht beim heutigen Armen »Symptome der geistigen Verwahrlosung« aus: »Der neue Prolet schaut den halben Tag fern, weshalb die TV-Macher bereits von ›Unterschichtenfernsehen‹ sprechen. Er isst viel und fettig, er raucht und trinkt gern. [...] Er ist kinderreich und in seinen familären Bindungen eher instabil. Er wählt am Wahltag aus Protest die Linken oder die Rechten, zuweilen wechselt er schnell hintereinander.«[346] Selbst deutsche Topjournalisten lassen kaum ein Klischee aus, das die Jahrtausende alte Sozialgeschichte der Armut hergibt, um damit die Eliten von jeglicher Verantwortung für Tendenzen eines Zerfalls bzw. einer zunehmenden Unterschichtung unserer Gesellschaft freisprechen zu können. Klaus Schweinsberg, *Capital*-Chefredakteur, schrieb für die Ausgabe 23/2006 seines Wirtschaftsmagazins gar einen Kommentar zum Thema »Das Kapital der Unterschicht«, in dem er Sozialleistungsbezieher/innen allen Ernstes mit »millionenschweren Privatiers« verglich, weil beide Geld kassierten, ohne dafür arbeiten zu müssen: »Bei Lichte besehen stellen die Hartz-IV-Empfänger die größte Gruppe der Kapitalisten in Deutschland. Das zeigt ein Blick auf eine Familie mit zwei Kindern, die von Arbeitslosengeld II lebt und damit pro Jahr durchschnittlich 21.600 Euro bezieht. Wer dieses Einkommen (vor Steuern) auf dem Finanzmarkt erzielen möchte, braucht mindestens 540.000 Euro Kapital, wenn man eine realistische Rendite von vier Prozent zugrunde legt.«

Fabian Kessl und Christian Reutlinger begreifen den Diskurs über eine »neue Unterschicht« als bloße »Distinktionsdebatte«, mit der das Kleinbürgertum versuche, sich von den »Unterschichtsangehörigen« klarer abzusetzen.[347] Motiviert sei diese Abgrenzung durch die Furcht der Mittelschicht vor dem eigenen sozialen Abstieg. Die Stereotypisierung »fremder« Lebensweisen und deren Lokalisierung bei einer scheinbar homogenen Outgroup, eben der »neuen Unterschicht«, diene hauptsächlich dazu, die Ingroup wieder deutlicher hervortreten zu lassen und sie in der bürgerlich-homogenen »Mittelschichtsgesellschaft« zu verorten. Auch bei Paul Nolte feiert Schelskys »nivellierte Mittelstandsgesellschaft« als »Gesellschaft des breiten, mittleren Wohlstands ohne allzu große Ausschläge nach oben wie nach unten« freilich in einer wenig originellen Form fröhliche Urständ.[348] Dass dies überhaupt der Fall ist, musste umso mehr irritieren, als Nolte die Bundesrepublik zur Jahrtausendwende in der *Zeit* (v. 5.1.2001) sehr prägnant als »Unsere Klassengesellschaft« – so der Titel seines Gastbeitrages – bezeichnet hatte. Der Berliner Historiker benutzt den Klassenbegriff zwar weiterhin, verkürzt ihn aber kulturalistisch und blendet für diesen konstitutive ökonomische Herrschaftsverhältnisse und politische Machtstrukturen einfach aus.

Armut, so scheint es, macht gegenwärtig im Fokus der Herrschenden einen tiefgreifenden Funktionswandel durch: Was früher die Furcht aller besitzenden vor den »gefährlichen Klassen« war, schlägt um in deren bloße Verachtung. Wenn nicht mehr die Revolution bzw. Rebellion der »unteren Stände« droht, die nach deren Ruhigstellung verlangt, steht heute im Wesentlichen umgekehrt nur noch zur Debatte, wie man die »neue Unterschicht« (re)aktivieren und ihre »Beschäftigungsfähigkeit« (employability) garantieren kann. Seit der Neoliberalismus zur dominanten Wirtschaftstheorie, Sozialphilosophie und politischen Ideologie avanciert ist, erscheint Armut weniger als Problem für die Betroffenen als für den »Standort D«. Die Wirtschaftsjournalistin Inge Kloepfer sorgt sich angesichts der Globalisierung und des demografischen Wandels daher in erster Linie um die Wettbewerbsfähigkeit der deutschen Volkswirtschaft:»Die Verfestigung einer Unterschicht, die mit einem weltweit einzigartigen Anstieg des Durchschnittsalters der Bevölkerung einhergeht, wird zu einer Humankapitalschwäche führen, die nicht ohne gravierende Folgen für wirtschaftliche Prosperität, Wohlstand und den sozialen Frieden bleiben kann.«[349]

Wenn die Armut deutsche Durchschnittsbürger/innen trifft: Absturz der Mittelschicht?

Ungefähr anderthalb Jahre nach der Unter- geriet die Mittelschicht ins Blickfeld der Massenmedien, die das Problem»Armut« nun erstmals auch hier verorteten. Am 5. März 2008 legte das DIW eine Studie vor, nach der die Mittelschicht zerbröckelt und viele Durchschnittsverdiener/innen nach unten abrutschen. Markus M. Grabka und Joachim R. Frick hatten auf der Grundlage des SOEP festgestellt, dass die»Schicht der Bezieher/innen mittlerer Einkommen«, d.h. jener Bevölkerungsgruppe, deren bedarfsgewichtetes Haushaltsnettoeinkommen zwischen 70 und 150 Prozent des Medians beträgt, zwischen den Jahren 2000 und 2006 von 62 Prozent auf 54 Prozent geschrumpft war.»Dabei überwiegen Bewegungen nach unten, was unter anderem durch zunehmende Risiken und längere Dauer von Arbeitslosigkeit sowie die niedrigeren Lohnersatzleistungen beim Bezug von Arbeitslosengeld II erklärt werden kann. Ein anderer Faktor ist die Flexibilisierung des Arbeitsmarktes, die sich unter anderem in einer abnehmenden Bedeutung des ›klassischen‹ Normalarbeitsverhältnisses (im Sinne einer unbefristeten Vollzeitstelle) ausdrückt.«[350] Aufgrund einer ausgeprägten Tendenz zur Einkommensspreizung hätten die Ränder der Einkommensverteilung an Bedeutung gewonnen, während die verfügbaren Realeinkommen seit der Wiedervereinigung nur mäßig gestiegen und im Zeitraum von 2003 bis 2006 sogar deutlich zurückgegangen seien.

Erneut beschäftigte sich die Medienöffentlichkeit mit Verteilungsfragen und der zunehmenden sozialen Ungleichheit. Im *Spiegel* (v. 3.3.2008), der über die Ergebnisse unter dem Titel»Wo ist die Mitte? – Jahrzehntelang prägte sie das Land. Nun zeigen neueste Zahlen: Die deutsche Mittelschicht leidet an akuter Auszehrung« vorab berichtete, charakterisierten Michael Sauga und Benjamin Triebe die DIW-Studie als»erschreckende

Zustandsbeschreibung der deutschen Gesellschaft«. Sehr viel dramatischer, alarmistischer und schriller als sonst üblich, wenn es »nur« um die Armut des unteren Randes ging, klang die soziale Diagnose jetzt: »Zunächst langsam und dann immer schneller hat die ökonomische und soziale Spaltung mittlerweile das Zentrum der bundesdeutschen Gesellschaft erfasst.« Die für den sozialen Zusammenhalt unersetzliche Mittelschicht erodiere, und zwar in einem rasanten Tempo, vor allem jedoch ohne Hoffnung, dass sich dieser Prozess aufhalten oder umkehren lasse. In den vergangenen Jahren sei die Anzahl der sozialen Absteiger um mehr als ein Drittel gestiegen, schrieben Sauga und Triebe weiter: »Jeder vierte Deutsche gehört [...] mittlerweile zu den sogenannten armutsgefährdeten Schichten – mehr als je zuvor.« Es sei ein düsteres Bild, das die beiden Verteilungsforscher des DIW von der sozialen Verfassung unseres Landes zeichneten, meinten die *Spiegel*-Redakteure: »Einer prosperierenden Oberschicht steht eine wachsende Unterklasse der Absteiger und Ausgestoßenen gegenüber, während in der Mittelschicht die begründete Sorge wächst, bald selbst zu den Verlierern zu gehören.«

Sicherlich war es methodisch fragwürdig, die »Mittelschicht« unter Ausblendung des sozialen Status, des Berufs, der Schulbildung usw. zwischen 70 und 150 Prozent des Nettoeinkommens (Medianwert) anzusetzen, wie das Grabka und Frick taten. Denn sie war immer und ist heute noch mehr als eine bloße Einkommensklasse, nämlich zumindest auch eine sozialstrukturelle Kategorie und eine zugeschriebene, »gefühlte« Realität.[351] Martin Kronauer wies zudem darauf hin, dass auf der politischen Ebene keine ernsthafte Auseinandersetzung mit der wachsenden sozialen Ungleichheit, ihren subjektiven Verarbeitungsformen und gesellschaftspolitischen Implikationen stattfinde. Ungleichheitsthemen tauchten zwar in den Medien und der politischen Diskussion regelmäßig auf, wenn eine Studie wieder einmal entsprechende Zahlen vorlege. Sie erregten dann für kurze Zeit die Gemüter, verschwänden aber schon bald wieder von der Bildfläche einer auf Kaufkraft und Wählerstimmen fixierten »Öffentlichkeit«, wie sich in der »Unterschichtendebatte« des Herbstes 2006, bei jeder Veröffentlichung eines Armuts- und Reichtumsberichts sowie wohl auch im Rahmen der laufenden Diskussion um die Zukunft der »gesellschaftlichen Mitte« zeige.

Als im Frühsommer 2008 über den 3. Armuts- und Reichtumsbericht der Bundesregierung diskutiert wurde, nutzte Hans-Werner Sinn die Gelegenheit, um in der *Wirtschaftswoche* (v. 26.5.2008) unter dem Titel »Bedarfsgewichteter Käse« sein Urteil über die »neue Armut«, die soziale Ungleichheit und die Entwicklung der Mittelschicht zu erläutern. Die wachsende Ungleichheit der Markteinkommen führte der Münchner Ökonom auf exogene Faktoren, genauer: die Niedriglohnkonkurrenz der früher kommunistischen Länder zurück. Da die Sozialhilfe und das Arbeitslosengeld II ein über der »Armutsrisikogrenze« liegendes Einkommen sicherten, seien Transferleistungsempfänger/innen allerdings ohnehin höchstens »armutsgefährdet« zu nennen. »Kaum jemand, der sich in Deutschland legal aufhält, ist arm.« Armut lasse sich nur an der Einkommensverteilung messen, die hierzulande viel gleichmäßiger als beispielsweise in den USA sei. Kurzum, es sei Entwarnung angesagt, denn die Deutschen seien weniger bedürftig, als es die Bundesregierung suggeriere. Sinn kritisierte, dass der Berichtsentwurf die »Arbeitsmarkterfolge« der vorangegangenen Jahre nicht berücksichtige und schon veraltet sei, bevor er überhaupt veröffentlicht wurde. Da dieser bedarfsgewichtete und nicht Pro-Kopf-Einkommen zugrunde lege, führe eine Verringerung der Haushaltsgröße, wie sie in Deutschland zuletzt stattgefunden habe (Erosion der Familien, Zunahme der Singles und ökonomisch motiviertes Auseinanderziehen von Hartz-IV-Bedarfsgemeinschaften), rechnerisch zur Verringerung des Einkommens und damit zu einem höheren Anteil armutsgefährdeter und aus der Mittelschicht fallender Personen. Die deutsche Öffentlichkeit rege sich über die vermeintliche Ungerechtigkeit der Marktwirtschaft auf, sei jedoch nur einem statistischen Artefakt aufgesessen.

Einen Tag, nachdem das Bundeskabinett den dickleibigen Bericht verabschiedet hatte, kommentierte Dorothea Siems diesen Beschluss in der *Welt* (v. 26.6.2008) unter der Überschrift »Wir brauchen Ungleichheit«. Zunächst wies sie die Vorstellung, das Armutsproblem lasse sich »mit neuen sozialen Wohltaten und noch mehr steuerlicher Umverteilung« gänzlich lösen, als »gefährlichen Irrtum« zurück. Ungleichheit werde hierzulande *fälschlicherweise* gern mit Ungerechtigkeit gleichgesetzt, denn dass, wer mehr lerne und mehr leiste, besser verdiene als ein »bequemer Kollege«, sei nicht bloß fair, sondern notwendig. Menschen würden durch unterschiedliche Einkommen zur Leistung animiert, wohingegen eine auf Gleichmacherei gerichtete Politik den Fleißigen bestrafe und damit falsche Anreize setze. »Der deutsche Wohlfahrtsstaat ist mitverantwortlich dafür, dass in Teilen der Gesellschaft der Aufstiegswille erlahmt ist. Wenn Hauptschüler als Berufswunsch ›Hartz IV‹ angeben, wenn Migranten in der dritten Generation nicht fließend Deutsch sprechen, wenn Langzeitarbeitslose überzogene Gehaltsvorstellungen haben, dann läuft etwas schief in diesem Land.« Das zentrale Problem sei nicht die soziale Ungleichheit, sondern mangelnde Mobilität, die der Staat durch mehr Druck auf die genannten Gruppen (»konsequentes Fordern«) fördern müsse.»Armut ist erträglich, wenn man weiß, dass es aufwärts geht.« Schließlich habe das Gros der Studierenden kein Problem, mit wenig Geld über die Runden zu kommen. Wichtig sei die Perspektive, und wer nie gelernt habe, sich anzustrengen, besitze eben keine.

Die fast unmittelbar im Anschluss an die Verabschiedung des Regierungsberichts von der FAZ veröffentlichten Berichte und Kommentare zu diesem Themenkreis hat Stephan Lessenich ausgewertet. Er wirft der überregionalen Tageszeitung vor, im Juli 2008 mit einer ganzen Reihe von Artikeln den Eindruck vermittelt zu haben, dass Armut hierzulande höchstens als »statistisches Artefakt« existiere: »Vierzehn Tage lang wütete auf den Wirtschaftsseiten des laut Impressum amtlichen Publikationsorgans der deutschen Börsenplätze ein geradezu heiliger Zorn auf die Ideologieproduktion der amtlichen und halbamtlichen Statistik, regierten als redaktionelle Stilmittel die Anführungszeichen, wenn von ›Studien‹ über die ›Armut‹ die Rede war.«[352]

Unter dem Titel »Die Mär vom sozialen Abstieg der Mitte« widersprach Dorothea Siems in der *Welt* (v. 7.8.2008) dem von der o.g. DIW-Studie behaupteten Trend: »Zwar wächst die Kluft zwischen Arm und Reich – wie in allen Industrieländern. Denn die gut Qualifizierten profitieren von der Globalisierung, während die ungelernten Arbeiter zunehmend unter Druck geraten. Die Mitte aber erweist sich als relativ stabil.« In einem daneben platzierten Interview mit Paul Nolte bemängelte der Berliner Historiker, dass die Debatte »mittlerweile über das Ziel hinaus« schieße, und wies das »Gerede vom Abrutschen der Mitte« zurück: »Zwar ist für die Mittelschicht die Zeit stetigen Zuwachses vorbei. Wir haben eine Phase der Stagnation erreicht, was in der Bevölkerung Krisengefühle geweckt hat. Tatsächlich aber ist die Mittelschicht relativ stabil. Und sie hat sich bislang immer als erstaunlich kreativ und erneuerungsfähig erwiesen.« Vor allem für Frauen und Migrant(inn)en verbessere der sich abzeichnende Fachkräftemangel die Chancen für einen sozialen Aufstieg.

Während das DIW weitere Studien zum selben Themenkreis vorlegte,[353] machten sich Redakteure fast aller großen Tages- und Wochenzeitungen des Landes mehrfach Gedanken über den drohenden Zerfall der Mittelschicht sowie die sich vertiefende Kluft zwischen Arm und Reich.

Ulrike Hermann wies in der *taz* (v. 22.1.2009) unter dem Titel »Vom Vermögen der Mittelschicht« darauf hin, dass sich die soziale Spaltung durch die zu erwartende schwere Finanz- und Wirtschaftskrise verschärfen werde. Damit starte die Bundesrepublik in ein sozioökonomisches Experiment ohne historisches Vorbild: »Die Exportnation Deutschland muss lernen, sich von Exporten unabhängiger zu machen. Und die vermeintliche Mittelstandsgesellschaft muss sich der Realität stellen, dass sie sich wieder zu einer Klassengesellschaft entwickelt.« Elisabeth Niejahr und Kolja Rudzio hoben in der *Zeit* (v. 22.1.2009) unter dem Titel »Die andere soziale Kluft« vor allem die wachsenden Vermögensunterschiede zwischen Ost- und Westdeutschen hervor. Sie zitierten einen »Verteilungsexperten« des Zentrums für Europäische Wirtschaftsforschung in Mannheim, der von der Krise eine Nivellierung der Vermögensunterschiede erwartete, ließen allerdings nicht unerwähnt, dass ganze Konzerne und Villen seit Jahresbeginn steuerfrei vererbt werden können. Abschließend hieß es: »Eine höhere Erbschafts- oder Vermögensteuer wäre daher nach Einschätzung vieler Experten sinnvoll, dürfte aber vorerst kaum durchzusetzen sein.«

Die Große Koalition: Regierungspolitik nach dem Matthäus-Prinzip

Tatsächlich trägt das von den Steuergesetzen privilegierte Erben wesentlich zur Konzentration des Kapitals und zur Kumulation der Vermögen in Deutschland bei. Marc Szydlik hat in diesem Zusammenhang auf die Bedeutung des demografischen Wandels hingewiesen: »Da es immer mehr Ältere und immer weniger Junge gibt, erhalten immer weniger Erben immer höhere Summen. Vererbung wird zu einem immer wichtigeren Faktor sozialer Ungleichheit.«[354] Umso notwendiger wäre es, durch Gesetzesänderungen dafür zu sorgen, dass sich die Kluft zwischen Armen, die meistens leer ausgehen, und reichen Erb(inn)en nicht weiter vertieft. Das genaue Gegenteil ist allerdings der Fall, denn die Große Koalition hat mit ihrer Mehrheit in Bundestag und -rat kurz vor dem Jahreswechsel 2008/09 nach jahrelangem Tauziehen eine Erbschaftsteuerreform verabschiedet (und Bundespräsident Horst Köhler das entsprechende Gesetz fast buchstäblich in letzter Minute unterzeichnet), die einen verteilungspolitischen Skandal darstellt, weil sie besonders Wohlhabende, Reiche und Superreiche begünstigt.

Als eine von Bundesfinanzminister Peer Steinbrück und dem hessischen Ministerpräsidenten Roland Koch (CDU) geleitete Bund-Länder-Arbeitsgruppe im November 2007 inhaltliche Eckpunkte vereinbarte, schien bereits ein tragfähiger Kompromiss zwischen den Koalitionären gefunden. Dem darauf basierenden Gesetzentwurf zufolge sollten den Erb(inn)en von Familienunternehmen die Steuern auf 85 Prozent des Betriebsvermögens erlassen werden, sofern sie die Firma 15 Jahre lang fortführen und dabei zehn Jahre lang mindestens 70 Prozent der bisherigen Lohnsumme auszahlen würden. Erb(inn)en von Immobilien sollten Erben von Geldvermögen gleichgestellt, die Freibeträge für hinterbliebene Ehepartner/innen und Kinder jedoch gleichzeitig fast verdoppelt werden, sodass eigentlich niemand fürchten musste, demnächst für »Oma ihr klein' Häuschen« groß Erbschaftsteuer zahlen zu müssen.

Überschattet wurden die ohnehin schwierigen und langwierigen Verhandlungen zwischen den Regierungsparteien zum Schluss von der bayerischen Landtagswahl am 27. September 2008. Offenbar glaubte die in Meinungsumfragen vom Absturz in der Wählergunst bedrohte und am Wahltag tatsächlich betroffene CSU, sich ausgerechnet im Feilschen der Koalitionäre um die Länge der Fristen beim Betriebsübergang für Erb(inn)en von Familienunternehmen und die Höhe der Freibeträge für selbst genutzte Immobilien als unnachgiebigste Kraft profilieren zu müssen. Viel hätte nicht gefehlt, und die aufgrund eines Bundesverfassungsgerichtsurteils vom 7. November 2006 notwendige Reform der Erbschaftsteuer wäre gescheitert oder zu einer unendlichen Geschichte geworden.

Während des Landtagswahlkampfes wurde es für die CSU zu einer Prestigefrage, die Witwen von Villenbesitzern am Starnberger oder am Chiemsee und die hinterbliebenen Kinder von Konzernherren ganz von der Erbschaftsteuer zu befreien. Nach der Wahl Horst Seehofers zum CSU-Vorsitzenden und zum bayerischen Ministerpräsidenten vollzogen die Unionsparteien den Schulterschluss und setzten die Sozialdemokraten noch mehr unter Druck, dem Drang nach bürgerlicher Besitzstandswahrung nachzugeben. Da die SPD fürchtete, die Erbschaftsteuer könnte ganz entfallen, wenn bis zu dem im Verfassungsgerichtsurteil gesetzten Termin am 31. Dezember 2008 keine Neuregelung erfolgte, knickte sie schließlich ein, während die CSU einen für sie wichtigen Erfolg verbuchen konnte.

Die kleinste Regierungspartei wahrte zwar ihr politisches Gesicht, die soziale Gerechtigkeit blieb aber vollends auf der Strecke. Neoliberale und Wirtschaftslobbyisten frohlockten, hatte sich ihre Hartnäckigkeit am Ende doch noch ausgezahlt. Nunmehr wird Kindern von Familienunternehmern die betriebliche Erbschaftsteuer nämlich vollständig erlassen, sofern sie die Firma zehn Jahre, und zu 85 Prozent, wenn sie das Unternehmen sieben Jahre lang fortführen und die Lohnsumme insgesamt mindestens zehn bzw. 6,5 Mal so hoch ist wie im letzten Tätigkeitsjahr des Erblassers. Selbst größere Entlassungswellen sind aufgrund allgemeiner Preissteigerungsraten und darauf basierender Tariflohnerhöhungen möglich, ohne dass der Erbe von Betriebsvermögen sein Privileg gegenüber den Erben anderer Sachwerte und von Geldvermögen verliert.

Man begründet dieses Steuergeschenk mit der Gefahr, dass der Sohn eines Handwerksmeisters den vom Vater geerbten Betrieb aufgrund finanzieller Überforderung schließen und seine Mitarbeiter entlassen muss. Dies dürfte jedoch in Wahrheit kaum vorgekommen sein, weil schon lange ein Freibetrag in Höhe von 225.000 Euro existierte, ein zusätzlicher Bewertungsabschlag von 35 Prozent des Betriebsvermögens die Steuerschuld ohnehin reduziert hatte und das Finanzamt diese bisher zehn Jahre lang stunden konnte, um Härten im Einzelfall abzufedern. Ehepartner/innen, die eine selbst genutzte Luxusimmobilie erben und sie zehn weitere Jahre bewohnen, bleiben künftig von der Erbschaftsteuer ganz verschont, genauso wie Kinder, sofern die Wohnfläche 200 qm nicht überschreitet und sie für zehn Jahre dort ihren Hauptwohnsitz einrichten.

Damit wird die zuletzt in der Bundesrepublik überaus deutlich feststellbare Spaltung in Arm und Reich nicht bloß zementiert, sondern auch verschärft. In kaum einem westlichen Industriestaat ist die Erbschaftsteuer so niedrig und das Finanzaufkommen daraus so gering wie hierzulande (ca. 4 Mrd. EUR pro Jahr). Auch im Kampf gegen die Arbeitslosigkeit verspricht das Steuergeschenk der Großen Koalition keinen Erfolg, denn wieso sollten Familienunternehmer fähiger sein als potenzielle Käufer oder von diesen beauftragte Manager? Mitnahmeeffekte sind dagegen kaum zu vermeiden. Konsequenter war da übrigens der frühere US-Präsident George W. Bush, der die Erbschaftsteuer in seinem Land ganz abschaffen wollte. Selbst ein Neoliberaler hat aber Schwierigkeiten, diesen Schritt zu rechtfertigen: Zwar soll sich Leistung (wieder) lohnen, ist es jedoch eine Leistung, der Sohn bzw. die Tochter eines Multimillionärs oder Milliardärs zu sein?

Auch das zunächst plausibel erscheinende Gegenargument der vermeintlichen *Doppel*besteuerung sticht nicht, denn die Erbschaftsteuer muss keineswegs, wie oft behauptet, aus schon versteuertem Einkommen entrichtet werden, da nicht der Erblasser – zum zweiten Mal –, sondern der Erbe – zum ersten Mal – besteuert wird. Kurios wirkt denn auch jener Einwand, den Christian Lindner vorbringt, um die Erbschaftsteuer generell zu verwerfen:»Die Besteuerung des Todes ist inhuman.«[355] Der nordrhein-westfälische FDP-Generalsekretär übersieht oder unterschlägt, dass nicht der Tod (des Erblassers) besteuert wird, was man in der Tat pietätlos finden könnte, sondern nur ein durch ihn dem Erben bzw. der Erbin leistungslos zugefallenes Vermögen. Daher wäre es unfair gegenüber Millionen anderen (besitzlosen) Erben, die genauso um ihre verstorbenen Angehörigen trauern, würde der Staat nicht im Interesse aller Bürger/innen an einer gesicherten Finanzierung des Gemeinwesens darauf zugreifen.

War die schwarz-rote Koalition schon mit dem im Oktober 2008 fast über Nacht geschnürten Paket zur Rettung maroder Banken, das als *Finanzmarktstabilisierungsgesetz* staatliche Bürgschaften und Kapitalhilfen in Höhe von 480 Mrd. EUR umfasst, gegenüber Eignern, Brokern und Börsianern ausgesprochen großzügig, so ergießt sich ausgerechnet über den reichsten Familien unseres Landes künftig ein weiterer Geldsegen. Dividenden, die bisher dem sog. Halbeinkünfteverfahren unterlagen, müssen ab 1. Januar 2009 voll und Kursgewinne aus Aktien- und Fondsanteilskäufen erstmals ohne Rücksicht auf eine (zuletzt zwölf Monate betragende) Spekulationsfrist versteuert werden. Beide unterliegen jedoch nunmehr genauso wie Zinsen einer Abgeltungssteuer, die unabhängig vom persönlichen Einkommensteuersatz des Bürgers pauschal 25 Prozent beträgt und die gültige Steuerprogression somit unterläuft. Davon profitieren insbesondere jene sehr wohlhabenden Einkommensbezieher, die den Spitzensteuersatz in Höhe von 42 bzw. 45 (sog. Reichensteuer) entrichten müssen, während sich Kleinaktionäre, die mittels entsprechender Wertpapiere privat für das Alter vorsorgen wollen, aufgrund ihres niedrigeren Steuersatzes eher schlechter als bislang stehen.

Nach der»Pferdeäpfel-Theorie« muss man, um den Spatzen etwas Gutes zu tun, die Vierbeiner mit dem besten Hafer füttern, damit die Spatzen dessen Körner aus ihrem Kot herauspicken können. Tatsächlich vertritt der Neoliberalismus die absurde Lehrmeinung, dass sich die Armut am effektivsten vorbeugen lässt, indem man den Reichtum vergrößert. Reichtumsmehrung statt Armutsverringerung – so lautete auch das heimliche Regierungsprogramm der Großen Koalition, bei dessen Durchsetzung sich die CSU – aus der Opposition durch die FDP angefeuert – besonders hervortat, während die SPD zögerte und zauderte, aber letztlich immer zustimmte, wenn es um den Machterhalt ging. Obwohl ein Regierungsbündnis der großen »Volksparteien« seiner ganzen Konstruktion wie der unterschiedlichen programmatischen Tradition aller Beteiligten nach den Eindruck vermittelt, als ob sämtliche Bevölkerungsschichten mit ihren spezifischen Interessen angemessen repräsentiert seien, machten CDU, CSU und SPD eine Steuerpolitik nach dem Matthäus-Prinzip: Wer hat, dem wird gegeben.

Weniger großzügig zeigten sich CDU, CSU und SPD gegenüber den Armen: Als die Koalition rechtzeitig vor dem Jahreswechsel beschloss, ab dem 1. Januar 2009 das Kindergeld für das erste und zweite Kind um 10 EUR und ab dem dritten Kind um 16 EUR pro Monat zu erhöhen, einigte man sich auf Initiative der SPD gleichzeitig darauf, für die Kinder von Hartz-IV-Bezieher(inne)n, die nicht in den Genuss des höheren Kindergeldes kommen, weil es voll auf ihre Transferleistung angerechnet wird, ein »Schulbedarfspaket« in Höhe von 100 EUR pro Schuljahr zu schnüren. Es sollte nach dem zum Jahresbeginn 2009 in Kraft getretenen *Familienleistungsgesetz* allerdings nur bis zur 10. Klasse gewährt werden. CDU und CSU hatten auf dieser Begrenzung bestanden, weil die SPD ihrem Wunsch nach Steuerprivilegien für Eltern, deren Kinder auf Privatschulen gehen, nicht entsprach. Die öffentliche Kritik an der beschlossenen Regelung blieb nicht aus, schien es doch geradezu so, als wollte die Große Koalition damit unterstreichen, dass die Kinder aus sozial benachteiligten Familien kein Abitur machen sollen, oder dokumentieren, dass Gymnasiasten der höheren Klassenstufen ohnehin aus Elternhäusern kommen, die keiner staatlichen Zuwendung bedürfen. Auf einer Sitzung des Koalitionsausschusses am 4./5. März 2009 verständigten sich CDU, CSU und SPD schließlich darauf, den Gesetzestext an diesem Punkt nachzubessern und auch Oberstufenschüler/innen und Vollzeit-Berufsschüler/innen sowie die Kinder von Geringverdiener(inne)n in den Genuss des »Schulbedarfspaketes« kommen zu lassen, das jedoch den realen Bedarf gar nicht deckt.

Während die Große Koalition deutschen Unternehmerdynastien wie Burda, Oetker oder Quandt/Klatten (BMW) Steuergeschenke in Milliardenhöhe macht, bittet sie Geringverdiener/innen samt ihrem Nachwuchs seit dem 1. Januar 2007 stärker als vorher zur Kasse: Die Anhebung der Mehrwert- und Versicherungssteuer von 16 auf 19 Prozent trifft tagtäglich besonders jene Familien hart, die praktisch ihr gesamtes Einkommen in den Konsum stecken (müssen). Angela Merkel war selbst aus konjunkturpolitischen Gründen nicht bereit, die Mehrwertsteuer – der britischen Regierung folgend – zu senken.

Wenn nach der Bundestagswahl am 27. September 2009 die Möglichkeit dazu besteht, wollen CSU und FDP die Erbschaftsteuer erneut reformieren: Dann sollen auch entfernte Verwandte (»Neffen und Nichten«) in den Genuss höherer Freibeträge kommen. Auch erscheint ihnen die Begrenzung auf 200 qm Wohnfläche für die Kinder verstorbener Villenbesitzer und die Forderung nach einer konstanten Lohnsumme für Firmenerben als »zu bürokratisch«. Schließlich gelten die Freibeträge für Ehegatt(inn)en in Höhe von 500.000 Euro (statt bisher: 307.000 Euro) und für Kinder in Höhe von 400.000 Euro (statt bisher: 205.000 Euro) den christlichsozialen und freidemokratischen Kritikern der Erbschaftsteuerreform immer noch als zu niedrig. Vergleicht man die Langzeitarbeitslosen und Niedriglohnbezieher(inne)n zugestandenen Wohnflächen und die Höhe des Schonvermögens von Alg-II-Empfänger(inne)n damit, wird rasch klar, welch unterschiedliche Maßstäbe der Staat bei Armen und Reichen anlegt.

Schließlich möchten CSU und FDP eine »Regionalisierung« der Erbschaftsteuer erreichen: Diese soll von den einzelnen Bundesländern selbst geregelt und dabei im Sinne eines »Wettbewerbsföderalismus« nach dem Konkurrenzprinzip unterschiedlich gestaltet werden können. Dies hätte zur Konsequenz, dass ein reiches Bundesland wie Bayern niedrigere Sätze und/oder höhere Freibeträge einführt, wodurch noch mehr Reiche und Superreiche veranlasst würden, sich dort niederzulassen. Daraufhin könnte man beispielsweise die Erbschaftsteuer ganz entfallen lassen, was die soziale Asymmetrie zwischen den Bundesländern weiter verschärfen würde. Am Ende stünde eine Bundesrepublik, deren Steuerlandschaft einem Flickenteppich gliche und die auch sozialräumlich noch viel tiefer in Arm und Reich gespalten wäre, als das jetzt bereits der Fall ist.

Die etablierten Parteien, Massenmedien und Fachwissenschaftler/innen haben sich nie ernsthaft mit dem Problem auseinandergesetzt, dass ein zunehmender Teil der Bevölkerung sozialer Ausgrenzung unterliegt, während eine Minderheit unter maßgeblicher Beteiligung der Regierungspolitik (Senkung der Gewinnsteuern, Entlastung der Unternehmen, Steuergeschenke an Firmenerben usw.) immer mehr Reichtum anhäuft. Nach wie vor wenig beachtet, gehen von dieser sich gegenwärtig vertiefenden Kluft akute Gefahren für den inneren Frieden, die Humanität und die Zukunftsfähigkeit der Gesellschaft aus, denn Drogenmissbrauch, (Gewalt-) Kriminalität und wachsende Brutalität stehen damit in engem Zusammenhang. Angesichts der durch die Erbschaftsteuerreform wachsenden Glaubwürdigkeits- und Gerechtigkeitslücke fragt man sich, wie CDU, CSU und SPD die Legitimität des politischen Systems der Bundesrepublik bewahren wollen. Durch ihre mangelnde Sensibilität für Verarmungsprozesse und die soziale Unausgewogenheit ihrer (Regierungs-)Politik beschädigen diese Parteien nicht nur sich selbst, sondern auch die parlamentarische Demokratie und die politische Kultur unseres Landes, was einen günstigen Nährboden für die Agitation und Propaganda von Rechtsextremisten bzw. -populisten schafft, sofern sich die globale Finanz- und Währungskrise, wie beispielsweise der US-Ökonom Paul Krugman befürchtet,[356] zu einer schweren und lang andauernden Depression ausweitet, in deren Folge sowohl Arbeitslosigkeit wie Armut drastisch zunehmen.

Finanzmarktkrise und Armutsentwicklung: Droht ein autoritäres Sicherheitsregime?

Seit die Bankenkrise mit dem Zusammenbruch der US-Investmentbank Lehman Brothers am 15. September 2008 globale Dimensionen angenommen hat, deutet vieles darauf hin, dass sich die soziale Zerklüftung der Gesellschaft erheblich verschärfen wird. Zu den fatalen Folgen der Weltfinanzwirtschaftskrise dürften eine auf Rekordniveau steigende Arbeitslosigkeit, die zunehmende Verelendung von Millionen Menschen, eine dramatische Verschuldung aller Gebietskörperschaften des Staates, d.h. »öffentliche Armut« in einem vorher nicht bekannten Ausmaß gehören. Gleichzeitig wird sich der Reichtum wahrscheinlich noch stärker bei wenigen Kapitalmagnaten, Finanzinvestoren, Investmentbankern und Großgrundbesitzern sammeln, wenn dem nicht energisch entgegengesteuert wird. »Wohlstandskonflikte« sind umso weniger zu vermeiden, als die Mittelschicht von massiven Abstiegsängsten geplagt ist.[357]

Während die das Krisendebakel wesentlich mit verursachenden Hasardeure und Spekulanten mittels des beim Bund angesiedelten »Sonderfonds Finanzmarktstabilisierung« (SoFFin) aufgefangen werden, müssen die Mittelschichten, Arbeitslose und Arme jene Suppe, die Banker und Börsianer der gesamten Bevölkerung eingebrockt haben, vermutlich einmal mehr auslöffeln. Wenn die privaten Banken den für sie bürgenden Staat zur Kasse bitten und ihn die Firmenerben immer weniger mitfinanzieren, wird für die sozial Benachteiligten und die wirklich Bedürftigen kaum noch Geld übrig bleiben. Zusammen mit der im *Grundgesetz* verankerten »Schuldenbremse« führen Bürgschaften und Kredite in Milliardenhöhe zu überstrapazierten Haushalten, wodurch sich »Sparmaßnahmen« natürlich eher als sonst legitimieren lassen.

Die neue Bundesregierung wird höchstwahrscheinlich der Versuchung erliegen, Kürzungen im Sozialbereich vorzunehmen, wo die Macht der Verbände gering ist und noch genug Haushaltsmittel zur Disposition stehen. Über die eher düsteren Aussichten für ärmere Bevölkerungsschichten können auch gegenteilige Meinungsäußerungen prominenter Politiker der Regierungsparteien schwerlich hinwegtäuschen. So hat Volker Kauder, Vorsitzender der CDU/CSU-Bundestagsfraktion, der taz (v. 6.4.2009) ein Interview zum Modernisierungskurs seiner Partei gegeben und darin gesagt: »Für Sozialkürzungen sehe ich überhaupt keinen Anlass. Das würden die Menschen zu Recht nicht verstehen. Für die Banken werden Milliarden ausgegeben, für die normalen Leute hat man nichts? So wird es nicht laufen. Gerade in der Krise müssen sich die sozialen Sicherungssysteme bewähren.«

Aufgrund der sich abzeichnenden harten Verteilungskämpfe um die knappen Finanzmittel des Staates dürfte das soziale Klima hierzulande erheblich rauer werden. Bereits seit geraumer Zeit mehren sich die Anzeichen für eine »härtere Gangart« gegenüber den Armen. Symptomatisch scheinen zwei Vorgänge zu sein, die sich im Frühjahr 2009 ereigneten: Am 27. März 2009 lehnte der Bundestag mit den Stimmen von CDU, CSU und SPD einen Antrag der LINKEN (BT-Drs. 16/12114) ab, Arbeitsuchenden und Menschen mit Behinderungen die »Umwelt-« bzw. Abwrackprämie in Höhe von 2.500 EUR für die Verschrottung eines Altautos beim Kauf eines Neu- bzw. Jahreswagens nach dem »Konjunkturpaket II« nicht auf die Grundsicherung bzw. die Eingliederungshilfe anzurechnen. Wie am selben Tag von der Stadt Göttingen bestätigt wurde, hatte ein Mitarbeiter des dortigen Sozialamtes einen Leistungsempfänger zu Jahresbeginn zwei Mal beim Betteln in der Fußgängerzone beobachtet und das in einer Blechbüchse gesammelte Geld (6 plus 1,40 = 7,40 EUR) nachgezählt, woraufhin die Behörde den genannten Betrag auf 120 EUR im Monat hochrechnete und seine Transferleistungen um diese Summe kürzte. Nach

einem bundesweit schlechten Presseecho und einer Intervention des Ober-
bürgermeisters änderte das Sozialamt seine restriktive Haltung, was die
Bild-Zeitung (v. 31.3.2009) in demagogischer Manier als einen »Sieg für die
Menschen, die in Deutschland ganz unten leben«, feierte.[358]

Gleichwohl ist damit zu rechnen, dass sich der Umgang mit sozial Benachteiligten, vornehmlich mit »aggressiven Bettlern« und »Asozialen«
hierzulande in nächster Zeit verhärten und ein sehr viel strengeres Armutsregime errichtet wird. Denn mit der US-Amerikanisierung des Sozialstaates
durch die sog. Hartz-Gesetze geht womöglich nicht nur eine US-Amerikanisierung der Sozialstruktur (Polarisierung von Arm und Reich sowie Pauperisierung großer Teile der Bevölkerung und Prekarisierung der Lohnarbeit), sondern auch eine US-Amerikanisierung der (sozial)politischen Kultur einher. Für Loïc Wacquant stellen die Vereinigten Staaten mit ihrem
Übergang von »welfare« zu »workfare« und der Verbindung von Letzterer
mit »prisonware« jedenfalls eine Art »historischer Versuchsanordnung« dar,
in welcher die politischen, sozialen und kulturellen Folgen zu studieren
bzw. für Europa zu antizipieren sind.

Wacquant wirft der US-Administration seit Reagan vor, die sich ausbreitende städtische Marginalität durch das Einholen des Netzes der sozialen Sicherung und das gleichzeitige Auswerfen des Schleppnetzes von
Polizei und Justizapparat sowie ihre Verknüpfung zu einem »Gefängnis-
Sozialhilfe-Raster« einzuhegen: »Es ist Teil der sich wechselseitig ergän-
zenden Neugestaltung von Aktionsradius, Aufgaben und Kapazitäten der
staatlichen Autorität an der Wirtschafts-, Wohlfahrts- und Strafverfol-
gungsfront. In den USA war diese Neugestaltung außergewöhnlich rasch,
umfassend und tiefgreifend, aber im Gange – oder in der Diskussion – ist
sie in allen modernen Gesellschaften, die dem unbarmherzigen Druck zur
Angleichung an das US-amerikanische Muster ausgesetzt sind.«[359]

Über die ganze Gesellschaft mit Ausnahme ihres eigentlichen Schlüs-
selbereichs, der Wirtschaftssphäre, erstreckt sich eine »Kultur der Kontrolle«, wie der US-amerikanische Kriminologe und Soziologe David Garland den allmächtigen Drang nach Disziplinierung fast aller sozialen Sphären nennt.[360] Gesellschaftspolitisch bedeutet die Schwerpunktverlagerung
von der Wohlfahrtsproduktion zur Regulation der Risikopopulation per
Überwachung und Bestrafung, dass sich ein rigides Armutsregime etabliert.
Deshalb stellt Wacquant die These auf, »dass die derzeitige kapitalistische
›Revolution von oben‹, gewöhnlich Neoliberalismus genannt, *mit der Ausweitung und Verherrlichung des Strafverfolgungssektors des bürokratischen Felds ein-*

hergeht, so dass der Staat die sozialen Erschütterungen, die eine Folge der Ausbreitung der sozialen Unsicherheit in den unteren Rängen der Klassen- und Ethnohierarchien sind, in Schach halten und zugleich die über die Vernachlässigung seiner traditionellen ökonomischen und sozialen Pflichten unzufriedene Bevölkerung beschwichtigen kann.«[361]

Zwischen dem Schwinden der staatlichen Autorität im ökonomischen Bereich, die im Gefolge der Finanzmarktkrise nunmehr erst wieder mühselig rekonstruiert werden muss, und ihrer Stärkung im Hinblick auf die Durchsetzung einer bestimmten Sozial- und Moralordnung besteht nur scheinbar ein Widerspruch: »Wenn dieselben Leute, die einen ›Minimalstaat‹ fordern, um so die ›schöpferischen Kräfte‹ des Marktes ›freisetzen‹ und die am stärksten benachteiligten Gruppen dem Stachel der Konkurrenz unterwerfen zu können, umstandslos einen Maximalstaat aufbauen, um die ›Sicherheit‹ im Alltag zu gewährleisten, dann weil *die Armut des Sozialstaats vor dem Hintergrund der Deregulierung den Glanz des Strafrechtsstaats geradezu bedingt und zur Notwendigkeit macht*; und weil dieser kausale und funktionale Zusammenhang zwischen den beiden Verwaltungsbereichen umso enger wird, je vollständiger sich der Staat seiner ökonomischen Verantwortung entledigt und je höher die Armutsziffer, je weiter die Schere der Ungleichheit wird, die zu tolerieren er bereit ist.«[362]

Wacquant charakterisiert die Janusköpfigkeit des bestehenden Leviathans, wenn er konstatiert, »dass der Neoliberalismus nicht zur Schrumpfung des Staates führt, sondern zur Errichtung eines *Kentaurenstaats*, der oben liberal und unten paternalistisch ist und an den beiden Enden der sozialen Hierarchie jeweils ein radikal anderes Gesicht zeigt: ein wohlgestaltetes und zugewandtes Gesicht für die Mittel- und Oberklasse, eine furcherregende und drohende Fratze für die Unterschicht.«[363] Der straforientierte Umgang mit der Armut führt laut Wacquant »zu einer den Klassengrenzen folgenden Aufsplitterung der bürgerschaftlichen Zugehörigkeit, unterminiert das Vertrauen in den Staat am unteren Ende der sozialen Hierarchie und legt den Keim zur Erosion der republikanischen Grundüberzeugungen. Die Einführung des neuen Regierens mit der sozialen Unsicherheit offenbart letzten Endes, dass *der Neoliberalismus seinem Wesen nach demokratiezersetzend ist*.«[364]

Auch in der Bundesrepublik scheint sich die gesellschaftliche Akzeptanz von Armut und sozialer Ausgrenzung während der letzten beiden Jahrzehnte erhöht zu haben, während die Akzeptanz der Armen selbst aufgrund des sich ausbreitenden Wohlstandschauvinismus, Sozialdarwinismus und Standortnationalismus zurückgegangen ist. Der Münsteraner Soziologe Dieter Hoffmeister und seine Mitarbeiter/innen haben in einer empirischen Vergleichsstudie jedenfalls Hinweise dafür gefunden, dass die Ellenbogenmentalität (als neue Form des Sozialdarwinismus) in unserer Gesellschaft zwischen 1987 und 2007 deutlich zugenommen hat, und zwar »oben« wie »unten«, nämlich im hierarchischen oder hierarchiebedingten Gegeneinander unterschiedlicher Gruppen.[365]

Während so getan wird, als habe die Regierung das Problem der kollabierenden Finanz- und Arbeitsmärkte im Griff, breitet sich die soziale Unsicherheit aus und transformiert man die Bundesrepublik zum »Sicherheitsstaat« (Joachim Hirsch). Massenarbeitslosigkeit und -armut, die zu den unvermeidlichen Begleiterscheinungen einer tiefen Erschütterung der Weltwirtschaft gehören, schaffen allerdings nicht bloß besser geeignete Rahmenbedingungen zur Errichtung eines neoliberalen Strafrechtsstaates bzw. autoritärer Verwaltungsstrukturen, sondern auch weitere politisch-ideologische Zugänge zum Rechtsextremismus bzw. -populismus.[366] Wenn sich bei der tendenziell erodierenden Mittelschicht die Furcht ausbreitet, in den von der globalen Finanzmarktkrise erzeugten Abwärtssog hineingezogen zu werden, sind irrationale Reaktionen und Rechtstendenzen mehr als wahrscheinlich, wie besonders die politische Entwicklung gegen Ende der 1920er-/Anfang der 1930er-Jahre gezeigt hat. Ohne historische Parallelen überstrapazieren zu wollen, könnte davon wiederum ein Signal an die deutschen Machteliten ausgehen, das bestehende Gesellschaftssystem durch autoritäre Herrschaftsmethoden zu konsolidieren.

Sofern das parlamentarische Repräsentativsystem in einer solchen Umbruchsituation blockiert, durch seine scheinbare Hilflosigkeit gegenüber den Krisenerscheinungen der kapitalistischen Ökonomie diskreditiert und die Politik der etablierten Parteien durch (einfluss)reiche Lobbygruppen korrumpiert ist, haben ultrarechte Gruppierungen relativ gute Chancen, sowohl mehr Stimmen bei Wahlen als bisher wie auch eine größere außerparlamentarische Mobilisierungsfähigkeit und eine höhere Durchschlagskraft zu gewinnen. Umso notwendiger sind eine kontinuierliche Beschäftigung der Sozialwissenschaften damit, die Aufklärung der Öffentlichkeit über Hintergründe des Armutsproblems sowie eine Mobilisierung gegen die aktuellen Tendenzen zur Pauperisierung, sozialen Polarisierung und Prekarisierung.

3. Wege und Irrwege der Armutsbekämpfung

Werden die gesellschaftlichen Ursachen der Armut verdrängt oder gar verklärt, kann man ihr schwerlich beikommen. Wenn sie keine richtige Diagnose stellt, fehlt der Armutsforschung sowenig wie der Medizin eine durchschlagenden Erfolg versprechende Therapie. Nur auf der Grundlage einer zutreffenden Ursachenanalyse lassen sich zur Verringerung und/oder Verhinderung von Armut geeignete Maßnahmen entwickeln. Entscheidend dafür, wie man Armut bekämpft, ist die Beantwortung der Frage, ob es sich um ein selbstverschuldetes Schicksal oder um ein gesellschaftliches Problem handelt. Im zuerst genannten Fall kann man sich auf »Hilfe zur Selbsthilfe« beschränken, im zuletzt genannten Fall müssen die bestehenden Macht- und Herrschaftsstrukturen angetastet werden. Wird die Armut individualisiert, reicht es aus, durch (Sozial-)Pädagogik das Verhalten der Betroffenen, wird sie umfassender analysiert, ist durch Politik das Wirtschafts- und Gesellschaftssystem zu verändern.

Untersucht man den öffentlichen Diskurs über Armut darauf, welche Gegenmaßnahmen vorgeschlagen werden, fällt eine »Doppelstrategie« ins Auge: Arbeit und Bildung gelten als die beiden am ehesten geeigneten Mittel, um die Armut zu verringern und deren Entstehung zu verhindern. So heißt es im 3. Armuts- und Reichtumsbericht der Bundesregierung: »Der Schlüssel zur Armutsvermeidung ist mehr Bildung und Beschäftigung.«[1] Dieselbe Überzeugung findet auch in Slogans wie »Sozial ist, was Arbeit schafft« oder »Aufstieg durch Bildung« ihren Niederschlag, die fast über alle Parteigrenzen hinweg auf breite Zustimmung stoßen und den politischen Umgang mit Armut entscheidend bestimmen. Natürlich ist es nicht falsch, wenn Menschen der Armut durch eine gute (Aus-)Bildung und Aufnahme einer Beschäftigung zu entgehen suchen. Trotzdem steckt in dem Irrglauben, dadurch allein lasse sich die Ungleichverteilung des gesellschaftlichen Reichtums aufheben, ein zutiefst ideologisches Moment. Armutsbekämpfung auf Bildungs-, Arbeitsmarkt- und Beschäftigungspolitik zu reduzieren heißt, vor dem eigentlichen Problem der wachsenden sozialen Ungleichheit zu kapitulieren.

Hier sollen drei Irrwege der Armutsbekämpfung dargestellt und kritisiert werden, bevor wir ihnen ein integrales Gesamtkonzept gegenüberstellen, das unterschiedliche Politikfelder miteinander verbindet. Es handelt sich erstens um die Vorstellung, über einen »aktivierenden Sozialstaat« mehr Beschäftigung erreichen zu können; zweitens um das sehr populäre Konzept, den Armen durch Errichtung einer »Bildungsrepublik« bessere Aufstiegschancen zu eröffnen; schließlich um die alte und gleichfalls aktuelle, wenngleich eher utopisch wirkende Idee, die Armut mit Hilfe eines bedingungslosen Grundeinkommens, das allen Wohnbürger(inne)n unabhängig von ihrer materiellen Situation gezahlt wird, praktisch über Nacht und ein für alle Mal aus der Welt schaffen zu können.

Der »aktivierende (Sozial-)Staat« – Garant einer Verringerung der Arbeitslosigkeit und der Armut?

Nicht nur Neoliberale gehen davon aus, dass primär »Überregulierungen« und »Verkrustungen« auf dem Arbeitsmarkt an der Massenerwerbslosigkeit und damit indirekt an der Armut schuld sind. Auch viele als »Modernisierer« bezeichnete Sozialdemokraten, Bündnisgrüne und Konservative sehen in der angeblichen Passivität bzw. Apathie und der mangelnden Bereitschaft vieler Betroffener, jeden ihnen angebotenen Arbeitsplatz zu besetzen, einen Hauptgrund für die hohe (Dauer der) Erwerbslosigkeit. Sie glauben, das Problem vornehmlich durch eine »Aktivierung« der Arbeitslosen lösen zu können. Träger einer solchen Politik des »Förderns und Forderns« ist der »ermunternde« bzw. »befähigende Staat«, welcher mehr und stärkere (monetäre) Anreize zur Arbeitsaufnahme mit wirksameren Sanktionen für den Weigerungsfall kombiniert. Bodo Hombach, enger Berater von Gerhard Schröder und nach dem Regierungswechsel im Herbst 1998 sein Kanzleramtsminister, schrieb beispielsweise: »Wir brauchen Gleichheit beim Start, nicht im Ergebnis, eine Politik der zweiten Chance. Das Stichwort ist der aktivierende Staat. Wir müssen Instrumente in die Hand nehmen, die Selbsthilfe, Eigeninitiative und Unternehmertum fördern.«[2]

Rolf G. Heinze verortet das von ihm propagierte Konzept des »aktivierenden Staates« in der Mitte zwischen etatistischen Vorstellungen eines

Maximalstaates und neoliberalen Minimalvorstellungen, die auf »immer weniger Staat« hinausliefen: »Ziel ist stattdessen ein umgestalteter und in seinen Zielen neu konzipierter Staat. Im Kern geht es darum, Gerechtigkeit, Effizienz und gesellschaftliche Wohlfahrt zu steigern, und zwar durch eine Neuaufteilung der Verantwortlichkeiten zwischen Markt, Staat und Zivilgesellschaft.«[3]

Hingegen heben Achim Trube und Norbert Wohlfahrt die Janusköpfigkeit der eng damit verbundenen, in den USA bereits seit längerem mit fragwürdigem Erfolg (Anwendung von Arbeitszwang, Senkung des Lohnniveaus und Entlassung von bisher regulär Beschäftigten) praktizierten »Welfare-to-work-Strategie« hervor: »Während Markt und Wettbewerb ideologisch aufgewertet werden und den Maßstab der Reorganisation sozialer Dienstleistungen liefern sollen, stärkt der Staat seine Möglichkeiten, aufsichtsführende und kontrollierende Funktionen wahrnehmen zu können, bis hin zur Entwicklung eines Arsenals von Zwangsmaßnahmen, die in erster Linie darauf gerichtet sind, die Inanspruchnahme sozialer Leistungen zu verhindern oder einzugrenzen und die Verpflichtung zur Arbeitsaufnahme, wo immer es möglich ist, durchzusetzen.«[4]

Waltraud Schelkle steht »Workfare«-Konzepten als Mittel gegen Armut skeptisch gegenüber, weil sie »das Problem der Armut ohne Arbeit in eines der Armut trotz Arbeit« verwandelten, wovon ihrer Einschätzung nach eher noch mehr Personen betroffen seien: »Aus der Sozialhilfefalle für wenige wird tendenziell eine Workfare-Falle für eine größere Zahl. Die Sozialisierung von Arbeitskosten hat unvermeidlich Mitnahmeeffekte bei Unternehmen zur Folge, die bestehende Billigarbeitsplätze, etwa für Zweitverdienerinnen, nun mit subventionierten Arbeitskräften besetzen.«[5] Im Unterschied zur Subventionierung öffentlicher Beschäftigung verzichten solche Ansätze auf Steuerungsmöglichkeiten im Hinblick auf die zu fördernden Produktionen und Dienstleistungen. Hinzu kommen laut Schelkle höchst unsichere Einspareffekte, da Workfare letztlich eine Ausweitung von Lohnsubventionen bedeutet.

H. Gerhard Beisenherz moniert, »daß der ›aktivierende Sozialstaat‹ auf die Förderung der Selbst-Integration setzt und als Kehrseite, wenn dies nicht erreicht wird, Exklusion als selbstverschuldete in Kauf nimmt.«[6] Der bisherige Wohlfahrtsstaat hat sich durch die Reformen von Grund auf verändert, was sich weniger im ehrgeizigen Anspruch seiner Gesamtkonzeption als in der ernüchternden Wirklichkeit zeigt: »Die neue Sozialpolitik tritt an als ein auf Inklusion gerichtetes Projekt, basiert aber – bei näherer

Betrachtung – vor allem auf einer Vielzahl exkludierender Mechanismen (Strafen, Ausschluss von Leistungen, Verkürzung der Bezugsdauer, Abbau protektiver Mechanismen).«[7] Während der rot-grünen Reformperiode (1998 bis 2005) wurden Arbeitslosigkeit und Armut mittels des Mottos »Fördern und Fordern« sozialdarwinistisch zu Problemen der Individuen, ihrer Charakterschwäche und fehlenden Leistungsbereitschaft umgedeutet. Durch das am 1. Januar 2002 in Kraft getretene Job-AQTIV-Gesetz rückten mit dem Aktivieren, Qualifizieren, Trainieren, Investieren und Vermitteln »Eigenverantwortlichkeit«, »Privatinitiative« und »Selbstbestimmung« in den Vordergrund.[8] Der »*aktivierende* Sozialstaat bedeutet im Grunde das Ende des *aktiven*, intervenierenden und materiell umverteilenden Sozialstaates.

Vorschläge, die auf Deregulierung und einen »schlank(er)en« Staat orientieren,[9] wurden im Rahmen der rot-grünen Reformagenda durchgesetzt, obwohl sie das Ziel einer Verringerung von Armut fast zwangsläufig verfehlen. Das neoliberale Konzept eines »beschäftigungsorientierten« Umbaus des Sozialstaates zielt darauf ab, die Integration von Erwerbslosen in den Arbeitsmarkt zu optimieren.[10] Als einziger Ausweg aus der Massenarbeitslosigkeit gilt hier die Beschäftigung von noch mehr Geringqualifizierten im Bereich haushalts- und personenbezogener Dienste (sog. Mini- bzw. Midijobs). Arbeitgeber hätten dadurch geringere Lohn(neben)kosten, während die öffentlichen Kassen enorm belastet würden.

Bereits seit den frühen 90er-Jahren wird in der Bundesrepublik darüber diskutiert, ob es möglich ist, die Massenarbeitslosigkeit durch staatlich subventionierte Niedrigeinkommen in der Privatwirtschaft, d.h. auf dem Weg über sog. Kombilöhne signifikant zu verringern. Befürworter dieses Konzepts, das in mehreren regionalen Modellprojekten getestet wurde, ohne allerdings durchschlagende Erfolge zu verzeichnen, sind fest davon überzeugt, dass man Arbeitgeber und Arbeitnehmer/innen durch entsprechende finanzielle Anreize des Staates motivieren kann, erheblich mehr Stellen zu schaffen bzw. sie trotz der geringen Lohnhöhe zu besetzen.

Sabine Reiner widerlegt überzeugend die neoklassische Gleichsetzung von Arbeits- und Gütermärkten, die allen Kombilohn-Modellen zugrunde liegt. Dass Löhne nur niedrig genug sein müssten, um »markträumend« zu wirken, wie meist behauptet, verweist sie ins Reich der Legenden. Beschäftigte verknappten ihre Arbeitskraft entgegen dieser Kernhypothese nämlich gerade nicht, wenn der Lohn sinke. »Je niedriger der Lohn, desto länger müssen Menschen arbeiten, um ein Einkommen zu erzielen, das zum Leben reicht. Das bedeutet aber, dass mit sinkenden Löhnen das Ungleichgewicht auf dem Arbeitsmarkt nicht ab-, sondern zunimmt.«[11] An politischer Durchschlagskraft gewann das Konzept, als die etablierten Parteien nach der Jahrtausendwende den von der »Initiative Neue Soziale Marktwirtschaft« (INSM) lancierten Slogan »Sozial ist, was Arbeit schafft« übernahmen. Selten wird reflektiert, woher diese Parole stammt und was sie beinhaltet: Alfred Hugenberg, Medienzar und Führer der Deutschnationalen, sagte in einer Rundfunkansprache zur Reichstagswahl am 28. Juli 1932, Sozialismus sei gleichbedeutend mit Erwerbslosigkeit. Dagegen habe ein »gesunder Staat« auch »eine gesunde Wirtschaft«, woraus Hugenberg schloss: »Derjenige ist wirklich und wahrhaft sozial, der Arbeit schafft.«[12] Vor der letzten Reichstagswahl am 5. März 1933 verkündete die »Kampffront Schwarz-Weiß-Rot« aus dem Munde von Hitlers erstem Wirtschaftsminister Hugenberg in Zeitungsanzeigen: »Sozial ist, wer Arbeit schafft!« Fast wörtlich fand dieser Satz ca. 70 Jahre später bei Politikern und Parteien großen Anklang, die – wie etwa die CSU bei der Bundestagswahl am 22. September 2002 – ihre Wahlkämpfe mit dem Motto »Sozial ist, was Arbeit schafft« führten. Es handelt sich dabei im Grunde um eine Sklavenhalterideologie, die Arbeit aus ihren sozialen Bezügen herauslöst und verabsolutiert. Gar nicht mehr gestellt wird die Frage nach dem Sinngehalt von Lohnarbeit, den Arbeitsbedingungen und der Entlohnung, vom Anspruch der Stellenbewerber/innen auf Berufs- und Qualifikationsschutz ganz zu schweigen.

Wilhelm Adamy und Johannes Steffen bezeichnen den Kombi- als »Zombi-Lohn«, weil Massenarbeitslosigkeit damit nach ihrer Meinung nicht bekämpft, sondern von den Unternehmen ausgenutzt wird, um sich mit Hilfe des Staates billige und willige Arbeitskräfte zu verschaffen. »Kombi-Lohn und drastische Tarifsenkung sind […] zwei Seiten ein und derselben Medaille; die eine ist nicht ohne die andere zu haben. Beide zusammen bewirkten damit im Bereich des unteren Viertels bis unteren Drittels der Arbeitseinkommen ein nahezu flächendeckendes Lohndumping. Der finanzielle Arbeitsanreiz des Kombi-Modells schlüge am Ende um in blanken ökonomischen Arbeitszwang zu Billiglohn.«[13]

Gerhard Bäcker hält von der Empfehlung, durch eine weitere Absenkung des Lohnniveaus, die Schaffung neuer Einfacharbeitsplätze im Dienstleistungssektor und die Aufstockung der Niedrigeinkommen mittels sog. Kombilöhne die Arbeitslosigkeit zu bekämpfen, gleichfalls nicht viel: »Die Beschäftigungswirkungen sind ungewiß und die finanziellen Belastun-

gen [für den Staatshaushalt bzw. die Steuerzahler/innen; *Ch.B.*] unkalku-
lierbar.«[14] Da es zu wenige Arbeitsplätze gibt, um alle Erwerbsfähigen zu
beschäftigen, haben »Kombilöhne« vor allem das Sinken des Lohnniveaus,
Konsumausfälle und ein Steigen der Erwerbslosigkeit zur Folge.

Gegen einen »Kombilohn« sprechen im Wesentlichen zwei Gründe:
Erstens subventioniert der Staat damit die Unternehmen und eröffnet
ihnen so zusätzliche Mitnahme- bzw. Missbrauchsmöglichkeiten. Zweitens
motiviert er sie gerade nicht, Arbeitnehmer(inne)n höhere, sondern erlaubt
ihnen, unter Hinweis auf deren staatliche Leistungsansprüche niedrigere
Löhne und Gehälter zu zahlen, was den Beschäftigten keinerlei Vorteile
bringt, sie vielmehr umgekehrt in die Abhängigkeit von staatlichen Transferleistungen zwingt. Weder darf der Staat aus Steuermitteln unternehmerische Lohnsenkungsstrategien und Dumpinglöhne fördern, noch vermag er
Geringverdiener/innen, die Sozialleistungen benötigen, um ihren kargen
Lohn bzw. ihr knappes Gehalt so weit aufzubessern, dass sie und ihre
Familien leben können, dadurch aus der Armut zu befreien.

Für bestimmte »Problemgruppen« des Arbeitsmarktes und einzelne
»Problemregionen«, die ihnen praktisch überhaupt keine Beschäftigungs-
perspektiven bieten, mag die Aufstockung geringer Löhne durch den Staat
bzw. die zuständige Gebietskörperschaft für einen Übergangszeitraum
akzeptabel sein. Allgemeine unbefristete Kombilöhne bezeichnet Stefan
Welzk jedoch als »ordnungspolitischen Kardinalfehler«, denn sie müssen
seiner Meinung nach letztlich zu einer »Subventionswirtschaft« führen, »in
der die Kosten der Arbeitskraft weithin vom Staat getragen werden und die
Preise deshalb nicht mehr die realen Kosten spiegeln. Damit holt sich
Deutschlands Volkswirtschaft genau jene Krankheit, an der die Zentralen
Planwirtschaften dahingesiecht und schließlich zugrunde gegangen sind.«[15]

Kombilöhne sind kein probates Medikament gegen Armut, sondern
gewissermaßen die Krankheit selbst, weil sie den Niedriglohnsektor und
damit die Zone der Abhängigkeit von Transferleistungen vergrößern. Ein
(transfergestützter) Niedriglohnsektor ist abzulehnen, weil er das soziale
Gefüge der Gesellschaft insgesamt verschiebt und für den allgemeinen
Lebensstandard einen Sog nach unten auslöst: »Einerseits ist anzunehmen,
dass es zu einer massiven Verlagerung von heute schon gering entlohnten
Arbeitsplätzen in diesen Sektor kommt, andererseits ist ein weiterer Anstieg der Einkommensheterogenität innerhalb der [Gruppe der; *Ch.B.*]
abhängig Beschäftigten und damit eine Zunahme sozialer Ungleichheit zu
erwarten.«[16] Inzwischen nehmen bereits ca. 1,35 Mio. Menschen, darunter

ein Großteil sogar Vollzeit erwerbstätige, das Arbeitslosengeld II als sog. Hartz-IV-Aufstocker/innen ergänzend zu ihrem Lohn bzw. Gehalt in Anspruch, also nicht etwa deshalb, weil sie arbeitslos wären. Baut man dieses System weiter aus, nimmt die arbeitslosigkeitsbedingte Armut schwerlich ab, sondern wird nur in eine Armut trotz Erwerbstätigkeit transformiert.

Bildung für alle statt Umverteilung des Reichtums zugunsten der Armen?

Im deutschen Armutsdiskurs ist »Umverteilung« das Reizwort schlechthin. Egal, welcher der etablierten Parteien ein Spitzenpolitiker angehört, auf jeden Fall wird er leugnen, dass diese zur Verringerung der Armut tauglich, sinnvoll und notwendig ist. Peter Struck, früher Vorsitzender der SPD-Bundestagsfraktion, äußerte gegenüber dem *Stern* (v. 12.8.1999), die traditionelle Position seiner Partei, »von den Reichen zu nehmen, um den Armen zu geben«, könne nicht länger »die Politik in unserer modernen Gesellschaft« bestimmen. Wird mehreren zehntausend Familien pro Jahr wegen ihrer Überschuldung bzw. Zahlungsrückständen die Wohnung gekündigt, der Strom abgestellt und/oder das Gas gesperrt, was konkret bedeutet, dass sie obdachlos werden, die Kinder kein warmes Essen bekommen und auch ihre Eltern im Kalten bzw. im Dunkeln sitzen, stört das kaum einen politisch Verantwortlichen. Wenn aber der Begriff »Umverteilung« fällt, denkt hierzulande jeder gleich an gewaltsame Enteignung und die Rückkehr der Sowjetmacht. In einem Interview, das die *Zeit* (v. 9.10.2008) veröffentlichte, sprach sich Roland Koch (CDU) für eine »gesunde, marktwirtschaftliche Ökonomie« aus, was für den hessischen Ministerpräsidenten bedeutete: »Von den Reichen zu nehmen und alles zu verteilen à la Lafontaine, das macht einen Tag glücklich, und am nächsten Tag beginnt die Armut.« Statt hungernden Menschen die für ein paar Mahlzeiten reichenden Fische zu schenken, heißt es im selben Zusammenhang oft, sei es sinnvoller, ihnen eine Angel zu geben und gleichzeitig beizubringen, wie sie damit selbst welche fangen können. Doch was nützt das, ist kritisch zu fragen, wenn die Fischteiche anderen gehören? Das nämlich ist – bildlich gesprochen – die Realität im Gegenwartskapitalismus, der die materiellen

Schlüsselressourcen der Gesellschaft immer stärker bei kleinen, elitären Zirkeln und wenigen Einzelpersonen monopolisiert.

Aus einer fehlerhaften Analyse der Armutsursachen resultiert zwangsläufig eine falsche Strategie der Armutsbekämpfung. Wer das Problem kulturalisiert, die Hauptursache für Armut also in (selbstverschuldeten) Bildungsdefiziten der Betroffenen sucht, wird das Schwergewicht seiner Bemühungen, es zu lösen, auf bildungspolitische Reformen und Maßnahmen der Weiterbildung legen, ohne damit die strukturellen Gründe zu beheben. Zweifellos bleibt die Verringerung von bzw. die Vermeidung neuer »Bildungsarmut« eine wichtige gesellschaftspolitische Aufgabe, durch deren Erfüllung sich das Armutsproblem freilich nicht erledigt. Denn so wenig dieses monokausal begründet ist, so wenig lässt es sich eindimensional, d.h. ausschließlich mittels der (Sozial-)Pädagogik, lösen. Dies gilt besonders dann, wenn Bildung auf die (berufliche) Qualifikation reduziert, d.h. im Sinne der ökonomischen Verwertbarkeit von »Humankapital« durch den »eigenen« Wirtschaftsstandort seitens mächtiger Kapitalinteressen instrumentalisiert wird. »Obgleich die Ausbildung junger Menschen zweifellos ein nicht zu unterschätzender volkswirtschaftlicher Entwicklungsfaktor ist, wird diese in den Medien und der Politik dominante Sichtweise [...] dann problematisch, wenn einseitig auf sie abgestellt wird und Bildung als Grund- und Menschenrecht, als soziale Frage der Teilhabechancen aller Gesellschaftsmitglieder, unberücksichtigt bleibt.«[17]

Jutta Allmendinger und Stephan Leibfried haben einen Gegensatz zwischen der »nachträglich ausgleichenden Sozialpolitik« traditioneller Art und einer moderneren, investiven bzw. »präventiven und für das Humankapital ›Bildung‹ produktiven Ausrichtung von Sozialpolitik« konstruiert, wodurch Ältere und Jüngere in Gegensatz zueinander geraten und ein »(Verteilungs-)Kampf der Generationen« um die knappen Haushaltsmittel droht.[18] Wer im Zusammenhang mit Bildungsprozessen von einer »Fortentwicklung des Humankapitals« spricht, leistet der Inhumanität darüber hinaus bewusst oder ungewollt Vorschub.

Elisabeth Niejahr brachte den fragwürdigen Grundgedanken in einem »Schule statt Stütze. Nach dem Reformpaket die Agenda 2004: Sozial ist, was Bildung schafft« überschriebenen Leitartikel der *Zeit* (v. 22.12.2003) auf eine prägnante Formel. Den größten gesellschaftspolitischen Skandal der vergangenen Jahre hätten die Sozialpolitiker kaum diskutiert: den PISA-Schock, wonach die schulischen Leistungen hierzulande so eng mit der Herkunft verknüpft sind wie in keinem anderen Industriestaat. Dieses

Resultat des internationalen Schulleistungsvergleichs, der nur in Deutschland so viel öffentliche Aufmerksamkeit fand, verweist darauf, dass die materiellen Ressourcen und die sozialen Bedingungen, unter denen jemand lernt, für seinen Bildungserfolg entscheidend sind. Niejahr drehte den Spieß einfach um, indem sie konstatierte, Lebens- seien von Bildungschancen kaum zu trennen: »Wer gut ausgebildet ist, verdient mehr, lebt länger und gesünder; er berappelt sich schneller nach Lebenskrisen wie Kündigung, Krankheit, Scheidung oder Arbeitslosigkeit.« Zwischen den Ausgaben für Junge und Alte, für Studenten und Rentner, für Brillengestelle und Lehrstühle herrsche »eine natürliche Konkurrenz«, behauptete Niejahr, weshalb sie für eine Umschichtung der Haushaltsmittel von den Sozialpolitikern zu den Bildungs- und Familienpolitikern plädierte, die sich als »echte Sozialreformer« etablieren müssten.

Matthias Platzeck, vorübergehend SPD-Parteivorsitzender, erläuterte am 10. April 2006, dem Tag, als er nach einem Hörsturz überraschend wieder von diesem Amt zurücktrat, im *Spiegel* sein Leitbild des »vorsorgenden Sozialstaates.« Er forderte »mehr öffentliche Investitionen in soziale Dienstleistungen, in Bildung und Wissen, in Innovation und Infrastruktur«, blieb jedoch hinsichtlich der Zielsetzungen wie auch in Bezug auf die Maßnahmen, mit denen sie erreicht werden sollen, verhältnismäßig vage: »Der vorsorgende Sozialstaat für das 21. Jahrhundert investiert in die Menschen und ihre Fähigkeiten. Er fördert Beschäftigung, setzt auf Gesundheitsprävention und verhindert Armut. Er gestaltet den demografischen Wandel mit den Betroffenen, und er erkennt die existentielle Bedeutung von Bildung für die einzelnen Menschen wie auch für die Zukunft unserer Gesellschaft an. Er ist Partner, nicht Verwalter der Menschen. Er macht Angebote, um ihre Stärken zu entwickeln. Er aktiviert die Menschen, damit sie ihr Leben in eigener Verantwortung gestalten können. Der vorsorgende Sozialstaat ist nicht Wachstumshindernis, sondern wirtschaftliche Produktivkraft; er muss dafür anders, weniger als bislang durch Sozialversicherungsbeiträge finanziert werden.«

Deutlicher wurde der frühere Wirtschafts- und Arbeitsminister Wolfgang Clement, als er im Rahmen der sozialdemokratischen Programmdiskussion in der *Welt am Sonntag* (v. 14.5.2006) für ein »neues Godesberg« seiner Partei warb: »Heute geht es um den Abschied vom Wohlfahrtsstaat und die Hinwendung zum sozialen Bildungsstaat. [...] Der Sozialstaat in seiner bisherigen Ausprägung und Ausstattung trägt nicht mehr, und wir können ihn auch nicht mehr finanzieren. Wir müssen ihn deshalb nicht bloß umbauen, er braucht ein neues Fundament, eine neue Statik.« Unter einem »sozialen Bildungsstaat« versteht Clement, dass für alle Bürger prinzipiell gleiche Chancen zur beruflichen Qualifikation, zu einer hoch qualifizierten Aus- und Weiterbildung geschaffen werden, damit sie aus eigener Kraft und Kompetenz auf die sich ständig verändernden Anforderungen der Arbeitswelt reagieren können.»Schulische Bildung und berufliche Qualifikation, Wissenschaft und Forschung sind die Motoren des ökonomischen und sozialen Fortschritts. Sie führen in die Wissensgesellschaft des 21. Jahrhunderts. Da müssen wir investieren, statt immer mehr in ein soziales Netz, das um so fadenscheiniger wird, je mehr wir ›draufsatteln‹.«

Christof Prechtl und Daniel Dettling beklagen in einem von ihnen herausgegebenen Sammelband »Für eine neue Bildungsfinanzierung«, dass die Bundesrepublik sechs Mal soviel Geld für Soziales wie für Bildung aufwände, sehen sie doch in Letzterer den Schlüssel zur Bekämpfung der Armut:»Da zwischen Bildungsstand und Erfolg am Arbeitsmarkt ein klarer Zusammenhang besteht, produziert das deutsche Bildungswesen heute die Sozialfälle von morgen. Politisch bedeutet dies: Die Vermeidung von Bildungs-, nicht Einkommensarmut, ist die zentrale Herausforderung.«[19] Einerseits ist die argumentative Verknüpfung von unbestreitbar zu geringen Bildungsinvestitionen und vermeintlich zu hohen Sozialausgaben demagogisch und der damit verbundene Vorwurf an die Sozialpolitiker, für beides verantwortlich zu sein, ausgesprochen infam, wenn man bedenkt, dass dem Staat durch die viermalige Absenkung des Spitzensteuersatzes bei der Einkommensteuer, wiederholte Entlastungen der Kapitalgesellschaften, den Verzicht auf die Erhebung der Vermögensteuer und eine im Vergleich mit anderen Ländern extrem niedrige Besteuerung von großen Erbschaften jährlich viele Mrd. EUR an Steuereinnahmen fehlen, die er für eine finanzielle Besserstellung des Bildungswesens dringend braucht.[20] Andererseits unterliegen die Verfasser einem fundamentalen Irrtum: Was unter günstigen Umständen ohne Zweifel zum individuellen beruflichen Aufstieg taugt, versagt als gesellschaftliches Patentrezept. Denn wenn alle Menschen – was durchaus wünschenswert wäre – bessere Bildungsmöglichkeiten erhielten, würden sie um die wenigen Ausbildungs- bzw. Arbeitsplätze womöglich nur auf einem höheren Niveau, aber nicht mit besseren Chancen konkurrieren. Folglich gäbe es am Ende mehr Taxifahrer mit Abitur und Hochschulabschluss, aber kaum weniger Armut. Eine bessere (Aus-)Bildung erhöht die Konkurrenzfähigkeit eines Heranwachsenden auf dem Arbeitsmarkt, ohne jedoch die Erwerbslosigkeit und die Armut als gesellschaftliche Phänomene zu beseitigen. Um dieses Ziel zu erreichen, bedarf es darüber hinaus der Umverteilung von Arbeit, Einkommen und Vermögen.

Walter Wüllenweber drückte Prechtls und Dettlings Ausgangsüberlegung in seinem Artikel »Die Schicksalsfrage der Nation« (*Stern* v. 20.12.2007) folgendermaßen aus: »Die Bildung hat in Deutschland einen mächtigen Konkurrenten: das Soziale.« Habe die Losung »Bildung für alle!« große Teile der Gesellschaft gegen Ende der 60er-/Anfang der 70er-Jahre geeint, seien die Ausgaben für den Wohlfahrtsstaat seit der Weltwirtschaftskrise 1974/75 nach dem Motto »Sozialknete für alle« viereinhalbmal so stark gestiegen wie die für Bildung. »Gerechter ist Deutschland durch das Verteilen von Geld nicht geworden. Die Almosen vom Staat sind nur ein Schmerzmittel. Sie machen die Benachteiligung erträglich. Aber sie beseitigen sie nicht. Eine fundierte Bildung jedoch kann die Ungerechtigkeit wirksam bekämpfen.« Wüllenwebers Artikel enthält viele Halbwahrheiten: Tatsächlich sind Almosen kein Ausweg, sondern eine Sackgasse, weil sie zwar im Einzelfall helfen können, die Abhängigkeit vom Almosengeber jedoch festigen. Suppenküchen, Kleiderkammern und Sozialkaufhäuser, die es mittlerweile in vielen deutschen Städten gibt, können daher als vorübergehender Notanker dienen, dürfen aber nicht zur gesellschaftlichen Normalität werden. Nur der moderne Sozialstaat gewährleistet das für eine humane Hilfewährung nötige Maß an Anonymität und Objektivität, vergibt er doch gerade *keine* Almosen. Bürger/innen machen vielmehr Rechtsansprüche geltend, wenn sie in Notlagen geraten sind und seiner Unterstützung bedürfen. Dabei ergänzen sich Bildungs- und Sozialpolitik im Hinblick auf die notwendige Inklusion von Kindern aus unterprivilegierten Elternhäusern, wirken also komplementär.

Ganz einfach macht es sich das Kölner Institut der deutschen Wirtschaft, wenn es Armut hauptsächlich auf Erwerbslosigkeit zurückführt und daraus kurzerhand schlussfolgert: »Arbeitslosigkeit ist vor allem eine Folge mangelnder Bildung, ergo ist eine gute Schul- und Ausbildung der beste Schutz gegen Einkommensarmut.«[21] Wem nach jahrzehntelanger Tätigkeit etwa als Diplomingenieur gekündigt wird, erfährt nach einer ziemlich kurzen Übergangszeit im Bezug des noch von der früheren Gehaltshöhe abhängenden Arbeitslosengeldes durch die Modalitäten von Hartz IV, bei dem es keinen Berufs- und Qualifikationsschutz mehr gibt, ganz hautnah, dass eine gute (Aus-)Bildung eben nicht im Mindesten vor Armut, sprich:

das rapide Absinken auf das Fürsorgeniveau des Arbeitslosengeldes II, schützt.[22]

Dass deutsche Wirtschaftslobbyisten und neoliberale Wissenschaftler die Bildung zum sozialen Palliativ- bzw. Allheilmittel erklären, verwundert nicht weiter, erlaubt eine solche Position doch, an den bestehenden Eigentumsverhältnissen, Machtstrukturen und Privilegien festzuhalten und die stärkere Polarisierung der Gesellschaft in Arm und Reich zu rechtfertigen. Aber dass viele Politiker und Publizist(inn)en, die es besser wissen müssten, den notwendigen Kampf gegen die Armut auf eine Bildungsoffensive beschränken wollen, gibt doch zu denken. Denn mehr Bildung für die Betroffenen statt Umverteilung des privaten Reichtums ist schwerlich eine Lösung des Armutsproblems, und es wäre mehr als naiv anzunehmen, dass sich die Sozialstruktur einer Gesellschaft hierdurch wesentlich verändern ließe.

Zudem kann man nicht einerseits Bildungs- als (die beste) Sozialpolitik interpretieren und andererseits von der Schule über den Weiterbildungssektor bis zur Hochschule alle Institutionen dieses Bereichs privatisieren wollen, ohne unglaubwürdig zu wirken. Denn das heißt letztlich, sie für Reiche, Wohlhabende und die Kinder besser situierter Familien zu reservieren. Letztlich schließen sich das Prinzip »Markt« und das Prinzip »öffentliche Aufgaben in einem demokratischen Staat« aus, wie der Berliner Politikwissenschaftler Bodo Zeuner treffend bemerkt: »Wer z.B. das Bildungssystem in gegeneinander konkurrierende Unternehmen aufspaltet, die mit eigenen Budgets arbeiten und im Interesse der ›Wirtschaftlichkeit‹ Gebühren von Studenten, vielleicht demnächst von Schülern, erheben dürfen, der stärkt nicht irgendwelche ›Eigenverantwortlichkeiten‹, sondern baut das demokratische Recht auf gleiche Bildungschancen unabhängig vom Einkommen ab und entzieht letztlich der demokratischen Gesellschaft die Möglichkeit, ihre Ressourcen sozialstaatlich umzuverteilen.«[23]

Bildungs-, Erziehungs- und Kultureinrichtungen sind für eine gedeihliche Entwicklung und die freie Entfaltung der Persönlichkeit sozial benachteiligter Kinder unentbehrlich, weshalb sie nicht – dem neoliberalen Zeitgeist entsprechend – privatisiert, sondern weiterhin öffentlich finanziert und noch ausgebaut werden sollten. Bildung ist jedoch keine Wunderwaffe im Kampf gegen (Kinder-)Armut, zumal sie immer mehr zur Ware verkommt.[24] Selbst vor der Kinder- und Jugendhilfe machten die Ökonomisierung, Privatisierung und Kommerzialisierung nicht Halt,[25] was die Möglichkeiten, die Entstehung von Armut zu verhindern und bestehende zu verringern, stark einschränkt. Studiengebühren, Transportkosten und Schul- oder Büchergeld schrecken gerade die Kinder aus sozial benachteiligten Familien vom Besuch einer weiterführenden bzw. Hochschule ab.

Michael Opielka, Hochschullehrer für Soziologie an der FH Jena, macht deutlich, dass die Debatte über die (Wieder-)Einführung von Studiengebühren und Schulgeld politisch-ideologisch motiviert und nicht frei von Mythen über das US-amerikanische Bildungssystem ist.[26] In einem Bildungssystem, das privatisiert und kommerzialisiert wird, stoßen Kinder nur noch auf Interesse, wenn sie bzw. ihre Eltern als möglichst zahlungskräftige Kunden firmieren. Kontraproduktiv wirken auch die Beschneidung der Lernmittelfreiheit in mehreren Bundesländern und die Schließung von (Schul-)Bibliotheken aus Kostengründen. Je weniger die öffentliche Hand aufgrund einer falschen Steuerpolitik in der Lage ist, die materielle Unterversorgung von Familien zu kompensieren, umso mehr Kinder leiden unter Bildungsarmut.

Entgegen der gängigen Behauptung, der Sozialstaat sei heute nicht mehr bezahlbar, muss konstatiert werden, dass »genug Geld« für eine aktive Beschäftigungs- und eine Kinderarmut verringernde Familienpolitik vorhanden wäre, würden Staat und Gesellschaft entsprechende Prioritäten setzen.[27] Es ist allerdings in wachsendem Maße ungerecht verteilt und wird für andere Belange verwendet. Die westlichen Industriegesellschaften wurden − gemessen an den einschlägigen Indizes der Wirtschaftsstatistik − jahrzehntelang immer reicher, und es ist von daher schwer einsehbar, wieso beispielsweise soziale Sicherungssysteme, die in früheren Zeiten, also auf der Grundlage eines noch erheblich geringeren gesellschaftlichen Reichtums, mehr oder weniger problemlos finanzierbar waren, heute zu kostspielig sein sollen − es sei denn, man akzeptiert, dass ein immer größerer Anteil des wachsenden Reichtums nicht mehr gesellschaftlicher Natur ist, sondern − bildlich gesprochen − in Privatschatullen verschwindet und nur noch privater Verfügungsgewalt unterliegt.[28]

Die negativen Auswirkungen von »Sparmaßnahmen« im Jugend-, Sozial- und Gesundheitsbereich wie auch bei den Bundeszuschüssen zum öffentlichen Nahverkehr (Kürzung der sog. Regionalisierungsmittel) beeinträchtigen die Zukunftsperspektiven der künftigen Generationen. Dazu zählt ebenfalls die Beschneidung der Bundeskompetenzen im Bildungsbereich, weil die Föderalismusreform durch ihren Rekurs auf das Konzept eines »Wettbewerbsföderalismus« einer desaströsen Konkurrenz zwischen den Bundesländern im September 2006 Tür und Tor geöffnet hat, was den (Hoch-)Schülern in finanzschwachen Ländern besonders schaden dürfte, können die guten Lehrkräfte doch leichter abgeworben werden. »Der Wettbewerbsföderalismus liefert [...] die schwächsten Mitglieder der Gesellschaft, die Kinder, endgültig dem Markt aus.«[29] So wichtig mehr Bildungs- bzw. Kulturangebote für Kinder und Jugendliche aus sozial benachteiligten »Problemfamilien« sind, so wenig können sie das Armutsproblem lösen. Zwar werden die Armen häufig dumm (gehalten bzw. gemacht), wie Gerda Holz zeigt,[30] die Klugen aber deshalb nicht automatisch reich. Eine fehlende, schlechte oder falsche (Schul-)Bildung kann die Armut potenzieren und im Lebensverlauf zementieren. Sie ist jedoch nur deren Auslöser, nicht etwa die Ursache materieller Not. Bildung ist deshalb auch ein nur begrenzt taugliches Mittel gegen Armut, weil sie zwar durch soziale Diskriminierung entstandene Partizipationsdefizite junger Menschen mildern, allerdings nicht verhindern kann, dass materielle Ungleichgewichte auf deren Arbeits- und Lebensbedingungen durchschlagen.

»Aufstieg durch Bildung« lautete das Motto einer am 9. Januar 2008 von der Bundesregierung beschlossenen und am 22. Oktober 2008 von den Ministerpräsidenten auf dem Nationalen Bildungsgipfel in Dresden unterstützten Qualifizierungsinitiative, die primär den Fachkräftebedarf der deutschen Wirtschaft decken helfen soll.[31] Tatsächlich kann nicht nur diese davon profitieren, dass der Staat die (Aus-)Bildung verbessert, sondern auch ein Individuum durch die Beteiligung an solchen Bildungs- und Qualifizierungsprozessen einer prekären Lebenslage entkommen. Eine gesamtgesellschaftliche Lösung bietet sie allein freilich nicht, denn sobald alle Kinder und Jugendlichen – was zweifelsohne sinnvoll und anzustreben ist – in der Bundesrepublik bessere Bildungsmöglichkeiten erhalten, konkurrieren sie am Ende womöglich auf einem höheren Bildungsniveau, aber nicht mit besseren Chancen um weiterhin fehlende Lehrstellen und Arbeitsplätze.

Wie die Bedeutung der Sprache für die Integration der Migrant(inn)en überschätzt wird, so betont man auch die Bedeutung der Bildung für die soziale Inklusion von Kindern aus der Unterschicht zu stark. Die kulturalistische Verkürzung des Klassen- bzw. Schichtbegriffs blendet sozioökonomische Herrschaftsstrukturen aus. Es ist heuchlerisch und purer Zynismus, den Armen »Bildet euch!« zu predigen, ihnen jedoch die dafür notwendigen materiellen Ressourcen vorzuenthalten und im Regelsatz für

Hartz-IV-Empfänger/innen dafür keinen einzigen Cent einzuplanen. Um seinen Bildungshunger stillen zu können, muss man jedenfalls satt sein und auch genug Geld für ein (Schul-)Mittagessen haben.

Das bedingungslose Grundeinkommen

Unter den zahlreichen in der (Fach-)Öffentlichkeit kursierenden Konzepten zur Armutsbekämpfung sticht als eines der radikalsten das bedingungslose Grundeinkommen (BGE) hervor, zumal es Anhänger in fast allen politischen Lagern hat: Von der FDP und manch einflussreichem Unionspolitiker über erhebliche Teile der Bündnisgrünen, einzelne Männer der Kirchen, neoliberale Ökonomen und sogar einen prominenten Großunternehmer bis zur äußersten Linken genießen Modelle eines allgemeinen, mehr oder weniger (gegen)leistungslosen Mindesteinkommens hierzulande wachsende Popularität.

Ganz entscheidend dazu beigetragen haben dürfte die am 1. Januar 2005 in Kraft getretene Arbeitsmarktreform (»Hartz IV«) mit einem »Grundsicherung für Arbeitsuchende« genannten Arbeitslosengeld II, das für ein menschenwürdiges Leben in einer Wohlstandsgesellschaft wie der unseren kaum ausreicht, zumal Energie- und Lebensmittelpreise seit geraumer Zeit stark steigen. Unter dem Kontrolldruck ihrer ARGE (Arbeitsgemeinschaft aus Agentur für Arbeit und kommunaler Sozialbehörde) bzw. Optionskommune stehende Bezieher/innen von Arbeitslosengeld II oder Sozialgeld, Sozialhilfeempfänger/innen und ihre organisatorischen Netzwerke halten es für eine Alternative zu solchen bedürftigkeitsgeprüften Transferleistungen auf Minimalniveau. Mittels eines Grundeinkommens, das auch als »Bürger-« bzw. »Existenzgeld«, als »Sozialdividende« oder als »negative Einkommensteuer« firmiert und Inländer(inne)n ohne Bedürftigkeitsprüfung gezahlt werden soll, hoffen sie, nicht nur die Armut, sondern auch die Demütigungen durch einen als (zu) bürokratisch empfundenen Sozialstaat überwinden zu können. Weibliche (Langzeit-)Arbeitslose, die wegen eines hohen Partnereinkommens keine Transferleistungen erhalten, und Feministinnen sehen darin die langersehnte eigenständige soziale Sicherung der Frau.

Hier soll erörtert werden, ob ein bedingungsloses Grundeinkommen den daran geknüpften hohen Erwartungen gerecht wird. Entscheidend für

Wirkung und Bewertung eines Grundeinkommensmodells sind die Höhe des zur Verfügung gestellten Betrages (unter/über Hartz IV bzw. Sozialhilfe?), die Art seiner Refinanzierung (Erhebung/Erhöhung welcher Steuern und Streichung anderer/welcher Sozialleistungen?) sowie schließlich die Rahmenbedingungen, unter denen er gezahlt wird (Empfängerkreis, Anspruchsvoraussetzungen, Berechnungsmodalitäten usw.).

Die bekanntesten Modelle im Überblick

Die sozialphilosophische Idee, dadurch Armut zu verhindern und Bürger/innen vom Arbeitszwang zu befreien, dass alle Gesellschaftsmitglieder vom Staat ein gleich hohes, ihre materielle Existenz auf einem Mindestniveau sicherndes Grundeinkommen erhalten, ist uralt. Sie geht auf das 1516 erschienene Buch »Utopia« von Thomas Morus zurück,[32] hat sich bis heute das Flair des Paradiesischen bewahrt und wurde in unterschiedlichen Ländern immer wieder kontrovers diskutiert, aber trotz zahlreicher politischer Vorstöße nie flächendeckend realisiert. Vielmehr hält der Streit, ob ein Grundeinkommen sinnvoller als die bestehenden Sozialsysteme, leichter finanzierbar und überhaupt realisierbar ist, weiter an. Dabei gewinnt es seine Faszination durch die Verbindung der Gerechtigkeitsvorstellungen eines utopischen Sozialismus, bürgerlicher Gleichheitsideale und von Neoliberalen gepriesener Funktionselemente der Marktökonomie. Derzeit haben Grundeinkommensmodelle vermutlich deshalb Hochkonjunktur, weil sie – oftmals seitens ihrer Protagonisten ungewollt – mit dem neoliberalen Zeitgeist harmonieren,[33] also die (Markt-)Freiheit des (Wirtschafts-)Bürgers nicht (zer)stören, vielmehr auf Selbstverantwortung, Eigenvorsorge und Privatinitiative abheben sowie die tradierten Mechanismen der kollektiven Absicherung von Lebensrisiken in Frage stellen, ohne auch nur ansatzweise jenen Eindruck sozialer Kälte zu hinterlassen, der etablierter Politik mittlerweile anhaftet oder nachgesagt wird.

Das mit Abstand medienwirksamste Modell eines bedingungslosen Grundeinkommens stammt von Götz W. Werner, dem anthroposophisch orientierten Gründer der dm-Drogeriemarktkette. Dieser erfolgreiche Unternehmer will »Deutschland zur Steueroase und zum Arbeitsparadies« machen,[34] gleichzeitig jedoch am liebsten auch sämtliche Gesellschaftsmitglieder zu Unternehmern. Er fordert den »Umbau einer Arbeitnehmer-Gesellschaft mit hohem Arbeitslosenanteil hin zu einer Gemeinschaft von

Freiberuflern mit bedingungslosem Grundeinkommen«, der ohne eine »radikale Steuerreform« nicht möglich sei.[35] Für Werner bildet das Grundeinkommen offenbar nur den Hebel zur Durchsetzung einer weiteren drastischen Steuerentlastung von Unternehmen. Unter dem Motto »Ausgaben- statt Einkommensteuer!« begründet Werner, warum seiner Meinung nach ausschließlich eine reine Konsumsteuer sozial gerecht ausgestaltet werden kann und zeitgemäß ist: »Die Mehrwertsteuer hat [...] als einzige Steuer einen gesamt-, ja weltwirtschaftlichen Charakter. Man könnte sagen, dass sie die adäquate Steuer für eine hochgradig arbeitsteilige Gesellschaft und eine globalisierte Welt ist.«[36] So nützlich die Mehrwertsteuer besonders für einen (Handels-)Unternehmer sein mag, der sie einfach auf die Preise umlegt und als durchlaufenden Posten auf seine Kund(inn)en abwälzt, so wenig berücksichtigt sie die unterschiedliche finanzielle Leistungs- bzw. Zahlungsfähigkeit der einzelnen Gesellschaftsmitglieder. »Durch die Besteuerung des privaten Konsums wird das Prinzip der Lastverteilung nach der ökonomisch-individuellen Leistungsfähigkeit endgültig verdrängt: Je mehr jemand an Einkommen erzielt und je geringer der Anteil des privaten Konsums ausfällt, um so geringer ist dessen Steuerlast. Wachsende nicht konsumtive Verwendung des verfügbaren Einkommens der privaten Haushalte, also die Geldvermögensbildung als Ausdruck ökonomischer Stärke, wird steuerlich bevorteilt.«[37] Selbst wenn man die Steuersätze stärker ausdifferenziert, also z.B. Grundnahrungsmittel niedrig oder gar nicht, andere Güter höher und Luxusgüter extrem hoch besteuert, wird aus einer Konsumsteuer kein sozial gerechtes Steuerungsinstrument. »Indirekte Steuern belasten die unteren Einkommensgruppen weit mehr als die oberen. Daran ändert auch wenig, dass Werner Kaviar höher versteuern will als Milch. Befreit von jeder Form der Steuerprogression oder von Erbschaft- und Vermögensteuer würde sich die Umverteilung von unten nach oben beschleunigen und könnte mit dem Verweis auf das ja schließlich allen gewährte Grundeinkommen eine gewisse Legitimität in Anspruch nehmen.«[38]

Wolfgang Engler, der für eine »Sozialdividende« plädiert, schlägt zum Zweck ihrer Finanzierung ebenfalls *indirekte* Steuern vor. Über die Mehrwertsteuer schwärmt er unter Berufung auf Lester Thurow: »Sie wird auf alle Waren erhoben, auch auf die importierten, und zieht daher (anders als bei Abgaben und direkten Steuern) keine Wettbewerbsnachteile für die je einheimische Volkswirtschaft nach sich.«[39] Folgt man weniger der Standortlogik als sozialen Gerechtigkeitskriterien, kommt die Mehrwertsteuer als

(einzige) Finanzierungsquelle kaum in Betracht, weil sie besonders kinderreiche Familien trifft, die in Relation zu ihrem niedrigen Einkommen einen
relativ hohen Konsumgüterbedarf haben, während ihr Wohlhabende schon
wegen häufigerer Aufenthalte in Ländern ohne Grundeinkommen und
vergleichbar hohe Steuersätze leichter ausweichen können. Die (progressive) Einkommensteuer und eine Vermögensteuer sind sozial gerechter als
die Mehrwertsteuer, weil sie vor allem Besserverdienende, Kapitaleigentümer und Begüterte treffen, während Geringverdiener/innen und Sozial-
leistungsempfänger/innen unabhängig von ihrem Konsumgüterbedarf verschont bleiben.

Ähnlich wie Engler beschwört Werner das Grundeinkommen zwar
sehr pathetisch als »Bürgerrecht«, versteht darunter aber letztlich nur einen
»bar ausgezahlten Steuerfreibetrag«, der nötig ist, weil in seinem Modell alle
direkten Steuern entfallen, was nicht die Armen, sondern die Vermögenden – besonders Milliardäre wie Werner – entlasten würde. Wenn man das
Grundeinkommen als bloße »Rücküberweisung des Grundfreibetrages«
interpretiert, wie dies Werner tut,[40] degeneriert es zum Abfallprodukt einer
bestimmten steuerpolitischen Reformkonzeption, die eine Restauration
früherer Gesellschaftszustände darstellen würde. Gleichzeitig müssten
normale Arbeitnehmer/innen und Menschen, die auf das Grundeinkommen zur Existenzsicherung angewiesen sind, beim Werner-Modell mit
einer Mehrwertsteuer in Höhe von ca. 50 Prozent rechnen und wahrscheinlich dramatische Steigerungen der Lebenshaltungskosten verkraften.

Der thüringische Ministerpräsident Dieter Althaus (CDU) bezeichnet
sein Modell, das er im Sommer 2006 vorgelegt hat, als »Solidarisches Bürgergeld«, weil es gerecht sei, die Existenz sämtlicher Staatsbürger/innen
bedingungslos zu sichern und der Massenarbeitslosigkeit durch Entkopplung von Arbeitsmarkt und sozialer Sicherung entgegenzuwirken.[41] Nach
diesem Konzept würde jedes Kind 300 EUR, jede/r Volljährige 600 EUR
im Monat und Erwachsene ab dem 67. Lebensjahr außerdem eine Zusatzrente bis höchstens 600 EUR je nach Art ihrer Erwerbstätigkeit erhalten.
Ergänzend gibt es eine Gutschrift von 200 EUR als Gesundheits- und
Pflegeprämie. Behinderte und Bürger/innen in einer besonderen Lebenslage, etwa Alleinerziehende, können einen Bürgergeldzuschlag beantragen,
der sich nach dem individuellen Bedarf richtet. Alle übrigen Sozialleistungen, beispielsweise Wohn-, Kinder- und Elterngeld, entfallen genauso wie
sämtliche Sozialversicherungsbeiträge; die Arbeitgeber entrichten stattdessen für ihre Beschäftigten eine Lohnsummensteuer zwischen 10 und 12

Prozent. Finanziert werden soll das Bürgergeld überdies durch eine Erhöhung der Einkommensteuer auf 50 Prozent, die mit dem Bürgergeld verrechnet wird. Ab einer bestimmten Einkommenshöhe (1.600 EUR) halbiert sich das Bürgergeld, während die Bezieher/innen höherer Einkommen umgekehrt nur 25 Prozent Steuern bezahlen.

Die beiden Sozialwissenschaftler Michael Opielka und Wolfgang Strengmann-Kuhn haben das Konzept des Solidarischen Bürgergeldes im Auftrag der Konrad-Adenauer-Stiftung auf seine Finanzierbarkeit überprüft. In ihrem Gutachten würdigen sie das Modell als »Beitrag für eine konkrete und realitätsnahe Reform des deutschen Sozialstaats«, die nur überparteilich bzw. parteienübergreifend Erfolg verspreche.[42] Opielka und Strengmann-Kuhn gelangen zu dem Ergebnis, dass zwar einige weitere Modifikationen nötig, die Grundlinien von Althaus' Konzept aber durchweg stimmig seien. Solidarisch kann man das Modell allerdings kaum nennen, liegt es doch »deutlich unter der von der EU festgelegten Armutsgrenze«, wie auch Opielka und Strengmann-Kuhn konstatieren.[43] Gleichzeitig würden die bestehenden Sozialversicherungen geschleift, die Arbeitgeber aus der paritätischen Beitragspflicht entlassen und durch die geplante »flat tax« (Einheitssteuer) mit einem Steuersatz von 25 Prozent à la Paul Kirchhof vor allem Besserverdienende und Vermögende entlastet. Sowenig eine Kopfpauschale im Gesundheitssystem der unterschiedlichen finanziellen Leistungsfähigkeit von Krankenversicherten gerecht würde, selbst wenn eine Steuerfinanzierung des Gesundheitswesens die Geringverdiener/innen nicht stärker belasten mag,[44] sowenig eignet sich das »Solidarische Bürgergeld«, um die tiefe Wohlstandskluft in der Gesellschaft zu schließen. Das bedingungslose Grundeinkommen wird zur sozialpolitischen Mogelpackung, die mehr Gerechtigkeit vortäuscht, wenn es nur eine Pauschalierung bestehender Transferleistungen darstellt und das bisherige Sicherungsniveau für die Bedürftigen per Saldo senkt.

Einzelne neoliberale Ökonomen verbinden mit dem Grundeinkommen die Hoffnung, weitreichende Deregulierungskonzepte durchsetzen zu können. Das von Thomas Straubhaar geleitete Hamburgische Weltwirtschaftsinstitut (HWWI) geht denn auch in seiner Studie »Bedingungsloses Grundeinkommen und Solidarisches Bürgergeld – mehr als sozialutopische Konzepte« nicht nur davon aus, dass »alle steuer- und abgabenfinanzierten Sozialleistungen abgeschafft« werden, sondern schlägt darüber hinaus vor, »alle sozialpolitisch motivierten Regulierungen des Arbeitsmarktes« zu streichen: »Es gibt keinen Schutz gegen Kündigungen mehr, dafür aber

betrieblich zu vereinbarende Abfindungsregeln. Es gibt keinen Flächentarifvertrag mehr und auch keine Mindestlöhne, sondern von Betrieb zu
Betrieb frei verhandelbare Löhne. Es gibt keine Sozialklauseln mehr. Die
heute zu leistenden Abgaben an die Sozialversicherungen entfallen vollständig.«[45] Was vielen Erwerbslosen irrigerweise als »Schlaraffenland ohne
Arbeitszwang« erscheint, wäre in Wirklichkeit ein wahres Paradies für Unternehmer, in dem Arbeitnehmer/innen weniger Rechte als bisher und
Gewerkschaften keine (Gegen-)Macht mehr hätten.

Hier liegt vermutlich einer der Hauptgründe dafür, dass ihm manche
neoliberale Ökonomen so viel Sympathie entgegenbringen. »Neoliberale
lieben das Grundeinkommen als Hebel, um den ganzen Sozialstaat samt
seiner Klientel auf einen Schlag loszuwerden, damit zugleich den Staat und
den gesamten öffentlichen Sektor gesundzuschrumpfen und jede Form
von Beschäftigungspolitik, von makroökonomischer Steuerung ein für
allemal ad acta zu legen.«[46] Dies gilt allerdings nicht durchgängig. Vielmehr
hält Horst Siebert, emeritierter Präsident des Instituts für Weltwirtschaft
(Kiel), das bedingungslose Grundeinkommen für eine »abstruse Idee mit
starken Fehlanreizen«, die seiner Meinung nach zum gesellschaftlichen
Chaos führen muss, wie er in der FAZ (v. 27.6.2007) bekannte: »Die Arbeitsmoral würde zerrüttet, die Grundlagen der Arbeitsethik, die die Bevölkerung in Sätzen wie ›Nach getaner Arbeit ist gut ruhn‹ oder ›Wo Arbeit
das Haus bewacht, kann Armut nicht hinein‹ ausgedrückt hat, würden
zerstört. Das Arbeitsangebot würde markant zurückgehen, die Produktion
müsste schrumpfen – eine seltsame Empfehlung für das Szenario einer
alternden Gesellschaft.«

Befreiung vom »Arbeitszwang« durch Sozialdividende oder Existenzgeld?

Während sich die bisher erwähnten Protagonisten des Grundeinkommens
von dessen Einführung eine Verbilligung des »Faktors Arbeit« und eine
größere Bereitschaft der Transferleistungsbezieher/innen zur Arbeitsaufnahme versprechen, sehen *linke* Befürworter darin umgekehrt eine Möglichkeit, soziale Sicherheit *ohne* Arbeit zu erlangen. Um ein *bedingungsloses*
Grundeinkommen handelt es sich freilich nicht, wenn daran wie bei Ulrich
Beck die Verpflichtung zur Leistung von – noch dazu nur »belohnt«, aber
»nicht entlohnt« zu verrichtender – »Bürgerarbeit« gekoppelt ist.[47] Dies gilt
prinzipiell auch für Wolfgang Englers »Sozialdividende«, die in einen neuen

Gesellschaftsvertrag eingebettet ist, der zwar die Freiheit von jeglicher *Arbeits*pflicht beinhaltet, jedoch an die Bedingung »glaubwürdiger und beglaubigter Bildungsanstrengungen« gebunden ist.[48] Die *linken* Befürworter eines garantierten Mindesteinkommens sind zuletzt stark ins Hintertreffen geraten, wohl auch deshalb, weil sie weniger konkrete Modelle als argumentative Begründungsstränge dafür entwickelt haben. Einen zentralen Ausgangspunkt bildet hierbei eine Fundamentalkritik am Sozialstaat, verbunden mit der Überzeugung, dass Vollbeschäftigung heute nicht mehr möglich sei, weil die hohe Arbeitsproduktivität und Rationalisierungsprozesse die Lohnarbeit in eine Existenzkrise gestürzt hätten. Während der 80er-Jahre beklagten Repräsentant(inn)en der Alternativbewegung eine »Verstaatlichung des Sozialen« und bemängelten keineswegs einzelne Fehler des Wohlfahrtsstaates, hielten ihn vielmehr selbst für einen Fehler. Thomas Schmid, mittlerweile Chefredakteur der Tageszeitung *Die Welt*, schrieb damals: »Die heute wesentliche Kritik am Sozialstaat richtet sich nicht gegen sein mangelndes, sondern gegen sein zu gutes Funktionieren.«[49] Dabei war diese Feststellung als inhaltliche Abgrenzung gegenüber dem Neokonservatismus völlig ungeeignet, weil CDU/CSU-genauso wie FDP-Politiker/innen mit der »Überversorgung« nicht etwa die mangelnde Leistungsfähigkeit zugunsten sozial Bedürftiger, sondern umgekehrt die ihrer Meinung nach wirtschafts- bzw. wachstumsfeindliche *Hyper*effizienz des Sozialstaates monierten.

Je mehr der Wohlfahrtsstaat – etwa durch Dynamisierung fast aller Sozialleistungen – korrigierend in die Verteilungsrelationen zwischen gesellschaftlichen Klassen, Schichten und Gruppen eingriff, umso massiver traf ihn der Vorwurf, die Freiheit seiner Bürger/innen einzuschränken und mittels einer bürokratischen Regelungswut zu ersticken. Die alternative Sozialstaatskritik blieb ihrerseits abstrakt und beschränkte sich auf die Erscheinungsebene, wo »der Mensch«, unabhängig von seiner Stellung im gesellschaftlichen Produktions- und Reproduktionsprozess, durch Maßnahmen der Sozialbürokratie angeblich seiner Möglichkeiten zur Selbstbestimmung beraubt wird: »Zwischen Supermarkt und Sozialstaat wird der einzelne zu einer Art Werkstück der bürokratisch-zentralistischen Großsysteme, in denen er selbst als Roboter arbeitet und von denen er als Konsument und Klient gewissen ›Behandlungen‹ unterworfen wird.«[50] Mitte der 80er-Jahre entwickelten die GRÜNEN das Modell eines garantierten, d.h. unabhängig vom Bedarf zu zahlenden Grundeinkommens. Mittels eines garantierten Grundeinkommens, das Inländer(inne)n ohne

Bedürftigkeitsprüfung gezahlt werden sollte, wollte man nicht nur die Armut, sondern zugleich den als bürokratisch kritisierten Sozialstaat und die traditionelle Spaltung zwischen Arbeiter- und Armenpolitik überwinden.[51] SPD-Politiker wie Peter Glotz warfen den GRÜNEN allerdings vor, ihr Modell eines garantierten Mindesteinkommens ziele »genau in die falsche Richtung«, weil eine dadurch ermöglichte Verdrängung vieler Millionen Menschen vom Arbeitsmarkt die Ungleichheit nur verschärfen würde: »Der Vorschlag läuft auf eine Spaltung der Gesellschaft in zwei Klassen hinaus.«[52] Henning Scherf, späterer Bürgermeister und Präsident des Senats der Freien Hansestadt Bremen, teilte diese Einschätzung nicht nur, sondern ergänzte sie um folgende Befürchtung: »Eine massive Senkung des Lebensstandards, nicht nur des einzelnen, sondern auch im gesellschaftlichen Durchschnitt, wäre [...] die Folge, wenn man ein solches soziales Sicherungsmodell verwirklichen wollte. Die Gefahr einer Verarmung breiter Bevölkerungsschichten dürfte deshalb nicht gebannt, sondern geradezu programmiert sein.«[53]

Während der 90er-Jahre machte die organisierte Erwerbslosenbewegung das Existenzgeld zu ihrer Schlüsselforderung,[54] ohne dass seine öffentliche Resonanz und sein Rückhalt in der Bevölkerung spürbar wuchsen. Am 9. Juli 2004, dem Tag der Verabschiedung von Hartz IV, wurde in Berlin ein »Netzwerk Grundeinkommen« gegründet, das sämtliche Initiativen und Einzelpersonen miteinander zu verbinden sucht, die hinter der Losung in seinem Namen stehen. Dazu gehören unterschiedliche Gruppen und Organisationen, beispielsweise die Katholische Arbeitnehmerbewegung, deren Mitglied Ralf Welter dazu ein weiteres Modell entwickelt hat.[55] Man verlangt ein von der Lohnarbeit abgekoppeltes Existenzgeld, das nach dem Willen seiner Protagonist(inn)en an die Stelle der bisherigen Sicherungssysteme treten und den Rechtsanspruch auf eine bedarfsunabhängige materielle Absicherung verwirklichen würde: »Weder soll es eine Bedürftigkeitsprüfung noch eine Abhängigkeit von zu leistenden Arbeiten geben. Das Grundeinkommen wird also bedingungslos an den einzelnen Bürger bzw. [die einzelne; Ch.B.] Bürgerin ausgezahlt.«[56]

Harald Rein nennt folgende Zwischenschritte, die auf dem Weg zum Existenzgeld realisiert werden könnten: Abschaffung aller Formen von kommunalen Zwangs- bzw. Pflichtdiensten sowie von Sperr- und Säumniszeiten, Sicherung des Berufsschutzes und Nulltarif für öffentliche Verkehrsmittel sowie Bildungs- und Kultureinrichtungen.[57] Er hofft auf eine Bewegung, die das Existenzgeld außerhalb des parlamentarischen und

Parteiensystems vertritt und auf die politische Tagesordnung setzt:»Alle von Lohn- und Sozialabbau Betroffenen und alle Einsichtigen, denen das Recht auf Einkommen bzw. das Recht auf ein (gutes) Leben wesentlich erscheint, sind die Träger dieser Bewegung. Hinzu kommen die Aktiven aus den Sozialen Bewegungen und globalisierungskritischen Zusammenhängen.«[58]

Das Existenzgeld gründet wie das garantierte Mindesteinkommen generell auf der Wunschvorstellung seiner Befürworter/innen, die soziale Sicherung von der Erwerbsarbeit entkoppeln zu können. Dabei handelt es sich jedoch um einen Trugschluss, denn immer basiert die Erstere auf der Letzteren. Allenfalls können *Teile* der Bevölkerung leben, ohne zu arbeiten, aber nur so lange, wie das andere (für sie) tun und den erzeugten gesellschaftlichen Reichtum mit ihnen teilen. Von der Erwerbsarbeit trennen lassen sich bloß der *individuelle* Rechtsanspruch auf Transferleistungen, den jemand geltend macht, und der Zuteilungsmechanismus, nach dem die Zahlungen erfolgen.

Michael Opielka, der Idee eines garantierten Mindesteinkommens durchaus zugeneigt, stellte schon früh dessen Gefahrenpotenzial heraus: »Eine völlige Entkopplung von Arbeit und Einkommen könnte, so wünschenswert sie kulturell auch wäre, dazu verleiten, auch *politisch* die Teilhabe an Gütermärkten und am Arbeitsmarkt noch weiter zu entkoppeln.«[59] Damit würde das im Gegenwartskapitalismus ohnehin eher deklaratorische »Recht auf Arbeit« seinen Wert völlig verlieren. Für Joachim Wiemeyer kamen im Grundeinkommen die Resignation seiner Protagonisten gegenüber massenhafter Arbeitslosigkeit und der Versuch zum Ausdruck, die Sozialisierung der Produktionsmittel durch eine weniger diskreditierte Forderung zu ersetzen.[60] Bündnis 90/Die Grünen, der Zusammenschluss aus den westdeutschen GRÜNEN und dem ostdeutschen Bündnis '90, schwenkte völlig auf den Kurs einer bedarfsorientierten integrierten Grundsicherung ein, wie sie auch die SPD, ihr damaliger Kanzlerkandidat und die Gewerkschaften vertraten.

Weiterentwicklung oder Zerstörung des Sozialstaates?

Auf den ersten Blick hat ein garantiertes Mindesteinkommen für alle »Weltverbesserer« im positiven Wortsinn zweifellos etwas Bestechendes: Statt wie im bestehenden Wohlfahrtsstaat diejenigen Menschen durch eine spezielle Transferleistung (Alg II, Grundsicherung im Alter und bei Erwerbsminderung, Sozialhilfe) aufzufangen, die weder über ein ausreichendes Erwerbseinkommen noch über Leistungsansprüche aus dem Versicherungssystem verfügen, sollen sämtliche (Wohn-)Bürger/innen ohne Ansehen der Person, »Arbeitszwang« und besonderen Nachweis in den Genuss einer finanziellen Zuwendung gelangen, die zur Sicherung ihrer Existenz ausreicht. An die Stelle eines gleichermaßen komplexen wie komplizierten Wohlfahrtsstaates, der vielen Menschen, sogar seinen größten Nutznießer(inne)n undurchschaubar erscheint und bloß als »sozialer Reparaturbetrieb« funktioniert, individuell geltend zu machender Ansprüche und in aller Regel entwürdigender Kontrollmechanismen durch Behörden würde ein sozialpolitischer Universaltransfer treten, der keiner Kontrollbürokratie mit ihren ausufernden Sanktionsmechanismen bedarf.

Das bedingungslose Grundeinkommen suggeriert, ein »gesellschaftspolitischer Befreiungsschlag« zu sein. Nach permanenter »Flickschusterei« am Sozialstaat, die über Jahrzehnte hinweg nur immer neue Probleme und nicht enden wollende Streitigkeiten in der Öffentlichkeit mit sich gebracht hat, erscheint der angestrebte Systemwechsel vielen Menschen geradezu als Erlösung aus dem Jammertal der Konflikte, die ihre Harmoniesucht herbeisehnt. Endlich können sie hoffen, vom bisherigen Elend der Armen, die um Almosen betteln, und der ständigen Reformen, die – wie Hartz IV – weitere Verschlechterungen bewirkt haben, befreit zu werden. Für die Verfechter/innen des bedingungslosen Grundeinkommens besteht ein weiterer Fortschritt darin, dass es weder an die (für den Bismarck'schen Sozialversicherungsstaat konstitutive) Arbeitspflicht noch an eine diskriminierend wirkende Bedürftigkeitsprüfung gebunden wäre.

Sieht man genauer hin, fallen demgegenüber jedoch zahlreiche Nachteile ins Auge: Beim allgemeinen Grundeinkommen handelt es sich um eine alternative Leistungsart, die mit der Konstruktionslogik des bestehenden, früher als Jahrhundertwerk gefeierten und in vielen Teilen der Welt nachgeahmten Wohlfahrtsstaates bricht sowie seine ganze Architektur bzw. Struktur zerstören würde. Denn dieser gründet seit Fürst Otto von Bismarck auf Sozialversicherungen, die in unterschiedlichen Lebensbereichen, -situationen und -phasen auftretende Standardrisiken (Krankheit, Alter, Invalidität, Arbeitslosigkeit und Pflegebedürftigkeit) kollektiv absichern, sofern der versicherte Arbeitnehmer und sein Arbeitgeber vorher entsprechende Beiträge gezahlt haben. Nur wenn dies nicht der Fall oder der Leistungsanspruch bei Arbeitslosigkeit erschöpft ist, muss man auf steuerfinanzierte Leistungen (Arbeitslosengeld II, Sozialhilfe) zurückgreifen, die bedarfsabhängig – d.h. nur nach einer Prüfung der Einkommensverhältnisse, vorrangigen Unterhaltspflichten und Vermögensbestände – gezahlt werden.

Wenn (fast) alle bisherigen, zum Teil nach Bedürftigkeit gewährten Transferleistungen zu einem Grundeinkommen verschmolzen würden, wäre das Hauptziel neoliberaler Reformer, einen »Minimalstaat« zu schaffen und die Sozialversicherungen zu zerschlagen, gewissermaßen ganz nebenbei erreicht, was sich noch dazu als Wohltat für die Bedürftigen hinstellen ließe. Gleichzeitig böte die Refinanzierung des Grundeinkommens über indirekte, d.h. Konsumsteuern einen Hebel, um die Unternehmenssteuern weiter zu senken und am Ende ganz abzuschaffen. Zu mehr sozialer Gerechtigkeit käme man auf diese Art und Weise sicher nicht. Was zunächst vielen Menschen als reformpolitischer Königsweg erscheint, entpuppt sich womöglich als Sackgasse, aus der es für sozial Benachteiligte kein Entrinnen gibt.

Verfechter/innen des Grundeinkommens geraten zwangsläufig in ein Dilemma, denn sie müssen sich zwischen folgenden zwei Möglichkeiten entscheiden:

– Entweder erhalten *jeder* Bürger und *jede* Bürgerin das Grundeinkommen, unabhängig von den jeweiligen Einkommens- und Vermögensverhältnissen. In diesem Fall müssten riesige Finanzmassen bewegt werden, die das Volumen des heutigen Bundeshaushaltes (ca. 300 Mrd. EUR) um ein Mehrfaches übersteigen und die Verwirklichung des bedingungslosen Grundeinkommens per se ins Reich der Utopie verweisen. Außerdem stellt sich unter Gerechtigkeitsaspekten die Frage, warum Multimillionäre und Milliardäre vom Staat monatlich ein von ihnen vermutlich als bescheiden empfundenes Zubrot erhalten sollten, während Millionen Bürger/innen mehr als den für sämtliche Empfänger/innen einheitlichen Geldbetrag viel nötiger hätten.
– Oder wohlhabende und reiche Bürger bekommen das Grundeinkommen nicht bzw. im Rahmen der Steuerfestsetzung wieder abgezogen. Dann ist es weder allgemein und bedingungslos, noch entfällt die Bedarfsprüfung, denn es müsste ja in jedem Einzelfall herausgefunden werden, ob die Anspruchsvoraussetzungen nicht durch (verdeckte) anderweitige Einkünfte verwirkt sind. Damit wären Arbeitslose und Arme jedoch einem ähnlichen Kontrolldruck wie gegenwärtig ausgesetzt, auch wenn er vom Finanzamt statt von einem Jobcenter oder einer

kommunalen Sozialbehörde ausgeübt würde. Ihn zu beseitigen bildet jedoch gerade ein Hauptargument für das Grundeinkommen.

Der frühere nordrhein-westfälische Landtagsabgeordnete Daniel Kreutz kritisiert, das bedingungslose Grundeinkommen verspreche die Befreiung vom Joch der Lohnarbeit, sei als »individuelle Ausstiegsoption« aber dem Modell eines müßigen Vermögensbesitzers nachgebildet und verkenne damit völlig die Notwendigkeit »kollektiver Pflichtarbeit«, der sich die Gesellschaft nicht entziehen könne, wenn sie ihren Wohlstand sichern wolle. Klar sei auch, dass es dem größten Teil der Arbeitnehmerschaft keine Perspektive biete: »Die elementare soziale Ungerechtigkeit des Kapitalismus, daß die einen zur Arbeitszeit Null verurteilt werden, während die anderen umgekehrt wieder mehr als 40 Stunden wöchentlich malochen, wird mit dem BGE nicht nur nicht bewältigt, sie wird nicht einmal zur Kenntnis genommen.«[61]

Letztlich würde ein bedingungsloses Grundeinkommen als »Kombilohn« für alle Bürger/innen wirken, weil niedrige Arbeitseinkommen generell aufgestockt würden. Da ihr Existenzminimum durch das Grundeinkommen gesichert wäre, könnten dessen Bezieher/innen schlechter entlohnte Jobs annehmen, ohne darben zu müssen, wodurch den Unternehmen mehr preiswerte Arbeitskräfte zur Verfügung stünden. Gleichzeitig wäre die jeweilige Bundesregierung ihrer Verpflichtung zur Bekämpfung der Massenarbeitslosigkeit enthoben, weil sie darauf hinweisen könnte, dass auch ohne den Zwang zur Erwerbsarbeit für jeden (auf einem Mindestsicherungsniveau) gesorgt sei.

Einer Realisierung der Forderung nach einem Grundeinkommen stehen die Interessen großer Bevölkerungsgruppen, aber auch zahlreiche organisatorisch-technische Umsetzungsschwierigkeiten entgegen, von den Folgeproblemen ganz zu schweigen. Der Frankfurter Emeritus Richard Hauser rechnet beispielsweise mit einer »deutliche(n) Schrumpfung der Produktion und des Volkseinkommens« und befürchtet negative Konsequenzen durch die wirtschaftliche Verflechtung der Bundesrepublik mit anderen Ländern: »Selbst wenn es gelänge, das unbedingte und universelle Grundeinkommen nach dem Territorialprinzip mit Erstwohnsitz in Deutschland zu beschränken – was rechtlich nicht gesichert ist –, müsste mit einer starken Sogwirkung auf Zuwanderer aus anderen EU-Ländern und auch aus Nicht-EU-Ländern gerechnet werden; denn jeder EU-Bürger könnte sich durch Einwanderung nach Deutschland ein an den deutschen Standards orientiertes sozio-kulturelles Existenzminimum ohne jegliche

Anstrengung und Gegenleistung beschaffen.«[62] Damit sich der erforderliche Finanzaufwand nicht weiter erhöhen würde, wäre mit einer noch restriktiveren Zuwanderungspolitik der Bundesrepublik zu rechnen.

Ob ein bedingungsloses Grundeinkommen sinnvoll, finanzierbar und realisierbar ist, erscheint mehr als fraglich. Ein solches, nicht auf Erwerbsarbeit gegründetes, »leistungsloses« Einkommen erscheint den meisten Beobachter(inne)n als schöne Utopie. »Aber manche Utopien sind gefährlich, weil sie von der Suche nach realistischeren Alternativen ablenken.«[63] Die politische Achillesferse des bedingungslosen Grundeinkommens ist seine Finanzierung. Dabei geht es gar nicht mal in erster Linie um die großen Finanzmassen, die bewegt werden müssten, um es einführen zu können, sondern um Gerechtigkeitsdefizite im Rahmen des Steuersystems. Hinzu kommt, dass ein von der Erwerbsarbeit abgekoppeltes Grundeinkommen den Druck auf Politik und Verwaltung, die Massenarbeitslosigkeit konsequent zu bekämpfen, stark herabsetzen würde. Selbst wenn die Erwerbslosen damit materiell besser als bisher abgesichert wären, bliebe das Problem ihrer sozialen Desintegration bestehen. Denn in einer Arbeitsgesellschaft resultieren der Lebenssinn, der soziale Status und das Selbstwertgefühl der Menschen aus der Erwerbsarbeit.

Martin Künkler hält das bedingungslose Grundeinkommen überdies für nicht mehrheitsfähig: »Vor allem Beschäftigten – insbesondere denjenigen mit schlechten Arbeitsbedingungen und niedriger Entlohnung – ist die Forderung kaum zu vermitteln.«[64] Auf einer Betriebsversammlung wäre dafür seiner Meinung nach schwerlich Unterstützung zu erhalten, viel eher für die Forderung nach einer armutsfesten Arbeitslosenunterstützung, gesetzlichen Mindestlöhnen und einem verlässlichen sozialen Netz. Tatsächlich dürfte ein allgemeines Grundeinkommen kaum die Zustimmung breiter Bevölkerungsschichten finden, weil für sie die Bedürftigkeit der Empfänger/innen und die Frage eine Rolle spielen, warum jemand in eine Notsituation geraten ist.[65] Da es keine »generalisierte Umverteilungsbereitschaft« gibt, wie Georg Vobruba konzediert,[66] kann die neuere Debatte über das garantierte Mindesteinkommen nicht zu dessen Verwirklichung führen, aber – was m.E. viel notwendiger wäre – die Einsicht fördern, dass der Einbau von Grundsicherungselementen in die bestehenden Sozialsysteme überfällig ist.

Bürgerversicherung und bedarfsorientierte Grundsicherung

Um die Armut zu verringern bzw. ihre Neuentstehung künftig zu verhindern, bieten sich zwei miteinander kombinierbare Wege an:

1. die Um- bzw. Neuverteilung des Reichtums durch eine andere Wirtschafts-, Finanz-, Steuer-, Familien- und Sozialpolitik, als sie in der Vergangenheit gemacht wurde;
2. die Umstrukturierung der Gesellschaft im Sinne eines umfassenden Ausbaus der sozialen Infrastruktur und einer Perfektionierung der öffentlichen Daseinsvorsorge mit dem Ziel, die Bedeutung der Einkommens- und Vermögensunterschiede generell zu verringern.

Mittels einer Bürgerversicherung, die allgemein, einheitlich und solidarisch sein müsste,[67] könnte die berufsständische Gliederung des Bismarck'schen Sozialstaates endgültig überwunden und gleichzeitig sein Fundament verbreitert werden, ohne von der Systemlogik abzugehen. Ergänzend zu einer solchen Bürgerversicherung, die alle Wohnbürger/innen mit ihren sämtlichen Einkommen und Einkunftsarten (möglichst ohne Beitragsbemessungs- und Versicherungspflichtgrenzen) zur Finanzierung der nötigen Leistungen im Sozial- bzw. Gesundheitsbereich heranzieht, bedarf es einer sozialen Grundsicherung, die das persönliche Existenzminimum ohne entwürdigende Antragstellung und bürokratische Bedürftigkeitsprüfung sicherstellt. Zu hoffen bleibt, dass dieses Modell durch die im SGB XII verankerte »Grundsicherung im Alter und bei Erwerbsminderung« sowie die im SGB II kodifizierte »Grundsicherung für Arbeitsuchende« nicht für immer diskreditiert ist.

Wenn das System der sozialen Sicherung trotz der Umbrüche im Arbeitsleben und des Wandels der Lebensformen funktionsfähig erhalten werden soll, sind tiefgreifende Reformen nötig, die aber in eine ganz andere Richtung zielen müssten, als es die Regierungspolitik bisher tat und das BGE-Lager vorhat. Es muss darum gehen, den Wohlfahrtsstaat durch sozial gerechte Reformen an die veränderten Arbeits- und Lebensbedingungen einer modernen Dienstleistungsgesellschaft mit selbst im Wirtschaftsaufschwung nur geringfügig sinkender Massenarbeitslosigkeit, bis in die Mittelschicht reichenden Verarmungstendenzen, Millionen prekären Beschäftigungsverhältnissen sowie ökologischen Verwerfungen (Klimawandel) anzupassen.

Sinnvoller als ein bedingungsloses Grundeinkommen, das der Staat bereitstellt, um die Existenz von immer mehr seiner Bürger/innen zu sichern, die kein ausreichendes Arbeitseinkommen erzielen, wäre ein allgemeiner gesetzlicher Mindestlohn, der verhindert, dass die Unternehmer den Niedriglohnsektor durch Lohndumping auf Kosten der Steuerzahler/innen immer stärker ausdehnen. Die meisten EU-Länder haben einen solchen Mindestlohn, ohne dass der Beschäftigungsstand und die Tarifpolitik der Gewerkschaften negativ berührt würden, weshalb es kaum Gründe gibt, ihn nicht auch auf die hiesigen Verhältnisse anzuwenden: »An Bedenken gegen einen gesetzlichen Mindestlohn in Deutschland scheint nur tragfähig die Befürchtung, dass der Staat mit der Festsetzung eines sehr niedrigen Niveaus lediglich eine kosmetische oder symbolische Maßnahme umsetzen könnte.«[68] Reinhard Bispinck und Claus Schäfer weisen darauf hin, dass solche Befürchtungen z.b. die Niedriglohnpraxis in den USA nährt, wo man amtlichen Angaben zufolge durch den gesetzlichen Mindestlohn nicht vor Armut bewahrt wird, sondern im Falle seiner Inanspruchnahme auf zusätzliche staatliche Unterstützung, etwa die negative Einkommensteuer oder andere Maßnahmen, angewiesen ist.

Schließlich könnte man das bestehende Sozialversicherungssystem, anstatt es durch ein bedingungsloses Grundeinkommen aus den Angeln zu heben, zu einer solidarischen Bürgerversicherung ausbauen, die alle Wohnbürger/innen einbeziehen und durch eine Sockelung der Leistungen im Sinne einer bedarfsorientierten Grundsicherung verhindern muss, dass Menschen durch die Maschen des sozialen Netzes fallen. Während ein garantiertes Mindesteinkommen im bestehenden System einen gesellschaftspolitischen Fremdkörper darstellt, würde der Bismarck'sche Sozialstaat durch die Solidarische Bürgerversicherung weiterentwickelt und diese durch eine bedarfsorientierte Grundsicherung (Sockelung innerhalb des Versicherungssystems) sinnvoll ergänzt.

Walter Hanesch, Peter Krause, Gerhard Bäcker, Michael Maschke und Birgit Otto betrachteten die Einführung einer bedarfsorientierten Grundsicherung im 2. Armutsbericht, den die Hans-Böckler-Stiftung, der DGB und der Paritätische Wohlfahrtsverband gegen Ende der 90er-Jahre in Auftrag gegeben hatten, als Zwischenschritt auf dem Weg zu einer Volks-bzw. Bürgerversicherung: »Aufgabe eines solchen Systems wäre es, die versicherungsförmigen Leistungen bei den Standardrisiken Alter, Invalidität, Arbeitslosigkeit oder Krankheit durch steuerfinanzierte Bedarfsleistungen zu ergänzen, um Armut nicht länger institutionell auszugrenzen, sondern innerhalb der Institutionen zu bekämpfen, die bei dem betreffenden Risiko bzw. Lebenstatbestand für die Sicherung zuständig sind.«[69] Gleichzeitig betonten die Autor(inn)en des Armutsberichts jedoch, »dass eine Grundsicherung, auch wenn sie gegenüber der bisherigen Sozialhilfe bessere Bedingungen aufweist, nur die zweitbeste Lösung gegenüber ausreichenden und eigenständigen Versicherungsleistungen wäre.«[70]

Mit der Arbeitsgruppe Alternative Wirtschaftspolitik, die jährlich ein Memorandum als fortschrittliche Alternative zum Gutachten der »Fünf Weisen« des Sachverständigenrates vorlegt, halte ich eine bedarfsorientierte allgemeine Grundsicherung für überfällig, weil die Sozialhilfe und das Arbeitslosengeld II unter sozialen Gesichtspunkten wie auch vor dem Hintergrund einer unter den geringen Transfereinkommen leidenden Binnennachfrage unzureichend sind. »Zu fordern ist daher eine einheitliche, tatsächlich armutsfeste soziale Grundsicherung, die von BezieherInnen kleiner Renten, Arbeitslosen mit unzureichendem oder ausgelaufenem Arbeitslosengeldbezug und ihren Angehörigen und von nicht erwerbsfähigen Personen in Anspruch genommen werden kann.«[71]

Heinz Stapf-Finé, Leiter des Bereichs Sozialpolitik beim DGB-Bundesvorstand, plädiert für eine Grundsicherung, die sowohl dem Äquivalenzbzw. Leistungsprinzip wie auch dem Bedarfsprinzip gerecht wird, was eine Bedürftigkeitsprüfung erfordert, die nach seinen Vorstellungen aber »wesentlich entschärft« würde.[72] Die Arbeitsgruppe Alternative Wirtschaftspolitik orientiert sich an der EU-Armutsrisikogrenze und setzt die Höhe der Grundsicherung bei 60 Prozent des Nettoäquivalenzeinkommens (Median) an. Sie hält an der bisherigen Konstruktionslogik dieser Sozialleistung weitgehend fest und will nicht zum Individualprinzip überwechseln, das Frauen eine eigenständige soziale Sicherung ohne Rücksicht auf den Verdienst ihres Ehemannes garantieren würde. Freigrenzen beim eigenen wie beim Partnereinkommen sollten jedoch höher als heute, die Zumutbarkeitsregelungen für die Arbeitsaufnahme angemessen sein und sowohl einen Berufs- bzw. Qualifikations- als auch einen Einkommensschutz umfassen: »Mit einer solchen Regelung im Rahmen einer bedarfsabhängigen Grundsicherung ist der Zwang, jede Arbeit anzunehmen, aufgehoben. Die Grundsicherung wäre dennoch weiterhin arbeitszentriert: Die Aufnahme einer zumutbaren Arbeit – d.h. sofern ein angemessen entlohntes, sozialversicherungspflichtiges Beschäftigungsverhältnis begründet wird und soziale Gründe (u.a. Kindererziehung) dem nicht im Wege stehen – kann in der Regel nicht verweigert werden.«[73]

Wäre eine allgemeine, einheitliche und solidarische Bürgerversicherung auf der Finanzierungsseite richtungweisend, böte die bedarfsorientierte Grundsicherung eine gute Lösung für die Leistungsseite. Beide müssen kompatibel und so miteinander verzahnt sein, dass ein stimmiges und attraktives Konzept entsteht, mit dem sich eine Mehrheit der Bevölkerung identifiziert – auch solche Bürger/innen, die zu den Nettozahler(inne)n eines auf diese Weise umgebauten Sozialstaates gehören. M.E. schließt die Bürgerversicherung eine bedarfsorientierte Grundsicherung für sämtliche Wohnbürger/innen, die ausnahmslos Mitglieder des neuen, erweiterten Sicherungssystems sein sollten, ein. Sie muss deutlich über dem Niveau von Arbeitslosengeld II bzw. Sozialhilfe (Hilfe zum Lebensunterhalt) liegen und eine weder durch Existenzangst bestimmte noch von Ausgrenzung bedrohte Beteiligung am gesellschaftlichen, politischen und kulturellen Leben ermöglichen.

Hartz IV kann nicht durch eine weitere »Reform der Reform« korrigiert, sondern muss revidiert und inhaltlich vollständig zurückgenommen werden. Ergänzend zu einer Bürgerversicherung, die alle Wohnbürger/innen mit ihren sämtlichen Einkommen und Einkunftsarten zur Finanzierung der Leistungen im Sozial- bzw. Gesundheitsbereich heranzieht, bedarf es einer Grundsicherung, die das soziokulturelle Existenzminimum ohne separate Antragstellung und entwürdigende Bedürftigkeitsprüfung sicherstellt. Die soziale Grundsicherung muss bedarfsdeckend, armutsfest und repressionsfrei sein. Damit die Sozialhilfeempfänger/innen nicht stigmatisiert werden, sollte es eine Grundsicherung für sämtliche Bedürftige auf demselben Leistungsniveau und zu gleichen Bedingungen geben. Durch eine solidarische Bürgerversicherung wird die Grundsicherung also nicht überflüssig, beide ergänzen sich vielmehr wechselseitig.

Andere Schritte zur Verringerung und Verhinderung von Armut

Wenn die Armut, wie oben ausgeführt, heute fast überall eine Folge der Globalisierung bzw. der neoliberalen Modernisierung ist, kann sie nur durch die Beseitigung oder die Milderung der Folgen dieses Prozesses mit Erfolg bekämpft werden. Gegen die »Globalisierung der Unsicherheit«, welche Elmar Altvater und Birgit Mahnkopf diagnostizieren,[74] muss die

Forderung nach einer anderen, nicht von Verwertungs- und Machtinteressen bestimmten Variante der Globalisierung, zumindest aber deren sozialer Abfederung gesetzt werden.

Da die Ursachen der Armut sowohl im Bereich der materiellen Produktion (Aushöhlung des Normalarbeitsverhältnisses) und der privaten Reproduktion (Auflösung der Normalfamilie) wie auch der sozialen Intervention (Abkehr von der Lebensstandardsicherung) angesiedelt sind, müssen die Gegenmaßnahmen auf allen drei Ebenen ansetzen. Um gleichzeitig dem Lebenslagenansatz zu entsprechen, sollten sie versuchen, die Bewältigungsdefizite betroffener Menschen durch Maßnahmen, Programme und Projekte auf den entsprechenden Berufs- und Politikfeldern abzubauen oder auszugleichen. Außerdem geht es darum, ihre Handlungsautonomie ganz allgemein zu erweitern und ihnen Möglichkeiten zu eröffnen, die eigenen Fähigkeiten und Fertigkeiten zu entwickeln.

Es wird kaum gelingen, die Armen selbst massenhaft zu mobilisieren, denn Not macht selten rebellisch, sondern eher lethargisch oder apathisch. Leichter sind wahrscheinlich die Mittelschichtangehörigen für das Problem eines sozialen Abstiegs zu sensibilisieren, der ihnen – möglicherweise durch die Folgen der Weltfinanzwirtschaftskrise bedingt – droht. Darüber hinaus müssten auch viele besser situierte Mitglieder der Gesellschaft erkennen, dass sich diese nicht demokratisch, friedlich und human entwickeln kann, sofern ein immer größerer Teil der Bevölkerung »abgehängt« wird. Denn was nützt ihnen der eigene Wohlstand, wenn sie ihr Quartier abends nicht verlassen können, ohne Angst vor Kriminalität, Drogenmissbrauch und Gewalt auf den Straßen haben zu müssen?

Man kann Armut nicht nur mit Geld, aber auch nicht wirksam bekämpfen, ohne dass die hierfür notwendigen Maßnahmen, Programme und Projekte mehr Finanzmittel erfordern. Geld ist nicht alles, aber ohne die Umverteilung von Geld lässt sich die Armut nicht spürbar verringern. Deshalb muss, wer Partei für die Armen ergreifen will, die Reichen zur Kasse bitten. Notwendig ist neben der Umverteilung von Einkommen und Vermögen die Umverteilung von Arbeit bzw. Arbeitszeit.

Armutsbekämpfung sollte mehr sein als bloßes »Knappheitsmanagement«,[75] das die soziale Notlage der Betroffenen zwar im Einzelfall lindern, aber nicht verhindern kann, dass sich ihre gesellschaftlichen Ursachen reproduzieren. Weil punktuelle Interventionen der Problematik, die hier behandelt wird, nicht angemessen sind, plädiert Frank Bertsch für eine *integrale* Strategie der Armutsbekämpfung, die vor allem drei Ziele verfolgen sollte: die Sicherung der Chancen zur eigenständigen Lebensbewältigung, die Verteidigung des inneren Friedens und die Flankierung ökonomischer Modernisierungsprozesse. Dabei differenziert er zwischen Armuts*prävention*, zu der Bildung, Beratung und Beteiligung, das Erlernen von Bewältigungsstrategien sowie die Reorganisation der Infrastruktur in kommunalen Lebensräumen gehören, und Armuts*bekämpfung*, die nicht ausschließlich über Einkommenstransfers erfolgen kann, sondern auch durch (Wieder-) Herstellung der wirtschaftlichen, politischen und sozialen Handlungsfähigkeit von Betroffenen realisiert werden muss.»Armutsprävention und Armutsbekämpfung knüpfen an Spielräume von Lebenslagen an; mit Optionen, die Defizite benennen, Verhaltens-, Lern- und Handlungsmöglichkeiten aufzeigen, Reserven an humanen Fähigkeiten und materiellen Ressourcen mobilisieren und Angebote an externer Hilfe erschließen.«[76]

Gerda Holz, die im Auftrag der AWO mehrere Forschungsprojekte zur Kinderarmut durchgeführt hat, sieht in der Prävention einen strategischen Ansatz, welcher in die Veränderung der strukturellen Rahmenbedingungen eingebettet sein muss, damit Ursachen und Risiken für Kinder, von Armut betroffen zu sein und unter Benachteiligungen mit Langzeitwirkungen zu leiden, beseitigt werden können:»Armutsprävention als übergreifendes Handlungskonzept setzt zum einen auf der Ebene der Gestaltung von Rahmenbedingungen (Verhältnisse) und zum anderen auf der Ebene der Beeinflussung individueller Lebensgestaltung (Verhalten) an. Es beinhaltet politische, pädagogische und planerische Elemente.«[77]

Es gibt zwar keinen Königsweg aus der Armut, aber zahlreiche Maßnahmen, um sie zu reduzieren. In der Armutsforschung besteht Einigkeit darüber, dass Armut mehr heißt, als wenig Geld zu haben. Denn sie manifestiert sich in verschiedenen Lebensbereichen und führt zu vielfältigen Benachteiligungen, Belastungen oder Beeinträchtigungen, etwa im Wohn-, Bildungs-, Ausbildungs-, Gesundheits- und Freizeitbereich. Was mittels des *Lebenslagen*ansatzes als relativ jungem analytischen Konzept der Armutsforschung dokumentiert wird, bleibt für eine Bekämpfung der Armut nicht folgenlos: Sie muss auf mehreren Wirkungsebenen ansetzen, die miteinander zu verbinden sind. Notwendig wäre eine in sich konsistente, aber auch konstruktiv miteinander verzahnte Arbeitsmarkt- und Beschäftigungs-, Bildungs-, Gesundheits-, Wohnungs(bau)- und Stadtentwicklungs-, Familien- und Sozialpolitik.

Arbeitsmarkt-, Beschäftigungs- und sozialpolitische Maßnahmen

Die sich trotz vorübergehender konjunktureller Aufschwünge verfestigende Massenarbeitslosigkeit zieht oft einen sozialen Abstieg nach sich, der meist stufenförmig verläuft und nicht nur direkt Betroffene, sondern auch deren Familien hart trifft.»Insofern bedarf es zur effektiven Verhinderung von Verarmung und zur Bekämpfung bereits entstandener Armutslagen vor allem einer aktiven Arbeitsmarkt- und Beschäftigungspolitik, deren Kern die Umverteilung von Arbeit durch Arbeitszeitverkürzung und -flexibilisierung, der Abbau von Überstunden sowie die Ermöglichung flexibler Übergänge von Phasen der Erwerbs- und Nichterwerbstätigkeit ist.«[78] Die spürbare und nachhaltige Senkung der Arbeitslosenquote wäre für die Bekämpfung der Armut von zentraler Bedeutung.»Wo und so lange wie gute Möglichkeiten zur Erwerbsarbeit angeboten werden bzw. diesen entsprochen werden kann, funktionieren auch die bestehenden Sicherungssysteme. Dort, wo dies nicht, nicht durchgängig oder nur sporadisch möglich ist, fällt die Sicherheit weg, in solchen Systemen einen angemessenen Schutz zu finden.«[79] Eine konsequente Beschäftigungspolitik würde nicht nur die Massenarbeitslosigkeit verringern, sondern auch der Armut nachhaltig entgegenwirken. Sie müsste von einer Umverteilung der Arbeit durch den Abbau von Überstunden und die Verkürzung der Wochen- wie der Lebensarbeitszeit über (kreditfinanzierte) Zukunftsinvestitionsprogramme des Bundes und der Länder bis zur Schaffung eines öffentlich geförderten Dienstleistungssektors alle Möglichkeiten wirtschaftspolitischen Staatsinterventionismus für die Schaffung von mehr Stellen nutzen.

Einen wichtigen Hebel zur Verringerung der Erwerbslosigkeit bildet die sukzessive Verkürzung der Wochenarbeitszeit. Dabei müsste – zumindest für die zahlreichen Geringverdiener/innen – voller Lohnausgleich das Ziel sein.»Ohne intelligente Modelle der Arbeitszeitverkürzung werden die Massenarbeitslosigkeit und die mit ihr wachsende Armut nicht zu überwinden sein. Denn selbst bei optimaler Ausnutzung der Wachstumschancen führt die hohe Produktivitätsentwicklung nicht zu ausreichendem Jobwachstum.«[80] Durch ein gesetzliches Verbot *bezahlter* Überstunden könnte man erreichen, dass Mehrarbeit nur noch per Freizeitausgleich abgegolten wird, wodurch eher neue Arbeitsplätze entstünden.

Dysfunktional erscheint auch die Verlängerung der Wochen- und Lebensarbeitszeit, wie sie nach der Vereinigung propagiert und selbst im öffentlichen Dienst teilweise realisiert wurde. Auch in prosperierenden Unternehmen nahm der Drang zu, der Siemens AG zu folgen, die im Juni

2004 nach massiven Drohungen, einen Großteil des Konzerns ins osteuropäische Ausland zu verlagern, in zwei nordrhein-westfälischen, Handys produzierenden Werken die zeitlich befristete Rückkehr zur 40-Stunden-Woche ohne Lohnausgleich durchsetzte. Dies wiederum zog Überlegungen von Politikern etablierter Parteien nach sich, ob die deutschen Arbeitnehmer/innen nicht auf einen Teil ihres Urlaubs und gesetzliche Feiertage verzichten könnten.

Armutsverschärfend wirkt gegenwärtig,»dass in Deutschland kein flächendeckendes Netz von tariflichen Mindeststandards zur Einkommensfestsetzung mehr existiert, auch wenn sich ein Teil der nicht an Tarifverträge gebundenen Arbeitgeber an den bestehenden Branchentarifverträgen orientiert.«[81] Da die Aushöhlung bzw. Erosion des Normalarbeitsverhältnisses maßgeblich zur Verbreitung von Armut beiträgt, ist die Festigung des Flächentarifvertrages, der vornehmlich in Ostdeutschland kaum noch Breitenwirkung entfaltet, ein weiteres Element ihrer wirkungsvollen und nachhaltigen Bekämpfung. Flächendeckend hinzutreten sollten Mindestlohnregelungen, wie sie in anderen Ländern bestehen.[82] »Die Bekämpfung von Arbeitslosigkeit, schlechten Arbeitsbedingungen und unfairer Entlohnung ist Voraussetzung, um den Teufelskreis ›vererbter Armut‹ zu durchbrechen.«[83]

Aus dem Umstand, dass die Armut nicht mehr nur Erwerbslose trifft, sondern längst in Teilbereiche der Lohnarbeit vorgedrungen ist, muss EU-weit die Konsequenz eines gesetzlichen Mindestlohns gezogen werden. »Ohne Zweifel könnte mit solchen nationalen Mindestlöhnen nicht nur mehr Gerechtigkeit in der Arbeitswelt geschaffen werden; es könnte damit [...] auch Armut im herkömmlichen Sinn bzw. im Haushaltsverbund vermindert werden.«[84] Trotz anfänglicher Zurückhaltung der Gewerkschaften, die offenbar staatliche Eingriffe in ihre Tarifautonomie befürchteten, wird die Notwendigkeit der *gesetzlichen* Garantie eines Mindestlohnes von ihnen heute erkannt. Gabriele Peter hat schon früh auf die durchweg positiven Erfahrungen mit entsprechenden Gesetzen in vielen EU-Staaten hingewiesen, was durch neuere Untersuchungen bestätigt wird.[85] Was bereits in 20 europäischen Staaten verbindlich geregelt ist, ein bei Vollzeitarbeit das Existenzminimum eines Menschen (und ggf. seiner Familie) sichernder Lohn, müsste eigentlich auch hierzulande möglich und machbar sein, ohne dass die stärkste Volkswirtschaft des Kontinents zusammenbricht.

Ein gesetzlicher Mindestlohn, der eine Notbremse gegen Verarmungsprozesse wäre, schließt weder die Möglichkeit der Tarifvertragsparteien aus, weitergehende Regelungen zu treffen, noch wird man der Forderung nach Schaffung von mehr Niedriglohnbereichen und dem ständigen Ruf nach einer Verschärfung des Lohnabstandsgebotes im Sozialhilferecht begegnen können, ohne einen Mindestlohn allgemein verbindlich zu machen. Ein gesetzlicher Mindestlohn würde wie eine kollektive Grundsicherung für Erwerbstätige wirken, was umso notwendiger erscheint, als die Reproduktionskosten von deren Arbeitskraft immer seltener durch Unternehmen und Staat getragen werden: »Mindestlöhne müssen gesetzlich festgelegt werden, wenn sie flächendeckend gelten sollen. Tarifvertraglich festgelegte Mindestlöhne gelten nur für bestimmte Branchen oder in bestimmten Regionen. Sie könnten in ihrem beschränkten Wirkungsbereich über die gesetzlichen Mindestlöhne hinausgehen.«[86]

Da sich die Angriffe der Unternehmer, ihrer mächtigen Verbände, liberalkonservativer Publizisten und etablierter Politiker auf den Flächentarifvertrag bzw. das *Tarifvertragsgesetz* im Laufe der gegenwärtigen Weltwirtschaftskrise zuspitzen dürften, bietet eine gesetzliche Regelung wahrscheinlich mehr Sicherheit für die betroffenen Geringverdiener/innen als eine Vereinbarung zwischen den Tarifvertragsparteien. »Ein gesetzlicher Mindestlohn kann sich vor dem Hintergrund der zunehmenden Verteilungskämpfe innerhalb der Erwerbsbevölkerung und der Drohung mit der Konkurrenz billiger Arbeitskraft aus dem Ausland zu einem essentiellen Pfeiler der Lohnsicherung entwickeln.«[87]

Zwar hat die SPD im Unterschied zur LINKEN nicht zuletzt aufgrund der widersprüchlichen Haltung im Gewerkschaftsbereich lange gezögert, das Thema »Mindestlohn« aufzugreifen und gegen den Widerstand von CDU und CSU in der Großen Koalition auf die Tagesordnung zu setzen, sah sich aber spätestens durch die Erfolge der von Lothar Bisky, Gregor Gysi und Oskar Lafontaine geführten Konkurrenzpartei bei Landtagswahlen im Westen genötigt, das Thema gleichfalls zu besetzen, und wurde durch die hohe Zustimmung in Meinungsumfragen motiviert, daraus ihrerseits eine Wahlkampfforderung zu machen. Nach zähem Ringen mit der Union, privaten Postdienstleistern wie TNT oder PIN AG und daran beteiligten Zeitungsverlegern wie der Axel Springer AG gelang es ihr zwar im Dezember 2007, einen Mindestlohn für Briefzusteller/innen durchzusetzen. Der von Bundesarbeitsminister Franz Müntefering und seinem Amtsnachfolger Olaf Scholz im zähen Ringen mit dem Koalitionspartner eingeschlagene Weg, nach entsprechenden Novellierungen über das aus dem Jahr 1996 stammende *Arbeitnehmer-Entsendegesetz* und das sogar aus dem

Jahr 1952 stammende, früher nie angewendete *Mindestarbeitsbedingungsgesetz* für immer mehr Branchen sukzessive Lohnuntergrenzen festzulegen, ist aufgrund der geringen Nachfrage auf der Arbeitgeberseite jedoch als gescheitert anzusehen. Bis zum Ende der von CDU, CSU und SPD vereinbarten Meldefrist (31. März 2008) hatten nur der Zeit- bzw. Leiharbeitssektor, das Wach- und Sicherheitsgewerbe sowie einige Nischenbranchen, aber nicht – wie von der SPD erhofft – Branchen wie der Einzelhandel, die Gastronomie und die Landwirtschaft ihr Interesse an der Aufnahme ins *Entsendegesetz* bekundet. Die sozialdemokratische Strategie branchenspezifischer Mindestlöhne, die auf der Basis wirksamer und die Mehrheit der Beschäftigten erfassender Tarifverträge per Allgemeinverbindlichkeitserklärung durch das Bundeskabinett zustande kommen, stieß an ihre Grenze, weil sie starke Gewerkschaften dort voraussetzt, wo diese den Mindestlohn gerade aufgrund ihrer Schwäche brauchen. Ob das novellierte *Gesetz über die Festsetzung von Mindestarbeitsbedingungen* ausreicht, Lohnuntergrenzen auch in Wirtschaftszweigen einzuziehen, wo (flächendeckende) Tarifverträge fehlen, ist mehr als zweifelhaft. Die ausgesprochen wichtige Zeit- bzw. Leiharbeit wurde nicht in das *Entsendegesetz* aufgenommen, weil sich die Union sogar weigerte, den niedrigsten, von einer »christlichen Gewerkschaft« ausgehandelten Tariflohn der Branche für allgemein verbindlich zu erklären. Stattdessen soll eine Lohnuntergrenze für Leiharbeiter/innen im *Arbeitnehmerüberlassungsgesetz* verhindern, dass deren Löhne zu stark von den Tariflöhnen der Stammbelegschaften abweichen. Für diesen Kompromiss mit der Union verzichtete die SPD im Januar 2009 bei den Verhandlungen über das »Konjunkturpaket II« auf eine zunächst von ihr geforderte Erhöhung der »Reichensteuer«, die eigentlich mit zu dessen Finanzierung beitragen sollte.

Möglichkeiten zur Verbesserung der Vereinbarkeit von Familien- und Erwerbsarbeit

Armutsbekämpfung darf nicht auf den Arbeitsmarkt beschränkt bleiben. Setzt man die Bekämpfung von Armut mit der Arbeitsmarktintegration gleich, wird nicht nur Armut auf Erwerbslosigkeit und Sozialhilfeabhängigkeit reduziert, vielmehr auch das sehr viel komplexere Phänomen zum reinen Beschäftigungsproblem uminterpretiert, und zwar ohne Berücksichtigung der Tatsache, dass die »Sozialhilfe-« bzw. »Hartz-IV-Klientel« keineswegs bloß aus Erwerbslosen bzw. aufgrund von Erwerbslosigkeit besteht.[88] Eine integrierte und am Bedarf orientierte Strategie der Armutsbekämpfung bezieht sich deshalb nicht nur auf den Arbeitsmarkt, sondern umfassender auf sämtliche Aspekte der Armut. Allgemeine Lebensrisiken werden, noch bevor es zur Inanspruchnahme von Sozialhilfe kommt, von vorgelagerten Auffangnetzen gemindert (z.b. durch ein modifiziertes Wohngeld, den Familienlastenausgleich usw.). Da von Armut schon lange nicht nur sog. Randgruppen (Bettler/innen, Obdachlose, Drogenabhängige usw.) betroffen sind, sondern vor allem in Ostdeutschland auch »ganz gewöhnliche« Familien, reicht das Merkmal »(Sozialhilfe-)Bedürftigkeit« ohnehin kaum aus, um den Kreis jener Menschen zu bestimmen, welche die Unterstützung staatlicher Stellen brauchen.

Da sich Kinderarmut in der Regel auf Frauen- bzw. Mütterarmut zurückführen lässt, liegt ein Hebel zu ihrer Verringerung in einer Erhöhung der weiblichen Erwerbsbeteiligung, was eine nachhaltige Verbesserung der Vereinbarkeit von Familienarbeit und Berufstätigkeit durch Schaffung von mehr (Teilzeit-)Stellen einerseits sowie mehr öffentlichen Kinderbetreuungseinrichtungen, die kostengünstiger bzw. beitragsfrei zur Verfügung gestellt werden müssten, andererseits voraussetzt. Nötig wäre darüber hinaus eine (gesetzlich zu regelnde) Rückbindung der Arbeit selbst wie der Arbeitszeitregelungen in Betrieben und öffentlichen Verwaltungen an die Lebensbedürfnisse der Beschäftigten und ihrer Familien. Dies würde eine völlige Neujustierung des Normalarbeitsverhältnisses erfordern: Beschäftigte müssten im Laufe ihres Lebens zwischen Vollzeit-, Teilzeitarbeit und Arbeitsunterbrechung wechseln können, ohne dadurch Verluste an sozialer Sicherung oder Weiterbildungsmöglichkeiten zu erleiden, und Arbeitgeber sowohl in der Arbeitszeitgestaltung wie auch beim Arbeitsvolumen auf die unterschiedlichen, im Lebensverlauf wechselnden Interessen der Beschäftigten mehr Rücksicht nehmen.[89]

Nur die sog. Doppelernährer-Familien sind, wie Wolfgang Strengmann-Kuhn konstatiert,[90] heute vor Kinderarmut noch halbwegs gefeit; trotzdem ist eine ganztägige Betreuung der Kinder keineswegs gewährleistet. Selbst im Kindergartenbereich (3- bis 6-Jährige) gibt es keine völlige Bedarfsdeckung, noch weniger auf der kleinräumigen Ebene: »Unterversorgungslagen findet man zwangsläufig in vielen ländlichen Gebieten, aber auch gerade in den schnell wachsenden jungen Stadtteilen bzw. Bebauungsgebieten vieler Städte, da die existierenden Tageseinrichtungen häufig in den ehemals kinderreichen Stadtgebieten angesiedelt sind, während der Bedarf sich nunmehr räumlich verschoben hat.«[91] Was die Höhe der zu entrichtenden Gebühren betrifft, ergab eine Untersuchung der Zeitschrift *Eltern* und der »Initiative Neue Soziale Marktwirtschaft«, dass sie je nach Region stark differiert und Kindergartenplätze in Ost- und Norddeutschland sowie Städten mit vielen »sozialen Brennpunkten«, also ausgerechnet dort, wo sich die Kinderarmut konzentriert, besonders teuer sind.[92] Als erste (und bisher einzige) deutsche Großstadt hat Heilbronn den Kindergarten beitragsfrei gestellt. Ob es sinnvoll ist, eine allgemeine Kindergartenbesuchspflicht einzuführen und im Grundgesetz zu verankern, wie es Josef Hoffmann fordert,[93] soll hier nicht diskutiert werden, zumal sich die Frage wahrscheinlich in dem Moment erübrigt, wo für die Eltern keine Kosten entstünden und sich mit den politischen Mehrheiten dafür auch ein freundlicheres Betreuungsklima abzeichnete.

Für jedes Kleinkind, das außerhalb der Familie betreut werden soll, müsste in sämtlichen Bundesländern möglichst noch vor 2013 ein Krippenplatz zur Verfügung stehen. Erst wenn ein Rechtsanspruch darauf besteht, verringert sich die Gefahr, dass die Umsetzung des bestehenden Rechtsanspruchs auf einen Kindergartenplatz für Jungen und Mädchen ab drei Jahren auf Kosten der Betreuung anderer Altersgruppen geht.[94] Argumentiert wird zum Teil, dass sich Mütter zwischen Erwerbsarbeit und öffentlicher Kinderbetreuung einerseits sowie häuslicher Kinderbetreuung in Eigenverantwortung frei entscheiden können müssten. Wahlfreiheit haben die Eltern von Kleinkindern aber erst, wenn eine Vollversorgung mit Krippenplätzen gewährleistet ist und diese für alle möglichst beitragsfrei, zumindest jedoch ohne größere materielle Barrieren zugänglich sind.

Seit der im Jahr 2006 von Ministerpräsident Althaus gestarteten »Familienoffensive« existiert in Thüringen ein »Landesbetreuungsgeld« in Höhe von 150 (bis 300) EUR, das die Unionsparteien bundesweit einführen wollen. Es würde vermutlich das traditionelle »Alleinernährer«-Familienmodell zementieren. Zumindest ging der Anteil jener Eltern, die ihr Kind in eine Krippe geben, deutlich zurück, wie die Modellbefürworter selbst einräumen.[95] Manch finanzschwache und bildungsferne Familie wird auf diese Weise davon abgehalten, ihre Kinder in eine Krippe zu geben, wo sie mehr geistige Anregungen bzw. für die Intelligenzentwicklung erforderliche Impulse erhalten könnten, was nicht nur antiemanzipatorisch wirkt, weil Frauen von der (Wieder-)Aufnahme einer Erwerbsarbeit abgehalten werden, sondern sich auch im Hinblick auf die Bekämpfung der (Bildungs-)Armut von Kindern als fragwürdig erweist.

Kinder tragen nicht nur ein erhöhtes Armutsrisiko, bilden vielmehr manchmal quasi auch selbst eins, weil jene soziale Infrastruktur fehlt, die es ihren Eltern erlauben würde, neben der Haus- und Erziehungs- auch Erwerbsarbeit zu leisten. Hier liegt – unabhängig von der nötigen Erhöhung monetärer Transfers zugunsten sozial benachteiligter Kinder – ein zentraler Ansatzpunkt für Gegenmaßnahmen. In den Kindertageseinrichtungen müsste es mehr Plätze für die Sprösslinge von Alleinerziehenden und kinderreichen Familien geben, wobei die Beiträge der Eltern entweder ganz entfallen oder stärker nach deren Einkommen und der Familiengröße gestaffelt sein sollten, um der Armut entgegenzuwirken: »Die finanzielle Entlastung von Familien mit niedrigem Einkommen kann verhindern, daß insbesondere materiell unterprivilegierte Bevölkerungsgruppen vor einer Inanspruchnahme zu teurer Betreuungsangebote zurückschrecken, womit Berufstätigkeit erschwert und die Abhängigkeit von Sozialleistungen wahrscheinlicher wird.«[96]

Durch die Bereitstellung von mehr außerhäuslichen Betreuungseinrichtungen als bisher verbessern sich zwar die Möglichkeiten für (alleinerziehende) Mütter, neben der Familien- und Erziehungsarbeit einer Berufstätigkeit nachzugehen. Gleichwohl belegen die Erfahrungen mit dem US-amerikanischen Modell »From welfare to work«, wie Harry Kunz konstatiert, »dass eine Ausrichtung der Sozialpolitik auf Erwerbsarbeit um jeden Preis am gesellschaftlichen Skandal der Kinderarmut wenig ändert: Wo Arbeitslosigkeit durch einen Niedriglohnsektor verringert wird, verringert dies die Kinderarmut nicht, weil die Mehrheit der ›working poor‹ dann aus Frauen mit Kindern in Niedriglohn- und Teilzeitsektoren besteht.«[97]

Ausbau der öffentlichen Kinderbetreuung – nicht bloß ein Mittel gegen »Bildungsarmut«

»Bildungsarmut«, die in der Bundesrepublik besonders stark unter Kindern zugewanderter Familien grassiert,[98] lässt sich nur verringern, wenn Schul- bzw. Weiterbildung als integraler Bestandteil einer fortschrittlichen Gesellschaftspolitik verstanden und die Sozial- mit der Bildungspolitik verzahnt wird, damit eine strukturelle Benachteiligung von Kindern – wie sie das mehrgliedrige Schulsystem aufgrund seiner sozialen Selektivität mit sich bringt – unterbleibt, institutionelle Barrieren für berufliche Aufstiege durchlässiger gemacht werden und Noten, Zeugnisse bzw. vergleichbare offizielle Abschlüsse dafür weniger Gewicht bekommen. Jutta Allmendinger betont zu Recht,»daß bei der Frage nach der zukünftigen Bildungspolitik nicht nur der konkrete Gebrauchswert von Bildung für den (jeweiligen) Arbeitsmarkt im Vordergrund stehen darf. Viele sogenannte Schlüsselqualifikationen drücken sich zunehmend mehr in persönlichen, durch Zertifikate gar nicht meßbaren Eigenschaften aus.«[99] Bildungsbeteiligung ist ein Menschenrecht, aber zur Armutsbekämpfung nicht ausreichend und längst kein Garant für eine gesicherte materielle Existenz mehr. Um ein höheres Maß an Chancengleichheit zu verwirklichen, ist der freie Zugang zu sämtlichen Bildungseinrichtungen unabdingbar, was wiederum die Bereitstellung materieller Ressourcen für Familien voraussetzt, die darüber nicht selbst verfügen.»Zum Zweck der Eröffnung von Zugängen in das gesellschaftliche Netzwerk für alle Bürger ist eine Umverteilung von Geldmitteln, sind staatliche Transferzahlungen erforderlich.«[100] Ungeklärt ist, ob Finanzmittel, die der (ganzen) Familie dienen sollen, den bedürftigen Kindern wirklich helfen oder nur die Haushaltsvorstände erreichen. Nicht zuletzt deshalb fordert Claudia Pinl statt höherer Zuwendungen des Staates an die Eltern einen Ausbau öffentlicher Einrichtungen, die auch (sonst womöglich leer ausgehenden) Kindern ohne den benötigten familiären Rückhalt zugute kommen würden:»Der ›Familienleistungsausgleich‹ entzieht den Kindern Geld an den Stellen, wo gerade sie es am meisten brauchen: in Erziehungsberatungsstellen und schulpsychologischen Diensten, in Ganztagsschulen, KiTas, Horten, Krippen und Freizeiteinrichtungen für Jugendliche.«[101] Ulla Knapp möchte die Eheförderung abschaffen, Chancengleichheit für Kinder herstellen und außerdem einen»geschlechterpolitischen Modellwechsel« herbeiführen.[102]

Bisher basiert die Familienpolitik in der Bundesrepublik hauptsächlich auf monetären Transfers des Staates:»Finanzielle Familienförderung und das Ehegattensplitting machen mit mehr als zwei Dritteln den größten Anteil des familienpolitischen Budgets aus.«[103] Betreuungs- und Bildungsangebote für sozial benachteiligte Familien sind zweifellos wirksamer als eine weitere Anhebung des Kindergeldes bzw. steuerlicher Freibeträge. »Monetäre Transfers können zwar, wenn sie zielgruppenorientiert und degressiv ausgestaltet sind, den Zugang zum ersten Arbeitsmarkt flankieren. Eine mindestens ebenso große Bedeutung kommt indes den *Real*transfers zu […]. Als infrastrukturelle Realtransfers sind hier zum einen Angebote der Fortbildung und Umschulung und zum anderen Kinderbetreuungseinrichtungen zu nennen.«[104]

Krippen, KiTas und Horte: Orte (früh)kindlicher Bildung

Sigrid Bächler betont die Schlüsselrolle der Bildung, Betreuung und Erziehung im Hinblick auf (gleiche) Zukunftschancen aller Mitglieder der Gesellschaft wie dieser selbst. Nur ein auch im Elementarbereich grundlegend reformiertes Bildungssystem könne die sich in der Bundesrepublik deutlich abzeichnende soziale Spaltung verhindern: »Denn sonst etabliert sich – vermittelt über unterschiedlichen finanziellen Einsatz der Eltern – naturwüchsig ein System, wonach die Gesellschaft schon bei den Kindern zerfällt in zukünftige High-Potentials und Kinder aus sozial schwachen Familien und Familien mit Migrationshintergrund, die von Anfang an keine Chancen haben und ihr Leben lang auch nie welche bekommen werden.«[105]

Zu den Einrichtungen, die soziale, kulturelle und kognitive Defizite der jüngsten Mitglieder armer Familien wenigstens teilweise auszugleichen vermögen, gehört der Kindergarten. Künftig wird der Elementarbereich des Bildungswesens eine sehr viel größere Bedeutung haben, als man ihm in der Bundesrepublik bislang zugestand. Denn er ist mitnichten nur eine Institution, welche die Kinder auf ihre Schullaufbahn vorbereitet,[106] erfüllt vielmehr weit darüber hinausgehende Kompensations- und Sozialisationsfunktionen. Entsprechend hoch und schwer zu erfüllen sind die Anforderungen, welche dem Kindergarten in (sozial)pädagogischer Hinsicht heute gestellt werden.

Der dänische Sozialwissenschaftler Gøsta Esping-Andersen weist darauf hin, dass die nordeuropäischen Wohlfahrtsstaaten große Erfolge im Kampf gegen die Vererbung sozialer Nachteile und Privilegien verzeichnen, weil sie bereits seit Jahrzehnten eine allgemeine Versorgung der Kinder im Vorschulalter mit Betreuungsmöglichkeiten gewährleisten. »Bei nahezu ausgeschöpften weiblichen Erwerbsquoten quer durch alle Bildungsgruppen profitieren die Kinder aus wirtschaftlich und/oder kulturell schwächeren Haushalten grundsätzlich von denselben pädagogischen Standards und kognitiven Impulsen wie Kinder mit privilegiertem Hintergrund. Deshalb bringen skandinavische Kinder bei der Einschulung unabhängig von ihrer sozialen Herkunft weitgehend homogene Voraussetzungen mit.«[107]

Gegenüber den Tendenzen, die Kindertageseinrichtungen als bloße Verwahranstalten mit dem erklärten Ziel zu begreifen, das weibliche Erwerbspotenzial zwecks Sicherung des heimischen »Wirtschaftsstandortes« besser auszuschöpfen, erscheint der Hinweis angebracht, dass die Kindertagesstätte, verstanden als substanzielles Bildungsangebot für sämtliche Kinder,[108] nicht nur die aktuell bestehende Familienarmut zu bekämpfen hilft, sondern auch einer Heranwachsenden erst in ferner Zukunft drohenden Verarmung durch Lerndefizite, Qualifikationsmängel und geringe Chancen auf dem Arbeitsmarkt frühzeitig entgegenwirkt. Werner Schönig schreibt der Bildungsförderung bei (armen) Kindern drei positive Effekte zu:»Sie könnte die weitere Einkommensspreizung eindämmen, die qualifikationsbedingte Arbeitslosigkeit vermindern und nicht zuletzt die gesamtwirtschaftliche Leistungsfähigkeit erhöhen.«[109] Zweifellos kann Bildungsförderung gemeinsam mit anderen Maßnahmen zu ausgeglicheneren Verteilungsverhältnissen führen. Sie sollte jedoch gerade nicht als Beitrag zur »Humankapitalbildung« missverstanden, von den Grundrechten der sozial Benachteiligten abgelöst und nur noch als Wachstumsfaktor für »unseren« Wirtschaftsstandort begriffen werden. »Gerechtigkeit ist auch in modernen Gesellschaften letztlich mehr als Verfahrensgerechtigkeit und Bildung ist mehr als ökonomisch verwertbare Qualifikation.«[110]

Die deutsche Familienpolitik sollte wieder stärker von den sozial Benachteiligten und direkt Betroffenen aus gedacht und keineswegs im Namen eines anonymen Kollektivs gemacht werden, sei es das Volk, das Vaterland oder der Wirtschaftsstandort. Ihr Leitmotiv darf denn auch nicht »Deutschland braucht mehr Kinder!« lauten, wie der im November 2005 zwischen CDU, CSU und SPD geschlossene Koalitionsvertrag behauptet,[111] sondern müsste heißen: »Deutschland braucht weniger arme Kinder!« oder »Kinder in Deutschland brauchen optimale Entwicklungs- und Entfaltungsmöglichkeiten, für die ein so reiches Land wie die Bundesrepublik besser als bisher Sorge zu tragen hat!«

Hierzu gehört auch der Anspruch auf einen Krippenplatz für Kinder, die das 1. Lebensjahr noch nicht vollendet haben. Die institutionalisierte »Fremdbetreuung« der Kleinsten stieß und stößt jedoch in der Öffentlichkeit hierzulande auf tief verwurzelte Ressentiments – die für andere Sprachen undenkbare »Rabenmutter« lässt grüßen – und erbitterten Widerstand. »Das war der pädagogische Sündenfall schlechthin, der Assoziationen an Sozialismus und staatliche Frühdoktrinierung auslöste.«[112] Besonders verbohrte Konservative und Kleriker wie der Augsburger Bischof Walter Mixa oder der Kölner Erzbischof Joachim Kardinal Meisner glauben, dass die Ausweitung der – im Unterschied zu anderen Ländern immer noch sehr spärlichen – öffentlichen Betreuungsangebote die Kinder der Erziehung durch ihre Eltern beraube und zur Zerstörung der Familie führe. Aber auch progressive Autor(inn)en haben Einwände gegen die staatliche Gewährleistung der Kinderbetreuung. So schreiben Michael-Sebastian Honig und Ilona Ostner: »Das Recht auf einen Kindergarten-platz hilft nicht nur – wie es gemeinhin diskutiert wird – Müttern und Vätern, ihren Kinderwunsch zu verwirklichen, sondern rückt die Kindheit näher an den Markt, indem es die ökonomische Unsicherheit antizipiert, der immer mehr Haushalte ausgesetzt sein werden.«[113] Harry Kunz glaubt einen »Konflikt zwischen Angebotsausweitung und Qualitätsverbesserung« zu sehen, der sich unter dem Diktat knapper öffentlicher Ressourcen noch zuspitzen werde: »Sowohl bei der Fixierung auf ›Problemgruppen‹ wie bei flächendeckenden Betreuungsangeboten sucht man heute inhaltliche Orientierungen, pädagogische Standards und Maßnahmen zur Qualitätssicherung vergebens.«[114]

Begrüßenswert wäre es, würden große Unternehmen durch Schaffung betrieblicher Kinderbetreuungsplätze ihre sozialen Pflichten jenen Mitarbeiter(inne)n gegenüber erfüllen, die solcher Einrichtungen bedürfen, um eine (Vollzeit-)Erwerbstätigkeit ausüben zu können. Weder hinsichtlich der Rückverlagerung in die Familie noch hinsichtlich der Vermarktlichung von Betreuungsdienstleistungen sollte die Kinderbetreuung jedoch (re)privatisiert werden. Unter den Varianten zur Finanzierung und Organisation institutioneller Kinderbetreuung entspricht das sog. Neue Steuerungsmodell, welches die Objektförderung durch Subjektsubventionierung ersetzt,[115] am besten dem neoliberalen Zeitgeist. Es würde mit dem Elementarbereich wieder einen Kernbestandteil des Bildungssystems »marktgängig« machen und ihn längerfristig notwendiger öffentlicher Kontrolle entziehen. Magdalena Joos befürchtet als Folge der Übernahme von Marktelementen im Kinderbetreuungsbereich eine Zunahme der sozialen Ungleichheit unter Kindern und die Negierung nichtmonetärer Folgelasten. Gerade wenn man Tageseinrichtungen für Kinder als Bildungsinstitutionen verstehen wolle, die für solche aus sozial benachteiligten und Familien mit Migrationshintergrund bessere Lebenschancen zu schaffen hätten, müsse man, meint sie, den Elementarbereich unentgeltlich zur Verfügung stellen, aber auch für eine hohe pädagogische Qualität sorgen.[116]

Eine weitere Ökonomisierung der Vorschulerziehung wird dem Bedürfnis vor allem benachteiligter Kinder nach sehr viel persönlicher Zuwendung, intensiver Betreuung und früher Bildung nicht gerecht. Vielmehr erweckt der Voucher bzw. die »KiTa-Card« den Eindruck, dass es dabei weniger um die Interessen des Kindes oder seiner Eltern als um betriebswirtschaftliche Effizienz und Kostenersparnis für die öffentlichen Kassen geht. »Die Bildungsprozesse der Kinder und die Planungssicherheit der Eltern stehen nicht mehr im Mittelpunkt bildungspolitischer Planung, sondern Marktmechanismen, die den Haushalt von bildungspolitischen Kosten entlasten sollen.«[117] Es macht freilich keinen Sinn, den Elementarbereich wegen der für die Bundesrepublik alarmierenden PISA-Resultate als Einstiegsstufe des Bildungssystems aufzuwerten, ihn jedoch gleichzeitig anonymen Marktkräften, kommerziellen Anbietern, die nur auf ihren eigenen Profit bedacht sind, und für pädagogische Zielsetzungen blinden Konkurrenzmechanismen zu überantworten.

Ganztags- und Gemeinschaftsschulen nach skandinavischem Vorbild

Flächendeckend eingeführte Ganztagsschulen, die (preisgünstig oder kostenlos zur Verfügung gestellte) Kindergarten-, Krippen- und Hortplätze ergänzen, hätten einen Doppeleffekt: Einerseits würden von Armut betroffene oder bedrohte Kinder umfassender betreut und systematischer gefördert, andererseits könnten ihre Eltern leichter als sonst einer Vollzeitbeschäftigung nachgehen, was sie finanzielle Probleme besser meistern ließe. Durch die Ganztags- als Regelschule lassen sich soziale Benachteiligungen insofern kompensieren, als eine bessere Versorgung der Kinder mit Nahrung (gemeinsame Einnahme des Mittagessens), eine gezielte Förderung leistungsschwächerer Schüler/innen etwa bei der Erledigung von Hausaufgaben und eine sinnvollere Gestaltung der nachmittäglichen Freizeit erfolgen würden. »Für die Familien selbst kann die Inanspruchnahme der Tagesbetreuung Entlastung bedeuten und damit Regenerationsmöglichkeiten schaffen, die das Familiensystem gerade noch in der Balance halten oder auch die Überwindung zugespitzter Belastungen möglich machen. Zugleich wird mit der Inanspruchnahme der Tagesbetreuung die Isolation aufgebrochen, in die sich ›arme Familien‹ häufig begeben.«[118] So wichtig mehr öffentliche Ganztagsbetreuung für Kinder aller Jahrgangsstufen ist, so wenig reicht sie aus, um Bildung stärker von der sozialen Herkunft zu entkoppeln. Gleichwohl stößt die öffentliche Reformdebatte selten bis zu den Wurzeln des Problems, der Mehrgliedrigkeit des Schulwesens in Deutschland, vor. Wer von der Gesamt- bzw. Gemeinschaftsschule für Kinder aller Bevölkerungsschichten jedoch nicht sprechen will, sollte auch von der Ganztagsschule schweigen. Letztere war stets ein Ziel reformpädagogischer Bemühungen, degeneriert aber zur bloßen Verwahranstalt, wenn sie nicht in ein bildungspolitisches Alternativkonzept integriert wird, das soziale Selektion ausschließt. Nötig wäre eine umfassende Strukturreform, die der sozialen Selektion durch das hierarchisch gegliederte deutsche Schulsystem ein Ende bereiten müsste. Bisher besuchen Kinder aus höheren Gesellschaftsschichten und Akademikerfamilien in aller Regel ein Gymnasium, während sich die Kinder aus sozial benachteiligten Elternhäusern in den Haupt- und den Sonder- bzw. Förderschulen sammeln.[119] In »einer Schule für alle« nach skandinavischem Vorbild wäre kein Platz für die frühzeitige Aussonderung »dummer« Kinder, die arm sind bzw. aus sog. Problemfamilien stammen. Mit einer inklusiven Pädagogik, die keine »Sonderbehandlung« für bestimmte Gruppen mehr kennt,[120] könnte man sozialer Desintegration und damit dem Zerfall der Gesellschaft insgesamt entgegenwirken.

Neben den (reform)pädagogischen Ansprüchen, die sich eigentlich seit jeher mit dem Konzept der Ganztagsschule verbinden, gibt es familien-, gesundheits- und sozialpolitische Argumente zur Unterstützung dieses in Deutschland bislang immer stiefmütterlich behandelten Schultyps. »Vor allem die mit der Veränderung der Familie und mit veränderten Erwerbsstrukturen in Zusammenhang stehende notwendige Betreuung häuslich unversorgter Kinder, die Entlastung von Familien in erzieherischer Hinsicht, der Abbau schulischer Belastungen, aber auch der Ausgleich unzureichender Bewegungsmöglichkeiten im Freien sind heute entscheidende Gründe, die für einen Ausbau von Ganztagsschulen sprechen: Aufgabe des Staates ist es, jede Form von Familie zu unterstützen, unabhängig davon, welche religiöse, rechtliche oder soziale Konstellation von den betreffenden Menschen gewählt wird.«[121] Erleichtern würde die Ganztagsschule zudem Maßnahmen der gesundheitlichen Prävention, die gar nicht früh genug beginnen kann und möglichst umfassend angelegt sein muss.

Wer sozial benachteiligt ist, läuft eher Gefahr, krank zu werden, als jener Mitbürger, der im Wohlstand lebt. Dies gilt erst recht für Kinder, deren Körper und Psyche noch nicht fähig sind, aus materieller Not resultierende Belastungen ohne Spätfolgen zu ertragen.[122] Da trotz Einführung des Kontrahierungszwangs für gesetzliche und Privatkassen immer noch viele Erwachsene keinen Krankenversicherungsschutz genießen, wachsen auch die Gesundheitsrisiken unterprivilegierter Kinder. Hieran ändert die Tatsache nichts, dass Kinder in der Bundesrepublik schon frühzeitig und regelmäßig ärztlich untersucht werden. Die von den gesetzlichen Krankenkassen finanzierten Früherkennungs- bzw. Vorsorgeuntersuchungen (U 1 bis U 9) beginnen am Tag der Geburt und enden mit dem 64. Lebensmonat des Kindes.[123] Sie werden ganz überwiegend wahrgenommen, allerdings nur sehr begrenzt von den sozial Marginalisierten. Häufig zeigen erst die Schuleingangsuntersuchungen, welche gesundheitlichen Beeinträchtigungen die Kinder aus unterprivilegierten Schichten schon nach wenigen Lebensjahren aufweisen und welchen extremen psychosozialen Belastungen sie ausgesetzt sind, wenn ihnen keine besondere Unterstützung zuteil wird und auch protektive bzw. Resilienzfaktoren fehlen.[124] Trotzdem erscheint der Vorschlag, die Früherkennungsuntersuchungen obligatorisch zu machen und die Nichtteilnahme mit Sanktionen zu belegen, unangemessen. Gesundheitsprävention ist zweckmäßig, muss aber primär mit Anreizen statt mit Strafen erfolgen.

Eine die weiterführenden Schulen durchlässiger machende Bildungspolitik wäre ein zentraler Baustein zur Bekämpfung der Kinderarmut. Man sollte sich wenigstens aufgrund des schlechten Abschneidens der Bundesrepublik bei PISA (Programme for International Student Assessment) und anderen internationalen Schulleistungsvergleichen darum bemühen, vor allem Kinder aus der Unterschicht bzw. migrierten Familien umfassender sowie gezielter zu unterstützen: »Eine wichtige Funktion könnte auch der außerschulischen Bildungsarbeit zukommen, indem sie Kindern und Jugendlichen Kompetenzen im Bereich der Kultur und der Kunst vermittelt, die zur Selbstwertsteigerung beitragen können.«[125]

Um das Problem der Kinderarmut zu lösen, muss man die (besonders in Ostdeutschland weiterhin erschreckend) hohe Arbeitslosigkeit verringern, die (in Westdeutschland nach wie vor relativ niedrige) Frauenerwerbsquote erhöhen und vor allem jene Systeme der sozialen Sicherung stärken, die geeignet sind, Ungleichgewichte zwischen wohlhabenden und (mehrfach) deprivierten Familien auszugleichen. Marc Szydlik hält die Verringerung der Ungleichheit qua Geburt für eine gesellschaftspolitische Schlüsselaufgabe: »Dabei sind diejenigen zu unterstützen, die nicht von Haus aus das Glück haben, in Familien aus mittleren und höheren Sozialschichten hineingeboren worden zu sein.«[126] Um dieses Ziel auch in Zeiten knapper Kassen wie gegenwärtig zu erreichen, werde man nicht umhin kommen, die Solidarität zwischen armen und reichen Familien auszuweiten. Dazu gehöre neben der speziellen Förderung benachteiligter Kinder während der Schulzeit die Erhöhung der im Vergleich mit anderen Staaten sehr niedrigen Erbschaftsteuer. Eine auf die Umverteilung des gesellschaftlichen Reichtums gerichtete Erbschaftsteuerreform ist nicht zuletzt deshalb nötig, weil bei der anstehenden Erbschaftswelle auch im deutschen Ost-West-Vergleich »regressive Verteilungswirkungen« erwartet werden: »Hauptschulabgänger in den neuen Bundesländern erben wesentlich seltener und deutlich weniger als Akademiker in den alten Bundesländern.«[127]

Kindergeld (und -freibeträge) als traditioneller Kern des Familienlastenausgleichs

Nötig wäre eine Neuordnung des Familienlastenausgleichs, welcher die folgenden Kriterien erfüllen müsste, um dem Ziel einer wirksamen Bekämpfung bzw. Vermeidung von Kinderarmut dienen zu können:

1. Transferleistungen und steuerliche Freistellungen haben sich an einem einheitlichen soziokulturellen Mindestbedarf für Kinder zu orientieren.
2. Sie dürfen nicht zu unterschiedlichen Entlastungs- und Unterstützungsleistungen führen, also Familien mit niedrigeren Einkommen benachteiligen.
3. Um die Verarmung von Familien auszuschließen, bedarf es eines nichtdiskriminierenden bzw. -stigmatisierenden Transfersystems, das die Grundsicherung für Arbeitsuchende und die Sozialhilfe ablöst.[128]

Margherita Zander hat auch darüber hinausreichende Reformperspektiven für den Sozialstaat entwickelt, die auf einer Anerkennung genuiner Kinderrechte durch ihn und die Gesellschaft insgesamt gründen. Nach der am 5. April 1991 von der Bundesrepublik nur unter Vorbehalt ratifizierten *UN-Konvention für die Rechte der Kinder* müssen diese als eigenständige Subjekte der Politik gelten und ihre legitimen Ansprüche, in einem wohlhabenden Land frei von Armut, Not und Elend zu leben, verwirklicht werden. »Da Kinder immer noch überwiegend als ›Privatsache‹ ihrer Eltern betrachtet werden und keinen unmittelbaren Anspruch auf Unterstützung an den Staat richten können, bedarf es einer konsequenten Umsetzung des bürgerrechtlichen Status von Kindern, damit sie – wie erwachsene Bürger auch – Teilhabeansprüche an die Gesellschaft und den Staat stellen können.«[129]

Problematisch ist nicht etwa die (vermeintlich zu geringe) Höhe der familienpolitisch begründeten Transferleistungen,[130] sondern ausschließlich deren (gegenüber sozialen Unterschieden indifferente) Struktur. Dass gerade Superreiche, Kapitaleigentümer und Spitzenverdiener am meisten von

Steuervorteilen bzw. Subventionen profitieren, die eigentlich *den Familien* – und das kann doch wohl nur heißen: solchen, die sie tatsächlich benötigen, um ihren Kindern unbillige Entbehrungen zu ersparen – zugute kommen sollten, wird aber selten kritisiert. Steuerliche Kinderfreibeträge privilegieren jene Einkommensbezieher/innen, die mindestens 62.800 EUR im Jahr verdienen. Spitzenverdiener erzielen bei der Inanspruchnahme des Freibetrages von 6.024 EUR im Jahr eine Steuerersparnis von fast 240 EUR pro Monat. Betreuungs-, Erziehungs- und Ausbildungsfreibeträge erhöhen im dualen System (Optionsmodell) wegen der Progression des Einkommensteuertarifs eher die soziale Ungleichheit und sind deshalb abzulehnen, es sei denn, sie würden nicht auf die Bemessungsgrundlage, also das zu versteuernde Einkommen, sondern auf die Steuerschuld gewährt und, falls eine solche gar nicht besteht, in eine Gutschrift umgewandelt und ausbezahlt.

»Umverteilung von oben nach unten!«, nicht »Umverteilung von den Kinderlosen zu den Eltern!« müsste die Devise einer gerecht(er)en Familienpolitik lauten. Dafür bietet sich nur auf den ersten Blick eine massive Erhöhung des Kindergeldsatzes an, die etwa der Deutsche Kinderschutzbund verlangt. Das Kindergeld gilt zwar als wichtigste Sozialleistung des Bundes zur Bekämpfung der Armut von Familien, deckt freilich nur einen Teil des soziokulturellen Mindestbedarfs junger Menschen, zumal es nach der Anzahl der Kinder in der Familie gestaffelt und nicht bedarfsorientiert konzipiert ist[131] Aufgrund der Tatsache, dass Kindergelderhöhungen auf die Hilfe zum Lebensunterhalt, das Arbeitslosengeld II bzw. das Sozialgeld und die Unterhaltszahlungen der Väter von nichtehelichen bzw. Scheidungskindern angerechnet werden, partizipieren gerade jene Familien nicht daran, deren Einkommen am niedrigsten ist. Bisher wurde nur ein Mal, nämlich im Rahmen der Haushaltsberatungen des Bundes für das Jahr 2000, zeitweilig vom gültigen Subsidiaritätsprinzip abgewichen, eine Sonderregelung getroffen und die damalige Erhöhung des Kindergeldsatzes von 250 DM auf 270 DM für das 1. und 2. Kind an die Bezieher/innen von Sozialhilfe weitergegeben. Normalerweise entlasten Kindergelderhöhungen die durch steigende Kosten sowie eine falsche Steuerpolitik des Bundes und der Länder arg strapazierten Haushalte der Kommunen, nicht aber die von dieser Hilfeart abhängigen Familien.

Ob mehr soziale Gerechtigkeit erreichbar wäre, wenn das Kindergeld einkommensabhängig gewährt würde, wie Petra Beckerhoff meint,[132] ist fraglich. So plausibel dieser Vorschlag zunächst klingt, so wenig berück-

sichtigt er, dass der Sozialstaat womöglich seinen Rückhalt in anderen
Teilen der Bevölkerung verliert, wenn er nur noch die Armen und Bedürftigen alimentiert. Gerade weil – und vermutlich: bloß wenn – die Mittelschicht selbst von Transfers wie dem Kindergeld profitiert, akzeptiert sie
Programme für »randständige« Minderheiten: »Nur ein Sozialsystem, aus
dem die Mehrheit der Bevölkerung Nutzen zieht, wird eine Staatsbürger-
moral hervorbringen können. Wenn ›Sozialstaat‹ ausschließlich negative
Konnotationen hat und hauptsächlich für Arme da ist, wie es in den USA
der Fall ist, wird er am Ende die Gesellschaft spalten.«[133]

Sinnvoll wäre ein für sämtliche Eltern gleiches, einheitliches Kindergeld, das allerdings nicht durch (Eltern mit Spitzeneinkommen wegen des
Prinzips der Progression stärker als andere begünstigende) Steuerfreibe-
träge konterkariert werden dürfte. Diese werden von liberal-konservativen
Autor(inn)en meist damit gerechtfertigt, dass kindbedingte Kosten einer
Familie mit deren sozialem Status steigen. Deshalb würden den Familien,
heißt es, im Sinne einer horizontalen Gerechtigkeit bloß »zuvor zuviel
gezahlte Steuern« zurückerstattet, wohingegen das Kindergeld ein »Transfer mit sozialpolitischer Ausgleichsfunktion« sei.[134] Das steuerliche Existenzminimum der Kinder zu erhöhen, würde gleichfalls wenig Positives
bewirken, denkt man an die von Armut und Unterversorgung betroffenen
Familien. »Wenn die Forderung, das den Kindern zustehende Einkommen
steuerfrei zu machen, Sinn für mehr als eine Minderheit machen soll, dann
muss erst einmal das Einkommen der wachsenden Zahl von Männern und
Frauen in Deutschland, die von niedrigen Löhnen, in prekären Arbeitsver-
hältnissen, von Arbeitsamtsmaßnahmen, von Arbeitslosengeld oder Sozialhilfe leben, so stark erhöht werden, dass sie von einer solchen Vergünstigung Gebrauch machen können.«[135]

Bisher war und ist das Kindergeld für alle Eltern, wenn man so will, der
am weitesten nach vorn geschobene Brückenkopf des hiesigen Wohlfahrtsstaates, auch wenn es nicht als genuine Sozialleistung, vielmehr als
bloßes Pendant zu den steuerlichen Kinderfreibeträgen gilt, die wiederum
nur die Mehrkosten zur Bestreitung des Lebensunterhalts der jüngsten
Familienmitglieder ausgleichen sollen. Würde man den Kreis seiner Be-
zugsberechtigten einschränken, wäre das Kindergeld entwertet und dies ein
falsches gesellschaftspolitisches Signal sowie ein schwerlich zu rechtferti-
gender Rückschritt. Finanztransfers, die der Staat an Familien zahlt, haben
jedoch den Nachteil, dass sie die am meisten von Armut betroffenen Kinder nicht immer erreichen, weil das den Empfänger(inne)n an allen Ecken

und Enden fehlende Geld womöglich für andere, mehr oder weniger sinnvolle Zwecke ausgegeben wird. Dies gilt auch für das Kindergeld, die finanziell bedeutsamste Leistung im Rahmen des Familienlastenausgleichs.

Ehegatten- und Familiensplitting: (zu) wenig Unterstützung für arme Familien

Wie das Beispiel des Ehegattensplittings im Einkommensteuerrecht zeigt, hat sich die Bundesrepublik noch nicht auf die veränderten Lebens- und Liebesformen eingestellt: Auch verheiratete Paare ohne Kinder kommen in den Genuss dieser Vergünstigung, sofern ein Partner (möglichst viel) weniger als der andere verdient, während Paare mit Kindern davon ausgeschlossen bleiben, sofern sie unverheiratet sind. Statt *alle* Eltern materiell besser zu stellen, wie es die traditionelle Familienpolitik tut, müssen sozial benachteiligte Kinder besonders gefördert werden. Dabei sollte ihre Unterstützung unabhängig von der Familienform wie von der Erwerbsbiografie der Eltern erfolgen. Denn die Rechte eines Kindes leiten sich aus seiner Identität als Kind, nicht aus seinem Verhältnis zu einem anspruchsberechtigten Elternteil ab.[136] Deshalb muss die Rechtsposition der Kinder verbessert und akzeptiert, aber auch institutionell verankert werden, dass sie autonome Subjekte mit eigenen Bedürfnissen und Ansprüchen sind.

In der öffentlichen Diskussion über Kindesmisshandlung und -missbrauch wurde der Vorschlag unterbreitet, eigene Schutzrechte für die Jüngsten zu schaffen und sie im *Grundgesetz* zu verankern. Die 1992/93 mit dessen Revision beauftragte Gemeinsame Verfassungskommission von Bundestag und -rat hatte sich dazu nicht durchringen können. In sämtlichen ostdeutschen und den meisten Bundesländern überhaupt besitzen Kinderrechte allerdings längst Verfassungsrang. Kinderrechte auch in die zentralstaatliche Verfassung aufzunehmen, wäre zumindest dann keine hilflose, unwirksame und bloß symbolische Geste, wenn es sich dabei um einklagbare Grundrechte statt um ein relativ unverbindliches Staatsziel handeln würde. Man darf die Signalwirkung einer solchen Entscheidung vielmehr nicht unterschätzen: »Kein Gesetzgeber, kein Jugendamt, kein Familienrichter könnte hinter eine solche Linie zurück.«[137]

Für die Bündnisgrünen entwickelte Ekin Deligöz, Vorsitzende der Kinderkommission des Bundestages, das Modell einer Grundsicherung, die Armut von Heranwachsenden beseitigen soll, ohne ähnlich horrende Kosten zu verursachen wie eine pauschale Erhöhung des Kindergeldes auf

das Niveau des Existenzminimums. Ausgehend vom Konzept einer allgemeinen bedarfsorientierten Grundsicherung und der Forderung des Deutschen Kinderschutzbundes nach einem Kindergeld in Höhe von 600 DM,
schlug die Bundestagsabgeordnete vor, solchen Familien einen an den
konkreten Bedarf gekoppelten Zuschlag zum bisherigen Kindergeld zu
zahlen, »deren Einkommen unter oder knapp über dem soziokulturellen
Existenzminimum liegt. Das ist um ein Vielfaches kostengünstiger als die
Variante des Kinderschutzbundes und kostet auch nur einen Bruchteil
einer umfassenden Grundsicherung, die für alle Bevölkerungsgruppen
greift.«[138] Neuerdings gibt es Forderungen nach einer Kindergrundsiche-
rung in Höhe von 500 EUR pro Monat, die alle bisherigen Leistungen auf
diesem Gebiet ersetzen soll, aber nicht bedarfsabhängig, damit der Einstieg
in ein bedingungsloses Grundeinkommen und auch mit dessen Nachteilen
behaftet wäre. Denn alle Kinder würden über einen Kamm geschoren,
ganz gleich, ob sie sozial benachteiligt sind oder nicht.

Ekin Deligöz bezifferte die für ihr Modell zu erwartenden Kosten auf
5,9 Mrd. DM und wies auf Möglichkeiten der Gegenfinanzierung, etwa
durch Reduzierung des Ehegattensplittings im oberen Einkommensbereich, hin:»Beim Ehegattensplitting anzusetzen macht Sinn, denn es unterstützt einseitig die Ehe, während der Schwerpunkt des sozialpolitischen
Handlungsbedarfs eindeutig auf dem Zusammenleben mit Kindern
liegt.«[139] Tatsächlich gilt die Ehe- statt einer Kinderförderung zumindest
aufgeschlosseneren Zeitgenoss(inn)en als Fehlorientierung der Familienpolitik.[140] Denn das Ehegattensplitting ist nicht nur sozial ungerecht, weil
sich der Splittingvorteil aufgrund des progressiv ausgestalteten Steuertarifs
umso stärker auswirkt, je ungleicher die Einkommen der beiden Partner
sind, sondern setzt auch negative Arbeitsanreize und begünstigt damit einseitig die Hausfrauenehe, welche zum Zeitpunkt seiner Einführung 1958 in
Westdeutschland und Berlin (West) absolut dominierte. Ausgelöst wurde
die damalige Novellierung des *Einkommensteuergesetzes* durch ein Urteil des
Bundesverfassungsgerichts, das am 17. Januar 1957 die Benachteiligung
von Eheleuten gegenüber unverheirateten Paaren mit gleich hohem Einkommen durch den Progressionseffekt bei ihrer steuerlichen Zusammen-
veranlagung gerügt hatte, ohne jedoch zur Abhilfe ein bestimmtes Modell
vorzuschreiben.

Das neue Grundsatzprogramm der CDU verlangt die Aufrechterhaltung und Weiterentwicklung des Ehegatten- zu einem Familiensplitting:
»Wir treten [...] dafür ein, das Ehegattensplitting voll zu erhalten und zu

einem Familiensplitting zu erweitern, damit die besonderen Belastungen von Familien mit Kindern besser ausgeglichen werden. Familien mit Kindern müssen steuerlich besser gestellt sein als kinderlose. Zudem sollen alle Familien mit Kindern einen Splitting-Vorteil haben. Außerdem müssen gezielt Anreize gesetzt werden, damit sich Eltern für mehrere Kinder entscheiden.«[141] In Wahlkämpfen, die neben wirtschafts- und sozialpolitischen auch familienpolitische Themen zum Gegenstand haben, kann die Forderung nach Umwandlung des Ehegatten- in ein Familiensplitting eine wichtige Rolle spielen. Sie bietet aber keine Lösung, sondern würde geradezu Teufel mit Beelzebub austreiben, wäre Letzteres doch hinsichtlich seiner Verteilungswirkung eher noch ungerechter als die bisherige Regelung. Renate Schmidt argwöhnt nämlich zu Recht, dass ein Familiensplitting die Steuerbelastung kinderreicher Spitzenverdiener und Einkommensmillionäre deutlich verringern, kinderreichen Durchschnittsverdiener(inne)n, Arbeitslosen und Sozialhilfeempfänger(inne)n jedoch wenig oder gar nichts bringen würde: »Alleinerziehende würden davon [...] profitieren, aber nur minimal, weil die wenigsten in Einkommenskategorien verdienen, wo ein Familien-Splitting deutliche Steuervorteile bringt.«[142]

Soll genügend Finanzmasse für sozial benachteiligte Familien vorhanden sein, muss die einzelne Person statt der Institution »bürgerliche Ehe« im Fokus stehen. Nur wenn das mit erheblichen Steuerausfällen verbundene Ehegattensplitting zur Disposition gestellt wird, existiert überhaupt der finanzielle Spielraum, um sozial benachteiligte Familien stärker zu fördern. Franziska Vollmer plädiert denn auch für eine Individualisierung der Ehegattenbesteuerung: »Sowohl Eheleute als auch PartnerInnen einer hetero- oder homosexuellen Lebensgemeinschaft sollten ihren Existenzminimumfreibetrag auf den Partner bzw. die Partnerin übertragen können, soweit sie ihn selbst der Höhe nach nicht in Anspruch nehmen. Die Kinderbetreuungskosten insbesondere infolge Erwerbstätigkeit sind vom ersten Euro an und ohne Beschränkung in der Höhe zum Abzug zuzulassen. Das Einsparvolumen infolge der Neugestaltung der Ehebesteuerung sollte vollständig für eine Erhöhung des Kindergeldes verwendet werden. Für Alleinerziehende ist ein spezieller Entlastungsbetrag – zumindest bei Fortgeltung des Splittings – beizubehalten.«[143]

Falls sich das Ehegattensplitting aufgrund verfassungsrechtlicher Hindernisse nicht durch eine solche Individualbesteuerung mit übertragbarem Grundfreibetrag ersetzen lässt, wäre an ein sog. Mindest-Realsplitting zu denken,[144] bei dem der Splittingvorteil durch einen gar nicht erwerbstätigen oder erheblich weniger als der Haushaltsvorstand verdienenden Ehepartner stärker begrenzt wird. »Dadurch würden die negativen Anreizeffekte deutlich gemildert und der Splittingvorteil – insbesondere für höhere Einkommen – begrenzt.«[145]

Soziale Arbeit, Gemeinwesenarbeit und Quartiersmanagement

Eine wichtige Funktion im Kampf gegen die (Kinder-)Armut haben die Kommunen zu erfüllen.[146] Finanziell ausgeblutete, oft dem Haushaltssicherungsrecht unterworfene Städte und Gemeinden, in denen mittlerweile der Kämmerer statt des zuständigen Fachdezernenten die Sozialpolitik macht, sind jedoch häufig nicht in der Lage, armen Kindern/Familien durch die Einrichtung kommunaler Lernmittelfonds oder Sozialtarife bzw. -tickets den günstigen Bezug von Gas und Strom, die verbilligte Benutzung des öffentlichen Personennahverkehrs sowie den regelmäßigen Besuch von Schwimmbädern, Theatern und Museen zu ermöglichen bzw. zu erleichtern.

Ob eine Bund-Länder-Offensive, wie sie das 1999 aufgelegte Gemeinschaftsprogramm »Stadtteile mit besonderem Entwicklungsbedarf – die Soziale Stadt« darstellt, geeignet ist, strukturelle Probleme nach Art der sozialen Benachteiligung bzw. Verarmung von Alleinerziehenden und kinderreichen Familien zu lösen oder zu mildern, bleibt umstritten.[147] Zumindest bedarf es einer Anerkennung der Erledigung solcher Aufgaben als Regelleistung, denn Soziale Arbeit kann nicht als Feuerwehr fungieren und muss unabhängig von familien- und sozialpolitischen Konjunkturen einerseits sowie parlamentarischen Mehrheiten andererseits garantiert sein. Gemeinwesenarbeit und Quartiersmanagement müssten sozialraumbezogene Angebote machen und dafür sorgen, dass Unterstützungs- und Austauschnetzwerke entstehen: »Im Kontext der Programme zur ›Sozialen Stadt‹ sind eine Fülle von Instrumenten und Konzepten erarbeitet worden, die es zu systematisieren und hinsichtlich ihrer Relevanz für die Verbesserung von kindlichen Lebenslagen, von Erfahrungs- und Gestaltungsoptionen, zu sichten und zu entwickeln gilt.«[148]

»Quartiers-« bzw. »Stadtteil*management*« sollte nicht, wie es dieser neoliberal anmutende Modebegriff suggeriert, »von oben« (bzw. außen) erfolgen und Bewohner/innen »aktivieren« oder nur eine kontrollierte Partizipation im Sinne von »Empowerment« stärken, sondern muss noch mehr auf basisdemokratische und systemkritische Impulse »von unten« setzen. Hilfreich wäre eine sozialräumliche Sichtweise, die auch das Problem der Armut in den Kontext von Stadtentwicklung und Raumplanung stellt. »Sie fragt […] nach Anregungen, Belastungen und Ressourcen in der Nahumwelt der Personen und öffnet den Blick für Mängel in Einrichtungen bzw. im Umfeld von Personen und Gruppen. Damit geht ein Perspektivwechsel einher, der auch Interventionsformen erweitert. Nun sind nicht mehr die Klienten Alleinadressaten methodischen Handelns, sondern zusätzlich Nachbarn, kommunale und freie Träger sozialer Arbeit oder auch Schule und Kindergarten.«[149]

Der Erfurter Hochschullehrer Ronald Lutz plädiert für eine moderne Form der Gemeinwesenarbeit, die stärker als bisher auf sozial Benachteiligte und deren spezielle Bedarfe ausgerichtet sein müsste: »Über ein lebenslagenah konzipiertes Quartiersmanagement, über eine sich lebenslagenah entwickelnde sozialraumbezogene Soziale Arbeit kann eine Nahtstelle des Austauschs und der Vernetzung zwischen personenbezogenen Hilfen und sozialräumlichen Unterstützungen erreicht werden.«[150] Die Fuldaer Hochschullehrerin Monika Alisch wiederum legt Wert darauf, dass ein solches Konzept mehr sein muss als ein innovativer Ansatz der Sozialarbeit. Sie betont, dass es sich um eine Quartierspolitik handelt, die Aushandlungsprozesse von Interessengegensätzen und die Entwicklung von Projekten moderiert bzw. unterstützt, die lokalen Akteure sowohl untereinander wie auch mit den verschiedenen Ebenen des öffentlichen Sektors vernetzt, Anreize für intensivere Kooperation schafft und Chancen für eigenverantwortliche Partizipation bietet.[151]

Gut ausgestattete Eltern-Kind-Zentren mit qualifiziertem Personal könnten dazu beitragen, dass neben der Bildung und Betreuung (für die Kleinen) auch die Beratung (für die Erwachsenen) verbessert wird. Alles möglichst wohnortnah und aus einer Hand anzubieten, muss das Ziel der Kinder-, Jugend- und Familienhilfe sein. Ein pädagogisch sinnvoller Übergang zur Ganztagsschule sollte mehr beinhalten als die Einführung von Hausaufgabenhilfe und nachmittägliche Freizeitgestaltung. Denn sonst würden Schulen zu bloßen Kinderverwahranstalten. Auch reicht es nicht, den bisherigen Schulunterricht fortzusetzen und zeitlich zu strecken. »Ohne pädagogisch konzipierte Projekte, die Selbstwirksamkeit, Aushandlung, Handlungskontrolle und Planungsfähigkeit durch gemeinsames Leben, Verwalten und Haushalten in Schule, Klasse und Arbeitsgemeinschaft herausfordern, dürfte der Fortschritt eher gering sein.«[152]

Eine flächendeckende, nicht auf »soziale Brennpunkte« beschränkte Schulsozialarbeit würde bewirken, dass arme Kinder die aus ihrer (multiplen) Deprivation und sozialen Desintegration resultierenden Probleme leichter bewältigen könnten. »Die Kombination präventiver Ansätze und aktiver Unterstützung in Krisensituationen kann gerade in der Schule dazu beitragen, ein Scheitern der Jugendlichen zu verhindern und so die Chance auf eine spätere eigenständige Existenzsicherung zu gewährleisten.«[153] Auch müsste der Allgemeine Sozialdienst (ASD) im Jugendamt mit den Schulen und Schulbehörden kooperieren, etwa mittels regelmäßig stattfindender Konferenzen, um Kindern und Jugendlichen bessere Entwicklungschancen zu eröffnen.[154] Sozialarbeiter/innen bzw. -pädagog(inn)en können bei der Entwicklung einer Lebens- und Kommunikationskultur helfen, die es benachteiligten Kindern ermöglicht, Schule anzunehmen und als wichtig für ihr Leben zu erkennen; Lehrer(inne)n können sie deutlich machen, dass Schulversagen nicht zwangsläufig Ausdruck und Folge von Gleichgültigkeit bzw. Desinteresse der Betroffenen ist, sondern dass diese den Schulalltag meist als permanente Erniedrigung und Demütigung erleben, weil ihre Anstrengungen, Lernerfolge zu erzielen, nicht oder nicht genügend anerkannt, sie selbst vielmehr durch bestimmte Rituale ausgegrenzt werden.[155]

Wohngeld, Städtebau und Stadtentwicklung

Das bis 2008/09 jahrelang nicht mehr erhöhte Wohngeld wird in der Fachliteratur zur (Kinder-)Armut sehr positiv bewertet: »Es gibt kaum einen anderen Transfer, der so direkt einer Verbesserung der Lebenslage von Kindern und Jugendlichen zugute kommt, so daß schon deshalb dringend seine inzwischen aufgelaufene Unterausstattung behoben werden muß, wobei die einschlägige Debatte auf zusätzliche Reformnotwendigkeiten verweist.«[156] Hiergegen wäre einzuwenden, dass diese Subvention letztlich weniger bedürftigen Familien als den Eigentümern jener Häuser nützt, in denen sie zur Miete leben. Dass sich die Bundesregierung von einer Erhöhung des Wohngeldes, einer Anhebung der Miethöchstgrenzen und seiner Ergänzung um eine Heizkostenkomponente, die den gestiegenen Energiekosten rückwirkend zum 1. Oktober 2008 Rechnung tragen soll, eine spürbare Verringerung der (Kinder-)Armut verspricht, dokumentiert ihre Unfähigkeit, das Problem an der Wurzel zu fassen, also seine strukturellen Ursachen zu bekämpfen. Sehr viel wirkungsvoller als die

Objekt- wäre eine Subjektförderung: Der soziale Mietwohnungsbau wurde seit den 80er-Jahren immer stärker eingeschränkt, müsste allerdings wieder aufgenommen und auf Familien konzentriert werden, um die Kinderarmut eindämmen zu können.

Mit dem Bund-Länder-Programm »Soziale Stadt« suchte man die soziale Polarisierung der Metropolen und die Marginalisierung benachteiligter Quartiere abzufedern oder zu kompensieren. In einigen »sozialen Brennpunkten« verzeichneten die Modellprojekte durchaus Teilerfolge, wenngleich sie den Teufelskreis zwischen der Armut und der Unterversorgung von Familien mit Wohnraum letztlich nicht aufbrechen konnten. Das »Soziale Stadt«-Programm vermittelt den Bewohner(inne)n stigmatisierter und diese stigmatisierender Quartiere, dass der Staat sie nicht im Stich lässt und abgeschrieben hat, vielmehr bemüht ist, sie in den Ersten Arbeitsmarkt zu (re)integrieren. Trotz seiner Orientierung am Konzept des »aktivierenden Sozialstaates« und technokratischer Züge der Umsetzung trägt das Bund-Länder-Programm in vielen Kommunen zur Integration von marginalisierten Bevölkerungsgruppen (Drogenabhängigen, jugendlichen Subkulturen, Obdachlosen usw.) bei. Wo das »Quartiersmanagement« im Sinne einer aufsuchenden Gemeinwesenarbeit verstanden und mit niedrigschwelligen Angeboten für die Bewohner/innen verbunden wird, gehören arme Kinder und Jugendliche zu den Gruppen, die davon profitieren.

Stadtentwicklungspolitik darf nicht an den Verwertungsinteressen von (Groß-)Investoren, muss vielmehr an den Bedürfnissen der (potenziellen) Bewohner/innen von Stadtteilen orientiert sein. Selbst das Programm »Soziale Stadt« fördert allerdings unternehmerische Geschäftspraktiken, weil private Planungsbüros als Träger der Quartiersentwicklung etabliert wurden, während die Bürgerbeteiligung inszeniert wirkt und sich die Ungleichheitslogik neoliberaler Stadtentwicklungsmodelle reproduziert: »Die selektive Privilegierung von Inhalten im Instrument ›Quartiersmanagement‹ kann deshalb maximal für ein begrenztes Gebiet und einen begrenzten Zeitraum die schlimmsten Fehler der ›normalen‹ Stadtentwicklungspolitik abmildern. Die ›Soziale Stadt‹ ist aber weder Allheilmittel noch sollte sie als Substitut für eine kohärente, strategische und mit ausreichenden Ressourcen ausgestattete Stadtentwicklungspolitik aufgefasst werden.«[157]

Wenn aufgrund der Privatisierung kommunalen Eigentums immer mehr städtische Wohneinheiten in den Besitz von Finanzinvestoren (Private-Equity-Gesellschaften sowie Hedge- und Pensionsfonds) übergehen, wie besonders spektakulär in Dresden geschehen, dürfte sich die sozial-räumliche Segregation noch verstärken und der für Familien bzw. ihre Kinder fatale Verdrängungsprozess fortsetzen. Wer die Stadt nur als einen »Wirtschaftsstandort« wahrnimmt, mithinvornehmlich ihre Wettbewerbs-fähigkeit und Wachstumspotenziale im Auge hat, übersieht die sozialräum-liche Konzentration der Armut und kann dieser nicht adäquat begegnen. Die urbane Lebensqualität wächst durch Kinderfreundlichkeit der Quar-tiere, die Stadtplaner/innen und verantwortliche Kommunalpolitiker/innen wieder sehr viel stärker in den Blick nehmen sollten.

Armutsverhinderung durch politische Bewusstseinsbildung und Gesellschaftsveränderung

Armut in einem reichen Land ist ein verteilungspolitisches Paradox und ein gravierendes Gerechtigkeitsproblem, das nach einer Grundsatzdiskussion in allen Lebensbereichen und nach Konsequenzen im Handeln der Ent-scheidungsträger/innen verlangt. Wenn stattdessen intensiv über Leis-tungsmissbrauch im Wohlfahrtsstaat und eine Unterschicht diskutiert wird, die ihre soziale Misere selbst verschuldet hat, indem sie jegliche Bildungs- und Arbeitsbereitschaft vermissen lässt, nehmen Wirtschaft, Gesellschaft und Staat das Phänomen nicht ernst und ihre Verantwortung für die (po-tenziell) davon Betroffenen nicht wahr. Vorurteile wie das des »faulen Arbeitslosen« oder das seines gemütlichen Ausruhens in der »sozialen Hängematte« verdecken das Scheitern aller Bemühungen, unterprivilegierte Mitglieder der Gesellschaft zu integrieren.

In der gerade wieder einmal neu entdeckten Armut manifestiert sich nur, dass die »alte« soziale Frage immer noch nicht umfassend beantwortet ist. Dabei handelt es sich um ein Problem, dem man letztlich nur *politisch* Einhalt gebieten kann, wiewohl es durch individuelle Fördermaßnahmen und (sozial)pädagogische Unterstützung zweifellos zu lindern ist. Arbeits-losigkeit, soziale Ausgrenzung und Armut lassen sich besonders wirkungs-voll dort bekämpfen, wo sie entstehen. Will man nicht nur die extremen Auswüchse der Armut, sondern die Wurzeln für ihre Fortexistenz beseiti-gen, muss eine grundlegende Umgestaltung der Gesellschaft erfolgen. Denn schließlich ist Armut kein bloßer Exzess, sondern eine wichtige Existenzbedingung kapitalistischer Gesellschaften, die gleichzeitig als Herr-schaftsinstrument ihrer Eliten fungiert. Dies bedeutet aber nicht, dass Armut nur durch eine Revolution bzw. die Überwindung des Kapitalismus zu lindern oder zu mindern wäre, vielmehr bloß, dass sich Armut durch Reformen bzw. im Rahmen dieses Wirtschaftssystems schwerlich *beseitigen* lässt.

Vor allem darf Armut nie isoliert gesehen, sie muss vielmehr in einen gesamtgesellschaftlichen Rahmen gestellt werden, will man das Problem als solches begreifen und mit Erfolg bekämpfen. Hierzu gehört auch, die soziale Ungleichheit allgemein zu thematisieren, weil sie eine ständig sprudelnde Quelle für Armut, Unterversorgung und Not darstellt. Herbert Jacobs betont demgegenüber die »appellative Funktion« der Armut, wenn er schreibt: »Gegen Armut muß etwas unternommen werden, gegen Ungleichheit nicht unbedingt.«[158] Dass die Betroffenen wechseln, kann aufrüttelnd und mobilisierend wirken: Heute trifft der Verarmungsprozess vorwiegend Familien, Kinder und Jugendliche; morgen oder übermorgen sind es jedoch wahrscheinlich andere Gesellschaftsgruppen bzw. Alterskohorten, die besonders stark unter materiellen Entbehrungen und sozialer Ausgrenzung leiden.

Armut lässt sich nur mit Erfolg bekämpfen, wenn eine kritische Gegenöffentlichkeit entsteht oder geschaffen wird. Deutungsmuster, die nicht mit der gesellschaftlichen Realität übereinstimmen, sind Zerrbilder der Armut. Sie zu hinterfragen sollte eine Aufgabe der Armutsforschung selbst wie der politischen Bildung sein. Betrachtet man das bisherige Medienecho auf die schwierige soziale Lage von Millionen Familien, Kindern und Jugendlichen, dem sich der Umstand verdankt, dass der Kampf gegen Kinderarmut sogar auf Bundesebene die politische Agenda scheinbar eine Zeitlang beherrschte,[159] ist eine noch größere Aufmerksamkeit der Journalist(inn)en für das Problem wünschenswert. Diese könnten das soziale Verantwortungsbewusstsein der Bevölkerung wie der zuständigen Regierungen und Verwaltungen beispielsweise schärfen, indem sie Armut als ein *gesellschaftliches* Problem darstellen, das in aller Regel weder individuell verschuldet noch durch die Betroffenen (oder deren Verwandte) zu lösen ist. Außerdem müssten Armut und Reichtum gemeinsam thematisiert werden, um den strukturellen Bedingungszusammenhang zwischen beiden herauszuarbeiten, was in der Vergangenheit selten geschah.[160]

Durch eine subtile Psychologisierung, Pathologisierung und Pädagogisierung des Armutsproblems haben die Massenmedien in der Vergangenheit mit zu seiner Entpolitisierung beigetragen. Statt die Armut in der Bundesrepublik mit der materiellen Not und dem Massenelend in Entwicklungsländern zu vergleichen und damit – manchmal ungewollt – zu verharmlosen, könnten die Medien ihren Rezipient(inn)en beispielsweise zu vermitteln suchen, dass das Aufwachsen in abgelegenen, verwahrlosten und verfallenden Hochhaussiedlungen deutscher Großstädte ebenso trostlos sein kann wie das Aufwachsen in Lehmhütten von Ländern der sog. Dritten Welt. Gar nicht oft genug kann darüber informiert werden, dass Armut ein Strukturmerkmal des Finanzmarktkapitalismus und nur in den seltensten Fällen durch individuelles Fehlverhalten entstanden ist, das zudem die Demokratie gefährdet. In konjunkturellen Krisen, wirtschaftlichen Depressionsperioden und gesellschaftlichen Umbruchsituationen wie der gegenwärtigen treten die *systemimmanenten* Armutsursachen stärker als sonst hervor. Gleichzeitig nimmt die Gefahr zu, dass Armut wegen ihres massenhaften Auftretens als »normal« angesehen und dethematisiert wird.

Journalist(inn)en sollten die Öffentlichkeit darüber aufklären, dass nicht alle Maßnahmen gegen Armut, die gut gemeint sind, auch ihren Zweck erfüllen. Selbst engagierte Bürger/innen scheitern bei dem Versuch, die Armut zu überwinden, wenn sich ihre Schritte als kontraproduktiv erweisen. Das gilt etwa für die »Tafeln«, wie jene ca. 800 Einrichtungen in der Bundesrepublik genannt werden, über die freiwillige Helfer/innen die Nahrungsmittelversorgung für Bedürftige organisieren. Sie unterstützen ihre meist Hartz IV (Arbeitslosengeld II bzw. Sozialgeld) oder Sozialhilfe beziehenden »Kunden« bei der Alltagsbewältigung, indem sie ihnen Lebensmittel, deren Haltbarkeitsdatum beinahe abgelaufen ist, oder warme Mahlzeiten unentgeltlich bzw. zumindest preisgünstig überlassen. Hierdurch stabilisieren die Tafeln, ohne es zu wollen, das System der Armenhilfe und zementieren den Status quo: »Statt an einer Abschaffung der Armut mitzuwirken, beteiligen sich die Tafeln – sicher unintendiert – an einer Segmentierung der Gesellschaft in ›Oben‹ und ›Unten‹. Bedürftige Menschen werden durch ein gut funktionierendes Tafelsystem zwar nicht vom Staat, dafür aber umso effektiver von freiwilligen Hilfsorganisationen ›ruhig gestellt‹.«[161]

Die unerlässliche Parteinahme für die und das Engagement der Betroffenen selbst sind nur möglich, wenn ihre Stigmatisierung, Diffamierung und Kriminalisierung durch die wohlhabende Mehrheitsgesellschaft aufhört, was entsprechende öffentliche Diskurse erfordert, die von einflussreichen Journalist(inn)en organisiert bzw. moderiert werden müssen. Verarmungs-, Marginalisierungs- bzw. Prekarisierungsprozesse dürfen nicht länger verharmlost und verdrängt, die Armut in einem reichen Land sollte

weder (z.B. durch relativierende Vergleiche) beschönigt noch (z.b. mit der
Weltwirtschaftskrise) entschuldigt werden.

Nötig sind mehr Sensibilität gegenüber der Armut, die als Kardinalproblem unserer Wirtschafts- bzw. Gesellschaftsordnung erkannt werden
muss, mehr Solidarität mit den davon Betroffenen, was die Rekonstruktion
des Sozialstaates genauso einschließt wie eine andere Steuerpolitik zwecks
seiner Finanzierung durch Wohlhabende, Reiche und Superreiche, aber
auch eine höhere Sozialmoral, die bis in die Mittelschicht hineinreichende
Deprivations- bzw. Desintegrationstendenzen als Gefahr für den gesellschaftlichen Zusammenhalt begreift. Armut ist ein viel zu ernstes Problem,
um seine Lösung den davon Betroffenen sowie meistenteils gleichfalls
überforderten Sozialarbeiter(inne)n und Sozialpädagog(inne)n zu überlassen. Die öffentliche Debatte über Armut bzw. Arme war selten mehr als
ein ideologisches Ablenkungsmanöver; umso sinnvoller erscheint die Aufgabe, die hierzulande wachsende Gleichgültigkeit gegenüber der sozialen
Ungleichheit zu problematisieren.

Wer mit dem Argument zum Kampf gegen die (Kinder-)Armut aufruft,
dass sie perspektivisch der heimischen Volkswirtschaft bzw. dem »eigenen«
Wirtschaftsstandort schade, wendet sich nicht bloß an das falsche, nämlich
für dieses Problem verantwortliche Publikum der Wohlhabenden, Reichen
und Superreichen, sondern befindet sich auf dem politisch-ideologischen
Holzweg und hat möglicherweise bereits resigniert. Darauf deutet die Begründung hin, mit der Ulrike Meyer-Timpe für eine Verbindung des Themas mit ökonomischen Argumenten plädiert: »Die Appelle an das Mitge-
fühl und die soziale Gerechtigkeit haben schon bislang wenig bewirkt.
Daran wird sich auch künftig nichts ändern.«[162] Wer – wie es Meyer-Timpe
offenbar aus taktischen Erwägungen widerstrebend tut – die Dominanz
ökonomischer Deutungsmuster anerkennt und damit verstärkt, begibt sich
umgekehrt der Möglichkeit, in einer dadurch noch mehr geprägten Öffentlichkeit mit humanistischen, menschenrechtlichen, republikanischen und
karitativen Argumenten durchzudringen. Meyer-Timpe bedauert, dass es
viele Deutsche im Unterschied zu den US-Amerikaner(inne)n als inhuman
empfinden, Kinder vornehmlich als künftige Steuerzahler/innen und Arbeitskräfte zu sehen.[163] Dabei lässt genau dies hoffen, während eine
ökonomistische Sichtweise ungewollt eben jene Kräfte in der Gesellschaft
stärkt, die mit ihrer Verherrlichung der Marktdynamik, der Standortlogik
und einer neoliberalen Politik für das Entstehen von immer mehr Armut
sorgen.

Armut erweckt oft Mitleid und ein schlechtes Gewissen, nichts oder nur wenig gegen ihr Entstehen unternommen zu haben, ruft aber selten massiven Protest hervor, denn die davon unmittelbar Betroffenen haben Mühe, ihr eigenes Leben zu organisieren, und den übrigen Menschen macht sie eher Angst. Deshalb muss Armut als Resultat eines Wirtschafts- und Gesellschaftssystems erkannt werden, das sich verändern lässt, soll daraus ein systemkritisches Bewusstsein, politisches Handeln und massenhafter Widerstand erwachsen. Arbeitsmarkt-, Beschäftigungs- und Sozialpolitik können zwar die Not der Betroffenen lindern, aber kaum verhindern, dass die Kluft zwischen Arm und Reich fortbesteht und den inneren Frieden gefährdet. Armut wirksam zu bekämpfen heißt nicht zuletzt, mit dafür zu sorgen, dass Strukturen sozialer Ungleichheit für immer beseitigt werden. Es bedarf einschneidender Reformen und entschlossener Umverteilungsmaßnahmen, um das Problem zu lösen. Dafür unbedingt erforderlich wäre ein Paradigmawechsel vom »schlanken« zum interventionsfähigen und -bereiten Wohlfahrtsstaat.[164]

Armutsbekämpfung kostet enorm viel Geld: Da die im Zeichen der Globalisierung zunehmende Armut mit wachsendem Wohlstand und vermehrtem Reichtum einhergeht, ja geradezu dessen Kehrseite bildet, kann sie nur durch konsistente und miteinander kompatible Maßnahmen einer Umverteilung »von oben nach unten« beseitigt werden. Sinnvoll wäre die Wiedererhebung der nach einem Urteil des Bundesverfassungsgerichts von der CDU/CSU/FDP-Koalition zum 1. Januar 1997 ausgesetzten Vermögensteuer. Sie ist keineswegs abgeschafft, sondern steht nach wie vor in der Verfassung (Art. 106 Abs. 2 GG). Ihre Reaktivierung würde nicht bloß der Steuergerechtigkeit dienen, sondern könnte auch entscheidend dazu beitragen, die Bundesländer, denen sie zusteht, finanziell handlungsfähiger zu machen. An die Stelle des mit den hohen Kosten der Vereinigung begründeten Solidaritätszuschlages (für alle Lohn-, Einkommen- und Körperschaftsteuerpflichtigen) müsste eine zeitlich befristete Vermögensabgabe für Kapitaleigentümer und Besserverdienende treten, wie sie etwa der frühere Arbeits- und Sozialminister Herbert Ehrenberg (SPD) vorgeschlagen hat.[165]

Die deutsche Armutsforschung hat zuletzt erheblich an Bedeutung und öffentlichem Einfluss gewonnen: In der Soziologie riskiert heute nicht mehr sein wissenschaftliches Renommee, wer sich mit dem Problemkreis »Armut und Arbeitslosigkeit« beschäftigt, und in der Geschichtswissenschaft gilt die historische Armutsforschung mittlerweile als fest etabliertes

Teilgebiet.[166] Armutsforscher/innen besetzten im Rahmen der Regierungs-
berichterstattung zu Armut und Reichtum wichtige Positionen als Gut-
achter/innen und Politikberater/innen. Gleichzeitig nahm ihre Bereitschaft, gegenüber Regierungen und Verwaltungen deutlich Stellung zu
beziehen, spürbar ab. Umso notwendiger wäre es, den kritischen Geist der
Vergangenheit wiederzubeleben, denn das Ziel einer Gesellschaft oder gar
einer Welt auf der Grundlage sozialer Gerechtigkeit und ohne Armut ist
weiter entfernt denn je. Vielleicht muss die Armutsforschung von der wenig effektiven Politik- wieder stärker zu einer »Gesellschaftsberatung«
übergehen,[167] um ihre Autonomie zu bewahren oder wiederherstellen und
Anpassungstendenzen wirksamer begegnen zu können.

Eine kapitalistische Ökonomie, die auf der Konkurrenz basiert und fast
durchgängig profitorientiert ist, schließt soziale Ungleichheit ein, hingegen
nie aus, dass viele Menschen verarmen. Wie Michael Klundt betont, sollte
eine *kritische* Armutsforschung daher über bloße Maßnahmen zur Umverteilung des privaten Reichtums hinausweisen und soziale Emanzipation,
d.h. die Überwindung der Klassengegensätze thematisieren. Dauerhaft lässt
sich Armut nur verhindern, wenn die Öffentlichkeit für radikale Forderungen zu seiner Lösung mobilisiert, das Netz der sozialen Sicherung armutsfest gemacht und die Gesellschaft durch Strukturreformen grundlegend
verändert wird.[168]

Seit dem Zusammenschluss von Linkspartei.PDS und WASG zur Partei DIE LINKE am 23./24. Juni 2007 und deren anschließenden Erfolgen
bei mehreren Kommunal- und Landtagswahlen auch in Westdeutschland
(Bremen, Hamburg, Hessen und Niedersachsen) stehen die Forderungen
nach einer wirksamen Bekämpfung der Armut, einer bedarfsorientierten
sozialen Grundsicherung und einem gesetzlichen Mindestlohn (wieder) auf
der parlamentarischen Tagesordnung. Eine weitere zwingend notwendige
Bedingung für ihre Durchsetzung sind ein breites Bündnis von Millionen
sozial Engagierten in unterschiedlichen Parteien, Gewerkschaften, Kirchen
und Wohlfahrtsverbänden sowie eine mächtige außerparlamentarische
Bewegung, die Bürgerinitiativen der unterschiedlichsten Art umfasst: von
der Nationalen Armutskonferenz sowie ihren regionalen und lokalen Un-
tergliederungen und Erwerbslosenforen bzw. -initiativen bis zu globalisierungskritischen Netzwerken wie attac.

Mancherlei ökonomische Anzeichen deuten darauf hin, dass die Armutsrisiken für unterschiedliche Bevölkerungsgruppen in nächster Zeit
drastisch zunehmen. Die wachsende Armut wird die politische Agenda der

Bundesrepublik im Gefolge der Weltfinanzwirtschaftskrise 2008/09 denn auch vermutlich stärker als je zuvor in ihrer über 60-jährigen Geschichte bestimmen; dass mittlerweile sowohl Politiker unterschiedlicher Couleur als auch führende Ökonomen über die soziale Gerechtigkeit reflektieren,[169] eröffnet jedoch die Chance eines stärker an der gesellschaftlichen Realität orientierten Diskurses. Das drängende Problem einer zunehmenden sozialen Ungleichheit, die den inneren Frieden und die Demokratie zu gefährden droht, lässt sich kaum mehr vertuschen, verharmlosen oder verdrängen. Unabhängig von Wahlkämpfen und parteitaktischen Winkelzügen sollte es die Öffentlichkeit über einen längeren Zeitraum hinweg bewegen, denn die gesellschaftlichen Verteilungskämpfe dürften sich zuspitzen, wenn über Jahre hinweg die Frage im Raum steht, wer die Kosten der Finanzmarktkrise und der Bankensanierung tragen muss.

Anmerkungen

1. Armut in der Bundesrepublik – Begriffsdefinition und Bestandsaufnahme

1 Vgl. Herbert Jacobs, Armut. Zum Verhältnis von gesellschaftlicher Konstituierung und wissenschaftlicher Verwendung eines Begriffs, in: Soziale Welt 4/1995, S. 404

2 Wolf Wagner, Die nützliche Armut. Eine Einführung in Sozialpolitik, Berlin (West) 1982, S. 31 (Hervorh. im Original); vgl. auch ders., Angst vor der Armut, Berlin 1991

3 Olaf Groh-Samberg, Armut, soziale Ausgrenzung und Klassenstruktur. Zur Integration multidimensionaler und längsschnittlicher Perspektiven, Wiesbaden 2009, S. 28

4 Leopold v. Wiese, Über die Armut, in: Kölner Zeitschrift für Soziologie 1/1954, S. 42

5 Olaf Groh-Samberg, Armut, soziale Ausgrenzung und Klassenstruktur, a.a.O., S. 203

6 Jürgen Roth, Absturz. Das Ende unseres Wohlstands, München 1997, S. 110

7 Serge Paugam, Die elementaren Formen der Armut, Hamburg 2008, S. 112

8 Gabriel Kolko, Besitz und Macht. Sozialstruktur und Einkommensverteilung in den USA, Frankfurt am Main 1967, S. 77

9 Siehe Wolfgang Glatzer/Werner Hübinger, Lebenslagen und Armut, in: Diether Döring/Walter Hanesch/Ernst-Ulrich Huster (Hrsg.), Armut im Wohlstand, Frankfurt am Main 1990, S. 44

10 Olaf Groh-Samberg, Armut, soziale Ausgrenzung und Klassenstruktur, a.a.O., S. 118

11 Petra Buhr u.a., Armutspolitik und Sozialhilfe in vier Jahrzehnten, in: Bernhard Blanke/Hellmut Wollmann (Hrsg.), Die alte Bundesrepublik. Kontinuität und Wandel, Opladen 1991 (Leviathan-Sonderheft 12), S. 505

12 Vgl. Herbert Jacobs, Armut, a.a.O., S. 410

13 Richard Hauser, Das Maß der Armut: Armutsgrenzen im sozialstaatlichen Kontext. Der sozialstatistische Diskurs, in: Ernst-Ulrich Huster/Jürgen Boeckh/Hildegard Mogge-Grotjahn (Hrsg.), Handbuch Armut und Soziale Ausgrenzung, Wiesbaden 2008, S. 68

14 Vgl. ebd.

15 Berthold Dietz, Soziologie der Armut. Eine Einführung, Frankfurt am Main/New York 1997, S. 87 (Hervorh. im Original)

16 Leopold v. Wiese, Über die Armut, a.a.O., S. 44

17 Meinhard Miegel, Die deformierte Gesellschaft. Wie die Deutschen ihre Wirklichkeit verdrängen, 2. Aufl. Berlin/München 2002, S. 105

18 Vgl. dazu: Gerlinde Unverzagt/Klaus Hurrelmann, Konsum-Kinder. Was fehlt, wenn es an gar nichts fehlt, Freiburg im Breisgau/Basel/Wien 2001; Christine Feil, Kinder, Geld und Konsum. Die Kommerzialisierung der Kindheit, Weinheim/München 2003

19 Vgl. Werner Schönig, Gibt es in Deutschland absolute Armut?, in: Lothar F. Neumann/ Hajo Romahn (Hrsg.), Wirtschaftspolitik in offenen Demokratien. Festschrift für Uwe Jens, Marburg 2005, S. 217 ff.

20 Siehe Dorothee Beck/Hartmut Meine, Wasserprediger und Weintrinker. Wie Reichtum vertuscht und Armut verdrängt wird, 4. Aufl. Göttingen 1998, S. 10

21 Walter Krämer, Armut in der Bundesrepublik. Zur Theorie und Praxis eines überforderten Begriffs, Frankfurt am Main/New York 2000, S. 115 f.

22 Siehe ebd., S. 33, 61, 25 und 33

23 Siehe ebd., S. 25

24 Ebd., S. 29

25 Wolfgang Ludwig-Mayerhofer/Eva Barlösius, Die Armut der Gesellschaft, in: Eva Barlösius/Wolfgang Ludwig-Mayerhofer (Hrsg.), Die Armut der Gesellschaft, Opladen 2001, S. 27

26 Walter Krämer, Werden die Deutschen immer ärmer?, in: Gesellschaft – Wirtschaft – Politik 4/2005, S. 397

27 Serge Paugam, Die elementaren Formen der Armut, a.a.O., S. 13

28 Georg Simmel, Soziologie. Untersuchungen über die Formen der Vergesellschaftung, Frankfurt am Main 1992, S. 551

29 Ebd., S. 554 f.

30 Vgl. Heinrich Strang, Erscheinungsformen der Sozialhilfebedürftigkeit. Ergebnisse einer empirischen Untersuchung in Kiel im Zusammenhang mit einer sozialgeschichtlichen und sozialtheoretischen Literaturanalyse über die Armut, Dissertation zur Erlangung des Doktorgrades der Philosophischen Fakultät der Christian-Albrechts-Universität zu Kiel, Kiel 1976, S. 92 ff.

31 Ebd., S. 100

32 Vgl. hierzu und zum Folgenden: Serge Paugam, Die elementaren Formen der Armut, a.a.O., S. 112 ff.

33 Werner Hübinger, Prekärer Wohlstand. Neue Befunde zu Armut und sozialer Ungleichheit, Freiburg im Breisgau 1996, S. 18

34 Vgl. Pierre Bourdieu, Prekarität ist überall, in: ders., Gegenfeuer. Wortmeldungen im Dienste des Widerstands gegen die neoliberale Invasion, Konstanz 1998, S. 96 ff.

35 Vgl. dazu die zahlreichen Beiträge in dem Sammelband von Robert Castel/Klaus Dörre (Hrsg.), Prekarität, Abstieg, Ausgrenzung. Die soziale Frage am Beginn des 21. Jahrhunderts, Frankfurt am Main/New York 2009

36 Siehe Klaus Kraemer, Ist Prekarität überall?, in: Claudio Altenhain u.a. (Hrsg.), Von »Neuer Unterschicht« und Prekariat. Gesellschaftliche Verhältnisse und Kategorien im Umbruch. Kritische Perspektiven auf aktuelle Debatten, Bielefeld 2008, S. 147

37 Stefanie Hürtgen, Prekarität als Normalität. Von der Festanstellung zur permanenten Erwerbsunsicherheit, in: Blätter für deutsche und internationale Politik 4/2008, S. 118

38 Berthold Vogel, Prekarität und Prekariat – Signalwörter neuer sozialer Ungleichheiten, in: Aus Politik und Zeitgeschichte. Beilage zur Wochenzeitung Das Parlament 33-34/ 2008, S. 17

39 Siehe Robert Castel, Die Metamorphosen der sozialen Frage. Eine Chronik der Lohnarbeit, Konstanz 2000, S. 360 f.

40 Klaus Dörre, Armut, Abstieg, Unsicherheit: Die soziale Frage am Beginn des 21. Jahrhunderts, in: Aus Politik und Zeitgeschichte 33-34/2008, S. 5

41 Siehe Wilhelm Heitmeyer/Kirsten Endrikat, Die Ökonomisierung des Sozialen. Folgen für »Überflüssige« und »Nutzlose«, in: Wilhelm Heitmeyer (Hrsg.), Deutsche Zustände, Folge 6, Frankfurt am Main 2008, S. 55 ff.

42 Laszlo A. Vaskovics, Segregierte Armut. Randgruppenbildung in Notunterkünften, Frankfurt am Main/New York 1976, S. 25 (Hervorh. im Original)

43 Vgl. Bronislaw Geremek, Geschichte der Armut. Elend und Barmherzigkeit in Europa, München 1991, S. 16

44 Robert Jütte, Arme, Bettler, Beutelschneider. Eine Sozialgeschichte der Armut, Weimar 2000, S. 209

45 Vgl. Rebekka Habermas, Wie Unterschichten nicht dargestellt werden sollen: Debatten um 1890 oder »Cacatum non est pictum!«, in: Rolf Lindner/Lutz Musner (Hrsg.), Unterschicht. Kulturwissenschaftliche Erkundungen der »Armen« in Geschichte und Gegenwart, Freiburg im Breisgau/Berlin/Wien 2008, S. 115

46 Vgl. Robert Jütte, Arme, Bettler, Beutelschneider, a.a.O., S. 209 ff.

47 Christian Marzahn, Das Zucht- und Arbeitshaus. Die Kerninstitution frühbürgerlicher Sozialpolitik, in: ders./Hans-Günther Ritz (Hrsg.), Zähmen und Bewahren. Die Anfänge bürgerlicher Sozialpolitik, Bielefeld 1984, S. 67

48 Vgl. dazu: Norbert Preußer, Not macht erfinderisch. Überlebensstrategien der Armenbevölkerung in Deutschland seit 1807, München 1989

49 Vgl. Werner Rügemer, Arm und reich, Bielefeld 2002, S. 6

50 Dierk Hirschel, Armut und Reichtum, in: Gabriele Gillen/Walter van Rossum (Hrsg.), Schwarzbuch Deutschland. Das Handbuch der vermissten Informationen, Reinbek bei Hamburg 2009, S. 55

51 Alexander Schubert, Der Kapitalismus des 21. Jahrhunderts und die Produktion seiner spezifischen Formen der Armut, in: Komitee für Grundrechte und Demokratie (Hrsg.), Jahrbuch 2003/2004, Köln 2004, S. 180

52 Siehe Georg Friedrich Wilhelm Hegel, Grundlagen der Philosophie des Rechts, in: ders., Werke, Frankfurt am Main 1970, S. 390 (§ 245)

53 Vgl. Jens S. Dangschat, Reichtum und Wohlstand auf Kosten der Armen. Folgen der städtischen Modernisierung für wachsende Einkommenspolarisierung und Segregation, in: Ernst-Ulrich Huster (Hrsg.), Reichtum in Deutschland. Die Gewinner der sozialen Polarisierung, 2. Aufl. Frankfurt am Main/New York 1997, S. 321 ff.

54 Vgl. dazu: Karl Georg Zinn, Wie Reichtum Armut schafft. Verschwendung, Arbeitslosigkeit und Mangel, 4. Aufl. Köln 2006

55 Günther Salz, Armut durch Reichtum. Soziale Brennpunkte als Erbe der Sozialen Frage: praktische Erfahrungen und theoretische Einsichten, Freiburg im Breisgau 1991, S. 130 (Hervorh. im Original)

56 Vgl. Peter Grottian u.a., Programm für wahrhaft Bedürftige, in: Frankfurter Rundschau v. 16.1.2009

57 Ernst-Ulrich Huster, Reichtum in einer reichen Gesellschaft, in: ders. (Hrsg.), Reichtum in Deutschland. Der diskrete Charme der sozialen Distanz, Frankfurt am Main/New York 1993, S. 12

58 Ebd., S. 11

59 Siehe Hans-Jürgen Krysmanski, Wem gehört die Europäische Union?, in: Sahra Wagenknecht (Hrsg.), Armut und Reichtum heute. Eine Gegenwartsanalyse, Berlin 2007, S. 213 ff.

60 Reinhard Kreckel, Politische Soziologie der sozialen Ungleichheit, Frankfurt am Main/ New York 1992, S. 97 (Hervorh. im Original)

61 Vgl. Michael Hartmann, Der Mythos von den Leistungseliten. Spitzenkarrieren und soziale Herkunft in Wirtschaft, Politik, Justiz und Wissenschaft, Frankfurt am Main/ New York 2002; ders., Elitesoziologie. Eine Einführung, Frankfurt am Main/New York 2004; ders., Eliten und Macht in Europa. Ein internationaler Vergleich, Frankfurt am Main/New York 2007

62 Inge Kloepfer, Aufstand der Unterschicht. Was auf uns zukommt, o.O. 2008, S. 281

63 Friedhelm Hengsbach/Matthias Möhring-Hesse, Solidarität in der Krise, in: dies. (Hrsg.), Eure Armut kotzt uns an! – Solidarität in der Krise, Frankfurt am Main 1995, S. 9

64 Vgl. dazu: Wolf Wagner, Die nützliche Armut, a.a.O.; ders., Angst vor der Armut, a.a.O.

65 Jens S. Dangschat, Armut durch Wohlstand, in: ders. (Hrsg.), Modernisierte Stadt – gespaltene Gesellschaft. Ursachen von Armut und sozialer Ausgrenzung, Opladen 1999, S. 14

66 Ebd., S. 34

67 Thomas H. Marshall, Staatsbürgerrechte und soziale Klassen, in: ders., Bürgerrechte und soziale Klassen. Zur Soziologie des Wohlfahrtsstaates, Frankfurt am Main/New York 1992, S. 56

68 Vgl. dazu: Markus Linden/Winfried Thaa (Hrsg.), Die politische Repräsentation von Fremden und Armen, Baden-Baden 2009

69 Martin Kronauer, Exklusion. Die Gefährdung des Sozialen im hoch entwickelten Kapitalismus, Frankfurt am Main/New York 2002, S. 231

70 Siehe Wolfgang Glatzer u.a., Reichtum im Urteil der Bevölkerung. Akzeptanzprobleme und Spannungspotenzial, Opladen/Farmington Hills 2009, S. 78 und 77

71 Vgl. Winfried Fluck/Welf Werner (Hrsg.), Wie viel Ungleichheit verträgt die Demokratie? – Armut und Reichtum in den USA, Frankfurt am Main/New York 2003

72 Vgl. dazu: Helmut Hartmann, Sozialhilfebedürftigkeit und »Dunkelziffer« der Armut, Stuttgart 1981; Udo Neumann/Markus Hertz, Verdeckte Armut in Deutschland, Frankfurt am Main 1998; Irene Becker/Richard Hauser, Dunkelziffer der Armut. Ausmaß und Ursachen der Nicht-Inanspruchnahme zustehender Sozialhilfeleistungen, Berlin 2005

73 Karin Heitzmann, Armut ist weiblich! – Ist Armut weiblich?, Gedanken zur sozio-ökonomischen Armutsforschung aus feministischer Sicht, in: dies./Angelika Schmidt (Hrsg.), Frauenarmut. Hintergründe, Facetten, Perspektiven, Frankfurt am Main 2001, S. 129

74 Ottmar Schreiner, Die Gerechtigkeitslücke. Wie die Politik die Gesellschaft spaltet, Berlin 2008, S. 237 (Fn. 1)

75 Olaf Groh-Samberg, Armut, soziale Ausgrenzung und Klassenstruktur, a.a.O., S. 43

76 Ebd., S. 272

77 Ebd., S. 124

78 Vgl. z.B. Beate Hock u.a., Gute Kindheit – schlechte Kindheit?, Armut und Zukunftschancen von Kindern und Jugendlichen in Deutschland. Abschlussbericht zur Studie im Auftrag des Bundesverbandes der Arbeiterwohlfahrt, Frankfurt am Main 2000; Gerda Holz/Susanne Skoluda, Armut im frühen Grundschulalter. Abschlussbericht der vertiefenden Untersuchung zu Lebenssituation, Ressourcen und Bewältigungshandeln von Kindern im Auftrag des Bundesverbandes der Arbeiterwohlfahrt, Frankfurt am Main 2003

79 Siehe Gerhard Weisser, Wirtschaft, in: Werner Ziegenfuß (Hrsg.), Handbuch der Soziologie, Stuttgart 1956, S. 986

80 Vgl. Ingeborg Nahnsen, Bemerkung zum Begriff der Sozialpolitik in den Sozialwissen-schaften, in: Martin Osterland (Hrsg.), Arbeitssituation, Lebenslage und Konfliktpoten-tial, Frankfurt am Main 1975, S. 145 ff.

81 Eva Barlösius, Armut und Soziologie in Deutschland, in: Leviathan 4/1995, S. 535

82 Vgl. z.b. Walter Hanesch u.a., Armut in Deutschland. Der Armutsbericht des DGB und des Paritätischen Wohlfahrtsverbandes, Reinbek bei Hamburg 1994, S. 25

83 Vgl. Klaus Lompe (Hrsg.), Die Realität der neuen Armut. Analysen der Beziehungen zwischen Arbeitslosigkeit und Armut in einer Problemregion, Regensburg 1987. Zu einer möglichen Einordnung des Ansatzes in Entwicklungsstufen von Armutskonzepten vgl. Berthold Dietz, Soziologie der Armut, a.a.O., S. 104 ff.

84 Werner Hübinger, Prekärer Wohlstand, a.a.O., S. 48 f.

85 Wolfgang Glatzer/Werner Hübinger, Lebenslagen und Armut, a.a.O., S. 34

86 Werner Hübinger, Prekärer Wohlstand, a.a.O., S. 68

87 Vgl. Olaf Groh-Samberg, Armut, soziale Ausgrenzung und Klassenstruktur, a.a.O., S. 86 f.

88 Dietrich Engels, Lebenslagen und soziale Exklusion – Thesen zur Reformulierung des Lebenslagenkonzepts für die Sozialberichterstattung, in: Sozialer Fortschritt 5/2006, S. 110

89 Olaf Groh-Samberg, Armut, soziale Ausgrenzung und Klassenstruktur, a.a.O., S. 167

90 Ebd., S. 181

91 Ebd.

92 Karl August Chassé, Unterschicht, prekäre Lebenslagen, Exklusion – Versuch einer Dechiffrierung der Unterschichtsdebatte, in: Fabian Kessl/Christian Reutlinger/Holger Ziegler (Hrsg.), Erziehung zur Armut? – Soziale Arbeit und die »neue Unterschicht«, Wiesbaden 2007, S. 34 (Fn. 5)

93 Olaf Groh-Samberg, Armut, soziale Ausgrenzung und Klassenstruktur, a.a.O., S. 174

94 Siehe Robert Castel, Die Fallstricke des Exklusionsbegriffs, in: Heinz Bude/Andreas Willisch (Hrsg.), Exklusion. Die Debatte über die »Überflüssigen«, Frankfurt am Main 2008, S. 69

95 Siehe Martin Kronauer, Exklusion, a.a.O., S. 11

96 Ders., Die Innen-Außen-Spaltung der Gesellschaft. Eine Verteidigung des Exklusions-begriffs gegen seinen mystifizierenden Gebrauch, in: Sebastian Herkommer (Hrsg.), Soziale Ausgrenzungen. Gesichter des neuen Kapitalismus, Hamburg 1999, S. 69 f.

97 Martin Kronauer/Berthold Vogel, Spaltet Arbeitslosigkeit die Gesellschaft?, in: Peter A. Berger/Michael Vester (Hrsg.), Alte Ungleichheiten – neue Spaltungen, Opladen 1998, S. 340 (Hervorh. im Original)

98 Olaf Groh-Samberg, Armut, soziale Ausgrenzung und Klassenstruktur, a.a.O., S. 82

99 Hildegard Mogge-Grotjahn, Gesellschaftliche Ein- und Ausgrenzung. Der soziologische Diskurs, in: Ernst-Ulrich Huster/Jürgen Boeckh/Hildegard Mogge-Grotjahn (Hrsg.), Handbuch Armut und Soziale Ausgrenzung, a.a.O., S. 51

100 Vgl. Armin Nassehi, Exklusion als soziologischer oder sozialpolitischer Begriff?, in: Heinz Bude/Andreas Willisch (Hrsg.), Exklusion, a.a.O., S. 122

101 Ebd., S. 125

102 Ebd., S. 127

103 Ariadne Sondermann/Wolfgang Ludwig-Mayerhofer/Olaf Behrend, Die Überzähligen – Teil der Arbeitsgesellschaft, in: Robert Castel/Klaus Dörre (Hrsg.), Prekarität, Abstieg, Ausgrenzung, a.a.O., S. 159

104 Berthold Vogel, Sicher – prekär, in: Stephan Lessenich/Frank Nullmeier (Hrsg.), Deutschland – eine gespaltene Gesellschaft, Frankfurt am Main/New York 2006, S. 89

105 Frank Hillebrandt, Soziale Ungleichheit oder Exklusion? – Zur funktionalistischen Verkennung eines soziologischen Grundproblems, in: Roland Merten/Albert Scherr (Hrsg.), Inklusion und Exklusion in der Sozialen Arbeit, Wiesbaden 2004, S. 125

106 Vgl. z.B. Ken Auletta, The Underclass, New York 1982; Charles A. Murray, Losing Ground. American Social Policy, 1950-1980, New York 1984; William J. Wilson, The Truly Disadvantaged. The Inner City, the Underclass, and Public Policy, Chicago 1987; Christopher Jencks/Paul E. Peterson (Hrsg.), The Urban Underclass, Washington D.C. 1991

107 Albert Scharenberg, Kampfschauplatz Armut. Der Unterschichtendiskurs in den Vereinigten Staaten, in: Blätter für deutsche und internationale Politik 2/2007, S. 187

108 Peter Bremer/Norbert Gestring, Urban Underclass – neue Formen der Ausgrenzung auch in deutschen Städten?, in: PROKLA 106 (1997), S. 73

109 Siehe Richard Hauser, Tendenzen zur Herausbildung einer Unterklasse? – Ein Problemaufriß aus sozio-ökonomischer Sicht, in: Wolfgang Glatzer/Ilona Ostner, Deutschland im Wandel. Sozialstrukturelle Analysen. Ein Sonderband der Zeitschrift GEGENWARTS-KUNDE, gewidmet Bernhard Schäfers zum 60. Geburtstag, Opladen 1999, S. 143

110 Roland Eckert, Dritte Welt in der Ersten? – Die Entstehung einer Social Underclass, in: Kirsten Bruhns/Wolfgang Mack (Hrsg.), Aufwachsen und Lernen in der Sozialen Stadt. Kinder und Jugendliche in schwierigen Lebensräumen, Opladen 2001, S. 301

111 Zygmunt Bauman, Schwache Staaten. Globalisierung und die Spaltung der Weltgesellschaft, in: Ulrich Beck (Hrsg.), Kinder der Freiheit, 2. Aufl. Frankfurt am Main 1997, S. 331

112 Heinz Bude, Die Überflüssigen als transversale Kategorie, in: Peter A. Berger/Michael Vester (Hrsg.), Alte Ungleichheiten – neue Spaltungen, Opladen 1998, S. 372

113 Claus Offe, Moderne »Barbarei«: Der Naturzustand im Kleinformat?, in: Max Miller/Hans-Georg Soeffner (Hrsg.), Modernität und Barbarei. Soziologische Zeitdiagnose am Ende des 20. Jahrhunderts, Frankfurt am Main 1996, S. 274

114 Heinz Bude, Die Überflüssigen als transversale Kategorie, a.a.O., S. 377

115 Ebd., S. 373 (Hervorh. im Original)

116 Heinz Bude, Die Ausgeschlossenen. Das Ende vom Traum einer gerechten Gesellschaft, München 2008, S. 33

117 Ebd., S. 34

118 Heinz Bude, Die Überflüssigen als transversale Kategorie, a.a.O. (Hervorh. im Original)

119 Ebd., S. 378

120 Heinz Bude, Die Ausgeschlossenen, a.a.O., S. 14 f.

121 Ebd., S. 16

122 Siehe Nadja Klinger/Jens König, Einfach abgehängt. Ein wahrer Bericht über die neue Armut in Deutschland, Berlin 2006, S. 200

123 Bernhard Schäfers, Zum öffentlichen Stellenwert von Armut im sozialen Wandel der Bundesrepublik Deutschland, in: Stephan Leibfried/Wolfgang Voges (Hrsg.), Armut im modernen Wohlfahrtsstaat, Opladen 1992 (KZfSS-Sonderheft 32), S. 117

124 Siehe Große Anfrage der Abgeordneten Bueb, Frau Wagner und der Fraktion DIE GRÜNEN Armut und Sozialhilfe in der Bundesrepublik Deutschland (I), BT-Drs. 10/4503 v. 9.12.1985, S. 1 f.

125 Ebd., S. 3

126 Vgl. ebd., S. 4

127 Antwort der Bundesregierung auf die Großen Anfragen der Abgeordneten Bueb, Frau Wagner und der Fraktion DIE GRÜNEN – Drucksachen 10/4503, 10/4504 – Armut und Sozialhilfe in der Bundesrepublik Deutschland, BT-Drs. 10/6055 v. 24.9.1986, S. 10. Mit dieser Begründung lehnte es die Regierung ab, eine regelmäßige Armutsberichterstattung aufzubauen (S. 12).

128 Ulrich Schneider, Armut in einem reichen Land, in: Siegfried Müller/Ulrich Otto (Hrsg.), Armut im Sozialstaat. Gesellschaftliche Analysen und sozialpolitische Konsequenzen, Neuwied/Kriftel/Berlin 1997, S. 13

129 Antwort der Bundesregierung auf die Große Anfrage der Abgeordneten Konrad Gilges, Gerd Andres, Ernst Bahr, weiterer Abgeordneter und der Fraktion der SPD – Drucksache 13/1527 – Armut in der Bundesrepublik Deutschland, BT-Drs. 13/3339 v. 28.11.1995, S. 2

130 Ebd., S. 7

131 Vgl. Experten empört über Nolte. Ablehnung der Studie über Armut von Kindern gerügt, in: Kölner Stadt-Anzeiger v. 27.8.1998; Nolte: Es gibt Notlagen, aber keine Armut. Länderkammer stritt über Kinderbericht der Regierung, in: Kölner Stadt-Anzeiger v. 26./27.9.1998

132 Siehe Bericht über die Lebenssituation von Kindern und die Leistungen der Kinderhilfen in Deutschland – Zehnter Kinder- und Jugendbericht, BT-Drs. 13/11368, S. 90

133 Stellungnahme der Bundesregierung zum Zehnten Kinder- und Jugendbericht, in: Bundesministerium für Familie, Senioren, Frauen und Jugend (Hrsg.), Zehnter Kinder- und Jugendbericht. Bericht über die Lebenssituation von Kindern in Deutschland und die Leistungen der Kinderhilfen in Deutschland, Bonn 1998, S. XIII

134 Vgl. Paritätischer Wohlfahrtsverband (Hrsg.), »... wessen wir uns schämen müssen in einem reichen Land ...«. Armutsbericht des Paritätischen Wohlfahrtsverbandes für die Bundesrepublik Deutschland, Stuttgart 1989; Richard Hauser/Werner Hübinger, Arme unter uns, 2 Bde. (Teil 1: Ergebnisse und Konsequenzen der Caritas-Armutsuntersuchung; Teil 2: Dokumentation der Erhebungsmethoden und der Instrumente der Caritas-Armutsuntersuchung), Freiburg im Breisgau 1993; Werner Hübinger/Richard Hauser (Hrsg.), Die Caritas-Armutsuntersuchung. Eine Bilanz, Freiburg im Breisgau 1995

135 Vgl. Walter Hanesch u.a., Armut in Deutschland, a.a.O.; ders. u.a., Armut und Ungleichheit in Deutschland. Der neue Armutsbericht der Hans-Böckler-Stiftung, des DGB und des Paritätischen Wohlfahrtsverbands, Reinbek bei Hamburg 2000

136 Vgl. Dieter Oelschlägel, Die »Neue Armut« ist in die Jahre gekommen. Überlegungen zu Armut und Sozialarbeit, in: Soziale Arbeit 9-10/1994, S. 305

137 Vgl. z.B. Freie und Hansestadt Hamburg, Behörde für Arbeit, Gesundheit und Soziales – Landessozialamt (Hrsg.), Armut in Hamburg. Beiträge zur Sozialberichterstattung, Hamburg 1993

138 Vgl. Bundesministerium für Arbeit und Sozialordnung (Hrsg.), Lebenslagen in Deutschland. Der erste Armuts- und Reichtumsbericht der Bundesregierung, 2 Bde., Bonn, April 2001

139 Walter Hanesch u.a., Armut und Ungleichheit in Deutschland, a.a.O., S. 22

140 Vgl. Bundesministerium für Arbeit und Sozialordnung (Hrsg.), Lebenslagen in Deutschland. Der erste Armuts- und Reichtumsbericht der Bundesregierung, Bd. 1: Bericht, a.a.O., S. 75

141 Siehe ebd., S. 25. Im Vergleich dazu hatte die Studie »Armut und Ungleichheit in Deutschland« anhand des Konzepts der relativen Einkommensarmut – die bei weniger

als 50 Prozent des durchschnittlichen Nettoäquivalenzeinkommens (d.h. des bedarfsgewichteten Pro-Kopf-Einkommens) beginnt – für die Gesamtbevölkerung der Bundesrepublik eine Armutsquote von 9,1% ermittelt (vgl. Walter Hanesch u.a., Armut und
Ungleichheit in Deutschland, a.a.O., S. 81).

142 Siehe Oskar Negt, Armut als unterschlagene Wirklichkeit, in: Loccumer Initiative kritischer Wissenschaftlerinnen und Wissenschaftler (Hrsg.), Armut als Bedrohung. Der
soziale Zusammenhalt zerbricht. Ein Memorandum, Hannover 2002, S. 7

143 Vgl. dazu: Friedhelm Hengsbach, Armut und Reichtum aus Regierungssicht, in: Blätter
für deutsche und internationale Politik 6/2001, S. 647 ff.; Karl Georg Zinn, Gediegene
Daten – problematische Rezepte. Zum »ersten Armuts- und Reichtumsbericht der
Bundesregierung«, in: Richard Detje/Dierk Hirschel/Karl Georg Zinn, Reichtum und
Armut. Supplement der Zeitschrift Sozialismus 6/2001, S. 20 ff.

144 Bundesministerium für Arbeit und Sozialordnung (Hrsg.), Lebenslagen in Deutschland.
Der erste Armuts- und Reichtumsbericht der Bundesregierung, Bd. 1: Bericht, a.a.O.,
S. 74

145 Werner Rügemer, Heile Welten. Der Armuts- und Reichtumsbericht der Bundesregierung, in: Blätter für deutsche und internationale Politik 7/2001, S. 863

146 Vgl. ebd., S. 867

147 Gottfried Erb, Die soziale Spaltung verschärft sich. Zum Armuts- und Reichtumsbericht
der Bundesregierung, in: Die Neue Gesellschaft/Frankfurter Hefte 7-8/2001, S. 440

148 Vgl. z.B. Armut in der Bundesrepublik nimmt zu. 13 Prozent gelten als arm, in: Welt am
Sonntag v. 19.9.2004; Zahl bedürftiger Familien vergangenes Jahr gestiegen. Laut einem
Regierungsbericht wächst die Armut in Deutschland, in: Süddeutsche Zeitung v.
20.9.2004; Armutsbericht: Nichts zu beschönigen an den »Lebenslagen in Deutschland«,
in: Frankfurter Rundschau v. 21.12.2004; Dorothea Siems, Rentner und Pensionäre
sammeln immer mehr Vermögen an. Armutsbericht: Reichtum »sehr ungleich« verteilt,
in: Die Welt v. 8.1.2005

149 Vgl. Lebenslagen in Deutschland. Der 2. Armuts- und Reichtumsbericht der Bundesregierung, Bericht, o.O.u.J., S. XXII, XXV und 16 ff.

150 Siehe ebd., S. XVII

151 Vgl. dazu: Jürgen Volkert (Hrsg.), Armut und Reichtum an Verwirklichungschancen.
Amartya Sens Capability-Konzept als Grundlage der Armuts- und Reichtumsbericht-
erstattung, Wiesbaden 2005; Ortrud Leßmann, Konzeption und Erfassung von Armut.
Vergleich des Lebenslage-Ansatzes mit Sens »Capability«-Ansatz, Berlin 2007, S. 126 ff.

152 Amartya Sen, Ökonomie für den Menschen. Wege zu Gerechtigkeit und Solidarität in
der Marktwirtschaft, 2. Aufl. München 2003, S. 112

153 Vgl. hierzu: Christoph Butterwegge/Michael Klundt (Hrsg.), Kinderarmut und Generationengerechtigkeit. Familien- und Sozialpolitik im demografischen Wandel, 2. Aufl.
Opladen 2003

154 Siehe Lebenslagen in Deutschland. Der 2. Armuts- und Reichtumsbericht der Bundesregierung, Bericht, a.a.O., S. 33

155 Siehe ebd., S. XVII

156 Vgl. z.B. Daniel Schulz, Jeder achte Deutsche gilt offiziell als arm. Der neue Armuts-
und Reichtumsbericht der Bundesregierung bestätigt einen alten Trend: Die Armen
werden ärmer, und die Reichen werden reicher. Arbeitsminister Olaf Scholz (SPD)
fordert als Gegenmaßnahme einen gesetzlichen Mindestlohn, in: taz v. 19.5.2008; Solke
Lode, Das brennende Gefühl der Ohnmacht. Warum es in Deutschland mehr Be-

dürftige gibt, obwohl die Zahl der Arbeitslosen gesunken ist, in: Süddeutsche Zeitung v. 20.5.2008; Heribert Prantl, Armes Deutschland, in: ebd.

157 Vgl. hierzu und zum Folgenden: Philipp Wittrock, Deutschlands Armutszeugnis entzweit Koalition, in: Spiegel Online v. 19.5.2008; CDU hält Armutsbericht für untauglich, in: Die Welt v. 26.5.2008; Maike Rademaker/Birgit Marschall, Wirtschaftsminister ändert Teile des Armutsberichts, in Financial Times Deutschland v. 26.6.2008; Ulrich Schulte, Armutszeugnis für den Arbeitsminister, in: taz v. 26.6.2008

158 Vgl. Björn Finke, Aufschwung kam erst später. Der Report bezieht sich noch auf das Krisenjahr 2005, in: Süddeutsche Zeitung v. 21./22.5.2008; Glos hält Armutsbericht der Bundesregierung für ungenügend, in: Die Welt v. 2.6.2008; Glos: Armutsbericht zeichnet zu düsteres Bild. Arbeitgeber warnen vor neuer Umverteilung, in: Die Welt v. 26.6.2008

159 Camille Logeay/Rudolf Zwiener, Deutliche Realeinkommensverluste für Arbeitnehmer: Die neue Dimension eines Aufschwungs, in: WSI-Mitteilungen 8/2008, S. 421

160 Vgl. z.B. B. Dribbusch/U. Schulte, Getunter Armutsbericht. Sozialminister Scholz sieht 13 Prozent der Deutschen in Armut, die Statistik zeigt aber 18 Prozent, in: taz v. 20.5.2008; Felix Berth, Viele Ausländer übersehen. Wissenschaftler bemängeln die Auswahl der Befragten – dadurch seien die Zahlen zu gut ausgefallen, in: Süddeutsche Zeitung v. 21./22.5.2008

161 Vgl. Bundesministerium für Arbeit und Soziales (Hrsg.), Lebenslagen in Deutschland. Der 3. Armuts- und Reichtumsbericht der Bundesregierung, Bd. 1: Bericht, Bonn, Juli 2008, S. X f.

162 Vgl. ebd., S. 91 und S. 306

163 Michel Chossudovsky, Global brutal. Der entfesselte Welthandel, die Armut, der Krieg, 13. Aufl. Frankfurt am Main 2002, S. 23

164 H. Gerhard Beisenherz, Kinderarmut in der Wohlfahrtsgesellschaft. Das Kainsmal der Globalisierung, Opladen 2002, S. 49

165 Ders., Kinderarmut global und lokal: Armut als Exklusionsrisiko, in: Christoph Butterwegge (Hrsg.), Kinderarmut in Deutschland. Ursachen, Erscheinungsformen und Gegenmaßnahmen, 2. Aufl. Frankfurt am Main/New York 2000, S. 95

166 Vgl. als Überblickdarstellungen z.B. Stefan A. Schirm (Hrsg.), Globalisierung. Forschungsstand und Perspektiven, Baden-Baden 2006; Peter E. Fäßler, Globalisierung. Ein historisches Kompendium, Köln/Weimar/Wien 2007; Ditmar Brock, Globalisierung. Wirtschaft – Politik – Kultur – Gesellschaft, Wiesbaden 2008

167 Stephan Adolphs/Wolfgang Hörbe/Serhat Karkayali, Globalisierung als Schule der Nation. Zum neokonservativen Globalisierungsdiskurs, in: Annelie Buntenbach/Helmut Kellershohn/Dirk Kretschmer (Hrsg.), Ruck-wärts in die Zukunft. Zur Ideologie des Neokonservatismus, Duisburg 1998, S. 102 (Hervorh. im Original)

168 Ebd., S. 103

169 Vgl. hierzu: Christoph Butterwegge/Bettina Lösch/Ralf Ptak, Kritik des Neoliberalismus, 2. Aufl. Wiesbaden 2008; dies. (Hrsg.), Neoliberalismus. Analysen und Alternativen, Wiesbaden 2008

170 Rüdiger Robert, Kinderarmut als Problem globaler Verteilungsgerechtigkeit, in: ders. (Hrsg.), Bundesrepublik Deutschland – Globalisierung und Gerechtigkeit, Münster 2002, S. 189

171 Siehe John Gray, Die falsche Verheißung. Der globale Kapitalismus und seine Folgen, Berlin 1999

172 Jan Roß, Die neuen Staatsfeinde. Was für eine Republik wollen Schröder, Henkel, Westerwelle und Co.? – Eine Streitschrift gegen den Vulgärliberalismus, Berlin 1998, S. 119

173 Rainer Hank, Das Ende der Gleichheit oder Warum der Kapitalismus mehr Wettbewerb braucht, Frankfurt am Main 2000, S. 194

174 Vgl. Norbert Blüm, Gerechtigkeit. Eine Kritik des Homo oeconomicus, Freiburg im Breisgau/Basel/Wien 2006, S. 70

175 Rainer Hank, Das Ende der Gleichheit oder Warum der Kapitalismus mehr Wettbewerb braucht, a.a.O., S. 209

176 Milton Friedman, Kapitalismus und Freiheit, Frankfurt am Main/Berlin (West)/Wien 1984, S. 244

177 Siehe Bernd Reef, Neoliberale Sozialpolitik – ein Ausweg aus der Globalisierungsfalle?, in: Gerd Steffens (Hrsg.), Politische und ökonomische Bildung in Zeiten der Globalisierung. Eine kritische Einführung, Münster 2007, S. 177

178 Siehe Norbert Berthold, Der Sozialstaat im Zeitalter der Globalisierung, Tübingen 1997, S. 55

179 Otto Graf Lambsdorff, Der Weg in die Freiheit. Einführung zur Neuauflage, in: Friedrich A. Hayek, Der Weg zur Knechtschaft. Neuausgabe des Wirtschaftsklassikers mit einem Vorwort von Otto Graf Lambsdorff, München 1994, S. 11. Vgl. auch Norbert Berthold, Der Sozialstaat im Zeitalter der Globalisierung, a.a.O., S. 79

180 Jens S. Dangschat, Armut durch Wohlstand, a.a.O., S. 14 (Fn. 1)

181 Alfred Zänker, Der bankrotte Sozialstaat. Wirtschaftsstandort Deutschland im Wettbewerb, München 1994, S. 57

182 C. Christian von Weizsäcker, Logik der Globalisierung, Göttingen 1999, S. 64

183 Kurt Biedenkopf, Die Ausbeutung der Enkel. Plädoyer für die Rückkehr der Vernunft, 2. Aufl. Berlin 2006, S. 164

184 Siehe Robert Went, Ein Gespenst geht um … Globalisierung! – Eine Analyse, Zürich 1997, S. 53 und 133

185 Siehe Serge Paugam, Die elementaren Formen der Armut, a.a.O., S. 305

186 Ebd., S. 309

187 Vgl. dazu: Gerhard Bosch/Claudia Weinkopf (Hrsg.), Arbeiten für wenig Geld. Niedriglohnbeschäftigung in Deutschland, Frankfurt am Main/New York 2007; Klaus Pape (Hrsg.), Arbeit ohne Netz. Prekäre Arbeit und ihre Auswirkungen, Hannover 2007

188 Vgl. hierzu: Christoph Butterwegge/Gudrun Hentges (Hrsg.), Zuwanderung im Zeichen der Globalisierung. Migrations-, Integrations- und Minderheitenpolitik, 4. Aufl. Wiesbaden 2009

189 Richard Hauser, Das empirische Bild der Armut in der Bundesrepublik Deutschland – ein Überblick, in: Aus Politik und Zeitgeschichte 31-32/1995, S. 12

190 Stefan Welzk, Wie in Deutschland umverteilt und der Wohlstand ruiniert wird, in: Herbert Schui/Eckart Spoo (Hrsg.), Geld ist genug da. Reichtum in Deutschland, 3. Aufl. Heilbronn 2000, S. 28

191 Vgl. Carsten Keller, Armut in der Stadt. Zur Segregation benachteiligter Gruppen in Deutschland, Opladen/Wiesbaden 1999, S. 47 ff.; Peter Bremer, Ausgrenzungsprozesse und die Spaltung der Städte. Zur Lebenssituation der Migranten, Opladen 2000, S. 173 ff.; Andreas Farwick, Segregierte Armut in der Stadt. Ursachen und soziale Folgen der räumlichen Konzentration von Sozialhilfeempfängern, Opladen 2001

192 Vgl. hierzu ausführlicher: Christoph Butterwegge, Globalisierung als Spaltpilz und sozialer Sprengsatz. Weltmarktdynamik und »Zuwanderungsdramatik« im postmodernen

Wohlfahrtsstaat, in: ders./Gudrun Hentges (Hrsg.), Zuwanderung im Zeichen der Globalisierung, a.a.O., S. 71 ff.

193 Vgl. dazu: Maria S. Rerrich, Die ganze Welt zu Hause. Cosmobile Putzfrauen in privaten Haushalten, Hamburg 2006; Helma Lutz, Vom Weltmarkt in den Privathaushalt. Die neuen Dienstmädchen im Zeitalter der Globalisierung, 2. Aufl. Opladen/Farmington Hills 2008; Sabine Hess, Globalisierte Hausarbeit. Au-pair als Migrationsstrategie von Frauen aus Osteuropa, 2. Aufl. Wiesbaden 2009

194 Vgl. Jürgen Friedrichs/Sascha Triemer, Gespaltene Städte? – Soziale und ethnische Segregation in deutschen Großstädten, Wiesbaden 2008, S. 117

195 Ulrich Mückenberger, Die Krise des Normalarbeitsverhältnisses. Hat das Arbeitsrecht noch Zukunft? (2. Teil und Schluß), in: Zeitschrift für Sozialreform 8/1985, S. 466 (Hervorh. im Original)

196 Wolfgang Strengmann-Kuhn, Armut trotz Erwerbstätigkeit in Deutschland – Folge der »Erosion des Normalarbeitsverhältnisses«?, in: Eva Barlösius/Wolfgang Ludwig-Mayerhofer (Hrsg.), Die Armut der Gesellschaft, a.a.O., S. 148

197 Ulrich Schneider, Von der Lebensstandardsicherung zur Einkommensorientierung. Die Notwendigkeit eines neuen Ansatzes in der Sozialpolitik, in: Blätter für deutsche und internationale Politik 2/1998, S. 224

198 Vgl. dazu: Tobias Kämpf, Die neue Unsicherheit. Folgen der Globalisierung für hochqualifizierte Arbeitnehmer, Frankfurt am Main/New York 2008

199 Berthold Vogel, Sicher – prekär, a.a.O., S. 88

200 Almuth Bruder-Bezzel, Prekarisierung unserer Lebensverhältnisse. Die veränderten Bedingungen von Identität und Psychotherapie, in: Zeitschrift für Individualpsychologie 3/2008, S. 317

201 Vgl. Klaus Peter Strohmeier, Pluralisierung und Polarisierung der Lebensformen in Deutschland, in: Aus Politik und Zeitgeschichte 17/1993, S. 21 f.

202 Vgl. dazu: Hans Bertram (Hrsg.), Das Individuum und seine Familie. Lebensformen, Familienbeziehungen und Lebensereignisse im Erwachsenenalter, Opladen 1995; Michael Erler, Die Dynamik der modernen Familie. Empirische Untersuchung zum Wandel der Familienformen in Deutschland, Weinheim/München 1996; Udo Rauchfleisch, Alternative Familienformen. Eineltern, gleichgeschlechtliche Paare, Hausmänner, Göttingen 1997

203 Vgl. Karl Lenz/Lothar Böhnisch, Zugänge zu Familien – ein Grundlagentext, in Lothar Böhnisch/Karl Lenz (Hrsg.), Familien. Eine interdisziplinäre Einführung, 2. Aufl. Weinheim/München 1999, S. 17

204 Rüdiger Peuckert, Familienformen im sozialen Wandel, 7. Aufl. Wiesbaden 2008, S. 16 (Hervorh. im Original)

205 Wolf-Dietrich Bukow, Die Familie im Spannungsfeld globaler Mobilität, in: Hansjosef Buchkremer/Wolf-Dietrich Bukow/Michaela Emmerich (Hrsg.), Die Familie im Spannungsfeld globaler Mobilität. Zur Konstruktion ethnischer Minderheiten im Kontext der Familie, Opladen 2000, S. 14

206 Siehe dazu: Richard Sennett, Der flexible Mensch. Die Kultur des neuen Kapitalismus, 5. Aufl. Berlin 1998; ergänzend: Wolfgang Hantel-Quitmann/Peter Kastner (Hrsg.), Der globalisierte Mensch. Wie die Globalisierung den Menschen verändert, Gießen 2004; Richard Sennett, Die Kultur des neuen Kapitalismus, Berlin 2007

207 Karl Hinrichs, Das Normalarbeitsverhältnis und der männliche Familienernährer als Leitbilder der Sozialpolitik. Sicherungsprobleme im sozialen Wandel, in: Sozialer Fortschritt 4/1996, S. 102

208 Hans-Jürgen Andreß/Miriam Güllner, Scheidung als Armutsrisiko, in: Eva Barlösius/ Wolfgang Ludwig-Mayerhofer (Hrsg.), Die Armut der Gesellschaft, a.a.O., S. 194 f.

209 Vgl. Martin Kronauer, Exklusion, a.a.O., S. 229

210 Joachim Becker, Der erschöpfte Sozialstaat. Neue Wege zur sozialen Gerechtigkeit, Frankfurt am Main 1994, S. 15

211 Ebd., S. 60

212 Vgl. Anthony Giddens, Der dritte Weg. Die Erneuerung der sozialen Demokratie, Frankfurt am Main 1998

213 Siehe Bodo Hombach, Aufbruch. Die Politik der Neuen Mitte, 3. Aufl. München/ Düsseldorf 1998, S. 18

214 Heribert Prantl, Rot-Grün. Eine erste Bilanz, Hamburg 1999, S. 73

215 Detlef Hensche, Arm, aber frei? – Vom freiheitlichen Gehalt des Sozialstaatsgebots, in: Blätter für deutsche und internationale Politik 4/2005, S. 449

216 Vgl. dazu die Beiträge in: Nikolaus Dimmel/Josef Schmee (Hrsg.), Die Gewalt des neoliberalen Staates, Wien 2008

217 Siehe Daniel Kreutz, Neue Mitte im Wettbewerbsstaat. Zur sozialpolitischen Bilanz von Rot-Grün, in: Blätter für deutsche und internationale Politik 4/2002, S. 464

218 Christian Christen/Tobias Michel/Werner Rätz, Sozialstaat. Wie die Sicherungssysteme funktionieren und wer von den »Reformen« profitiert, Hamburg 2003, S. 16

219 Vgl. Johannes Steffen, Der Renten-Klau. Behauptungen und Tatsachen zur rot-grünen Rentenpolitik, Hamburg 2000, S. 95 f.

220 Frank Pilz, Der Sozialstaat. Ausbau – Kontroversen – Umbau, Bonn 2004 (Schriftenreihe der Bundeszentrale für politische Bildung, Bd. 452), S. 171

221 Jürgen Boeckh/Ernst-Ulrich Huster/Benjamin Benz, Sozialpolitik in Deutschland. Eine systematische Einführung, 2. Aufl. Wiesbaden 2006, S. 118 f.

222 Vgl. dazu: Otker Bujard/Ulrich Lange, Armut im Alter. Ursachen, Erscheinungsformen, politisch-administrative Reaktionen, Weinheim/Basel 1978

223 Hans-Jürgen Andreß/Martin Kronauer, Arm – reich, in: Stephan Lessenich/Frank Nullmeier (Hrsg.), Deutschland – eine gespaltene Gesellschaft, a.a.O., S. 29

224 Vgl. hierzu: Christoph Butterwegge, Krise und Zukunft des Sozialstaates, 3. Aufl. Wiesbaden 2006, S. 115 ff. und 301 ff.

225 Siehe Ute Gerhard, Geschlechtsspezifische Sozialpolitik und die soziale Unsicherheit weiblicher Lebenslagen, in: Diether Döring/Walter Hanesch/Ernst-Ulrich Huster (Hrsg.), Armut im Wohlstand, a.a.O., S. 315

226 Ebd., S. 320

227 Klaus Lompe, Einleitung, in: ders. (Hrsg.), Die Realität der neuen Armut, a.a.O., S. 2 (Hervorh. im Original)

228 Siehe ebd., S. 4

229 Vgl. Thomas Klein, Sozialer Abstieg und Verarmung von Familien durch Arbeitslosigkeit. Eine mikroanalytische Untersuchung für die Bundesrepublik Deutschland, Frankfurt am Main/New York 1987, S. 397 und passim

230 Siehe Richard Hauser, Entwicklungstendenzen der Armut in der Bundesrepublik Deutschland, in: Diether Döring/Richard Hauser (Hrsg.), Politische Kultur und Sozialpolitik. Ein Vergleich der Vereinigten Staaten und der Bundesrepublik Deutschland

unter besonderer Berücksichtigung des Armutsproblems, Frankfurt am Main/New York 1989, S. 126

231 Ilona Ostner, Kinderarmut – eine aktuelle Debatte soziologisch betrachtet, in: Renate Kränzl-Nagl/Johanna Mierendorff/Thomas Olk (Hrsg.), Kindheit im Wohlfahrtsstaat. Gesellschaftliche und politische Herausforderungen, Frankfurt am Main/New York 2003, S. 307

232 H. Gerhard Beisenherz, Kinderarmut in der Wohlfahrtsgesellschaft, a.a.O., S. 74

233 Olaf Groh-Samberg, Armut, soziale Ausgrenzung und Klassenstruktur, a.a.O., S. 265

234 Vgl. z.b. vom Verfasser: Christoph Butterwegge (Hrsg.), Kinderarmut in Deutschland, a.a.O.; Christoph Butterwegge u.a., Armut und Kindheit. Ein regionaler, nationaler und internationaler Vergleich, 2. Aufl. Wiesbaden 2004; ders./Michael Klundt/Matthias Belke-Zeng, Kinderarmut in Ost- und Westdeutschland, 2. Aufl. Wiesbaden 2008

235 Vgl. Magdalena Joos, Armutsentwicklung und familiale Armutsrisiken von Kindern in den neuen und alten Bundesländern, in: Ulrich Otto (Hrsg.), Aufwachsen in Armut. Erfahrungswelten und soziale Lagen von Kindern armer Familien, Opladen 1997, S. 60

236 Michael Winkler, Bildungspolitik nach PISA, in: Michael Opielka (Hrsg.), Bildungsreform als Sozialreform. Zum Zusammenhang von Bildungs- und Sozialpolitik, Wiesbaden 2005, S. 36

237 Christian Palentien/Andreas Klocke/Klaus Hurrelmann, Armut im Kindes- und Jugendalter, in: Aus Politik und Zeitgeschichte 18/1999, S. 34

238 Vgl. dazu und zu den folgenden Zahlen: Bremer Institut für Arbeitsmarktforschung und Jugendberufshilfe (BIAJ), Nicht erwerbsfähige Hilfebedürftige im Alter von unter 15 Jahren (SGB II) im Bund, in den Ländern und in den Kreisen: Maximum seit Januar 2005, Bestand und Quoten im März 2007 und in den ersten Quartalen der Jahre 2006 und 2007 (jeweils revidierte Daten) – Verfasser: Paul M. Schröder, 15. August 2007. Dass die Zahl der in Hartz-IV-Haushalten aufwachsenden Kinder seitdem wieder zurückgegangen ist, hat mit geringfügigen Leistungsverbesserungen des Bundes, aber auch mit dem erhöhten Druck auf betroffene Eltern zu tun, neben dem Kinderzuschlag gesondert Wohngeld für ihren Nachwuchs zu beantragen, wodurch zwar die Statistik geschönt, aber nicht die Problematik selbst gelöst wurde.

239 Andreas Klocke/Klaus Hurrelmann, Einleitung: Kinder und Jugendliche in Armut, in: dies. (Hrsg.), Kinder und Jugendliche in Armut. Umfang, Auswirkungen und Konsequenzen, 2. Aufl. Wiesbaden 2001, S. 15

240 Vgl. Nico A. Siegel, Rot-Grün und die Pfeiler des deutschen Kapitalismus, in: Christoph Egle/Reimut Zohlnhöfer (Hrsg.), Ende des rot-grünen Projektes. Eine Bilanz der Regierung Schröder 2002-2005, Wiesbaden 2007, S. 389

241 Stefan Welzk, Die »Alterskatastrophe« und der Absturz der Renten, in: Blätter für deutsche und internationale Politik 6/2006, S. 714

242 Andreas Ebert/Ernst Kistler/Thomas Staudinger, Rente mit 67 – Probleme am Arbeitsmarkt, in: Aus Politik und Zeitgeschichte 4-5/2007, S. 31

243 Claudia Bogedan/Anika Rasner, Arbeitsmarkt x Rentenreformen = Altersarmut?, in: WSI-Mitteilungen 3/2008, S. 135

244 Bundesministerium für Arbeit und Soziales (Hrsg.), Lebenslagen in Deutschland. Der 3. Armuts- und Reichtumsbericht der Bundesregierung, Bd. 1: Bericht, a.a.O., S. V

245 Winfried Schmähl, Die Gefahr steigender Altersarmut in Deutschland – Gründe und Vorschläge zur Armutsvermeidung, in: Antje Richter/Iris Bunzendahl/Thomas Altgeld (Hrsg.), Dünne Rente – dicke Probleme. Alter, Armut und Gesundheit – Neue Heraus-

forderungen für Armutsprävention und Gesundheitsförderung, Frankfurt am Main 2008, S. 41 f.

246 Siehe Antonio Brettschneider, Rentenlücke und Riesterfalle, in: Blätter für deutsche und internationale Politik 2/2008, S. 7

247 Hans-Ulrich Wehler, Deutsche Gesellschaftsgeschichte, Bd. 5: Bundesrepublik und DDR 1949-1990, München 2008, S. 193

2. (Zerr-)Bilder der Armut: Wie man das Problem leugnet, verharmlost und verdrängt

1 Vgl. Lutz Leisering, Zwischen Verdrängung und Dramatisierung. Zur Wissenssoziologie der Armut in der bundesrepublikanischen Gesellschaft, in: Soziale Welt 4/1993, S. 486 ff.

2 Stephan Leibfried u.a., Zeit der Armut. Lebensläufe im Sozialstaat, Frankfurt am Main 1995, S. 230

3 Dabei ist dem Verfasser bewusst, dass es »die Massenmedien« nicht gibt. Sowenig etwa die *Frankfurter Allgemeine Zeitung* (FAZ) und *die tageszeitung* (taz) inhaltlich oder stilistisch gleichzusetzen sind, sowenig miteinander vergleichbar sind Boulevardzeitungen und seriöse Nachrichtenmagazine, von den audiovisuellen und Printmedien sowie den öffentlich-rechtlichen und privaten Rundfunkanstalten ganz zu schweigen. Noch nicht einmal der Wirtschafts- oder Politikteil und das Feuilleton einer überregionalen Tageszeitung wie der FAZ lassen sich über einen Kamm scheren. Ähnliches gilt im Hinblick auf die Medienmacher/innen, Verleger, Journalist(inn)en und Redakteure, die teils stark voneinander abweichende (gesellschafts- wie sozial)politische Überzeugungen haben, was sich natürlich auf ihre Tätigkeit und die einschlägige Berichterstattung auswirkt. Zudem überblickt niemand die ganze Medienlandschaft der Bundesrepublik, vielmehr kann man als Beobachter immer nur Ausschnitte zur Kenntnis nehmen und nach den eigenen, subjektiven Maßstäben bewerten.

4 Vgl. dazu: Günter J. Trittel, Hungerkrise und kollektiver Protest in Westdeutschland (1945–1949), in: Manfred Gailus/Heinrich Volkmann (Hrsg.), Der Kampf um das tägliche Brot. Nahrungsmangel, Versorgungspolitik und Protest 1770-1990, Opladen 1994, S. 377 ff.; Paul Erker, Hunger und sozialer Konflikt in der Nachkriegszeit, in: ebd., S. 392 ff.

5 Bernt Engelmann, Wie wir wurden, was wir sind. Von der bedingungslosen Kapitulation bis zur unbedingten Wiederbewaffnung, München 1982, S. 170

6 Ebd., S. 172

7 Ebd., S. 171

8 Michael Jungblut, Die Reichen und die Superreichen in Deutschland, Hamburg 1971, S. 182. Der Verfasser übernahm nicht bloß den Buchtitel, sondern auch den methodischen Ansatz von dem US-Amerikaner Ferdinand Lundberg.

9 Vgl. Ludwig Erhard, Wohlstand für Alle, Düsseldorf/Wien 1957, S. 232 (Hervorh. im Original)

10 Ebd., S. 258 (Hervorh. im Original)

11 Ebd., S. 258, 264 und 256

12 Ebd., S. 272 (Hervorh. im Original)

13 Günter Manz, Armut in der »DDR«-Bevölkerung. Lebensstandard und Konsumtionsniveau vor und nach der Wende, Mit einem Vorwort von Wolfgang Voges, Augsburg 1992, S. 35

14 Ebd., S. 22

15 Vgl. ebd., S. 1

16 Vgl. Matthias Zeng, »Asoziale« in der DDR. Transformationen einer moralischen Kategorie, Münster/Hamburg/London 2000, S. 116

17 Hans Scherpner, Theorie der Fürsorge, Göttingen 1962, S. 138

18 Ebd.

19 Siehe ebd., S. 139

20 Ebd., S. 141

21 Vgl. Stephanie Münke, Die Armut in der heutigen Gesellschaft. Ergebnisse einer Untersuchung in Westberlin, Mit einem Vorwort von Friedrich Bülow, Berlin (West) 1956; Heinrich Strang, Erscheinungsformen der Sozialhilfebedürftigkeit. Ergebnisse einer empirischen Untersuchung in Kiel im Zusammenhang mit einer sozialgeschichtlichen und sozialtheoretischen Literaturanalyse über die Armut, Dissertation zur Erlangung des Doktorgrades der Philosophischen Fakultät der Christian-Albrechts-Universität zu Kiel, Kiel 1976

22 Vgl. Jürgen Kuczynski, Darstellung der Lage der Arbeiter in Westdeutschland seit 1945, 2 Bde. (Die Geschichte der Lage der Arbeiter in Deutschland von 1789 bis zur Gegenwart, Bd. 7a und 7b), Berlin (DDR) 1963

23 Siehe Theodor Geiger, Die Klassengesellschaft im Schmelztiegel, Köln/Hagen 1949, S. 158

24 Ebd., S. 176

25 Ebd.

26 Ebd., S. 194

27 Hans-Ulrich Wehler, Deutsche Gesellschaftsgeschichte, Bd. 5: Bundesrepublik und DDR 1949–1990, München 2008, S. 111

28 Karl Martin Bolte/Dieter Kappe/Friedhelm Neidhardt, Soziale Schichtung, 2. Aufl. Opladen 1968, S. 81

29 Siehe Thomas Rommelspacher, Armutsforschung in der BRD, in: Gertrud Tobias/Johannes Boettner (Hrsg.), Von der Hand in den Mund. Armut und Armutsbewältigung in einer westdeutschen Großstadt, Essen 1992, S. 107

30 Laszlo A. Vaskovics, Segregierte Armut. Randgruppenbildung in Notunterkünften, Frankfurt am Main/New York 1976, S. 10

31 Vgl. Helmut Schelsky, Wandlungen der deutschen Familie in der Gegenwart. Darstellung und Deutung einer empirisch-soziologischen Tatbestandsaufnahme, Dortmund 1953, S. 224 f.

32 Ders., Die Bedeutung des Schichtungsbegriffs für die Analyse der gegenwärtigen deutschen Gesellschaft (1953), in: Helmut Schelsky, Auf der Suche nach Wirklichkeit. Gesammelte Aufsätze zur Soziologie der Bundesrepublik, München 1979, S. 328

33 Vgl. Kurt Pritzkoleit, Männer – Mächte – Monopole. Hinter den Türen der westdeutschen Wirtschaft, Düsseldorf 1953; ders., Wem gehört Deutschland? – Eine Chronik von Besitz und Macht, Wien/München/Basel 1957; ders., Das kommandierte Wunder. Deutschlands Weg im 20. Jahrhundert, Wien/München/Basel 1959; ders., Auf einer Woge von Gold. Der Triumph der Wirtschaft, Wien/München/Basel 1961; ders., Gott erhält die Mächtigen, Düsseldorf 1963

34 Vgl. Bernt Engelmann, Meine Freunde – die Millionäre, Darmstadt 1963; ders., Meine Freunde – die Manager, Darmstadt 1966; ders., Die Macht am Rhein. Meine Freunde – die Geldgiganten, 2 Bde, München 1968; ders., Das Reich zerfiel, die Reichen blieben, Hamburg 1972

35 Jürgen Roth, Absturz. Das Ende unseres Wohlstands, München/Zürich 1997, S. 33

36 Hans Paul Bahrdt, Die Industriearbeiter, in: Marianne Feuersenger (Hrsg.), Gibt es noch ein Proletariat?, Frankfurt am Main 1962, S. 26

37 Walter Dirks, Blick in die Zukunft, in: ebd., S. 91

38 Siehe Ralf Dahrendorf, Deutschland, in: Kurt Hoffman (Hrsg.), Die Macht-Eliten der Welt, München/Zürich 1965, S. 127

39 Ebd., S. 128

40 Michael Jungblut, Die Reichen und die Superreichen in Deutschland, a.a.O., S. 21

41 Vgl. Überbetriebliche Ertragsbeteiligung der Arbeitnehmer. Mit einer Untersuchung über die Vermögensstruktur der Bundesrepublik Deutschland, Als Forschungsauftrag des Bundesministeriums für Arbeit und Sozialordnung bearbeitet von Wilhelm Krelle, Johann Schunck und Jürgen Siebke, Bd. 2, Tübingen 1968, S. 381

42 Norbert Blüm, Reaktion oder Reform? – Wohin geht die CDU?, Reinbek bei Hamburg 1972, S. 87

43 Friedrich Fürstenberg, Die Sozialstruktur der Bundesrepublik Deutschland. Ein soziologischer Überblick, Köln/Opladen 1967, S. 124 f.

44 Vgl. dazu: Gerhard Schäfer, Die nivellierte Mittelstandsgesellschaft. Strategien der Soziologie in den 50er-Jahren, in: Georg Bollenbeck/Gerhard Kaiser (Hrsg.), Die januskÖpfigen 50er Jahre. Kulturelle Moderne und bildungsbürgerliche Semantik III, Opladen 2000, S. 115 ff.

45 Hans-Ulrich Wehler, Deutsche Gesellschaftsgeschichte, Bd. 5: Bundesrepublik und DDR 1949–1990, a.a.O., S. 111

46 Gerhard Schäfer, Die nivellierte Mittelstandsgesellschaft, a.a.O., S. 123

47 Olaf Scholz, Politik in unsicheren Zeiten. Die Herausforderungen moderner Arbeitsmärkte, in: Neue Gesellschaft/Frankfurter Hefte 1-2/2009, S. 25

48 Dieter Claessens/Arno Klönne/Armin Tschoepe, Sozialkunde der Bundesrepublik Deutschland, 2. Aufl. Düsseldorf/Köln 1968, S. 301

49 Ebd., S. 251

50 Ebd., S. 315

51 Heinrich Strang, Erscheinungsformen der Sozialhilfebedürftigkeit, a.a.O., S. 99

52 John Kenneth Galbraith, Gesellschaft im Überfluß, München/Zürich 1959, S. 12

53 Siehe ebd., S. 346

54 Ebd., S. 348

55 Ebd., S. 351

56 Michael Harrington, Das Andere Amerika. Die Armut in den Vereinigten Staaten, München 1964, S. 183

57 Siehe Gabriel Kolko, Besitz und Macht. Sozialstruktur und Einkommensverteilung in den USA, Frankfurt am Main 1967, S. 136 (Hervorh. im Original)

58 Vgl. ebd., S. 138 f.

59 Ebd., S. 18

60 Ferdinand Lundberg, Die Reichen und die Superreichen. Macht und Allmacht des Geldes, Frankfurt am Main 1971, S. 23

61 Vgl. C. Wright Mills, The Power Elite, New York 1956; ders., Die amerikanische Elite. Gesellschaft und Macht in den Vereinigten Staaten, Hamburg 1962
62 Norbert Blüm, Reaktion oder Reform?, a.a.O., S. 28
63 Thomas Rommelspacher, Armutsforschung in der BRD, a.a.O., S. 109
64 Dorothee Beck/Hartmut Meine, Armut im Überfluss. Nachrichten aus einer gespaltenen Gesellschaft, Göttingen 2007, S. 314
65 Vgl. Norbert Preußer, Not macht erfinderisch. Überlebensstrategien der Armenbevölkerung in Deutschland seit 1807, München 1989, S. 50
66 Ralf Dahrendorf, Gesellschaft und Demokratie in Deutschland, München 1968, S. 148
67 Ebd., S. 150
68 Joachim Bergmann u.a., Herrschaft, Klassenverhältnis und Schichtung, in: Theodor W. Adorno (Hrsg.), Spätkapitalismus oder Industriegesellschaft? – Verhandlungen des 16. Deutschen Soziologentages vom 8. bis 11. April 1968 in Frankfurt/M., Stuttgart 1969, S. 82
69 Vgl. Urs Jaeggi, Macht und Herrschaft in der Bundesrepublik, Frankfurt am Main 1969, S. 42; ders., Kapital und Arbeit in der Bundesrepublik. Elemente einer gesamtgesellschaftlichen Analyse, Frankfurt am Main 1973, S. 68
70 Helmut Schoeck, Kleines soziologisches Wörterbuch, Freiburg im Breisgau/Basel/Wien 1969, S. 29 (Stichwort: Armut)
71 Rudolf Schilcher, Stichwort: Armut, in: Wilhelm Bernsdorf (Hrsg.), Wörterbuch der Soziologie, Stuttgart 1969, S. 56
72 Vgl. z.B. Gerd Iben, Kinder am Rande der Gesellschaft, München 1968; ders., Randgruppen der Gesellschaft. Untersuchungen über Sozialstatus und Erziehungsverhalten obdachloser Familien, München 1971; Alfred Kögler, Die Entwicklung von »Randgruppen« in der BRD. Literaturstudie zur Entwicklung randständiger Bevölkerungsgruppen, Göttingen 1976; Laszlo A. Vaskovics, Segregierte Armut, a.a.O.
73 Siehe Bernhard Schäfers, Sozialstruktur und Wandel der Bundesrepublik Deutschland. Ein Studienbuch zu ihrer Soziologie und Sozialgeschichte, 3. Aufl. Stuttgart 1981, S. 75
74 Vgl. Jürgen Roth, Armut in der Bundesrepublik. Beschreibungen, Familiengeschichten, Analysen, Dokumentationen, Frankfurt am Main 1971, S. 70
75 Ebd., S. 69
76 Ebd., S. 55
77 Ebd., S. 130
78 Ebd., S. 55
79 Norbert Blüm, Reaktion oder Reform?, a.a.O., S. 27
80 Ebd.
81 Vgl. Institut für Marxistische Studien und Forschungen (IMSF) (Hrsg.), Klassen- und Sozialstruktur der BRD 1950-1970, 2 Bde., Frankfurt am Main 1972/73; Projekt Klassenanalyse, Materialien zur Klassenstruktur der BRD, 2 Bde, Berlin (West) 1973/74
82 Siehe Clemens Graf Podewils (Hrsg.), Tendenzwende? – Zur geistigen Situation der Bundesrepublik, Stuttgart 1975
83 Vgl. dazu: Martin Greiffenhagen (Hrsg.), Der neue Konservatismus der siebziger Jahre, Reinbek bei Hamburg 1974
84 Vgl. z.B. Tim Guldimann, Die Grenzen des Wohlfahrtsstaates. Am Beispiel Schwedens und der Bundesrepublik, München 1976; Fred Hirsch, Die sozialen Grenzen des Wachstums. Eine ökonomische Analyse der Wachstumskrise, Reinbek bei Hamburg 1980;

Peter Atteslander, Die Grenzen des Wohlstands. An der Schwelle zum Zuteilungsstaat, Stuttgart 1981

85 Siehe Friedhelm Hengsbach, Das Reformspektakel. Warum der menschliche Faktor mehr Respekt verdient, Freiburg im Breisgau/Basel/Wien 2004, S. 21

86 Vgl. dazu: Ulrich Schneider, Solidarpakt gegen die Schwachen. Der Rückzug des Staates aus der Sozialpolitik, München 1993, S. 85 ff.

87 Heiner Geißler, Die Neue Soziale Frage. Analysen und Dokumente, Freiburg im Breisgau 1976, S. 26

88 Ebd., S. 27

89 Vgl. Jürgen Roth, Armut in der Bundesrepublik. Untersuchungen und Reportagen zur Krise des Sozialstaats, Reinbek bei Hamburg 1979, S. 50

90 Barbara Riedmüller, Sozialpolitik und Armut. Ein Thema zwischen Ost und West, in: Ulrich Beck/Elisabeth Beck-Gernsheim (Hrsg.), Riskante Freiheiten. Individualisierung in modernen Gesellschaften, Frankfurt am Main 1994, S. 76

91 Vgl. Helmut Schelsky, Der selbständige und der betreute Mensch, in: ders., Der selbständige und der betreute Mensch. Politische Schriften und Kommentare, Frankfurt am Main/Berlin (West)/Wien 1978, S. 18 und passim

92 Siehe ebd., S. 19

93 Siehe Theodor Schober, Der Mensch im Labyrinth des Sozialstaates, in: Heiner Geißler (Hrsg.), Verwaltete Bürger – Gesellschaft in Fesseln. Bürokratisierung und ihre Folgen für Staat, Wirtschaft und Gesellschaft, Frankfurt am Main/Berlin (West)/Wien 1978, S. 75

94 Siehe Ulrich Lohmar, Die lautlose Krake. Klassenkampf der Staatsbürokratie gegen die private Gesellschaft, in: Aus Politik und Zeitgeschichte. Beilage zur Wochenzeitung *Das Parlament* 15/1979, S. 3; vgl. auch: ders., Staatsbürokratie. Das hoheitliche Gewerbe. Deutsche Aspekte eines neuen Klassenkampfes, München 1978

95 Siehe Burkart Lutz, Der kurze Traum immerwährender Prosperität. Eine Neuinterpretation der industriell-kapitalistischen Entwicklung im Europa des 20. Jahrhunderts, Frankfurt am Main 1984

96 Siehe Bernhard Schäfers, Sozialstruktur und Wandel der Bundesrepublik Deutschland, a.a.O., S. 73

97 Konzept für eine Politik zur Überwindung der Wachstumsschwäche und zur Bekämpfung der Arbeitslosigkeit. Memorandum des Bundeswirtschaftsministers Graf Lambsdorff vom 9. September 1982, in: Klaus Bölling, Die letzten 30 Tage des Kanzlers Helmut Schmidt. Ein Tagebuch, Reinbek bei Hamburg 1982, S. 141

98 Vgl. ebd., S. 121 ff.

99 Siehe dazu: Michael B. Katz, The Undeserving Poor. From the War on Poverty to the War on Welfare, New York 1989; Herbert Gans, The War Against the Poor. The Underclass and Antipoverty Policy, New York 1995

100 Vgl. Peter Townsend, Poverty in the United Kingdom. A Survey of Household Resources and Standards of Living, Harmondsworth 1979

101 Wolf Wagner, Die nützliche Armut. Eine Einführung in Sozialpolitik, Berlin (West) 1982, S. 135; ders., Angst vor der Armut, Berlin 1991, S. 57

102 Meinhard Miegel, Die verkannte Revolution (1). Einkommen und Vermögen der privaten Haushalte, Mit einem Vorwort von Kurt H. Biedenkopf, Stuttgart 1983, S. 129

103 Ebd., S. 171

104 Vgl. Jens Borchert, Die konservative Transformation des Wohlfahrtsstaates. Großbritannien, Kanada, die USA und Deutschland im Vergleich, Frankfurt am Main/ New York 1995, S. 122

105 Empirische Belege dafür finden sich bei Claus Schäfer, Von massiven Verteilungsproblemen zu echten Wettbewerbsnachteilen? – Daten, Fakten und Argumente zur Entmythologisierung der »Standort«-Debatte, in: Christoph Butterwegge/Martin Kutscha/Sabine Berghahn (Hrsg.), Herrschaft des Marktes – Abschied vom Staat?, Folgen neoliberaler Modernisierung für Gesellschaft, Recht und Politik, Baden-Baden 1999, S. 63 ff.

106 Ernst-Ulrich Huster, Neuer Reichtum und alte Armut, Düsseldorf 1993, S. 12 f.

107 Stefan Schieren, Armut im Reichtum. Zur Ungleichheit der Einkommens- und Vermögensverteilung, in: Theorie und Praxis sozialer Arbeit 9/1994, S. 336

108 Vgl. Helmut Kohl, Konsequente Politik für mehr Wachstum und Beschäftigung. Rede des Bundeskanzlers in Lingen, in: Presse- und Informationsamt der Bundesregierung (Hrsg.), Bulletin 7/1994, S. 51

109 Vgl. z.B. Edelgard Bulmahn, Mehr Reichtum und mehr Armut. Anmerkungen zur Bonner Sozialpolitik, in: Eckart Spoo (Hrsg.), KohlZeit. Ein Kanzler und sein Deutschland, Köln 1991, S. 204 ff.

110 Vgl. Gerhard Bäcker, Ausgrenzung und Verarmung als Ergebnis von Politik und Ideologie des Neokonservatismus, in: Soziale Sicherheit 5/1985, S. 129 ff.; Wilhelm Adamy, Sozialhilfeniveau und Arbeitnehmereinkommen. Neue Armut als Folge der Regierungspolitik, in: Soziale Sicherheit 6/1993, S. 161 ff.

111 Vgl. z.B. Ejo Eckerle, Durchs Netz gefallen. Kalkulierte Armut in der BRD, Dortmund 1985; Arthur Böpple, »Sozialstaat« im Abbruch. Von der Wende zur Armutsgesellschaft?, Frankfurt am Main 1986

112 Vgl. Günter Wallraff, Ganz unten, Köln 1985

113 Vgl. Michael Schomers, Alltag Armut. Mein Leben mit 539,– DM Sozialhilfe. Ein Experiment, Mit einem Vorwort von Günter Wallraff, Köln 1998

114 Werner Balsen u.a., Die neue Armut. Ausgrenzung von Arbeitslosen aus der Arbeitslosenunterstützung, Köln 1984, S. 9

115 Siehe Peter Glotz, Die Arbeit der Zuspitzung. Über die Organisation einer regierungsfähigen Linken, Berlin (West) 1984, S. 109

116 Lutz Leisering, Zweidrittelgesellschaft oder Risikogesellschaft? – Zur gesellschaftlichen Verortung der »neuen Armut« in der Bundesrepublik Deutschland, in: Karl-Jürgen Bieback/Helga Milz (Hrsg.), Neue Armut, Frankfurt am Main/New York 1995, S. 73

117 Vgl. Jens S. Dangschat, Soziale Ungleichheit und die Armut der Soziologie, in: Blätter für deutsche und internationale Politik 7/1994, S. 879

118 Siehe Lutz Leisering, Zweidrittelgesellschaft oder Risikogesellschaft?, a.a.O., S. 72

119 Vgl. Andreas Schaarschuch, Spaltung der Gesellschaft und soziale Bürgerrechte, in: Widersprüche 54 (1995), S. 48

120 Siehe Stephan Leibfried/Lutz Leisering, Die vielen Gesichter der Armut, in: Neue Praxis 3/1995, S. 305

121 Vgl. z.B. Richard Hauser/Helga Cremer-Schäfer/Udo Nouverné, Armut, Niedrigeinkommen und Unterversorgung in der Bundesrepublik Deutschland. Bestandsaufnahme und sozialpolitische Perspektiven, Frankfurt am Main/New York 1981; Gerhard Schäuble, Theorien, Definitionen und Beurteilungen der Armut, Berlin 1984; Stephan Leibfried/Florian Tennstedt (Hrsg.), Politik der Armut und die Spaltung des Sozial-

staats, Frankfurt am Main 1985; Thomas Klein, Sozialer Abstieg und Verarmung von Familien durch Arbeitslosigkeit. Eine mikroanalytische Untersuchung für die Bundesrepublik Deutschland, Frankfurt am Main/New York 1987; Joachim Schulz, Armut und Sozialhilfe, Stuttgart/Berlin/Köln 1989

122 Siehe Karl August Chassé, Armut nach dem Wirtschaftswunder. Lebensweise und Sozialpolitik, Frankfurt am Main/New York 1988, S. 13

123 Richard Hauser/Udo Neumann, Armut in der Bundesrepublik Deutschland. Die sozialwissenschaftliche Thematisierung nach dem Zweiten Weltkrieg, in: Stephan Leibfried/Wolfgang Voges (Hrsg.), Armut im modernen Wohlfahrtsstaat, Opladen 1992 (KZfSS-Sonderheft 32), S. 261

124 Karl August Chassé, Armut nach dem Wirtschaftswunder, a.a.O., S. 11

125 Margarete Tjaden-Steinhauer, Die verwaltete Armut. Pauperismus in der Bundesrepublik: Vorgeschichte und Erscheinungsformen, Hamburg 1985, S. 11

126 Wolfgang Zapf u.a., Individualisierung und Sicherheit. Untersuchungen zur Lebensqualität in der Bundesrepublik Deutschland, München 1987, S. 18

127 Siehe Ulrich Beck, Jenseits von Klasse und Stand?, in: Reinhard Kreckel (Hrsg.), Soziale Ungleichheiten. Sonderband 2 der Sozialen Welt, Göttingen 1983, S. 35 ff.; ders., Jenseits von Stand und Klasse. Auf dem Weg in die individualisierte Arbeitnehmergesellschaft, in: Merkur 5/1984, S. 485 ff.

128 Siehe Stefan Hradil, Sozialstrukturanalyse in einer fortgeschrittenen Gesellschaft. Von Klassen und Schichten zu Lagen und Milieus, Opladen 1987

129 Ulrich Beck, Risikogesellschaft. Auf dem Weg in eine andere Moderne, Frankfurt am Main 1986, S. 122 (Hervorh. im Original). Hans-Ulrich Wehler (Deutsche Gesellschaftsgeschichte, Bd. 5: Bundesrepublik und DDR 1949-1990, a.a.O., S. 119) stellt Beck als Plagiator hin, der die von Werner Sombart und Pitirim Sorokin frühzeitig »Fahrstuhleffekt« getaufte Erscheinung als eigene Formulierung ausgegeben habe.

130 Ebd., S. 139 (Hervorh. im Original)

131 Ebd., S. 117 (Hervorh. im Original)

132 Ebd., S. 152

133 Siehe ebd., S. 153

134 Siehe ebd., S. 159 (Hervorh. im Original)

135 Ebd., S. 236 (Hervorh. im Original)

136 Ulrich Beck, Was zur Wahl steht, Frankfurt am Main 2005, S. 47

137 Peter E. Fäßler, Globalisierung. Ein historisches Kompendium, Köln/Weimar/Wien 2007, S. 218

138 Vgl. Lutz Leisering, Dynamik von Armut, in: Ernst-Ulrich Huster/Jürgen Boeckh/Hildegard Mogge-Grotjahn (Hrsg.), Handbuch Armut und Soziale Ausgrenzung, Wiesbaden 2008, S. 119 f.; dort findet sich auch der Verweis auf das Kapitel »Individualisierung, Massenarbeitslosigkeit und neue Armut«, in: Ulrich Beck, Risikogesellschaft, a.a.O., S. 143 ff.

139 Vgl. Lutz Leisering, Zweidrittelgesellschaft oder Risikogesellschaft?, a.a.O., S. 75

140 Siehe ebd., S. 82

141 Ebd., S. 84

142 Ulrich Beck, Jenseits von Stand und Klasse?, in: ders./Elisabeth Beck-Gernsheim (Hrsg.), Riskante Freiheiten, a.a.O., S. 60

143 Lutz Leisering, Dynamik von Armut, a.a.O., S. 129

144 Vgl. Wolfgang Völker, Let‹s talk about ... what? Armut?! Sozialhilfe?! – Bemerkungen zur Konjunktur der »dynamischen Armutsforschung«, in: Widersprüche 54 (1995), S. 64

145 Monika Ludwig, Armutskarrieren. Zwischen sozialem Abstieg und Aufstieg im Sozialstaat, Opladen 1996, S. 14

146 Stephan Leibfried u.a., Zeit der Armut, a.a.O., S. 298

147 Vgl. Petra Buhr, Armut durch Kinder – zur Logik der Benachteiligung von Familienarbeit im Sozialstaat, in: Andreas Netzler/Michael Opielka (Hrsg.), Neubewertung der Familienarbeit in der Sozialpolitik, Opladen 1998, S. 80

148 Siehe Stephan Leibfried u.a., Zeit der Armut, a.a.O., S. 173

149 Karl-Jürgen Bieback/Helga Milz, Zur Einführung: Armut in Zeiten des modernen Strukturwandels, in: dies. (Hrsg.), Neue Armut, Frankfurt am Main/New York 1995, S. 13

150 Horst Schmitthenner/Hans-Jürgen Urban, Globaler Markt und sozialer Staat – ein unauflösbarer Gegensatz?, in: Christoph Butterwegge/Martin Kutscha/Sabine Berghahn (Hrsg.), Herrschaft des Marktes – Abschied vom Staat?, a.a.O., S. 61

151 Michael M. Zwick, Verzeitlichte Armutslagen – Resümee und Ausblick, in: ders. (Hrsg.), Einmal arm, immer arm? – Neue Befunde zur Armut in Deutschland, Frankfurt am Main/New York 1994, S. 184

152 Siehe Lutz Leisering/Wolfgang Voges, Erzeugt der Wohlfahrtsstaat seine eigene Klientel? – Eine theoretische und empirische Analyse von Armutsprozessen, in: Stephan Leibfried/Wolfgang Voges (Hrsg.), Armut im modernen Wohlfahrtsstaat, a.a.O., S. 468

153 Vgl. Lutz Leisering, Zweidrittelgesellschaft oder Risikogesellschaft?, a.a.O., S. 78

154 Isidor Wallimann, Armut in der Risikogesellschaft. Die Ergebnisse »dynamischer Armutsforschung« bilden die soziale Wirklichkeit unzureichend ab, in: Blätter der Wohlfahrtspflege – Deutsche Zeitschrift für Sozialarbeit 11-12/1996, S. 331

155 Siehe Monika Ludwig/Lutz Leisering/Petra Buhr, Armut verstehen. Betrachtungen vor dem Hintergrund der Bremer Langzeitstudie, in: Aus Politik und Zeitgeschichte 31-32/1995, S. 31

156 Siehe Roland Habich/Bruce Heady/Peter Krause, Armut im Reichtum. Ist die Bundesrepublik eine Zwei-Drittel-Gesellschaft?, in: Ulrich Rendtel/Gert Wagner (Hrsg.), Lebenslagen im Wandel: Zur Einkommensdynamik in Deutschland seit 1984, Frankfurt am Main/New York 1991, S. 502

157 Vgl. Jens S. Dangschat, »Stadt« als Ort und als Ursache von Armut und sozialer Ausgrenzung, in: Aus Politik und Zeitgeschichte 31-32/1995, S. 50

158 Vgl. Michael Klundt, Von der sozialen zur Generationengerechtigkeit? – Polarisierte Lebenslagen und ihre Deutung in Wissenschaft, Politik und Medien, Mit einem Vorwort von Christoph Butterwegge, Wiesbaden 2008, S. 139

159 Vgl. ebd., S. 67

160 Lutz Leisering, Dynamik von Armut, a.a.O., S. 121

161 Vgl. hierzu: Christoph Butterwegge/Michael Klundt/Matthias Belke-Zeng, Kinderarmut in Ost- und Westdeutschland, 2. Aufl. Wiesbaden 2008

162 Vgl. Jürgen Roth, Absturz, a.a.O., S. 112

163 Vgl. dazu sehr allgemein: Martin Diehl, Unsicherheit der Verteilungs- und Armutspolitik im ökonomischen Transformationsprozess, Frankfurt am Main 2007

164 Vgl. Rudolf Hickel/Jan Priewe, Nach dem Fehlstart. Ökonomische Perspektiven der deutschen Einigung, Frankfurt am Main 1994, S. 29

165 Vgl. Hanna Haupt, Umbruchsarmut in den neuen Bundesländern?, in: Ronald Lutz/ Matthias Zeng (Hrsg.), Armutsforschung und Sozialberichterstattung in den neuen Bundesländern, Opladen 1998, S. 48

166 Vgl. Lutz Leisering, Zwischen Verdrängung und Dramatisierung, a.a.O., S. 486

167 Rudolf Martens/Ulrich Schneider, Die Entwicklung von Armut und Friktionen im System sozialer Sicherheit, in: Claus Mühlfeld u.a. (Hrsg.), Armut, Neuwied/Kriftel/ Berlin 1993, S. 25

168 Siehe Barbara Riedmüller, Sozialpolitik und Armut, a.a.O., S. 76 und 86

169 Vgl. z.B. Gabi Gillen/Michael Möller, Anschluß verpaßt. Armut in Deutschland, Bonn 1992; Gabriele Goettle, Die Ärmsten! – Wahre Geschichten aus dem arbeitslosen Leben, Frankfurt am Main 2000; Günter Grass/Daniela Dahn/Johano Strasser (Hrsg.), In einem reichen Land. Zeugnisse alltäglichen Leidens an der Gesellschaft, Göttingen 2002

170 Helmut Kohl, Erklärung der Bundesregierung, abgegeben am 15. Februar 1990, in: Presse- und Informationsamt der Bundesregierung (Hrsg.), Nationale Solidarität mit den Menschen in der DDR, Bonn 1990, S. 25

171 Vgl. dazu und zum Folgenden: Herbert Jacobs, Sozialhilfe im Dilemma. Zwischen sozialpolitischer Notwendigkeit und Sparzwang, Frankfurt am Main 2001, S. 45 ff.

172 Vgl. dazu: Friedhelm Wolski-Prenger, »Niemandem wird es schlechter gehen ...! – Armut, Arbeitslosigkeit und Erwerbslosenbewegung in Deutschland, Köln 1993, S. 13 ff.

173 Herbert Jacobs, Sozialhilfe im Dilemma, a.a.O., S. 116

174 Vgl. hierzu: Christoph Butterwegge, Migrationsberichterstattung, Medienpädagogik und politische Bildung, in: ders./Gudrun Hentges (Hrsg.), Massenmedien, Migration und Integration. Herausforderungen für Journalismus und politische Bildung, Wiesbaden, 2. Aufl. Wiesbaden 2006, S. 190 ff.

175 Vgl. Karin Böke, Die »Invasion« aus den »Armenhäusern Europas«. Metaphern im Einwanderungsdiskurs, in: Matthias Jung/Martin Wengeler/Karin Böke (Hrsg.), Die Sprache des Migrationsdiskurses. Das Reden über »Ausländer« in Medien, Politik und Alltag, Opladen/Wiesbaden 1997, S. 164 ff.

176 Vgl. dazu und zum Folgenden: Herbert Jacobs, Sozialhilfe im Dilemma, a.a.O., S. 76 ff.

177 Erich Kuby, Deutsche Perspektiven. Unfreundliche Randbemerkungen, Hamburg 1993, S. 134

178 Bernhard Santel/Uwe Hunger, Gespaltener Sozialstaat, gespaltener Arbeitsmarkt. Die Etablierung postwohlfahrtsstaatlicher Einwanderungspolitiken in Deutschland und den Vereinigten Staaten, in: Soziale Welt 4/1997, S. 381

179 Vgl. dazu: Carolin Butterwegge, Armut von Kindern mit Migrationshintergrund in Deutschland. Ausmaß, Erscheinungsformen und Ursachen, Dissertation am Fachbereich Gesellschaftswissenschaften der Universität Duisburg-Essen zur Erlangung des akademischen Grades Dr. phil., 2 Bde., Duisburg 2009

180 Thomas von Freyberg, ... im ganzen also sehr widerwärtig ... – Verleugnen, Verleumden, Ausgrenzen: Vom Umgang mit der Armut, in: Friedhelm Hengsbach/Matthias Möhring-Hesse (Hrsg.), Eure Armut kotzt uns an! – Solidarität in der Krise, Frankfurt am Main 1995, S. 26

181 Siehe Meinhard Miegel, Vollbeschäftigung – eine sozialromantische Utopie?, in: Alfred Herrhausen Gesellschaft für internationalen Dialog (Hrsg.), Arbeit der Zukunft – Zukunft der Arbeit. 2. Jahreskolloquium 17./18. Juni 1994 in Frankfurt am Main, Stuttgart 1994, S. 48

182 Solidarität am Standort Deutschland. Eine Erklärung von Sozialwissenschaftlerinnen und Sozialwissenschaftlern, in: Blätter für deutsche und internationale Politik 6/1994, S. 678

183 Vgl. ebd., S. 670

184 Ebd., S. 672

185 Ebd.

186 Ebd., S. 683

187 Vgl. Frank von Auer/Franz Segbers (Hrsg.), Markt und Menschlichkeit. Kirchliche und gewerkschaftliche Beiträge zur Erneuerung der Sozialen Marktwirtschaft, Reinbek bei Hamburg 1995; dies. (Hrsg.), Gerechtigkeitsfähiges Deutschland. Kirchen und Gewerkschaften gemeinsam für eine Zukunft in Gerechtigkeit und Solidarität, Bochum 1998

188 Sozialstaatscharta, angenommen vom Sozialgipfel des DGB und der Wohlfahrtsverbände in Köln am 8. Mai 1996, in: Blätter für deutsche und internationale Politik 6/1996, S. 754

189 Vgl. dazu: Gerd Pohl/Claus Schäfer (Hrsg.), Niedriglöhne. Die unbekannte Realität: Armut trotz Arbeit. Empirische Bestandsaufnahme und politische Lösungsvorschläge, Hamburg 1996; Rainer Roth, Über den Lohn am Ende des Monats. Armut trotz Arbeit: Ergebnisse einer Befragung von 211 Haushalten von ArbeiterInnen und Angestellten, 2. Aufl. Frankfurt am Main 1998

190 Vgl. dazu: Helmut Ortner/Arno Pilgram/Heinz Steinert (Hrsg.) Die Null-Lösung. New Yorker»Zero-Tolerance«-Politik – das Ende der urbanen Toleranz?, Baden-Baden 1998; Susanne Paula Leiterer, »Zero Tolerance« gegen soziale Randgruppen? – Hoheitliche Maßnahmen gegen Mitglieder der Drogenszene, Wohnungslose, Trinker und Bettler in New York City und Deutschland, Berlin 2007

191 Titus Simon, Wem gehört der öffentliche Raum? – Zum Umgang mit Armen und Randgruppen in Deutschlands Städten. Gesellschaftspolitische Entwicklungen, rechtliche Grundlagen und empirische Befunde, Opladen 2001, S. 142

192 Vgl. zur Kritik: Jens S. Dangschat, Soziale Ungleichheit und die Armut der Soziologie, in: Blätter für deutsche und internationale Politik 7/1994, S. 872 ff.

193 Siehe Hans-Ulrich Wehler, Deutsche Gesellschaftsgeschichte, Bd. 5: Bundesrepublik und DDR 1949-1990, a.a.O., S. 116

194 Gerhard Schulze, Die Erlebnisgesellschaft. Kultursoziologie der Gegenwart, Frankfurt am Main/New York 1992, S. 17

195 Siehe ebd., S. 16

196 Ebd., S. 55

197 Hans-Ulrich Wehler, Deutsche Gesellschaftsgeschichte, Bd. 5: Bundesrepublik und DDR 1949–1990, a.a.O., S. 117

198 Ditmar Brock, Rückkehr der Klassengesellschaft? – Die neuen sozialen Gräben in einer materiellen Kultur, in: Ulrich Beck/Elisabeth Beck-Gernsheim (Hrsg.), Riskante Freiheiten, a.a.O., S. 69

199 Vgl. z.B. Michael Vester u.a., Soziale Milieus im gesellschaftlichen Strukturwandel. Zwischen Integration und Ausgrenzung, Köln 1993

200 Rainer Geißler, Kein Abschied von Klasse und Schicht. Ideologische Gefahren der deutschen Sozialstrukturanalyse, in: Kölner Zeitschrift für Soziologie und Sozialpsychologie 2/1996, S. 323 (Hervorh. im Original)

201 Ebd.

202 Max Koch, Ausbeutung und Ausgrenzung, in: Sebastian Herkommer (Hrsg.), Soziale Ausgrenzungen. Gesichter des neuen Kapitalismus, Hamburg 1999, S. 56

203 Eva Barlösius, Armut und Soziologie in Deutschland, in: Leviathan 4/1995, S. 530

204 Andreas Klocke, Reproduktion sozialer Ungleichheit in der Generationenfolge, in: Peter A. Berger/Michael Vester (Hrsg.), Alte Ungleichheiten – neue Spaltungen, Opladen 1998, S. 215 f.

205 Stephan Lessenich/Frank Nullmeier, Einleitung: Deutschland zwischen Einheit und Spaltung, in: dies. (Hrsg.), Deutschland – eine gespaltene Gesellschaft, Frankfurt am Main/New York 2006, S. 17

206 Ebd., S. 18

207 Ebd., S. 19

208 Lothar Peter, Kapitalismuskritik in der neueren Soziologie, in: Werner Goldschmidt/ Bettina Lösch/Jörg Reitzig (Hrsg.), Freiheit, Gleichheit, Solidarität. Beiträge zur Dialektik der Demokratie, Frankfurt am Main 2009, S. 55

209 Siehe Bertelsmann Stiftung/Heinz Nixdorf Stiftung/Ludwig-Erhard-Stiftung (Hrsg.), Durch Halbierung der Sozialabgaben aus der Krise. Konzept für den grundlegenden Umbau der Sozialsysteme, Berlin 2003

210 Wolfgang Schäuble, Und der Zukunft zugewandt, Berlin 1994, S. 107

211 Siehe ebd., S. 122

212 Ebd., S. 26

213 Roman Herzog, Aufbruch ins 21. Jahrhundert. »Berliner Rede« vom 26. April 1997, in: Manfred Bissinger (Hrsg.), Stimmen gegen den Stillstand. Roman Herzogs »Berliner Rede« und 33 Antworten, 2. Aufl. Hamburg 1997, S. 15

214 Vorstand der SPD (Hrsg.), Aufbruch und Erneuerung – Deutschlands Weg ins 21. Jahrhundert. Koalitionsvereinbarung zwischen der Sozialdemokratischen Partei Deutschlands und BÜNDNIS 90/DIE GRÜNEN, Bonn, 20. Oktober 1998, Bonn o.J., S. 36

215 Vgl. Petra Buhr, Wege aus der Armut durch Wege in eine neue Armutspolitik?, in: Antonia Gohr/Martin Seeleib-Kaiser (Hrsg.), Sozial- und Wirtschaftspolitik unter Rot-Grün, Wiesbaden 2003, S. 163

216 Vgl. ebd., S. 162

217 Helmut Kohl, Gute Tradition der Sozialpartnerschaft – Grundlage für Wohlstand und Stabilität. Rede des Bundeskanzlers, gehalten anläßlich des Unternehmertages der Landesvereinigung Baden-Württembergischer Arbeitgeberverbände am 12. Mai 1998 in Karlsruhe, in: Presse- und Informationsamt der Bundesregierung (Hrsg.), Bulletin 54/1998, S. 700

218 Siehe Gerhard Schröder, »Weil wir Deutschlands Kraft vertrauen …«. Regierungserklärung des Bundeskanzlers, abgegeben vor dem Deutschen Bundestag am 10. November 1998, in: Presse- und Informationsamt der Bundesregierung (Hrsg.), Bulletin 74/1998, S. 902

219 Vgl. Hersch Fischler, Die Bertelsmann-Stiftung als Macher der Regierungsreformen, in: Thomas Barth (Hrsg.), Bertelsmann: Ein globales Medienimperium macht Politik. Expansion als Bildungsdienstleister und politische Einflussnahme – internationale Perspektive, Hamburg 2006, S. 35 ff.

220 Siehe Europäischer Rat, Schlussfolgerungen des Vorsitzes. Europäischer Rat (Lissabon), 23. und 24. März 2000, http://www.ue.int/newsroom/LoadDoc.asp, 9.3.2004

221 Presse- und Informationsamt der Bundesregierung (Hrsg.), Agenda 2010, a.a.O., S. 7

222 Ebd., S. 8

223 Vgl. Gerhard Bäcker, SGB II: Grundlagen und Bestandsaufnahme, in: Jürgen Klute/ Sandra Kotlenga (Hrsg.), Sozial- und Arbeitsmarktpolitik nach Hartz: Bestandsaufnahme – Analysen – Perspektiven, Göttingen 2008, S. 27

224 Matthias Knuth, Zwischen Arbeitsmarktpolitik und Armenfürsorge. Spannungsverhältnisse und mögliche Entwicklungen der »Grundsicherung für Arbeitsuchende«, in: Clarissa Rudolph/Renate Niekant (Hrsg.), Hartz IV – Zwischenbilanz und Perspektiven, Münster 2007, S. 67

225 Siehe Michael Vester, Der Wohlfahrtsstaat in der Krise. Die Politik der Zumutungen und der Eigensinn der Alltagsmenschen, in: Franz Schultheis/Kristina Schulz (Hrsg.), Gesellschaft mit begrenzter Haftung. Zumutungen und Leiden im deutschen Alltag, Konstanz 2005, S. 26

226 Vgl. z.B. Wolfgang Streeck/Rolf G. Heinze, Runderneuerung des deutschen Modells. Aufbruch für mehr Jobs, in: Hans-Jürgen Arlt/Sabine Nehls (Hrsg.), Bündnis für Arbeit. Konstruktion – Kritik – Karriere, Opladen/Wiesbaden 1999, S. 147 ff.; Wolfgang Merkel, Soziale Gerechtigkeit und die drei Welten des Wohlfahrtskapitalismus, in: Berliner Journal für Soziologie 2/2001, S. 135 ff.; Manfred G. Schmidt, Sozialpolitik in Deutschland. Historische Entwicklung und internationaler Vergleich, 3. Aufl. Wiesbaden 2005

227 Vgl. Stephan Lessenich, Die Neuerfindung des Sozialen. Der Sozialstaat im flexiblen Kapitalismus, Bielefeld 2008, S. 12 f. Ähnlich kritisch dazu äußert sich Hans Peter Bull, Neosozialer Unfug. Rot-Grün hat den Sozialstaat nicht neu erfunden, in: Die Zeit v. 21.8.2008

228 Klaus Dörre, Hartz-Kapitalismus. Das »Gesetz für moderne Dienstleistungen am Arbeitsmarkt« und seine sozialen Folgen, in: Wilhelm Heitmeyer (Hrsg.), Deutsche Zustände, Folge 3, Frankfurt am Main 2005, S. 253

229 Irene Becker/Richard Hauser, Verteilungseffekte der Hartz-IV-Reform. Ergebnisse von Simulationsanalysen, Berlin 2006, S. 102

230 Vgl. etwa den Titel »Die total verrückte Reform. Milliarden-Grab Hartz IV«, in: Der Spiegel v. 23.5.2005; weitere Beispiele finden sich bei Heinz-Philipp Großbach, »Hartz IV« als Medienthema. Examensarbeit, geschrieben an der Universität zu Köln, Humanwissenschaftliche Fakultät, 14. September 2007

231 Fünf Jahre Hartz. Eine Bilanz des DGB vom 15. August 2007 (Wortlaut), in: Blätter für deutsche und internationale Politik 10/2007, S. 1271 f.

232 Martin Bongards, Hartz IV – Realität des neuen Gesetzes, in: Holger Kindler/Ada-Charlotte Regelmann/Marco Tullney (Hrsg.), Die Folgen der Agenda 2010. Alte und neue Zwänge des Sozialstaats, Hamburg 2004, S. 63

233 Gabriele Gillen, Hartz IV. Eine Abrechnung, Reinbek bei Hamburg 2004, S. 19

234 Markus Breitscheidel, Arm durch Arbeit. Ein Undercover-Bericht, Mit einem Vorwort von Günter Wallraff, Berlin 2008, S. 208 f.

235 Siehe Friedrich Thießen und Christian Fischer, Die Höhe der Sozialen Mindestsicherung. Eine Neuberechnung »bottom up«, in: Zeitschrift für Wirtschaftspolitik 2/2008, S. 145; vgl. ergänzend: 132 Euro müssen zum Leben reichen. Zwei Wirtschaftsforscher halten Hartz-IV-Satz für zu hoch – heftige Kritik, in: Die Welt v. 6.9.2008

236 Martin Staiger, »Hartz-IV-Hetze«, in: Blätter für deutsche und internationale Politik 10/2008, S. 17

237 Bärbel Peters, Das öffentliche Bild von Armut. Aktuelle Armutsbilder im Spiegel der Presse, in: Zeitschrift für Sozialreform 8/1996, S. 530

238 Siehe Herbert Jacobs, Sozialhilfe im Dilemma, a.a.O., S. 148

239 Vgl. z.B. Deborah Roth, Armut: Die Kinder trifft es am härtesten, in: Rhein Main Presse (Wiesbaden) v. 26.9.1997; Lutz Rode, Schüler beweisen: Vor allem Kinder und Jugendliche sind betroffen. Nur Zahlen aus Hamburg liegen vor/Abgeordnete begrüßen Idee, eine Statistik über Armut auch in Bremer Stadtteilen anzulegen, in: Bremer Nachrichten/Weser-Kurier v. 30.12.1997

240 Vgl. z.B. Arne Daniels, Teure Liebe zu den Kindern. Die ungerechte Gesellschaft: Familien im Abseits, in: Die Zeit v. 28.11.1997; Klaus Wittmann, Endstation 10. Klasse. Rigider Sparkurs in Augsburg: Kinder von Sozialhilfeempfängern sollen Geld verdienen, statt das Abitur zu machen, in: Die Zeit v. 19.3.1998; Sven O. Clausen, Null Freizeit. Auch in Deutschland arbeiten Kinder, weil sie Geld verdienen müssen, in: Die Zeit v. 7.5.1998

241 Vgl. z.B. Elisabeth Niejahr, Die große Not der Kleinen. In Deutschland wächst die Kinderarmut. Über eine Million Minderjährige leben bereits von der Sozialhilfe. Das größere Problem aber ist die fehlende Zuwendung, in: Die Zeit v. 13.12.2001

242 Vgl. dazu: Michael Klundt, Von der sozialen zur Generationengerechtigkeit?, a.a.O., passim

243 Ilona Ostner, Kinderarmut – eine aktuelle Debatte soziologisch betrachtet, in: Renate Kränzl-Nagl/Johanna Mierendorff/Thomas Olk (Hrsg.), Kindheit im Wohlfahrtsstaat. Gesellschaftliche und politische Herausforderungen, Frankfurt am Main/New York 2003, S. 310

244 Ariadne Sondermann/Wolfgang Ludwig-Mayerhofer/Olaf Behrend, Die Überzähligen – Teil der Arbeitsgesellschaft, in: Robert Castel/Klaus Dörre (Hrsg.), Prekarität, Abstieg, Ausgrenzung. Die soziale Frage am Beginn des 21. Jahrhunderts, Frankfurt am Main/New York 2009, S. 166

245 Vgl. z.B. Martin Knobbe, Mit den Kindern kam die Not, in: Stern v. 8.1.2004; Klaus Rimpel,»Ich weiß gar nicht mehr, wie ein Apfel schmeckt«. Arm sein: Eine Münchnerin macht klar, was das bedeutet, in: tz (München) v. 3.5.2005; Matthias Drobinski, Vor verschlossenen Türen. Kaum jemand muss in Deutschland hungern – soziale Ungleichheit zeigt sich eher in Lebenschancen, in: Süddeutsche Zeitung v. 7.12.2006; Uli Hauser,»Es reicht nicht«. Jedes sechste Kind in Deutschland lebt in Armut, so die Statistik. Aber wie fühlt sich das an, arm zu sein?, in: Stern v. 20.12.2007; Astrid Joosten/Eva Meschede, Alleinerziehende Mütter (Dossier), in: Brigitte v. 16.1.2008; Ulrike Plewnia, Das unsichtbare Elend, in: Focus v. 2.2.2008

246 Vgl. z.B. Kirsten Boldt, Zum Leben zu wenig. In Deutschland nimmt die Kinderarmut zu – Immer häufiger trifft es die Jüngsten, in: Kölner Stadt-Anzeiger v. 30.5.2005; Cathrin Kahlweit,»Ich will Hartz IV werden«. Armut als Lebensform, in: Süddeutsche Zeitung v. 7.12.2006; Katharina Sperber, Kinder sind mit Hartz IV besonders arm dran, in: Frankfurter Rundschau v. 17.8.2007

247 Vgl. als besonders löbliche Ausnahmen: Felix Berth, Ein Leben ohne Aussicht. Wer die hoffnungslose Lage von Kindern verbessern will, muss die Chancen der Mütter erhöhen, in: Süddeutsche Zeitung v. 5./6.5.2007; ders., Drei-Klassen-Deutschland. Kinder mit den schlechtesten Lebenschancen brauchen die beste Unterstützung, in: Süddeutsche Zeitung v. 29.1.2009

248 Vgl. z.B. Patrick Guyton, Für den Sportverein fehlt das Geld. Geringe Bildung und Perspektivlosigkeit zerstören das Selbstwertgefühl, in: Südwest Presse (Ulm) v. 23.10.2007; Anne Haeming, Die Kinder am Rand. Armut: Besonders gefährdet sind Al-

leinerziehende mit Kindern. Yasmin und Florian sind zwei dieser Kinder, in: Das Parlament v. 9./16.6.2008; Marlene Halser, Für Schuhe muss Familie Zadeh sparen. Bisher gesteht der Gesetzgeber Familien, die Hartz IV beziehen, pro Kind 211 Euro im Monat zu. Wie lebt es sich damit?, in: taz v. 7./8.2.2009

249 Vgl. z.B. Ulrike Meyer-Timpe, Verlierer von Geburt. In Deutschland leben rund drei Millionen Kinder in Armut. Ihre Zahl wächst beständig. Das kommt die Volkswirtschaft teuer zu stehen, in: Die Zeit v. 9.8.2007; Julia Schaaf, Der Mangel, die Scham und das Glück. Ein kinderarmes Land kann sich Kinderarmut nicht leisten. Jetzt merkt die Politik: Die Zukunft der Kinder ist in Gefahr, in: Frankfurter Allgemeine Sonntagszeitung v. 26.8.2007; Bernd Mathieu, Deutschland, deine armen Kinder. Wer ist für diesen Skandal verantwortlich, und warum behandeln wir die Leistungsträger unserer Gesellschaft so schlecht?, in: Aachener Nachrichten v. 24.12.2007; Ulrike Meyer-Timpe, Deutschlands arme Kinder. Wie viel Prozent der unter 15-Jährigen in den Großstädten von Hartz IV leben, in: Die Zeit v. 12.2.2009

250 Vgl. z.B. Richter ernten Beifall. Bundesregierung: Hartz-IV-Sätze für Kinder bereits verbessert, in: Ruhr Nachrichten (Dortmund) v. 28.1.2009; »211 Euro pro Kind sind zu wenig«. Die Hartz-IV-Vorschriften für Kinder sind laut Bundessozialgericht verfassungswidrig. Obwohl die SPD genau diesen Regelsatz erfunden hat, begrüßt ihr Sozialexperte Karl Lauterbach das Urteil, in: taz v. 29.1.2009; Frank Drieschner, 40 Prozent kleiner. Wie viel Geld brauchen Kinder zum Leben? Erwachsene sind kein Maßstab, in: Die Zeit v. 29.1.2009

251 Vgl. Dr. Wilhelm Adamy (DGB-Bundesvorstand, Bereich Arbeitsmarktpolitik), Hohes Verarmungsrisiko Jugendlicher, Berlin, Februar 2009 (http://www.axel-troost.de/article/3370.studie_dgb_hohes_verarmungsrisiko_jugendlicher.html, 25.2.2009); Thomas Öchsner, Jung und schon arm. Trotz gesunkener Arbeitslosigkeit sind knapp eine Million Jugendliche auf Hartz IV angewiesen, in: Süddeutsche Zeitung v. 12.2.2009; Die Teenager verarmen. Fast eine Million Jugendliche zwischen 15 und 24 Jahren leben von Hartz IV. Der DGB warnt vor Verarmungsrisiko, in: taz v. 13.2.2009

252 Vgl. z.B. Heike Jahrberg/Corinna Visser, Immer mehr Alte müssen zum Sozialamt. Weil die Rente nicht reicht, sind sie auf zusätzliche staatliche Hilfen angewiesen, in: Der Tagesspiegel (Berlin) v. 13.10.2007; Daniela Kuhr, Arm und alt. Die Politik verdrängt, dass künftig immer mehr Menschen von ihrer Rente nicht mehr leben können, in: Süddeutsche Zeitung v. 14.1.2008; Rainer Rudolph, Die finanzielle Not im Alter wächst. Seniorenvertreter warnen vor Entwicklung, in: Kölner Stadt-Anzeiger v. 8./9.3.2008; Frauen sehen alt aus. Es ist wohl kein Zufall, dass jetzt die Debatte um Altersarmut an Intensität gewinnt – bald sind auch Männer davon bedroht, in: taz v. 23.4.2008; Stefan von Borstel, Altersarmut belastet Sozialhilfeausgaben immer mehr. Starker Anstieg bei Pflege und Grundsicherung – Kommunen fordern Bundeshilfe, in: Die Welt v. 12.8.2008

253 Vgl. dazu: Bernd Overwien/Annedore Prengel (Hrsg.), Recht auf Bildung. Zum Besuch des Sonderberichterstatters der Vereinten Nationen in Deutschland, Opladen/Farmington Hills 2007

254 Vgl. Jutta Allmendinger, Bildungsarmut. Zur Verschränkung von Bildungs- und Sozialpolitik, in: Soziale Welt 1/1999, S. 35 ff.

255 Vgl. Anne Hacket/Josef Preißler/Wolfgang Ludwig-Mayerhofer, Am unteren Ende der Bildungsgesellschaft, in: Eva Barlösius/Wolfgang Ludwig-Mayerhofer (Hrsg.), Die Armut der Gesellschaft, Opladen 2001, S. 107

256 Walter Krämer, Werden die Deutschen immer ärmer?, in: Gesellschaft – Wirtschaft – Politik 4/2005, S. 395

257 Gerhard Bosch/Thorsten Kalina, Niedriglöhne in Deutschland – Zahlen, Fakten, Ursachen, in: Gerhard Bosch/Claudia Weinkopf (Hrsg.), Arbeiten für wenig Geld. Niedriglohnbeschäftigung in Deutschland, Frankfurt am Main/New York 2007, S. 97

258 Vgl. Jürgen Baumert u.a., PISA 2000. Basiskompetenzen von Schülerinnen und Schülern im internationalen Vergleich, Opladen 2001; ders./Petra Stanat/Rainer Watermann, Herkunftsbedingte Disparitäten im Bildungswesen. Differenzielle Bildungsprozesse und Probleme der Verteilungsgerechtigkeit. Vertiefende Analysen im Rahmen von PISA 2000, Wiesbaden 2006

259 Vgl. z.B. Oscar Lewis, La Vida. A Puerto Rican Family in the Culture of Poverty – San Juan and New York, New York 1966; ders., La Vida, Düsseldorf/Wien 1971; zur Diskussion seiner Forschungsergebnisse und zu deren Rezeptionsgeschichte: Dieter Goetze, »Culture of Poverty« – eine Spurensuche, in: Stephan Leibfried/Wolfgang Voges (Hrsg.), Armut im modernen Wohlfahrtsstaat, a.a.O., S. 88 ff.; Rolf Lindner, Was ist »Kultur der Armut«? – Anmerkungen zu Oscar Lewis, in: Sebastian Herkommer (Hrsg.), Soziale Ausgrenzungen, a.a.O., S. 171 ff.

260 Lutz Leisering, »Soziale Ausgrenzung«. Zur handlungstheoretischen Fundierung eines aktuellen sozialpolitischen Diskurses, in: Stefan Hradil (Hrsg.), Differenz und Integration. Die Zukunft moderner Gesellschaften. Verhandlungen des 28. Kongresses der Deutschen Gesellschaft für Soziologie in Dresden 1996, Frankfurt am Main/New York 1997, S. 1050

261 Klaus Dörre, Armut, Abstieg, Unsicherheit: Die soziale Frage am Beginn des 21. Jahrhunderts, in: Aus Politik und Zeitgeschichte 33-34/2008, S. 6

262 Gabor Steingart, Weltkrieg um Wohlstand. Wie Macht und Reichtum neu verteilt werden, 5. Aufl. München/Zürich 2006, S. 257

263 Sighard Neckel, Die gefühlte Unterschicht. Vom Wandel der sozialen Selbsteinschätzung, in: Rolf Lindner/Lutz Musner (Hrsg.), Unterschicht. Kulturwissenschaftliche Erkundungen der »Armen« in Geschichte und Gegenwart, Freiburg im Breisgau/Berlin/Wien 2008, S. 23

264 Vgl. Hans Bertram (Hrsg.), Mittelmaß für Kinder. Der UNICEF-Bericht zur Lage der Kinder in Deutschland, München 2008

265 Hans Weiß, »Frühe Hilfen« für entwicklungsgefährdete Kinder in Armutslagen, in: Margherita Zander (Hrsg.), Kinderarmut. Einführendes Handbuch für Forschung und soziale Praxis, Wiesbaden 2005, S. 183

266 Michael Hartmann, Elite – Masse, in: Stephan Lessenich/Frank Nullmeier (Hrsg.), Deutschland – eine gespaltene Gesellschaft, a.a.O., S. 207

267 Micha Brumlik, Soll ich je zum Augenblicke sagen … Das Glück: beseligender Augenblick oder erfülltes Leben?, in: Fabian Kessl/Christian Reutlinger/Holger Ziegler (Hrsg.), Erziehung zur Armut? – Soziale Arbeit und die »neue Unterschicht«, Wiesbaden 2007, S. 82

268 Siehe Franz Segbers, Die umprogrammierte Gerechtigkeit. Zur Kritik des Gerechtigkeitsbegriffs im Zweiten Armuts- und Reichtumsbericht der Bundesregierung (2005), in: Kirchlicher Herausgeberkreis Jahrbuch Gerechtigkeit (Hrsg.), Armes reiches Deutschland. Jahrbuch Gerechtigkeit I, Frankfurt am Main/Oberursel 2005, S. 80

269 Siehe Christine Wimbauer/Annette Henninger, Magd des Marktes. Das Elterngeld und die neue Familienpolitik, in: Blätter für deutsche und internationale Politik 8/2008, S. 76

270 Steffen Reiche, Bildungsgerechtigkeit statt elitärer Geldgeschenke. Das Elterngeld befördert Mitnahme-Effekte, aber keine Gerechtigkeit, in: spw – Zeitschrift für Sozialistische Politik und Wirtschaft 148 (2006), S. 5

271 Gerhard Schröder, Die zivile Bürgergesellschaft. Anregungen zu einer Neubestimmung der Aufgaben von Staat und Gesellschaft, in: Die Neue Gesellschaft/Frankfurter Hefte 4/2000, S. 203

272 Karl Lauterbach, Der Zweiklassenstaat. Wie die Privilegierten Deutschland ruinieren, Berlin 2007, S. 9

273 Vgl. z.B. Kirchenamt der EKD (Hrsg.), Gerechte Teilhabe. Befähigung zu Eigenverantwortung und Solidarität. Eine Denkschrift des Rates der Evangelischen Kirche in Deutschland zur Armut in Deutschland, 3. Aufl. Göttingen 2006, S. 10

274 Ebd., S. 29

275 Ebd., S. 19

276 Vgl. hierzu ausführlicher: Christoph Butterwegge, Das Gerechtigkeitsverständnis der Volksparteien im Wandel. Sozialpolitik in den neuen Parteiprogrammen von CDU, CSU und SPD, in: Soziale Sicherheit 3/2008, S. 85 ff.

277 Dorothee Beck/Hartmut Meine, Armut im Überfluss, a.a.O., S. 314

278 Siehe Kirchenamt der EKD (Hrsg.), Gerechte Teilhabe, a.a.O., S. 43

279 Friedhelm Hengsbach,»Wer siegt, hat Recht«? – Das kapitalistische Regime unter dem Anspruch der Gerechtigkeit, in: Alexander Grasse/Carmen Ludwig/Berthold Dietz (Hrsg.), Soziale Gerechtigkeit. Reformpolitik am Scheideweg. Festschrift für Dieter Eißel zum 65. Geburtstag, Wiesbaden 2006, S. 60

280 Kirchenamt der EKD (Hrsg.), Gerechte Teilhabe, a.a.O., S. 53

281 Siehe ebd., S. 14

282 Dorothee Beck/Hartmut Meine, Armut im Überfluss, a.a.O., S. 318

283 »Deutschland 2020«. Für mehr Generationengerechtigkeit: Reformen nicht auf morgen oder übermorgen verschieben!, Ein Memorandum der jungen Abgeordneten des Deutschen Bundestages, Berlin, 21. Juli 2003, S. 3

284 Kurt Biedenkopf, Die Ausbeutung der Enkel. Plädoyer für die Rückkehr der Vernunft, 2. Aufl. Berlin 2006, S. 174

285 Ebd., S. 23

286 Vgl. SPD-Parteivorstand (Hrsg.), Soziale Demokratie im 21. Jahrhundert.»Bremer Entwurf« für ein neues Grundsatzprogramm der Sozialdemokratischen Partei Deutschlands, Januar 2007, o.O.u.J.; Richard Meng, Von Marx bis Mindestlohn. SPD besinnt sich auf ihre Wurzeln: Fünf Wochen vor dem Parteitag liegt ein rundum neuer Programmentwurf vor, in: Frankfurter Rundschau v. 18.9.2007

287 Vgl. Oskar Negt, Es fehlt eine »Arbeit der Zuspitzung«, in: Neue Gesellschaft/Frankfurter Hefte 4/2007, S. 53 ff.; Albrecht von Lucke, SPD – Profillosigkeit als Programm, in: Blätter für deutsche und internationale Politik 4/2007, S. 463 ff.

288 SPD-Parteivorstand (Hrsg.), Hamburger Programm. Grundsatzprogramm der Sozialdemokratischen Partei Deutschlands, beschlossen auf dem Hamburger Bundesparteitag der SPD am 28. Oktober 2007, Berlin 2007, S. 5

289 Ebd., S. 56

290 Oliver Nachtwey, Geisterfahrer SPD, in: Blätter für deutsche und internationale Politik 10/2007, S. 1164

291 François Ewald, Der Vorsorgestaat, Frankfurt am Main 1993, S. 488

292 Matthias Platzeck/Peer Steinbrück/Frank-Walter Steinmeier, Auf der Höhe der Zeit. Im 21. Jahrhundert muss sich die Sozialdemokratie auf ihre ursprünglichen Ideen und Ziele besinnen, in: dies. (Hrsg.), Auf der Höhe der Zeit. Soziale Demokratie und Fortschritt im 21. Jahrhundert, Berlin 2007, S. 24 (Hervorh. Im Original)

293 Wolfgang Schroeder, Gerechtigkeit, Emanzipation und Effizienz. Vorsorgender Sozialstaat und sozialdemokratische Gesellschaftspolitik, in: ebd., S. 37

294 Vgl. hierzu: Christoph Butterwegge, Krise und Zukunft des Sozialstaates, 3. Aufl. Wiesbaden 2006, S. 159 ff.

295 Robert Paquet, Der »vorsorgende Sozialstaat« beginnt mit dem Abschied von der Sozialversicherung. Zur aktuellen Gesundheitsreform – Versuch einer Einordnung, in: Sozialer Fortschritt 9-10/2007, S. 267

296 Oliver Nachtwey, Geisterfahrer SPD, a.a.O., S. 1164

297 Vgl. Robert Paquet, Der »vorsorgende Sozialstaat« beginnt mit dem Abschied von der Sozialversicherung, a.a.O., S. 296; ergänzend: Christoph Butterwegge, Plädoyer für die Beitragsfinanzierung und eine solidarische Bürgerversicherung. Alternativen zum neoliberalen Um- bzw. Abbau des Sozialstaates, in: Soziale Sicherheit 2/2007, S. 62 ff.

298 Oliver Nachtwey, Geisterfahrer SPD, a.a.O., S. 1162

299 Ebd., S. 1163

300 Norbert Blüm, Gerechtigkeit. Eine Kritik des Homo oeconomicus, Freiburg im Breisgau/Basel/Wien 2006, S. 70

301 CDU-Bundesgeschäftsstelle, Marketing und Interne Kommunikation (Hrsg.), Freiheit und Sicherheit. Grundsätze für Deutschland. Grundsatzprogramm der CDU Deutschlands, beschlossen am 3. Dezember 2007 in Hannover, Berlin o.J., S. 12

302 CSU-Landesleitung (Hrsg.), Chancen für alle! – In Freiheit und Verantwortung gemeinsam Zukunft gestalten, Grundsatzprogramm, beschlossen vom Parteitag der CSU am 28. September 2007, Grünwald 2007, S. 34

303 Ebd., S. 18

304 Siehe ebd., S. 82

305 Siehe CDU-Bundesgeschäftsstelle, Marketing und Interne Kommunikation (Hrsg.), Freiheit und Sicherheit, a.a.O., S. 34

306 Siehe ebd.

307 Ebd., S. 60

308 Ebd., S. 33

309 CSU-Landesleitung (Hrsg.), Chancen für alle!, a.a.O., S. 81

310 Siehe SPD-Parteivorstand (Hrsg.), Hamburger Programm, a.a.O., S. 56 und 60

311 CDU-Bundesgeschäftsstelle, Marketing und Interne Kommunikation (Hrsg.), Freiheit und Sicherheit, a.a.O., S. 35

312 Ebd., S. 12

313 SPD-Parteivorstand (Hrsg.), Hamburger Programm, a.a.O., S. 15

314 CSU-Landesleitung (Hrsg.), Chancen für alle!, a.a.O., S. 19

315 Ebd., S. 105

316 Franz Schultheis, Gesellschaft ohne Eigenschaften, in: ders./Kristina Schulz (Hrsg.), Gesellschaft mit begrenzter Haftung. Zumutungen und Leiden im deutschen Alltag, Konstanz 2005, S. 583

317 Vgl. hierzu: Christoph Butterwegge, Rechtfertigung, Maßnahmen und Folgen einer neoliberalen (Sozial-)Politik, in: ders./Bettina Lösch/Ralf Ptak, Kritik des Neoliberalismus, 2. Aufl. Wiesbaden 2008, S. 136 ff.

318 Vgl. Werner Bruns, Sozialkriminalität in Deutschland, Frankfurt am Main/Berlin 1993; aktualisierte Ausgabe Frankfurt am Main/Berlin 1996

319 Walter Krämer, Werden die Deutschen immer ärmer?, a.a.O., S. 396

320 Thomas von Freyberg, ... im ganzen also sehr widerwärtig ... – Verleugnen, Verleumden, Ausgrenzen: Vom Umgang mit der Armut, in Friedhelm Hengsbach/Matthias Möhring-Hesse (Hrsg.), Eure Armut kotzt uns an! – Solidarität in der Krise, Frankfurt am Main 1995, S. 27

321 Gerhard Schröder, Deutschland im globalen Wettbewerb – Aufgaben der Sozialdemokratie, in: Klaus-Jürgen Scherer/Heinrich Tiemann (Hrsg.), Deutschland an der Schwelle zum 21. Jahrhundert. Bilanz einer erstarrten Politik – Wege zum Aufbruch – Sozialdemokratische Perspektiven, Marburg 1998, S. 107

322 Vgl. Klaus Raab, Gnadenlos billig. Die Sat.1-Dokusoap »Gnadenlos gerecht – Sozialfahnder ermitteln« erregt mehr Aufmerksamkeit als verdient, in: taz v. 22.8.2008

323 Albert Scharenberg, Kampfschauplatz Armut. Der Unterschichtendiskurs in den Vereinigten Staaten, in: Blätter für deutsche und internationale Politik 2/2007, S. 191

324 Vgl. dazu: Hans Uske, Das Fest der Faulenzer. Die öffentliche Entsorgung der Arbeitslosigkeit, Duisburg 1995; Frank Oschmiansky/Silke Kull/Günther Schmid, Faule Arbeitslose? – Politische Konjunkturen einer Debatte, Berlin 2001

325 Zu ähnlichen Ergebnissen gelangt eine Längsschnittuntersuchung, die 1987 und 2007 in Münster durchgeführt wurde. Vgl. Dieter Hoffmeister u.a., Von Bettlern und Business-Menschen. Städtische Armut am Beispiel Münster, Berlin 2007, S. 171

326 Vgl. Ronald Gebauer/Hanna Petschauer/Georg Vobruba, Wer sitzt in der Armutsfalle? – Selbstbehauptung zwischen Sozialhilfe und Arbeitsmarkt, 2. Aufl. Berlin 2003; Ronald Gebauer, Arbeit gegen Armut. Grundlagen, historische Genese und empirische Überprüfung des Armutsfallentheorems, Wiesbaden 2007

327 Ottmar Schreiner, Die Gerechtigkeitslücke. Wie die Politik die Gesellschaft spaltet, Berlin 2008, S. 46

328 Siehe Friedrich-Ebert-Stiftung/TNS Infratest Sozialforschung, Gesellschaft im Reformprozess, Juli 2006, Rita Müller-Hilmer; http://www.fes.de/inhalt/Dokumente/061017_Gesellschaft_im_Reformprozess_komplett.pdf (31.7.2007)

329 Fabian Kessl/Christian Reutlinger/Holger Ziegler, Erziehung zur Armut?, Soziale Arbeit und die »neue Unterschicht« – eine Einführung, in: dies. (Hrsg.), Erziehung zur Armut, a.a.O., S. 8

330 Siehe Thomas Schirrmacher, Die neue Unterschicht. Armut in Deutschland?, Holzgerlingen 2007, S. 12

331 Vgl. Fabian Kessl, Die Wiederkehr der sozialen Frage – ein Postscriptum zur jüngsten Debatte um die »neue Unterschicht«, in: ders./Christian Reutlinger/Holger Ziegler (Hrsg.), Erziehung zur Armut?, a.a.O., S. 138

332 Hans-Olaf Henkel, Der Kampf um die Mitte. Mein Bekenntnis zum Bürgertum, München 2007, S. 174

333 Ebd., S. 246

334 Ebd., S. 247

335 Vgl. Rolf Lindner, »Unterschicht«. Eine Gespensterdebatte, in: ders./Lutz Musner (Hrsg.), Unterschicht, a.a.O., S. 9

336 Ebd., S. 12

337 Ebd., S. 15

338 Ebd., S. 16

339 Horst Heimann, Die wundersame Entdeckung der neuen Unterschichten, in: spw – Zeitschrift für Sozialistische Politik und Wirtschaft 154 (2007), S. 45

340 Siehe Thomas Gebhardt, Die »underclass« als neues Phänomen im US-amerikanischen Armutsdiskurs, in: Berliner Debatte INITIAL 1/1995, S. 62

341 Vgl. Michael Harrington, Das Andere Amerika. Die Armut in den Vereinigten Staaten, a.a.O., S. 171

342 David Piachaud, Wie mißt man Armut?, in: Stephan Leibfried/Wolfgang Voges (Hrsg.), Armut im modernen Wohlfahrtsstaat, a.a.O., S. 64

343 Roland Tichy, Aufschwung ohne Zustimmung. Die Ursachen der neoliberalen Legitimationskrise, in: Die Politische Meinung 454 (2007), S. 20

344 Ebd.

345 Ebd.

346 Gabor Steingart, Weltkrieg um Wohlstand, a.a.O., S. 256 f.

347 Siehe Fabian Kessl/Christan Reutlinger, »Sozialhilfeadel oder Unterschicht?«. Sieben Einwände gegen die territoriale Manifestation einer »neuen Unterschicht«, in: dies./ Holger Ziegler (Hrsg.), Erziehung zur Armut?, a.a.O., S. 97

348 Siehe Paul Nolte, Riskante Moderne. Die Deutschen und der neue Kapitalismus, München 2006, S. 91

349 Inge Kloepfer, Aufstand der Unterschicht. Was auf uns zukommt, o.O. 2008, S. 275

350 Markus Grabka/Joachim Frick, Schrumpfende Mittelschicht – Anzeichen einer dauerhaften Polarisierung der verfügbaren Einkommen?, in: DIW-Wochenbericht 10/2008, S. 107

351 Vgl. Martin Kronauer, Verunsicherte Mitte, gespaltene Gesellschaft?, in: WSI-Mitteilungen 7/2008, S. 373

352 Stephan Lessenich, Alles relativ. Warum es in Deutschland keine Armut geben darf, in: PROKLA 3/2008, S. 479

353 Vgl. z.B. Joachim R. Frick/Markus M. Grabka, Gestiegene Vermögensungleichheit in Deutschland, in: DIW-Wochenbericht 4/2009, S. 54 ff.

354 Marc Szydlik, Erben in der Bundesrepublik Deutschland. Zum Verhältnis von familialer Solidarität und sozialer Ungleichheit, in: Kölner Zeitschrift für Soziologie und Sozialpsychologie 1/1999, S. 102

355 Christian Lindner, Freiheit und Fairness, in: ders./Philipp Rösler (Hrsg.), Freiheit: gefühlt – gedacht – gelebt. Liberale Beiträge zu einer Wertediskussion, Wiesbaden 2009, S. 25

356 Vgl. Paul Krugman, Die neue Weltwirtschaftskrise, Frankfurt am Main/New York 2009

357 Vgl. Berthold Vogel, Wohlstandskonflikte. Soziale Fragen, die aus der Mitte kommen, Hamburg 2009; »Die Wohlhabenden grenzen sich ab«. Der Sozialforscher Berthold Vogel glaubt, dass 2009 ein Jahr der Verteilungskämpfe in Deutschland wird: Besitzstandswahrer gegen Krisenverlierer, in: Die Zeit v. 12.3.2009

358 Vgl. dazu: Michael Brakemeier, Stadt kürzt Sozialhilfe wegen Bettelei, in: Göttinger Tageblatt v. 27.3.2009; Stadt Göttingen will Bettler Sozialhilfe kürzen, in: Rheinische Post (Düsseldorf) v. 28.3.2009; Svenja Bergt, Fürs Betteln zahlen. Göttingen: wegen Bettelns Stütze gekürzt, in: taz v. 28./29.3.2009; Ulrich Schulte, Kriminalisierung von Armut. Einem Sozialhilfe-Empfänger wird das Geld gekürzt – er hat gebettelt, in: ebd.; Heidi Niemann/Michael Brakemeier, Stadt rudert in Bettelaffäre zurück, in: Göttinger Tageblatt v. 31.3.2009; Behörde rudert zurück: Bettler bekommt wieder volle Stütze!, in: Bild v. 31.3.2009; Reimar Paul, Der strittige Euro im Hut. Die Stadt Göttingen lenkt ein: Bettelndem Hartz-IV-Empfänger werden Sozialleistungen nicht gekürzt, in: Der Tages-

spiegel (Berlin) v. 31.3.2009; Keine Kürzung bei Bettlern. Göttingen reagiert auf bundesweite Proteste, in: Frankfurter Rundschau v. 31.3.2009

359 Loïc Wacquant, Bestrafen der Armen. Zur neoliberalen Regierung der sozialen Unsicherheit, Opladen/Farmington Hills 2009, S. 307

360 Siehe David Garland, Kultur der Kontrolle. Verbrechensbekämpfung und soziale Ordnung in der Gegenwart, Frankfurt am Main/New York 2008

361 Siehe Loïc Wacquant, Bestrafen der Armen, a.a.O. (Hervorh. im Original)

362 Ebd., S. 41 (Hervorh. im Original)

363 Siehe ebd., S. 314 (Hervorh. im Original)

364 Ebd., S. 316 (Hervorh. im Original)

365 Vgl. Dieter Hoffmeister u.a., Von Bettlern und Business-Menschen, a.a.O., S. 173

366 Vgl. hierzu: Christoph Butterwegge/Gudrun Hentges (Hrsg.), Rechtspopulismus, Arbeitswelt und Armut. Befunde aus Deutschland, Österreich und der Schweiz, Opladen/Farmington Hills 2008

3. Wege und Irrwege der Armutsbekämpfung

1 Bundesministerium für Arbeit und Soziales (Hrsg.), Lebenslagen in Deutschland. Der 3. Armuts- und Reichtumsbericht der Bundesregierung, Bd. 1: Bericht, Bonn, Juli 2008, S. IV

2 Bodo Hombach, Aufbruch. Die Politik der Neuen Mitte, 3. Aufl. München/Düsseldorf 1998, S. 12

3 Rolf G. Heinze, Der schwere Abschied von »Vater Staat«. Zur Überwindung der institutionellen Trägheit des deutschen Wohlfahrtsstaates, in: Neue Praxis 2/2003, S. 155

4 Achim Trube/Norbert Wohlfahrt, »Der aktivierende Sozialstaat« – Sozialpolitik zwischen Individualisierung und einer neuen politischen Ökonomie der inneren Sicherheit, in: WSI-Mitteilungen 1/2001, S. 28

5 Waltraud Schelkle, Das große Sparschwein des Robin Hood. Die Rezession setzt den Wohlfahrtsstaat unter Druck: welchen Leitbildern soll die soziale Hilfe folgen?, in: FAZ v. 20.11.2001

6 Siehe H. Gerhard Beisenherz, Kinderarmut in der Wohlfahrtsgesellschaft. Das Kainsmal der Globalisierung, Opladen 2002, S. 195

7 Heinz-Jürgen Dahme/Norbert Wohlfahrt, Aporien staatlicher Aktivierungsstrategien. Engagementpolitik im Kontext von Wettbewerb, Sozialinvestition und instrumenteller Governance, in: Forschungsjournal Neue Soziale Bewegungen 2/2007, S. 28

8 Vgl. Holger Schatz, »Manche muss man halt zu ihrem Glück zwingen«. Arbeitszwang im aktivierenden Staat, in: Kai Eicker-Wolf u.a. (Hrsg.), »Deutschland auf den Weg gebracht«. Rot-grüne Wirtschafts- und Sozialpolitik zwischen Anspruch und Wirklichkeit, Marburg 2002, S. 166 ff.

9 Vgl. dazu: Tim Engartner, Privatisierung und Liberalisierung – Strategien zur Selbstentmachtung des öffentlichen Sektors, in: Christoph Butterwegge/Bettina Lösch/Ralf Ptak, Kritik des Neoliberalismus, 2. Aufl. Wiesbaden 2008, S. 87 ff.

10 Vgl. zum Folgenden: Walter Hanesch u.a., Armut und Ungleichheit in Deutschland. Der neue Armutsbericht der Hans-Böckler-Stiftung, des DGB und des Paritätischen Wohlfahrtsverbands, Reinbek bei Hamburg 2000, S. 525 ff.

11 Sabine Reiner, Niedriglöhne gegen Arbeitslosigkeit? – Das Märchen vom markträumenden Lohn, in: Thorsten Schulten/Reinhard Bispinck/Claus Schäfer (Hrsg.), Mindestlöhne in Europa, Hamburg 2006, S. 108

12 Alfred Hugenberg, Rundfunkansprache zur Reichstagswahl am 31. Juli 1932, gehalten am 28. Juli 1932; www.dhm.de/lemo/html/dokumente/hugenberg (18.11.2005)

13 Wilhelm Adamy/Johannes Steffen, Abseits des Wohlstands. Arbeitslosigkeit und neue Armut, Darmstadt 1998, S. 136

14 Gerhard Bäcker, Niedrig- und Kombi-Löhne: soziale Spaltung statt Abbau der Arbeitslosigkeit, in: Alexander Grasse/Carmen Ludwig/Berthold Dietz (Hrsg.), Soziale Gerechtigkeit. Reformpolitik am Scheideweg, Festschrift für Dieter Eißel zum 65. Geburtstag, Wiesbaden 2006, S. 177

15 Stefan Welzk, Kombi- contra Mindestlohn: eine paradoxe Kontroverse, in: Blätter für deutsche und internationale Politik 3/2008, S. 87

16 Volker Offermann, Regressive Modernisierung und Herausforderungen der Verteilungspolitik, in: Frank Schulz-Nieswandt/Gisela Schewe (Hrsg.), Sozialpolitische Trends in Deutschland in den letzten drei Dekaden. Eve-Elisabeth Schewe zum 70. Geburtstag, Berlin 2000, S. 189

17 Heike Solga/Justin Powell, Gebildet – ungebildet, in: Stephan Lessenich/Frank Nullmeier (Hrsg.), Deutschland – eine gespaltene Gesellschaft, Frankfurt am Main/New York 2006, S. 189

18 Siehe Jutta Allmendinger/Stephan Leibfried, Bildungsarmut im Sozialstaat, in: Günter Burkart/Jürgen Wolf (Hrsg.), Lebenszeiten. Erkundungen zur Soziologie der Generationen, Opladen 2002, S. 292

19 Christof Prechtl/Daniel Dettling, Einleitung:»Wachstum durch Bildung – Chancen für die Zukunft nutzen!«, in: dies. (Hrsg.), Für eine neue Bildungsfinanzierung. Perspektiven für Vorschule, Schule und Hochschule, Wiesbaden 2005, S. 9

20 Vgl. Ottmar Schreiner, Die Gerechtigkeitslücke. Wie die Politik die Gesellschaft spaltet, Berlin 2008, S. 30

21 Institut der deutschen Wirtschaft (Hrsg.), Armut in der Wohlstandsgesellschaft. Auch eine Frage der Definition, Köln 2005, S. 41

22 Vgl. dazu auch: Markus Breitscheidel, Arm durch Arbeit. Ein Undercover-Bericht. Mit einem Vorwort von Günter Wallraff, Berlin 2008, S. 48 ff.

23 Bodo Zeuner, Entpolitisierung ist Entdemokratisierung. Demokratieverlust durch Einengung und Diffusion des politischen Raums. Ein Essay, in: Rainer Schneider-Wilkes (Hrsg.), Demokratie in Gefahr? – Zum Zustand der deutschen Republik, Münster 1997, S. 31

24 Vgl. dazu: Ingrid Lohmann/Rainer Rilling (Hrsg.), Die verkaufte Bildung. Kritik und Kontroversen zur Kommerzialisierung von Schule, Weiterbildung, Erziehung und Wissenschaft, Opladen 2002; Gisela Kubon-Gilke, Wi(e)der Elitebildung. Bildung aus ökonomischer Perspektive, Marburg 2006; Jochen Krautz, Ware Bildung. Schule und Universität unter dem Diktat der Ökonomie, Kreuzlingen/München 2007

25 Vgl. Gregor Hensen (Hrsg.), Markt und Wettbewerb in der Jugendhilfe. Ökonomisierung im Kontext von Zukunftsorientierung und fachlicher Notwendigkeit, Weinheim/München 2006

26 Vgl. Michael Opielka, Bildungsreform und Sozialreform. Der Zusammenhang von Bildungs- und Sozialpolitik, in: ders. (Hrsg.), Bildungsreform als Sozialreform. Zum Zusammenhang von Bildungs- und Sozialpolitik, Wiesbaden 2005, S. 145 f.

27 Vgl. dazu: Herbert Schui/Eckart Spoo (Hrsg.), Geld ist genug da. Reichtum in Deutschland, 3. Aufl. Heilbronn 2000

28 Vgl. Ingrid Kurz-Scherf, Wenn Arbeit entbehrlich wird. Zur »Krise der Arbeitsgesellschaft« im »Zeitalter der Globalisierung«, in: WSI-Mitteilungen, Sonderheft 1997, S. 44 f.

29 Jutta Roitsch, Föderaler Schlussakt. Von der kreativen Kooperation zum ruinösen Wettbewerb, in: Blätter für deutsche und internationale Politik 8/2006, S. 984

30 Vgl. Gerda Holz, Armut verhindert Bildung – Lebenslagen und Zukunftschancen von Kindern, in: Karin Sanders/Hans-Ulrich Weth (Hrsg.), Armut und Teilhabe. Analyse und Impulse zum Diskurs um Armut und Gerechtigkeit, Wiesbaden 2008, S. 69 ff.

31 Vgl. Die Bundesregierung/Die Regierungschefs der Länder, Aufstieg durch Bildung. Die Qualifizierungsinitiative für Deutschland, Dresden, 22.10.2008 (www.bmbf.de/pub/beschluss-bildungsgipfel_dresden.pdf; 20.1.2009)

32 Vgl. Yannick Vanderborght/Philippe Van Parijs, Ein Grundeinkommen für alle? – Geschichte und Zukunft eines radikalen Vorschlags, Mit einem Nachwort von Claus Offe, Frankfurt am Main/New York 2005, S. 15

33 Vgl. hierzu: Christoph Butterwegge/Bettina Lösch/Ralf Ptak, Kritik des Neoliberalismus, a.a.O.

34 Siehe Götz W. Werner, Einkommen für alle, Köln 2007, S. 192

35 Ebd., S. 149

36 Ebd., S. 207

37 Rudolf Hickel, Wie gerecht ist das deutsche Steuersystem? – Zum voranschreitenden Abbau der Besteuerung nach dem Prinzip der Leistungsfähigkeit, in: Wolfram Elsner/Werner Wilhelm Engelhardt/Werner Glastetter (Hrsg.), Ökonomie in gesellschaftlicher Verantwortung. Sozialökonomik und Gesellschaftsreform heute, Berlin 1998, S. 260

38 Hermann Theißen, Grundeinkommen, in: Gabriele Gillen/Walter van Rossum (Hrsg.), Schwarzbuch Deutschland. Das Handbuch der vermissten Informationen, Reinbek bei Hamburg 2009, S. 332

39 Wolfgang Engler, Bürger, ohne Arbeit. Für eine radikale Neugestaltung der Gesellschaft, Berlin 2005, S. 371 f.

40 Siehe Götz W. Werner, Einkommen für alle, a.a.O., S. 211

41 Vgl. Dieter Althaus, Das Solidarische Bürgergeld. Sicherheit und Freiheit ermöglichen Marktwirtschaft, in: Michael Borchard (Hrsg.), Das Solidarische Bürgergeld – Analyse einer Reformidee, Stuttgart 2007, S. 2

42 Siehe Michael Opielka/Wolfgang Strengmann-Kuhn, Das Solidarische Bürgergeld. Finanz- und sozialpolitische Analyse eines Reformkonzepts. Studie im Auftrag der Konrad-Adenauer-Stiftung, in: ebd., S. 25 f.

43 Siehe ebd., S. 109

44 Vgl. ebd., S. 113

45 Siehe Hamburgisches WeltWirtschaftsInstitut, Bedingungsloses Grundeinkommen und Solidarisches Bürgergeld – mehr als sozialutopische Konzepte, März 2007, S. 13 (www.thueringen.de/imperia/md/content/buergergeld/grundeinkommen-studie.pdf; 9.10.2007)

46 Michael R. Krätke, Leben und Arbeiten, Brot und Spiele. Das Grundeinkommen als Sozialstaatsersatz?, in: Widerspruch 52 (2007), S. 154

47 Vgl. Ulrich Beck, Die Seele der Demokratie: Bezahlte Bürgerarbeit, in: ders. (Hrsg.), Die Zukunft von Arbeit und Demokratie, Frankfurt am Main 2000, S. 418

48 Siehe Wolfgang Engler, Unerhörte Freiheit. Arbeit und Bildung in Zukunft, Berlin 2007, S. 101

49 Thomas Schmid, Nichtsnutz und Robot. Über einige Schwierigkeiten, die Verstaatlichung des Sozialen rückgängig zu machen, in: Freibeuter 11 (1982), S. 101 f.

50 Joseph Huber, Kleine Netze. Ein Weg zu größerer wirtschaftlicher und sozialer Selbständigkeit, in: Jan Peters (Hrsg.), Alternativen zum Atomstaat. Das bunte Bild der Grünen, Berlin (West) 1979, S. 176

51 Vgl. z.B.; Michael Opielka/Georg Vobruba (Hrsg.), Das garantierte Grundeinkommen. Entwicklung und Perspektiven einer Forderung, Frankfurt am Main 1986; Michael Opielka/Ilona Ostner (Hrsg.), Umbau des Sozialstaats, Essen 1987; Michael Opielka/ Margherita Zander (Hrsg.), Freiheit von Armut. Das GRÜNE Grundsicherungsmodell in der Diskussion, Essen 1988

52 Peter Glotz, Freiwillige Arbeitslosigkeit? – Zur neueren Diskussion um das »garantierte Grundeinkommen«, in: Michael Opielka/Georg Vobruba (Hrsg.), Das garantierte Grundeinkommen, a.a.O., S. 143

53 Henning Scherf, Grundsicherung und Sozialstaat – Aspekte einer bedarfsbezogenen sozialen Neuorientierung, in: Rolf G. Heinze/Bodo Hombach/Henning Scherf (Hrsg.), Sozialstaat 2000. Auf dem Weg zu neuen Grundlagen der sozialen Sicherung, Bonn 1987, S. 154

54 Vgl. Bundesarbeitsgruppen der Initiativen gegen Arbeitslosigkeit und Armut (Hrsg.), Existenzgeld. 10 Positionen gegen falsche Bescheidenheit und das Schweigen der Ausgegrenzten, Frankfurt am Main 1996

55 Vgl. Ralf Welter, Solidarische Marktwirtschaft durch Grundeinkommen. Konzeptionen für eine nachhaltige Sozialpolitik, Aachen 2003; ergänzend: Sascha Liebermann, Freiheit der Bürger statt Arbeitszwang. Auf der Basis eines garantierten Grundeinkommens kann jeder wählen, welchen Beitrag er zum Gemeinwesen leisten will, in: Frankfurter Rundschau v. 2.9.2004

56 Harald Rein, Das Ende der Bescheidenheit ... – Existenzgeld, eine Forderung von Erwerbslosen- und Sozialhilfeinitiativen, in: Axel Gerntke u.a., Einkommen zum Auskommen. Von bedingungslosem Grundeinkommen, gesetzlichen Mindestlöhnen und anderen Verteilungsfragen, Hamburg 2004, S. 53

57 Vgl. ebd., S. 54

58 Ebd., S. 59

59 Michael Opielka, Perspektiven von Arbeit und Einkommen in der Wohlfahrtsgesellschaft, in: Aus Politik und Zeitgeschichte. Beilage zur Wochenzeitung Das Parlament 36/1986, S. 54 (Hervorh. im Original)

60 Vgl. Joachim Wiemeyer, Grundeinkommen ohne Arbeit?, in: Aus Politik und Zeitgeschichte 38/1988, S. 48 f.

61 Daniel Kreutz, Wider den Götzen »bedingungsloses Grundeinkommen«. Ein Beitrag zur Ideologiekritik, in: Berliner Debatte Initial 2/2007, S. 65

62 Richard Hauser, Alternativen einer Grundsicherung – soziale und ökonomische Aspekte, in: Gesellschaft – Wirtschaft – Politik 3/2006, S. 339

63 Robert Castel, Die Stärkung des Sozialen. Leben im neuen Wohlfahrtsstaat, Hamburg 2005, S. 113 (Fn. 14)

64 Martin Künkler, Wer bei Arbeitslosen kürzt, drückt auch die Löhne. Grundeinkommen ist keine Alternative zum Verarmungsprogramm Arbeitslosengeld II, in: Axel Gerntke u.a., Einkommen zum Auskommen, a.a.O., S. 81

65 Vgl. Holger Lengsfeld/Stefan Liebig, Wie sozial gerecht wäre ein allgemeines Grundeinkommen?, in: Die Neue Gesellschaft/Frankfurter Hefte 7-8/2002, S. 472

66 Siehe Georg Vobruba, Gute Gründe reichen nicht. Zur neueren Diskussion eines garantierten Grundeinkommens, in: ders., Entkoppelung von Arbeit und Einkommen. Das Grundeinkommen in der Arbeitsgesellschaft, Wiesbaden 2006, S. 181

67 Vgl. hierzu: Christoph Butterwegge, Bürgerversicherung – Alternative zum neoliberalen Umbau des Sozialstaates?, in: Wolfgang Strengmann-Kuhn (Hrsg.), Das Prinzip Bürgerversicherung. Die Zukunft im Sozialstaat, Wiesbaden 2005, S. 29 ff.

68 Reinhard Bispinck/Claus Schäfer, Niedriglöhne? Mindestlöhne! – Verbreitung von Niedriglöhnen und Möglichkeiten ihrer Bekämpfung, in: Sozialer Fortschritt 1-2/2005, S. 30

69 Walter Hanesch u.a., Armut und Ungleichheit in Deutschland. Der neue Armutsbericht der Hans-Böckler-Stiftung, des DGB und des Paritätischen Wohlfahrtsverbands, Reinbek bei Hamburg 2000, S. 569

70 Siehe ebd., S. 571

71 Arbeitsgruppe Alternative Wirtschaftspolitik, Memorandum 2005. Sozialstaat statt Konzern-Gesellschaft, Köln 2005, S. 123

72 Siehe Heinz Stapf-Finé, Ein Grundeinkommen sprengt unser Sozialsystem. Bedarfsorientierte Grundsicherung ausbauen – und so (Alters-)Armut vermeiden, in: Soziale Sicherheit 8/2007, S. 257

73 Arbeitsgruppe Alternative Wirtschaftspolitik, Memorandum 2006. Mehr Beschäftigung braucht eine andere Verteilung, Köln 2006, S. 280 f.

74 Siehe Elmar Altvater/Birgit Mahnkopf, Globalisierung der Unsicherheit. Arbeit im Schatten, schmutziges Geld und informelle Politik, Münster 2002

75 Siehe Ronald Lutz (Hrsg.), Knappheitsmanagement, Münster/Hamburg/London 2000

76 Frank Bertsch, Staat und Familien. Familien- und Kinderarmut in Deutschland, in: Aus Politik und Zeitgeschichte 22-23/2002, S. 12

77 Gerda Holz, Lebenslagen und Chancen von Kindern in Deutschland, in: Aus Politik und Zeitgeschichte 26/2006, S. 11

78 Volker Offermann, Kinderarmut als Ausdruck sozialer Heterogenisierung in den östlichen Bundesländern: das Beispiel Brandenburg, in: Christoph Butterwegge (Hrsg.), Kinderarmut in Deutschland. Ursachen, Erscheinungsformen und Gegenmaßnahmen, 2. Aufl. Frankfurt am Main/New York 2000, S. 132

79 Ernst-Ulrich Huster, Kinder zwischen Armut und Reichtum, in: Christoph Butterwegge/Michael Klundt (Hrsg.), Kinderarmut und Generationengerechtigkeit. Familienpolitik und Sozialpolitik im demografischen Wandel, 2. Aufl. Opladen 2003, S. 47

80 Rudolf Hickel, Standort-Wahn und Euro-Angst. Die sieben Irrtümer der deutschen Wirtschaftspolitik, Reinbek bei Hamburg 1998, S. 271

81 Siehe Reinhard Bispinck/Claus Schäfer, Niedriglöhne und Mindesteinkommen: Daten und Diskussionen in Deutschland, in: Thorsten Schulten/Reinhard Bispinck/Claus Schäfer (Hrsg.), Mindestlöhne in Europa, a.a.O., S. 271

82 Vgl. Wolfgang Strengmann-Kuhn, Armut trotz Erwerbstätigkeit in Deutschland – Folge der »Erosion des Normalarbeitsverhältnisses«?, in: Eva Barlösius/Wolfgang Ludwig-Mayerhofer (Hrsg.), Die Armut der Gesellschaft, Opladen 2001, S. 149

83 Gabriele Hiller-Ohm, Kinderarmut bekämpfen. Gemeinsame Aufgabe von Bund, Ländern und Kommunen!, in: spw – Zeitschrift für Sozialistische Politik und Wirtschaft 159 (2007), S. 49

84 Claus Schäfer, Armut in der Arbeit. Ein (höherer) Mindestlohn als Gerechtigkeits-Instrument?, in: Soziale Sicherheit 4/1994, S. 131 f.

85 Vgl. Gabriele Peter, Gesetzlicher Mindestlohn. Eine Maßnahme gegen Niedriglöhne von Frauen, Baden-Baden 1995, S. 146 ff.; Thorsten Schulten/Reinhard Bispinck/Claus Schäfer (Hrsg.), Mindestlöhne in Europa, a.a.O.

86 Rainer Roth, Über den Lohn am Ende des Monats. Armut trotz Arbeit: Ergebnisse einer Befragung von 211 Haushalten von ArbeiterInnen und Angestellten, 2. Aufl. Frankfurt am Main 1998, S. 193

87 Gabriele Peter, Mindestlohn ohne Gesetz?, in: Gerd Pohl/Claus Schäfer (Hrsg.), Niedriglöhne. Die unbekannte Realität: Armut trotz Arbeit, Hamburg 1996, S. 249

88 Vgl. Werner Schönig, Langzeitarbeitslosigkeit und Kinderarmut, in: Christoph Butterwegge (Hrsg.), Kinderarmut in deutschland, S. 197

89 Vgl. Brigitte Stolz-Willig, Generationen- und Geschlechtergerechtigkeit oder: Familienarbeit neu bewerten – aber wie?, in: Christoph Butterwegge/Michael Klundt (Hrsg.), Kinderarmut und Generationengerechtigkeit, a.a.O., S. 221

90 Vgl. Wolfgang Strengmann-Kuhn, Erwerbstätigkeit und Einkommensarmut: Armut trotz Erwerbstätigkeit?, in: Felix Büchel u.a. (Hrsg.), Zwischen drinnen und draußen. Arbeitsmarktchancen und soziale Ausgrenzungen in Deutschland, Opladen 2000, S. 150

91 Stefan Sell, »Bedarfsorientierte« Modernisierung der Kinderbetreuungsinfrastruktur in Deutschland, in: WSI-Mitteilungen 3/2002, S. 149

92 Vgl. Oliver Steinbach, Kindergarten: der Gebühren-Wahnsinn, in: Eltern 4/2008, S. 68ff.; Cosima Schmitt, Gebühren-Willkür im Kindergarten. Eine Studie zeigt: Bei den Gebühren für einen Kindergartenplatz gibt es große Unterschiede, die schnell 3.000 Euro ausmachen können, in: taz v. 18.3.2008

93 Vgl. Josef Hoffmann, Soziale Gerechtigkeit für Kinder, a.a.O., S.185

94 Vgl. Bernd Eggen, Familienpolitische Leistungen der Länder Deutschlands für Familien mit Kindern unter drei Jahren, in: Sozialer Fortschritt 10/1999, S. 268

95 Vgl. »Eltern, die sich gut kümmern, nicht stigmatisieren«. Ministerpräsident Althaus verteidigt Betreuungsgeld, in: Die Welt v. 26.3.2008; ergänzend: Dorothea Siems, Familienpolitisches Musterländle. Wie das umstrittene Betreuungsgeld wirkt – eine Stippvisite im Testlabor Thüringen, in: ebd.

96 Gitta Trauernicht, Armut von Kindern und Jugendlichen und kommunale Jugendpolitik, a.a.O., S. 225

97 Harry Kunz, Frisst die Globalisierung ihre Kinder?, Familien- und Kinderpolitik – Stand und nötige Veränderungen, in: Kommune 7/2002, S. 7; vgl. auch: Uwe Wilke, Sozialhilfe in den USA. Die Reform in Texas und Wisconsin, Frankfurt am Main/New York 2002, S. 288 f.

98 Vgl. dazu: Georg Auernheimer (Hrsg.), Schieflagen im Bildungssystem. Die Benachteiligung der Migrantenkinder, 3. Aufl. Wiesbaden 2009

99 Jutta Allmendinger, Bildungsarmut: Zur Verschränkung von Bildungs- und Sozialpolitik, in: Soziale Welt 1/1999, S. 46

100 Josef Hoffmann, Soziale Gerechtigkeit für Kinder, a.a.O., S. 103

101 Claudia Pinl, Wieviele Ernährer braucht das Land? – Familienpolitik als Wahlkampfschlager, in: Blätter für deutsche und internationale Politik 9/2001, S. 1130

102 Siehe Ulla Knapp, Sozialstaat, Kinder und Familie, in: spw – Zeitschrift für Sozialistische Politik und Wirtschaft 114 (2000), S. 48 f.

103 Anneli Rüling/Karsten Kassner/Peter Grottian, Geschlechterdemokratie leben. Junge Eltern zwischen Familienpolitik und Alltagserfahrungen, in: Aus Politik und Zeitgeschichte 19/2004, S. 12

104 Werner Schönig, Langzeitarbeitslosigkeit und Kinderarmut, a.a.O., S. 219 (Hervorh. im Original)

105 Sigrid Bächler, Lokale Bündnisse für Familie. Beitrag des DGB zur Verbesserung der Chancengleichheit, in: Gewerkschaftliche Monatshefte 7-8/2004, S. 472

106 Vgl. Lothar Krappmann, Bildung als Ressource der Lebensbewältigung. Der Beitrag von Familie, Schule und der Einrichtungen der Kinder- und Jugendhilfe zum Bildungsprozess in Zeiten der Pluralisierung und Flexibilisierung der Lebensverhältnisse, in: Richard Münchmeier/Hans-Uwe Otto/Ursula Rabe-Kleberg (Hrsg.), Bildung und Lebenskompetenz. Kinder- und Jugendhilfe vor neuen Aufgaben, Opladen 2002, S. 37 f.

107 Gøsta Esping-Andersen, Aus reichen Kindern werden reiche Eltern. Wie die Politik dem Phänomen der Vererbung sozialer Nachteile entgegensteuern kann, in: Stephan Hebel/Wolfgang Kessler (Hrsg.), Zukunft sozial: Wegweiser zu mehr Gerechtigkeit, Frankfurt am Main/Oberursel 2004, S. 92

108 Vgl. Wilma Aden-Grossmann, »Pädagogische Erfolge brauchen einen langen Atem« – neue Anforderungen an den Kindergarten, in: Marita Kampshoff/Beatrix Lumer (Hrsg.), Chancengleichheit im Bildungswesen, Opladen 2002, S. 37 ff.

109 Werner Schönig, Bildungsförderung als ausgleichende Verteilungspolitik. Die Utopie der Verfahrensgerechtigkeit unterliegt der Logik der Bildungssegregation, in: Neue Praxis 1/2004, S. 69

110 Ebd., S. 72

111 CDU Deutschlands/CSU Landesleitung/SPD Deutschlands (Hrsg.), Gemeinsam für Deutschland. Mit Mut und Menschlichkeit. Koalitionsvertrag von CDU, CSU und SPD, Rheinbach o.J. (2005), S. 79

112 Elisabeth Beck-Gernsheim, Kinder, Krippen und Kulturkampf, in: Blätter für deutsche und internationale Politik 4/2007, S. 857

113 Michael-Sebastian Honig/Ilona Ostner, Das Ende der fordistischen Kindheit, in: Andreas Klocke/Klaus Hurrelmann (Hrsg.), Kinder und Jugendliche in Armut. Umfang, Auswirkungen und Konsequenzen, 2. Aufl. Wiesbaden 2001, S. 294

114 Harry Kunz, Frisst die Globalisierung ihre Kinder?, a.a.O., S. 9

115 Vgl. den allgemeinen Überblick bei Michaela Kreyenfeld/C. Katharina Spieß/Gert G. Wagner, Finanzierungs- und Organisationsmodelle institutioneller Kinderbetreuung. Analysen zum Status quo und Vorschläge zur Reform, Neuwied/Kriftel/Berlin 2001

116 Vgl. Magdalena Joos, Der Umbau des Sozialstaates und Konsequenzen für die Konstituierung von Kindheit – diskutiert am Beispiel des Gutscheinmodells für Kindertageseinrichtungen, in: Renate Kränzl-Nagl/Johanna Mierendorff/Thomas Olk (Hrsg.), Kindheit im Wohlfahrtsstaat. Gesellschaftliche und politische Herausforderungen, Frankfurt am Main/New York 2003, S. 142 f.

117 Claus Reichelt, Alle Kinder haben ein Recht auf Bildung von Geburt an. Kita-Gutschein-System und Globalisierung der Bildung, in: Standpunkt: sozial 1/2004, S. 64

118 Gitta Trauernicht, Armut von Kindern und Jugendlichen und kommunale Jugendpolitik, in: Karl-Jürgen Bieback/Helga Milz (Hrsg.), Neue Armut, Frankfurt am Main/New York 1995, S. 225

119 Vgl. dazu: Thomas Müller, Armut von Kindern an Förderschulen. Beschreibung und Analyse des Phänomens der Armut von Kindern an Förderschulen sowie empirische Untersuchung seiner Wahrnehmung bei Förderschullehrern, Hamburg 2005

120 Vgl. dazu: Andrea Platte/Simone Seitz/Karin Terfloth (Hrsg.), Inklusive Bildungsprozesse, Bad Heilbrunn 2006

121 Christian Palentien, Kinder- und Jugendarmut in Deutschland, Wiesbaden 2004, S. 308

122 Vgl. dazu: Thomas Altgeld/Petra Hofrichter (Hrsg.), Reiches Land – kranke Kinder?, Gesundheitliche Folgen von Armut bei Kindern und Jungendlichen, Frankfurt am Main 2000; Monika Jungbauer-Gans/Peter Kriwy (Hrsg.), Soziale Benachteiligung und Gesundheit bei Kindern und Jugendlichen, Wiesbaden 2004; Claudia Wenzig, Armut, Gesundheit und sozialer Kontext von Kindern, Hamburg 2005

123 Vgl. hierzu und zum Folgenden: Gerda Holz, Gesundheitsdefizite und Gesundheitspotenziale sozial benachteiligter und armer Kinder im frühen Kindesalter, in: Antje Richter/Gerda Holz/Thomas Altgeld (Hrsg.), Gesund in allen Lebenslagen. Förderung von Gesundheitspotenzialen bei sozial benachteiligten Kindern im Elementarbereich, Frankfurt am Main 2004, S. 29 ff.

124 Vgl. dazu: Margherita Zander, Armes Kind – starkes Kind?, Die Chance der Resilienz, Wiesbaden 2008

125 Andreas Lange/Wolfgang Lauterbach/Rolf Becker, Armut und Bildungschancen. Auswirkungen von Niedrigeinkommen auf den Schulerfolg am Beispiel des Übergangs von der Grundschule auf weiterführende Schulstufen, in: Christoph Butterwegge/Michael Klundt (Hrsg.), Kinderarmut und Generationengerechtigkeit, a.a.O., 2. Aufl. Opladen 2003, S. 170

126 Mark Szydlik, Familie – Lebenslauf – Ungleichheit, in: Aus Politik und Zeitgeschichte 22-23/2002, S. 9

127 Werner Schönig, Bildungsförderung als ausgleichende Verteilungspolitik, a.a.O., S. 65

128 Vgl. Margherita Zander, Kinderarmut und Existenzsicherung im Sozialstaat, in: Hans Weiß (Hrsg.), Frühförderung mit Kindern und Familien in Armutslagen, München/Basel 2000, S. 100 f.

129 Thomas Olk/Johanna Mierendorff, Kinderarmut und Sozialpolitik. Zur politischen Regulierung von Kindheit im modernen Wohlfahrtsstaat, in: Jürgen Mansel/Georg Neubauer (Hrsg.), Armut und soziale Ungleichheit bei Kindern, Opladen 1998, S. 253

130 Peter Bleses (Wirklich familienfeindlich? – Deutscher Wohlfahrtsstaat und Familienpolitik, in: Kommune 7/2001, S. 41) betont, dass es ein weit verzweigtes, obzwar unübersichtliches Netz familienpolitischer Leistungen und Dienste gibt, die soziale Sicherungen für Kinder und Eltern bieten. Nadesscha Scharfenberg, Milliarden Euro für die Familien. Freibeträge, Zuschläge, Lohnausgleich: Wie der Staat Eltern und Kinder fördert, in: Süddeutsche Zeitung v. 12.2.2008, nennt unter Berufung auf das Bundesfamilienministerium einen Gesamtbetrag von 184 Mrd. EUR pro Jahr.

131 Vgl. Margherita Zander, Kinderarmut und Existenzsicherung im Sozialstaat, a.a.O., S. 97

132 Vgl. Petra Beckerhoff, Kein Kindergeld für Besserverdienende: ein Weg zu mehr Gerechtigkeit, in: Soziale Sicherheit 9-10/1999, S. 311ff.

133 Anthony Giddens, Der dritte Weg. Die Erneuerung der sozialen Demokratie, Frankfurt am Main 1999, S. 126

134 Siehe Irene Gerlach, Familienpolitik, Wiesbaden 2004, S. 217

135 Hanna Behrend, »Deutschland gehen die Kinder aus«. Familie in der *Zeit*, in: Das Argument 247 (2002), S. 482

136 Vgl. Magdalena Joos, Armutsentwicklung und familiale Armutsrisiken von Kindern in den neuen und alten Bundesländern, in: Ulrich Otto (Hrsg.), Aufwachsen in Armut. Erfahrungswelten und soziale Lagen von Kindern armer Familien, Opladen 1997, S. 76

137 Sebastian Sedlmayr, Kinderrechte ins Grundgesetz! – Kinder müssen auch in Deutschland endlich ihre Rechte einklagen können. Damit würde die Machtbalance zwischen Eltern, Nachwuchs und Staat in der Verfassung hergestellt, in: taz v. 7.1.2008

138 Ekin Deligöz, Mit einer Grundsicherung gegen Armut. Wie die Lebenschancen von Kindern verbessert werden können, in: Frankfurter Rundschau v. 4.12.2000

139 Ebd.

140 Vgl. Margit Schratzenstaller, Kinder statt Ehe fördern. Steuerpolitische Aspekte aktueller Familienpolitik, in: Soziale Sicherheit 1/2001, S. 9 ff.

141 CDU-Bundesgeschäftsstelle, Marketing und Interne Kommunikation (Hrsg.), Freiheit und Sicherheit. Grundsätze für Deutschland. Grundsatzprogramm der CDU Deutschlands, beschlossen am 3. Dezember 2007 in Hannover, Berlin o.J., S. 31

142 Renate Schmidt, S.O.S. Familie. Ohne Kinder sehen wir alt aus, Berlin 2002, S. 157; vgl. ergänzend dazu: Markus Sievers, Beim Ehegattensplitting sind die Meinungen gespalten, in: Frankfurter Rundschau v. 16.6.2006; ders., Die neue Ungerechtigkeit. Vom Familiensplitting würden Besserverdiener vermutlich am meisten profitieren, in: Frankfurter Rundschau v. 20.6.2006

143 Franziska Vollmer, Das Ehegattensplitting ist antastbar, in: Gewerkschaftliche Monatshefte 7-8/2004, S. 433; ergänzend: dies., Das Ehegattensplitting, Baden-Baden 1998

144 Vgl. Rudolf Hickel, Die Solidarische Einfachsteuer. Wie Attac und Ver.di der Expertokratie Paroli bieten, in: Blätter für deutsche und internationale Politik 7/2004, S. 859

145 Irene Dingeldey, Das deutsche System der Ehegattenbesteuerung im europäischen Vergleich, in: WSI-Mitteilungen 3/2002, S. 158

146 Vgl. dazu: Ullrich Gintzel u.a., Kinderarmut und kommunale Handlungsoptionen, Opladen/Farmington Hills 2008

147 Vgl. dazu: Uwe-Jens Walther (Hrsg.), Soziale Stadt – Zwischenbilanzen. Ein Programm auf dem Weg zur Sozialen Stadt?, Opladen 2002; Sylvia Greiffenhagen/Katja Neller (Hrsg.), Praxis ohne Theorie?, Wissenschaftliche Diskurse zum Bund-Länder-Programm »Stadtteile mit besonderem Entwicklungsbedarf – die Soziale Stadt«, Wiesbaden 2005

148 Ronald Lutz, Kinder, Kinder …! – Bewältigung familiärer Armut, in: Neue Praxis 1/2004, S. 58

149 Michael Krummacher u.a., Soziale Stadt – Sozialraumentwicklung – Quartiersmanagement. Herausforderungen für Politik, Raumplanung und soziale Arbeit, Opladen 2003, S. 187

150 Ronald Lutz, Kinder, Kinder …!, a.a.O.

151 Vgl. Monika Alisch, Stadtteilmanagement. Zwischen politischer Strategie und Beruhigungsmittel, in: dies. (Hrsg.), Stadtteilmanagement. Voraussetzungen und Chancen für die soziale Stadt, 2. Aufl. Opladen 2001, S. 13

152 Lothar Krappmann, Kompetenzförderung im Kindesalter, in: Aus Politik und Zeitgeschichte 9/2003, S. 19

153 Petra Hölscher, »Immer musst du hingehen und praktisch betteln«. Wie Jugendliche Armut erleben, Frankfurt am Main/New York 2003, S. 263

154 Vgl. Ortrud Merseburger, Kooperationen des ASD am Beispiel der Schule, in: Hilde von Balluseck (Hrsg.), Familien in Not. Wie kann Sozialarbeit helfen?, Freiburg im Breisgau 1999, S. 209

155 Vgl. August Chassé/Margherita Zander/Konstanze Rasch, Meine Familie ist arm. Wie Kinder im Grundschulalter Armut erleben und bewältigen, 3. Aufl. Wiesbaden 2007, S. 338 (Fn. 3)

156 Ulrich Otto/Eberhard Bolay, Armut von Heranwachsenden als Herausforderung für Soziale Arbeit und Sozialpolitik – eine Skizze, in: Ulrich Otto (Hrsg.), Aufwachsen in Armut, a.a.O., S. 31

157 Matthias Bernt/Miriam Fritsche, Von Programmen zu Projekten: Die ambivalenten Innovationen des Quartiersmanagements, in: Sylvia Greiffenhagen/Katja Neller (Hrsg.), Praxis ohne Theorie?, a.a.O., S. 217

158 Herbert Jacobs, Armut. Zum Verhältnis von gesellschaftlicher Konstituierung und wissenschaftlicher Verwendung eines Begriffs, in: Soziale Welt 4/1995, S. 417

159 Vgl. Jeannette Goddar, Entlang der Trennlinie. Die Pläne von Union und SPD: Der Kampf gegen Kinderarmut bestimmt die politische Agenda, in: Das Parlament v. 14./21.7.2008

160 Vgl. als eine rühmliche Ausnahme: Helmut Frangenberg, Armes Köln, reiches Köln, in: Kölner Stadt-Anzeiger v. 20.11.2006

161 Stefan Selke, Fast ganz unten. Wie man in Deutschland durch die Hilfe von Lebensmitteltafeln satt wird, Münster 2008, S. 213

162 Ulrike Meyer-Timpe, Unsere armen Kinder. Wie Deutschland seine Zukunft verspielt, München 2008, S. 12

163 Vgl. ebd., S. 196

164 Vgl. hierzu: Christoph Butterwegge, Krise und Zukunft des Sozialstaates, 3. Aufl. Wiesbaden 2006, S. 267 ff.

165 Vgl. Herbert Ehrenberg, Erfolgreiche Armutsbekämpfung braucht neue Finanzierungsgrundlagen, in: Stefan Sell (Hrsg.), Armut als Herausforderung. Bestandsaufnahme und Perspektiven der Armutsforschung und Armutsberichterstattung, Berlin 2002, S. 462

166 Vgl. Josef Ehmer, Vorwort, in: Christoph Kühberger/Clemens Sedmak (Hrsg.), Aktuelle Tendenzen der historischen Armutsforschung, Wien 2005, S. 1

167 Siehe dazu: Claus Leggewie (Hrsg.), Von der Politik- zur Gesellschaftsberatung. Neue Wege öffentlicher Konsultation, Frankfurt am Main/New York 2007

168 Vgl. Michael Klundt, Von der sozialen zur Generationengerechtigkeit? – Polarisierte Lebenslagen und ihre Deutung in Wissenschaft, Politik und Medien, Mit einem Vorwort von Christoph Butterwegge, Wiesbaden 2008, S. 136

169 Vgl. z.B. Friedrich Merz, Mehr Kapitalismus wagen. Wege zu einer gerechten Gesellschaft, München/Zürich 2008; Ottmar Schreiner, Die Gerechtigkeitslücke. Wie die Politik die Gesellschaft spaltet, Berlin 2008; Michael Hüther/Thomas Straubhaar, Die gefühlte Ungerechtigkeit, Berlin 2009; Peter Siller/Gerhard Pitz (Hrsg.), Politik der Gerechtigkeit. Zur praktischen Orientierungskraft eines umkämpften Ideals, Baden-Baden 2009

Abkürzungsverzeichnis

a.a.O.	am angegebenen Ort
AG	Aktiengesellschaft, Arbeitsgemeinschaft
Alg	Arbeitslosengeld
Alhi	Arbeitslosenhilfe
ApO	Außerparlamentarische Opposition
ARD	Arbeitsgemeinschaft der Rundfunkanstalten Deutschlands
ARGE	Arbeitsgemeinschaft (aus Agentur für Arbeit und kommunaler Sozialbehörde)
Art.	Artikel
ASD	Allgemeiner Sozialdienst
Attac	Association pour la Taxation des Transfers pour l'Aide aux Citoyens – Vereinigung zur Besteuerung der (Finanz-) Transaktionen zugunsten der Bürger
Aufl.	Auflage
AWO	Arbeiterwohlfahrt
BA	Bundesanstalt/-agentur für Arbeit
BAföG	Bundesausbildungsförderungsgesetz
BamS	Bild am Sonntag
BDA	Bundesvereinigung der Deutschen Arbeitgeberverbände
BDI	Bundesverband der Deutschen Industrie
BGE	Bedingungsloses Grundeinkommen
BIAJ	Bremer Institut für Arbeitsmarktforschung und Jugendberufshilfe
BMW	Bayerische Motoren Werke (AG)
BRD	Bundesrepublik Deutschland
BSHG	Bundessozialhilfegesetz
BT-Drs.	Bundestags-Drucksache

bzw.	beziehungsweise
CDU	Christlich Demokratische Union Deutschlands
CSU	Christlich-Soziale Union in Bayern
DDR	Deutsche Demokratische Republik
ders.	derselbe
DFG	Deutsche Forschungsgemeinschaft
DGB	Deutscher Gewerkschaftsbund
d.h.	das heißt
dies.	dieselbe(n)
DIW	Deutsches Institut für Wirtschaftsforschung
DJI	Deutsches Jugendinstitut
DM	Deutsche Mark
DNVP	Deutschnationale Volkspartei
dpa	Deutsche Presse-Agentur
DPWV	Deutscher Paritätischer Wohlfahrtsverband
ebd.	ebenda
EG	Europäische Gemeinschaft(en)
EKD	Evangelische Kirche in Deutschland
EU	Europäische Union
EUR	Euro
EU-SILC	Gemeinschaftsstatistik über Einkommen und Lebensbedingungen in Europa
Ev.	Evangelisch
e.V.	eingetragener Verein
EVS	Einkommens- und Verbrauchsstichprobe (des Statistischen Bundesamtes)
FAZ	Frankfurter Allgemeine Zeitung
FDP	Freie Demokratische Partei
FH	Fachhochschule
Fn.	Fußnote
FU	Freie Universität
ggf.	gegebenenfalls
GG	Grundgesetz
GKV	Gesetzliche Krankenversicherung
GRV	Gesetzliche Rentenversicherung
HBL	Hilfe in besonderen Lebenslagen

Hervorh.	Hervorhebung(en)
HLU	Hilfe zum Lebensunterhalt
Hrsg.	Herausgeber/in
HWWI	Hamburgische Weltwirtschaftsinstitut
IAB	Institut für Arbeitsmarkt- und Berufsforschung (der Bundesagentur für Arbeit)
i.d.R.	in der Regel
i.e.S.	im engeren Sinne
IG	Industriegewerkschaft
IMSF	Institut für Marxistische Studien und Forschungen
INSM	Initiative Neue Soziale Marktwirtschaft
ISG	Institut für Sozialforschung und Gesellschaftspolitik
IT	Informationstechnologie
Kapovaz	kapazitätsorientierte variable Arbeitszeit
KiTa	Kindertagesstätte
KJHG	Kinder- und Jugendhilfegesetz
KSchG	Kündigungsschutzgesetz
KZfSS	Kölner Zeitschrift für Soziologie und Sozialpsychologie
m.E.	meines Erachtens
Mill.	Million(en)
Mio.	Million(en)
Mrd.	Milliarde(n)
NS	Nationalsozialismus
NSDAP	Nationalsozialistische Deutsche Arbeiterpartei
o.Ä.	oder Ähnliches
OECD	Organization for Economic Cooperation and Development – Organisation für ökonomische Zusammenarbeit und Entwicklung
o.g.	oben genannt(e/r)
o.J.	ohne Jahr
o.O.	ohne Ort
o.O.u.J.	ohne Ort und Jahr
OPEC	Organization of Petroleum Exporting Countries – Organisation Erdöl exportierender Länder
PDS	Partei des Demokratischen Sozialismus
PH	Pädagogische Hochschule

PISA	Programme for International Student Assessment
PKV	Private Krankenversicherung(en)
RV	Rentenversicherung
S.	Seite(n)
SED	Sozialistische Einheitspartei Deutschlands
SGB	Sozialgesetzbuch
SOEP	Sozio-oekonomisches Panel
SoFFin	Sonderfonds Finanzmarktstabilisierung
sog.	so genannte(r)
SPD	Sozialdemokratische Partei Deutschlands
taz	die tageszeitung
UN(O)	United Nations Organisation – Vereinte Nationen
UNICEF	United Nations Children's Fund
US/USA	United States (of America) – Vereinigte Staaten (von Amerika)
usw.	und so weiter
u.U.	unter Umständen
ver.di	Vereinigte Dienstleistungsgewerkschaft
v.	vom/von
VEB	Volkseigener Betrieb
v.H.	vom Hundert
vs.	versus
VW	Volkswagen (AG)
WASG	Wahlalternative Arbeit und soziale Gerechtigkeit
wiss.	wissenschaftliche/r
WSI	Wirtschafts- und Sozialwissenschaftliches Institut (in der Hans-Böckler-Stiftung des DGB)
WWW	World Wide Web
WZB	Wissenschaftszentrum Berlin für Sozialforschung
z.B.	zum Beispiel
ZEW	Zentrum für Europäische Wirtschaftsforschung
z.T.	zum Teil

Literaturauswahl

Begriff, theoretische Grundlagen und Geschichte der Armut

Abel, Wilhelm: Massenarmut und Hungerkrisen im vorindustriellen Europa. Versuch einer Synopsis, Hamburg/Berlin (West) 1974

Barlösius, Eva/Ludwig-Mayerhofer, Wolfgang (Hrsg.): Die Armut der Gesellschaft, Opladen 2001

Castel, Robert: Die Metamorphosen der sozialen Frage. Eine Chronik der Lohnarbeit, Konstanz 2000

Dietz, Berthold: Soziologie der Armut. Eine Einführung, Frankfurt am Main/New York 1997

Döring, Diether/Hanesch, Walter/Huster, Ernst-Ulrich (Hrsg.): Armut im Wohlstand, Frankfurt am Main 1990

Fischer, Wolfram: Armut in der Geschichte. Erscheinungsformen und Lösungsversuche der »Sozialen Frage« in Europa seit dem Mittelalter, Göttingen 1982

Geremek, Bronislaw: Geschichte der Armut. Elend und Barmherzigkeit in Europa, München 1991

Hippel, Wolfgang von: Armut, Unterschichten, Randgruppen in der frühen Neuzeit, München 1995

Hochmuth, Uwe/Klee, Günther/Volkert, Jürgen: Armut in der Sozialen Marktwirtschaft. Möglichkeiten und Probleme ihrer Überwindung aus ordnungspolitischer Sicht, Tübingen/Basel 1995

Huster, Ernst-Ulrich/Boeckh, Jürgen/Mogge-Grotjahn, Hildegard (Hrsg.): Handbuch Armut und Soziale Ausgrenzung, Wiesbaden 2008

Jütte, Robert: Arme, Bettler, Beutelschneider. Eine Sozialgeschichte der Armut, Weimar 2000

Kühberger, Christoph/Sedmak, Clemens (Hrsg.): Aktuelle Tendenzen der historischen Armutsforschung, Wien 2005

Leibfried, Stephan/Voges, Wolfgang (Hrsg.): Armut im modernen Wohlfahrtsstaat, Opladen 1992 (KZfSS-Sonderheft 32)

Lindner, Rolf/Musner, Lutz (Hrsg.): Unterschicht. Kulturwissenschaftliche Erkundigungen der »Armen« in Geschichte und Gegenwart, Freiburg im Breisgau/Berlin/Wien 2008

Paugam, Serge: Die elementaren Formen der Armut, Hamburg 2008

Piven, Frances Fox/Cloward, Richard A.: Aufstand der Armen, Frankfurt am Main 1986

Preußer, Norbert: Not macht erfinderisch. Überlebensstrategien der Armenbevölkerung in Deutschland seit 1807, München 1989

Rheinheimer, Martin: Arme, Bettler und Vaganten. Überleben in der Not 1450–1850, Frankfurt am Main 2000

Sachße, Christoph/Tennstedt, Florian (Hrsg.): Bettler, Gauner und Proleten. Armut und Armenfürsorge in der deutschen Geschichte, 2. Aufl. Frankfurt am Main 1998

Sachße, Christoph/Tennstedt, Florian: Geschichte der Armenfürsorge in Deutschland, 3 Bde., Stuttgart/Berlin/Köln 1980 ff.

Strang, Heinz: Erscheinungsformen der Sozialhilfebedürftigkeit. Beitrag zur Geschichte, Theorie und empirischen Analyse der Armut, Stuttgart 1970

Reichtum als Kehrseite der Armut

Beck, Dorothee/Meine, Hartmut: Wasserprediger und Weintrinker. Wie Reichtum vertuscht und Armut verdrängt wird, 4. Aufl. Göttingen 1998

Deutschmann, Christoph: Die Verheißung des absoluten Reichtums. Zur religiösen Natur des Kapitalismus, Frankfurt am Main 1999

Diamond, Jared: Arm und Reich. Die Schicksale menschlicher Gesellschaften, 6. Aufl. Frankfurt am Main 2005

Glatzer, Wolfgang (u.a.): Reichtum im Urteil der Bevölkerung. Akzeptanzprobleme und Spannungspotenzial, Opladen/Farmington Hills 2009

Herbermann, Marc/Steinmetz, Bernd (Hrsg.): »... und arm bist du!« – Die wachsende Polarisierung zwischen Armut und Reichtum in der Wohlstandsgesellschaft und Gegenkonzepte, Weimar 2001

Hirschel, Dierk: Einkommensreichtum und seine Ursachen. Die Bestimmungsfaktoren hoher Arbeitseinkommen, Marburg 2006

Huster, Ernst-Ulrich: Neuer Reichtum und alte Armut, Düsseldorf 1993

Huster, Ernst-Ulrich: Reichtum in Deutschland. Die Gewinner der sozialen Polarisierung, 2. Aufl. Frankfurt am Main/New York 1997

Klein, Dieter: Milliardäre – Kassenleere. Rätselhafter Verbleib des anschwellenden Reichtums, 2. Aufl. Berlin 2006

Klundt, Michael: Von der sozialen zur Generationengerechtigkeit? – Polarisierte Lebenslagen und ihre Deutung in Wissenschaft, Politik und Medien, Mit einem Vorwort von Christoph Butterwegge, Wiesbaden 2008

Rügemer, Werner: Arm und reich, Bielefeld 2002

Salz, Günther: Armut durch Reichtum. Soziale Brennpunkte als Erbe der Sozialen Frage: praktische Erfahrungen und theoretische Einsichten, Freiburg im Breisgau 1991

Schui, Herbert/Spoo, Eckart (Hrsg.): Geld ist genug da. Reichtum in Deutschland, 3. Aufl. Heilbronn 2000

Stadlinger, Jörg (Hrsg.): Reichtum heute. Diskussion eines kontroversen Sachverhalts, Münster 2001

Wagenknecht, Sahra (Hrsg.): Armut und Reichtum heute. Eine Gegenwartsanalyse, Berlin 2007

Zinn, Karl Georg: Wie Reichtum Armut schafft. Verschwendung, Arbeitslosigkeit und Mangel, 4. Aufl. Köln 2006

Empirische Armutsforschung und Sozialberichterstattung – Methoden, Daten und Fakten

Becker, Irene/Hauser, Richard: Dunkelziffer der Armut. Ausmaß und Ursachen der Nicht-Inanspruchnahme zustehender Sozialhilfeleistungen, Berlin 2005

Becker, Irene/Hauser, Richard (Hrsg.): Einkommensverteilung und Armut. Deutschland auf dem Weg zur Vierfünftel-Gesellschaft?, Frankfurt am Main/New York 1997

Buhr, Petra: Dynamik von Armut. Dauer und biographische Bedeutung von Sozialhilfebezug, Opladen 1995

Ehlers, Karen: Armut in der Bundesrepublik Deutschland. Die Entwicklung von Armutsdominanzrelationen ausgewählter Risikogruppen in den alten Bundesländern im Zeitraum 1984–1994, Frankfurt am Main 1997

Flora, Peter/Noll, Heinz-Herbert (Hrsg.): Sozialberichterstattung und Sozialstaatsbeobachtung, Frankfurt am Main/New York 1999

Groh-Samberg, Olaf: Armut, soziale Ausgrenzung und Klassenstruktur. Zur Integration multidimensionaler und längsschnittlicher Perspektiven, Wiesbaden 2009

Hanesch, Walter (u.a.): Armut in Deutschland. Der Armutsbericht des DGB und des Paritätischen Wohlfahrtsverbands, Reinbek bei Hamburg 1994

Hanesch, Walter (u.a.): Armut und Ungleichheit in Deutschland. Der neue Armutsbericht der Hans-Böckler-Stiftung, des DGB und des Paritätischen Wohlfahrtsverbands, Reinbek bei Hamburg 2000

Hauser, Richard/Cremer-Schäfer, Helga/Nouverné, Udo: Armut, Niedrigeinkommen und Unterversorgung in der Bundesrepublik Deutschland. Bestandsaufnahme und sozialpolitische Perspektiven, Frankfurt am Main/New York 1981

Hauser, Richard/Hübinger, Werner: Arme unter uns. Ergebnisse und Konsequenzen der Caritas-Armutsuntersuchung, 2 Bde. (Teil 1: Ergebnisse und Konsequenzen der Caritas-Armutsuntersuchung; Teil 2: Dokumentation der Erhebungsmethoden und der Instrumente der Caritas-Armutsuntersuchung), Freiburg im Breisgau 1993

Hübinger, Werner: Prekärer Wohlstand. Neue Befunde zu Armut und sozialer Ungleichheit, Freiburg im Breisgau 1996

Hübinger, Werner/Hauser, Richard (Hrsg.): Die Caritas-Armutsuntersuchung. Eine Bilanz, Freiburg im Breisgau 1995

Klein, Thomas: Sozialer Abstieg und Verarmung von Familien durch Arbeitslosigkeit. Eine mikroanalytische Untersuchung für die Bundesrepublik Deutschland, Frankfurt am Main/New York 1987

Leibfried, Stephan (u.a.): Zeit der Armut. Lebensläufe im Sozialstaat, Frankfurt am Main 1995

Leßmann, Ortrud: Konzeption und Erfassung von Armut. Vergleich des Lebenslage-Ansatzes mit Sens »Capability«-Ansatz, Berlin 2007

Ludwig, Monika: Armutskarrieren. Zwischen Abstieg und Aufstieg im Sozialstaat, Opladen 1996

Lutz, Ronald/Zeng, Matthias (Hrsg.): Armutsforschung und Sozialberichterstattung in den neuen Bundesländern, Opladen 1998

Meier, Uta/Preuße, Heide/Sunnus, Eva Maria: Steckbriefe von Armut. Haushalte in prekären Lebenslagen, Wiesbaden 2003

Neumann, Udo: Struktur und Dynamik von Armut. Eine empirische Untersuchung für die Bundesrepublik Deutschland, Freiburg im Breisgau 1999

Noll, Heinz-Herbert (Hrsg.): Sozialberichterstattung in Deutschland. Konzepte, Methoden und Ergebnisse für Lebensbereiche und Bevölkerungsgruppen, Weinheim/München 1997

Rendtel, Ulrich/Wagner, Gert (Hrsg.): Lebenslagen im Wandel: Zur Einkommensdynamik in Deutschland seit 1984, Frankfurt am Main/New York 1991

Schulz, Claudia: Ausgegrenzt und abgefunden? – Innenansichten der Armut. Eine empirische Studie, Berlin 2007

Sell, Stefan (Hrsg.): Armut als Herausforderung. Bestandsaufnahme und Perspektiven der Armutsforschung und Armutsberichterstattung, Berlin 2002

Stelzer-Orthofer, Christine: Armut und Zeit. Eine sozialwissenschaftliche Analyse zur Sozialhilfe, Opladen 1997

Volkert, Jürgen (Hrsg.): Armut und Reichtum an Verwirklichungschancen. Amartya Sens Capability-Konzept als Grundlage der Armuts- und Reichtumsberichterstattung, Wiesbaden 2005

Zeng, Matthias (Hrsg.): Sozialberichterstattung in den neuen Bundesländern. Betrachtungen eines unübersichtlichen Feldes, Oldenburg 2001

Zimmermann, Gunter E.: Überschuldung privater Haushalte. Empirische Analysen und Ergebnisse für die alten Bundesländer. Eine Untersuchung des Deutschen Caritasverbandes und des Diakonischen Werkes der EKD, Freiburg im Breisgau 2000

Zwick, Michael M. (Hrsg.): Einmal arm, immer arm? – Neue Befunde zur Armut in Deutschland, Frankfurt am Main/New York 1994

Analysen und Erfahrungsberichte zur Armut in der Bundesrepublik Deutschland

Afheldt, Horst: Wirtschaft, die arm macht. Vom Sozialstaat zur gespaltenen Gesellschaft, München 2003

Altenhain, Claudio (u.a., Hrsg.): Von »Neuer Unterschicht« und Prekariat. Gesellschaftliche Verhältnisse und Kategorien im Umbruch. Kritische Perspektiven auf aktuelle Debatten, Bielefeld 2008

Bauer, Michael/Endreß, Alexander (Hrsg.): Armut. Aspekte sozialer und ökonomischer Unterprivilegierung, Aschaffenburg 2009

Beck, Dorothee/Meine, Hartmut: Armut im Überfluss. Nachrichten aus einer gespaltenen Gesellschaft, Göttingen 2007

Bieback, Karl-Jürgen/Milz, Helga (Hrsg.): Neue Armut, Frankfurt am Main/New York 1995

Böhnke, Petra: Am Rande der Gesellschaft. Risiken sozialer Ausgrenzung, Opladen 2006

Chassé, Karl August: Ländliche Armut im Umbruch. Lebenslagen und Lebensbewältigung, Opladen 1996

Eckardt, Thomas: Arm in Deutschland. Eine sozialpolitische Bestandsaufnahme, München/Landsberg am Lech 1997

Grass, Günter/Dahn, Daniela/Strasser, Johano (Hrsg.): In einem reichen Land. Zeugnisse alltäglichen Leidens an der Gesellschaft, Göttingen 2002

Hoffmeister, Dieter (Hrsg.): Von Bettlern und Business-Menschen. Städtische Armut am Beispiel Münster, Berlin 2007

Hunfeld, Frauke: »Und plötzlich bist du arm«. Geschichten aus dem neuen Deutschland, Reinbek bei Hamburg 1998

Klinger, Nadja/König, Jens: Einfach abgehängt. Ein wahrer Bericht über die neue Armut in Deutschland, Berlin 2006

Kloepfer, Inge: Aufstand der Unterschicht. Was auf uns zukommt, o.O. 2008

Manz, Günter: Armut in der »DDR«-Bevölkerung. Lebensstandard und Konsumtionsniveau vor und nach der Wende, Mit einem Vorwort von Wolfgang Voges, Augsburg 1992

Schirrmacher, Thomas: Die neue Unterschicht. Armut in Deutschland?, Holzgerlingen 2007

Schomers, Michael: Alltag Armut. Mein Leben mit 539,– DM Sozialhilfe. Ein Experiment, Mit einem Vorwort von Günter Wallraff, Köln 1998

Schultheis, Franz/Schulz, Kristina (Hrsg.): Gesellschaft mit begrenzter Haftung. Zumutungen und Leiden im deutschen Alltag, Konstanz 2005

Selke, Stefan: Fast ganz unten. Wie man in Deutschland durch die Hilfe von Lebensmitteltafeln satt wird, Münster 2008

(Langzeit-)Arbeitslosigkeit, Niedriglohnsektor und Prekarität

Adamy, Wilhelm/Steffen, Johannes: Abseits des Wohlstands. Arbeitslosigkeit und neue Armut, Darmstadt 1998

Balsen, Werner (u.a.): Die neue Armut. Ausgrenzung von Arbeitslosen aus der Arbeitslosenunterstützung, Köln 1984

Bosch, Gerhard/Weinkopf, Claudia (Hrsg.): Arbeiten für wenig Geld. Niedriglohnbeschäftigung in Deutschland, Frankfurt am Main/New York 2007

Breitscheidel, Markus: Arm durch Arbeit. Ein Undercover-Bericht, Mit einem Vorwort von Günter Wallraff, Berlin 2008

Büchel, Felix/Diewald, Martin/Krause, Peter (Hrsg.): Zwischen drinnen und draußen. Arbeitsmarktchancen und soziale Ausgrenzungen in Deutschland, Opladen 2000

Castel, Robert/Dörre, Klaus (Hrsg.): Prekarität, Abstieg, Ausgrenzung. Die soziale Frage am Beginn des 21. Jahrhunderts, Frankfurt am Main/New York 2009

Dörre, Klaus/Kraemer, Klaus/Speidel, Frederic: Prekarität. Ursachen, soziale Folgen und politische Verarbeitungsformen unsicherer Beschäftigungsverhältnisse, Wiesbaden 2008

Gebauer, Ronald: Arbeit gegen Armut. Grundlagen, historische Genese und empirische Überprüfung des Armutsfallentheorems, Wiesbaden 2007

Gebauer, Ronald/Petschauer, Hanna/Vobruba, Georg: Wer sitzt in der Armutsfalle? – Selbstbehauptung zwischen Sozialhilfe und Arbeitsmarkt, 2. Aufl. Berlin 2003

Giesecke, Johannes: Arbeitsmarktflexibilisierung und Soziale Ungleichheit. Sozio-ökonomische Konsequenzen befristeter Beschäftigungsverhältnisse in Deutschland und Großbritannien, Wiesbaden 2006

Kronauer, Martin/Vogel, Berthold/Gerlach, Frank: Im Schatten der Arbeitsgesellschaft. Arbeitslose und die Dynamik sozialer Ausgrenzung, Frankfurt am Main/New York 1993

Lohmann, Henning: Armut von Erwerbstätigen in europäischen Wohlfahrtsstaaten. Niedriglöhne, staatliche Transfers und die Rolle der Familie, Wiesbaden 2008

Lompe, Klaus (Hrsg.): Die Realität der neuen Armut. Analysen der Beziehungen zwischen Arbeitslosigkeit und Armut in einer Problemregion, Regensburg 1987

Mayer-Ahuja, Nicole: Wieder dienen lernen? – Vom westdeutschen »Normalarbeitsverhältnis« zu prekärer Beschäftigung, Berlin 2003

Pape, Klaus (Hrsg.): Arbeit ohne Netz. Prekäre Arbeit und ihre Auswirkungen, Hannover 2007

Pohl, Gerd/Schäfer, Claus (Hrsg.): Niedriglöhne. Die unbekannte Realität: Armut trotz Arbeit, Hamburg 1996

Roth, Rainer: Über den Lohn am Ende des Monats. Armut trotz Arbeit, 2. Aufl. Frankfurt am Main 1998

Strengmann-Kuhn, Wolfgang: Armut trotz Erwerbstätigkeit. Analysen und sozialpolitische Konsequenzen, Frankfurt am Main/New York 2003

Kinder-, Familien- und Frauen- bzw. Mütterarmut

Andreß, Hans-Jürgen (u.a.): Wenn aus Liebe rote Zahlen werden. Über die wirtschaftlichen Folgen von Trennung und Scheidung, Wiesbaden 2003

Beisenherz, H. Gerhard: Kinderarmut in der Wohlfahrtsgesellschaft. Das Kainsmal der Globalisierung, Opladen 2002

Bieligk, Andreas: »Die armen Kinder«. Armut und Unterversorgung bei Kindern – Belastungen und ihre Bewältigung, Essen 1996

Bien, Walter/Weidacher, Alois (Hrsg.): Leben neben der Wohlstandsgesellschaft. Familien in prekären Lebenslagen, Wiesbaden 2004

Bozenhardt, Inge/Lindenthal, Luisa: Unter der Brücke rechts... – Freiburger Studie zur Wohnungsnot bei jungen Menschen, Opladen 2002

Bruhns, Kirsten/Mack, Wolfgang (Hrsg.): Aufwachsen und Lernen in der Sozialen Stadt. Kinder und Jugendliche in schwierigen Lebensräumen, Opladen 2001

Butterwegge, Christoph (Hrsg.): Kinderarmut in Deutschland. Ursachen, Erscheinungsformen und Gegenmaßnahmen, 2. Aufl. Frankfurt am Main/New York 2000

Butterwegge, Christoph/Klundt, Michael (Hrsg.): Kinderarmut und Generationengerechtigkeit. Familien- und Sozialpolitik im demografischen Wandel, 2. Aufl. Opladen 2003

Butterwegge, Christoph/Klundt, Michael/Belke-Zeng, Matthias: Kinderarmut in Ost- und Westdeutschland, 2. Aufl. Wiesbaden 2008

Chassé, Karl August/Zander, Margherita/Rasch, Konstanze: Meine Familie ist arm. Wie Kinder im Grundschulalter Armut erleben und bewältigen, 3. Aufl. Wiesbaden 2007

Drilling, Matthias: Young urban poor. Abstiegsprozesse in den Zentren der Sozialstaaten, Wiesbaden 2004

Gintzel, Ullrich (u.a.): Kinderarmut und kommunale Handlungsoptionen, Opladen/Farmington Hills 2008

Hammer, Veronika/Lutz, Ronald (Hrsg.): Weibliche Lebenslagen und soziale Benachteiligung. Theoretische Ansätze und empirische Beispiele, Frankfurt am Main/New York 2002

Heitzmann, Karin/Schmidt, Angelika (Hrsg.): Frauenarmut. Hintergründe, Facetten, Perspektiven, Frankfurt am Main 2001

Hoffmann, Josef: Soziale Gerechtigkeit für Kinder. Zur Chancengleichheit des Aufwachsens im Sozialstaat des Grundgesetzes, Baden-Baden 2006

Iben, Gerd (Hrsg.): Kindheit und Armut. Analysen und Projekte, Münster 1998

Kamensky, Jutta/Heusohn, Lothar/Klemm, Ulrich (Hrsg.): Kindheit und Armut in Deutschland. Beiträge zur Analyse, Prävention und Intervention, Ulm 2000

Klocke, Andreas/Hurrelmann, Klaus (Hrsg.): Kinder und Jugendliche in Armut. Umfang, Auswirkungen und Konsequenzen, 2. Aufl. Wiesbaden 2001

Mädje, Eva/Neusüß, Claudia: Frauen im Sozialstaat. Zur Lebenssituation alleinerziehender Sozialhilfeempfängerinnen, Frankfurt am Main/New York 1996

Mansel, Jürgen/Brinkhoff, Klaus-Peter (Hrsg.): Armut im Jugendalter. Soziale Ungleichheit, Gettoisierung und die psychosozialen Folgen, Weinheim/München 1998

Mansel, Jürgen/Neubauer, Georg (Hrsg.): Armut und soziale Ungleichheit bei Kindern, Opladen 1998

Meyer-Timpe, Ursula: Unsere armen Kinder. Wie Deutschland seine Zukunft verspielt, München 2008

Müller, Thomas: Armut von Kindern an Förderschulen. Beschreibung und Analyse des Phänomens der Armut von Kindern an Förderschulen sowie empirische Untersuchung seiner Wahrnehmung bei Förderschullehrern, Hamburg 2005

Otto, Ulrich (Hrsg.): Aufwachsen in Armut. Erfahrungswelten und soziale Lagen von Kindern armer Familien, Opladen 1997

Palentien, Christian: Kinder- und Jugendarmut in Deutschland, Wiesbaden 2004

Schniering, Daniel: Kinder- und Jugendarmut in Deutschland. Grundlagen, Dimensionen, Auswirkungen, Saarbrücken 2006

Voss, Huberta von: Arme Kinder, reiches Land. Ein Bericht aus Deutschland, Mit einem Vorwort von Eva Luise Köhler, Reinbek bei Hamburg 2008

Weimann, Eike: Armut unter Kindern. Symptome, Ursachen und Konsequenzen, Saarbrücken 2006

Zander, Margherita (Hrsg.): Kinderarmut. Einführendes Handbuch für Forschung und soziale Praxis, Wiesbaden 2005

Zenz, Winfried M./Bächer, Korinna/Blum-Maurice, Renate (Hrsg.): Die vergessenen Kinder. Vernachlässigung, Armut und Unterversorgung in Deutschland, Köln 2002

Armut international und global

Butterwegge, Christoph (u.a.): Armut und Kindheit. Ein regionaler, nationaler und internationaler Vergleich, 2. Aufl. Wiesbaden 2004

Chossudovsky, Michel: Global brutal. Der entfesselte Welthandel, die Armut, der Krieg, 13. Aufl. Frankfurt am Main 2002

Gebhardt, Thomas: Arbeit gegen Armut. Die Reform der Sozialhilfe in den USA, Opladen/Wiesbaden 1998

Grell, Britta: Workfare in den USA. Das Elend der US-amerikanischen Sozialhilfepolitik, Bielefeld 2008

Ehrenreich, Barbara: Arbeit poor. Unterwegs in der Dienstleistungsgesellschaft, Mit einem Nachwort von Horst Afheldt, München 2001

Fluck, Winfried/Werner, Welf (Hrsg.): Wie viel Ungleichheit verträgt die Demokratie? – Armut und Reichtum in den USA, Frankfurt am Main/New York 2003

Holm, Karin/Schulz, Uwe (Hrsg.): Kindheit in Armut weltweit, Opladen 2002

Huster, Ernst-Ulrich: Armut in Europa, Opladen 1996

Landes, David S. : Wohlstand und Armut der Nationen. Warum die einen reich und die anderen arm sind, Berlin 2002

Leiterer, Susanne Paula: »Zero Tolerance« gegen soziale Randgruppen? – Hoheitliche Maßnahmen gegen Mitglieder der Drogenszene, Wohnungslose, Trinker und Bettler in New York City und Deutschland, Berlin 2007

Sachs, Jeffrey D.: Das Ende der Armut. Ein ökonomisches Programm für eine gerechtere Welt, München 2005

Wacquant, Loïc: Bestrafen der Armen. Zur neoliberalen Regierung der sozialen Unsicherheit, Opladen/Farmington Hills 2009

Wilke, Uwe: Sozialhilfe in den USA. Die Reform in Texas und Wisconsin, Frankfurt am Main/New York 2002

Folgen für die Betroffenen: Bildungsdefizite, Gesundheitsprobleme und Ausgrenzung

Altgeld, Thomas/Hofrichter, Petra (Hrsg.): Reiches Land – kranke Kinder?, Gesundheitliche Folgen von Armut bei Kindern und Jugendlichen, Frankfurt am Main 2000

Andreß, Hans-Jürgen: Leben in Armut. Analysen der Verhaltensweisen armer Haushalte mit Umfragedaten, Opladen/Wiesbaden 1999

Barlösius, Eva (u.a., Hrsg.): Ernährung in der Armut. Gesundheitliche, soziale und kulturelle Folgen in der Bundesrepublik Deutschland, Berlin 1995

Bude, Heinz: Die Ausgeschlossenen. Das Ende vom Traum einer gerechten Gesellschaft, München/Wien 2008

Bude, Heinz/Willisch, Andreas (Hrsg.): Das Problem der Exklusion. Ausgegrenzte, Entbehrliche, Überflüssige, Hamburg 2006

Bude, Heinz/Willisch, Andreas (Hrsg.): Exklusion. Die Debatte über die »Überflüssigen«, Frankfurt am Main 2008

Heinzel-Gutenbrunner, Monika: Armutslebensläufe und schlechte Gesundheit. Kausation oder soziale Selektion?, Aachen 2000

Helmert, Uwe (u.a., Hrsg.), Müssen Arme früher sterben? – Soziale Ungleichheit und Gesundheit in Deutschland, Weinheim/München 2000

Henkel, Dieter (Hrsg.): Sucht und Armut. Alkohol, Tabak, Medikamente, illegale Drogen, Opladen 1998

Herz, Birgit (u.a., Hrsg.): Kinderarmut und Bildung. Armutslagen in Hamburg, Wiesbaden 2008

Hölscher, Petra: »Immer musst du hingehen und praktisch betteln«. Wie Jugendliche Armut erleben, Frankfurt am Main/New York 2003

Jungbauer-Gans, Monika/Kriwy, Peter (Hrsg.): Soziale Benachteiligung und Gesundheit bei Kindern und Jugendlichen, Wiesbaden 2004

Kronauer, Martin: Exklusion. Die Gefährdung des Sozialen im hoch entwickelten Kapitalismus, Frankfurt am Main/New York 2002

Laaser, Ulrich/Gebhardt, Karsten/Kemper, Peter (Hrsg.): Gesundheit und soziale Benachteiligung. Informationssysteme – Bedarfsanalysen – Interventionen, Lage 2000

Mielck, Andreas: Soziale Ungleichheit und Gesundheit. Empirische Ergebnisse, Erklärungsansätze, Interventionsmöglichkeiten, Bern 2000

Müller, Thomas: Innere Armut. Kinder und Jugendliche zwischen Mangel und Überfluss, Wiesbaden 2008

Richter, Antje: Wie erleben und bewältigen Kinder Armut? – Eine qualitative Studie über die Belastungen aus Unterversorgungslagen und ihre Bewältigung aus subjektiver Sicht von Grundschulkindern einer ländlichen Region, Aachen 2000

Richter, Antje/Bunzendahl, Iris/Altgeld, Thomas (Hrsg.): Dünne Rente – dicke Probleme. Alter, Armut und Gesundheit – Neue Herausforderungen für Armutsprävention und Gesundheitsförderung, Frankfurt am Main 2008

Salentin, Kurt: Armut, Scham und Stressbewältigung. Die Verarbeitung ökonomischer Belastungen im unteren Einkommensbereich, Wiesbaden 2002

Walper, Sabine: Familiäre Konsequenzen ökonomischer Deprivation, München/ Weinheim 1988

Wenzig, Claudia: Armut, Gesundheit und sozialer Kontext von Kindern, Hamburg 2005

Folgen für die Gesellschaft: Stadtentwicklung, (sozialräumliche) Ausgrenzung und Rechtstendenzen

Butterwegge, Christoph/Hentges, Gudrun (Hrsg.): Rechtspopulismus, Arbeitswelt und Armut. Befunde aus Deutschland, Österreich und der Schweiz, Opladen/ Farmington Hills 2008

Dangschat, Jens S. (Hrsg.): Modernisierte Stadt – gespaltene Gesellschaft. Ursachen von Armut und sozialer Ausgrenzung, Opladen 1999

Farwick, Andreas: Segregierte Armut in der Stadt. Ursachen und soziale Folgen der räumlichen Konzentration von Sozialhilfeempfängern, Opladen 2001

Friedrichs, Jürgen/Blasius, Jörg: Leben in benachteiligten Wohngebieten, Opladen 2000

Friedrichs, Jürgen/Triemer, Sascha: Gespaltene Städte? – Soziale und ethnische Segregation in deutschen Großstädten, Wiesbaden 2008

Gestring, Norbert (u.a., Hrsg.): Jahrbuch StadtRegion 2007/2008. Schwerpunkt: Arme reiche Stadt, Opladen/Farmington Hills 2008

Gillich, Stefan/Nieslony, Frank: Armut und Wohnungslosigkeit. Grundlagen, Zusammenhänge und Erscheinungsformen, Köln 2000

Häußermann, Hartmut/Kronauer, Martin/Siebel, Walter (Hrsg.): An den Rändern der Städte. Armut und Ausgrenzung, Frankfurt am Main 2004

Hanesch, Walter (Hrsg.): Überlebt die soziale Stadt? – Konzeption, Krise und Perspektiven kommunaler Sozialstaatlichkeit, Opladen 1997

Harth, Annette/Scheller, Gitta/Tessin, Wulf (Hrsg.): Stadt und soziale Ungleichheit, Opladen 2000

Herkommer, Sebastian (Hrsg.): Soziale Ausgrenzungen. Gesichter des neuen Kapitalismus, Hamburg 1999

Keller, Carsten: Armut in der Stadt. Zur Segregation benachteiligter Gruppen in Deutschland, Opladen/Wiesbaden 1999

Keller, Carsten: Leben im Plattenbau. Zur Dynamik sozialer Ausgrenzung, Frankfurt am Main/New York 2005

Klagge, Britta: Armut in westdeutschen Städten. Strukturen und Trends aus stadtteilorientierter Perspektive – eine vergleichende Langzeitstudie der Städte Düsseldorf, Essen, Frankfurt, Hannover und Stuttgart, Stuttgart 2005

Knecht, Michi (Hrsg.): Die andere Seite der Stadt. Armut und Ausgrenzung in Berlin, Köln/Weimar/Wien 1999

Lessenich, Stephan/Nullmeier, Frank (Hrsg.): Deutschland – eine gespaltene Gesellschaft, Frankfurt am Main/New York 2006

Linden, Markus/Thaa, Winfried (Hrsg.): Die politische Repräsentation von Fremden und Armen, Baden-Baden 2009

Loccumer Initiative kritischer Wissenschaftlerinnen und Wissenschaftler: Armut als Bedrohung. Der soziale Zusammenhalt zerbricht. Ein Memorandum, Mit einer Einführung von Oskar Negt, Hannover 2002

Neef, Rainer/Keim, Rolf: »Wir sind keine Sozialen«. Marginalisierung und Ressourcen in deutschen und französischen Problemvierteln, Konstanz 2007

Simon, Titus: Wem gehört der öffentliche Raum? – Zum Umgang mit Armen und Randgruppen in Deutschlands Städten. Gesellschaftspolitische Entwicklungen, rechtliche Grundlagen und empirische Befunde, Opladen 2001

Walther, Uwe-Jens/Mensch, Kirsten (Hrsg.): Armut und Ausgrenzung in der »Sozialen Stadt«. Konzepte und Rezepte auf dem Prüfstand, Darmstadt 2004

Wehrheim, Jan: Die überwachte Stadt. Sicherheit, Segregation und Ausgrenzung, Opladen 2002

Armut und Soziale Arbeit: Diskurse und Gegenstrategien

Ansen, Harald: Armut. Anforderungen an die Soziale Arbeit: eine historische, sozialstaatsorientierte und systematische Analyse aus der Perspektive der Sozialen Arbeit, Frankfurt am Main 1998

Balluseck, Hilde von (Hrsg.): Familien in Not. Wie kann Sozialarbeit helfen?, Freiburg im Breisgau 1999

Bauer, Brigitte (u.a., Hrsg.): Armut und Soziale Arbeit. Erfahrungen, Perspektiven und Methoden im internationalen Kontext, Münster 1996

Elsen, Susanne: Die Ökonomie des Gemeinwesens. Sozialpolitik und Soziale Arbeit im Kontext von gesellschaftlicher Wertschöpfung und -verteilung, Weinheim/München 2007

Kessel, Fabian/Reutlinger, Christian/Ziegler, Holger (Hrsg.): Erziehung zur Armut? – Soziale Arbeit und die »neue Unterschicht«, Wiesbaden 2007

Kleinert, Ulfried/Leutzsch, Martin/Wagner, Harald: Herausforderung »neue Armut«. Motive und Konzepte sozialer Arbeit, Leipzig 1996

Müller, Siegfried/Otto, Ulrich (Hrsg.): Armut im Sozialstaat. Gesellschaftliche Analysen und sozialpolitische Konsequenzen, Neuwied/Kriftel/Berlin 1997

Sanders, Karin/Weth, Hans-Ulrich (Hrsg.): Armut und Teilhabe. Analysen und Impulse zum Diskurs um Armut und Gerechtigkeit, Wiesbaden 2008

Zeng, Matthias: »Asoziale« in der DDR. Transformation einer moralischen Kategorie, Münster/Hamburg/London 2000

Bekämpfung der Armut: Arbeitsmarkt-, Familien- und Sozialpolitik, Stadtentwicklung, Frühförderung und Soziale Arbeit

Alisch, Monika (Hrsg.): Stadtteilmanagement. Voraussetzungen und Chancen für die soziale Stadt, 2. Aufl. Opladen 2001

Alisch, Monika/Dangschat, Jens S.: Armut und soziale Integration. Strategien sozialer Stadtentwicklung und lokaler Nachhaltigkeit, Opladen 1998

Andreß, Hans-Jürgen/Krüger, Anne: Ausstiege aus dem unteren Einkommensbereich. Institutionelle Hilfeangebote, individuelle Aktivitäten und soziale Netzwerke, Berlin 2006

Böhning, Björn/Dörre, Klaus/Nahles, Andrea (Hrsg.): Unterschichten? Prekariat? Klassen? – Moderne Politik gegen soziale Ausgrenzung, Dortmund 2006

Burger, Karin: Armutszeugnis. Ratgeber in Armutsfragen, Belm-Vehrte 2007

Dann, Sabine (u.a., Hrsg.): Kombi-Einkommen – ein Weg aus der Sozialhilfe?, Baden-Baden 2002

Giegold, Sven/Embshoff, Dagmar (Hrsg.): Solidarische Ökonomie im globalisierten Kapitalismus, Hamburg 2008

Hagen, Christine: Wege aus der Sozialhilfe – Wege aus der Armut?, Lebensverläufe zwischen Integration und Ausgrenzung, Frankfurt am Main 2004

Hanesch, Walter (Hrsg.): Sozialpolitische Strategien gegen Armut, Opladen 1995

Hengsbach, Friedhelm/Möhring-Hesse, Matthias: Aus der Schieflage heraus. Demokratische Verteilung von Reichtum und Arbeit, 2. Aufl. Bonn 1999

Holz, Gerda (u.a.): Armutsprävention vor Ort. »Mo.Ki – Monheim für Kinder«. Evaluationsergebnisse zum Modellprojekt von Arbeiterwohlfahrt Niederrhein und Stadt Monheim, Frankfurt am Main 2005

IG Metall Vorstand, Abteilung Tarifpolitik (Hrsg.): Denk-Schrift *fair*teilen, Schwalbach im Taunus 2000

Jetter, Frank: Nachhaltige Sozialpolitik gegen Armut in Lebenslagen, Münster 2004

Kleinert, Ulfried/Leutzsch, Martin/Wagner, Harald: Herausforderung »neue Armut«. Motive und Konzepte sozialer Arbeit, Leipzig 1996

Krummacher, Michael (u.a.): Soziale Stadt – Sozialraumentwicklung – Quartiersmanagement. Herausforderungen für Politik, Raumplanung und soziale Arbeit, Opladen 2003

Lutz, Ronald (Hrsg.): Knappheitsmanagement, Münster/Hamburg/London 2000

Mäder, Ueli: Für eine solidarische Gesellschaft. Was tun gegen Armut, Arbeitslosigkeit und Ausgrenzung?, Zürich 1999

Marris, Robin: Das Ende der Armut. Perspektiven für eine gerechtere Zukunft, Bern/Stuttgart/Wien 2001

Richter, Antje/Holz, Gerda/Altgeld, Thomas (Hrsg.): Gesund in allen Lebenslagen. Förderung von Gesundheitspotenzialen bei sozial benachteiligten Kindern im Elementarbereich, Frankfurt am Main 2004

Schmid, Susanne/Wallimann, Isidor: Armut:»Der Mensch lebt nicht vom Brot allein«. Wege zur soziokulturellen Existenzsicherung, Bern/Stuttgart/Wien 1998

Schulz-Nieswandt, Frank: Geschlechterverhältnisse, die Rechte der Kinder und Familienpolitik in der Erwerbsgesellschaft, Münster 2004

Weiß, Hans (Hrsg.): Frühförderung mit Kindern und Familien in Armutslagen, München/Basel 2000

Zander, Margherita: Armes Kind – starkes Kind?, Die Chance der Resilienz, Wiesbaden 2008

Gesellschaftspolitische Alternativen der Armutsbekämpfung: Bürgerversicherung und bedarfsabhängige Grundsicherung oder bedingungsloses Grundeinkommen?

Bischoff, Joachim: Allgemeines Grundeinkommen. Fundament für soziale Sicherheit?, Hamburg 2007

Borchard, Michael (Hrsg.): Das Solidarische Bürgergeld. Analyse einer Reformidee, Stuttgart 2007

Ehlers, Kai: Grundeinkommen für alle – Sprungbrett in eine integrierte Gesellschaft, Dornach 2006

Eichler, Daniel: Armut, Gerechtigkeit und soziale Grundsicherung. Einführung in eine komplexe Problematik, Wiesbaden 2001

Engler, Wolfgang: Bürger, ohne Arbeit. Für eine radikale Neugestaltung der Gesellschaft, Berlin 2005

Exner, Andreas/Rätz, Werner/Zenker, Birgit (Hrsg.): Grundeinkommen. Soziale Sicherheit ohne Arbeit, Wien 2007

Feist, Holger: Arbeit statt Sozialhilfe. Zur Reform der Grundsicherung in Deutschland, Tübingen 2000

Gerntke, Axel (u.a.): Einkommen zum Auskommen. Von bedingungslosem Grundeinkommen, gesetzlichen Mindestlöhnen und anderen Verteilungsfragen, Hamburg 2004

Hauser, Richard: Ziele und Möglichkeiten einer Sozialen Grundsicherung, Baden-Baden 1996

Kaltenborn, Bruno: Von der Sozialhilfe zu einer zukunftsfähigen Grundsicherung, 2. Aufl. Baden-Baden 1998

Knecht, Alban: Bürgergeld: Armut bekämpfen ohne Sozialhilfe. Negative Einkommensteuer, Kombilohn, Bürgerarbeit und RMI als neue Wege, Mit einem Vorwort von Isidor Wallimann, Bern/Stuttgart/Wien 2002

Krebs, Hans-Peter/Rein, Harald (Hrsg.): Existenzgeld. Kontroversen und Positionen, Münster 2000

Rätz, Werner/Paternoga, Dagmar/Steinbach, Werner: Grundeinkommen: bedingungslos, Hamburg 2005

Spies, Thomas: Die Bürgerversicherung. Zukunftsfähig und solidarisch, Frankfurt am Main 2006

Strengmann-Kuhn, Wolgang (Hrsg.): Das Prinzip Bürgerversicherung. Die Zukunft im Sozialstaat, Wiesbaden 2005

Vanderborght, Yannick/Parijs, Philippe Van: Ein Grundeinkommen für alle? – Geschichte und Zukunft eines radikalen Vorschlags, Frankfurt am Main/New York 2005

Vobruba, Georg: Entkopplung von Arbeit und Einkommen. Das Grundeinkommen in der Arbeitsgesellschaft, 2. Aufl. Wiesbaden 2007

Welter, Ralf: Solidarische Marktwirtschaft durch Grundeinkommen. Konzeptionen für eine nachhaltige Sozialpolitik, Aachen 2003

Werner, Götz W.: Einkommen für alle, Köln 2007

Personenregister

Campus Studium

Michael Hartmann
Elitesoziologie
Eine Einführung
2008, 2. aktualisierte Auflage
205 Seiten, ISBN 978-3-593-37439-0

Heiner Minssen
Arbeits- und Industriesoziologie
Eine Einführung
2006, 262 Seiten, ISBN 978-3-593-38192-3

Johannes Huinink, Dirk Konietzka
Familiensoziologie
Eine Einführung
2007, 246 Seiten, ISBN 978-3-593-38368-2

Frank Adloff
Zivilgesellschaft
Theorie und politische Praxis
2005, 170 Seiten, ISBN 978-3-593-37398-0

Mehr Informationen unter
www.campus.de

Frankfurt · New York

Soziologie

Roland Roth, Dieter Rucht (Hg.)
**Die Sozialen Bewegungen
in Deutschland seit 1945**
Ein Handbuch
2008, 770 Seiten
ISBN 978-3-593-38372-9

Uwe Schimank, Nadine M. Schöneck (Hg.)
Gesellschaft begreifen
Einladung zur Soziologie
2008, 195 Seiten, ISBN 978-3-593-38765-9

Adalbert Hepp, Martina Löw (Hg.)
M. Rainer Lepsius
Soziologie als Profession
2008, 178 Seiten, ISBN 978-3-593-38322-4

Michael Hartmann
Eliten und Macht in Europa
Ein internationaler Vergleich
2007, 268 Seiten, ISBN 978-3-593-38434-4

**Mehr Informationen unter
www.campus.de**

Frankfurt · New York